August Mommsen

Heortologie

Antiquarische Untersuchungen über die städtischen Feste der Athener

August Mommsen

Heortologie
Antiquarische Untersuchungen über die städtischen Feste der Athener

ISBN/EAN: 9783743363083

Hergestellt in Europa, USA, Kanada, Australien, Japan

Cover: Foto ©ninafisch / pixelio.de

Manufactured and distributed by brebook publishing software (www.brebook.com)

August Mommsen

Heortologie

HEORTOLOGIE.

ANTIQUARISCHE UNTERSUCHUNGEN

ÜBER DIE

STÄDTISCHEN FESTE DER ATHENER.

VON

AUGUST MOMMSEN.

GEKRÖNTE PREISSCHRIFT DER KÖNIGLICHEN GESELLSCHAFT DER WISSENSCHAFTEN IN GÖTTINGEN.

LEIPZIG.
DRUCK UND VERLAG VON B. G. TEUBNER.
1864.

MEINEM

BRUDER THEODOR

ZUGEEIGNET.

Inhalt.

Da die Preisschrift in den Gött. Nachr. 1862 Decbr. 17 beurtheilt worden ist, seither aber Umgestaltungen erfahren hat, so sind hierunten Bemerkungen beigefügt, aus denen hervorgeht, wo vornehmlich geändert worden ist; ganz unverändert ist kein Abschnitt geblieben. „Neu" bedeutet, dass der Druck nach einem erst jetzt gearbeiteten, vollständig neuen Manuscript beschafft, also, wo ein Manuscript der Preisschrift da war, dieses verworfen ist.

	Seite
Einleitung	1—90

Neu, bis auf wenige Seiten. Der Preisschrift fehlte eine allgemeine Einleitung; wenn etwas über die Vorgeschichte oder über Beziehungen zu anderen Festen gesagt war, so fand sich dies bei jedem einzelnen Feste, wodurch, bei der kalendarischen Anordnung der Untersuchungen die Uebersicht, besonders der Festkreise, erschwert wurde. Diesem Mangel ist nunmehr durch die Einleitung abgeholfen.

Festtage und Werkeltage	Tafel I und	93—96
Orientierung. Neu	Tafel II und	96—104
Hecatombäen		101—107
Kronien		108—111
Synökien		111—116
Panathenäen. Etwas vermehrt.	Tafeln III bis V und	116—205
Metagitnien		205—207
Niketerien		208—209
Genesien. Neu		209—217
Charisterien		217
Proërosien		218—222
Eleusinien. Der Abschnitt Personal neu		222—260
Theseus-Feste. Neu		260—287
Thesmophorien		287—302
Apaturien und Chalkeen. S. 310—316 neu . . .		302—317
Zeusfest im Maemacterion. Neu		317—323

	Seite
Ländliche Dionysien	323—332
Lenäen	332—343
Gamelien . . . . Tafel VI und	343—344
Anthesterien. Neu	345—373
Kleine Mysterien	373—378
Diasien. Zum grösseren Theile neu	379—386
Grosse Dionysien	387—398

Etwas vermehrt. Die in der Preisschrift hingeworfene Vermuthung über die Vorgeschichte des Festes, habe ich jetzt aufgegeben und bin durch wiederholte Erwägung zu dem gelangt, was Einl. S. 58 bis 61 gesagt ist.

Delphinien	398—403
Munychien. Neu	403—412
Olympieen	412—414
Thargelien	414—425
Bendideen	425—426

Ein Widerspruch, den die Preisschrift (Seite 129 der Heortologie) in Betreff des Bendideen-Datums enthielt, ist entfernt worden.

Plynterien. Neu ist der letzte Abschnitt von S. 434 an. . 427—439

Die Unterscheidung der agrarischen Plynterien von den Plynterien des historischen Festjahrs, die dem persönlichen Erechtheus gelten, war in der Preisschrift nicht hinreichend beachtet, wodurch die Darstellung unklar und falsch ward. Die Hypothese von agrarischen Plynterien ist jetzt zur Vorgeschichte (also zur Einleitung) gezogen, während die Antiq. Untersuchungen sich blos mit den historischen Plynterien beschäftigen.

Skirophorien	439—443

Ein Versehen berichtigt.

Arrhephorie. Vervollständigt.	443—448
Buphonien. Neu	448—455
Index. Neu	457—473

Da seit der Revision von beinahe allen Festen zweimal die Rede ist, in der Einleitung und in den Untersuchungen — eine Vertheilung des Materials, welche verglichen mit der in der Preisschrift befolgten, allerdings die bessere sein dürfte und auch von den Preisrichtern (Gött. Nachr. a. O. p. 538) geradezu empfohlen wird — so war ein Index jetzt noch nöthiger als früher, so weit es sich darum handelt, alles über ein einzelnes Fest gesagte zu überschauen.

Einleitung.

Die in der Mittelebene Atticas residierenden Könige ältester Zeit mögen mitunter mehr als bloss die Ufer der Flüsschen Ilissus und Cephissus beherrscht haben; der sichere Besitzstand scheint innerhalb des Aegaleos, Parnes, Brilessos und Hymettos beschränkt, selbst ihre eigene Küste grossentheils unter der Botmässigkeit seekundigerer Stämme gewesen zu sein. Die ackerbauenden Bewohner dieser wohlumschränkten Ebene haben in ungestörter Fortentwicklung (Thucyd. I, 2) ihren localen Athena-Dienst bewahrt und auf die Folgezeit vererbt; mit Recht nahmen sie den Ruhm der Autochthonie in Anspruch und verglichen sich den Arkadern. Die marathonische Tetrapolis am Euripus, ja die ganze, Euböa gegenüber liegende Küste, war für sich ein abgesondertes Gebiet, welches, wie besonders die zahlreichen Artemisculte *) zeigen, sich weit mehr den Religionsgebräuchen von Euböa und der Artemis (der amarysischen) anschloss als dem Athena-Cultus der Akropolis. Auch Apoll der Seefahrtsgott ist beiden Küsten gemeinsam (Apollon Delphinios). Der oropische Hafen Delphinion heisst ohne Zweifel so nach dem Delphinios, welcher als Gott der chalcidischen Colonisation zu betrachten ist; Gerhard gr. Myth. § 301, 4. — Die thriasische Ebene bei Eleusis ist Grenzland zwischen Megara und Athen, eine Beute des jedesmal mächtigeren Nachbars und ohne Salamis' Besitz nicht zu beherrschen. Diese ihre örtliche Besonderheit und die nachmals, namentlich in dem eleusinischen Demeter-Dienst, hervortretende Eigenthümlichkeit fordert zu der Vermuthung auf, dass auch das westliche Territorium Atticas von vornherein, seit Griechen dort

---

*) In den Dörfern Rhamnus, Athmonon, Myrrhinus, Brauron. Die Artemis der Athmoner heisst die Amarysische, von Amarynth auf Euböa. Brauron hat Rhapsodik wie Chalcis, wo der Poëtenwettstreit (Westerm. Biogr. Min. p. 36) stattfand.

wohnten, einer provinziellen Entwickelung gefolgt sei, nicht derjenigen, welche die Umwohner der athenischen Burg frühzeitig im Athena-Dienste vereinigte. Theilweise lagen dieser Zersplitterung auch wohl stammhafte Unterschiede zu Grunde.

Die älteste Gottesverehrung können wir uns kaum einfach genug denken. Es gab noch keine Tempel, nur Altäre, und die gefeierten Götter waren noch in höherem Grade Mächte der Natur, in der Natur nicht in einem Gotteshause wohnend. Auf hohen Kuppen, die man nicht jeden Tag besteigt oder doch nur besteigt aus frommer Pflicht nicht zu Alltagszwecken, wohnt der Bergzeus. In Athen gab es einen Altar, der aus einem Felsen grossartig herausgehauen jener alten Bevölkerung diente welche noch keine Tempel kannte, Welcker G. L. I, 171. Natürliche Höhlen sind die ältesten Adyta, Wohnstätten der Gottheit, z. B. die Eumeniden-Schlucht des Areopag; Leake Topogr. p. 257 cf. p. 219 Saup. Die Kunst wusste noch nicht ideale Ebenbilder der Menschengestalt zu schaffen, welche Majestät und Anmuth genug besassen um sie mit den Göttern zu identificieren. Doch muss der Fortschritt schon früh ein ungleicher gewesen sein. Athena war zeitig in der Individualisierung voraus. Eine Gottheit wie Athena, deren Dienst in einer Familie wie der butadischen erbt und welche eine Volksthümlichkeit zu vertreten anfängt, nimmt eher persönliche Eigenschaften an als so allgemeine Weltgötter wie Zeus oder Gaea, die sich weniger für Gentilculte eignen.

Die Feiertage waren an bestimmte Mondeserscheinungen, z. B. an Vollmond, geknüpft seit ältester Zeit. Die Opfergabe — Darbringung z. B. von reifen Feigen — bestimmte die Jahreszeit, so dass materiell allerdings eine Art von Festjahr (ein Jahreszeitenkreis) existierte. Versteht man aber unter Festjahr eine vorgeschriebene Zeit, innerhalb welcher gewisse Götter in gewisser Aufeinanderfolge gefeiert werden, um, wenn sie abgelaufen, in derselben Folge abermals gefeiert zu werden, so kann man mit Wahrscheinlichkeit sagen, dass das älteste Festjahr nicht mehr als 29 oder 30 Tage umfasste. Für den ältesten Cultus trifft also zu was Servius ad Aen. III, 284 sagt: *antiqui ... dixerunt primo lunarem annum triginta dierum; ... postea solstitialis annus repertus est, qui XII continet menses*, cf. ib. ad I, 269. Zu dieser Annahme führt ins Besondere die Betrachtung, dass die Nationalgottesdienste aus Familiengottesdiensten hervorgingen und an bestimmte Familien vielfach geknüpft blieben. Die Begehungen einer Familie aber hatten noch bis in späte Zeiten ihre Wiederkehr nicht innerhalb 354 oder 384 Tagen, sondern in Monatsfrist erneuerten sie sich. Hesiods Hemerologium will fürs ganze Jahr Anleitung geben über die Tage, welche sich zu heiligen oder weltlichen Zwecken eignen, begnügt sich aber einen Monat durchzugehen. Allerdings leitet Hesiod zunächst einen Privatmann zu gottesfürchtigem Thun; aber private Gottesverehrung, Familienculte sind es wohl eben auch, welche der ältesten Volksreligion ihre Form und Verehrungsweise an die Hand geben. Wie bei der Geburtstags- und Todtenfeier des Hauses, so wird man einst auch den Göttern am selbigen Tage jedes Monats zu dienen gestrebt haben, so dass die Jahreszeiten gleichsam die Umstände sind, unter denen sich der 30 tägige Festcyclus so oder anders gestaltet. Im Athena-Dienst fand die Fütterung der heiligen Schlange ganz nach Art des Hausgottesdienstes einmal in jedem Monat statt.

In den durch die Unterschiede der Jahreszeiten gleichmässig unterschiedenen Reihen von je 12 oder 13 Epimenien (Monatsopfern) waren Jahreszeitenkreise und Jahre (Festjahre) vorgebildet. Sobald Wallfahrten nach entfernteren Orten hinzukamen, wurde auch wohl schon vom 30 tägigen Cyclus abgegangen. Selbst für das nicht weit abgelegene Munychia wird anzunehmen sein, dass die Athener nicht jeden Monat daselbst opferten, sondern von vornherein die Feier in Munychia an eine Jahreszeit knüpften. Als man diese Unterschiede der Epimenien sorgfältiger zu fixiren anfing, ging allgemach der Festmonat ins Festjahr über.

Da Attica einst pelasgisch war, so haben die alten Zeusfeste der Athener wahrscheinlich ihre Wurzeln im Pelasgerthum. „Das Wenige was wir vom Stamme der Pelasger wissen ist seine besondere Verehrung des Zeus und der Erdgöttin und seine Neigung zum Ackerbau" Welcker G. L. 1, p. 26. In dem damals anstatt Festjahrs dienenden allgemeinen Monat scheinen die Zeusopfer in den Vollmondstagen gebracht zu sein. Da nun die Tage gegen Neumond, nach Schol. Hes. $\xi\varrho\gamma$. 784 Vollbehr, für Hochzeiten in Attica bestimmt waren, diese Ansetzung der Hochzeitsfeier aber wahrscheinlich ihren Grund in der gegen Neumond (dem Uranos*) und) der Gaea (Proclus ad Tim. p. 293 C.; Welcker G. L. 1 p. 150; Lobeck Agl. p. 761) schuldigen Verehrung hatte, so scheint das Gaea-Opfer auf das Ende des Mondmonats, auf ein $\varphi\vartheta\iota\nu\grave{\alpha}\varsigma\ \dot{\eta}\mu\dot{\varepsilon}\varrho\alpha$ gesetzt wer-

---

*) Uranos ist hier blosser Lückenbüsser; „er ist ein im Cultus so gut wie gar nicht berücksichtigtes Gedankenwesen" Welcker a. O.

den zu müssen. Nun finden sich mehrere Feste des Erechtheus-Athenakreises auf Tage des schwindenden Mondes angesetzt, und es scheint, dass Athena hier die Tage der (pelasgischen) Gaea occupirte. Athena's nahes Verhältniss zur Gaea ist ein im Verlauf der Zeit entstandenes; denn von dem ältesten Cultus müssen wir besonders den Reichthum gegenseitiger Bezüge hinwegdenken, welche im späteren Festjahr zwischen verschiedenen Gottheiten stattfinden. In ältester Zeit hatte die Lichtgöttinn Athena jene theils sinnreich, theils spitzfindig ausgedachten Anlehnungen an die Erdgöttinn so wenig wie die an Hephästos, den Liebhaber der Athena, im späteren Dogma; sie trat nicht als Hippia dem Poseidon (Hippios) zur Seite; sie überwaltete noch nicht als Patronin den Sitz unterirdischer Strafgöttinnen; sie hatte noch keine Beziehungen zur Brauronischen Artemis, deren Tempel später sogar auf der Burg selbst neben den älteren einen Platz fand. Alle diese Gottheiten waren in einem weit loseren oder auch in gar keinem Verhältniss zur Athena des ältesten Festjahrs. Provinciale und gentile Zersplitterung herrschte, das einigende Band sollte erst geschaffen werden. Andererseits aber war das Verhältniss des Athena-Cultus zum Zeus ein engeres als späterhin; denn dass Zeus von Athena unzertrennlich ist (Welcker G. L. I p. 302), gilt vornehmlich von der Gottesverehrung ältester Zeit.*)

Wiewohl die uralte Vereinigung von Zeus und Athena auch für die frühesten Zeiten Atticas anzunehmen ist, so lässt sich von dieser Annahme doch so gut wie gar kein Gebrauch machen. Eine Urgestalt des Festjahrs welche dieser Annahme genügte, ist nicht mehr zu errathen, auch wenn das, was hier und da durchschimmert (Vollmondspanathenäen des Zeus und der Athena, aufs nächste verwandt mit den Vollmondsbuphonien derselben Götter), nicht täuschen sollte.

---

*) Wenn die Panathenäen, oder vielmehr dasjenige Fest, woraus sich die Panathenäen bilden sollten, ein Fest des Zeus und der Athena waren, so kann man diese uralten Panathenäen als Vollmondsfest gefeiert haben, was die Buphonien stets, und wohl seit ältester Zeit, gewesen sind. Corsini hat die kleinen Panathenäen auf den XIII, Rinck die grossen auf den XIII bis XVI Hekatombäon angesetzt. Für uralte Zeiten sind Vorschläge der Art annehmbar, aber nicht für halbhistorische oder historische Zeiten. — Der Erechtheuskreis läuft grösstentheils durch die Monatsenden, wovon wohl die Anlehnung der Athena an Gaea die Ursache ist. Ohne diese würde nach Hesiod ἔργ. 781 zu erwarten sein, dass die Arbeit am Peplos an einem XII begonnen wäre. Es wurde aber dieselbe in Athen am letzten Tage des Pyanepsion begonnen, G. A. 56, 33.

Deutlichere Spuren giebt es über eine natürliche Bedeutung des erechtheischen Festjahrs alter Zeit. Diesen muss allerdings nachgegangen werden, wiewohl auch diese Aufgabe nur auf dem unsichern Wege des Rückschlusses aus Thatsachen, die selbst oft unzureichend überliefert sind, gelöst werden kann.

Athena kann frühzeitig Beziehungen zu den Erdgottheiten gehabt haben, ohne dass darum der Athena-Dienst sich vom Zeus-Dienst sonderte. Aber im Laufe der Zeit nahmen die Beziehungen zu den Mächten attischer Erde eine solche Innigkeit und so grosse Bedeutung an, dass Athena, anfangs der pelasgischen Gaea beigeordnet, dann sie gänzlich verdunkelnd, auch als Schützerinn der Eumeniden auftretend, sich zur attischen Landesgöttin erhob und damit vom Zeus gleichsam emancipierte.

Die Annäherung der Athena an die Erdmächte ist eine zwiefache: theils lehnt Athena sich an die agrarische Gaea und adoptiert den Erdsohn Erichthonios in so hingebender Art, dass über der Pflegemutter die wirkliche Gaea in Vergessenheit kommt, theils gewinnt sie ein Verhältniss zu den rächenden Gottheiten der Tiefe, den Eumeniden, und auch dies in der Weise, dass sie in eine überwiegende Stellung kommt und wie eine Patroninn ihren Clientinnen Wohnung in dem ihr gehörigen Boden giebt.

Die heilige Sage von Erichthonios oder Erechtheus, war ursprünglich eine bildliche Umschreibung des attischen Kornbaus. Dass sie sich auf Wachsthum und Gedeihen im Pflanzenreich bezieht, geht aus den Figuren der Sage selbst hervor, der sprossende Keim des Bodens ('Ἐριχθόνιος von χθών Welcker G. L. II p. 286) wird gepflegt von Herse (Thau) und Pandrosos (Thau), nachdem ihn Gaea, oder Arura (der Erdboden) aus Licht geboren hat. Die neben Pandrosos (Pausan. Boeot. 35, 2) verehrte Thallo*) (Blüthe) sicherte dem

---

*) Ein Bild der Thallo befand sich ohne Zweifel in dem der Pandrosos geweiheten Theil des Erechtheums. Leake Top. p. 116; Beulé II p. 250. — Diejenigen, welche in Erichthonios einen aus der Erde hervorsprudelnden Quell erblicken, können Thallo wie mir scheint nicht erklären. Auch die Thauschwestern weisen zunächst auf Pflanzenwuchs. Ein Quell, der aus dem Boden (Arura, Gaea) springt, empfängt sein Gewässer nicht vom Himmel durch Thau, sondern aus der Erde. Die Ansicht von Erechtheus als einem Quell, welche mir ein kundiger Freund entgegenstellt, weiss ich mir nicht anzueignen. Die Wasserfülle der Klepsydra in der Etesienzeit (Schol. Ar. Av. 1695), deren Schluss mit meiner spätesten Panathenäengrenze zusammenfällt, war vielleicht nicht bedeutungslos für die Bräuche der Panathenäen, eines Festes des Erech-

Erdsöhnchen sein Gedeihen; Thallo war die eine der attischen Horen (Thallo und Karpo).

An dieser Natursymbolik hat auch Athena theil. Sie ist die Himmelsgöttinn, in deren Auftrage die Thauschwestern den Spross der Erde pflegen, und wie können Saaten gedeihen ohne des Himmels Gunst? Dennoch steht Gaea neben ihr in gleicher, anfangs vielleicht grösserer Bedeutung, da sie unmittelbare Gebärerinn des Fruchthalms ist.

In der alten Zeit, wo Erechtheus noch blosses Gleichniss eines natürlichen Vorgangs war, hatte die Erdgottheit jedenfalls eine wesentlichere Rolle als nachmals, da man an einen persönlichen Landesheros Erechtheus glaubte und diesen an die Landesgöttinn Athena knüpfte. Seinen Sinn hatte es auch hier noch, dass der Landesheros Landeskind im eigentlichen Sinne, ein Sohn attischer Erde, war; aber über einen menschlichen Stammvater liess sich doch auch eine andere Fabel *) ersinnen, während der Erdboden, welcher das Korn trägt, in einem das Korn umschreibenden Sinnbilde geradezu unvermeidlich ist.

Dass es sich nicht um das Wachsthum der Pflanzen überhaupt, sondern um Gerste und Weizen, die Nutzpflanzen ersten Ranges, handele, scheint erstlich aus dem Anschlusse des Erechtheuskreises an Abschnitte im Kornbau hervorzugehen, obwohl der Anschluss nicht vollkommen ist.

Der Erechtheuskreis ältester Zeit beginnt im Saatmonat (Pyanepsion) mit dem Chalkeen-Feste. Ende Gamelion folgen vielleicht die Procharisterien für die eben aufkeimenden Halme. Die beiden nächsten Feste dieses Kreises, die (hypothetisch hierher zu ziehenden) Munychien und die Plynterien, finden sich im historischen Kalender zwar etwas zu spät angesetzt, doch fallen die Munychien in den letzten Frühlingsmonat, die Plynterien in den Erntemonat (Thargelion), jene ursprünglich bestimmt die noch unreife, diese die reife Saat der göttlichen Gnade zu versichern. Im zweiten Sommermonat (Skirophorion) treffen wir die Arrhephorien des Erechtheus, wahr-

---

theus und der Athena, beweist aber nicht dass Erechtheus ursprünglich einen Quell bedeutet. Vergleiche unten S. 37 not.

*) Von denen, die Erechtheus für einen Quell halten (ob für die Klepsydra weiss ich nicht) gehe ich nur ab in Betreff der ursprünglichen Bedeutung. Sobald die Personification völlig eingetreten ist, müssen die Neptunisten gestehen, dass der Quell, ich dass der Kornhalm aufgegeben ist und höchstens hier und da durchschimmert!.

scheinlich angeschlossen an die Buphonien, welche ein Dreschfest sind; im Falle die Arrhephorien eine natürliche Grundlage haben, sind sie ebenfalls auf das Dreschen zu beziehn. Das letzte und höchste Fest endlich des Erechtheuskreises, die Panathenäen, fallen in den Monat (Hekatombâon), wo sämmtliche Erntearbeiten enden und das Korn im Speicher ist.

Da wir ferner Apoll und Demeter aus dem Festjahr des ältesten Athen hier wegzudenken haben, muss im Allgemeinen das Bedürfniss eines auf Kornbau fundierten Cultus zugegeben werden.

Endlich ist ein Gottesdienst, dem die Entwickelungsstufen des Pflanzenreichs überhaupt zu Grunde liegen, nicht wohl denkbar, ein bestimmtes Object ist weit wahrscheinlicher, am nächsten liegt das Getreide.*)

Erechtheus, vor Alters nur Gleichniss, wurde später ein persönlicher Heros. Die uns bekannten Erechtheusfeste gelten nicht dem in die Erde gesenkten Keime, dem von Luft und Thau grossgenährten Hälmchen, der reifenden und vor der Sichel fallenden Aehre, sondern in der historischen Heortologie liegen die Geschicke des persönlich gedachten Erechtheus dem Festkreis zu Grunde. Aus dem persönlichen Festkreis muss also der natürliche errathen werden, was dadurch erschwert ist, dass beim Uebergang ins persönliche Gebiet die alten Feste des Kornbaus von ihrer eigentlichen Stelle im ländlichen Arbeitskreise etwas abkommen mochten, seit man nicht mehr die Abschnitte der Getreide-Production, sondern die Epochen im Wachsthum eines gezeugten, getragenen, geborenen Kindes bezielte.

Agrarischer Erechtheuskreis.

Die Chalkeen, ein altes Fest des Hephästus und der Athena,**) enthielten später ohne Zweifel die Zeugung des persön-

---

*) Der Sinn des Erechtheus ältester Zeit ist also weniger umfangreich, als Welcker G. L. II p. 285 ihn giebt: „Wachsthum entstand aus Wärme und Erde"; auch ist es besser bloss an Ackerbau, nicht auch an „Gartenbau", Preller gr. M. I, 135 a. A., zu denken.

**) Suidas II, 2 p. 1588 Bernh. Χαλκεῖα, ἑορτὴ ἀρχαία καὶ δημώδης πάλαι, ὕστερον δὲ ὑπὸ μόνων ἤγετο τῶν τεχνιτῶν. Die Chalkeen hiessen auch Athenäen und waren nicht sowohl zwischen Hephäst und Athena streitig als vielmehr beiden gemeinsam, wie C. Fr. Hermann G. A. 56, 33 richtig sagt.

lichen Erechtheus, ihr natürlicher Sinn war also der eines Pflugfestes. Der Pflüger musste der Athena für die Erfindung seines Werkzeugs danken, aber der den Gedanken der Athena ins Werk setzte wird Hephästus gewesen sein. Wenn der Pflug in die Erde geht — im Pyanepsion, dem Saatmonat — und der Säemann die Saat einstreuet, konnte es in bildlicher Rede heissen, dass Gäa den Erechtheus empfange und zwar vom Feuergott, entweder weil er den Pflug geschmiedet oder weil er dem Erdenschoosse die für den Segen des Bodens nöthige Wärme einflösst. Ersteres liegt näher und in den Verdiensten um die Kunst des Pflügens begegnen sich Athena und Hephäst. So hatte schon bei den ältesten Chalkeen Athena ein Amt, ein höheres, geistiges, die Idee des Pfluges anzugeben, während alles Materielle, die Ausschmiedung des Pflugeisens, die Empfängniss des Fruchthalms, den anderen Göttern zufielen, dem Hephäst und der (für die alten Chalkeen vorauszusetzenden) Gaea.

Die $προχαριστήρια$ (G. A. 62, 2) zu Ende des Winters für die emporkommenden Saaten von allen Beamten der Athena gefeiert, ein sehr altes ($ἀρχαιοτάτη$) Opfer,*) müssen dem Erechtheuskreise zugeeignet werden, wenn anders unter dem Bilde des Erechtheus die Kornsaat zu verstehen und auch umgekehrt für ein sehr altes Opfer agrarischen Sinnes das Bild vorauszusetzen ist. Dem entsprechend heisst es Bekk. An. p. 295: $προσχαριστήρια$ (vielmehr $προχαριστήρια$), $ἡ\ μυστικὴ\ θυσία\ τῆς\ Ἀθηνᾶς\ ὑπὲρ\ τῶν\ φυομένων\ καρπῶν$. Die Mystik eines Athena-Opfers deutet auf einen Bezug zum Erechtheus.

Ohne Zweifel hatte auch an diesem Opfer Gaea neben Athena Theil. Auf Gaea führt ein Rückschluss aus dem in der Note angeführten Fragment des Lycurg, welcher sagt dass die Procharisterien wegen des Aufstiegs der Persephone ($διὰ\ τὴν\ ἄνοδον$

---

*) Suidas II, 2 p. 505 Bernh., Sauppe Oratores Att. II p. 266: $Προχαριστήρια·\ ἡμέρα\ ἐν\ ᾗ\ οἱ\ ἐν\ τῇ\ ἀρχῇ\ πάντες,\ ἀρχομένων\ καρπῶν\ φύεσθαι, λήγοντος\ ἤδη\ τοῦ\ χειμῶνος,\ ἔθυον\ τῇ\ Ἀθηνᾷ·\ τῇ\ δὲ\ θυσίᾳ\ ὄνομα\ Προχαριστήρια.\ Λυκοῦργος\ ἐν\ τῷ\ περὶ\ τῆς\ ἱερωσύνης·\ τὴν\ τοίνυν\ ἀρχαιοτάτην θυσίαν\ διὰ\ τὴν\ ἄνοδον\ τῆς\ θεοῦ,\ ὀνομασθεῖσαν\ δὲ\ Προχαριστήρια,\ διὰ τὴν\ βλάστησιν\ τῶν\ καρπῶν\ τῶν\ φυομένων$. Sauppe bemerkt: $τῇ\ Ἀθηνᾷ$, immo $τῇ\ κόρῃ$ und vergleicht Preller Dem. p. 124. Athena ist aber auch durch Bekk. An. p. 295 bezeugt und bei einem von allen Staatsbehörden ($οἱ ἐν\ τῇ\ ἀρχῇ\ πάντες$) dargebrachten Opfer ist die Stadtgöttin nicht zu entbehren.

τῆς θεοῦ i. e. τῆς κόρης) gefeiert wurden. Demeter und Persephone sind jüngere Erdgottheiten, an ihrer Statt kann der alten Zeit, welcher doch das Opfer angehören soll, nur Gäa die Opfergenossinn der Athena gewesen sein.

Diesem Rückschlusse ist die sicher vorauszusetzende Oertlichkeit günstig. Ein Opfer, an welchem Athena einerseits und die Erdgottheit andererseits participiert, kann nur auf der Burg*) und am Tempel der Gäa und Demeter bei der Burg (Pausan. Att. 22, 3 Γῆς Κουροτρόφου καὶ Δήμητρος ἱερὸν Χλόης) dargebracht sein. An denselben Stätten ist in alter Zeit der Athena und der Ge, in jüngerer der Athena und der Demeter wegen des Aufstiegs ihrer Tochter**) geopfert worden.

Der Zweck des Opfers war in dieser Zeit des Jahres, die Götter zu bitten, dass sie den Erdenschoos und die in ihm schon sich regenden und sprossenden Keime segnen möchten. Das anthropisierende Bild dafür war leicht gefunden.

An diesem Frühlingsfeste herrschte Lust und Scherz.***) Des Landmanns Sorgen wachsen mit dem Korn. So lange es noch sehr jung und grasähnlich ist, braucht er kein Unwetter zu fürchten;

---

*) Die Staatsbeamten gehören nach der Burg, der alten πόλις. Hier hat im Erechtheum die agrarische Athena ihren Wohnsitz. Der dritte heilige Pflug ist ὑπὸ Πέλιν (sic), vielmehr ὑπὸ Πόλιν oder Πόλει, Plutarch praecept. conj. 42. Einst gehörte dieser Pflug gewiss der Athena.

**) Lycurg a. O. erwähnt nicht beider Göttinnen sondern nur einer (τῆς θεοῦ). Aber bei dem Aufstieg der Tochter ist die Mutter selbstverständlich, und wenn Pausanias a. O. unter den Inhaberinnen des Tempels Kore nicht nennt, so kann diese doch im Demetercult allezeit vorausgesezt werden. Fr. Lenormant Recherches p. 23 hat eine auf der Burg gefundene Inschrift Δήμητρι καὶ Κόρῃ auf den Tempel der Gäa und Demeter bezogen. Niemand wird dies insofern missbilligen als Pausanias Kore nicht erwähnt.

***) Derjenige Theil dieses Gaea-Athena-Festes welcher die Erdgottheit anging und später an Demeter und Kore abgetreten wurde, hiess nachmals Chloëen, weil die Demeter des obgedachten Tempels den Beinamen Chloë hatte. C. Fr. Hermann G. A. 60, 7 (auch schon Meurs. Gr. Fer. p. 281) wirft die Frühlings-Chloëen des Cornutus N. D. 28: περὶ δὲ τὸ ἔαρ Δήμητρι Χλόῃ θύουσι μετὰ παιδιᾶς καὶ χαρᾶς, ἰδόντες χλοάζοντα καὶ ἀφθονίας αὐτοῖς ἐλπίδα ἐπιδεικνύντα mit dem Voropfer am VI Thargelion zusammen. Dies geht nicht an. Demeter Chloë hat ihre eigentliche Stelle nicht im Erntemonat (Thargelion), sondern im ersten Frühjahr τοῦ σίτου ἔτι χλωροῦ ὄντος Thucyd. IV, 6, und durch die Bestimmung περὶ τὸ ἔαρ werden wir sicher nicht in den Thargelion gewiesen. Dionys. Halic. I, 63 nennt den XXIII Thargelion sogar τελευτῶντος ἤδη τοῦ θέρους.

aber wenn die Halme aufschiessen und schon spröd werden, erheben sie sich weniger leicht von einem Sturm oder Hagel, der sie niederschlug. Unmittelbar vor der Ernte ist die Sorge am grössten, wenn das Getreide ganz reif ist, der Wind nun auch die Körner selbst aus der Aehre schlagen kann, dass die Vögel mehr bekommen als der Bauer. Schon hierin liegt ein Grund die folgenden Erechtheusfeste, die Artemisfeier und die Plynterien, ernst und feierlich zu machen.

Artemisfeier in der letzten Frühlingshälfte. — 40 Tage vor den Plynterien, einem Feste der schon vorgerückten Erntezeit, giebt uns der historische Kalender eine wahrscheinlich auf die Plynterien und damit auf Erechtheus bezügliche Begehung für Artemis am XVI Munychion. Täuscht diese Wahrscheinlichkeit nicht und haben wir denselben Tag*) als Fest der Artemis-Brauronia zu denken, welche in unzweifelhaftem Bezuge zur Burggöttinn steht, so können wir nunmehr weiter fragen, welche Bedeutung dies Fest im natürlichen Erechtheuskreise habe.

Im historischen Kalender ist der Thargelion Erntemonat, an den Thargelien werden dem Apoll Erstlinge gebracht, den VII des Monats. Drei Wochen früher liegt der XVI Munychion; er wird je nach der Anordnung des Mondjahrs mehr oder weniger oft wirklich der Erntezeit vorangehn. Da nun die für Erechtheus am XVI Munychion angerufene Artemis schwerlich anderen Sinn haben kann, als dass Gäa unter artemidischem Beistande den Erechtheus gebar und die Himmelsgöttinn ihn von Gäa übernahm, worüber Artemis jener, als einer Jungfrau, leicht zürnen konnte, der Sinn dieses Gleichnisses aber auf die Zeit vor der Ernte führt, wo das Korn um zu reifen nicht sowohl der Erde als vielmehr des Himmels bedarf: so muss man zugeben, dass die Artemisfeier auch im Kreise des persönlichen Erechtheus ungefähr die Stellung bewahrte, welche sie im ältesten ganz agrarischen Festjahr hatte, nämlich eine Stellung vor dem Thargelion.

Erwägt man nun aber, dass Erechtheus an den Plynterien zuerst von sterblichen Augen erblickt wurde als ein in der heiligen Lade verborgenes Kind, so entsteht die Vermuthung, dass die Plynterien, in Folge davon auch die Munychien, eine spätere Stelle, als sie einst gehabt, in dem Kreise des persönlichen Erechtheus erhielten, damit das Kind ausgestaltet und lebensfähig, also wenigstens siebenmonatlich sein könne (vom Ende des Pyanepsion an).

---

*) Welcker G. L. 1 p. 572.

Die Zeit wo das Getreide, schon hoch und gross, der treibenden Kraft des Erdenschoosses (Gaea's) nicht mehr bedarf, weil es zu wachsen aufhört, wo es in Wärme, Thau und Luft (durch Athena und ihre Mägde) reifen soll, diese Zeit fängt früher an als drei Wochen vor der Ernte (VII Thargelion), wenn wir diese Distanz, ohne Rücksicht auf das Fallen der Mondwechsel, vorläufig festhalten dürfen, weil das Festjahr selbst sie angiebt.

Vormals also wird man den Schutz der Brauronia für das Gebären der Erde und die Abwendung ihres Zorns von der himmlischen Pflegerinn des Geborenen nicht in der Zeit des XVI Munychion, sondern etwas früher im Jahre erflehet haben.

Die Plynterien alter Zeit, ein Ernteanfangs-Fest. — Während der 40 Tage bis zu den Plynterien müssen Pandrosos und Herse, auch wohl Thallo, zur Pflege des Erdsohnes beitragen, jedoch unter Aufsicht der stets anwesenden Athena. Auf das Gebot der Himmelsgöttinn senken sich tausende von Perlen Thaus auf ihn nieder, wie schöne Schwestern eine ähnlich der andern; nächtlich und früh morgens erquicken sie ihn, die Menschen merken es kaum. Die Thauschwestern und die Blüthenhore bilden um ihre himmlische Herrinn ein Gemälde des Wirkens der Natur in der schönsten Zeit des Jahres. Dieses friedliche Zusammenspiel aller Kräfte, diese Pflege des holden Geheimnisses, wird plötzlich und gewaltsam unterbrochen an den Plynterien, am Plynterientage ist alles verworren, wild, gestört; Ungehorsam, Entsetzen, Selbstmord zerreissen die schöne Gemeinschaft liebevoller Fürsorge. Diese Revolution in den Geschicken des persönlich gemachten Fruchthalms kann, wenn wir das Bild weglassen, für den wirklichen Fruchthalm nur den Aehrenschnitt des reifen Korns bedeuten.

Für die alte Zeit, von der hier die Rede ist, dürfen wir kein apollinisches Ernte-Anfangs-Fest (Thargelien) annehmen. Um so weniger vermeidlich ist es ein solches im agrarischen Erechtheus-Kreise vorauszusetzen.

Die Thargelien, das Ernte-Anfangs-Fest historischer Zeit, stehen im Kalender 18 Tage vor den Plynterien. Letztere haben also wahrscheinlich einst eine frühere Stellung gehabt.*)

---

*) Die Plynterien als Ernteanfangs-Fest vorhistorischer Zeit aufgefasst, können im Sonnenjahr nur an die Plejaden geknüpft gewesen sein und zwar an ihren heliacischen Aufgang, der nach Hesiod das Signal der Kornernte ist. Ist diese hesiodische Bestimmung auch für Attica wahr, so fielen die alten Plyn-

Der Anfang des Aehrenschnittes weckte leicht das Bedürfniss der Sühne. Wenn die Fülle der Halme unter der Sichel des Menschen fällt und nur Stoppeln bleiben, so wird die Flur um den Verlust ihres schönen Schmuckes trauern. Mit ihr und ihren Göttern empfindet der Mensch. Wenn er die Natur aufs crasseste ausbeutet, so kommt es über ihn als sündige er, eine Schaam wandelt ihn an über seinen groben Eigennutz, die Erd- und Himmelsmächte, denen er wehe thut um zu geniessen, meint er versöhnen zu sollen. Dazu könnte ein einziger Hagelschlag noch jetzt alle Hoffnungen des Ertrages vernichten, auch bricht die Hitze herein, welcher leicht noch andere Plagen folgen.

Vor Alters mussten die Plynterien auch demjenigen Versöhnungs-Bedürfnisse genügen, welches sich in dem später gestifteten Apollocult erledigte (durch die Thargelien). An den Thargelien finden wir dargebotene Menschenopfer, behangen mit den sühnenden Früchten des Feigenbaumes. Dergleichen schimmert auch im Plynteriendienste durch. Die Feige wird der Athena dargebracht und zwei Mädchen finden den Tod in ihrem Dienste. In dem persönlichen Erechtheus-Dogma wird der Tod der Cecropiden als verschuldeter Selbstmord dargestellt und nicht hervorgehoben, was die ursprüngliche Meinung war, dass die betrübte Göttinn den Tod zweier Mädchen als jährliche Sühne verlangte.

Als eine plynterische Menschenbusse müssen wir auch die zwei Mädchen betrachten, welche wegen Ajas' Frevel der beleidigten Athena nach Ilios zu senden waren (Lycophr. 1141 c. Schol.; R. E I p. 282). Hier ist die Motivierung eine ganz andere als in Athen, aber die beiden Menschenopfer dieselben. Die Sendung aus Locris nach Troas muss der letzten Decade des Thargelion angehört haben, mithin der Plynterien-Zeit; denn Ajas' Frevel fiel bei der Eroberung Trojas vor und diese kommt auf den acht- oder siebentletzten Thargelion.

---

terien frühestens in die Mitte des julianischen Mai, und dies ist ihre rechte Zeit gewesen. 40 Tage früher im Kalender sind die Munychien; aus ihrem engen Verhältniss zu den Plynterien folgt, dass sie immer dann auf die rechte Zeit im Sonnenjahr fielen, wenn die Plynterien rechtzeitig fielen. Da nun die Plejaden, wie schon Hesiod bemerkt, 40 Tage unsichtbar bleiben, so haben die Munychien einstmals den heliacischen Untergang der Plejaden (Anfang April) als Stichtag gehabt. Der historische Kalender muss sich die Aufgabe stellen die Thargelien in die Zeit der beginnenden Ernte zu bringen, nicht aber die Plynterien, welche im historischen Kalender nicht mehr an den Landbau und die im Landbau abschnittbildenden Plejaden geknüpft sind.

Im agrarischen Erechtheuskreise ist also der Ernte-Anfang mit Menschenopfern begangen worden, welche Athena erst später dem Apoll abtrat.

Die **Arrhephorien** im Skirophorion fanden vermuthlich am XIII unmittelbar vor den Buphonien des Zeus und der Athena, einem Dreschfeste,*) unmittelbar nach den Skirophorien, an denen der Priester des Poseidon-Erechtheus theilnimmt, einem Feste des Oelbaus, statt. Der Complex dieser drei Feste enthält ohne Zweifel Elemente ältester Zeit. Den auf Erechtheus' Person bezüglichen Arrhephorien an sich ist schwer etwas für das natürliche Festjahr abzugewinnen; die den Buphonien angeschlossenen Arrhephorien (des XIII Skiroph., hypothetisch) machen aber doch den Eindruck, als habe man die Bräuche des persönlichen Erechtheus (die arrhephorischen) von denen des natürlichen (von den buphonischen, beim Korndreschen) so wenig wie möglich trennen wollen; es sieht aus wie eine Sonderung vorher einiger Bestandtheile, indem das Agrarische sich in den Buphonien, das Persönliche in den Arrhephorien ablagerte. An die Buphonien gelehnt erscheint die Arrhephorie als eine Ceremonie, die vielleicht aus einem Brauch erwuchs, welcher zu den Bräuchen des Buphonienfestes selbst gehörte und die natürliche Bedeutung des Erechtheus (des jetzt auf der Dreschtenne befindlichen Getreides) deutlicher sehen liess, als es in den auf menschlichen Tod deutenden Arrhephorien historischer Zeit der Fall ist. Man trug etwa ausgedroschene Halme von der Tenne nach einem im Ceremoniell vorgeschriebenen Orte, und dachte damit einen Leichenzug zu halten, nämlich den (alten) Erechtheus, den jetzt verdorrten und der Verwesung bestimmten Gersten- oder Weizenhalm, zu Grabe zu bringen. Das wahre Wesen des (alten, gestorbenen) Erechtheus schied sich eben jetzt (durch das Austreten auf der Tenne) von dem vergänglichen und blieb nach als ein Geheimniss, das den Erechtheus der Zukunft (die Saaten des kommenden Jahrs) in sich trug. Dies Geheimniss war das Saatkorn. Da die Gewinnung des Korns aus den Halmen nur allmählich in der ganzen Ebene Athens vollendet wurde, auch noch erforderlich war, das

---

*) Dass die Buphonien in die Dreschzeit gehören geht aus den Gebräuchen des Festes hervor. Nach Hesiod ist der Frühaufgang des Orion (9. Juli für Hesiod, Ideler Handb. I p. 247) Signal der Dreschzeit. In diese Gegend des Sonnenjahres gehören die Buphonien. Gleichzeitig defloresciert die Olive, ein Umstand, welchem man später die den Buphonien vorausgehende Pompe (am XII Skirophorion) widmete.

Korn von der Spreu zu befreien, so dauerte es noch eine Reihe von Wochen, bis man den Reingewinn an Korn in einem besondern Feste feiern konnte (in den Panathenäen).

Diese Deutung ruht selbst wieder auf hypothetischem Grunde, nämlich auf Lobecks u. A. (G. A. 61, 13) Behauptung, dass die Arrhephoren Todtengaben trugen. Auch Stark a. O. hat sie „entschieden" für richtig erklärt.

Die Panathenäen, Schluss des agrarischen Festjahrs. — Abgesehen von der wahrscheinlich erst später entstandenen Benennung Pan-Athenäen, geht diese Feier auf die ältesten Zeiten zurück: doch ist sie uns in so sehr von Neuerungen überwucherter Gestalt bekannt, dass wir kaum hoffen dürfen, Bräuche zu finden, die den ursprünglichen Sinn errathen lassen.

Wenn aber die übrigen Feste des Erechtheus agrarisch gewesen sind, so gilt dasselbe von den Panathenäen, der Spitze des ganzen Begehungskreises. Rechnen wir nun nach den Thargelien, dem Erntefeste historischen Kalenders, so fielen die Panathenäen in die 12. Woche nach der Ernte, also an den Schluss sämmtlicher Arbeiten des Kornbauern, wenn das Getreide der Ebene überall völlig ausgedroschen ist.

Nach der Dreschzeit behält der Mensch von den grünenden Saaten und prangenden Kornfeldern nichts zurück als etliche Körnchen, in diesen ist die erstorbene Schönheit der Fluren eingeschlossen: doch materiell hat er was er wollte, einen Nahrungsstoff und Saatkorn fürs nächste Jahr. Sollte er nun das endlich gezeitigte Korn als geborenes Erdenkind feiernd begrüssen, oder die nur so erhaltene in unscheinbare Körner zusammengeschrumpfte Pflanze beklagen? Bei dem Korn wird das religiöse Gefühl nicht insofern als es zu Mehl und Brot dient, sondern als Saatkorn wieder brauchbar ist, verweilt haben. In bildlicher Sprache konnte es heissen, das Erechtheus-Kind, nach dem es die Monate seiner Entwicklung erfüllt, lebe in geheimnissvoll umgeänderter Gestalt fort; äusserlich (in der Pflanze) sei es ein Raub des Todes geworden, aber sein Selbst (das Korn) sei aufgehoben und nicht gestorben, sondern es schlummere, um einmal zu erwachen und die frühere Gestalt wieder anzunehmen. — Es kann nicht fehlen, dass jene alte Zeit einen Ausdruck fand, um der Natur und ihrem Walten eine Ehrfurcht zu zollen, für welche in Culturvölkern der Sinn erloschen ist.

Dem materiellen Behagen bei guten Vorräthen und dem sichern Bewusstsein, die gehoffte Ernte nun wirklich zu haben, scheint eine

Richtung auf Trauer beigemischt worden zu sein, welche auch sonst in den Festen der heissesten Jahreszeit hervortritt. Wenn man an den ältesten Panathenäen der Athena Saatkorn in's Erechtheum oder nach der Stätte desselben trug, so war Andacht und tiefer Ernst angemessen; denn Athenas Pflegling lag in einem todesähnlichen Schlummer: zu einem Trauerfeste war um so mehr Anlass, als die vergängliche Hülle des Erechtheus an den Arrhephorien zwar in's Grab gelegt, aber noch nicht durch ein Todtenfest gefeiert war. Wollte man dieses mit dem Geburtstage des neuen Erechtheus vereinigen, so konnte man es nur 9 Monat nach den Chalkeen setzen, so dass über 6 Wochen zwischen Bestattung und Todtenfest liegen.

Es ist am besten die Tendenz zur Trauer, von der die Panathenäen Spuren*) enthalten, aus alter und ältester Zeit herzuleiten. In der schrecklichen Hitze sind schwermüthige Feste die naturge-

---

*) Hierhin gehört die bei den Panathenäen verbotene bunte (βαπτόν ἱμάτιον Lucian Nigrin. C. Fr. Hermann gr. Alt. III § 21, 24) Kleidung. Die Epheben waren bei den Pompen, also auch der panathenäischen (Meier A. E. III, 10 p. 290 n. 36), schwarz gekleidet, erst seit Herodes Atticus gingen sie in Weiss. Der Grund scheint zu sein, dass viele Festzüge in Athen den Charakter von Ernst und Trauer hatten oder haben sollten, also wohl auch der panathenäische. — Anderes kann man als später aufgekommene Prunksucht fassen, wie den Goldschmuck, welchen Lycurg für hundert Kanephoren machen liess. — Das Myrthentragen ist wohl nicht zu jung wie die Gründung des attischen Volksstaates (G. A. 51, 28), sondern deutet auf Todtentrauer, so dass wir den mit Myrthenbüschen bedeckten Hermes des Erechtheums als Todtenführer denken müssen (Siebelis zu Pausan. Att. 27, 1; Gerhard gr. M. § 277 hält ihn für phallisch). Der Todte dem es gilt ist Erechtheus. Das Erechtheum mit seinem Fries aus schwarzem Marmor musste einen Eindruck der Trauer machen, Beulé l'Acrop. II p. 259. Erechtheus' Grab befand sich im Erechtheum, wahrscheinlich in der Vorhalle, deren Decke die Mädchen tragen. Beulé macht auf die grossen Zahnschnitte derselben als Verzierung von Gräber aufmerksam. Da die grossen Agonen Griechenlands von Clemens auf Leichenspiele zurückgeführt werden (Krause II, 2 p. 8 u. 173), so ist es dem nur gemäss, ein Fest ähnlicher Richtung in den Panathenäen zu erblicken. — Wenn aus der Abwesenheit von Kränzen beim Festzuge eine Trauerfeier folgt, so kann man hervorheben, dass die Figuren am Parthenon, welche doch wahrscheinlich die Panathenäen angehn, unbekränzt sind. Petersen (Zeitschr. f. d. Alt. 1857 p. 390) sieht in dem Mangel von Kränzen eine Stütze seiner Ansicht, dass der Fries andere Trauerfeste abbildet, indem er (stillschweigend) voraussetzt, dass die Panathenäenpompe keine Züge von Trauer an sich haben konnte, was ich nicht zugebe. Denn wenn auch die Epheben, welche am Feste der Panathenäen sangen und das Geleit bildeten, später Kränze hatten (Meier a. O. p. 290 n. 35), so zeigt doch das von Beulé gefundene Relief eines cyclischen Männerchors feierlich gekleidete Gestalten ohne Kränze.

mässen, und dieser Gehorsam gegen die Natur ist vornehmlich alten Zeiten zuzutrauen.

Zieht man Schlüsse aus den historischen Festen des ganz persönlichen Erechtheus, um Hypothesen über die Feste einer älteren Zeit zu bilden, der Erechtheus nur Bild und Gleichniss war, so kann leicht ein Misstrauen entstehen, ob die später vollständig eingetretene Menschenartigkeit des Erechtheus nicht ein oder das andere Fest von seiner frühern Stelle im Jahr abgebracht habe. Wenn die Chalkeen, das Zeugungsfest des Erechtheus (Ende Pyanepsion), nun, auf eine Aussaatsfeier gedeutet, die Stelle der Aussaat richtig anzeigen, sofern im Pyanepsion gesäet wird, so wäre es möglich, dass die 9 Monate bis zu den Panathenäen bloss mit Rücksicht auf den geborenen Erechtheus-Knaben angesetzt wären, und dass die auf Gewinnung des Saatkorns bezogenen älteren Panathenäen eine andere Stelle gehabt hätten. Die Frage ist einfach, ob zwischen der Wintersaat und dem Schluss aller Erntearbeiten 9 Monate liegen. Durchschnittlich genommen, muss diese Frage ohne Zweifel bejahet*) werden.

*) Nach heutigem Kalender fällt die Gerstenaussaat in den ebenen Gegenden in den October und November gleich nach den ersten Herbstregen (v. Heldreich Nutzpflanzen p. 5), die freilich im Jahre 1861 erst am 7. December eintraten. Man baut nur Winterweizen, der nach den Herbstregen November bis December in den Ebenen ausgesäet wird (ib. p. 4). Gehn wir also durchschnittlich von Mitte November aus, so reicht der 9. Monat bis Mitte August. Dann schliessen aber (in den Ebenen) die Arbeiten des Kornbauern. Am 15. August ist in Attica (jedoch wohl nur in der Ebene) die Ernte ganz beendiget und das Getreide völlig ausgedroschen, Dodwell Reise II, 1 p. 58 (Sickler). Die Panathenäen also gehören in den gregorianischen August. — Mit Dodwells Angabe stimmt der hesiodische Ansatz des Sommer-Endes nahe überein; ἔργ. 665 sqq. ἤματα πεντήκοντα μετὰ τροπὰς ἠελίοιο, ἐς τέλος ἐλθόντος θέρεος, καματώδεος ὥρης, ὡραῖος πέλεται θνητοῖς πλόος. Dodwells 15. August ist 55 Tage vom Solstiz seiner Zeit, Hesiods Sommer-Ende 50 vom Solstiz der seinigen entfernt. Um diese Zeit im Jahr ist Musse zur Festfeier, die Kornernte und ihre Arbeiten enden und die Weinernte hat noch nicht angefangen. Daher schiebt Hesiod hier den πλοῦς ein, wobei er nicht an langwierige Seereisen dachte, sondern wohl an eine Abwesenheit von etwa einem Monat (Il. II, 292 καὶ γάρ τί θ' ἵνα μῆνα μένων κ. τ. λ.). Hernach empfiehlt er baldige Rückkehr v. 675 und verbietet v. 676: μηδὲ μένειν οἶνόν τε νέον κ. τ. λ. — Wer den hesiodischen πλοῦς und den der attischen Redensart: ἐκ τῶν Παναθηναίων ὁ πλοῦς (Aristot. π. ζῴων γένεσ. I, 18) zusammenwirft, wird zu der Ansicht kommen, dass die Panathenäen stets vor dem Ende des θέρος gefeiert wurden. Da die letzten Arbeiten des θέρος langsam und bequem vollzogen werden, so könnte allerdings wohl nebenher eine

Die 9 Monat sind also nicht dem menschenähnlichen Erechtheus zu Gefallen ausgesonnen, sondern die attische Gaea gab den Bauern die Aussaat wirklich nach 9 Monaten als Vorräthe für ihre Speicher zurück; Platon. Menex. p. 238 A: οὐ γὰρ γῆ γυναῖκα μεμίμηται κυήσει καὶ γεννήσει, ἀλλὰ γυνὴ γῆν. — Eine äussere Spur dieses in Erechtheus einigen Doppelcultus der Erdgöttinn und der Himmelsgöttinn liegt in dem herkömmlichen Doppelopfer eines Rindes und eines Schaafes. Jenes war der Athena, dieses, ἐπίβοιον genannt, der Gaea bestimmt.*)

Areopag. — Wie alt wir uns auch die Stiftung dieser Gerichtsstätte denken, der agrarische Dienst der Athena und Gaea dürfte doch eine noch ältere Thatsache gewesen sein. Wenn Gaea und neben ihr Athena an den letzten Monatstagen häufig Opfer empfing, so war es angemessen, die Sitzungstage des Criminalgerichts ebenfalls hier anzusetzen, indem die im Areopag eingewiesenen Hüterin-

Festfeier stattgefunden haben. Doch gehört jene attische Redensart den Zeiten vorgeschrittener Seefahrt an und erledigt sich aus dem was in Athen herkömmlich war bei der Trierarchie; es ist besser die Aeusserung eines so alten Dichters wie Hesiod, in dessen Zeit die Seefahrt noch in der Kindheit war, nicht auf das stark entwickelte Seeleben im historischen Athen anzuwenden. — Auf heortologischem Wege lässt es sich nicht entscheiden, ob ein Ansatz der Panathenäen auf Ernteschluss als ein früher, mittlerer oder später zu betrachten ist.

*) Harpocr. p. 77, 26 sqq. Φιλόχορος δ'ἐν β'φησὶν οὕτως· ἐὰν δέ τις τῇ Ἀθηνᾷ θύῃ βοῦν ἀναγκαῖόν ἐστι καὶ τῇ Πανδώρᾳ (Bekker: Πανδρόσῳ) θύειν ὄϊν καὶ ἐκαλεῖτο τὸ θῦμα ἐπίβοιον. Pandora ist Gaea, Ar. Av. 971 u. Schol.; Welcker G. L. I p. 322. Suidas v. κουροτρόφος γῇ: ταύτῃ δὲ θῦσαί φασι τὸ πρῶτον Ἐριχθόνιον ἐν ἀκροπόλει καὶ βωμὸν ἱδρύσασθαι, χάριν ἀποδιδόντα τῇ γῇ τῶν τροφείων· καταστῆσαι δὲ νόμιμον τοὺς θύοντάς τινι (τῇ?) θεῷ ταύτῃ προθύειν. „Die der Athena (τῇ θεῷ) opfernden sollen der Gaea ein Voropfer bringen", τινὶ kann nicht richtig sein. Beide Gattungen Vieh nennt schon Homer im Dienste des Erechtheus Il. II, 550 ἔνθα δέ μιν (ihn, den Erechtheus) ταύροισι καὶ ἀρνειοῖς ἱλάονται. Die Scholien erklären μιν für αὐτόν, nicht αὐτήν (Athena), was Fr. A. Wolf meinte. Die Stelle, wenn auch interpoliert, ist doch ein beziehungsweise altes Zeugniss. Der Fries des Parthenon zeigt 4 (?) Widder bei 10 (?) Rindern, Petersen Feste der Pallas p. 26 u. 31. Vielleicht sendeten auch Tochterstädte das Doppelopfer. Zwar ist Schol. Ar. Nub. 386 bloss von Rindern, die Rede; aber die Colonie Brea (Raug. u. 785 C.) ist gehalten βοῦν καὶ μ[όσχον] (nach Snoppe de Inscr. Pan. p. 10 καὶ πρόβατα πέντε) zu den grossen Panathenäen zu senden. (Vgl. die im Index unter Doppelopfer angeführte Note über das Doppelopfer in Ilios.) Den Panathenäen war auch wohl die Herod. V, 82 ausbedungene Opfersendung für Athena Polias und für Erechtheus bestimmt, da sie alljährlich stattfinden sollte; cf. II. E. III, 10, p. 77, 24. Welcher Art die Opfersendungen (ἀπάξουσι ἱρά Herod. a. O.) waren, bezeichnet Herodot nicht näher.

nen des öffentlichen Rechts ebenfalls Erdgottheiten waren. Man stellte die Sitzungstage damit unter den Schutz der Athena.*) Es war dies nur ein neuer Ausdruck des bei den letzten Mondphasen **) waltenden Naturgefühls.

In den Processionen, durch welche die Bewohner der Mittelebene in Verbindung mit Nachbarculten standen, lagen schon früh Erweiterungen des bäuerlichen Festjahrs vor.

Die Artemis von Brauron wurde bereits in sehr alter Zeit (Herod. V, 137) besucht; ebenso ohne Zweifel die munychische Artemis, deren Stiftung nicht jünger zu sein braucht als der Ortsname Munychia.

Die uranische Aphrodite, der Mören älteste, auch Nemesis zugenannt (Inschrift auf einem Ehrensessel, Philol. XIX. p. 361, 7). war phönicisch, also in alter Zeit eingeführt. Schon früh müssen die Landeseinwohner ihren Erechtheusdienst dieser Geburts- und Todesgöttin angelehnt haben. Da sie in der phönicischen Göttin einen bereits ins Menschliche gezogenen Dienst kennen lernten, so konnte dieser Verkehr mit den Phöniciern den Fortschritt beschleu-

---

*) Neben der panathenäischen Hekatombe die für Athena Polias dargebracht wird, brachten die Hieropöen an diesem Feste auch den Gottheiten des Areopags Opfer (Rang. n. 814). Man kann dies wieder als ein Voropfer für Erdgottheiten ansehn. Doch galt das regelmässige Voropfer für Gaea der agrarischen Erdgottheit, der späterhin Demeter Chloë als Tempelgenossin beigegeben wurde. Das Neben-Opfer auf dem Areopag [Bekk. An. p. 417, 11 τὸ ἐν Ἀρείῳ δὲ πάγῳ ἐπίθυμα ἐπανάρυμα (ἐπανάρυμα? cf. lin. 7) καλεῖται] kann das neben der Hekatombe (ἐπί) an den Panathenäen gebrachte sein. Wenn ein attischer Ort für die Panathenäen ausser den Hauptopfern, die der Landesgöttinn galten, auch noch Nebenopfer sendete, welche theilweise dem Areopag bestimmt waren, so lag darin eine Anerkennung der öffentlichen Gerichtsstätte, die für alte Zeiten nicht unangemessen ist. Einst waren wohl attische Dörfer zu Athen in demselben Verhältniss wie später die ausländischen Tochterstädte (Böckh Monde. p. 93).

**) Der abnehmende Mond ladet nicht traulich zum Feste ein, da man ihn Abends nicht sieht. Am Abend aber beginnen die Festtage und überhaupt die Tage bei den Griechen. Für die panathenäische Pannychis erscheint kein Mond ihren abendlichen Beginn den Menschen freundlich zu verkündigen. Die Morgen-Erscheinung des abnehmenden Mondes in der Früh-Dämmerung erweckt in dem Schlaflosen oder zeitig Aufgestandenen nicht dieselben angenehmen Empfindungen wie die abendliche. Etwas von diesem Naturgefühl spricht sich darin aus, dass die Athener die τετάρτη, τρίτη und δευτέρα φθίνοντος für Gerichtstage bestimmten, Pollux VIII, 117 an Rinck Rel. d. Hellen. II p. 234. Dass es schwere Verbrechen waren, die vorkamen, folgt aus Ar. Nub. 611 στρεβλοῦτε καὶ δικάζετε. Die Satzung mehrte aber nur das unheimliche, welches diesen Monatstagen schon vorher von selbst anhaftete.

nigen, welchen die Religion ohnehin zur Anthropisierung nimmt. Wahrscheinlich stifteten die Phönicier ihre Göttinn zuerst an der Küste*), als einen Nachbarcult Athens.

Ausserhalb des Erechtheuskreises lagen die uralten Diasien, das grösste Zeusfest vorsolonischer Zeit (Thucyd. 1, 126). Die Bauerschaften der Mittelebene werden sich zur Stadt begeben und den Bezirk des Zeus am Ilissus besucht haben, um ihren Frieden mit dem Wettergotte zu machen.

In historischer Zeit finden wir die Diasien am 8. vom Ende oder XXIII Anthesterion begangen. In der alten Zeit, als noch der Frühlingsmonat Anthesterion weder bacchische Chöre und Chytren, noch kleine Mysterien enthielt, war das Diasienfest ohne Zweifel nicht so zurückgedrängt und von rauschenden oder mystischen Gottesdiensten überwogen, wie in historischer Zeit. Nicht bloss das Ansehn des Zeusfestes ist durch die neuen Culte (Bacchus, Persephone) geschmälert, sondern auch die historische Monatsstelle, S. v. E., dürfte es erst in Folge seiner Zurücksetzung erhalten haben.

Wenn man die Mysterien bei Agrae und die Anthesterien streicht und die Diasien am Platze stehn lässt, erhält man wahrscheinlich ein sehr falsches Bild des Anthesterion alter Zeit. Die vornehmste Monatsstelle, gegen Vollmond, hat gewiss schon damals ein Fest gehabt. Weisen wir die Tage gegen Vollmond, die später bacchische Anthesterien enthielten, den Diasien alter Zeit zu, welche dadurch einen ihrem früheren Ansehn gemässen Platz erhalten; ähnlich dem, welchen Dipolien und Kronien in ihren Monaten einnehmen.

Der Anthesterien-Bacchus hat den Zeus aus der vornehmsten Monatsstelle verdrängt, vermuthlich nicht auf einmal, sondern durch allmähliche Fortschritte. Bacchus der Sohn konnte dem Vater Zeus anfangs im Cultus beigeordnet werden, dann immer mehr überwie-

---

*) Die Stiftungen an der Küste sind im Allgemeinen älter als die binnenländischen und gehören wohl grossentheils in die Zeit vor den Wanderungen des XII. und XI. Jahrhunderts. So hat die Aphrodite auf Colias, der Poseidon bei Eleusis und Sunium, die Artemis auf Munychia und in Brauron, auf hohes Alterthum Ansprüche. Erst später drang wohl Poseidon landeinwärts; vgl. Odyss. XI, 122 sqq. Sein Altar auf der Höhe von Agrä, die Artemis Agrotera und die Aphrodite ἐν κήποις bilden eine von der Burg ziemlich abwärts gelegene Gruppe, welche gleichzeitig landeinwärts geschoben sein kann, als Ionier aus Helike in Aegialea ihrem heimatlichen Poseidon Helikonios (Leake Top. p. 204) eine Stätte suchten. Die Gegend von Agrä mochte in alter Zeit eine Art Fremden-Quartier sein.

gen, bis er endlich den Zeus verdrängte und der Lehrsatz von Orpheus aufgestellt wurde, Zeus habe seinem Sohne Dionysos die Regierung der Welt abgetreten.

Das vormalige Hauptfest des attischen Anthesterion, die Diasien der Vollmondszeit (hypothetisch), enthielt durch seine Stellung im Jahre*) die materielle Grundlage für ein Bacchusfest,

---

*) Rechte Zeit der agrarischen Anthesterien des Zeus ist Arcturs Spätaufgang (Hesiod. ἔργ. 750), wenn die kommende Schwalbe anzeigt, dass der Winter aufhört (cf. Plutarch Symp. VIII, 10, 3: Ἀνθεστηριῶνι μηνὶ μετὰ χειμῶνα) und die Frühjahrsarbeiten beginnen können. Der Stichtag des endenden Winters und anfangenden Frühlings ist für Hesiod's Zeit und Klima Februar 24, welcher Tag der Februar-Mitte heutigen Kalenders entspricht; Ideler Handb. I p. 246. — Es fragt sich, wie man diesen Stichtag behandelte. Im Mondjahre schwankt jedes Fest in einem Zeitraum von wenigstens 29 Tagen; hat man also die übrigen, nicht auf den Stichtag fallenden Anthesterien 1. alle früher eintreten lassen, ganz winterlich? oder 2. alle später in den März hinein? oder 3. endlich so, dass einige Anthesterienfeste vor dem Stichtag, andere nach dem Stichtag fielen? Soweit diese Fragen sich ohne Chronologie erledigen lassen, ist meine Antwort folgende. — Die Anthesterien enthalten ein Fest der Knechte, Kronien älterer Gestalt. Die Eleer aber opferten dem Kronos im Monat Elaphios um die Zeit des Frühlingsäquinoctiums, Pausan. VI, 20, 1. Dies spricht für Verneinung der 1. und 3. und für Bejahung der 2. Frage. Nehmen wir also an, dass die Anthesterien frühestens in die Zeit der Schwalbenankunft fallen. — Von dieser bis Aequinoctium liegt ungefähr eine Monatszeit, während welcher der Blumenflor noch im Zunehmen ist; er erreicht erst mit Aequinoctium seine Höhe, Gemin. p. 6 (Altorf.). — Sehr angemessen bewegt sich das Blumenfest durch diese Monatszeit. — Nach Hippocrates ist dies die Zeit der Baumpflanzung. Er rechnet sie zum Winter, den Frühling beginnt er erst mit Aequinoctium, Ideler Handb. I p. 250 sqq. Hesiod dagegen rechnet sie zum Frühling. Schon hieraus geht hervor, dass die zwischen Arcturs Spätaufgang (Schwalbenankunft) und Aequinoctium liegenden Tage eine Uebergangszeit, etwas winterlich und etwas lenzlich, sein werden. — In Aristophanes' Acharnern wird die Winterlichkeit stark hervorgehoben. Es ergeht Befehl an Lamachos im Schnee die Pässe zu bewachen und die Böoter abzuwehren, deren Einfall zu den Anthesterien in Aussicht steht (Ar. Ach. 1075 sqq.). Wiewohl Aristophanes hier den Kriegsmann recht unglücklich und allen Beschwerden ausgesetzt darstellen will, und wohl Einiges auf die Absicht des Dichters abzuschlagen ist, wird doch der anthesterische Schneefall für die Höhen im Parnes und Cithaeron, wo es (bei Oenoë) Pässe nach Böotien giebt, gewiss nicht erdichtet sein. — Die Zeit vor Aequinoctium ist in der That noch etwas winterlich, wie die Angaben in Geminus' Kalender lehren. Daselbst wird nach Eudoxus bemerkt, dass Boreas 30 Tage nach der Schwalbenankunft wehe; es ist von Regen (ὑετός), rauhem Wetter (χειμαίνει), kaltem Nordwind (βορέας ψυχρός) die Rede; ja noch eben nach Aequinoctium von Schnee, vom 3. Tage des Widders heisst es: ἐν δὲ τῇ γ΄ Καλλίππῳ κριὸς ἄρχεται ἐπιτέλλειν· ὑετὸς ἢ νιφετός. — Auch als die Anthesterien bacchisch wurden,

Blumen, fertigen Wein, mit dem die Bauern auf ἀμάξαις unter Lust und Scherz zur Stadt gefahren kamen. Diese natürlichen Gegebenheiten liessen sich für das Emporkommen eines ganz neuen Gottesdienstes verwerthen. Hätten die Diasien in der Kette der Erechtheusfeste eine Stelle erhalten, so würden sie der Zurückdrängung weniger ausgesetzt gewesen sein. Ihre Unverbundenheit gab sie den Uebergriffen eines eindringenden Gottesdienstes preis, sie wurden der erste wesentliche Anhalt des Bacchusdienstes in Athen, der sich an dem alten Zeusdienst hinaufrankte.

Nach dieser Hypothese werden der alten Zeit Chytren des Zeus am XIII Anthesterion beigelegt und diese mit den Diasien identificiert, Anthesterion XXIII wird Werkeltag. Diese Diasien zum Vollmond

---

blieb wohl ihr Stichtag der Spätaufgang des Arctur und die Schwalbenankunft, in der Art, dass, wie in älterer Zeit, die Scheide von Winter und Lenz frühester Termin der Anthesterien war. — Der Wein wird zu den Anthesterien an den Markt gebracht, wenn die Nachgährung beendiget ist. In Ungarn sieht man die Nachgährung im Februar heutigen Kalenders als vollendet an, die durchlöcherten Spunde der Fässer werden dann mit luftdichten vertauscht (Kanngiesser bei Böckh Lenä. p. 110); in Würtemberg schon anfangs Februar, wo man den jetzt zum Verkauf fertigen Wein abermals ablässt (I. G. Mayer d. Weinstock, Erlang. 1861). Die Trauben des Südens haben mehr Süsse, je zuckerreicher der Most ist, desto später tritt die Gährung ein, desto länger dauert sie, Allgem. Encycl. I, 52 p. 142. In der portugisischen Provinz Beira scheint man den Wein Ende Februar oder noch später als ausgegohren zu betrachten, denn alle Jahr im März oder April werden dort drei Tage lang die jungen Weine verkauft, Jullien, Topogr. d. Weinb. II p. 114. Hier haben wir einen portugisischen Anthesterienmarkt. Es schadet nichts den Wein einige Wochen nach vollendeter Gährung zu verkaufen, wohl aber würde eine Verfrühung des Weinmarktes schädlich sein. — Für den Anschluss des bacchischen Anthesterienfestes an die Jahreszeitenscheide kann man noch anführen, dass nach dem inschriftlich erhaltenen Pachtcontract (C. I. I. n. 103) die Frühjahrsarbeit im Piraeus am XVI Anthesterion, also gleich nach dem Feste, anfangen soll; es ist nicht unmöglich, dass der Anthesterien-Vollmond (XIV), unabhängig von Kalenderreformen, im Allgemeinen als kalendarische Jahreszeitenscheide galt, doch fehlen weitere Belege. — Endlich bemerke man noch in Aristophanes' Acharnern, dass Dikäopolis eben vor Ankündigung der Choën sich mit Gedanken beschäftiget, wie er Fruchtbäume pflanzen wolle, zuerst Wein v. 995 πρῶτα μὲν ἂν ἀμπελίδος ὄρχον ἐλάσαι μακρόν. Solche Gedanken passen in die Zeit der hippocratischen φυταλία. Das Anthesterienfest übrigens hat gar keine Beziehung zur Baumpflanzung, auch nicht zum Schneiteln der Rebe (Hesiod ἔργ. 572 οἴνας περιταμνέμεν), wiewohl diese Arbeit nicht nach der Frühlingsgleiche (Voss Landbau II p. 403. p. 409) geschehen darf und danach wohl meist mit der φυταλία zusammenfällt.

müssen wir uns sehr ernst denken. Schon *Schömann* Alt. II. p. 480 hat mit Recht angedeutet, das Anthesterienfest sei anfänglich in ernsterem Sinne eingesetzt. — Aber der Tag vorher (Anthesterion XII) oder die Tage vorher (XI und XII) werden längst fröhlich mit Trinken und Lustbarkeit, namentlich von dem Gesinde*), begangen sein. Ehe der Landmann dem Zeus Milichius (am XIII) nahete und des Gottes Gnade für die bevorstehende Arbeit erflehete, durften auch die Knechte einen fröhlichen Tag haben. Vor Kronions Angesicht begab sich der Herr seines Herrenrechts eine Weile und liess alles was diente und schwerer Arbeit entgegen sah ein Fest feiern, welches materiell — vielleicht auch nominell — die ältesten Kronien der Landschaft waren. Im Bezirke des Zeus wurden am XIII Diasien gefeiert, ebendaselbst hat Kronos seinen Tempel, und der Vortag kann gleichfalls im Bezirke des Zeus als Kronien begangen sein, Anthesterion XII. (Diese Monatsstelle bewahrten auch die Kronien historischer Zeit im Hekatombäon.)

Wie die ländlichen Anthesterien des milichischen Zeus in ein Bacchusfest übergegangen sind, so finden wir auch die Auffassungen des Sternbilds, nach dessen Spätaufgang sie gefeiert wurden, anfangs ländlich, später bacchisch. Die Feier der Anthesterien folgt auf den Spätaufgang des Arctur (s. oben S. 20 die Note). Sein älterer Name *Bootes*, Odyss. V, 272 entstand in einfältiger bäuerlicher Zeit, wo der Bauer mit seinem Wagen (Il. XVIII. 487. ἄρκτον θ', ἥν καὶ ἄμαξαν κ. τ. λ.) sich als Führer der Stiere (Nitzsch z. Od. Th. II. p. 42), des mit Stieren bespannten Wagens (vgl. Ideler Sternnamen p. 47) an den Himmel versetzte**), weil Arctur das Zeichen zu ländlicher Arbeit gab. — Die Bezeichnungen nach dem Weinbau sind jünger. Einigen galt er für Icarus, den Schüler des Bacchus, er

---

*) In alter Zeit hat der herrschende Stand sich ohne Zweifel nicht in dem Grade wie später bei den Choën der Ausgelassenheit und dem Zechen ergeben, da ein ernstes Fest bevorstand. Dass die Herren sich am XII (Choën), die Knechte am XI (Pithögien) gütlich thun, ist wohl ein Unterschied, der sich erst im Verlaufe gebildet hat. Leihen wir der alten Zeit ein patriarchalisches Beieinander von Herr und Knecht.

**) Ameis z. Od. V, 272 versteht unter Bootes einen Ochsenhirten. Das ist nicht richtig. Schol. Hesiod. Ἔργ. 393 (βοωτεῖν) lässt für βοωτεῖν zweierlei zu, ἢ τὸ ἀροτριᾶν ἢ τὸ βοῦς βόσκειν. Der Himmelswagen entscheidet gegen Ameis. Vgl. Suidas: βωτεῖν, ἀροῦν· Λάκωνες, Stephan. Paris. II p.384. Auch Babrius nennt den Führer eines Ochsenwagens βοώτην Fab. 52, 3, statt βοηλάτης wie Fab. 20. Damm sagt richtig: — *Boώτης vero διὰ τὴν ἄμαξαν — nam alias hoc nomine dicitur bubulcus* — ἀμαξηγός.

hiess auch τρυγητής der Winzer (Ideler a. O. p. 48 sq.), doch hielt man sich lieber an den προτρυγητήρ in der Jungfrau (a. O. p. 171). Diese neuen Bezeichnungen, obwohl an sich selbst unabhängig von den Anthesterien und der Anthesterienzeit, weisen hin auf einen Umschwung in den Vorstellungen. Denselben Umschwung erfuhren die Anthesterien, als sie aus einem Zeusfest ländlichen und bäuerlichen Charakters ein bacchisches Fest wurden.

Durch die Annahme, dass die bacchischen Anthesterien auf Zeuscult gegründet sind, treten gewisse Bräuche des dritten Anthesterientages (Chytren) erst ins rechte Licht.

Die dargebrachte Panspermie bezieht sich auf die Fruchtbarkeit der Erde. In alter Zeit ist es Zeus, der Frucht bringt aus Gaea, indem er ihren Schooss durch Frühjahrsregen segnet. Wiewohl die Panspermie, in Thongefässen (Töpfen, χύτραις) dargebracht, ein Nebengebrauch bei der Aufrichtung bacchischer Altäre geworden zu sein scheint, hat doch die Legende jene Beziehung zum Zeus bewahrt. Sie führt die Sitte, allerlei Frucht und Sämerei zusammenzukochen auf die deucalionische Fluth zurück. Die Fluth geht den Bacchus nichts an, desto mehr den Zeus. Der gerettete Deucalion hatte im Bezirke des Zeus das ἀρχαῖον ἱερόν erbaut, hier war auch Deucalions Grab und der Erdspalt, in den das Fluthwasser hineinschwand. Nach der Rettung opfert Deucalion dem Zeus Phyxios, ἐκβὰς θύει Διὶ Φυξίῳ, Apollod. 1, 7, 2 § 5., durch dessen Huld er grosser Noth entflohen war. Zeus Phyxios liegt aber dem milden Zeus sehr nahe (Schöm. Alt. II p. 321; Pausan. III, 17, 6). Dem milden Zeus werden die Diasien gefeiert. Durch die Identification der Chytren des XIII Anthesterion und der Diasien alter Zeit wird es deutlich wie das anthesterische Bacchusfest zu einer so originierten Darbringung des Saamenopfers kam.

Auch die Form der Darbringung, ἐν χύτραις, scheint ihren Grund im Dienste des häuslichen Zeus*) zu haben. Die alten Erklä-

---

*) Nach Schol. Ar. Plut. 1198 wäre das ἱδρύειν χύτραις freilich ein ganz allgemeiner Gebrauch: ὁπότε μέλλοιεν βωμοὺς ἀφιδρύειν ἢ ἄγαλμα θεοῦ, ἕψοντες ὄσπρια ἀπήρχοντο τούτων τοῖς ἀφιδρυμένοις. Aber das vom Scholiasten a. O. herangezogene Beispiel Ar. Danaid. Fr. (Bergk. p. 160) geht auf den häuslichen Zeus. Ebenso ist von Διὸς κτησίου σημείοις die Rede bei deren Aufstellung (ἱδρύεσθαι) eine παγκαρπία (= Panspermie) mit Oel und Wasser in vorgeschriebenem Gefäss dargebracht wird (G. A. 24, 19 und die daselbst beigebrachte Stelle). Beide Zeus, der ἑρκεῖος und der κτήσιος, gehören eigentlich in den Hausgottesdienst. Das Topfopfer hat selbst häuslichen Charakter,

rer deuten den Festnamen χύτροι auf diese Form der Darbringung. Χύτροι ist ihnen = χύτραι. Die Sache lässt sich auch anders ansehn.

Geht man nämlich auf den bemerkenswerthen Unterschied des Masculins χύτροι (das Chytren-Fest) und des Femininus χύτραι (Kochtöpfe) ein und sucht eine unabhängige Bedeutung *) von χύτροι (Wasserschlund), so gelangt man zu einer Erklärung, welche die Gegend bei Limnä angeht und den Bezirk des Zeus, der im Frühling durch seinen Regen daselbst Wasserlachen bildet. Χύτροι als Name des XIII Anthesterion bedeutet danach eigentlich eine Feier der Frühlingsfeuchte, χύτρινοι ἀγῶνες „thönerne, töpferne Agonen" aber müssen durch Missverstand in die Sprache gekommen sein, welche vielmehr χυτρινοί lenzliche, Agonen der feuchten Frühlingszeit ursprünglich gemeint hatte, χυτρινός Oxytonon wie θερινός, χειμερινός. Da Bacchus keine Regenfluthen schickt, um die tiefen Stellen (χύτροι) des limnäischen Sumpfes zu füllen, so blieb für bacchische Chytren kein anderer Weg als eine Beziehung zu den Gefässen (χύτραις) zu suchen, in denen die Panspermie dargebracht wurde.

Die Todtengebräuche des Chytrentages waren einst vermuthlich an Zeus geknüpft. Zu ihm muss man sich wenden, dass er die Erinyen beschwichtige (Apollon. Arg. IV. 713: ὄφρα χόλοιο σμερδαλέας παύσειεν Ἐρινύας; cf. Schöm. Alt. II p. 317); so wird man ihm geopfert haben, damit er die wandelnden Gespenster der Anthesterienzeit (G. A. 58, 16) wieder durch den (im Frühling einen χύτρος bildenden) Erdspalt seines Bezirks (siehe die Note) in die

---

die Hausmutter wird eine χύτρα gekocht haben. Auch die öffentlichen Darbringerinnen sind Frauen (Schol. Ar. Plut. 1199). — Nehmen wir an, dass sich der Brauch erst später verallgemeinerte, seine häufigste Anwendung aber auch später noch im Hausgottesdienste des Zeus fand.

*) Χύτρα und χύτρος haben schwerlich von vornherein dasselbe bedeutet (Kochtopf) und es ist spätere Willkühr, wenn das Masculin χύτρος = χύτρα, Topf, vorkommt; vgl. Lobeck Pathol. pag. 17. Der alte Sinn von χύτροι, Masculin, ist theils in dem attischen Namen des Festtags, theils in der einheimischen Benennung der Quellen von Thermopylä (Herod. VII, 176; Pausan. IV, 35, 9), theils in der ebenfalls landschaftlichen Benennung der tiefen Stellen des Sumpfs (βαθύσματα τῆς λίμνης) im böotischen Cephiss (Theophr. Hist. IV, 11: 8) erhalten geblieben. Solch eine Eintiefung ist auch im Bezirke des Zeus, Pausan. Att. 18, 8. In dieselbe verrannen die Frühlingswasser, Kieler Stud. p. 367. Sie bildete also einen χύτρος zur Frühlingszeit.

Unterwelt hinabsteigen heisse, wie sie aus diesem *mundus patens* heraufgestiegen.

Die Sitte, ganze Opferthiere darzubringen und nicht von ihnen zu essen, stammt vielleicht auch aus der alten Zeit als man am XIII Anthesterion dem milichischen Zeus Diasien-Opfer brachte. Leider sind Ganzopfer des Chytrentages nur schwach bezeugt, s. in den Untersuchungen die Speisenbräuche am Chytrenfest und Note daselbst.

Vielleicht wird Mancher, mit Rücksicht auf die relativ junge Entstehung der Bacchusfeste zugeben, dass in alter Zeit die Monatstage der Anthesterien ein Zeusfest enthielten, unter alter Zeit aber eine Zeit vor den Wanderungen verstehn, weil Thuc. II, 15 gemeint zu haben scheint, das Anthesterienfest habe als Bacchusfest zur Zeit der jonischen Wanderung in Athen existiert und der jonische Völkerzug habe diese bacchischen Festgebräuche aus Europa nach Asien hinübergetragen. Diese Meinung aber ist nicht vereinbar mit dem offenbar späten Aufkommen des Bacchusdienstes, welchen die Griechen nach Petersen Delph. Festcycl. p. 4 erst im IX und VIII Jahrhundert kennen lernten. Meiner Ueberzeugung nach ist an recipierte Bacchusfeste vor oder zugleich mit oder auch nur bald nach den Völkerzügen nicht zu denken, und was den Joniern beider Küsten in alter Zeit gemeinsam war, kann nur das dem Frühlings-Zeus begangene Anthesterienfest gewesen sein, die Chytren oder Diasien des XIII Anthesterion nebst dem Feste der Knechte. Auf der gemeinsamen Grundlage dieses Festes erbauete sich auch eine gemeinsame Weiterbildung, bei der die natürlichen Gegebenheiten der Jahreszeit anders benutzt und anders aufgefasst wurden als ehedem.

Bei der Lebendigkeit des Verkehrs der beiden Gestade, zwischen denen das Leben der griechischen Seevölker oscillierte, fand ein fortwährender Austausch auch geistiger Güter statt. Dieser Wechselverkehr, getragen von dem Element der Welle, geistig in dem Medium des jonischen Dialects sich bewegend, erweiset sich in der Theilnahme Athens an jonischer Philosophie, in dem Wiederklang, welchen Joniens Geschicke in Athen fanden, in den Tyrannengelüsten, die von Kleinasien aus die Stammgenossen in Europa ansteckten.

Themistocles wies den Magnesiern das Choënfest (R. E. II, p 1062) und umgekehrt stifteten seine Söhne die Artemis Leucophryne aus Magnesia in Athen.

Selbst wenn die asiatischen Anthesterien der Jonier bis ins Detail mit den athenischen übereinstimmten, ist es sehr misslich zu behaupten, dass die Jonier während der Völkerzüge ein in Athen recipiertes Bacchusfest kennen lernten.

Bei den Ephesiern, Samiern, Chiern verehrte man die Isis (R. E. IV, p. 289); in Athen ebenfalls. Ephesus, Samos, Chios sind unter den 12 Städten, welche Neleus Codrus' Sohn, nachdem er Athen verlassen, in Jonien gründete. Daraus folgt nicht, dass die Gründer den Isisdienst aus Athen mitnahmen, dass sie in Athen alte Isisfeste antrafen.*)

Ausserhalb des Erechtheus-Kreises lagen auch die Begehungen des Winters, Lustbarkeiten vornehmlich, die mit Opfern wie gewöhnlich verbunden waren. Ob es Winterfeste gab, die schon in alter Zeit alle Bewohner angingen und zum öffentlichen Festjahr gehörten, lässt sich in Zweifel ziehn, da selbst die spätere Zeit, welche öffentliche Winterfeste, wie die Haloen, die Lenäen, kannte, in einem gewissen Wintermonate nur ländliche Begehungen hatte (im Poseideon, die ländlichen Dionysien). Noch in Pericles Zeit fügten die Landbewohner sich nur mit grossem Bedauern dem Befehl zur Stadt zu ziehen, und die Vorliebe für zwangloses Leben auf dem Lande wird vormals noch grösser gewesen sein, die Hauptstadt bot wenig Reize, der Sinn für hauptstädtische Genüsse war noch nicht erwacht. Unbedenklich kann man sagen, dass die alte Zeit mehr Feste ländlich beging, als die spätere. In der Winterzeit, der *genialis hiems*, die in der ganzen Welt am reichsten ist an geselligen Freuden, blieben die Bauern zu Hause, feierten und schmauseten bei dem was die Vorräthe des Gehöfts vermochten. Im Dienste des Weingottes Bacchus geschah dies aber nicht, Bacchus war noch nicht bekannt. Einem Gotte ordneten sie aber gewiss ihre Feste unter, und auch hier scheint es das Nächste an Zeus zu denken. Wenn ein reiches Geschlecht seine Familienmitglieder zu einem Gastgebot lud, so standen alle unter dem Schutze des Zeus, welcher der höchste Hort des Hauses ist (*Zeus Herkeios*). Auch wenn sämmtliche Hintersassen, alle Dörfler theilnahmen, war der göttliche Schutzherr des Herrenhauses, Zeus, zugleich der allgemeine Schutz-

---

*) Schon im Alterthum (Diodor. I, 29) wurde behauptet, Erechtheus sei ein geborner Aegypter gewesen (auch Cecrops und Danaus sollten Aegypter sein, Lepsius Aegypt. Chron. p. 40 u. 7), er habe den Athenern die eleusinische Weihe gezeigt, daher komme es, dass unter den Hellenen allein in Athen bei der Isis geschworen werde.

herr. (Einen hausgottesdienstlichen Apoll gab es erst später in der Mittelebene Atticas.)

Winterfeste des Poseidon scheinen zwar bei Eleusis und Sunium, nicht aber um Athen für die älteste Zeit angenommen werden zu müssen (s. unten).

Es blieb das agrarische Festjahr der Erechtheus-Religion wohl bis zu den Stammwanderungen wesentlich bestehn. Die Wanderungen, obwohl sie Attica nicht gewaltsam überschwemmten, legten doch den Grund zu bedeutenden Veränderungen, zunächst durch einen herbeigeführten Conflict mit dem Poseidonsdienste. Nur durch einen theilweise feindseligen Conflict konnte der agrarische Erechtheus mit dem erdumfassenden Poseidon*) identificiert werden.

Der Poseidonsdienst muss für die attischen Landschaften in dieselbe alte Zeit gesetzt werden, welcher Athena angehört, ohne dass darum Poseidon unter den Localgöttern der Mittellandschaft gewesen wäre. Die Stellung, welche er in oder vielmehr über mehreren Gebietstheilen Atticas hatte, scheint eine amphictyonische gewesen zu sein. Denn vor den Wanderungen bildeten Athen, Orchomenos, Prasiä, Aegina, 'Epidaurus, Hermione und Nauplia einen Verein um den Poseidonstempel der kleinen Insel Calauria, welcher „nothwendig vor der äolischen und dorischen Wanderung angesetzt werden muss." O. Müller Orchom. p. 247. Böckh St. H. II p. 368. Hermann Alt. I, 11, 7. Nichts hindert den Poseidon in der Paralia auf Sunium**) auch als Localgottheit zu denken und daselbst siedelndes Seevolk anzunehmen und Familien, in denen dieser Gott erblich verehrt wurde, schon ehe der dort gelegene Gau Anaphlystus (E. Curtius gr. G. I, p. 248) von dem ganz dem Poseidon heiligen (Prel-

---

*) Apollodor III, 15 init. τὴν δὲ ἱερωσύνην τῆς Ἀθηνᾶς καὶ τοῦ Ποσειδῶνος τοῦ Ἐριχθονίου Βούτης (λαμβάνει). Auf einem kleinen säulenförmigen Piedestal, das beim Erechtheum gefunden und älter als ol. 86, 3 ist (Ross Dem. p. 91; Rang. n. 46) Ποσειδῶνι Ἐρεχθεῖ. Auf einem der neugefundenen Ehrensessel: ἱερέως Ποσειδῶνος γαιηόχου καὶ Ἐρεχθέως, Philol. XIX, 360, n. 20. — S. in d. Unters. die Skirophorien.

**) Odyssee III 278 sqq. Σούνιον ἱρόν... ἄκρον Ἀθηνέων kann aber kaum dafür angeführt werden, obgleich a. O. ἱερὸν Ποσειδῶνι erklärt wird; vgl. Ameis z. d. St. Denn auch ohne Beziehung zum Gottesdienste kann ein majestätisches Cap ἱερόν heissen; vgl. Nitzsch z. d. St. — Wohl aber kann man anführen: Festus ed. O. Müller p. 258 *Quadrurbem Athenas Accius appellat, quod scilicet ex IIII urbibus in unam domicilia contulerunt Braurone, Eleusine, Piraeo, Sunio.* Auch stellen die Alten auf, Attica sei einst in 4 Phylen zerfallen *Dias, Athenais, Posidonias, Hephaestias.*

ler R. E. V p. 556) Trözen aus bevölkert wurde. Die Eumolpiden in Eleusis stammen vom Poseidon. In einzelnen Landestheilen des vor Alters zersplitterten Attica war Poseidon schon sehr frühzeitig Familiengott, alle oder viele erkannten in ihm den amphictyonischen Oberherrn und zwar wahrscheinlich so lange bis Apoll ihn in dieser letzteren Eigenschaft ablöste. Denn es sind überhaupt zwei Perioden (E. Curtius gr. G. I p. 53) zu scheiden, eine ältere und rohere, in welcher Poseidon herrscht, und eine jüngere, mehr gesittete. Letztere nun aber scheint nicht blos aus Einführung neuer besserer Culte, sondern vornehmlich auch daraus hervorgegangen, dass alte einheimische Gottesdienste, deren Ansehn bisher gering war, sich in weiterem Umfange geltend machten und aus ihrer provinciellen Schranke sich dem Poseidonsdienste gegenüber erhoben. Dies nun muss sich mit dem Centralcult der attischen Mittelebene zugetragen haben. Als die Stämme zu wandern anfingen, bestand die poseidonische Amphictyonie noch und was an Poseidonsdienern nach Attica zog und heilige Stätten gründete, wie den Altar des Poseidon Helikonios (s. oben S. 19 Note), konnte das Ansehen des amphictyonischen Gottes geltend machen. Nur mühsam mochte sich die erechtheische Bauerschaft der Eindringenden und ihres Gottes erwehren, anfänglich diesem vielleicht ein Uebergewicht zugestehn, welches reiche und stolze Geschlechter für poseidonische Bräuche (Ross und Wagen) bei der Panathenäenfeier leicht beanspruchen konnten. Aber die Völkerverschiebungen gestalteten sich so, dass Poseidons Amphictyonie gestürzt wurde, Poseidon erlag der Athena, die anfangs wohl schrofferen Unterschiede der Gentilculte schliffen sich ab und zwar zu dem Ende, dass die verschiedenartigen Elemente sich der Athena unterordneten, obwohl allerdings das Eindringen des Poseidon Spuren liess.

Der Gottesdienst des pelasgischen Centralattica, welcher von vornherein eine naive und feine Anlehnung an die Natur und eine gewisse Mildigkeit der Sitte eingeschlossen hatte (vgl. Müller Dor. I p. 14), konnte sich nicht mehr völlig in dieser Eigenheit behaupten, als Attica durch die Völkerzüge zahlreichen Zuwachs an Bewohnern und damit an Gottesdiensten erhielt.

Die Einwanderer, namentlich die peloponnesischen,*) stifteten thesmophorienähnliche Localculte der Demeter, einer ursprünglich agrarischen Erdgottheit.

---

*) Auch wer localen Demeterdienst schon vor den Wanderungen in Attica

Thesmophorien.

Localculte der Demeter wurden in Eleusis und Phlya gestiftet. Auch die halimusischen Thesmophorien, welche später einen Theil der athenischen Feier bildeten, waren wahrscheinlich einst ein unabhängiges Fest, ehe noch die Stadt Athen ein Thesmophorion hatte. Ihre Stiftung, vielleicht durch Auswanderer von Trözen (Preller, Zeitschr. f. d. Alt. 1835 p. 791), wird in die Zeiten der Wanderung zu verlegen sein.

Aus Tanagra kommende Gephyräer,*) ursprünglich Phönicier (Herod. V, 57), sollen den Dienst der klagenden Demeter ($Ἀχαιά$,

---

geübt glaubt, muss als Ergebniss der Völkerbewegung anerkennen, dass im Peloponnes die Weihen durch die Dorier überall unterdrückt wurden (Herod. II, 171; Sauppe Myst. In. p. 4), während sie in Attica ruhigen Bestand hatten und sich weiter entwickeln konnten.

*) Herodot hatte sich überzeugt dass die Gephyräer eigentlich Semiten seien. Hierauf muss man fussen und die Erklärung danach einrichten, also Orientalisches heranziehen. Tanagra, welches nach Steph. Byz. auch Gephyra hiess (Pape III p. 105) kann vielleicht semitisch erklärt werden (tannoth, Wohnungen; gerim, Fremdlinge, Pilger), auch Gephyra (von Kaphar Gehöft hat Giaphara, Ort bei Leptis, seinen Namen; Plin. H. N. V, 4; R. E. III p. 652; Fürst hebr. Hdwtb. p. 622). Doch ist der Ortsname Gephyra für das böotische Tanagra bloss von Steph. Byz., so weit ich nachsehen konnte, direct bezeugt. Der Ortsname könnte Rückschluss sein, dass wirklich Gephyräer aus Tanagra kamen. Es ist also nicht ganz sicher zu sagen: Gephyräer bedeute die Einwohner eines Gephyra benannten Ortes. — Hiernach muss man noch einen zweiten Weg gehen, indem man voraussetzt Gephyräer sei Appellativ. — Im Hebräischen selbst findet man Wechsel der Kehllaute, wie Kinnereth und Genesereth. Schon oben ist aus Fürst beigebracht, dass die punische Stadt Kephara von den Römern, auch den Griechen ($Γάραφα$ Ptolem.) mit weichem Guttural im Anlaut gesprochen wurde. So könnten die Gephyräer von Kaphar, die Sünde zudecken, abgeleitet und als Sühnpriester gedeutet werden. — Franz Dietrich hat seinem Freunde Heinr. Thiersch darüber brieflich folgendes geschrieben: Zwar sei es ansprechend $Γεφυραῖοι$ als einen Namen des Priesters selbst zu nehmen und von Kaphar abzuleiten, da ja auch der Heide im Opfer die Versöhnung gesucht habe; allein der feinhörige Grieche werde doch wohl den stärkeren Laut K nicht vernachlässiget haben, man müsse eine semitische Wurzel mit weichem Anlaut suchen; das Hebräische biete nichts Erträgliches, aber das arabische Dschefr werde erklärt als die Kunst aus einer Kameelhaut zu wahrsagen, dies sei für die alten Phönicier, die Nachbaren der Philister, keineswegs zu albern und die alten Priester seien als solche Weissager. — Wenn ich dem beizutreten zögere, so geschieht es darum, weil ich in den Nachrichten keinen Anhalt für gephyräische Wissenschaft vom Dschefr

nach Plutarch. de Is. et Os. 69 = *ἐν ἄχει οὖσα*), dann in Athen gestiftet haben. Sickler hielt *'Αχαιά* für semitisch, vom hebräischen achach, ächzen; Rinck I p. XIX.

Herodots Bericht über die gephyräischen Stiftungen in Athen berechtiget zwar nicht zu sagen, der öffentliche *) Gottesdienst der

sehe. Die Gephyräer sind nach Herodot Lehrer der Buchstaben und Baumeister, auch Stifter eines Demetercults, sie beschäftigen sich mit ernsten und sogar mit hohen Dingen. — Hitzig (Zeitschr. der deutschen morgenländischen Gesellschaft IX. 1855 p. 751) identificiert die Gephyräer mit den Geschurim 1 Samuel. 27, 8, er behauptet das hebräische Schin könne griechisch φ werden, die Gephyräer seien vor-semitische Bewohner Syriens (p. 771), arischen Stammes, sie hätten dem indischen Bacchus gedient (p. 777). Heinrich Thiersch, welcher mir dies aus der Zeitschrift mitgetheilt hat, hält Hitzigs ganze Auseinandersetzung für verfehlt. — Das griechische Wort *γέφυρα* (Damm, Brücke — eine Bedeckung [Kaphar] von Sumpf oder Fluss) hält Fr. Dietrich für unsemitisch, und stellt es zur griechischen Wurzel ΓΕΦ (*γόμφος*, Pflock): vergl. G. Curtius griechische Etymologie I, 143. Aber auch dieser Ableitung leisten die Nebenformen von *γέφυρα*, laconisch *δίφουρα*, thebanisch *βλέφυρα* (a. O. II, 77) in auffallender Weise Widerstand. Sieht es nicht doch wieder aus als habe der Grieche den semitischen Kehllaut nicht nachsprechen können und sei so ins Wilde gerathen? denn nur der Anlaut schwankt zwischen *γ*, *δ* und *βλ*. — Sehr merkwürdig ist es mir erschienen, dass die pontifices Roms, anscheinend ins Latein übersetzte Gephyräer, Binsenpuppen, Argeer genannt, von der Brücke in den Fluss warfen als Sühnopfer, und diese aus Binsen geflochtenen Puppen aus arag (flechten), einem hebräischen Worte, erklärt werden können. Der diesen Sühncult nach Italien bringt, ist Hercules (Dionys. Hal. I, 38), und die Herculessagen enthalten nicht selten semitische Elemente, wie Niemand leugnen kann. Die pontifices opfern unter Aufsicht, als wären sie fremde, in Dienst genommene Sühnpriester. Rubino, röm. Verf. I p. 216 not., hebt hervor, die Stellung der pontifices sei hier eine ursprünglich untergeordnete. Er hält das Argeer-Opfer für vorrömisch. — Franz Dietrich hält den Namen von Argei für römisch; argei stehe für hargei, wie arviga für harviga, aruspex für haruspex; in jenem harg wie in diesem haru sei ein indogermanisches Wort (Althochdeutsch: haruc, heiliger Hain) zu erkennen, es bedeute: das vom Profangebrauch Gesonderte, das Heilige. — Bei dieser Ansicht bleibt es unerklärt, weshalb Hercules das Opfer der Binsenpuppen stiftet. — Ich kann diese Note nicht schliessen ohne Herrn Professor H. Thiersch für die thätige Theilnahme an dieser Frage meinen Dank auszusprechen. Manches gehört noch hierher, was wir nicht verhandelt haben, wie die *Καβαρνοι*, siehe p. 31 Note**.

*) Im Gegentheil entnehmen die Alterthumsforscher, der Cultus der Demeter Achaja sei gephyräischer Gentildienst und der Einen Familie durchaus eigenthümlich gewesen (Schömann Alt. II p. 486; Lobeck Agl. p. 1225). Mochte er einst Gentilcult gewesen sein, mochte er es auch in so fern lange geblieben sein, als die priesterlichen Functionen von Gephyräerinnen verrichtet wurden, Heiligthümer, deren Benutzung allen übrigen Atheuern und Athene-

thesmophorischen Demeter sei von Gephyräern gegründet, das städtische Thesmophorion *) sei von ihnen erbauet worden; aber der Cult der Achaja kann nicht lediglich Geheimdienst des gephyräischen Geschlechtes gewesen oder mindestens nicht geblieben **) sein, da Aristophanes Ach. 708 sich des Ausdrucks Achaja als eines gemeinverständlichen für Demeter bedient.

Die phönicische Klagegöttin muss irgend wie in die Oeffentlichkeit gedrungen sein. Sie wurde irgend wann als identisch mit Demeter Thesmophoros anerkannt und ihren Einfluss empfanden die städtischen Thesmophorien. Die Thesmophorienspeise $\dot{\alpha}\chi\alpha\iota\dot{\iota}\nu\eta$ (Athen. III p. 109 F.) enthielt in diesem ihrem Namen vermuthlich eine hieratische (O. Müller A. E. III, 10 p. 87) Anspielung auf den

---

rinnen verschlossen war, erwartet man nicht von solchen gestiftet zu sehen, welche sich sonst gemeinnützig und populär zeigen, indem sie die Buchstaben lehren, und weit entfernt sich abzusondern ganz und gar Athener werden; aus ihrem Stamme sind die Befreier Athens. Sollte nicht Herodot unter der Scheu von diesen Dingen zu reden sich unzureichend und irreleitend ausgedrückt haben? Bei einer so alten Sache ist freilich jede Kritik misslich, zumal da Herodot aus Herodot kritisiert werden muss.

*) In Herodots Worten V, 61 ist $\hat{\iota}\varrho\tilde{\omega}\nu$ oder $\tau\tilde{\omega}\nu$ $\check{\alpha}\lambda\lambda\omega\nu$ $\hat{\iota}\varrho\tilde{\omega}\nu$ vielleicht eine Glosse. Es heisst dort: $\varkappa\alpha\acute{\iota}$ $\sigma\varphi\iota$ $\hat{\iota}\varrho\acute{\alpha}$ $\hat{\epsilon}\sigma\tau\iota$ $\hat{\epsilon}\nu\,'A\vartheta\acute{\eta}\nu\eta\sigma\iota$ $\hat{\iota}\delta\varrho\upsilon\mu\acute{\epsilon}\nu\alpha$, $\tau\tilde{\omega}\nu$ $o\dot{\upsilon}\delta\grave{\epsilon}\nu$ $\mu\acute{\epsilon}\tau\alpha$ $\tau o\tilde{\iota}\sigma\iota$ $\lambda o\iota\pi o\tilde{\iota}\sigma\iota\,'A\vartheta\eta\nu\alpha\acute{\iota}o\iota\sigma\iota$, $\check{\alpha}\lambda\lambda\alpha$ $\tau\epsilon$ $\varkappa\epsilon\chi\omega\varrho\iota\sigma\mu\acute{\epsilon}\nu\alpha$ $\tau\tilde{\omega}\nu$ $\check{\alpha}\lambda\lambda\omega\nu$ $\hat{\iota}\varrho\tilde{\omega}\nu$ $\varkappa\alpha\grave{\iota}$ $\delta\grave{\eta}$ $\varkappa\alpha\grave{\iota}\,'A\chi\alpha\acute{\iota}\eta\varsigma$ $\varDelta\acute{\eta}\mu\eta\tau\varrho o\varsigma$ $\hat{\iota}\varrho\acute{o}\nu$ $\tau\epsilon$ $\varkappa\alpha\grave{\iota}$ $\check{o}\varrho\gamma\iota\alpha$. Nach Stein heisst $\varkappa\epsilon\chi\omega\varrho\iota\sigma\mu\acute{\epsilon}\nu\alpha$ verschieden in Ritual und Bedeutung. Aber es war nur von Oertlichkeiten ($\hat{\iota}\varrho\grave{\alpha}$ $\hat{\iota}\delta\varrho\upsilon\mu\acute{\epsilon}\nu\alpha$) die Rede, mit $\tau\tilde{\omega}\nu$ $\check{\alpha}\lambda\lambda\omega\nu$ $\hat{\iota}\varrho\tilde{\omega}\nu$ wird wiederum das Oertliche hervorgehoben, der Sinn also muss sein „örtlich getrennt von anderen Tempeln." Der zugesetzte Genitiv, wenigstens $\hat{\iota}\varrho\tilde{\omega}\nu$, ist störend. Dass ein Heiligthum von anderen Heiligthümern getrennt ist versteht sich von selbst, da es im Allgemeinen einen Bezirk ($\tau\acute{\epsilon}\mu\epsilon\nu o\varsigma$) hat. Herodot hat von seinen tanagräischen Einwanderern wohl nur das sagen wollen was Pausan. Bocot. 22, 2 von den Tanagräern selbst berichtet: $\hat{\epsilon}\nu$ $\delta\acute{\epsilon}$ $\mu o\iota$ $T\alpha\nu\alpha\gamma\varrho\alpha\tilde{\iota}o\iota$ $\nu o\mu\acute{\iota}\sigma\alpha\iota$ $\tau\grave{\alpha}$ $\hat{\epsilon}\varsigma$ $\tau o\grave{\upsilon}\varsigma$ $\vartheta\epsilon o\grave{\upsilon}\varsigma$ $\mu\acute{\alpha}\lambda\iota\sigma\tau\alpha$ $\delta o\varkappa o\tilde{\upsilon}\sigma\iota\nu\,'E\lambda\lambda\acute{\eta}\nu\omega\nu\cdot$ $\chi\omega\varrho\grave{\iota}\varsigma$ $\mu\acute{\epsilon}\nu$ $\gamma\epsilon$ $\alpha\acute{\iota}$ $o\grave{\iota}\varkappa\acute{\iota}\alpha\iota$ $\sigma\varphi\acute{\iota}\sigma\iota$, $\chi\omega\varrho\grave{\iota}\varsigma$ $\delta\grave{\epsilon}$ $\tau\grave{\alpha}$ $\hat{\iota}\epsilon\varrho\grave{\alpha}$ $\hat{\upsilon}\pi\grave{\epsilon}\varrho$ $\alpha\grave{\upsilon}\tau\grave{\alpha}\varsigma$ $\hat{\epsilon}\nu$ $\varkappa\alpha\vartheta\alpha\varrho\tilde{\omega}$ $\tau\acute{\epsilon}$ $\hat{\epsilon}\sigma\tau\iota$ $\varkappa\alpha\grave{\iota}$ $\hat{\epsilon}\varkappa\tau\grave{o}\varsigma$ $\dot{\alpha}\nu\vartheta\varrho\dot{\omega}\pi\omega\nu$.

**) Kabarnos, Anzeiger des Raubes der Kore, Ahnherr der parischen Demeterpriesterschaft ($K\alpha\beta\acute{\alpha}\varrho\nu o\varsigma$, $K\alpha\beta\acute{\alpha}\varrho\nu o\iota$, Böckh C. I. II p. 346 n. 2384) hatte ein geistliches Amt gestiftet in der Staatsreligion von Paros. Es ist sehr wohl möglich, dass der parische Demeterdienst anfangs Gentildienst war im strengsten Sinne, verwaltet vom Familienhaupt, und nur Familienmitgliedern zugänglich. Dies hat sich in so weit geändert als zwar der Priester immer ein $K\alpha\beta\acute{\alpha}\varrho\nu o\varsigma$ sein musste, allen jedoch die Theilnahme am Gottesdienst eröffnet wurde. Wenn Herodot von einem den andern Athenern nicht zugänglichen Priesteramt redete, so könnte man sich seine Meldung gefallen lassen; aber die Tempel ($\hat{\iota}\varrho\acute{\alpha}$) können nicht bloss für die Gephyräer da gewesen sein, wenn ihre Stiftungen gemeinnützig waren.

Namen der Klagegöttin. Die heftige Art, in welcher der thesmophorische Trauertag begangen wurde (νηστεία), ist orientalischer Sitte verwandt. Plutarch de Iside et Os. 69 hat die Verwandtschaft der böotischen Demeter Achaja und der attischen Thesmophorien-Göttin anerkannt, die Feste beider fielen in denselben Monat, Pyanepsion in Athen, Damatrios in Theben genannt.

Aber wie die städtische Feier auch zu Stande gekommen sein, wer das städtische Thesmophorion auch gegründet haben mag — die Analogie von Brauron oder Eleusis führt zu dem sichern Schlusse, dass die halimusischen Thesmophorien, einst unabhängig von Athen, nachmals mit städtischen Thesmophorien zusammengezogen sind, welche letztere man entweder eben damals, zur Zeit der Zusammenziehung, einführte, oder schon früher eingeführt und unabhängig begangen hatte. Aus der Zusammenziehung der halimusischen und städtischen Feier gingen diejenigen Thesmophorien hervor, welche in historischer Zeit bestanden.

Ihres so gewonnenen Umfanges ungeachtet blieben die Thesmophorien der Athenerinnen in gewissem Grade immer noch Localfest, weil andere ohne Zweifel denselben Monat und dieselben Tage feiernde Thesmophoriazusen, an anderen Orten (in Phlya wenigstens) nebenher fortbestanden. Dass jeder Demos zwei gewählte Vorsteherinnen nach Athen zu den Thesmophorien sendete (Schömann Alt. II p. 427) ist ganz unsicher. Bei Isaeus 8, 19 kann ein Localcult *) gemeint sein.

Ehe es noch Eleusinien und einen an sie geknüpften Unsterblichkeits-Glauben gab, hat man den Thesmophorien wahrscheinlich mehr Einfluss auf Sitte und Leben gestattet, überhaupt mehr Ansehen eingeräumt. Die leidenschaftlichen Trauergebräuche der Zeiten vor Solon (Plutarch Solon 12 und 21) können ihren Anhalt nur an der älteren, thesmophorischen Gestalt des Demeterdienstes gehabt haben, welche noch nicht bessere Hoffnungen im Jenseits eröffnete. Als die attischen Reformatoren, Solon und Epimenides, allen Bewohnern die tröstlichere Religion der eleusinischen Demeter anbieten konnten, wurden zugleich die solonischen Bestimmungen möglich, nach denen „die rohe und barbarische" Trauersitte der Vorzeit (Plut. Solon 12), das ist: die von Demeter Thesmophoros geheiligte, zu beschränken war. In diesem Sinne polemisch sind

---

*) Der in Phlya? hier war Ciron, um dessen Erbschaft processiert wird, angesessen gewesen.

vielleicht die Worte einer schwierigen Stelle *) im Hymnus auf Demeter zu nehmen, v. 479: οὔτ' ἀχέειν sc. ἔστι, „nec licet lamentari," man soll nicht heulen und kreischende Nänien singen, weder im Gottesdienst noch bei privater Todtentrauer. Vgl. Baumeister Hymn. p. 332.

Die athenischen Thesmophorien dauerten in ihrer bescheidenen Stellung mit grosser Zähigkeit**) fort. Geschichtslos, wie die Frauen die sie feierten, scheinen sie sich weiter nicht verändert zu haben. ***) Aristophanes betrachtet das immer wie bisher begangene Thesmophorienfest als einen der Züge im Frauenleben, die es als ein ewiges Einerlei darstellen, Eccl. 223.

Die Erechtheusreligion verliert ihre agrarische Bedeutung.

Die Einführung der Demeterculte musste auf die älteren, wie Demeter den Erdenschooss beherrschenden Gottheiten (Gaea und Athena) und auf die bildliche Sprache der älteren Religion (der Kornhalm, Erechtheus) zurückwirken. Je strengere Kasteiung die thesmophorische Demeter verlangte, desto mehr Glauben und Anhang scheint sie gefunden zu haben. Hinter ihr und ihren auffallenden Gebräuchen trat die erechtheische Gaea †) zurück. Das Bedürfniss

---

*) Vers 477 ist interpoliert; auch die beiden folgenden Verse mögen für sich bestanden haben in der Form: [ὄργια δ'] οὔπως ἔστι παρεξίμεν, οὔτε πυθέσθαι, οὔτ' ἀχέειν· μέγα γάρ τι θεῶν ἄχος ἰσχάνει αὐδήν. Bei ἀχέειν ist dann bloss ἔστι nicht auch ὄργια zu ergänzen. Wenn wir ἀχέειν vornehmlich auf Litaneien, gellende aber doch in Worte gefasste Klagen, beziehen, so ist αὐδή nicht auffallend; αὐδή Od. XXI, 411 sinnloser Laut ist Ausnahme.

**) Für spätes Bestehen des Cultus spricht das von Rinck I, p. 127 erwähnte Geschenk einer thesmophorischen Priesterin, die den Beinamen Terentia führt.

***) Es ist nicht leicht zu entscheiden, ob es wahr ist, dass der Phallus auch in die halimusischen Mysterien eindrang (Arnob. V, 28). Wenn es wahr ist, so kann der städtische Theil des Festes sich von Halimus getrennt und intact fortbestanden haben. Vielleicht ist es aber Verläumdung oder Irrthum.

†) Beide, Gaea und Demeter, finden wir vereinigt im Tempel der Kindernährenden Gaea und der grünenden Demeter. Dieser dicht bei der Burg befindliche Tempel hatte einst ohne Zweifel der erechtheischen Gaea allein gehört.

rein agrarischer Erechtheus-Religion war jetzt verringert, dasjenige, dessen man bei den sich mehrenden Bevölkerungs-Elementen bedurfte, war etwas Anderes.

Stiftung der Apaturien; ihre Anlehnung an die Chalkeen. In einer Wanderzeit, wo ausser angesehenen Geschlechtern auch schlechtes, loses Volk umher vagiert und die Zustände schwanken, tritt einmal der Augenblick ein, wo es nöthig wird sich zu ordnen und zu gliedern, wo die besitzenden Familien Garantien suchen. Diese Nöthigung führte, als die Völkerzüge Gefahr droheten, zur Gründung der Apaturien, eines Geschlechterfestes, in welchem die dermalen Berechtigten sich abschlossen. Sie wollten als Einheit dastehen und bedurften eines gemeinsamen Ahnherrn. Dazu aber war der Weg gewiesen. Die Bauern der Mittelebene, die im Erechtheus-Dienst, die Küstenbevölkerung und die Einwanderer, die im Poseidons-Dienst übereinstimmten, mussten sich gemeinsam dem Poseidon-Erechtheus unterordnen, als einem persönlich gedachten Wesen, einem Stammherrn, der allen Bevölkerungstheilen genügte. Hephäst als Vorfahr der berechtigten Familien aufgefasst und in den Apaturien gefeiert, musste wenigstens den Theil des agrarischen Erechtheuskreises seiner alten Bedeutung berauben, an welchen man die neue Auffassung heranbrachte.

Dieser Theil aber war, da die Apaturien Ende Pyanepsion anzusetzen sind, das Chalkeen-Fest, dessen Abend nunmehr eine Nachfeier der jetzt gestifteten, von den vollberechtigten Geschlechtern begangenen Apaturien wurde. War unmittelbar vor den Chalkeen Hephäst als Stammgott der attischen Phratrien und der ihnen angehörigen Sprösslinge*) gepriesen worden, so konnten die Chalkeen nun ebenfalls der Zeugung eines durchaus persönlichen Erechtheus, durch welchen Hephäst Urahn der Athener ward, gelten, der einstige

---

*) Erechtheus an einem Feste der ächtgeborenen Athener mitzufeiern, wäre sehr natürlich gewesen. Es war aber dogmatisch unmöglich, weil der persönliche Erechtheus erst als Keim empfangen wurde. — Ebenso könnte man den Poseidon unter den Apaturien-Göttern vermissen. War aber dieser einmal mit Erechtheus identificiert, so durfte des Poseidon ebenso wenig gedacht werden, ungeachtet man die dogmatische Identität des Poseidon und Erechtheus gewiss nicht soweit durchführte, dass man wie von einem Erechtheus-Kinde, so auch von einem Poseidons-Kinde, einem kleinen, verpflegten, gesprochen hätte. Directe Spuren des einwirkenden Poseidonsdienstes dürften nur die Panathenäen enthalten, in den Ross- und Wagenspielen; denn das Ross ist Poseidons Schöpfung.

Sinn, dass durch Hephäst's Kraft Gaea den Keim zur nächsten Kornernte empfing, musste verloren gehen und konnte ohne Schaden verloren gehen, weil der Getreidebau jetzt in Demeter seine eigentliche Vorsteherinn hatte. Die agrarischen Chalkeen und die an das Geschlechterfest (Apaturien) geknüpften, im Dienste des persönlichen Erechtheus gefeierten Chalkeen brauchen nicht verschiedenen Zeiten des Sonnenjahrs*) angehört zu haben.

Die Plynterien und vor ihnen die Munychien wurden jetzt auf das persönliche Erechtheuskind bezogen und, weil an den Plynterien das Kind ἐν φανερῷ gesehen worden sein sollte, so weit hinuntergesetzt im Kalender, dass Erechtheus an den Plynterien**) den 7. Monat fast vollendet hatte.

---

*) Die Zeit des Saatpflügens (ἄροτος) ist vom Plejaden-Untergange abwärts in den Winter hinein zu rechnen. Hippocrates setzt sie vom Untergange der Plejaden bis zum Solstiz, was für ihn im Jahr a. Chr. 430 auf November 5 bis December 26 auskommt (nach Ideler Handb. I p. 252). Die dem Plejaden-Untergang angelehnte Zeit galt insgemein als die rechte Zeit, Theophr. H. Pl. VIII, 2: ὥραι δὲ τοῦ σπόρου τῶν πλείστων δύο· πρώτη μὲν καὶ μάλιστα ἡ περὶ Πλειάδων δύσιν, ᾗ καὶ Ἡσίοδος ἠκολούθηκε καὶ σχεδὸν οἱ πλεῖστοι, διὸ καὶ καλοῦσί τινες αὐτὴν ἄροτον. In diese Gegend des Jahres gehört der Pyanepsion, Plut. de Iside et Os. cap. 69: ἔστι δὲ ὁ μὴν αὐτὸς περὶ πλειάδα σπόριμος, ὃν Ἄθυρ Αἰγύπτιοι, Πυανεψιῶνα δ' Ἀθηναῖοι, Βοιώτιον δὲ Δαμάτριον καλοῦσι; G. A. 63, 29. Ein gegen Ende des Pyanepsion stehendes Fest (Apaturien und Chalkeen) wird also im Allgemeinen ein Winterfest sein. Bei den samischen Apaturien, zu denen Homer (Westerm. Biogr. Min, p. 16, 2) eingeladen wird, brannte ein Feuer oder wurde eins auf Homers Wunsch im Hause der speisenden Phratoren angezündet. Wiewohl nun in den von Homer gesungenen Versen gerade die Worte, welche direct auf den Winter gehen (a. O. p. 43, 82: ἤματι χειμερίῳ ὁπόταν νίφῃσι Κρονίων), vermisst werden, beginnt doch das παραχειμάζειν ἐν τῇ Σάμῳ (a. O. p. 17, 415) mit oder unmittelbar nach dem Feste, wie es scheint.

**) Wiewohl die Plynterien historischer Zeit immer noch ihren Platz im Monate des Aehrenschnitts (Thargelion) hatten, so ist doch ihre Orientirung von derjenigen der alten Ernteanfangs-Plynterien durchaus zu scheiden. Am Plynterienfest historischer Zeit wird der Athena eine aus Feigen zubereitete Speise dargebracht, wonach man das Fest, wenn es reife Feigen vom Jahr waren, im Allgemeinen dem Juni zuweisen kann, nicht dem Schlusse des Mai (wie Schömann Alt. II p. 418 annimmt). C. Hoffmann Panathen. p. 19 setzt die Feigenreife auf die erste Hälfte des Juni. Fiedler Reise I p. 610 giebt überhaupt den Juni an, ebenso Heldreich Nutzpflanzen p. 20. Dies sind Sommerfeigen, die Herbstfeigen reifen im August. Betrachten wir also den gregorianischen Juni als das Schwankungsgebiet der Plynterien und übertragen diesen Monat in den julianischen Kalender der Blüthezeit Athens, so erhalten wir für die Plynterien diejenige Jahresgegend, welche dem hesiodischen Anfange

Es dreheten sich beide Feste um eine durch Jungfrauenhände besorgte Pflicht, welche sonst nur die Pflicht einer Mutter ist. Der Erntemonat Thargelion entbehrte also jetzt eines Ernte-Anfangs-Festes, was früher die Plynterien gewesen waren. Fand sich dafür nun ein agrarischer Ersatz? — Man kann folgendes antworten:

Als die poseidonische Amphictyonie zerfallen und die delische gegründet war, wurde auch Athen vermuthlich bald in den Völkerverkehr hineingezogen, indem die Bauern Atticas Erstlingsgaben ihres Korns nach Delos schickten. Hiermit kann eine Zeit lang dem agrarischen Bedürfnisse genügt sein.

Fraglich möchte sein, ob das Opfer für Demeter Chloë (G. A. 60, 7), ein Voropfer der städtischen Thargelien, am VI des Erntemonats dargebracht, schon vor Reception des städtischen Thargelienfestes gestiftet wurde,*) um einen unabhängigen Ersatz für das agrarische Bedürfniss abzugeben.

Den Arrhephorien lässt sich die Bedeutung leihen, dass

---

der Dreschzeit vorausgeht, d. h. ungefähr die drei letzten Juni-Wochen und die erste Juli-Woche julianisch. Unter anderen Stellungen hatten die Plynterien also auch einmal die, dass sie auf den längsten Tag fielen. Vielleicht steht hiermit ein Zug der Plynterienlegende in Verbindung, siehe in den Unterss. Plynterien, Geb. u. Pflege des Erechtheuskindes, Note. Athena — heisst es in der Legende — war, nachdem sie den Cecropiden das Erechtheuskind in der Lade anvertraut, von ihrer Burg weggegangen und begann dieselbe zu befestigen. Als sie nun von der pallenischen Seite her den Lykabettos herantrug, meldete ihr eine Krähe, dass Erechtheus aufgedeckt worden und die Mägde ungehorsam gewesen. Da liess die Göttinn vor Entsetzen den Berg fallen wo er steht. Am Plynterientage ist also der Berg erschaffen. Der Morgenschatten des Berges aber fällt im Sommersolstiz auf die steile Pnyx-Wand (Forchhammer K. Stud. p. 339); so ist der Lykabettos ein Anzeiger des Solstizes, und die Sage konnte ihn gerade dann entstehen lassen, wenn seine merkwürdige Eigenschaft sich bethätigte, am längsten Tage. Die Achtsamkeit auf natürliche Anzeigen der Tages- und Jahres-Zeit ist alt bei den Griechen (Martini Sonnenuhren p. 33). Der Lykabettos zog gewiss früh die Aufmerksamkeit auf sich, er ist sehr geeignet für Wahrnehmungen am athenischen Horizont, s. Forchhammer a. O. Julius Schmidt, Director der Sternwarte in Athen, schloss die Zeit der ersten Sichtbarkeit der Plejaden im Juni 1860 aus der Lage, welche die Plejaden frühmorgens am Lykabettos hatten, Hartwig Schweriner Progr. 1861.

*) Ein von Artemis und Apoll unabhängig gestiftetes Opfer für die Erdgottheit, erwartet man nicht an einem Artemistage gebracht zu sehen. Müsste man also annehmen, es sei einst an der $\pi έμπτη$ begangen? oder es sei Ende Munychion dargebracht am vormaligen Kalendertage des plynterischen Ernteschlussfestes? Einfacher wird es sein anzunehmen, dass erst bei oder nach Stiftung der Thargelien das Demeter-Opfer des VI hinzukam.

Erechtheus aus dem Leben scheidet und nunmehr zum Schlangendämon wird. Stellen wir uns vor, dass die Arrhephoren alles was an leibliche Zeugung (z. B. die mystische Wolle, Apollodor III, 14, 6) und Geburt, an irdische Verpflegung und Existenz erinnerte, als sterbliche verbrauchte Ueberreste der Aphrodite Nemesis zutrugen, so war die Feier eine Grablegung des äusserlich gestorbenen Erechtheus, der jetzt als Hausschlange*) bei Athena fortlebte und in dieser seiner dämonischen Gestalt erst an den Panathenäen seine höchste Ehre erhielt.

Es wird sich fragen, ob die Arrhephorien und dann auch die Panathenäen jetzt auf den erwachsenen Stammheros Erechtheus bezogen wurden, oder ob man das der Pflege bedürftige Kind aus dem bildlichen Erechtheus-Kreise noch festhielt.

Der vormals enge Zusammenhang der Arrhephorien und Buphonien lockerte sich jetzo, weil die Arrhephorien eine Begehung für den persönlichen Erechtheus wurden, die Buphonien aber nicht aufhörten agrarisch zu sein. So schied sich die arrhephorisch-buphonische Feier in zwei verschiedenartige Acte.

Das Panathenäenfest feierte dann den irdisch gestorbenen, dämonisch fortlebenden Erechtheus. Ob man ihn als Kind dachte? Das Wunder eines zur Schlange gewordenen Menschen sollte vielleicht unter ein Gesetz gestellt werden? man wollte den Dämon nicht als ausgebildet und vollständig betrachten ehe er die 9 Monate einer menschlichen Entwickelung beendet hatte? Die Panathenäenzeit war indess schon längst eine fixirte und, auch wenn die Geburt nach 9 Monaten nicht der zu Grunde gelegte Gedanke war, musste das höchste Erechtheusfest 9 Monate nach den Chalkeen eintreten.

Für die Zeit wenigstens, wo Erechtheus Landesheros wird, ist es besser anzunehmen, dass die Panathenäen und schon die Arrhephorien dem erwachsenen Heros begangen wurden, dass also die 9 Monate seit den Chalkeen jetzt nicht denselben Sinn mehr hatten wie im agrarischen Erechtheus-Kreise.

---

*) Ob man dem dogmatischen Dämon jetzt eine Naturgestalt zurückgab, und ihn als Quell in den Tiefen der Acropolis dachte, während man ihn öffentlich als Schlange abbildete? Als der Korn-Erechtheus aufgegeben und durch Annäherung an Poseidon eine neue Bahn betreten war, mochte ein Quellen-Erechtheus möglich sein, liess sich aber nicht mehr durchführen gegenüber den schon fixierten Vorstellungen, wie Thallo. Ich kann mich nicht entschliessen an eine nachträgliche Umgestaltung zu glauben, die doch nur zu Halbheiten führte.

Hätte man die ganze Zeit von den Chalkeen bis zu den Panathenäen das Dogma eines zur Geburt sich entwickelnden Erechtheus aufrecht erhalten, so würde man nicht den Priester des Erechthens am XII Skirophorion in Procession neben den Priestern der Athena und des Apoll haben auftreten lassen. Es ist aber dies der Priester des Erechtheus und Poseidon, welcher letztere nicht als verpflegtes Kind zu denken ist. Wenn auch das Fest des XII Skirophorion nicht alt ist, giebt es uns doch einen Fingerzeig für die Auffassung.

Das attische Kirchenjahr warf also für die Thaten und das Leben des erwachsenen Erechtheus, des Landesheros, nur die wenigen Wochen aus, welche zwischen den Plynterien und Arrhephorien liegen. Die 7 Monat vor der Geburt gab es (in den Festen Chalkeen, Munychien, Plynterien) wieder und brach dann ab, ohne den 8. und 9. Monat zu verfolgen; liess die Knabenzeit und die Mannesjahre weg, und ging über zum Lebensende des Heros, dem zwei Trauerfeste gewidmet wurden, die Arrhephorien und Panathenäen. Vergl. die Aufeinanderfolge dieser verschiedenen Thatsachen bei Apollodor III, 14, 6 § 6 sqq. und 7 § 1.

Wenn man eine trieterische*) Feier annimmt, so wird die Trieteris doch wenigstens für historische Zeiten aufzugeben und eine jährliche Wiederkehr des Festkreises anzunehmen sein, die Frage also sich abermals aufdrängen, wo das Festjahr die Biographie des Landesheros eingeschoben, oder vielmehr durch welche Lücke die Weglassung derselben angedeutet habe. Da kann man nur antworten, dass mit den Plynterien die 7 monatliche Mäeutik schliesse und nach einer nicht grossen Unterbrechung die Todesfeste folgen.

Der Landesheros wurde wohl besonders mit Bezug auf seine Panathenäenstiftung als Poseidon-Erechtheus betrachtet. Poseidon erschuf das Ross, und der es zuerst an den Wagen schirrte und der Athena das ritterliche Spiel der Panathenäen gründete war Erechtheus. Leicht konnte hier die Vorstellung vorangehen, dass Poseidon selbst, den Sieg der edleren Göttinn bestätigend, ihr die ersten

---

*) Für sehr alte Zeiten, wo die Hephästus-Feier (Chalkeen) Ende Pyanepsion noch Saatfest, die Panathenäen Ernteschlussfest waren, ist trieterische Begehung unwahrscheinlich, da man nicht Jahr um Jahr, sondern alljährlich säet und erntet. Nur für eine etwas jüngere Zwischen-Stufe, als man den zu Grunde liegenden Getreidebau aus den Augen verlor, ist die Frage zulässig, ob der Erechtheuskreis trieterisch gefeierte Feste hatte. Doch siehe in den Unterss. Panathenäen (Note über die Trieteris der kl. Panath.).

Wagenspiele feierte. *) Was ursprünglich dem Poseidon zukam und bei gewissen von ihm sich ableitenden Geschlechtern herkömmlich war, wurde auf den Landesheros Erechtheus übertragen und auch den bäuerlichen Bewohnern der Mittelebene zugeeignet, indem man endlich zu einer dogmatischen Identification des Poseidon und Erechtheus gelangte.

Was bei Eratosthen. Cataster. XIII vom Panathenäenstifter gemeldet wird, haben wir auf Poseidon zu beziehen. Vermöge der Identification mit dem Pflegling der Athena wird daselbst die Stiftung auf diesen zurückgeführt, der doch vielmehr Gegenstand der Feier neben Athena gewesen war.

Das agrarische Gleichniss hatte den Erechtheus von vornherein als den gefeierten hingestellt, von einem erwachsenen Erechtheus, der die Panathenäen gestiftet, wusste es nicht, dieser war erst, als die vereinigten Geschlechter eines Landesheros und eines Sammtfestes bedurften, hinzugekommen durch Anlehnung an Poseidon.

Es scheint, dass die endliche Ausgleichung der Culte durch fremden, vielleicht delphischen, Einfluss zu Stande kam; denn wenn im Erechtheum an Poseidons Altar auch dem Erechtheus gedient wurde, so geschah dies ἐκ τοῦ μαντεύματος nach einem Wahrspruch, Pausan. I, 26, 5. Der delphische Gott ertheilte Entscheidungen über Bekleidung des Athenabildes mit dem Peplos, also über Dinge, welche in die Penetralien der Landesreligion gehörten, Ephemeris 1856 II. 42. n. 2830 lin. 10 bis 13; s. in den Unterss.: Panethenäen, Peplos. So kann er auch ein Verträgniss zwischen den uneinigen Geschlechtern des alten Attica dadurch zu Wege gebracht haben, dass er den Erechtheus mit Poseidon zu identificieren befahl. **) Es

---
*) Etwa Leichen-Spiele für den durch Poseidons Hand gefallenen Erechtheus? das wäre annehmbar, wenn im attischen Cultus Erechtheus' Erschlagung durch Poseidon heortologisch benutzt wäre. Die Arrhephorien zeigen keine Spur davon, dass Poseidon der Todtschläger des Heros war, auch sonst giebt das Festjahr keinen Anhalt. — Dass Apollodor und Andere (R. E. III p. 232) nicht den ersten mystischen Erichthonius, sondern den zweiten (Erechtheus) durch Poseidons Hand fallen lassen, macht freilich nicht viel aus, denn die zwei Erechtheus sind wohl nur aus späterer Kritik des Sagengewirrs hervorgegangen.

**) Apollon ist auch Kalendergott. Zeigt sich eine Spur von Zusammenschmiedung der Culte auch im Kalendertage der Panathenäen? Dieser ist vom Ende gezählt eine τρίτη (τρίτη φθίνοντος), vom Anfange aber eine ὀγδόη (ὀγδόη μετ' εἰκάδας), und die τρίτη gehört der Athena, die ὀγδόη dem Poseidon. Aber nur im 30tägigen Monat ist τρίτη φθίνοντος wirklich der

war dies der Schluss eines geschichtlichen Vorgangs, dessen Schwankungen und Zwischenstufen langwierig gewesen sein mögen. Die endliche Einigung war ein Glück für Attica. Böotien hat sich nicht so günstig entwickeln können; wir finden ähnliche Elemente, aber gespalten, ein athenäisches Sammtfest bei Coronea und ein poseidonisches um Onchestus.

Nachdem im vereinten Culte das Uebergewicht der Athena entschieden war, hatte man Grund das Hauptfest Pan-Athenäen zu nennen. Der Adel aller reichen Geschlechter vereinigte sich an denselben Jahr für Jahr, um mit Wettreiten und Wettfahren den Erechtheus-Poseidon und die Athena zu feiern. Es war nunmehr ein Staatsfest (so weit das Durcheinander von Religion und Politik jenen Zeiten eine staatliche Existenz beizulegen erlaubt) und in so fern verschieden von den übrigen Festen des Erechtheus. Nur die Panathenäen repräsentierten die neue Einigung auf eine deutliche Weise, indem die ritterlichen Spiele auf den Poseidon hinwiesen. In keinem der anderen Feste wurden unmittelbare Beziehungen auf Poseidon zugelassen.

Ein agrarischer Ersatz für die jetzt dem persönlichen Erechtheus begangenen Panathenäen zeigt sich nirgends. Auch in der ganz bäuerlichen Zeit hatte nicht die peinliche Besorgniss um die noch draussen stehende Ernte, die Begier nach Ertrag, das Bedürfniss der Sühne, dem Panathenäenfeste zu Grunde gelegen, sondern von Seiten der Feiernden war es ein Erntedankfest gewesen, der mit Ertrag gesegnete Landmann war sich bewusst geworden was er hatte und was er war, ein reicher Mann durch die Gnade der Götter. So paradierte auch jetzt das Volk des Erechtheus vor seiner Göttinn und dankte ihr für das, was es durch sie geworden war. Das Fest hatte seine allgemeine Tendenz bewahrt, eines speciellen Ersatzes für den Landbau bedurfte es nicht.

Nach aussen hin blieb das Ansehn des attischen Centralcults immer noch gering. Herodot erzählt V, 82, dass die Athener sich von Epidaurus eine Steuer an Athena Polias und Erechtheus ausbedangen, und dafür den Epidauriern erlaubten sich einen Oelbaum

---

28. vom Anfang, im 29tägigen ist er es nur durch eine kalendarische Fiction. Auch ist es nicht so ganz sicher, dass die ὀγδόη in allen Decaden, dass nicht bloss der 8., sondern auch der 18. und der 28., dem Poseidon gehörten. Endlich ist die zugleich vorwärts gezählte ὀγδόη und rückwärts gezählte τρίτη, für ältere Zeiten wenigstens, ein zu künstlicher Ausdruck für die Combination zweier Culte.

der Göttinn abzuhauen. Apoll nämlich hatte letzteren einer Noth wegen gerathen, sich gewisse Götterbilder aus dem Holz einer Gartenolive zu machen. Der Vertrag ist älter als die sicher überlieferte Geschichte reicht. Es wird nicht gesagt, ist aber möglich, dass der delphische Spruch die Epidaurier nach Athen wies. — Der Vertrag ist eine Spur des Bekanntwerdens, doch zum Ansehn gelangte der Athenacult erst seit Pisistratus die grossen Panathenäen stiftete.

Je mehr Athena Trägerinn attischer Nationalität wurde, geistige Mutter des Landesheros und seiner erfindsamen Söhne, der Athener, desto äusserlicher und blasser wurde die Rolle der Gaea. Die Athener schämten sich Erdensöhne zu sein, Hephästus hatte den attischen Erzvater mit Gaea erzeugt, aber seiner Leidenschaft eigentlicher Gegenstand war die Himmelsgöttin Athena, Gaea wurde nur aus Versehen Mutter des Erechtheus. Zu entbehren indess war sie nicht, eine leibliche Mutter musste aufgewiesen werden, um die Ehre der gebenedeieten Magd zu retten. Bei der Tendenz des kleinen stolzen Volkes, alle seine persönlichen Eigenschaften der himmlischen Athena verdanken zu wollen, musste Gaea*) als Person verdunkelt werden, so dass Erechtheus, einer persönlichen leiblichen Mutter beraubt,

---

*) Aeltere Quellen sagen mehr unverholen, dass Gaea den Erechtheus geboren habe, Il. II 548 θρέψε ('Aθήνη) Διὸς θυγάτηρ· τέκε δὲ ζείδωρος Ἄρουρα. Statt Ἄρουρα war Γῆ bei Pindar und in der Danais genannt, Harpocr. p. 41, 19 ὁ δὲ Πίνδαρος καὶ ὁ τὴν Δαναίδα πεποιηκώς φασιν Ἐριχθόνιον ἐξ Ἡφαίστου καὶ Γῆς (statt καὶ Ἥφαιστον ἐκ γῆς) φανῆναι; vergl. Düntzer Frgm. p. 4; Bergk. P. Lyr. p. 288, fr. 231; Welcker G. L. II p. 284. — Auf alter Tradition beruhet auch der Stammbaum der Eteobutaden ἀπ' Ἐρεχθέως τοῦ Γῆς καὶ Ἡφαίστου, wo Athena nicht genannt wird. Dieser Stammbaum befand sich auf dem lebensgrossen Bilde (ἐν πίνακι τελείῳ; O. Jahn Kiel. Stud. p.115), welches Habron, Lycurgs Sohn, an den Wänden des Erechtheums malen liess; Westermann Biogr. Min. p. 277 lin. 145. Bei Apollodor III, 14, 6 ist Gaea der Erdboden, als Personen erscheinen nur Hephäst und Athena; Athena habe den Feuergott besucht, er habe ihr Waffen machen sollen; da habe er ein Attentat auf die Himmelsgöttinn gemacht; ἡ δὲ ὡς σώφρων καὶ παρθένος οὖσα οὐκ ἠνέσχετο· ὁ δὲ ἀπεσπέρμηνεν εἰς τὸ σκέλος τῆς θεᾶς, ἐκείνη δὲ μυσαχθεῖσα, ἐρίῳ ἀπομάξασα τὸν γόνον εἰς γῆν ἔρριψε (ebenso Schol. A. zu Il. II, 547, wo Callimachus' Hekale als Quelle genannt ist). φευγούσης δὲ αὐτῆς καὶ τῆς γονῆς εἰς γῆν πεσούσης Ἐριχθόνιος γίνεται. Hier geht das Wiederholte εἰς γῆν auf den Erdboden, nicht auf eine persönlich gedachte Gaea. — Apollodor a. O. § 2 τοῦτον (τὸν Ἐριχθόνιον) οἱ μὲν Ἡφαίστου καὶ τῆς Κραναοῦ θυγατρὸς Ἀτθίδος εἶναι λέγουσιν zeigt, dass man sich nach dieser Version begnügte das attische Land (Ἀτθίς) festzuhalten. Ovid endlich nent den Erechtheus Metam. II, 752 eine *proles sine matre creata*.

ein Präparat des Erdbodens zu sein schien und, nachdem er zwei Mütter gehabt, anfing gar keine zu haben.

An dem Erechtheuskreise wurde noch weiter gebaut und ein dogmatischer Schlussstein aufgesetzt durch die **Gamelien**.

Gamelien.

Die Procharisterienzeit, wo Erechtheus noch ein zartes Gras war, benutzte man um Theogamien des Zeus und der Hera anzubringen, eine dogmatische Voraussetzung des ganzen Erechtheuskreises. Aus der Vermählung des Zeus und der Hera geht Hephäst hervor, daher liegen 9 Monat zwischen den Gamelien und der grossen Hephästus-Feier Ende Pyanepsion (Apaturien und Chalkeen). Ende Pyanepsion sollte nicht bloss die Zeugung des Erechtheus durch Hephäst vollzogen, sondern auch Hephäst geboren sein *).

Vermuthlich traten die alten Bräuche für Gaea und Athena, die προχαριστήρια, in eine Beziehung zu dem Beilager des Zeus und seiner göttlichen Ehefrau. Die Beschreibung des Homer, Il. XIV. 347:

τοῖσι δ' ὑπὸ χθὼν δῖα φύεν νεοθηλέα ποίην,
λωτόν θ' ἑρσήεντα ἰδὲ κρόκον ἠδ' ὑάκινθον,
πυκνὸν καὶ μαλακόν, ὅς ἀπὸ χθονὸς ὑψόσ' ἔεργεν.
τῷ ἔνι λεξάσθην, ἐπὶ δὲ νεφέλην ἕσσαντο
καλὴν, χρυσείην· στιλπναὶ δ' ἀπέπιπτον ἔερσαι.

gestattet die Annahme, dass die Herrinn der Thauschwestern jene blinkenden Tropfen (στιλπναὶ ἔερσαι) sendete, und die Erdgöttinn Wiesengrün und die frühesten Blumen des Jahrs (κρόκον ἠδ' ὑάκινθον) für die Gamelien des Zeus erschuf, Athena also und Gaea als

---

*) 9 Monate liegen zwischen Gamelien und Chalkeen, auch von den Chalkeen bis zu den Panathenäen sind 9 Monate. Auf den ersten Blick könnte es angemessen scheinen, beide Neunmonatszeiten im Kreise des persönlichen Erechtheus auf gleiche Weise zu erklären. So lange Erechtheus bloss poetischer Ausdruck für das Getreide war, ist ohne Zweifel die zwischen Wintersaat und Ernteschluss liegende Neunmonatszeit als ordentliche durch die Geburt des reifen Erechtheus beschlossene Entwickelungsperiode aufgefasst worden, die Panathenäen also (so weit sie nicht die gleichzeitig abgestorbene Pflanze betreffen) als Geburtsfest des Erechtheus. Warum soll also nicht auch der persönliche Erechtheus an den Panathenäen geboren sein? Dies anzunehmen hindert besonders das Arrhephorienfest, sechs Wochen vor den Panathenäen. Eine Erklärung desselben ist unmöglich, wenn wir die Panathenäen im Kreise des persönlichen Erechtheus auf die **Geburt des Erechtheus-Kindes** beziehen. Siehe S. 33 ff.

Naturgottheiten theilnehmen und beim Gamelienfeste angerufen wurden, das Hochzeitsbett zu bereiten, den Erdboden mit neuem Gras, darauf zu ruhn, und Wolken zum Zudecken *).

Die Gamelien sind ein den Apaturien verwandtes Fest, s. in den Unterss.: Gamelien, und, wenn auch wohl erst nach den Apaturien gestiftet, dürften sie doch von Solon schon vorgefunden sein **).

Es ist hierbei angenommen, dass die Procharisterien und Gamelien im attischen Kalender eine benachbarte Stelle hatten ***)

---

*) Bei solcher Stellung konnten die Begehungen für die Himmelsgottheit und für die Erdgottheit Naturfeste bleiben, in gewissem Grade unabhängig von dem Dogma der Theogamien, aus denen Hephästus hervorgeht, es konnte sich die Begehung für Gaea zu einem besonderen Opfer des Demeterdienstes διὰ τὴν ἄνοδον τῆς θεοῦ entwickeln oder solches neben dem Gaea-Opfer üblich werden. — Ganz ins Persönliche hineinzugehen und die Procharisterien als προτέλεια der Zeus-Ehe anzusehen ist darum weniger passend, weil die Beziehung zu den Saaten lebendig blieb. Die Priesterinnen der Athena und die der Demeter werden also nicht wie bei einem menschlichen Ehebündnisse (Lobeck Aglaoph. p. 650 not.; C. Fr. Hermann, Priv. Alt. § 31, 2) hier fungirt haben.

**) Dass die Gamelien ihre Blüthe in älterer Zeit hatten, kann nicht bezweifelt werden und es ist das angemessenste, die Entstehung der Feste des persönlichen Erechtheus wenigstens so früh zu setzen, dass Solon sie sämmtlich vorfand. Von einer Thätigkeit Solons für den Erechtheuskreis finde ich keine Spur. Die Gamelien enthalten Phratrien-Bräuche, die Phratrien aber und die 4 altionischen Phylen sind vorsolonische Einrichtungen, also wohl auch die Gamelien.

***) Diese Annahme lässt sich nur annähernd wahrscheinlich machen. Die Gamelien gehören in den nach ihnen benannten Monat und nach Schol. Hesiod. Ἔργ. 784 Vollb. sicher auf das Ende des Monats, s. die Unterss. a. O. — Die Procharisterien kommen, als Opfer für die junge Saat, in dieselbe Zeit des Jahres, wo der Winter scheidet. Da die Procharisterien einerseits der Athena, andererseits der Erdgottheit wegen des Aufstiegs der Persephone gelten, so kann man sie nur an eine für den Aufstieg der Kore passende Stelle bringen. Der Monat Gamelion nun ist als Anfangsmonat älterer Zeit geeignet den dogmatischen Anfang der Demeterfeste zu übernehmen; als solchen muss man die ἄνοδος τῆς θεοῦ betrachten. — Kore soll ⅔ des Jahres droben, ⅓ im Hades sein, Hymnus v. 446 sq.: τὴν τριτάτην μὲν μοῖραν ὑπὸ ζόφον ἠερόεντα, τὰς δὲ δύω παρὰ μητρὶ καὶ ἄλλοις ἀθανάτοισιν. Das Drittel des Jahres sind 4 Monate. So lang rechnet auch Thuc. VI, 21 den Winter. Ihr Herabsteigen ist Gegenstand eines Festes oder Festgebrauchs (Harpocr. p. 161,9), dessen Lycurg im Process der Krokoniden erwähnt hatte s. u. Die Krokoniden haben Functionen bei den Eleusinien Ende Boëdromion. Man kann also Kores Hinabgang Ende Boëdromion setzen und den Festgebrauch an die Eleusinien knüpfen; 4 Monate später, Ende Gamelion, wird sie also wieder emporsteigen, womit die gewünschte Annäherung der Gamelien und Procharisterien erreicht ist. Die 4 Wintermonden kann man kalendarisch vom Vollmond des Pyanepsion bis zu dem des Anthe-

Die Athener legten auf diese Theogamien, denen ihr eigener Urahn, Hephäst, entspross, in älterer Zeit Gewicht und nannten den Monat Gamelion. Später als die Erechtheus-Religion von der demetreisch-bacchischen verdunkelt wurde, scheint sich die Begehung für Gaea in ein Demeter-Opfer (Chloëen) umgesetzt zu haben.

Bacchische Winterfeste.

Die materielle Grundlage der winterlichen Bacchusfeste bildet die Weinbereitung, diese Grundlage ist da gewesen, ehe die Bewohner Atticas den Gott Bacchus kannten.

Die älteste Begehung der Art sind die ländlichen Dionysien, welche am Orte der Weinbereitung dann gefeiert werden, wenn der junge Wein in den Wintermonaten*) zuerst angestochen wird. Der Unterschied von ländlichen Dionysien und Lenäen war anfangs nicht

---

sterion rechnen. Kore steigt dann gegen Ende des Herbstes in den Hades und kommt gegen Ende des Winters wieder herauf. — Dass Persephones Hinabgang und die darauf bezügliche Begehung den grossen Mysterien Ende Boëdromion sich anschliesst, dünkt mich wenigstens zulässig; Harpocr. p. 161, 9: προςχαιρητήρια· Λυκοῦργος ἐν τῇ Κροκωνιδῶν διαδικασίᾳ. ἑορτὴ παρ' Ἀθηναίοις ἀγομένη, ὅτε δοκεῖ ἀπιέναι ἡ Κόρη; cf. Phot. Lex. p. 463, 24. Indess hiess das Fest schwerlich so; προςχαίρω ist ein Verb spätester Gräcität. Offenbar hat die Handschrift der Magdalenen-Schule in Breslau richtig προχαιρητήρια (siehe Bekker), von προχαίρειν, was ein feierliches und starkes zαίρειν ist; Aeschyl. Ag. 243: τὸ μέλλον δ' ὅκα γένοιτ' ἂν κλύοις προχαιρέτω, d. h. ἐῶ χαίρειν τὸ εἰδέναι τὰ μέλλοντα. Hier ist προχαιρέτω ein kräftiges valeat, abeit. Man ruft der gleichsam sterbenden Kore ein χαῖρε nach. Dies „Lebewohl" kann der Kore in solenner Weise bei den Plemochoen zugerufen sein, welche ein Todtenamt waren und den Schluss der Eleusinien bildeten. — Die Thesmophoriazusen condolieren dann der Demeter, nachdem die Tochter schon etliche Tage früher ihr geraubt worden. Von den Thesmophorientagen kann man keinen für die Prochäreterien ansetzen. Wären diese ein Thesmophorien-Ritus, so würden sie das Geschlecht der Krokoniden nichts angehen. Die Thesmophorienbräuche sind bloss Weibern zugänglich.

*) Man kann die 40 kürzesten Tage im Jahre oder noch mehr Tage (45 bis 59) für die ländlichen Dionysien aussetzen. Als Mitte der ländlichen Dionysien-Zeit ist im Allgemeinen die Bruma anzusehen. Wenn wir die Zeit auf 2 Monate ausdehnen, wird also der eine der Bruma vorangehen, der andere ihr folgen, also jener im Allgemeinen der Julianische December, dieser der Januar sein. In Hesiods Zeit ist die Bruma am 29. December (Ideler Hdb. p. 246), in den Jahren a. Chr. 432 und den beiden folgenden kommt sie auf December 26, wie ich nach Largeteau berechnet habe.

da, was man später Lenäen nannte, existierte mit unter der Zahl der nach Ort und Zeit sehr verschiedenen ländlichen Dionysien. Bei steigender Cultur scheint man geringere Feste, die bei Gelegenheit der Umfüllung*) des Weines oder beim Anbrechen des Hausbedarfes gefeiert wurden, von Festen höheren Ranges unterschieden zu haben. Letztere beging man einen Monat später im Jahre und hatte dabei länger gegohrenen, besseren Wein. Diese nannte man Lenäen, während den kleineren Festen der Name der ländlichen Dionysien blieb.

Den Platz der Lenäen im Sonnenjahr zeigt, wie ich glaube, der asiatische Monat Lenaeus**) im Allgemeinen richtig an; der

---

*) Das Ablassen des noch unfertigen Weines um die Zeit des kürzesten Tages, Plin. H. N. XVIII 63 und XIV, 27, wird auch in späterer Zeit ein Anhalt für die ländlichen Weinfeste gewesen sein. Im December endet die erste (hörbare) Gährung. Nach J. G. Meyer, d. Weinstock, Erlang. 1863 endet die erste Gährung des würtembergischen Weines Anfangs December; dann müsse man den Wein ablassen, die zweite ende Anfangs Februar und dann sei der Wein abermals abzulassen. Jullien, Topographie der Weinberge II p. 92 sagt, dass die Gährung der Xerez-Weine vom October bis Anfang oder Mitte December dauere. Hier scheint von der stürmischen, hörbaren oder ersten Gährung, nicht von der stillen Nachgährung die Rede zu sein. Von den Cyperweinen spricht Jullien II p. 189. Er giebt ihre Gährzeit (doch wohl Zeit der ersten Gährung) auf 40 Tage an, was nach den übrigen Angaben darauf hinauskommt, dass etwa nach Mitte December die Cyperweine ihren sinnenfälligen Gährprocess abgemacht haben. Alle diese Angaben sind im heutigen Kalender.

**) Preller R. E. II p. 1059 sagt: das Wintersolstiz und die Bruma sei in diesen Monat der Asianen gefallen. Dies ist ein Irrthum, den die vorgefasste Meinung, dass jeder Lenaeon oder Lenaeus brumal sein müsse, ohne Zweifel gefördert hat. Der asianische Lenaeus ist vielmehr der Monat vor Schwalbenankunft oder Arcturs Spätaufgang, hat also die Lage des letzten hesiodischen oder vorletzten hippocratischen Wintermonats. — Auch für den von den hesiodischen Erklärern orientierten Lenaeon ist nur der Januar, nicht der December gewiss. Zu Hesiod ἔργ. 500 Vollb. bemerkt Tzetzes: $\mu\tilde{\eta}\nu\alpha$ $\delta\dot{\epsilon}$ $\lambda\eta\nu\alpha\iota\tilde{\omega}\nu\alpha$ $\tau\grave{o}\nu$ $Xοιὰκ$ $\tilde{\eta}\tau οι$ $\tau\grave{o}\nu$ $'I\alpha\nu ου\acute{\alpha}ριον$ κ. τ. λ. In diesen Worten eine Bestimmung der attischen Lenaeongrenzen (Böckh, Lenäen p. 58 extrem.) zu sehen, heisst dem Tzetzes grosse Ehre anthun. Hatte er wirklich den richtigen Gedanken, dass ein Mondmonat mit seinen Tagen sich immer durch zwei Sonnenmonate bewegt, warum sagte er dann nicht: der Lenaeon entspricht dem Chöak und Tybi, oder: der Lenaeon entspricht dem December und Januar? das wäre gut und ordentlich, aber die Grenzen halb ägyptisch, halb lateinisch angeben ist sonderbar, zumal da in dem vorgeblichen Gebiet, das der Lenaeon durchläuft (Chöak und Januar) 5 Tage fehlen (December 27 bis 31), das angewiesene Schwankungsgebiet also auf eine lächerliche Weise mitten durchlöchert ist. Wer weiss ob Tzetzes nicht „Chöak oder ($\tilde{\eta}\tau οι$) Januar" bloss deshalb sagt, um den Chöak

Lenaeus ist ein Sonnen-Monat, er fällt Januar 24 bis Februar 21, Ideler Handb. I p. 414.

Bei den nördlichen Nachbarn Atticas ist der Bacchusdienst älter (R. E. II p. 1065) als in Attica, und die attischen Winterfeste scheinen sich unter dem Einflusse der nördlichen Nachbarn und der bei ihnen üblichen Trieteris zu Bacchusfesten ausgebildet zu haben. Es werden also auch in Attica trieterische Begehungen anzunehmen sein und nicht bloss die Athenerinnen mit den Weibern der Nachbarländer vereint Züge im Parnass gemacht, sondern auch die einheimisch feiernden Bewohner gewisse Feste trieterisch begangen haben.

Der Schaltmond, welchen man nach der Zeit der ländlichen Dionysien oder als eine Verlängerung derselben zu geben pflegte, stand gewiss nicht leer; womit füllte man ihn aus? mit Winterlustbarkeit ohne Zweifel, mit Dionysien. Die Lustbarkeiten des Schaltmonds hatten also ungefähr die Stellung von Lenäen mit länger gegohrenem Wein. Der Schaltmond aber trat vor Alters trieterisch ein. Nehmen wir also an, dass die Anfänge der Lenäen trieterisch waren, und je lückenbüsserischer desto ausgelassener.

---

durch den Januar und den Januar durch den Chönk zu verdeutlichen, und vielmehr den Tybi hätte heranziehen sollen, welcher grösstentheils dem lateinischen Januar entspricht. Proclus zu Hésiod. a. O. 559 Vollb. nennt nur den Januar und hebt die Kälte dieses Monats hervor. Die stärkste Kälte tritt erst nach der Bruma ein, wie auch die stärkste Hitze nach Johannis kommt, cf. Gemin. cap. 5 (p. 93 Altorf.). — Aus den langen Nächten der Lenäen von ol. 90, 4 = a. Chr. 417/6 (Sieg des Agathon) folgt nichts. Die langen Nächte (Plat. Symp. p. 223) sind Winternächte (Hesiod ἔργ. 562 und Lehrs Q. E. p. 203, τῆμος = hoc tempore, nicht hoc mense), wie die langen Tage (Odys. XVIII, 367, cf. Schol.) Sommertage. Es gab in der Lenäenzeit schon Veilchen, Alcibiades hatte welche in seinem Kranze, Plat. Symp. p. 212. — Nach Gemin p. 257 hat Democrit auf einen gewissen Tag ἄλοχος χειμών angesetzt: was hier ἄλοχος sagen will ist unklar. Vielleicht ist der Sinn hiems concubia weil der Winter sich für hochzeitliches Beilager eignet (Aristot. Polit. VII, 14,7; C. Fr. Hermann gr. Antiq. III, § 31, 4), also γαμήλιος χειμών. Der Tag, wo ἄλοχος χειμών angesetzt ist, gehört in die vierte Woche des Januar, nach Böckh Sonnenkr. p. 89 ist es der 24. Januar. Böckh vermuthet ἄλοχος χειμών, „unseliges, böses Winterwetter", fügt aber hinzu, dass er in diese Aenderung nicht volle Zuversicht setze. Abgesehen davon, dass ἄλοχος nicht handschriftlich ist, beruhet auch die Bedeutung „unglückselig" auf Conjectur. Gesichert ist bloss ἄλοχος = cuspide carens, s. Stephan. Paris. s. v. — Ἄλοχος χειμών = γαμήλιος χειμών Januar 24 lässt eine Combination zu mit dem Monat Lenaeus, Januar 24 bis Februar 21.

Den Monat der ältesten Lenäen, den Schaltmonat, haben wir im 2. Jahre der Trieteris zu denken (postn.), nicht im ersten. Das erste Jahr der bacchischen Trieteris war also nicht so lustig als das zweite. Von der trieterischen Schaltregel*) musste nicht selten abgegangen werden, um die Feste bei ihren Jahreszeiten zu halten. Wenn diese Nöthigung eintrat und nach drei Gemeinjahren erst das vierte Jahr den überzähligen Monat brachte, wurden die Lenäen da, wo sie trieterisch hätten eintreten sollen, entweder gar nicht oder in einem andern Wintermonat (Poseideon, Gamelion) gefeiert.

Damit war dem lenäischen Gotte noch wenig eingeräumt. Weder ihn noch den Schaltmonat erkannte das Kirchenjahr an**).

Dass der attische Monat Gamelion ursprünglich Lenaeon hiess (Preller in R. E. II. p. 1059), ist sehr unwahrscheinlich. Der Name Gamelion stützt sich auf ein Fest des dogmatischen Erechtheuskreises, der früher ausgebildet war als es recipierte Bacchusfeste gab. In der Benennung eines der 12 Monate nach den Lenäen würde eine öffentliche Anerkennung des Bacchusdienstes gelegen haben, welche der von hochadeligen Geschlechtern gelenkten Staatsreligion alter Zeit keineswegs zugetraut werden kann***). In alte

---

*) Für die Priesterschaft der alten Zeit war sie gut genug, obwohl sie kaum den Namen einer Regel verdient. Ihr Princip war genau das des Kruges, welcher so lange zu Wasser geht bis er bricht.

**) Daraus folgt nicht, dass man den Schaltmond Lenaeon taufte. In der alten Zeit von welcher hier die Rede ist, hat es schwerlich fixierte Monatsnamen gegeben. Der Schaltmond empfing, wenn man von späteren Kaiserzeiten (Hadrianion) absieht, überhaupt keinen Eigennamen.

***) Wer mit Preller (R. E. II p. 1060 uot.) annimmt, dass Lenäen und ländliche Dionysien der Zeit nach ursprünglich zusammenfielen, muss zugeben, dass damals der Monat nach dem Dionysienmonat (der nach dem Poseideon) noch nicht Lenaeon hiess; denn ein besonderer Lenaeon deutet auf Absonderung der Lenäen. Wenn nun in der Geschichtsperiode, wo Lenäen und ländliche Dionysien zusammenfielen, überhaupt noch keine Monatsnamen existierten, so könnte in der jüngeren Zeit, als man Monate benannte, die erste, ursprüngliche (a. O. p. 1059) Benennung des nach den ländlichen Dionysien eintretenden Monats allerdings Lenäon gewesen sein. Die Lenäen hatten sich ausgesondert, hatten Ansehen gewonnen, man nannte den Monat Lenaeon? Weshalb schaffte man diesen Monatsnamen wieder ab? Der Erfinder des Namens Gamelion wollte nicht dulden dass die bacchischen Lenäen im Staat des Erechtheus die Ehre hatten, einen Monat von sich zu benennen; diese Ehre, meinte der Erfinder, gebühre vielmehr den erechtheidischen Gamelien, er wollte den Bacchusdienst — den schon im Kirchenjahr anerkannten — wieder hinausweisen; ein Solon etwa reagierte gegen den lenäischen Bacchus? Das sind künstliche Annahmen die besser vermieden werden. So lange der alte Ge-

Zeiten wäre aber jedenfalls die Benennung Lenaeon zu verlegen, da sie ja noch älter als der Name Gamelion sein müsste.

In historischer Zeit wurden jährlich Lenäen gefeiert, und zwar, wenn das Jahr zwölf Monate hatte, im Gamelion. Für die Schaltjahre muss wenigstens die Frage offen gehalten werden, ob die Athener, wenn sie wollten, die Lenäen oder die Piräen auch im Schaltmond feiern konnten.

Die städtische Religion alter Zeit wurde weder von den ländlichen Dionysien noch von den Lenäen berührt; die Stelle im Festjahr, wo bei den Städtern bacchische Bräuche mehr und mehr aufkamen, war eine andere. Wir sahen oben, dass in der Anthesterienzeit ein Markt abgehalten und Wein vom Lande hereingefahren wurde. Hierdurch kam Bacchus an das Hochfest dieser Zeit heran.

Artemis gelangte früh in ein bestimmtes Verhältniss zur Burg-Religion, weil sie bei den Schicksalen des Erechtheuskindes betheiliget wurde. Doch blieb der Artemisdienst in soweit Localcult, als Munychia und Brauron mit der Burg-Religion durch Processionen zwar in Verbindung traten, aber kein Artemisheiligthum, wie später das brauronische, auf der Acropolis oder in der Nähe errichtet wurde. — Weit später kam auch Apoll in ein Verhältniss zum Erechtheus. Das Seeausfahrtsfest*) im Munychion, später Delphinien

---

schlechterstaat bestand, hat die öffentliche Religion den lenäischen Bacchus ignoriert und der Name Gamelion ist nicht aus Reaction gegen den lenäischen Bacchus aufgebracht, um die Stelle eines älteren Namens (Lenaeon) zu ersetzen, sondern der erste und ursprüngliche Name ist Gamelion.

*) Die Delphinien muss man nach dem heliacischen Aufgange der Plejaden orientieren. Die Plejaden sind auch Seefahrtsgestirn, ihr Name wird von πλέω (Schol. Arat. 254) abgeleitet. Mit ihrem Frühaufgange begann die Argonautenfahrt, Theocr. XIII, 25 ἄμος ἀντέλλοντι Πελειάδες κ. τ. λ.; vgl. Vellej. I, 4, 1, wo die columba antecedens, welche die Auswanderer nach Cumae führt, die Plejaden (jedoch nicht die früh aufgehenden) zu sein scheinen; s. auch Schol. Od. XII, 62. Apollon Delphinios kann als Gott überseeischer Auswanderung wie für Chalcis (siehe Seite 49, Note *) so für Athen betrachtet werden. Der Munychion ist auch in historischer Zeit der rechte Monat für das Abgehen von Auswanderschiffen (nicht von Handels- und Kriegs-Schiffen, die sich nicht erst einen Spruch aus Delphi im Bysios (Elaphebolion) zu holen brauchen und schon im Elaphebolion oder wann sie wollen abgehen können), siehe Unters. Theseus' Cretafahrt, deren Anfang legendarisch am Delphinientage stattfand, beginnt passend wie die Argonautenfahrt um die heliacische Aufgangszeit der Plejaden und dauert bis zum Frühuntergang (Auf. November), so dass ihre Dauer einem Semester entspricht, wie es die Plejaden für die Schifffahrt alter Zeit vorzeichneten. — In welcher Art aber benutzte

genannt, scheint ursprünglich der maritimen Artemis begangen zu sein, der man dann den Apollon Delphinios hinzusetzte*).

Auch Artemis Agrotera im Boëdromion mag schon verehrt worden sein ehe Apollon Boëdromios ihr beigegeben wurde**). Derselben Göttin scheinen die Elaphebolien (G. A. 59, 2) des Elaphebolion begangen zu sein. Jüngere Gottesdienste haben diese Frühlingsfeier der Jagdgöttinn verdunkelt, desgleichen eine andere artemidische Feier (Pandia) desselben Monats.

Apoll.

Nach der oben gebilligten Ansicht dauerte die poseidonische Amphictyonie von Calaurea bis zu den Wanderungen, aber nicht länger. Poseidon wurde beerbt von Apoll, die Amphictyonie um Delos folgte der älteren des Poseidon, dies war das Ergebniss der Völkerzüge. — Die Bauern der Cephissusebene wurden von den in die Ferne strebenden Seevölkern vermuthlich meistens ignoriert, die Wanderer bildeten auch keine Heeresmassen, welche zwingen konnten und einem festen Eroberungsplan folgten. Dass dennoch während und in Folge der Wanderungen Fremdes und Neues an die

---

man die Plejaden als Termin der Delphinien? Aus dem Delphinienfeste selbst lässt sich diese Frage nicht beantworten, man muss die Orientirung der Thargelien hinzuziehen. Da diese nämlich eine nach-plejadische Stellung haben, weil sie dem durch die Plejaden angekündigten Ernte-Anfang nicht vorangehen können, so ist klar, dass die Orientirung der Delphinien nach demselben Gestirn-Aufgang (welcher in der 3. Woche des julianischen Mai der betr. Jahrh. erfolgt) in umgekehrter Art geschehen muss, so mithin, dass die von den Delphinien eingenommenen Plätze bis in den April hinaufreichen, während die Stellungen der Thargelien bis in den Juni hinabreichen.

*) Den Athenern galt Apollon Delphinios in älterer Zeit ohne Zweifel als chalcidischer Gott, sieh oben Seite 1. Erst als Chalcis ins Sinken kam oder schon gesunken war, und Apoll anfing das lelantische Feld ungnädig anzusehen (Hymnus auf Apoll v. 220 und Baumeister z. d. St. pag. 151), dürfte der Delphinios ein städtischer Gott geworden sein.

**) Der alte Ortsname von Agrae scheint für eine frühzeitig begonnene Verehrung der Agrotera zu sprechen. Dergleichen kann man für Apoll nicht anführen. Gegen ein hohes Alter apollinischer Boëdromien spricht deren Zurückführung auf Jons Kriegshülfe (G. A. 55, 4). Ions Beistand heisst Beistand der marathonischen Tetrapolis und diese ist, wie es scheint, nicht lange vor der solonischen Zeit, also nicht sehr früh, zu Athen übergetreten.

Religion der Gaea und Athena herankam, ist gewiss genug. Die im Panathenäenverbande geeinigte Volksgemeinde sah sich in die neue Richtung des Völkerverkehrs mit hineingezogen, der Apoll von Delos wurde auch für Athen Amphictyonengott und von Küstenplätzen (Zoster, Potamos, Prasiae) werden ihm frühzeitig heilige Absendungen, Erstlinge der Feldfrucht, gesteuert sein. Dadurch ist jedoch nicht bedingt, dass Apoll ein städtischer Gott wurde oder gar als Patroos galt.

Am Thargelienfeste der historischen Zeiten finden wir einen städtischen Festact, bestehend in Darbringung von allerlei Feldfrucht, ϑαργήλια genannt. Nach den ϑαργηλίοις Erstlingen des, jetzt im Jahre, geernteten Korns hiess auf Delos und in Athen der Monat des Fests Thargelion d. i. Zeit der Erstlingsfrüchte. Diese Opfersteuer ist, wie auch ihre Benennung, offenbar alt und alterthümlich, um so weniger darf man ihre Entstehung bis dahin verspäten, wo Apoll sicher städtischer Gott ist. Sie wird ihren Ursprung in den heiligen Sendungen von Korn nach Delos haben, den hyperboreischen, bei welchen Athen[*] lange Zeit eine unscheinbare Rolle spielte, übrigens aber doch theilnahm. Von diesen amphictyonischen Ansendungen neuen Kornes nach Delos ist der städtische Festact an den Thargelien Athens eine Nachbildung. Die delische Feier, zu der die Kornsteuer eingeht, und die athenische gehören wahrscheinlich beide demselben Kalendertage an, nämlich dem VII Thargelion.[**]

Die Thargelien-Darbringung war in älterer Zeit nicht städtisch. So lange Athen mit Apoll bloss durch die lockeren Bande der Amphictyonie in Bezug stand, scheint ihm wenig eingeräumt zu sein. Hätte die Stadt damals den (delischen) Apoll recipirt, so würde sie

---

[*] Die Athener kommen nicht vor bei Herodot IV, 33, wo die Völker genannt werden, durch welche die Erstlinge, von Hand zu Hand gehend, nach Delos gelangen. Pausanias, der sie nennt, folgt Att. 31, 2 athenischen Berichten, wie Siebelis z. d. St. gut anmerkt.

[**] Welche Stellung hatte nun dieser Tag im Sonnenjahr? eine solche, die reifes Korn nach Delos zu bringen gestattete, also frühestens eben nach Ernte-Anfang, das heisst, wenn wir der hesiodischen Bestimmung folgen, nach der Mai-Mitte des julianischen Kalenders jener Zeiten. Hesiod beginnt die Ernte mit dem Frühaufgange der Plejaden, was für ihn a. Chr. 800, Mai 19 giebt (Ideler Hdb. I p. 242). In der pericleischen Zeit gingen die Plejaden Mai 15 bis 19 in Athen heliacisch auf (Hartwig Schwerin, Progr. 1861 p. 18).

ein Delion gehabt haben und ein altes Priesteramt des delischen Apoll*).

Der Amphictyonengott von Delos schwebte fernher über Attica, er war nicht Patroos im Staate, nicht Agyieus an den Häusern. Jenes öffentliche und dieses private Amt in der Stadt empfing er erst nachdem die Marathonier der Tetrapolis sich an Athen anschlossen, welches bis dahin keinen Apoll als recipierten Gott der städtischen Religion gehabt zu haben scheint.

Ein städtischer Gott wurde Apoll dadurch, dass die Bewohner der Tetrapolis, welche längst den Apoll eifrig verehrt hatten, Mitbürger der athenischen Städter zu sein anfingen, nachdem sie lange Zeit einem anderen Entwickelungsgange gefolgt waren als dem von Athen. Der Anschluss der Tetrapolis erfolgte wahrscheinlich als das Uebergewicht von Chalcis nachliess, welchem früher die Marathonier sich unmöglich entziehen konnten, auch wenn sie nicht gerade Unterthanen der Chalcidier waren. Es ist also die Tetrapolis nicht sehr lange vor Solon athenisch geworden.

Die Marathonier, ein etwas dorisierendes Völkchen, hatten den pythischen Apoll wahrscheinlich längst als ihren Stammherrn öffentlich und hausgottesdienstlich verehrt. So erklärt es sich, dass die Athener nicht den delischen, sondern den pythischen Gott (Demosthen. 18, 141; C. I. n. 465; Harpocr. v. Ἀπόλλων Πατρῷος) als Patroos**) ansahen.

Die Stadt hatte ein Heiligthum des pythischen Gottes, das Pythion, vermuthlich mit Bezug auf den Gott der marathonischen Tetrapolis, erhalten. Dieses ist als eine Oertlichkeit der Thargelienfeier historischer Zeit überliefert, aber gewiss nicht dieser Feier wegen gebauet, welche ein Delion verlangt haben würde. Vielmehr übertrug man, entweder einer Missernte wegen auf delphischen Spruch, oder weil die heiligen Sendungen nach Delos in Verfall (Thuc. III, 101) kamen, die Darbringung der Erstlinge auf denjenigen Apoll, welcher inzwischen recipiert war.

Wer ein frühzeitig erfolgtes Aufgehn der Tetrapolis in den

---

*) Von einem Heiligthum des delischen Apoll, welches die Stadt Athen gehabt hätte, finde ich nichts. Ein eigenes Priesteramt ist nur aus späten Inschriften nachweisbar, Ephemeris 1860 n. 3833, 3, aus römischer Zeit: ἱερεὺς Ἀπόλλωνος Δηλίου διὰ βίου; Ehrensessel, Philol. XIX p. 359, 14.

**) Schömann Alt. I p. 316; E. Curtius gr. G. I p. 246. Gerade der Patroos gehört in die Tetrapolis, Apollon-Xuthus, Vater des Ion, dem die Sage Kreusa, Erechtheus Tochter, zur Mutter giebt.

attischen Staat annähme, müsste auch eine frühe Anerkennung des
Apoll als Patroos annehmen; denn die Verschmelzung mit Athen erfolgte vermuthlich dadurch, dass der marathonische Stammgott nunmehr von dem ganzen Staat als Stammgott betrachtet wurde. Der
Apollon Patroos ist aber nicht alt in der athenischen Religion. Er
fand die Stadtreligion wesentlich abgeschlossen vor. Obwohl man
ihn für Athenas und Hephästs Sohn erklärte, also für einen Bruder
des Erechtheus, liess sich doch diese Genealogie nicht durchführen,
weshalb anders als weil der Patroos in ziemlich junger Zeit hinzukam? Welcker G. L. I p. 494. Eben darum wurden auch die Apaturien fast gar nicht von dem neuen Cultus tangiert.

Erst nach dem Hinzutreten der Marathonier wurde mit Bezug
auf ihre den Athenern geleistete Kriegshülfe (unter Ion, oder unter
Xuthus, s. Rinck. Rel. d. Hell. II p. 78) Apollon Boëdromios der
Artemis Agrotera des herbstlichen Festes (Boëdromion VI) beigesellt;
ebenso der Apollon Delphinios der Artemis des VI Munychion.

Reformation durch Epimenides und Solon. —
Als die Athener an innerer Zwietracht litten in Folge des cylonischen Frevels und der Bosheit der Alcmäoniden, als auch die
Megarer Nisaea nahmen und Salamis wieder den Athenern entrissen,
herrschte grosse Niedergeschlagenheit und es schien, dass für die
sündenbeladene Stadt kein anderes Heil sei, als bei den Göttern
Erlösung und Reinigung zu suchen; in der Noth fliehet der Mensch
zur Gottheit. Solch eine Zeit passt für eine grosse Religionsumwälzung, nur wirkliches Bedürfniss kann eine Reformation erschaffen.
Damals wurde Epimenides herbeigerufen.

Die Reformation des Epimenides und Solon war theils apollinisch, theils dionysisch-demetreisch. Als Vorbild für Manches diente
wohl das delphische Festjahr, welches sich zwischen Apoll und
Bacchus theilte (Petersen Delph. Festcycl. p. 5).

Dass die Mysterien des Dionysos und der Demeter Gegenstand
der Reformation waren, beweiset die Bildsäule des Epimenides vor
dem zweiten Mysterientempel zu Agrae. Ein nicht minder wichtiger
Gegenstand war die Durchführung der Apollorreligion, der ausser
ihrer im Oeffentlichen geförderten Geltung auch, wahrscheinlich
erst durch Solon, ein wichtiges Amt an Häusern und Familien zugewiesen wurde, indem man den Agyieus*) als Wehrer des Bösen in

---

*) Agyieus wurde durch delphischen Orakelspruch in Athen eingeführt,
Schol. Hor. Carm. IV, 6, 28; Gerhard gr. Myth. § 302, 3. Dass dieser Orakel-

Gestalt eines abgestumpften Kegels neben der Strassenthür des Hauses aufstellte, Petersen Hausg. p. 14 sq.

Allgemeine Voraussetzung der Cultus-Reform ist die Existenz von Gottesdiensten in grösserer oder geringerer Nähe der Hauptstadt, mit denen die Bewohner der Hauptstadt und ihre Umlande schon bekannt, ja vertraut geworden waren, ohne jedoch bisher die Nachbargottheiten an die hauptstädtischen angelehnt oder hauptstädtische Heiligthümer für sie errichtet zu haben. Solche Nachbargottheiten sind die Demeter in Eleusis, Athena Skiras bei Phaleron. Die schon bestehenden Gewohnheiten, solche Nachbarörter gottesdienstlich zu besuchen, haben Epimenides und Solon vorgefunden und in eine bestimmte Form derartig gebracht, dass die Hauptstadt mehr und mehr Mittelpunct der attischen Religion wurde. Sie haben also grossentheils nur centralisiert und geordnet, keineswegs überall geneuert.

Die Thargelien gingen, wie oben gemuthmasst ist, anfangs nicht die Stadt, sondern nur die Küste und den delischen Inselgott an, und eine zweite (vorsolonische) Stufe war, dass man dem Inzwischen aus Marathon angenommenen Apoll in der Stadt Erstlinge vom Korn darbrachte. Es kann sein, dass schon irgendwelche Sühngebräuche für den Abwehrer des Hungers vorhergingen, aber das Anbieten von Menschen zum Opfer am Sühntage des VI Thargelion scheint erst Epimenides aufgebracht zu haben. Um von der wegen Cylons Ermordung entstandenen Pest loszukommen, wurden, wie Einige sagten (Diog. Laërt. p. 78), zwei Jünglinge Cratinus und Ctesibius geopfert ($\mathring{\alpha}\pi o\vartheta \alpha \nu \varepsilon \tilde{\iota} \nu$) und die Pest verschwand. Diese Opferung war aber von Epimenides angerathen, dem dafür ein Talent bewilliget wurde. Sie kann nur im Dienste des pestabwehrenden Apoll geschehen sein und mag sich in den beiden am Thargelienfeste angebotenen Menschenopfern erhalten haben. Athena verzichtete nun

---

spruch in Solons Zeit gehört und durch ihn und Epimenides zur Ausführung kam, scheint nirgends überliefert. E. Curtius gr. G. I p. 264 spricht davon wie von einer Thatsache. Bei der Reinigung und Heiligung der Stadt Athen durch Epimenides „wurden", sagt Curtius, „in allen Strassen Bilder des Apollon Agyieus aufgerichtet." Ein directes Zeugniss dafür habe ich vergeblich gesucht. Doch auch ohne ein Zeugniss halte ich Curtius' Darstellung für beifallswürdig. Zu den Mitteln, durch welche Epimenides und Solon Athen weiheten und sühnten, wird auch die Errichtung von Altären des Agyieus gehört haben. — Unpassend aber scheint es mir, die Einführung des Patroos und die des Agyieus durch Jahrhunderte von einander getrennt zu denken. Auf die Annahme des Patroos musste, wenn dieser nicht bodenlos gleichsam in der Luft schweben sollte, seine Einführung in den Hausgottesdienst als Agyieus bald folgen.

wohl zu Gunsten des ihr angekündeten Apoll auf die Plynterienbusse zweier Mädchen.

Auch das Opfer für Demeter Chloë lässt sich als ein Versuch auffassen, den neuen Cultus des Apoll mit der alten Erechtheusreligion gleichzustellen, da in letzterer gerade, an demselben Tempel, dem der Gaea und Demeter bei der Burg, Voropfer üblich waren. Hiernach scheint das Opfer für Chloë auch von den Reformatoren eingeführt, um die Annexion des Apoll vollständiger zu machen. Siehe Unterss. Seite 417 Note *.

Wie Poseidon-Erechtheus als Schlangendämon allmonatlich (Herod. VIII, 41) gefüttert ward, so führte man den neuen Stammgott Apollon Patroos durch wenigstens acht Monate hindurch, indem man ihm theils Epimenien (Hecatombäen, Metagitnien), theils Feste zuwies. Winterliche Begehungen für Apoll scheint man nicht eingeführt zu haben, im Winter sollte der dithyrambische Bacchus herrschen.

Die alten Feste des Erechtheuskreises waren zu starr und dogmatisch schon zu verfahren, um das poseidonisch-erechtheische Athen von ehedem mit dem Apollocult der Nord-Ost-Küste gründlich zu vereinbaren. Man wählte die Auskunft, zu einem localen Athena-Dienst zu greifen, indem man die bisher nicht zur Stadtreligion gezogene Athena Skiras mit der Burggöttinn identificierte. Athena in dieser neuen Qualität (als Skiras) wurde nicht blos in einem Sommerfeste (XII Skirophorion), sondern wahrscheinlich auch in einem Herbstfeste (Pyanepsion) mit dem neuen Apoll vereinigt.

Athena Skiras erhielt ihren Namen von der $γῆ\ σκιρράς$, dem weisslichen Kalkboden, in welchem die Olive gedeihet*). Sie stammt aus dem Megarischen und aus Salamis**), wo sie die Olivenzucht erfand***). Ihr phalerischer†) Dienst mag schon vor Alters impor-

---

*) Theophr. *Αἴτι. φυτικ.* II, 4, 4 (p. 395 Schneid.) $ἄλλη\ δὲ\ πρὸς\ ἄλλα\ τῶν\ δένδρων\ ἁρμόττει\ μᾶλλον,\ ὥσπερ\ καὶ\ διαιροῦσιν·\ οἷον\ ἡ\ σπιλὰς\ καὶ\ ἔτι\ μᾶλλον\ ἡ\ λευκόγειος\ ἐλαιοφόρος.$ Cf. Fiedler Reise I p. 395.

**) Salamis hiess Skiras; mit Bezug auf die salaminische Athena dieses Namens heisst auch das Vorgebirge Skiradion (Leake Dem. p. 214 Westerm.). Die $Σκειρωνίδες\ πέτραι$ bei Megara, der dorther wehende Wind $Σκείρων$, die hier heimische Skiron-Sage beweisen, dass die Skiras in dieser Umgegend zu Hause gehört; vgl. O. Müller, A. E. III, 10 p. 82. Von den salaminischen Felsen spricht Dodwell (II, s p. 29 Sickler) als von grauem, leicht zerreiblichem Marmor. Hier ist also wohl $γῆ\ σκιρράς$.

***) Dies beweiset Euripides, der selbst aus Salamis war, Troad. 798. Eine andere Athena als die Skiras giebt es auf Salamis nicht.

†) Das Seegestade war der rechte Ort für Athena Skiras, wie auf ihrer Heimatsinsel so in Phaleron; der Olive ist Seeluft günstig (Fiedler I, p. 598).

tiert sein, aber der Cultus der Skiras, so weit er die Stadt betrifft, gehört allerdings einer jüngern Epoche (Bergk Btr. z. Monatskunde p. 41) an, der solonischen vermuthlich.

Skirophorien am XII Skirophorion. — Den Buphonien, einem uralten Feste der Erechtheusreligion, war längst ein Sühnumzug vorausgegangen, zunächst für das auf den Tennen liegende Getreide, dann für alles andere, auch für die Olive, deren Blüthe Zeus und Athena längst, ehe es Skirophorien gab, in dieser Zeit des Jahrs vor Wetterschaden beschirmt hatten *). In der solonischen

---

Der phalerische Skirasdienst braucht nicht viel jünger zu sein als der salaminische. Früher nahm ich an, erst Solon und Pisistrat hätten den örtlichen Dienst mit Bezug auf den von ihnen geförderten Olivenbau gestiftet, bin aber jetzt anderer Meinung. Wiewohl nämlich aus der Bezeichnung des Tempels in Phaleron als des ἀρχαῖον ἱερόν der Göttinn (Pausan. Att. 36, 4) nicht gerade ein hohes Alterthum folgt, so ist doch Solons Eroberung von Salamis (Plut. 9) nicht auf das Herbstfest der Skiras, sondern auf die Thesmophorien einerseits, andererseits auf einen Cultusgebrauch bei Skiradion bezogen worden, welcher mit dem athenischen Herbstfeste (VII Pyanepsion) nichts gemein hat. Hätte aber Solon die Skiras aus dem erob ten Salamis gleichsam als Kriegsbeute den Athenern gebracht und in Phaleron ihr das Heiligthum gestiftet, so würde doch wohl in den Bräuchen des VII Pyanepsion eine Spur erhalten sein. Leicht kann schon in alter Zeit derselbe Gottesdienst vom salaminischen Gestade nach dem phalerischen übertragen sein, zumal wenn die Olivengöttinn auch Seegöttin war. Oel beruhigt die wallende Fluth nach dem Glauben (Fiedler I p. 599), und die salaminische Skiras hat wohl a. Chr. 480 den κέλης (Herod. VIII, 94) gesendet. Am phalerischen Gestade ist in Attica ihr eigentlicher Wohnsitz, nicht im vorstädtischen Orte Skiron, wo Pausanias a. O. 3 nur ein Grab des Sehers Skiros erwähnt. Allerdings spricht Pollux IX, 96 von einem Tempel: τῷ τῆς Σκιράδος Ἀθηνᾶς νεῷ, nicht ἱερῷ wie Welcker Alte Denkm. III p. 16 gelesen zu haben scheint; ἐν τῷ τῆς Σκιράδος Ἀθηνᾶς ἱερῷ steht Bekk. Anecd. p. 300, 26. Doch ist der Tempel jedenfalls sehr obscur; von dem Festzuge der Skirophorien heisst es, er gehe nach „einem Skiron genannten Orte", Harpocr. p. 168, 9; gemeine Spieler und Hetären (Alciphr. III, 8) sammelten sich in der Umgebung. Viel älter ohne Zweifel und angesehener ist der phalerische Skiras-Tempel. Auch nach der Fabelgeschichte empfing der Ort Skiron diesen Namen erst nachher; der dodonäische Seher Skiros gründete den phalerischen Tempel, dann fiel er im Kampfe, und erst nach dem Begrabenen empfing der Ort Skiron seinen Namen. Die Benennung des vorstädtischen Ortes kann in solonische Zeiten verlegt werden, die Stiftung des örtlichen Gottesdienstes bei Phaleron aber gehört wahrscheinlich einer älteren Periode an, nicht gerade einer uralten, worauf auch die Fabelgeschichte (Grote gr. Antiq. I p. 181 sqq. Fischer) nicht führt.

*) Um die Zeit des längsten Tages blühet der Wein und nur wenig später die Olive, Plin. H. N. 16, 42: *floret autem solstitio vitis et quae paulo serius*

Periode wurde die Nebensache Hauptsache, dem Sühnumzug gab man die besondere Wendung auf den Schutz der Olive, die Athena des Sühnumzuges am XII erhielt den besondern Titel Skiras d. i. Schützerinn des Olivenbodens, neben der Athena-Priesterinn aber mussten, um die Anschmelzung der Apollo-Religion hervortreten zu lassen, die Priester des Helios (Apoll) und Erechtheus einhergehen.

Die Ausbildung dieser Gebräuche kann auch insofern passend der solonischen Zeit zugeschrieben werden, als Solon und Pisistratus sich für den Oelbau interessierten*)

Pyanepsien am VII Pyanepsion, in solonischer Zeit wahr-

---

incipit olea. Die Zeit der Deflorescenz setzt Plinius zu 8 bis 14 Tagen an, in der ersten Julihälfte sind also alle Blüthen herunter. Während der Deflorescenz ist Regen sehr schädlich für den Ertrag, ib. 17, 37 § 6: *pessimum est inter omnia, cum deflorescentem vitem et oleum percussit imber, quoniam simul defluit fructus.* Ob die Fruchtansätze durch das Wetter gelitten haben, sieht man aus der fallenden Blüthe. Perforierte Blüthen zeigen, dass kein Schade geschehen ist, fehlen aber die Oeffnungen in der Mitte, so sind die Fruchtansätze mit abgerissen, Theophrast. II. Pl. I, 13, 3 (p. 40 Schneider). Ausser Hagel, Platzregen und Sturm ist auch ein Uebermass von Hitze zu fürchten, Theophr. a. O.: ἐὰν γὰρ συγκαυθῇ ἢ βρεχθῇ συναποβάλλει τὸν καρπόν. Die Blätter der Olive zeigten dem Landmanne beide Solstitien an, indem sie dann verschiedene Blattseiten aufkehren (Schol. Hes. ἔργ. 767 Vollb.), zur Zeit des Sommersolstizes die weisse Seite (Geopon. IX, 2; Stark in Ber. d. sächs. Ges. 1856 p. 91). Die Olive giebt also gleichsam selbst ein Zeichen ihrer Schutzbedürftigkeit, um die Zeit des längsten Tages, wenn die kritischen Tage der Deflorescenz im Anzuge sind. In diese Tage fällt der Anfang des Dreschens nach Hesiod, der ihn an den heliacischen Aufgang des Orion schliesst (für Hesiod Juli 9). Das Anfangsfest der Dreschzeit (Buphonien) und das Fest der Olivenschützerinn gehören also derselben Zeit im Sonnenjahre an. Ein wenig früher blühet der Wein. Wenn man in dem Sühnumzug auch auf die Weinblüthe und ihren Schutz genommene Rücksichten aufzusuchen hat, so muss man in dem Heliospriester einen Priester des Apoll-Helios-Bacchus sehen und behaupten Helios-Bacchus habe die Rebe und den Wein vertreten. Ich ziehe vor den Helios als Helios-Apoll zu nehmen, damit Apoll neben Erechtheus, Bruder neben Bruder, stehe.

*) Es gab solonische Bestimmungen über den Oelbau, Plut. Sol. 23 n. 24; cf. 22. Athena war Schutzgöttinn des Pisistrat und die Pisistratiden schenkten dem Baum der Athena besondere Obacht. Thessalos, Pisistrats Sohn, empfing ein Oliven-Wahrzeichen. Theophr. H. Pl. II, 3, 3 (p. 51 Schneid.): ἐλαία δὲ τὰ μὲν φύλλα ἀπέβαλε, τὸν δὲ καρπὸν ἐξήνεγκεν· ὃ καὶ Θετταλῷ τῷ Πεισιστράτου γενέσθαι λέγεται. Dass Attica vor Pisistrat keine Oliven sollte gehabt haben, ist nicht glaublich, obwohl Dio Chr. 25 p. 521 sagt: τὴν Ἀττικὴν πρότερον ψιλὴν καὶ ἄδενδρον οὖσαν ἐλάαις κατεφύτευσαν Πεισιστράτου προστάξαντος.

scheinlich ohne Bacchus und ohne Bezüge zur Theseus-Sage, mithin als Fest des Apoll und der Athena Skiras zu denken.

Von einer gleichzeitigen Entstehung der auf Pyanepsion VII zusammengedrängten Bräuche kann nicht die Rede sein. Sicher ist, dass die Oschophorien ihre historisch bekannte Einrichtung erst nach den Phylen des Klisthenes erhielten, ferner, dass erst Cimon den städtischen Theseusdienst stiftete. Die als ein Ganzes zu betrachtenden Begehungen (der Kybernesien), der Pyanepsien, der Eiresione, der Oschophorien, (der Theseen, der Epitaphien), verdanken ihre künstliche Totalität der Theseus-Sage und sind als so angeordnete Gesammtheit schwerlich älter als Cimons Zeit*).

Solons Zeitgenossen werden ihre Herbstfeier der Athena Skiras, der Geberinn der nunmehr beginnenden Olivenernte, und dem ihr angeschlossenen Apoll, dem jetzt Abschied nehmenden, gefeiert haben**). Die apollinischen Gebräuche sind offenbar das zurückge-

---

*) Die Umgestaltung und Förderung der Oschophorien des VII passt für Cimon recht gut. An diesem festlichen Tage wurde ein nicht geringer Vorrath von Obst aller Art, grünen Laubgewinden und ὄσχοις verbraucht. Cimon, der ein milder Aristocrat war, öffnete jedem seine Gärten, wer da wollte durfte sich nach Belieben Früchte und Zweige nehmen. Diese gern gebende Milde lag im Feste selbst, der südliche Herbst spendete reichlich, noch freigebiger als Cimon, der ihm nur eine Hand lieh. Die Hauptsache bleibt aber, dass Cimon Stifter des städtischen Theseusdienstes ist und dass der VII Pyanepsion vor dieser Stiftung wesentlich anders begangen sein muss als nach derselben.

**) Als rechte Zeit dieses Festes ist im Alterthum der Anfang des julianischen November zu betrachten, wenn der Frühuntergang der Plejaden erfolgt. Ideler hat denselben für Hesiod auf November 3 (Handb. I p. 242), für Hippocrates auf November 5 (a. O. p. 252) bestimmt; cf. Petav. Var. Diss. II, 10. Mit dem Frühuntergang der Plejaden verlieren die Bäume ihr Laub (Democrit bei Gemin. p. 252 Altorf.), Stürme (Θύελλαι, Meton in Ptolemaeus' Kalender, Athyr 11) treten ein, die Seefahrt wird gefährlich (Demosth. 50, 23). Dies ist die Zeit, wo Apoll und mit ihm die gute Jahreszeit Abschied nimmt. Sollten die Kybernesien des Theseus normgebend sein für den Seefahrtsabschluss überhaupt, so kann man ebenfalls nur Anfang November julian. wählen; vergl. Ideler Sternnamen p. 144. Was Athena Skiras und die von ihr beschützte Olive angeht, so wird die Olivenernte gleichzeitig beginnen oder nahe bevorstehen. Nach den Angaben Neuerer fängt die Olive im November an zu reifen, die Ernte geschieht allmälig und dauert bis Ende Januar, v. Heldreich Nutzpflanzen p. 30. In Sicilien, dessen wärmeres Klima alles etwas früher zeitiget als Attica, fällt die Ernte je nach der Lage in den November und Anfang des December, Sartorius von Waltershausen üb. d. sicilian. Ackerbau p. 26. Dies sind gregorianische Monate. Vergl. auch Fiedler I p. 445. So viel ist klar, dass z. B. am 7. November julian., der in Athens Blüthezeit dem gregorian.

schobene Element des VII Pyanepsion, die Eiresione ist nicht recht am Platze und fast störend, seit Bacchus auch in das Fest eingedrungen.

Wiewohl Bacchus die älteren Gebräuche störte, zum Theil vielleicht zerstörte, war sein Eindringen doch nicht eine Neuerung im Grundgedanken. Auch die mit dem Sommergott Apoll zusammengebrachte Athena Skiras bezeichnete eine allgemeine Herbsterntefeier, und es konnte nur eine weitere Ausführung ins Detail scheinen, wenn auch der Rebe wegen ein besonderer Gott, der Weingott, hinzukam, wie Athena Skiras die Olive vertrat.

Die Feier cimonischer Zeit ist ein Gemisch von fröhlichen und traurigen Gebräuchen, von Siegsjubel und Klage um Todte der Vorzeit wie der Gegenwart. Diesen gemischten Character können auch die solonischen Pyanepsien des Apoll und der Athena Skiras gehabt haben. Das Sommerleben endet, Apoll zieht anderswohin, man bringt ihm Eiresionen zum Scheidegruss; die Bäume verlieren ihr Laub, die Natur ist nicht mehr so fröhlich, und der Mensch, wie sehr ihn auch die Gaben des Herbstes erfreuen, wird Raum haben auch für Empfindungen der entgegengesetzten Art.*)

Erscheinungsfest des Apoll im solonischen Festjahr, hypothetisch. — Die städtischen Dionysien sind ein später**) geschehener

---

November-Anfange ungefähr entspricht, die Olivenernte in nächster Aussicht stand, die ersten Tage des julianischen November also auch für ein Fest der Athena Skiras als Schirmerinn der Olive passend sind. — Wenn die ersten November-Tage für die Olivenernte sehr früh sind, so ist derselbe Termin für die Traubenernte sehr spät, was nicht schaden kann wo zwei niemals coincidirende Ernten, wie die von Wein und Oel, durch ein und dasselbe Fest gefeiert werden; Plinius H. N. XVIII, 74: *iustum vindemiae tempus ab aequinoctio ad Vergiliarum occasum dies XLIV*, wonach der Frühuntergang der Plejaden der späteste Termin ist. Obwohl Solons VII Pyanepsion noch nicht bacchisch war, ist doch eine Berücksichtigung auch der Traubenernte sehr wohl möglich. Apoll konnte als Geber der Sommerfrüchte neben Athena Skiras treten, der man die winterliche Olive verdankte, unter den Sommerfrüchten war auch die Weintraube mit begriffen — nur mit begriffen, denn wäre die Traubenernte das Bestimmende und Hauptsächliche gewesen, so hätte das Fest einen früheren Platz im Kalender erhalten.

*) Fröhlichkeit oder Traurigkeit eines Festes wird zumeist durch die Jahreszeit bestimmt, die Dogmen thun es nicht. Der Abschied des Herbstes wird im Ganzen mehr zur Trauer stimmen, wie die am XIII Pyanepsion folgende πυανέψια zeigt. Vielleicht kann man auch an Allerheiligen (1. November) und Allerseelen (2. November) erinnern.

**) Bergk Beitr. z. gr. Monatsk. p. 36, N. sagt mit Recht, dass die grossen Dionysien „von allen die jüngsten" sind.

Uebergriff des Bacchuscults, in früherer Zeit hatte der Elaphebolion eine melische Apollonsfeier. Dies lässt sich folgendermasssn wahrscheinlich machen.

Im delphischen Jahr, nach welchem Solon sich richtete, waren drei continuierliche Wintermonate dem Dionysos geweihet (Plutarch. de εἰ apud Delphos cap. IX). Es ist nicht glaublich, dass in Athen, nachdem der Poseideon, Gamelion und Anthesterion bacchisch geworden, auch noch der Elaphebolion als vierter Monat dem dithyrambischen Bacchus sofort eingeräumt ist. — Aus dem delphischen Kalender folgt aber nicht bloss negativ, dass Solons Elaphebolion keinen Bacchus kannte, sondern es lässt sich auch ein positiver Schluss bilden, welcher zu Gunsten eines apollinischen Epiphanienfestes spricht.

Der pythische Apoll ist den Delphiern am VII Bysios ihres, am VII Elaphebolion des attischen Kalenders geboren (Hermann Mtsk. p. 51). Sehr auffallend steht dieser Kalendertag den Athenern leer. Die Athener, denen der pythische Gott Stammgott ist (Dem. 18, 141), bekümmern sich also wenig oder gar nicht um die Theophanien ihres Patroos, die in Delphi hochfestlich begangene Erscheinungsfeier (Petersen delph. Festcyclus p. 6) des VII Bysios oder VII Elaphebolion? Das ist für die solonische Zeit wenig wahrscheinlich.

Mehrere Einzelheiten der grossen Dionysien bestätigen, dass sie ursprünglich ein Apollonsfest waren. Der Dreifuss als Preisgabe ist aus dem Apollonsdienst auf Bacchus blos übertragen, Gerhard gr. Myth. § 450, 4. — Der Päan des Elaphebolion ist apollinisch, Plutarch a. O. und Macrob. Sat. I, 17, § 15 sqq. Die grossen Dionysien werden nicht wie Lenäen (Pollux VIII, 90) und Anthesterien vom Archon König verwaltet, sondern vom ersten Archon, der das Hochfest des Apoll (Thargelien), das höchste jüngerer Zeit, beaufsichtigt (ib. 89). Vormals werden beide vom Archon beaufsichtigten Feste apollinisch gewesen sein.

Den Uebergang des solonischen Apollonsfestes in die städtischen Dionysien, darf man sich nicht schwierig denken. Die melischen Begehungen blieben bestehen, Neuerung war die Zufügung eigentlicher Schauspiele. Schwache Herzen im Glauben nicht zu stören, diente das Dogma, Apoll und Bacchus sei Eins. Solons Zeit hat dies Dogma gewiss nicht gekannt.

Unentschieden muss es bleiben, ob dem Apoll des Epiphanienfestes Artemis als Mondgöttinn, Pandia,*) vereinigt war. Vom Apoll ist überliefert, dass er im Beginn der schönen Jahreszeit**) sich seiner Herrlichkeit freue mit Citherspiel und Reigen; diese aufjubelnde Freude ist der Gegenstand des Epiphanienfestes; aber dass Artemis auch Theil habe an der Epiphanie, überliefert Niemand.

Der Uebergang in ein Bacchusfest kann nur entweder in die Pisistratidenzeit oder in die des Cimon und Pericles gesetzt werden. Für die Zeit nach den Perserkriegen spricht der Aufschwung, welchen Athen seither nahm. Im Elaphebolion erschienen die Bündner und brachten ihre Steuern (Böckh St. H. 1 p. 191 a. a.). Ihnen und überhaupt allen Fremden gegenüber galt es, die Metropole in

---

*) Die Pandien, ein Theil des grossen Dionysienfestes, hält Welcker G. L. I p. 269 für ein All-Zeus Fest; allein die Analogie ($\Pi\alpha\nu\iota\omega\nu\iota\alpha$, $\Pi\alpha\mu\beta o\iota\omega\tau\iota\alpha$ $\Pi\alpha\nu\epsilon\lambda\lambda\eta\nu\iota\alpha$) führt nicht dahin, dass in $\delta\iota\alpha$ Zeus enthalten sei. Ich schliesse mich denen an, welche wie Stark (G. A. 59, 5) den heortologischen Namen $\tau\grave{\alpha}$ $\Pi\acute{\alpha}\nu\delta\iota\alpha$ auf die Mondgöttinn Pandia (Hymn. XXXII) zurückführen. Es ist indess ungewiss, da die Göttinn Pandia bisher durch nichts Attisches belegt ist. Vielleicht ist C. I. I n. 82 [$\tau\tilde{\eta}$] $\Pi\alpha\nu\delta\acute{\iota}\alpha$ zu schreiben; dann wüssten wir wenigstens, dass die Göttinn Pandia an einem Orte Atticas, dem Demos Plothea, Opfer erhalten habe, und es wäre mehr Grund auch die städtischen Pandien auf eine [Artemis] Pandia zu beziehen. In dem Verzeichnisse a. O. steht I ΠΑΝΔΙΑΙΓΗ, nach Böckh: ἐπὶ Πάνδια ΤΓΗ Vorher stand ἐς Ἀφροδίσια, ἐς Ἀνάκεια u. s. w., nirgends ἐπὶ und Böckh sagt selbst: *sed miror cur non ἐς Πάνδια dictum sit*. Mit Lesung des Dativs τῇ Πανδίᾳ weichen wir also nicht stärker ab, er ist gesagt wie θυσία τῇ Εἰρήνῃ C. I. 1 n. 157. Böckhs Entzifferung des Schlusses [ΤΡ]Η ist Correctur, er findet sie unsicher, aber doch wahrscheinlich. Sie ist indess kaum wahrscheinlich, da die 7000 ἐς τὸ Ἡρακλεῖον verwendeten Drachmen ΓΧΧ geschrieben sind statt ΤΧ, wonach auch im Opfer für Pandia 6000 Drachmen nicht mit Τ sondern mit ΓΧ zu bezeichnen waren. Es kann also das Iota für den Dativ Πανδίᾳ gerettet werden, so dass bloss in das Γ ein Zeichen (Ρ oder Ρ) durch Correctur einzusetzen ist.

) Nach deutschem Glauben tanzt die Sonne um Ostern, Grimm D. Myth. p. 268; cf. Homer. Od. XII, 3 ἠοῦς ἠριγενείης οἰκία καὶ χοροί. Im Apollocult ist diese Darstellung aufs Herrlichste ausgeprägt, Diodor II, 47 und meinen Zweit. Beitrag z. Zeitr. p. 403 sqq. Bei seiner cyclischen Epiphanie spielt und tanzt der Gott ohne Unterlass vom Frühlingsäquinoctium bis zum Aufgang der Plejaden, anderthalb Monat. Hiernach ist das attische Epiphanienfest in diese Zeit zu verlegen. Sein frühestes Eintreten ist, wenn es um Aequinoctium eintritt, es wird also, mehrtägig genommen, fast immer den April berühren und meistens ein Aprilfest sein, da das Aequinoctium der julianischen Zeitrechnung in den betreffenden Jahrhunderten Ende März fällt. Sein Uebergang in ein Bacchusfest wird hierin nichts geändert haben. Wenn die von Dichtern erwähnten Rosen an diesem Feste nicht blos poëtisch blüheten, so folgt aus ihnen der Monat April. S. Unters. Seite 395 Note * und v. Heldreich Nutzpflanzen p. 60.

ihrem Glanze zu zeigen, das Uebergewicht ihres Reichthums nicht bloss, sondern auch dessen geistvolle Verwendung zu entfalten.*) Weltliche Gründe veranlassten den Uebergang in ein Bacchusfest, welches als solches in sehr lockerem Bezuge**) zum Kirchenjahr steht. Je weniger es religiös war, desto freiere Bahn hatte die Kunst; die lyrischen Theile des Festes indess, welche noch aus der apollinischen Zeit stammten, haben wohl ein näheres Verhältniss zur Religion bewahrt.

Bei der Unsicherheit über die Pandia ist es nicht möglich bestimmte Ansätze***) zu machen für Solons Kalender.

Solons Kalender enthielt, nach den vorgetragenen Hypothesen, 8 Monate, in denen Apoll durch Feste und Epimenien gefeiert wurde: im Elaphebolion das Geburtsfest des pythischen Apoll, im Munychion die Delphinien, im Thargelion die Thargelien, im Skirophorion das Fest der mit Erechtheus und Apoll vereinigten Göttinn des Oelbaues, im Hecatombaeon und Munychion Epimenien, im Boëdromion das noch nicht durch die Marathonsfeier gestörte Letoidenfest der Agrotera und des Boëdromios, endlich im Pyanepsion das Fest des abschiednehmenden Sommergottes und der Olivenschützerinn.

Solons Festjahr bestand nicht. Er soll mit Besorgniss dem

---

*) Dass dies eine Macht war lässt Thucydides VI, 16 den Alcibiades sagen: καὶ ὅσα αὖ ἐν τῇ πόλει χορηγίαις ἢ ἄλλῳ τῳ λαμπρύνομαι, τοῖς μὲν ἀστοῖς φθονεῖται φύσει, πρὸς δὲ τοὺς ξένους καὶ αὕτη ἰσχὺς φαίνεται. Hier werden wir an die grossen Dionysien zu denken haben.

**) Der aus C. I. n. 71 bekannte Termin eines Mysterienfriedens ist Elaphebolion X. Die fremden Mysten der bacchisch-demetreischen Religion können ausser den Mysterien bei Agrae auch noch das Anthesterienfest besuchen; aber auf die grossen Dionysien ist offenbar keine Rücksicht genommen, da der Gottesfriede mitten im Feste, am X Elaphebolion abbricht. — Die Athener haben das Fest später noch zweimal umgetauft, erstlich in Demetrien (Plut. Demetr. 12), dann in städtische Antinoeen, Ἀντινόεια ἐν ἄστει, C. I. I n. 283. Der Liebling Hadrians, welcher, wie Bacchus, in frühen Jahren starb, wurde für Bacchus erklärt; cf. Fr. Lenormant Recherches archéol. p. 185. Eine Umnennung der Anthesterien wäre eine weit grössere Gotteslästerung gewesen.

***) Wenn am Pandientage der Göttinn Pandia und dem Zeus geopfert war am XIV Elaphebolion (Vollmond) unabhängig vom Apollonsfest, so kann letzteres am VI (Artemis) seine Vorfeier, vom VII bis zum X seine Hauptfeier gehabt haben. — Pandien am XIV mit Apoll vereinigt führen zu einer Begehung des Geburtstages selbst (Elaphebolion VI und VII, Fest der Letoiden, Apoll geboren), ausserdem noch zu einer amphidromischen Feier, am 5. Tage (Petersen Geburtstagsf. p. 288) nach der Apollonsgeburt beginnend (XII Elaphebolion), und mit dem Pandientage (XIV) endigend.

Thespis zugeschaut und in dem genialen Leichtsinn der Bühne einen Feind des attischen Lebens erkannt haben (Plut. Solon 29). Die gefährliche Kunst des Thespis und der alles bezwingende Bacchus haben das solonische Festjahr verheert. In der Blüthezeit Athens erscheinen die Thargelien,*) in Verbindung mit dem Feste der unterthänigen Insel Delos, als Hauptfest, der pythische Patroos war nicht so wie früher in hohen Ehren, die Reihe apollinischer Feste hatte sowohl an ihrer Spitze (Epiphanie) als an ihrem Schluss (Pyanepsien) durch Uebergriffe des Bacchus Einbusse erlitten. Hierzu mögen auch die nach Solon zeitweise eingetretenen feindseligen Beziehungen zwischen Delphi und Athen beigetragen haben.

Bacchus und Demeter.

Die andere Seite der Reform betraf den Tod des Bacchus und seine Wiedergeburt in den Mysterien. Epimenides entlastete die Stadt durch Sühnungen, Reinigungen und Stiftungen, indem er den Bürgern eine Mysterienweihe gab und sie heiligte; Plut. Solon 12: ἱλασμοῖς τισι καὶ καθαρμοῖς καὶ ἱδρύσεσι κατοργιάσας καὶ καθοσιώσας. Erwägt man die Bildsäule des Epimenides vor dem zweiten Mysterientempel zu Agrae, so kann unter den Orgien (κατοργιάσας) nur das kleine Mysterienfest zu Agrae und unter den ἱδρύσεις Cultusanlagen an der Höhe von Agrae verstanden werden.

Es ist nicht möglich zwischen dem zu scheiden, was die Reformatoren selbst einrichteten, und was spätere Orphiker hinzuthaten. Die Anordnung des bacchisch-demetreischen Kreises ist aber nach Einem Gedanken zu Stande gekommen und aus Einem Gusse gemacht in einer Zeit, die ein lebhaftes Bedürfniss gottesdienstlicher Umbildung und Erneuerung empfand. Solch eine Zeit war unleugbar die nach Cylons Ermordung, als Epimenides und Solon wirkten. Betrachten wir also diese als Träger des Grundgedankens und ins Besondere den Epimenides als Stifter der kleinen Mysterien, eines wesentlichen Bindegliedes der eleusinischen und athenischen Religion.

---

*) Ob der thargelische Agon erst aufkam, als im Elaphebolion alles bacchisch wurde, lasse ich dahin gestellt. Eine melische Feier ist auch auf Delos alt und nach delischem Vorgang konnte Athen thargelische Chöre aufstellen, ohne gerade den Thargeliengott entschädigen zu wollen für das was der Apoll des Erscheinungsfestes im Elaphebolion verloren hatte.

Aeusserlich angesehen ist das Ergebniss der Reformation eine Zusammenschmelzung von Athen und Eleusis in den Gottesdiensten. Diese Zusammenschmelzung, bei der Eleusis ohne Zweifel der schwächere Theil war, setzt historische Ereignisse voraus, welche in eine der solonischen nicht lange vorhergehende Zeit gehören. Allerdings braucht für nachbarlichen und auch ziemlich regelmässigen Besuch von Eleusis durch athenische Theoren nicht vorausgesetzt zu werden, dass Eleusis athenisches Territorium war; aber die innige Vereinigung des athenischen Bacchus und der eleusinischen Demeter, welche namentlich im Bacchuszuge jährlich hervortritt, ist nicht denkbar ohne ein bestimmtes Verhältniss der Eleusinier zum Staate der Athener. Grote (gr. Myth. übers. von Fischer I p. 155) glaubt, dass Eleusis nicht sehr lange vor Solon dem athenischen Staat einverleibt wurde. Wenn Ions Hülfeleistung gegen Eumolpus auf eine durch die vereinigten Marathonier und Athener herbeigeführte Eroberung von Eleusis zu beziehen ist, so gehört letztere in die Periode, welche dem Machtverluste von Chalcis und Eretria folgte und dem Auftreten des Solon nicht lange vorherging, wie Grote will.

In der Zeit nach Cylons Ermordung, als bei den Fortschritten der siegreichen Megarer Eleusis nicht oder nicht mit Sicherheit besucht werden konnte, mag der Wunsch entstanden sein, auch in Athen selbst Mysterien und Reinigungen zu haben. Doch die Hauptsache bleibt die tiefe Erregtheit der Gemüther, welche zu einer Neuerung drängte.

Die berühmten Priestergeschlechter der athenisch-eleusinischen Religion lassen sich nicht höher hinaufführen als bis in Solons Zeit.*) Die eleusinischen Erinnerungen scheinen durch das eingetretene Uebergewicht Athens abgeschnitten, den Weihen standen seit Solon Eleusinier und Athener**) vor, die anfangs ohne Zweifel merklichen Unterschiede theils eleusinischer theils athenischer Ge-

---

*) Die Reihe der Daduchen, obwohl von Lücken unterbrochen und selten aufs Jahr zuverlässig, ist mit Wahrscheinlichkeit bis ungefähr 590 a. Chr. hinaufgeführt worden. Sie reicht hinab bis etwa 365 p. Chr., fast bis Alarich, der 396 p. Chr. Eleusis verheerte, und umfasst gegen 1000 Jahr. Flavius Pompejus war der letzte oder vorletzte, der das Amt bekleidete. Bossler de gentib. p. 33 sqq.; Lenormant Recherches archéol. p. 153 sqq.

**) Auf der ältesten Inschrift von Eleusis tritt der Unterschied eleusinischer und athenischer Opferer hervor, wenn Ephem. 3798, lin. 2 τοὺς ἱεροποιοὺς Ἐλευσινίων καὶ [Ἀθηναίων] zu ergänzen ist: „Hieropöen der Eleusinier und Athener." Siehe Unters. Eleusinien-Personal: Hieropöen.

schlechter verwischten sich im Verlaufe mehr und mehr und die aus der Fusion hervorgegangenen Priesterfamilien historischer Zeit konnten ihren Stammbaum nicht höher anknüpfen als an die Periode der beginnenden Fusion, das ist an Solons Zeit.

Dem allgemeinen Satze, dass in Epimenides und Solons Zeit Aenderungen der Gottesdienste Atticas vorgingen, lässt sich noch hinzufügen, dass die Proërosien wahrscheinlich in Solons Zeit gestiftet sind, ein Fest, welches sich ebenfalls auf Einigung von Athen und Eleusis bezieht; unten Seite 76.

Voraussetzungen der epimenideisch-solonischen Reform. — Nicht bloss Apoll, sondern auch Bacchus und Demeter hatten schon vor Solon eine Bedeutung für Attica erlangt. Was die Reformatoren als Ganzes schufen, was in seinem heortologischen Zusammenhange ihrer jüngeren Zeit (circa 600 a. Chr.) angehört, das ist nach seinen Theilen viel älter und kann auf keinen besonderen Stifter zurückgeführt werden. Die ländlichen Winterfeste waren längst bacchisch geworden, ohne dass die Stadtreligion in ein Verhältniss zu ihnen trat; in der bäuerlichen Zwanglosigkeit erstarkte allmählich der Bacchusdienst und nahm feste Bräuche an lange ehe Solon auftrat. An die Stadtreligion war Bacchus ebenfalls schon vor Solon im Monat Anthesterion herangekommen und zwar an das saturnalisch begangene Sclavenfest, ohne indess den Kronos und Zeus vollständig zu verdrängen. Auch örtliche Weinlesefeste (ohne Verbindung mit Demeter) scheinen der vorsolonischen Zeit beigelegt werden zu müssen. — Ebenso hatte lange vor Solon die eleusinische Demeter ein über Eleusis hinausreichendes Ansehen gewonnen. Herbstliche Processionen nach Eleusis waren wohl schon durchaus herkömmlich, die Reformatoren erschufen diese Gewohnheit nicht, sondern verwertheten sie. Auch Vorweihen zur Frühlingszeit können in Eleusis selbst und im übrigen Attica längst durch Sachkundige vollzogen sein, ehe noch das städtische Festjahr kleine Mysterien kannte und das Bacchuskind ein Verhältniss zur eleusinischen Demeter gewann.

Aeltere Eleusinien ohne Bacchus. — Es gab eine Zeit, wo mit den Erdgottheiten von Eleusis der athenische Weingott*) (Iacchus) noch nicht verbunden war, wo die Eleusinien noch nicht durch die städtischen Tage (Boëdromion XVI bis XVIII), durch die

---

*) Einen Pflegling hatte Demeter auch als Eleusis noch nicht athenisch war, aber nicht das Bacchuskind, sondern, nach Hymn. IV v. 234, Keleos' und Melanira's Sohn Demophon.

in der Stadt beginnende in Eleusis endende Iacchus-Procession (am XIX und XX), durch die bei Agrae im Frühling begangenen Vorbereitungen, ein athenisch-eleusinisches Fest geworden waren, wo sie ähnlich den Demeter-Diensten von Halimus oder von Phlya (thesmophorien-ähnlich) im Saatmonat (Pyanepsion) begangen wurden. Vor den übrigen Localculten der Demeter verlieh indess die eigenthümlich günstige Lage von Eleusis den Eleusinien von vornherein einen Vorzug. Eleusis lag zwischen Megara, Plataeae und Athen, es war auf Verkehr mit diesen Nachbaren gewiesen, der Gottesdienst von Eleusis konnte nicht local-eleusinisch bleiben, vorausgesetzt, dass er überhaupt zu Ansehen gedieh.

Die Religion der Demeter umfasst das Sonnenjahr. Wenn der Winter kommt und die Blätter fallen, schwindet Kore in den Erdenschooss und trennt sich von ihrer Mutter Demeter, der Erde; aber mit dem kommenden Grün steigt auch die Tochter der Demeter wieder empor, die Schönheit des jungen Jahres. Diese Zweigliedrigkeit ist im Allgemeinen für die Demeterfeste vorauszusetzen, zu einem herbstlichen gehört ein lenzliches, nur so wird das Naturgemälde vollständig. Für Eleusis jedenfalls dürfte eine vollständige Ausbildung der Demeterfeste, also ausser dem Herbstfeste (Eleusinien) auch noch eine Frühlingsfeier vorauszusetzen sein.*)

Eleusinische Trieteris ohne Bacchus. — Wenn der Demetercult in Eleusis den Wechsel der Jahreszeiten, ein Jahr, umspannte, so konnte es durch dogmatische Aufstellungen so gemacht

---

*) Der dogmatische Raub der Kore, welcher in's Frühjahr gehört (Hymn. IV, 6), ist in Eleusis localisirt (Pausan. Att. 38, 5; Preller gr. Myth. I p. 469; Baumeister Hymn. p. 283). Auch der durch Hermes geschlossene Vertrag (Hymn. IV, 463) wird in Eleusis seinen heortologischen Ausdruck gefunden haben; der Vertrag kommt im Frühjahre zu Stande (ib. 471). — Ob ein den Thesmophorien von Halimus und Athen entsprechendes Lenzfest in den Procharisterien enthalten ist, die Chloëen (p. 41)? Die Procharisterien, so viel man weiss, enthielten kein Weiberfest, waren also äusserlich wenigstens kein Correlat für die Thesmophorien, während die Thatsache des Wiederkommens der Persephone, durch ein öffentliches Opfer gefeiert, allerdings auch die Thesmophorien mit betraf. Im historischen Festjahr scheinen die Procharisterien, so weit sie demetreisch sind, eher der eleusinischen Kore zu gelten; sie waren zunächst vielleicht ein Correlatfest der Eleusinien und der in Eleusis begangenen Prochäretërien (p. 43 Note ***), hatten also den localen Character aufgegeben. War also das Demeteropfer der Procharisterien irgendwann ein lenzliches Correlat der Thesmophorien, so ist es das doch nicht geblieben.

werden, dass er die Abwechselungen der guten und schlechten Jahreszeit zweimal durchlief, also trieterisch wurde. Der Hymnus befasst zwei Jahre. Im Lenz wird Kore geraubt, das Suchen und die Trauer der Demeter folgt, das Jahr ist unfruchtbar; im zweiten Lenz wird verabredet, dass Kore fortan während der guten Jahreszeit (8 Monat) oben bleiben, den Winter hindurch (4 Monat) aber im Hades bei den Unteren sein soll, Hymn. IV, 446 sq. Letztere Anordnung folgt der Natur, die Entraffung der Kore im Lenz ist dogmatisch zugesetzt. Der Hymnus, welcher noch keinen Bacchus in den Eleusinien kennt, beansprucht also erstlich ein Lenzfest, den Raub des Demeterkindes; hierauf ein herbstliches Fest der zürnenden Demeter; dann wieder ein Lenzfest, Herstellung der Weltordnung, Vertrag über das Auf- und Niedersteigen in den Erdenschooss; endlich auch ein zweites Herbstfest, bei welchem, dem Vertrage gemäss, Kore zum ersten Mal in den Hades geht, um das was für alle Zeiten besteht zu exemplificieren. Erst im zweiten Jahr der Trieteris lehrte die versöhnte Demeter dem Triptolem und anderen eleusinischen Stammhäuptern ihre Weihen, Hymn. IV, 473 sqq.

Die Grenzen eines bloss Weibern zugänglichen Thesmophorienfestes wurden schon in den nicht-bacchischen Eleusinien wahrscheinlich überschritten.*)

Die eleusinischen Erdgottheiten mit dem Weingott vereinigt. — Der wichtige Umschwung der Demeterfeste von Eleusis, dessen Urheber die Athener waren, ist möglich gewesen durch die allgemeine Verwandtschaft der Getreidefrucht des Bodens und der Erdgottheit mit der Rebencultur und dem Weingott. Wie der demetreische so war auch der bacchische Festkreis naturgemäss eine Durchlaufung des Sonnenjahrs, ein einmaliger Wechsel der Jahreszeiten; durch menschliche Satzung wurde jener

---

*) Diejenigen, welchen Demeter ihre Orgien lehrt, sind Männer. Vers 480 sqq. wird auf das ungleiche Loos Geweiheter und Nichtgeweiheter hingewiesen, hier sind nicht Weiber oder Männer, sondern alle Menschen gemeint. Also nicht erst die Theilnahme eines männlichen Gottes (Iacchus, Dionysus) führte Theilnahme von Männern herbei. Dennoch kann den Augen der Männer vor Alters manches verborgen und verboten gewesen sein, was der spätere Cultus enthüllte und allen Mysten zu sehen erlaubte. Von den Thesmophorien zu Athen und Halimus blieben die Männer stets ausgeschlossen. Aber bei den epidaurischen Festen der Damo und Auxesia hatten die spottenden Weiberchöre männliche Choregen, Herod. V, 83. Nach C. I. II u. 2384 waren die Nachkommen des Kabarnos, Anzeigers des Kore-Raubes, Priester in Paros.

wie dieser zur doppelten Länge ausgeweitet, denn auch Bacchus empfing eine dogmatische Trieteris. Für die Ansetzung der Feste konnte nur von dem natürlichen Festkreise des Bacchus, dem Sonnenjahr und dessen Wendepuncten im Weinbau ausgegangen werden; das zweite Jahr der Trieteris war ohnehin nur eine modificierte Wiederholung des ersten.

Im Frühling versöhnen die Menschen den Zeus, dass er in der Feuchte seines Regens niedersteige und sich herablasse zur armen Erde und den Söhnen und Töchtern dieser Erde, auch zur schönen Semele, mit ihr die Traube und den Wein zu zeugen, „er wird im Lenz mit Lust empfangen, der zarte Schooss quillt still empor, und wenn des Herbstes Früchte prangen, springt auch das goldne Kind hervor." Im Lenzmonat Anthesterion setzt der Weinstock an, im herbstlichen Monat Boëdromion springt die goldene Traube hervor, es sind die Mysterienzeiten. Eie Reihe von Monaten wird der im Frühling erzeugte Wein brauchen, um zu reifen am Busen der alten Erdfeste, die anthropisierende Fabel muss zu dem Hülfsmittel greifen, dass Semele nur sieben*) Monat das wachsende Zeuskind in ihrem Schoosse trägt. Dann wird die Traube abgeschnitten, und die sie geboren, leidet Schmerzen und Tod, der Mensch fühlt mit der Natur und lässt die Linos-Klage erschallen und den schmerzlichen

---

*) Wiewohl die bacchisch-demetreischen Feste keineswegs ohne Beziehung zu natürlichen Anlässen sind, empfangen sie in ihrer historisch überlieferten Gestalt ihre Kalenderansätze nicht durch Anlehnung an Stichtage oder rechte Zeiten des Sonnenjahrs, sondern durch dogmatische Vorstellungen betreffend die persönlichen Schicksale des Bacchus. Weil Bacchus am Choën- und Chytrenfest ermordet ist, muss er eine Woche später in den kleinen Mysterien wieder erzeugt werden; dass die kleinen Mysterien dem Knospen des Weinstocks entsprechen sollen, ist im historischen Kalender Nebensache, wiewohl die Kalenderzeit der kleinen Mysterien allerdings, wie ich glaube, in die Zeit des Jahrs ungefähr hineinfallen, wo der Wein knospt. Die grossen Mysterien folgen 7 Monat nach den kleinen, weil dann Iacchus 7monatlich zur Welt kommen soll. Es ist nur eine Nebenfrage, ob die Traube auch wirklich 7 Monat reife. Im Allgemeinen wird es wohl so auskommen, dass der Wein im Boëdromion reif ist; das Opfer am XVIII Boëdromion ($\tau\rho\upsilon\gamma\eta\tau\grave{o}\nu$ $\Delta\iota o\nu\acute{\upsilon}\sigma\omega$, C. I. I u. 523) beweiset es. Aber für den historischen Kalender kommt nicht viel darauf an. Auch das Zeusfest im Maemacterion empfängt seinen Kalendertag durch die 9-Monatlichkeit des Bacchus, nicht durch einen Stichtag für das Anbrechen oder Umfüllen des jungen Weines, ungeachtet eine Annäherung an die Zeit, wo man den jungen Wein schon trinken kann, unleugbar ist. Genug, dass wir im Ungefähren erkennen, wie den Mysterienfesten nicht sowohl demetreische als bacchische Zeiten zu Grunde liegen.

Ruf ἰυγμός (Iacchus), Iliad. XVIII 572. Solche Empfindungen nicht Bacchantenjubel schicken sich für die Weinlese. In süssem Moste trinkt sich niemand zum Bacchanten.

Nach Hesiod ἔργ. 614 muss die abgeschnittene Traube noch 10 Tage und Nächte in der Sonne und 5 im Schatten liegen. Dies ist das gefährlichste Zwischenstadium für das siebenmonatliche Iacchuskind. Der mütterlichen Semele ist es entrissen und wiederum noch nicht in Zeus geborgen. Für die Zeit seiner Hülflosigkeit während des θειλοπεδεύειν (Schol. Hes. a. O.) konnte leicht der Gedanke entstehn, es dem Schutze der Demeter zu empfehlen, deren Hauptfest zwar wohl nicht in die Weinlesezeit, aber doch nicht lange nachher (in den Pyanepsion) fiel. Die Gefährlichkeit dieses Stadiums in der Weincultur liegt darin, dass ein Regen, wenn er die abgepflückten und auf Demeters Tenne hingebreiteten Reben trifft, die ganze Ernte zunichte machen kann*).

Das attische Kirchenjahr konnte mit poëtischen Allgemeinheiten von einer Empfängniss im Lenz und einer Geburt im Herbst nichts anfangen**). Es musste bestimmte Monate fixieren und setzte die kleine Mysterienzeit an für die Empfängniss (vermuthlich die εἰκάδες des Anthesterion) und die εἰκάδες des Boëdromion (grosse Mysterien) für die Geburt des siebenmonatlichen Bacchus, der jetzt als Iacchus durch die berühmte Procession und durch das Drittopfer eines Rindes und zweier Stücken Kleinvieh gefeiert wurde (Ephemer. n. 3798.).

Ist nun die Ernte auf den Tennen der Demeter wohl bewahrt und verschont geblieben durch Zeus' Gnade, die man in dieser Zeit durch Sühnumzüge (ἀποδιοπομπήσεις. Preller Polem. p. 140 sq.) erfleht, dann wird ein Theil der Trauben gleich ausgetreten und kommt in's Fass. Da gährt nun der Most und gedeihet zu geistvollem Wein. Nur Zeus selber kann seinem liebsten Sohn dies Wunder leisten. Er schliesst ihn in seine Hüfte ein, da reift und zeitiget sich endlich und zuletzt die Himmelskraft. Von den 9. Monaten hatte die Personification nun noch 2 zur Verfügung, diese 2 werden ungefähr mit der Zeit der ersten Gährung des Mostes zusammenfallen, so dass nach ihrem Ablauf die ländlichen Dionysien,

---

*) Liebetrut sagt das in Betreff der Corinthen-Ernte auf Zante; Vogel geogr. Landsch. Bilder III p. 401.

**) Welcker findet die Zuzählung der sieben Monden — τὸ ἔμβρυον ἑπταμηναῖον, Luc. Dial. D. 9 — kleinlich. Wie kann aber ein Festjahr anders verfahren? Was Lucian a. O. verspottet, ist die alte Orthodoxie.

bei denen der noch sehr junge trübe Wein getrunken wird, beginnen können.

Der Geburtstag des neunmonatlichen Bacchus muss auf die εἰκάδες des Maemacterion gesetzt worden sein, den Tag des Zeus Georgos, C. I. I n. 523. Vielleicht hiess diese, wohl erst hernach ins Mystische ausgebildete Feier Haloa.

Aelterem Herkommen gemäss bestanden die Weinfeste fort, deren jedes sowohl als Geburtsfest des Bacchus aus der Kufe oder überhaupt als bacchisches Freudenfest, wie als Tod des Gottes, in dessen Blute man schwelgt, aufgefasst werden konnte. Sämmtliche Weinfeste hatten jetzt eine geistliche Einrahmung erhalten. Man leitete sie ein durch das Opfer des XX Maemacterion (Zeus Georgos) und schloss sie durch die Choën und Chytren gegen den Vollmond des Anthesterion, wenn die Frühjahrsarbeit nahete.

Die Choën und Chytren nämlich wurden jetzt zum vollständigen Bacchusfeste gemacht und zwar zum Feste des Gottestodes. Dass Bacchus' Ermordung durch die Riesen Gegenstand dieses Festes war, folgt aus dem Opfer, welches die 14 Geraren an eben so viel Altären dem Dionysos — nämlich dem 14fach zerrissenen — darbrachten. Kronos und Zeus, denen, wie oben vermuthet ist, früher die Choën und Chytren gefeiert wurden, bekamen jetzt andere Plätze im Festjahr, jener Hecatombaeon XII, dieser Anthesterion XXIII.

Im Anthesterion, dem Monate der Choën und Chytren, kehrt der bacchische Jahreskreis wieder in sich zurück; einige Tage nach dem Trauerfeste wegen des getödteten Bacchus zeugt der Himmelsgott wiederum einen neuen Bacchus, in den kleinen Mysterien, Anthesterion XX. — Städtische Dionysien*) und bacchische Oschophorien**) — beides Verletzungen der älteren Dogmatik — hat es in

---

*) Weder der am XIII Anthesterion als todt betrauerte alte Bacchus, noch der am XX gezeugte Embryo des neuen Bacchus konnte wenige Wochen danach im Elaphebolion als glänzender Festgott auf der Orchestra prangen. Dieser Widersinn wurde durch den Machtspruch gelöst, dass Apoll-Helios Bacchus sei. Apoll nämlich war in Solons Zeit Inhaber des Festes.

**) Im Boëdromion war Bacchus ein hülfsbedürftiges Kind, Iacchus; dies Dogma liess es nicht zu, den Bacchus als fertigen Gott zu feiern. Da nämlich unter den Oschophorienbräuchen keiner ist, der auf den siebenmonatlichen Gott hindeutet (was nach der ganzen Anlage des Festes überhaupt unmöglich war), so müssen wir sagen, dass die Oschophorien dem ausgewachsenen fertigen Weingotte, nicht dem Gottkinde gelten. Vielleicht liegt indess doch eine indirecte Andeutung vor, das Iacchus-Dogma zu respectieren. Ein Bild des aus-

Athen erst später gegeben, erst nach den Perserkriegen, wie es scheint.

Nicht bloss die Aehnlichkeit der im Lenz und im Herbst eintretenden Wendepuncte des bacchischen Jahres lud ein, Bacchusfeste mit Demeterfesten zusammenzubringen, sondern es kam auch noch der demetreischen Trieteris eine unabhängig*) entstandene bacchische Trieteris einladend entgegen. Gewissen Dogmen zu Gefallen wurde nämlich der bacchische Jahreskreis zweimal in modificierter Weise durchlaufen, wahrscheinlich so, dass Bacchus das eine Jahr im Hades blieb, das andere in menschenartiger Göttlichkeit auf Erden gefeiert wurde. Von dieser Trieteris war auch Attica ohne Zweifel längst berührt worden, und wir werden Theile der attischen Bacchanalien alter Zeit trieterisch annehmen müssen. Oben S. 46 ist vermuthet, dass die Lenäen ursprünglich trieterisch waren.

Mysteriencursus.

Resultat der Zusammenschmelzung beider Trieteriden,**) der demetreischen und der bacchischen, ist der Mysteriencursus, welcher, continuierlich genommen, selbst eine Trieteris ist. Er umfasst

---

gewachsenen Bacchus scheint nämlich bei den Oschophorien nicht produciert zu sein.

*) Es könnte scheinen, dass die bacchische Trieteris erst entstand aus Anlehnung an die der Demeter. Aber die trieterica Bacchi sind ohne Rücksicht auf Demeter üblich geworden und in der Trieteris, dem ältesten Schaltcyclus Griechenlands, haben wir etwas Gottesdienstliches zu erkennen. Ein natürlicher Gottesdienst, der das einfache Sonnenjahr umspannt, wird leicht auf ein cyclisches Jahr ausgedehnt: s. m. zweit. Beitrag z. Zeitr. p. 403 sqq. Dass die Trieteris an natürlichen Gegebenheiten ihren Halt haben konnte, ist keineswegs unmöglich. Eine jährige Rebe trägt nicht, erst im zweiten Jahr bringt sie Trauben, wonach der Rebschoss bis auf zwei Augen weggeschnitten wird. Aus diesen spriessen das dritte Jahr wieder zwei Schossen, die aber erst im vierten Trauben bringen u. s. w. Dies ist eine Art Trieteris, in der der Rebschoss das erste Jahr einem Jünglinge, das zweite einem Manne gleicht, den der Tod früh dahinrafft. Die Weincultur überhaupt wird indess damit nicht trieterisch.

**) Ueber das Resultat wird man sich leichter verständigen als über die vorher durchlaufenen Stufen. Müssen wir für Athen ein Zwischenstadium annehmen, während dessen Bacchus, noch unverbunden mit Demeter und Kore, recipiert war? so wie Eleusis seine Feste der Erdgottheiten lange Zeit unberührt vom Bacchus bewahrte. Lang würde man sich auf keinen Fall dies Zwischen-

zwei Herbste und ohne Zweifel auch zwei Frühjahre,*) im Ganzen also zwei Jahre.

Um etwas über die Gliederung des Mysteriencursus zu vermuthen, ist davon auszugehn, dass nach dem Hymnus das widernatürliche Jahr in der demetreischen Trieteris voranging, das natürliche folgte; erst Raub des Demeterkindes im Frühling, während sie nach der Ordnung gerade im Frühling aufsteigt, erst Zorn der Demeter und Noth der Menschen, dann Friede und Begnadigung mit den Gaben des Erdbodens und höchst beseligende Orgien. Diesen Fortschritt muss man auch in den Mysterien voraussetzen.

Die Aufgabe ist diese: die Schicksale der Erdgottheiten einerseits und die Schicksale des Weingottes andererseits sollen zu einer Verschmelzung kommen und in vier Stufen von traurigen Vorstellungen zu freudigeren übergegangen werden.

Erster Frühling, Mysterien bei Agrae im Anthesterion: die Mysten trauern um die in's Schattenreich hinabgeraubte Kore und um den ermordeten Bacchus. In der Trauer um Bacchus werden 14 Weihstätten (Altäre) oder 14 Gräber der Gliedmassen hervorgetreten sein; vgl. Welcker a. O. I p. 152.

---

stadium denken dürfen. Mir scheint es überall unnöthig ein solches anzunehmen. Was an Bacchusfesten in Attica existirte, blieb ländlich bis in die Zeiten der Reform. Die bacchische Dogmatik (auch die Trieteris) wurde bei den nördlichen Nachbaren der Athener ausgebildet, die Athener nahmen Theil, so wie man an Nachbarculten, auf dem Isthmus oder in Delos theilnahm, sie mögen ihre Lenäen trieterisch im Schaltmond begangen haben, daraus folgt nicht, dass sie den Bacchus zu den städtischen Göttern zählten, siehe oben S. 47. Die unabhängige mit Demeter unverbundene Verehrung des Bacchus hatte für die Athener lange Zeit die Stellung eines Nachbar-Gottesdienstes, von dem in Attica, jedoch nur auf dem Lande, einzelne abgerissene Theile (wie die ländlichen Weinfeste und Lenäen) volksthümlich geworden waren. Es waren das solche Theile des Cultus, auf welche die natürlichen Anlässe der Weinfabrication unmittelbar hinführten. Aber eine Begehung des Gottestodes, eine Neuerzeugungsfeier u. s. w. erhielt Athen nicht vor der Vereinigung des Bacchus mit den Erdgottheiten, sondern erst mit der Vereinigung und durch dieselbe.

*) Eleusis servat quod ostendat revisentibus, Seneca quaest nat. VII, 30; G. A. 55, 30. Es sind also die Eleusinien zweimal zu besuchen, wodurch zwei Herbste nöthig werden. Für die Herbstmysterien waren aber die lenzlichen eine Vorbereitung, Plato Gorg. p. 497, C.: εὐδαίμων εἴ.. ὅτι τὰ μεγάλα μεμύησαι πρὶν τὰ σμικρά· ἐγὼ δ' οὐκ ᾤμην θεμιτὸν εἶναι. Dem ersten Mysterienbesuch in Eleusis musste ein erster Besuch in Athen, und wiederum dem zweiten in Eleusis ein zweiter in Athen vorangehen, so dass jeder der beiden Herbste auch noch einen Frühling bei sich hatte.

Erster Herbst, Eleusinien im Boëdromion: Demeter zürnt, weil Kore ihr geraubt ist. Nach Orpheus konnte die Betrübniss der Demeter auch auf den Tod des Bacchus ausgedehnt werden, da sie in Bacchus, dem Sohne der Kore, ihren Enkel beweint. Mit Demeter trauern die Mysten, denen das Leid der Gottheit anschaulich dargestellt wird.

Zweiter Frühling, Mysterien bei Agrae: Zeus vermählt sich mit Kore und zeugt den Weingott.

Zweiter Herbst in Eleusis: der todtgewesene, vor den Augen der Mysten begrabene, von ihnen betrauerte Gott ist wieder lebend und wird im glückseligen Verein mit den Erdgottheiten zur Anschauung gebracht, nachdem die Athener ihn im Iacchuszuge der Demeter zugetragen, die nun Tochter und Enkel wieder hat.

Eben vor dem Iacchuszuge wurde Asklepios der Erwecker vom Tode gefeiert; der Tag hiess Epidauria (Boëdromion XVIII) und machte einen Theil der herbstlichen Mysterien aus. Ohne Zweifel lag bei der Asklepiosfeier der Gedanke zu Grunde, dass der wunderthätige Heros den Iacchus aus dem Schooss der Erdgottheit wieder hervorsteigen lassen möge.*) Des Gläubigen Ziel war selbst ein $\beta\acute{\alpha}\chi\chi o\varsigma$ zu werden, wer sich den Weihen hingab, konnte hoffen, dass er zu den Bacchen ($\beta\acute{\alpha}\chi\chi o\iota$ $\delta\acute{\epsilon}$ $\tau\epsilon$ $\pi\alpha\tilde{v}\rho o\iota$ Plat. Phaed. p. 69) gehören und sein Loos ein bacchisches sein werde; dass er also zwar den Tod leiden müsse, aber aus dem Tode wieder zu einem Dasein gelange und über das Jenseits tröstliche Hoffnung fassen dürfe.

Der sieben-monatliche Zwischenraum von der Zeugung bis zur Geburt des Bacchus (von den kleinen bis zu den grossen Mysterien) beruhet auf Semele, nicht auf Kore, die hier bloss Erbinn der Semele ist. — Dieser Zwischenraum wurde beständig eingehalten. Dagegen verliefen von den grossen bis zu den kleinen Mysterien nicht immer gleichviel Mondwechsel, weil mitunter ein eingeschalteter**) hinzukam, welchen das Kirchenjahr indess nicht anerkannte.

---

*) Denselben Sinn scheint Asklepios an den grossen Dionysien zu haben, damit der Gott Dionysos zugegen sein könne, musste Asklepios ihn aus dem Lande der Todten hervorholen. Bei der Aussetzung beider Asklepiostage, Elaphebolion VIII und Boëdromion XVIII, ist vielleicht Festhaltung der $\mathring{o}\gamma\delta\acute{o}\eta$ beabsichtigt. Wenn der Asklepiostag im Elaphebolion noch aus der Zeit stammt, wo man statt der Dionysien ein Apollonsfest beging, so wurde dem Heros am VIII gedankt, weil er am VII bei Apollons Geburt Hülfe geleistet hatte. Das ältere Asklepiosfest sind jedenfalls die Epidaurien, deren Name auf die Einführung aus Epidaurus hinweiset.

**) In Folge der Einschaltung verstrich also von einem Feste bis zum an-

Am reinsten würde sich der Mysteriencursus herausgestellt haben, wenn in jedem Jahre immer nur Ein Weihe-Grad ausgetheilt wäre; im ersten Jahr nur die Vorstufen voll Todtenklage und Trauer, im zweiten die besseren Hoffnungen und Tröstungen. Nichts hindert anzunehmen, dass diese Einrichtung anfangs bestand. Die trieterisch eingerichteten Mysterien-Stufen entsprachen dann den ebenfalls trieterischen Winterfesten in der Art, dass im ersten Jahr die Lenäen, ein Fest ausgelassener Freude, nicht begangen wurden. — Auch die Anthesterien mussten im ersten Jahr anders als im zweiten gefeiert werden; für das Opfer der 14 Geraren war es zwar gleichgültig, ob Bacchus Tags vorher oder vor einem Jahre in 14 Stücke zerrissen worden, nicht aber für den Einzug des triumphierenden Bacchus und seine Vermählung mit der Archontinn Königinn, diese Festacte passten nicht, wenn Bacchus todt und begraben war. — Die Begehung endlich für Zeus Georgos (Haloa), bestimmt die Geburt des Bacchus aus Zeus zu feiern, musste im Trauerjahr entweder wegfallen oder in ein Bittfest umgewandelt werden, des Inhalts: Zeus möge sich der trauernden Demeter erbarmen und der trauernden Menschen, möge einen neuen Bacchus erschaffen, möge Kore wieder heraufbringen. — (Nur die ländlichen Dionysien, kleinere, häusliche und dörfliche Feste, dürfen wir uns von der Trieteris unberührt vorstellen. Sie waren zu unbedeutend und zu mannichaltig um in den Complex hineingezogen zu werden.)

Der ganze Complex, durch ein Biennium in dieser Art hindurchgeführt, entbehrt nicht der Anhaltspuncte, ist aber dennoch weiter nichts als Hypothese. Sicher ist nur, dass in historischer

---

dern ein lunarisches Semester, welches 5 oder 6 Tage kürzer ist als ein halbes Sonnenjahr. Julianus, in der 5. Rede auf die Magna Mater p. 173 (324), angeführt von O. Müller, Eleusinien A. F. I, 33 p. 278, sagt, dass man die kleinen Mysterien zu der Zeit feiere, wo die Sonne im Widder, und die grossen, wo sie in der Wage stehe. Die Regel ist einfach und stammt vielleicht aus älterer Zeit. Sie trifft nahezu ein in dem Jahre Ol. 87, 4, welches nach Böckh, Mondcycl. p. 27, dreizehn Monate hatte. Nach Böckh fing es am 10. Juli 429 a. Chr. an, nach mir — worauf indess nichts ankommt — Juli 13 auf 14. In diesem Jahre sind der XIX Boëdromion und der XIX Anthesterion beinahe äquinoctial, jener fällt a. Chr. 429 September 28/29, dieser a. Chr. 428 März 24/25. Es ist also einseitig geurtheilt, wenn O. Müller hervorhebt, dass Julianus nur dann Recht hätte, wenn beide Feste ein halbes Jahr aus einander lagen. — Ein nach der gewöhnlichen Vorstellung construiertes Kalendersystem enthält kein Jahr, welches der Behauptung des Julianus so gut entspräche, wie das angeführte.

Zeit kein Jahr verging, welches nicht seinen Iacchuszug gehabt hätte, Herod. VIII, 65. In der Zeit also, über die wir sicher urtheilen können, existierte die Trieteris nur für den Einzelnen und die auf derselben Stufe des Mysterien-Cursus mit ihm Stehenden; jedes Jahr wurden beide Grade ausgetheilt, jedes Jahr kehrten die Regenerationen und die ausgelassenen Bacchusfeste des Winters zurück. Wie vermied man den Anstoss, welchen ein Myste ersten Grades hieran nehmen musste? er hatte, gemäss der Stufe, auf der er stand, das Jahr über den Bacchus als todt zu betrauern, wie konnte er dennoch den wieder lebenden Iacchus nach Eleusis bringen, wie ihn als mächtigen Festgott auf der Orchestra sehen?

Was erstlich die Eleusinien und den Iacchuszug angeht, so sah jeder die Aeusserlichkeiten, aber die Bedeutung verstand nur, wer zweimal die Weihe bei Agrae und einmal die in Eleusis mitgemacht hatte, so selbst den Tod des Gottes und seine Regeneration gleichsam mit erlebend. Abgesehen davon, dass die Novizen (Mysten, Geweihete ersten Grades) ohne Zweifel an solchen Gebräuchen nicht selbst theilhatten, die ihrer Stufe nicht zukamen, sondern diese von Anderen vollzogen sahen, standen sie meistens in einem Lebensalter, welches ein tieferes Eindringen unmöglich machte; die Novizen waren nicht erwachsene Personen, sondern Kinder, Himer. Or. XXII, 1: παῖς μύστης καὶ ἐπόπτης ἀνήρ; Böckh C. I. I p. 445 und Schöm. Alt. II p. 352. Diese Regel, dass der Myste ein Kind sein musste, fand wohl besonders auf die einheimischen Familien Anwendung, und so ist der Anstoss gerade für die geborenen Athener, die am meisten Gelegenheit hatten, zu früh hinter die Schleier der Mysterien zu schauen, hinweggeräumt. Den Kindern zog die Iacchusprocession vorüber wie ein unverständliches Schaugepränge.

Diejenigen, welche bei gereifteren Jahren die ersten Weihen nahmen, haben wir uns vornehmlich als Auswärtige zu denken (Römer zum Beispiel). Die Fremden brachten ohne Zweifel ein reiches Maass von gutem Willen mit, alles zu verstehen oder auch nicht zu verstehen was der Mystagog ihnen sagte. Im seltensten Falle konnten oder wollten sie vorwitzig fragen, ob denn der ihnen für todt ausgegebene Gott nicht identisch sei mit dem als leibhaftig geboren nach Eleusis getragenen Kinde?

Ferner die Winterfeste, wie sollte man sie den Novizen gegenüber rechtfertigen? sollte man denen, die nur von des Gottes leidenvollem Tode wussten, sagen, es seien Leidensfeste, weil der Kampf des Gottes und der Unholde mit Gegenstand der volksthümlichen

Aufführungen waren? Aber die Aufführungen umfassten viel mehr, es herrschte unzweifelhaft in historisch bekannten Zeiten die allergrösste Lustigkeit und Zügellosigkeit bei Geweiheten und anderen Bacchusfesten, der Gott wurde von den Feiernden einhergetragen. Wie liess sich die Illusion bei den Geweiheten ersten Grades aufrecht erhalten, dass Bacchus todt sei? Man kann nur sagen, dass die fremden Mysterienbesucher Attica verliessen ehe der Winter begann (vor dem X Pyanepsion, C. I. n. 71), dass sie also gar nicht in den Fall kamen, winterliche Lustbarkeiten mitzumachen. Die einheimischen Novizen waren durch ihr Lebensalter von den Ausschweifungen der Winterfeste ausgeschlossen. Auch die Haloen wurden ohne Zweifel nur von solchen besucht, die alle Weihen hatten d. h. von Erwachsenen. Für historische Zeiten ist anzunehmen, dass jeder Erwachsene beide Grade hatte.

In historischer Zeit konnte geraume Zeit zwischen der ersten und zweiten Weihe verlaufen, wie schon die gedachte Regel: $\pi\alpha\tilde{\iota}\varsigma$ $\mu\acute{\upsilon}\sigma\tau\eta\varsigma$ $\varkappa\alpha\grave{\iota}$ $\grave{\epsilon}\pi\acute{o}\pi\tau\eta\varsigma$ $\grave{\alpha}\nu\acute{\eta}\rho$ lehrt.

Proërosien.

Die ursprünglich im Saatmonat (Pyanepsion) gefeierten, thesmophorien-ähnlichen Eleusinien der agrarischen Demeter hatten ihre Stellung im Jahre mit einer früheren (Boëdromion) vertauscht, weil Demeter, jetzt mit Bacchus vereinigt, in der Zeit der Weinlese ihre höchsten Ehren empfangen sollte. Wir dürfen im Boëdromion eine von Demeter einst unabhängige Weinlesefeier voraussetzen, welche in den Eleusinien absorbiert ist. Die Mysterien haben ein höheres Ziel, die Naturbasen sind in ihnen weit überflogen. Wer Demeter und Bacchus gleichzeitig im Herbste zu feiern empfahl, emancipirte sich von der Natur, denn Weinlese und Wintersaat findet nicht gleichzeitig statt. So war man um ein stark vergeistigtes Fest reicher, um natürliche Feste des Landbaus ärmer geworden. Welcher Ersatz wurde dafür geboten?

Statt einer Weinlesefeier stiftete man ein allgemeines Herbst-Erntefest zu Ende der Weinlese-Zeit im Pyanepsion, die Pyanepsien des Apoll und der mit ihm vereinigten Athena Skiras. Erst später wagte man den oschophorischen Bacchus hinzuzusetzen; s. oben S. 57 f.

Für das Bedürfniss des attischen Landbaus wurden Proërosien gegründet. Sie scheinen in einer Procession von Athen nach Eleusis bestanden zu haben, bei welcher die drei heiligen Pflügungen vorkamen und die buzygischen Verwünschungen ausgesprochen wurden.

Als ihren Stifter oder Erweiterer muss man Epimenides ansehen, theils weil er selbst Buzyges genannt wird (Bossler de gentib. p. 11), theils weil die Anordnung des Festes in die solonischen Zeiten*) verlegt wird.

Die Religion der Buzygen bestand ehedem ohne Zweifel unabhängig von Eleusis und von Demeter. Sie galt der agrarischen Athena (vgl. Bossler a. O.) und wahrscheinlich auch dem Zeus.**) Die Reformatoren scheinen den buzygischen Gottesdienst mit dem der Demeter in Eleusis verschmolzen zu haben, indem sie in den Proërosien Pflügungen der Athena und der Demeter vereinigten. Der athenisch-eleusinische Gesammtstaat wurde einem und demselben Gesetze unterstellt, welches in den strengen Verkündigungen der Buzygen am Proërosientage durch ganz Attica erscholl.

Die Pflügung auf dem rarischen Felde und die eleusinische Demeter trat im Verlaufe mehr in den Vordergrund, die agrarische Athena dagegen und ihre beiden Pflüge (bei der Burg***) und auf Skiron) scheinen zurückgedrängt zu sein. (Diese Entwickelungsstufe der Proërosien ist die einzige sicher bezeugte und die Vorstufe, in der Athena und Demeter zu gleichen Theilen gehen, beruhet auf Rückschlüssen.) Wir finden, dass die Buzygen der heiligen Rinder warteten, die in Eleusis pflügten, Aristid vol. III p. 473, 25 ed. Dindorf; Bossler p. 12 bemerkt treffend, dass die Buzygen erst später diese Amtspflicht haben empfangen können.

Vielleicht haben wir uns die Proërosien, ein jährlich begangenes Fest, alle 4 Jahr mit höheren Opfern gefeiert zu denken und die von Pollux VIII, 107 erwähnte eleusinische Penteteris nicht auf

---

*) Suidas II, 2 p. 433 Bernh.: ἐγίνετο δὲ (τὰ προηρόσια) ὑπὸ Ἀθηναίων ὑπὲρ πάντων Ἑλλήνων ε΄ (Sauppe: νϛ΄, Oratt. Att. II p. 271) Ὀλυμπιάδι. Auf diese Olympiade, die 56., bezieht sich Marmor Par. Ep. 41: *Croesus ex Asia Delphos misit.* Anders als νϛ΄ kann man nicht lesen, da in einigen Handschriften die Zahlzeichen εϛ΄ stehen.

**) Ehrensessel Philol. XIX p. 360: ἱερέως Διὸς τελείου βουζύγου; τέλειος in dem Sinne des Vollenders aller Dinge, auch der Saaten; vgl. Böckhs Pindar in den nott. crit. p. 427.

***) Später könnte diese Pflügung, s. oben S. 9 Not. *, statt der Burggöttinn, der Demeter ἐν Ἐλευσινίῳ τῷ ὑπὸ τῇ πόλει (Philistor II p. 238 sq. lin. 38) gegolten haben.

die Eleusinien, sondern auf die Proërosien zu beziehen, deren Schwerpunct in Eleusis lag. Doch ist es ungewiss. Die Inschriften enthalten keine Spur penteterischer Begehung; doch sind die Ephebeninschriften, in denen Proërosen vorkommen, aus später Zeit.

Bei der supranaturalistischen Richtung der grossen Mysterien ist es am besten die Proërosien, ein auf die Natur bestimmt gewiesenes Fest, in gar keine Beziehung zu den Mysterien zu bringen, es müsste denn eine rein äusserliche sein, z. B., dass diejenigen, welche die ἱερά für den Iacchuszug nach Athen beförderten, gleichzeitig Proërosien-Opfer brachten. Eine rein agrarische Feier, wie die Proërosien konnte nur in sehr lockerem Bezuge zu den überschwenglichen Dogmen der eleusinischen Theologie stehen.*)

Der älteste Atthidenschreiber Clidemus (Pausan. X, 15), welcher Ol. 100 noch gelebt zu haben scheint (R. E. I p. 932), nannte das Fest Προαρκτούρια; Stephan. v. προηρόσια. Dem Frühaufgang des Arctur (Mitte September) konnte das Vorpflügefest unmöglich vorangehen. Clidemus wird den heliacischen Untergang **) des Arctur gegen Ende October gemeint haben, wenn die Wintersaat vor der Thür ist. Das Vorpflügefest, ganz eigentlich als ein niemals in der Pflügezeit, sondern allemal vor der Pflügezeit eintretendes Fest verstanden, musste seine Stellung in der Weinlese-Zeit haben, wenn anders es an eine bestimmte Phase und einen bestimmten Mondmonat gebunden war. Wenn es spätestens mit dem heliacischen Untergang des Arctur coincidierte, so war sein frühester Stand gegen Ende September, wenn man von a. Chr. 431, October 23 (s. Note **) ausgeht.

---

*) In den Epheben-Inschriften ist meistens unmittelbar nach den Mysterien von den Proërosien die Rede. O. Müller wollte das rarische Pflugfest mit den Eleusinien verbinden, A. E. I p. 33 p. 291. Die schwierige Stelle der Inschrift Ephem. n. 3798 lin. 1: οἱ ἐκ' ἀρᾶ darf man kaum dafür benutzen, so dass buzygische Fluchpriester (οἱ ἐπ' ἀρᾷ) auch bei den Eleusinien anzunehmen wären. Nirgends ist eine Spur, dass die Buzygen bei den Eleusinien thätig sind, die Verfluchungen (Lys. 6. 51; Plut. Alcib. 22) gehen die Buzygen nichts an.

**) Gemin p. 262 Altorf, und Böckh Sonnenkr. p. 215 sq.; Ideler Sternn. p. 300; Hartwig Schwerin, Progr. p. 18: October 21 bis 25 für a. Chr. 431. — Nach Euctemon bei Ptolem. ging Arctur des Abends unter October 30 (Böckh a. O. p. 407). Die Bestimmung der Wintersaat nach Arctur ist früher als die gewöhnliche nach den Plejaden, nämlich zehn Tage (Euctemon) oder eilf (Eudoxus).

Kronien.

Oben ist vermuthet dass im Anthesterion die Choën und Chytren vormals ein Fest des milichischen Zeus waren, dass später Bacchus eindrang und den Zeus zu vertreiben im Begriff war. Als die Reformatoren den bacchischen Festkreis ordneten, bestätigten sie den Bacchus im Besitz und der milichische Zeus erhielt, wenn nicht schon früher, so jetzt einen anderen Platz im Anthesterion, den 8. vom Ende.

Auch die Stiftung hecatombaeonischer Kronien ist oben als eine Folge der Uebergriffe des Bacchusdienstes bezeichnet worden. Wir werden in dieser Beziehung auch noch die sommerlichen Kronien selbst näher ins Auge fassen müssen.

Wenn Kronos eigentlich nicht ein unabhängiger Gott, sondern die theogonische Begründung des Zeus ist (Preller; auch Welcker G. L. I p. 145), so hat ein unabhängiges Kronosfest keinen Anspruch auf Alterthum. Fände man ein Kronosfest angelehnt an ein Zeusfest, so würde dieser Anspruch vorhanden sein. Von Prellers und Welckers Standpuncte kann man sagen, dass die sommerlichen Kronien Athens überhaupt einer jüngeren Zeit angehören, wobei es nun freilich noch zu entscheiden bleibt, im Vergleich mit welcher älteren Periode das unabhängige Kronienfest eine jüngere anzeige. Die Entscheidung hierüber aber ist gerade die Hauptsache.

Verlegen wir nun die Entstehung der Vorstellungen von Kronos und dem saturnalischen Ideal in eine Urzeit, als die Vorväter der Griechen noch im Induslande wohnten, so könnte sich Kronos doch zu einer Zeit von Zeus abgelöset haben, welche für Athen immer noch eine sehr alte heissen müsste, so dass schon früh in Athen unabhängige Kronien entstehen konnten. Aber wenn auch die Vorstellung von Kronos selbst uralt; und die von einer unschuldvollen Zeit unter Kronos' Regiment auch recht alt sein sollte, so war es doch noch wiederum ein bedeutend weiterer Schritt der Reflexion jenes Ideal der saturnischen Zeit auch nur auf einen einzigen Tag wieder in die Gegenwart zurückzurufen, durch Stiftung der Kronien dasselbe der eigenen ganz veränderten Zeit mit Ueberlegung gegenüberzustellen. Bei der Vorstellung eines paradiesischen Vorzustandes, wo Niemandem, selbst keinem Thier weh gethan wird, ist das wesentlichste dass er einem Traume gleich verschwunden, unwiederbringlich dahin ist. Gerade dieser wesentlichsten Eigenschaft Trotz zu bieten und die Zeit der Unschuld, dramatisch gleichsam, durch ein Fest darstellen zu wollen, ist kühn und passt für alte einfältige Zustände durchaus nicht.

Gewisse Analogien *) sprechen dafür, dass die Frühlingsfeier im Anthesterion, welche den Knechten Lustbarkeiten gestattete (Pithögien), einst Kronien hiess; denn dass dies die naturgemässeren Kronien waren, folgt aus den anderswo begangenen Sclavenfesten, die dem Winter und Vorfrühling angehören, den trözenischen Gerästien (Hermann Mtskde p. 51) und den kretischen Hermäen (a. O. p. 59); auch Roms Saturnalien (am 19. December). Die kühlere Jahreszeit empfiehlt sich mehr, unsere Erntefeste können dabei nicht leiten, wir kennen die glühende Sonne des Hecatombaeon nicht. — Wer nun diese Sclavenfeste, insonderheit das dem Anfang der Frühjahrsarbeit vorausgehende der attischen Anthesterien, mit den Kronien im Hecatombaeon vergleicht, wird Spalding (Abh. d. Berl. Ak. von 1804 bis 1811 h. ph. Cl. p. 79) beistimmen, dass das Sclavenfest im Anthesterion das ältere, das sommerliche Kronienfest das jüngere sei.

Stände es fest, dass die Kronien in das bürgerliche Leben und den Kornbau bedeutsam eingriffen, so würde man ihre Stiftung eher für alt halten können. Ihre Jahresstellung ist drittehalb Monat nach der Ernte, wenn wir die Ernte mit dem Thargelion beginnend denken. Am Kronientage ist also die Erntearbeit so ziemlich gethan und wenn noch gedroschen wird, so kann diese gemächlich vollzogene Arbeit immerhin durch einen Festtag unterbrochen werden. An den Kronien also, scheint es, sollen die fleissigen Schnitter belohnt werden durch ein Zusammenessen mit ihrem Herrn und gänzliche Arbeitsfreiheit? Leider sind unsere Nachrichten so schlecht, dass wir nicht sagen können, ob die Kronien einen engen Zusammenhang hatten mit dem Landbau, oder ob die Grossstädter sich an diesem Feste bloss in einer gewissen nachgemachten Sitteneinfalt und künstlichen Ländlichkeit ergingen? ob der Bauer auf dem Lande seinem Gesinde Kronien ausrichtete, wo nicht mit dem Gesinde zur Stadt zog, um im grösseren Kreise die Kronien zu begehen? Ich bin geneigt zu glauben, dass die Kronien für den Landmann wenig Bedeutung hatten.

---

*) Das πόπανον für Κρουον, C. I. n. 523, wird im Frühling gebracht (15 Elaphebolion); ebenso das Opfer für ihn in Olympia, welches um Aequinoctium stattfindet, siehe oben Seite 20, Note.

Durch die Annahme, dass die Anthesterien einst als Zeusfest (Diasien) begangen sind, lässt sich die späte Stiftung von Kronien im Hecatombaeon erklären. Die Pithögien, ehe Bacchus eindrang vermuthlich Kronien geheissen, oder doch als Choën von Knechten und Herren dem Kronos am XII Anthesterion begangen, zeigen uns Kronos örtlich und zeitlich an Zeus haftend. Wie nun aber Bacchus übergriff und die Pithögien rauschender und lauter wurden, fand man die Ausgelassenheit den inzwischen immer mehr gesteigerten Vorstellungen vom goldnen Weltalter des Kronos nicht mehr angemessen und stiftete jetzt besondere Kronien im Hecatombaeon. Man rettete die idealisierte Vorstellung von Kronos vor dem Bacchus, nicht das Sclavenfest, welches ruhig bestehen blieb, wo es naturgemäss erwachsen war, im Frühling. Ungeachtet man die Zeit wo die Erntearbeit endet für die Kronien wählte und vielleicht dabei an die Schnitter und Drescher dachte, denen ein Feiertag dann passend bewilligt werden konnte, kann doch bezweifelt werden, ob dieser Gedanke sich ordentlich im bäuerlichen Leben Geltung verschaffe.

Die Kronien scheinen in einer Zeit gestiftet, wo der Gamelion noch Anfangsmonat*) war, so dass der Kalender nicht wie später als erstes namhaftes Fest die Kronien**) zeigte.

Pisistratus fand die attische Religion in ihren Grundzügen fertig vor. Seine und der Pisistratiden Thätigkeit für den Cultus ist dennoch nicht gering anzuschlagen. Was frühere Zeiten erschaffen hatten, wurde von den Pisistratiden auch äusserlich abgeschlossen, wie der Zwölfgötter-Altar lehrt. Es war der Tyrannenfamilie willkommen, wenn Onomacritus eine mystisch-philosophische

---

*) Der Gamelion bewahrte sein früheres Ansehen wahrscheinlich bis zur Zeit des Pisistratus, welcher zuerst dem Hecatombaeon höheres Ansehen gab als dieser Monat bisher gehabt hatte.

**) Im cimonischen Athen, wo Theseus ein principieller Volksfreund und sein Tempel Sclavenasyl wurde, könnte es allerdings nicht auffallen, wenn das Festjahr mit einer Feier des milden Kronos, bei der Gleichheit Aller herrschte, begann. Nach Pausan. Att. 32, 3 hatten die Sclaven bei Plataeae zuerst Felddienste gethan. Aber die Kronien wurden nicht gestiftet um die Sclaven dafür zu belohnen. Das Schmausen war nicht erheblich, da gar keine Thiere geschlachtet wurden. Die Stiftung der Kronien nahm den Standpunct einer idealen Religiosität. (Eine Beziehung auf Theseus wäre zugelassen, wenn die Kronien an einem VIII Tage begangen wären). — Es wird besser sein, die Einrichtung sommerlicher Kronien einer älteren Zeit als der cimonischen beizulegen.

Dogmatik des bacchischen Festkreises schrieb und so die Köpfe beschäftiget wurden. Ausserdem sollten die Feste populärer, genussreicher werden, es zeigt sich mehrfach eine Tendenz der Verweltlichung, auf welche die Epigonen nur immer mehr eingingen. Namentlich ist die pisistratische Stiftung der grossen Panathenäen nicht aus Motiven der Frömmigkeit hervorgegangen.

Die Göttinn Athena war, wie Curtius gr. G. I p. 299 treffend bemerkt, jetzt selber in die heftigen Parteiungen jener Zeit eingetreten, sie hatte sich als die entschiedene und siegreiche Schützerinn des Pisistratus gezeigt, an Athena und ihre sichtliche Fürsorge knüpften sich die Wendepuncte in der Laufbahn dieses Herrschers. Es ist hiernach gewiss nicht seltsam (auditu mirum, Nitzsch Meletem. I p. 169), wenn überliefert ist, Pisistratus habe die grossen Panathenäen gegründet, im Gegentheil giebt uns die Geschichte der Tyrannis ein sicheres Fundament, um die Ansicht darauf zu gründen, dass der Günstling der Athena seiner Göttinn werde zu danken gewusst haben. Sein Dank war der eines Ehrgeizigen, welcher mit seiner Göttinn vor der Welt prunken möchte. — Siehe in den Untersuchungen, Panathenäen S. 117.

In der pisistratischen Zeit wurde mit Rücksicht auf panathenäische Einrichtungen das Neujahr vom Gamelion in den Hecatombaeon verlegt*) oder wenigstens die Verlegung angebahnt. Pisistratus erbauete das vor-pericleische Hecatompedon und legte zuerst einen, im Hecatompedon bewahrten, Tempelschatz der Athena an (Curtius a. O. p. 300). Die Quästoren dieser Schatzkammer des Staates mussten in historischer Zeit ihre Rechnung penteterisch von grossen Panathenäen zu grossen Panathenäen ablegen, und dies ist eine der wichtigsten Anwendungen des hecatombaeonischen Neujahrs, welches

---

*) Dem Pisistratus war das Neujahr im Hecatombaeon auch in so fern dienlich, als vermöge des hecatombaeonischen Neujahrs Athena zuerst im Jahr geboren ist (siehe folgende Seite) und darauf die Erechtheusfeste, überhaupt alle Athenafeste folgen. Denn Synökien braucht es in Pisistratus Zeit noch nicht gegeben zu haben, sie können nach der Befreiung von der Tyrannis gestiftet sein; auch Theseus als Stifter der Synökien führt dahin, weil der Theseuscult erst im democratischen Athen aufkommt. — Wäre Athenas Geburt nicht gleich im ersten Monat gewesen, so hätte man einwenden können, dass Athena schon vor ihrer Geburt als Göttinn im Festjahr gefeiert wurde, während sie dogmatisch noch in Zeus' Haupte sei. Das Neujahr des Hecatombaeon schnitt den Zusammenhang mit den Festen vorher durch.

daher, sei es direct oder indirect, auf Pisistratus den Gründer der Schatzkammer zurückzuführen ist. *)

Dass der Hecatombaeon durch Stiftung der grossen Panathenäen sehr an Dignität gewann, versteht sich von selbst.

Das Ansehen des Gamelion beruhete im Cultus besonders auf der Hochzeitfeier des Zeus und der Hera, auf der Zeugung des Hephäst, von dem Erechtheus stammt, überhaupt also auf dem Erechtheusdogma, wie oben vermuthet ist. Nun ist es aber ganz unwahrscheinlich dass Pisistratus den Erechtheus im Gottesdienste hervorhob, da er sich selbst in einem persönlichen Verhältniss zur Athena wusste;**) vielmehr wird der lebende, herrschende, durch Athena zum höchsten Erdenglück gelangte Schützling den alten dogmatischen Schützling Erechtheus etwas bei Seite geschoben haben, in der Art, dass Pisistrat seine Göttinn selbst feierte. Wenn wir nun von der τρίτη φθίνοντος als Athenas Geburtstage hören und, da Athenas Geburt am pericleischen Parthenon gebildet wurde, dies neue Dogma auf die panathenäische τρίτη φθίνοντος zu beziehen haben, die Panathenäen also irgendwann als Geburtsfeier der Athena aufgefasst wurden, so kann das Aufbringen dieser Vorstellung Niemandem passender beigelegt werden als dem Pisistratus, welcher den Heros in den Hintergrund, Athena — und sich selbst — in den Vordergrund treten liess.***) Mit mehr Anschein würde dies zu behaupten sein, wenn wir wüssten, dass der pisistratische ἑκατόμπεδος νεώς dem pericleischen ähnlich ausgeschmückt war,

---

*) Wie der Geburtsmonat der pisistratischen Athena (s. weiterhin im Texte) Epoche des Finanzjahrs ward, so liefen die delischen Finanzrechnungen vom Thargelion, dem Geburtsmonate des delischen Apoll. — Bis in den Anfang des 5. Jahrhunderts unserer Zeitrechnung war das Geburtsfest Christi am 25. December in Palästina und Aegypten nicht bekannt; man feierte Christi Geburt sammt seiner Taufe am 6. Januar (dem Epiphanienfeste), also im Anfangsmonat des julianischen Jahrs. Erst später nahm man die Sitte des Occidents an. Siehe Kliefoth Liturg. Abh. V p. 98. — Romulus' Geburt setzte man in den März, den kirchlichen Anfangsmonat. Siehe m. röm. Daten p. 8.

**) Die Erzählung von Pisistrats Rückführung durch Athena, Herod. 1, 60, zeigt dies. Athena dargestellt durch ein schönes Mädchen aus Paeania fährt in einem Wagen zur Stadt, Herolde müssen voraneilen und verkündigen, Athena selbst führe den Pisistrat in ihre Burg zurück. E. Curtius gr. G. I p. 290 deutet dies auf ein Athenafest, welches zu dem Ende gewählt worden sei. Jedenfalls sehen wir hier nur die Göttinn und ihren Schützling Pisistratus, eine dritte Figur ist in dieser Action unmöglich.

***) Von einer Abschaffung des Erechtheus-Dogmas für die Panathenäen kann desungeachtet nicht die Rede sein. Nichts hinderte Erechtheus' Gedächtnissfeier mit dem Geburtstag der Athena zu vereinigen, siehe Unterss. Gamelion. Es kann sich nur darum handeln, welche der beiden dogmatischen Personen, Erechtheus oder Athena, mit mehr Inbrunst celebrirt ward von Pisistratus.

welcher letztere offenbar das jüngere Dogma von Athenas Geburt *) bevorzugte. Die Zurückdrängung des Erechtheus wurde später noch gemehrt durch die nach der Pisistratidenzeit zugelassenen Vorstellungen von Theseus' Verdiensten um Athen.

Hat Pisistratus die Panathenäen vornehmlich der hauptgeborenen Athena gefeiert und diese Idee zuerst aufgenommen,**) so müssen wir darin einen frischen Luftzug über den stagnierenden Dogmen der Erechtheus-Religion erkennen. Fragen wir freilich, welchen Nutzen das gottesbedürftige Gemüth von dieser Idee haben konnte, so muss man die Achseln zucken. Es schmeichelte dem Pisistratus, so erhaben wie möglich von seiner Schützerinn zu denken, und je glänzender er sie feierte, desto mehr flüchteten sich wohl die Empfindungen der Frömmigkeit zu den Stiftungen, der Reformatoren, welche die Menschen über das Jenseits trösten und von der Sünde erretten wollten.

Bei dem reichen Inhalt des bacchisch-demetreischen Kreises war es kaum anders möglich als dass der Athenacultus den Weg der Weltlichkeit einschlug. Indess wurden davon keineswegs alle Feste des Erechtheus betroffen, wie denn das Dogma der Hauptgeburt sich nicht überall heranbringen liess. Die drei Mittelfeste scheinen in althergebrachter Weise dem Erechtheus begangen zu sein (Brauronien, Plynterien, Arrhephorien). Die Chalkeen aber dürften doch dem neuen Dogma Eingang gewährt haben, indem Athena, geboren am Ende des Hecatombaeon, durch Rückwärtszählung der 9 Monat an den Chalkeen von Hephäst erzeugt sein sollte. Vermuthlich ist die Behauptung, Athena sei Hephästs Tochter, so entstanden, jedoch wohl erst durch Deutelei jüngerer Zeiten.

Die Bewahrung der Mittelfeste des erechtheischen Festjahrs

---

*) Erechtheus war zu Füssen der Parthenos als Schlange dargestellt (Leake Top. p. 110 sq.), wovon allerdings das Erechtheus-Dogma die Voraussetzung bildete. Weit stärker hervorgehoben war die Geburt der Athena aus Zeus' Haupt. Sie schmückte den Giebel der vornehmsten Seite, der östlichen. Athena erscheint in mitten der Götter, die über die neugeborene jubeln.

**) Auch diejenigen, welche die Vorstellung von der hauptgeborenen Athena für sehr alt halten (Welcker G. L. I p. 301), können, ihrer Meinung unbeschadet, zugeben, dass die ältere Zeit jene kühne Vorstellung im Gottesdienste nicht benutzt habe. Sollte sie im Gottesdienste benutzt werden, so musste man einen bestimmten Tag für den Geburtstag der Athena erklären, ein Unterfangen, zu welchem wohl erst eine spätere Zeit den Muth fand. — Uebrigens lassen sich gegen das hohe Alter jener Vorstellung selbst Einwendungen machen. Im Homer sind die Spuren unsicher, Lehrs Aristarch p. 182. Wenn im Homer nur Zeus als Vater, nie eine Mutter der Göttin genannt wird, so darf man nicht behaupten, das alte Epos „bezeichne" sie als $ἀμήτωρ$, wie Krause R. E. V p. 44 sagt; schweigen ist nicht bezeichnen.

hat theilweise ihren Grund in deren Beziehung zum Frauenleben. Athena die Schirmerinn des Erechtheusknaben war damit Patroninn aller Athenerinnen, die glückliche Mütter bleiben oder werden wollten, und die in solchem Sinn begangenen Brauronien und Plynterien hätte man von ihrem auf die Pflege des persönlichen Erechtheus gehenden Sinn nicht abbringen oder auch nur etwas ablenken können, ohne dem schwächeren und das Herkommen liebenden Geschlechte eine religiöse Stütze zu entziehen. (Die auf das Erechtheuskind gehenden Feste wurden von dem aufkommenden Theseusdienste gar nicht berührt, keine Legende sprach von einem durch Athena verpflegten Theseus-Kinde.)

Auch die Delien mag Pisistratus, im Wetteifer mit anderen Tyrannen wie Polycrates, häufig und prächtig gefeiert haben, überall bemüht Macht und Glanz zu zeigen.*) Vielleicht sah man das in Delphi nicht gern.

Synökien.

Die Synökien sind vielleicht in nach-pisistratischer Zeit entstanden, sicher behaupten lässt sich indess wohl nur, dass sie kein uraltes, mit den Panathenäen coätanes Fest sind.

Plutarch hat einen grossen Fehler begangen, wenn er den Theseus zugleich zum politischen Synökisten und zum Panathenäengründer macht, und die formelle Einigung des Staats durch Aufhebung der Einzelsenate als Grundlage der Panathenäen ansieht. **) Im Festjahr sieht es allerdings so aus als wenn am XVI die Bewohner Atticas sich vereinigen, um dann, vereinigt, nunmehr am XXVIII das Sammtfest der Landesgöttinn, die Panathenäen, zu feiern. Aber historisch angesehen, ist das Panathenäenfest weit älter und die politischen Synökien jünger.

---

*) Rinck Rel. d. Hell. II p. 75 folgert aus der pisistratischen Lustration von Delos, dass ein Bedürfniss der Feier empfunden worden sei. Sollte aber Pisistratus, der überhaupt eine glänzende Frömmigkeit zu zeigen liebte, nicht vornehmlich Delos gewählt haben, wo er bequem seinen Reichthum entfalten konnte? Delphi zu besuchen mochten manche Gründe verhindern, zumal als Pythia anfing den Feinden des Pisistrat ihre Aussprüche zu leihen und an seinem Sturze zu arbeiten.

**) Auch in so fern hat er Unrecht, als ihm die Zusammensiedelung für eine nicht bloss rechtliche, sondern auch materielle galt; s. Classen zu Jacobs Attica p. 3, 2. Der Scholiast zum Thucyd. (II 15) hat sehr wohl eingesehen, dass mit $\xi v v o \iota x i \zeta \varepsilon \iota v$ nicht eine äusserliche Wohnungsänderung gemeint sei.

Richtig hat der parische Chronist beide Thatsachen durch etliche Menschenalter getrennt. Von Theseus als Panathenäenstifter weiss er nichts. Er setzt die ersten Panathenäen des Erichthonius, welcher bei den älteren Autoren der Panathenäenstifter ist, schon Epoch. 10 an um 1506 a. Chr., erst drittehalb Jahrhunderte später folgt Theseus' Zusammensiedelung der attischen Zwölfstädte. Ebensowenig weiss Thucydides von einer Panathenäenstiftung des Theseus. Der thucydideische Theseus ist ein kluger mächtiger Mann, welcher das Land organisiert und die Kleinstaaterei vertilgt, dabei allerdings einem Solon oder Pericles etwas gar zu ähnlich wird (vgl. Grote Mythologie, übers. von Th. Fischer I p. 189). Aber Thucydides lässt ihn doch wenigstens nicht auch die Panathenäen stiften, er macht nicht die staatsrechtliche Einigung zur Voraussetzung der gottesdienstlichen.*)

Für die alte Zeit müssen wir uns die Panathenäen als die einzig' und alleinige Form politischer Centralisation denken. Wie unzureichend man diese Form auch finden mag, sie war die jener Sitteneinfalt gemässe und enthielt doch eine Willenserklärung, dass die mitfeiernden Landestheile Eines Körpers Glieder zu sein gedachten. Ein Synökienfest noch daneben war der alten Zeit überflüssig. Es entstand als sich Religion und Politik mehr schieden als früher der Fall gewesen.

In der attischen Religion historischer Zeit trat der eleusinisch-athenische Cultus des Weingottes und der Erdgottheiten mehr in den Vordergrund; Athena und Apoll wurden nicht so inbrünstig verehrt.

Die Stadtgöttinn, so tapfer bei Marathon, litt 10 Jahr danach Einbusse, sie sah ihre Burg eingenommen, ihre Tempel verwüstet, sie konnte nichts als jenes rührend stille Zeichen des Oelbaums geben, der einen Zweig wachsen liess mit plötzlicher Wunderkraft. Der Siegeshelfer aber war Iacchus.

Der Festkreis des Bacchus und der Demeter durfte ein gleiches, ja ein höheres Ansehn beanspruchen als der unzweifelhaft ältere

---

*) Hiernach bin ich mit E. Curtius gr. G. I p. 247 nicht einverstanden, wenn er die Feier des Athena-Festes erst nach der politischen Organisation eine „panathenäische" nennt und das Landesfest ihm als ein neues gilt, seit dem Beginn politischen Gesammtlebens durch Theseus. — Wenn Curtius dabei eine „längst" vorhergegangene „Anerkennung der Athena als Landesgöttinn" mit Recht annimmt, so musste diese Anerkennung auch ihre äusseren Merkmale haben, wie persönliches Erscheinen beim Athenafest, γέρα. Und waren das nun nicht Panathenäen?

des Erechtheus und der Athena; man rückte die Entstehung beider in ein ziemlich gleiches Alterthum*) hinauf, gegen die geschichtliche Wahrheit.

Die Panathenäen der Blüthezeit imponierten durch ihren Glanz, dem religiösen Gefühl boten sie wohl wenig dar. Wie dem periclëischen Staate Atticas Grenzen zu eng geworden waren, so griff auch die Panathenäenfeier über die heimatliche Schranke hinaus, man kann sagen, dass sie eine allgemein hellenische wurde.

Pisistratus hatte nicht sowohl den Erechtheus und die Erechthiden-Göttinn als vielmehr die pisistratische Athena gefeiert; auch Pericles stellte in Athena Parthenos eine pericleische Reichsgöttinn auf, die nicht eine besondere Berufsart als Hygiea, Nike, Hippia oder als Stadthüterinn (Polias) hatte, sondern alle die dem Gebote des Pericles folgenden Städte und Staaten ($\pi\acute{o}\lambda\varepsilon\iota\varsigma$) beherrschte. Vor den Ausländern, die zu den grossen Panathenäen nach Athen strömten, entfaltete Pericles den Glanz seines Staates in der würdigen Erscheinung der ihn schirmenden Athena Parthenos. Athena Polias, die Trägerinn der uralten Stadtreligion, war nicht mehr so wie einst in Ehren, die Restitution des Erechtheums verschleppte sich (Leake Top. p. 429), während der Bau des Parthenon rasch gefördert wurde.

In der Einführung des Bendisdienstes, welche in den besten Zeiten Athens stattfand, scheint ein Misstrauen gegen die Kraft der Athena-Religion zu liegen. Die alten Götter, welche den Erechtheus-Knaben, den Sohn Atticas, schützten, hatten sich in den Pestjahren unzureichend erwiesen, den Söhnen Atticas Heil und Leben zu wahren. Darum stiftete man in der Plynterienzeit, die dem Erechtheuskinde geweihet ist, die Bendideen, damit Bendis das Erechtheuskind und alle Landeskinder besser schütze.

Der alte Heros Erechtheus wurde, in Betreff der Panathenäen wenigstens, durch Theseus verdunkelt. Die Panathenäen sollten nun nicht von Erechtheus, sondern von Theseus gestiftet sein, eine Aufstellung, die sich auch in unseren Quellen deutlich als die jüngere zeigt.

Mit Theseus vereinigt drängte Bacchus im pyanepsischen Herbstfeste den Apoll zurück, ohne ihn indess völlig zu verdrängen. So kam, in Cimons Zeit vermuthlich, das Conglomerat von Festge-

---

*) Bei Eusebius und im Marmor Parium sind die Ansätze der Eleusinien nur wenig jünger als Erechtheus' Panathenäenstiftung.

bräuchen zu Stande, welche die Feier der Pyanepsien und Oschophorien am VII Pyanepsion ausmachen.

Auch aus der melischen Epiphanienfeier im Elaphebolion musste Apoll weichen und Bacchus trat an seine Stelle. Man nannte die Feier grosse Dionysien. Obgleich diese Umwandelung ohne die Reaction gegen den Apollodienst und das Vordringen des Bacchus nicht möglich gewesen wäre, lag darin doch nicht eine Förderung der bacchischen Religion, sondern eine Förderung der bacchischen Kunst, deren Macht die Welt zu lehren Athen berufen war. Denn durch Stiftung der grossen Dionysien überschritt man die Grenzen der älteren bacchischen Dogmatik; s. oben S. 69.

Ein dem dogmatischen Zusammenhange enthobenes, ganz der dramatischen Kunst gewidmetes Fest, wie die grossen Dionysien war besonders geeignet, eine allgemein hellenische und überhaupt eine allgemeine Bedeutung anzunehmen; denn die Kunst gehört allen Menschen, die heidnische Dogmatik aber trägt von vornherein eine provincielle Schranke an sich, die sie nur mühsam und nie vollständig abwirft.

Die grossen Dionysien wurden wie die Panathenäen allgemein hellenisch. Ihre innere Berechtigung zu so umfassendem Ansehen lag in der Pflege, welche die Künste an beiden Festen fanden, nicht in ihrem religiösen Werthe. Abgesehn von der eifrig geförderten Agonistik fanden musicalische Talente einen Mittelpunct in den Panathenäen, attische wie nicht attische, und die von bacchischen Dogmen völlig emancipierten Schauspiele der grossen Dionysien waren allen Griechen ansprechend.

Indem man die Kunst an den Panathenäen förderte, erwies man der Religion des Erechtheus und der Athena einen zweifelhaften Dienst; die Panathenäen, das Hochfest des Erechtheus-Athena-Kreises, mussten sich damit noch mehr verweltlichen. Denn die Kunst feiern, heisst das Können des Menschen feiern, der Cultus des Genies ist ein gefährlicher Nachbar des wirklichen Cultus.

Schonender war man mit den dogmatischen Festen der demetreisch-bacchischen Religion umgegangen. Man hatte nicht bloss kein Hochfest dieses Kreises in eine Reunion für Gesang und Spiel umgewandelt — das waren die grossen Dionysien — sondern der ganze Festkreis des Bacchus und der Demeter war unangetastet geblieben, ein Apollonsfest war in ein Bacchusfest verwandelt worden.

Der Gottesdienst des Erechtheus und der Athena hatte von den Perserkriegen keinen Nutzen. Dagegen förderte das Zusammentreffen des salaminischen Siegs mit dem Iacchustage ohne Zweifel das Ansehen der eleusinischen Götter. — Der jetzt erworbene Thatenstolz Athens sprach sich in Siegesfesten aus und ausserdem im Theseuscult und den einen Theil der Theseen bildenden Epitaphien. Am Feste des Theseus, welcher seit Cimons Zeit als Repräsentant attischen Nationalsinnes, als ein Ideal von Heldenkraft und Milde zu gelten anfing, entsann man sich alles dessen, was man gethan und gelitten, um von persischer Knechtschaft und überhaupt von Fremdherrschaft frei zu bleiben, und gründete zu dem Ende den Gebrauch in feierlicher Rede (Epitaphios) der Krieger zu gedenken, welche für die Freiheit gefallen waren. — Indirect hatte hierbei der Dienst des Erechtheus und der Athena Schaden. Denn die Förderung des Theseusdienstes geschah nothwendig auf Kosten des Erechtheus. Theseus' Schatten war unter den Marathonskämpfern gesehen worden, Erechtheus hatte keinen merkbaren Antheil an denjenigen Thaten, die Athen sich am liebsten ins Gedächtniss rief.

Um die Erechtheus-Athena-Religion*) in ein trivialeres Licht zu stellen, diente auch der innere Reichthum der eleusinischen Lehre, die überdem durch die spannende und wirkungsvolle Art ihrer Mittheilung sich Anhänger gewann. Die Lehren der eleusinischen Mysterien machten wirklich eine Religion aus, der sittlich Reine und gläubig Hingegebene empfing Hoffnung, ein Bacchus, ein vom Tode Erstehender zu werden. Der Mysterienfrevel a. Chr. 415 zeigt, dass hier wirklich ein Heiliges war, an dem zu freveln sich der Mühe verlohnte. Die edlere Opposition des Plato lässt uns nicht weniger die Wirkung und Anregung sehen, welche die Eleusinien auch auf ihn übten. Durch philosophisches Denken möchte er die Weihen ersetzen, die Enthüllung eines in Telesterion angeschauten Götterbildes lehrt ihn nicht so viel, als der einer heiligen Capsel gleich aufgeschlossene Socrates, dessen innere Seelenschätze Alcibiades den Versammelten vorzeigt, wie ein Hierophant den Epopten, Plutarch Alcib. 19; Plato Sympos. p. 215 sqq. Wo nur göttliche Offen-

---

*) Die Grundidee des Erechtheus hätte sich ebenfalls zu einer Unsterblichkeitslehre ausbilden können. Auch der Kornhalm stirbt und dauert doch fort im Samenkorn, das ihn neu erstehen macht; es ist ein steter Wechsel, bei dem das neuentspriessende Leben über Tod und Vergang tröstet und den Betrachter lehrt, dass das Ewige sich fortregt in Jeglichem. Aber ein Erechtheus, der auch Poseidon sein sollte, war keiner Entwickelung mehr fähig. Ausser der Ueberladung mit Dogmen störte die Weltlichkeit. Auch das Herstammen der Erechtheus-Religion aus uralten Zeiten war ihr ungünstig und mehrte ihre Entwerthung in historischen Zeiten. Denn was neu ist wirkt stärker auf die Menschen; die Zeit ist mächtig, auch Religionen veralten.

barung einer platonischen Gedankenreihe den Gipfel aufsetzen und die höchste Bewahrheitung geben könnte, da bringt uns Plato heilige Anschauungen, gleichsam δρώμενα, wie Eleusis sie hat, und er führt seine Leser öfters an einen Vorhang, um das Allerheiligste schliesslich zu enthüllen.

Das Ansehen der Mysterien also erklärt sich grossentheils aus ihrem religiösen Gehalt, welcher der sündigen todesfürchtigen Menschheit genügte, bis etwas Besseres da war. Das Bessere aber hatte einen harten Streit gegen das bestehende Gute zu führen. Ein Cultus, dessen Inhalt ein sterbender und von den Todten wieder erstehender Gott war, musste der Religion Christi nachhaltigen Widerstand leisten, und die Kirchenväter hatten Grund den eleusinischen Bacchus zu verfolgen, er war der geborene Gegner Christi.

Die Blüthe-Periode der eleusinischen Religion kann man (mit Preller R. E. III. 53) in der Zeit nach den Perserkriegen erblicken, ehe noch die Aufklärung und das Zweifeln und Andersmeinen dem alten Glauben skeptisch gegenübertrat. In Betreff der philosophischen Opposition indess wie auch der christlichen Polemik ist nicht zu übersehen, dass die Kraft einer Orthodoxie noch dauert so lange opponiert wird; nicht Hohn und Streit, sondern ignorierende Gleichgültigkeit schreibt den Todtenschein für eine Orthodoxie.*)

Für Griechenland lässt sich der Höhepunkt der Mysterien etwa an das Jahr a. Chr. 445 knüpfen, indem unmittelbar nach Abschluss des 30jährigen Friedens eine äusserliche Neuordnung und Bestimmung alles dessen, was mit den Eleusinien zusammenhing (Sauppe de inscr. Eleus. p. 10), zu Stande kam und in den damals beliebten Stipulationen**) die umfassende Bedeutung der Mysterien für Griechenland hervortritt.

---

*) Preller a. O. hebt selbst mit Recht hervor, dass nur die höheren Kreise der Gesellschaft von der Zweifelsucht berührt wurden, während „die Heiligkeit der Mysterien für das Volk, für Griechenland, fortgesetzt dieselbe blieb." — In einer Zeit, die schon in die Periode der Aufklärung gehören dürfte, finden wir, dass ein Keryke die Hadernden beschwört und an die Gemeinsamkeit der Religion erinnert, Xen. Hellen. II, 4, 20. Er hatte als Eleusinien-Beamter ohne Zweifel mehr Ansehen bei der Menge, als ein anderer Priester gehabt haben würde und seine gute Stimme ($μάλ'$ $εὔφωνος$ $ὤν$) war es nicht allein, die ihn zum Friedens-Prediger qualificierte.

**) Diese sind in C. I. I n. 71 enthalten. Die Inschrift scheint ein Psephisma, welches unter Anderem auch Strafbestimmungen gab und vielleicht identisch ist mit der von Andocides 1, 116 erwähnten Stelle, auf welcher dem im Eleusinion Schutzflehenden 1000 Drachmen Strafe gedrohet werden; Sauppe a. O. p. 11. Für den Herbst wie für den Frühling wird ein Gottesfriede festgesetzt von fast zweimonatlicher Dauer. Unter dem Schutz dieses Friedens sollen auswärtige Mysten nach Athen kommen und zurückreisen können. Die langen

Für das Ausland dagegen, für die Völker des Alterthums überhaupt, müssen wir uns das Ansehen der Eleusinien noch steigend denken und zwar in demselben Grade als die Bildungsvölker sich mehr und mehr im Zusammenhange eins am andern entwickelten, namentlich also Griechenland und Rom in dieselbe geschichtliche Strömung hineingezogen wurden.

Das Einzige was die Athener späterer Zeit der Welt an Eigenthümlichem nur in Attica so Vorhandenem zu bieten hatten, war die eleusinische Religion und wenn eine Geschichte Athens bis in die Zeiten des Alarich und des letzten Daduchen hinabstiege, würde sie vornehmlich von den Eleusinien zu berichten haben.*) Eine Reihe der berühmtesten Römer liess es sich gefallen, Mysten und Epopten von Eleusis zu werden, Sulla, Cicero, Octavian und Andere. Hadrian der sich ebenfalls weihen liess, befahl die eleusinische Ebene einzudämmen und vielleicht auch die Wasserleitung zu bauen, von der man Ueberreste sieht (Leake Demen p. 150). In der Kaiserzeit war Eleusis berühmter als Athen und volkreicher als je (a. O. 151). — Siehe Unterss. Eleusinien (Decret v. XVIII Boëdr. Note).

Ohne die Eleusinien ist die späte Nachblüthe Atticas und Athens nicht denkbar. Sie kam von den römischen Kaisern, aus dem Westen wie ein Abendroth noch hineindauernd in die Nacht, welche durch Alarich und seine wüthenden Mönche**) über Eleusis und die Stätten der Demeter hereinbrach.

Fristen lehren, dass auch die weitest entfernten Bewohner Griechenlands sicher sollten reisen können.

*) Zu den freilich nicht welthistorischen, aber doch für Athen nicht unwichtigen Lebensregungen späterer Zeit, gehört die Aenderung des Neujahrs, welches einst winterlich (Gamelion) gewesen, dann sommerlich (Hecatombaeon) geworden war, und zuletzt in den Herbst (Boëdromion) überging. Durch das boëdromische Neujahr wollte man vielleicht den Vorrang der Eleusinien anerkennen. Nach dem Mysterien-Cursus hätte vielmehr der Anthesterion beginnen müssen, allein die Herbst-Mysterien behaupteten ihr altes Uebergewicht. Das Ausland besuchte wohl vorzugsweise die Herbst-Mysterien, nicht die bei Agrae.

**) Gibbon Gesch. cap. XXX Note 15; Preller R. E. III p. 94.

Antiquarische Untersuchungen

über die

städtischen Feste der Athener,

mit Ausschluss der Kaiserzeit.

anzufangen: in jedem Collisionsfalle muss man noch weiter fragen welcher Zeit ein collidirendes Decret angehöre.

Festtage und Werkeltage.

Bei der Unsicherheit über die Kalenderzeit eines grossen Theils der Feste ist es nicht unnütz, sich auch nach Werkeltagsgeschäften umzusehen. Denn, wiewohl auch Feiertage weltlich benutzt und profaniert werden konnten, auch solche Profanierungen bezeugt sind, so wird doch jedes Werkeltagsgeschäft, insonderheit ein öffentliches, dessen Datum bekannt ist, die Wahrscheinlichkeit herbeiführen oder erhöhen, dass das betroffene Datum festlos sei. Hochfesttage wie Hecatombaeon III v. E., Anthesterion XII sind wohl nie entweihet worden, aber auch von Festtagen zweiten Ranges muss man annehmen, dass in der Regel keine Zahlungen aus öffentlichen Kassen, keine Sitzungen der Staatskörper stattfanden.

Wenn in G. A. § 61 pag. 421 behauptet ist, dass die grossen Opfer des Zeus Soter auf den letzten Tag des Skirophorion fallen, so wird dies dadurch unwahrscheinlich, dass drei Decrete von diesem Tage erhalten sind; Rang. n. 414; vgl. Böckh Stud. p. 15; C. I. I n. 114; Böckh Mondcyclen p. 48. Das erste Decret ist aus Ol. 110, 4, also der Einwand abgeschnitten, dass in der Abfassungszeit des Decrets das Festjahr vielleicht verändert gewesen sei.

Es sind die Abfassungszeiten solcher Urkunden von Wichtigkeit, um zu entscheiden, wie viel man aus einem überlieferten Werkeltagsgeschäft schliessen dürfe. Gesetzt, dass auf der unten Seite 95 beim V Boëdromion zu erwähnenden Inschrift wirklich der V Boëdromion, als Datum des Decretes, zu ergänzen sein sollte, so folgt daraus schwerlich etwas für die ältere Zeit; denn die Inschrift gehört in junge Zeiten, wo vermuthlich der V Boëdromion nicht mehr Genesien-Tag war.

Mit der Uebersicht in der Tafel I allein ist also gar nichts anzufangen: in jedem Collisionsfalle muss man noch weiter fragen, welcher Zeit ein collidierendes Decret angehöre.

Aus der Uebersicht in der Tafel folgt, dass in Athen gewisse Tage des Monats decretenfrei sind, welche doch keine Feste enthalten; so ist in allen Monaten der VII decretenfrei (siehe p. 107), überhaupt die von Hesiod ἔργ. 772 in dem Verse πρῶτον ἕνη τετράς τε καὶ ἑβδόμη ἱερὸν ἦμαρ vereinigten (dabei muss man, was unsicher ist, ἕνη für die Numenie nehmen). — Auch die τρίτη der zweiten Decade ist in Athen decretenfrei,*) vielleicht auch die der ersten. Die Ursache der Decretenlosigkeit gewisser Tage liegt theils im Hausgottesdienste (vgl. Petersen Hausg. p. 45 sq.), theils vermuthlich in den Epimenien öffentlicher Tempel.

Es ist möglich, dass sich Manches noch anders zeigt, wenn die Sammlung vollständiger sein wird.

Aufgenommen sind solche Staatshandlungen und öffentliche Geschäfte, von denen der Monat und auch der Tag im Monat entweder vollständig überliefert ist oder durch epigraphische Kritik sich hat ausmitteln lassen. Daten also, die bloss auf einer Reduction des Prytanientages beruhen, sind vorläufig weggeblieben.

Auch konnten solche keine Stelle finden, die bloss dem Monate nach bekannt sind, wie das Decret aus dem Boëdromion Rang. n. 442, das aus dem Maemacterion Rang. 426, das aus dem Poseideon Rang. 431, die aus dem Schaltmonat Rang. n. 467. 468.

Ebenso wenig wo zwar der Tag, nicht aber der Monat erhalten ist, wie die Urkunden Rang. n. 470 und 2330, in denen die δεκάτη, n. 2303 wo die [δεκ]άτη προτέρα, n. 499 wo die [δεκ]άτη ὑστέρα, n. 797 wo die ὀγδόη μετ' εἰκάδας vorkommt.

Es sind auch die Fristen aus der Rede gegen Phänipp eingetragen, welche zwar keine öffentlichen sind, aber doch durch Zuziehung von Zeugen (Demosthen. 42, 12) über die Grenze des Privatlebens hinausgehen. Aus dem in der Rede Erzählten geht hervor, dass die Eleusinien-Tage Boëdromion XXIII und XXV (siehe folg. S.), bloss in Folge der Aufschieberei des Phänipp anberaumt wurden, sonst würde man sie vielleicht vermieden haben, wie auch Boëdromion XIII. Ein Schluss über Festlosigkeit dieser Tage ist nicht zulässig.

---

*) C. I. I p. 736 n. 1563 ist nicht attisch, sondern tanagräisch, ein Volksbeschluss vom XIII Homoloios.

Citate,

die in der Uebersicht (Tafel I) nicht Raum hatten:

Metagitnion II, d Rangabé n. 471; G Demosth. 42 § 5.
Metagitnion XXI, d Rang. n. 2298; z. C. I. n. 118.
Boëdromion II, d? Rang. n. 469; z. C. I. n. 148.
Boëdromion V, d? E. Curtius, Götting. Anz. 1861 December 17, pag. 332
— Siehe pag. 93 und unten Note zu den Genesien.
Boëdromion VI, d Ephemeris n. 4104: G verabredete Fristsetzung das
 Vermögen anzugeben, Dem. 42 § 1. Es ist ein Termin aber kein
 von der Behörde gesetzter, sondern ein durch Uebereinkunft der
 Parteien zu Stande gekommener.
Boëdromion IX, d Rang. n. 483 und Böckh Stud. p. 19; d Ephebendecret
 Ephemeris n. 4104 (dritte Inschr. des Philistor); d Ephebendecret
 Ephem. n. 4098 (zweite Inschr. des Philistor).
Boëdromion X, d Ephebendecret Ephemeris n. 4107: G Andocid. I, § 121.
Boëdromion XI, G Demosthen. 42 § 11, Phaenipp schwört am XI Boëdr.,
 dass er sein Vermögen richtig angeben wolle. Er hat also binnen
 3 Tagen, wohl am XIII, die Angabe zu beschaffen, erlangt aber
 Aufschub.
Boëdromion XIII hätte die Vermögensangabe, siehe Boëdr. XI, stattfinden
 sollen. Am XIII scheint Phaenipp einen 101tägigen Aufschub erlangt
 zu haben.
Boëdromion XIV, d für Epheben Ephem. 4097; z C. I. n. 118.
Boëdromion XVIII, d Ephem. von 1862 n. 109.
Boëdromion XX, G nach Andocid. 1, § 121 ist eine ἔνδειξις wegen
 Mysterienentheiligung ταῖς εἰκάσι, am XX, angebracht worden, cf.
 O. Müller, A. E. I, 33 p. 281 N. 73. Eine rein weltliche Sache hätte
 man schwerlich am Iacchustage zugelassen.
Boëdromion XXIII, G Demosthen. 42, 12, in Sachen des Vermögenstau-
 sches soll ein Verträgniss der Betheiligten am XXIII und am dritten
 Tage, den XXV, die Angabe des Vermögens stattfinden. Phaenipp
 erscheint weder am XXIII noch am XXV. — Vgl. Boëdromion XIII.
Boëdromion XXV; siehe XXIII.
Elaphebolion XIX, d Böckh Studien p. 18; ✕ Friede des Philocrates Ol.
 108, 2, Demosth. 19, 57 und Aeschin. 2, 61.
Elaphebolion XXIX. Ausser dem Decret Ἐπιγρ. ἀνέκδ. n. 75 haben wir
 jetzt noch ein zweites, von diesem Datum Ephemer. von 1862 n.108.
 Es ist dasselbe κατ' ἄρχοντα vom XXIX Elaphebolion datiert, dane-
 ben steht κατὰ δὲ θεὸν μουνυχιῶνος δωδεκάτῃ.
Elaphebolion XXX, d Böckh Studien p. 56; d Rang. n. 427.
Munychion X, d Rang. n. 461; t Termin Ol. 113, 4 für Ausrüstung der
 Trieren zwecks einer Colonie, See-Urkunden XIV, a, 189 sq.
Munychion XII, das zweite Datum der doppelt datierten Inschrift, welche
 unter Elaphebolion XXIX erwähnt ist.

Munychion XIX entweihet durch Phocions Hinrichtung, Plutarch Phoc. 37.
Thargelion XXVIII, d? Böckh Studien p. 29, o; d Ephemeris n. 3166.
Skirophorion XXI, d Böckh Mondcyclen p. 53; d Rang. n. 441.
Skirophorion XXIII, d Rang. n. 704; ℵ Demosth. 19, 59, Friedensschluss des Phalaeeus mit Philipp.
Skirophorion XXVI, d Rang. 417 und Böckh Stud. p. 60; *ε* Demosthen. 19, 60.
Skirophorion XXIX, d Rang. n. 438; d Rang. n. 439. Beide Decrete sind von der ἕνη καὶ νέα προτέρα. Bursian Philologus X p. 177 rechnet sie als XXVIII; doch siehe Böckh Mondcyclen p. 54.

Aus den vier Terminen der beiden Mysterienfrieden folgt selbstverständlich nichts für den Character der Tage Metagitnion (XIV), Pyanepsion X, Gamelion (XIV), Elaphebolion X. Doch schien es besser auch diese Termine mit aufzunehmen.

Die unächten Urkunden der Kranzrede sind mehr des Experiments wegen mit hergesetzt; einen Schluss über Festlosigkeit eines Tages kann man ablehnen mit Bezug auf die Unächtheit.

Die Daten der letzten Decaden bei denen vom Ende gezählt ist, sind immer in 30tägige Monate eingetragen worden. Anders liess es sich in der Uebersicht nicht machen; die ἕκτη φθίνοντος Thucyd. V, 19 ist zum Beispiel auf XXV gesetzt und so überall die hohlen Monate ignoriert. Wer wissen will ob ein Decret μετ' εἰκάδας oder φθίνοντος datiert ist, wird die Citate nachsehen müssen.

Orientierung der attischen Feste im Jahre a. Chr. 432 nach julianischen Daten.

Einem attischen Kalendertage entsprechen immer zwei julianische Daten, weil die Tagesepoche in Athen der Sonenuntergang, im julianischen Kalender aber die Mitternacht ist. In der beifolgenden Tafel steht dem attischen Tage dasjenige julianische Datum gegenüber, welchem die Tageshelle des ersteren angehört. Gamelion I = Januar 21 ist also ein unvollständiger Ausdruck, da der erste Gamelion am 20 Januar beginnt, die Nacht vom 20 auf den 21 und die Tageshelle des 21 umfasst.

Juli-Neumond erkennen sie an, auch Boekhs von dem scaligerschen um 2, v dem idelerschen um 3 Tage abgehender Ansatz ist darum nicht weniger Juli-Neumond.

e Gamelion am 20 Januar beginnt, die Nacht vom 20 auf den
und die Tageshelle des 21 umfasst.

Ich wähle das Jahr a. Chr. 432, um dem Leser etwas darzubieten, was von chronologischen Systemen unabhängig ist. Von den verschiedensten Seiten*) ist der I Hecatombaeon Ol. 87, 1 als der Juli-Neumond a. Chr. 432 anerkannt. Durch die gesicherte Orientirung dieses Tages sind auch die Stellungen aller übrigen Tage des attischen Mondjahrs in a. Chr. 432 bestimmt, wenn wir von geringen Unterschieden (volle und hohle Monden) absehen.

Auch die practische Gültigkeit des Julineumonds a. Chr. 432 als I Hecatombaeon wird nicht bezweifelt. Niemand behauptet, dass zwar Meton in seinen Canon geschrieben habe, der I Hecatombaeon solle dem Neumond nach der Wende d. i. dem 16/17. Juli entsprechen, dass aber dies bloss theoretisch gewesen, dass im attischen Leben ein anderer Neumond als I Hecatombaeon betrachtet sei.

Wenn die Stellungen der Feste dennoch zum Theil unsicher sind, so hat das seinen Grund nicht in dem Verhältnisse des vom Gamelion Ol. 86, 4 beginnenden Mondjahrs zum Sonnenjahr, sondern in den unvollkommenen Nachrichten über die attischen Kalendertage mancher Feste. Diese Frage ist hier bei Seite zu lassen.

Von dem erwähnten Neumond aufwärts und abwärts nehmen also die Feste die in Tafel II. bezeichnete Stellung ein.

Die Meinungsverschiedenheiten zeigen sich nun darin, dass die Orientirungen der Feste in a. Chr. 432 für späte, mittlere oder frühe gehalten werden, je nachdem von verschiedenen Systemen ausgegangen wird.

Ob die Ansätze in a. Chr. 432 späte Ansätze sind? — Legen wir eine der, mittelst Ausschaltung (Hypothese), verfrüheten Octaëteriden des böckhschen Systems (Mondcyclen p. 27 sq.) zu Grunde und zwar die 12. Octaëteris, bestehend aus den Olympiadenjahren 96, 3 bis 98, 2. Hier ist Juli 16 das späteste Neujahr (das von Ol. 96, 3), und in dessen Umgebung fallen die Feste so wie in unserer Tafel, alle übrigen haben frühere Plätze im Sonnenjahr.

---

*) Scaliger Canon. Isag. p. 65 setzt I Hecatombaeon Ol. 87, 1 = Juli 15/16; ebenso Biot Résumé de chronol. astronom. p. 420; vgl. Emil Müller in Zeitschr. f. d. Alterth. Wiss. 1857 n. 69 p. 545. — Ideler im Handbuch I p. 329 setzt mit Dodwell und Petav Juli 16/17, und diese Setzung ist seither die verbreitetste. Böckh Mondcyclen p. 21 sqq. nimmt aus besonderen Gründen Juli 13/14. Den Juli-Neumond erkennen alle an, auch Böckhs von dem scaligerschen um 2, von dem idelerschen um 3 Tage abgehender Ansatz ist darum nicht weniger der Juli-Neumond.

Vom heortologischen Standpuncte lässt sich unter Anderem hiergegen einwenden, dass die Thargelien, wenn unsere Tafel sie in einer späten Stellung zeigte, sehr oft dem Ernte-Anfang voraufgegangen wären, ihrer ursprünglichen Bestimmung zuwider, nach der reifes Korn darzubringen war.

Die angeführte 12. Octaëteris ist in Böckhs System noch die früheste nicht, in der 9. reicht das Jahr Ol. 91, 4 mit seinem I Hecatombaeon sogar bis zum 16. Juni a. Chr. 413 hinauf, so dass die Thargelien in den April gerathen, wenn das Korn noch grün ist. Das Erntefest würde dadurch zu einer Fiction, die der älteren Zeit nicht zuzutrauen ist. Ein noch ungünstigeres Resultat ergiebt das bis zum 6. Juni aufwärts geschobene Neujahr, welches Ideler (Handb. I p. 391) im callippischen Canon ansetzt. Das vor diesem Neujahr hergehende Erntefest der Thargelien würde für Aegypten passen, dessen Klima Niemand im Ernste mit dem attischen (cf. Frgm. Aristoph. p. 283 Bergk.) gleichstellen wird.

Auch Emil Müller a. O. n. 68 p. 537 hat sich gegen Böckhs Weglassung eines Mondwechsels und Hinaufschiebung des I Hecatombaeon vor die Sonnenwende erklärt.

Sagen wir also, dass die Orientirung unserer Tafel späte Ansätze der Feste entschieden nicht giebt.

Ob die Ansätze unserer Tafel für mittlere zu halten sind? — Nach gewöhnlicher und für gewisse Zeiten begründeter Ansicht bewegte sich der I Hecatombaeon ausschliesslich oder grösstentheils in dem Sonnenmonat, welcher auf das Sommersolstitium folgt, hatte mithin meistens seinen Stand im Juli, da das Solstiz Ende Juni (z. B. a. Chr. 432 Juni 28. 11^h 30^m morgens, Biot a. O. p. 417) fällt. Bei Scaliger Canon. Isag. p. 65 reichen die Stellungen des (nach ihm metonischen) I Hecatombaeon vom 28. Juni bis zum 27. Juli, das Neujahr tritt nie vor der Wende ein; ähnlich ist der metonische Cyclus von Emil Müller a. O. p. 546 entworfen. Auch Idelers metonischer Canon (Handb. I p. 384) giebt fast lauter postsolstitiale Neujahre; desgleichen der in m. Beitr. z. gr. Zeitr. p. 66 aufgestellte callippische.

Legen wir dieses System zu Grunde, so giebt uns die Tafel Feste von einer ungefähr mittleren Stellung. Denn wie I Hecatombaeon = Juli 16/17 432 a. Chr. der Mitte des postsolstitialen Monats nahe liegt und das Neujahr, seinen verschiedenen Plätzen nach, sich reichlich einen halben Monat aufwärts und fast einen halben abwärts bewegt, so ist es auch mit allen Festen.

Scaligers früheste Thargelien fallen Mai 6, die frühesten Thargelien meines callippischen Kalenders Mai 3; die spätesten gehen eine Mondmonatslänge tiefer ins Jahr.

Diese nach gewöhnlicher Ansicht bestimmten Grenzen des Thargelienfestes und aller übrigen Feste erkenne ich für gewisse Zeiten (seit Alexander dem Grossen) als factisch an, kann mich aber nicht davon überzeugen, dass es die ursprünglichen, der besten Zeit (der pericleischen) angemessenen gewesen sind. Für manche Feste war es gleichgültig, ob ihre Grenzen sich um einige Wochen verfrüheten oder verspäteten, aber von allen Festen kann man das nicht sagen.

Thargelien Anfang Mai sind zu früh, da nach Hesiod erst wenn die Plejaden heliacisch aufgehen (Mai 15 bis 19 a. Chr. 431, nach Hartwig Schweriner Progr. p. 18), die Sichel geschärft wird, um Korn zu schneiden.*) Kornsendungen nach Delos zum dortigen mit den attischen Thargelien gleichzeitig abgehaltenen Feste sind Anfang Mai unmöglich.

Die naturgemässe Stellung der Thargelien im Sonnenjahr scheint mir die eben nach Ernteanfang zu sein. Der Platz also, welchen sie auf unserer Tafel haben, ist ein ziemlich früher. Einer jüngeren, gerade im Apollocult keineswegs eifrigen Zeit mag immerhin ein Anfang Mai dargebrachtes Ernteopfer von unreifem Getreide oder von vorjährigem zugetrauet werden.

Was von den Thargelien gilt, das gilt auch vom ganzen Mondjahre und seinen Festen. Alle Feste von a. Chr. 432 haben nach dem Kalender pericleischer Zeit, der hier als Norm dienen muss, eine frühe Stellung. Es lässt sich das für einzelne Feste noch besonders nachweisen; so weit dieses auf bloss heortologischem

---

*) Zieht man neuere Angaben heran, so folgt, dass Hesiod's Ernteanfang selbst sogar früh ist. Nach v. Heldreich Nutzpflanzen p. 5 fällt die Gerstenernte Ende Mai, spätestens Juni. Fiedler Reise I p. 658 giebt den Juni an als Erntemonat. Reduciert man diese gregorianischen Angaben auf das Julianische Jahr a. Chr. 432, so vergrössert sich noch die Divergenz der Neueren von Hesiod, dessen Ernteanfangszeit sogar zu früh genannt werden müsste. Ich halte mich an Hesiod und ignoriere die divergenten Angaben der Neueren, da die Reifezeit sich in so vielen Jahrhunderten geändert haben kann durch gemehrte Trockenheit. Man kann die Neueren mit Hesiod nicht so vereinbaren, dass man Hesiod sagen lässt: In der Plejadenzeit bereitet alles vor, denn 8 oder 14 Tage nach den Plejaden ist das Korn reif.

Wege thunlich war, ist es in den Anmerkungen zur Einleitung geschehen.*)

Im Kalender der Blüthezeit hielt sich der I Hecatombaeon, wie ich glaube, im Juli und August, eine Juni-Stellung hatte er niemals; s. m. Beitr. z. griech. Zeitr. pag. 68. Er gilt mir als der metonische, bis in die macedonische Zeit hinein gültige, und die Stellungen, welche er den attischen Festen im Sonnenjahr giebt, halte ich theils für zulässig, theils für angemessener als die Ansätze nach der gewöhnlichen Meinung. Wenn ich mich dadurch der Heterodoxie schuldig mache, so bitte ich den Leser zu glauben, dass ich bei diesen heortologischen Untersuchungen die gewöhnliche Meinung (Juni/Juli-Neujahre und danach orientierte Feste) überall mit zugezogen und mir die Frage vorgelegt habe, ob sie ein besseres Resultat gebe als die Juli/August-Neujahre. Dies musste ich schon deshalb thun, weil mein eigener callippischer Kalender Juni/Juli-Neujahre giebt. Für die letzteren schien es mir ungünstig, dass die populäre Jahreszeiten-Scheide mit Arcturs Spätaufgang nicht auch als heortologische Scheide (des Lenäengebiets und des Anthesteriengebiets) benutzt wird, dass die grossen Dionysien auch praeaequinoctial werden, dass die Delphinien nie in die Frühaufgangszeit der Plejaden kommen, dass die auf Pyanepsion XIII (freilich hypothetisch) gesetzten Proërosien nicht προαρκτούρια sind u. a. m.

Ich meinerseits werde mich begnügen, wenn mir der Leser zugiebt, dass ich Recht hatte, die von Juli/August-Neujahren abhängigen Monate und Jahre bei der Prüfung zu benutzen. Worauf beruht also die Berechtigung jener Juli/August-Neujahre? Die Antwort ist in der Kürze diese:

Die Juli/August-Neujahre sind das Ergebniss sorgfältiger Inschriftenforschung, combiniert mit dem sichern I Hecatombaeon = Juli 16/17 a. Chr. 432. Der Urheber der späten Neujahre ist Böckh; sein Ergebniss war ein unerwartetes, der gewöhnlichen Meinung über den Stand der attischen Monden zuwiderlaufendes. Dennoch hat Niemand leugnen können, dass die späten Neujahre, sei es nun längere oder kürzere Zeit, in Athen practische Gültigkeit hatten.**) Es

---

*) Bei den Orientierungen ist die Frage wichtig, ob ein Fest noch Naturfest ist, oder ob die Naturbasis vergessen worden und Schicksale persönlicher Götter den Gegenstand der Feier bilden. Diese Umsetzung des Natürlichen ins Persönliche habe ich in der Einleitung dargestellt. So schienen mir die Orientierungen auch in die Einleitung zu gehören.

**) Emil Müller a. O. n. 71 p. 562 giebt die Geltung der böckhschen Octaëteris d. h. der späten Neujahre bis Ol. 89, 3 = a. Chr. 422/1 zu.

wird also auch der, welcher die späten Neujahre durch Weglassung eines Schaltmonds oder durch angenommene Einführung eines Juni/Juli-Cyclus entfernt, sich der Pflicht nicht entziehen können, zu fragen, wie nach den späten Neujahren die attischen Feste von Pericles gefeiert werden konnten, zumal da die pericleische Zeit in so mancher Beziehung maassgebend ist.

Ich möchte dann noch die Grenzen meiner Heterodoxie anzeigen.

Die Orientierungen, welche ich für die besseren halte, widersprechen nicht ganz und gar der gewöhnlichen Meinung, sondern nur zum Theil; die erste etwas kleinere Hälfte der im Sonnenjahr angewiesenen Plätze ist der gewöhnlichen Meinung allemal conform, der Rest ist es allemal nicht.

Es erstreckt sich die Geltung der späten Neujahre und Feste bis in die macedonische Zeit. Abgesehen also von früheren, chronologisch nicht beurtheilbaren, Zeiten, wird sich, weil über das Vorhandensein später Neujahre bis in die peloponnesische Kriegszeit kein Streit ist, meine Heterodoxie auf etwa drei Menschenalter vor Alexander d. Gr. beschränken.

Endlich erlaube ich mir noch eine Bemerkung über die Anknüpfung der attischen Neujahre an die Himmels-Erscheinungen.

Emil Müller a. O. p. 530 sagt mit vollem Rechte, dass ein Schaltcyclus nicht nothwendig von seinem Epochentage regiert werde. Metons Epochentag ist Juli 16 a. Chr. 432; daraus folgt nicht, dass die Jahre des Cyclus ihr Gesetz von dem ersten Neujahr Juli 16 empfangen. Meton braucht nicht seine Regel vom 16. Juli entnommen und vorgeschrieben zu haben: Kein Neujahr des Cyclus dürfe sich weiter als 14 Tage (aufwärts oder abwärts) vom 16. Juli als dem Normaltage entfernen, oder: der Neujahrstand sämmtlicher Mondjahre müsse vom 16. Juli abwärts ins Jahr gehen, niemals aber vor den 16. Juli kommen u. s. w. Wiewohl nämlich Zierlichkeit und Harmonie bei Cyclen dadurch erreicht wird, dass sie ihren frühesten oder spätesten Neujahrstag an der Spitze tragen, können doch zufällige Umstände, die wir nicht kennen, auf die Wahl des Jahres a. Chr. 432 eingewirkt haben (wie die erst jetzt dem Meton gegebene Erlaubniss einen Cyclus öffentlich aufzustellen).

Von dieser Seite her ist die gewöhnliche Meinung durchaus unantastbar, dass Metons Cyclus zwar am 16. Juli a. Chr. 432 angefangen, aber sein Princip von einem ganz anderen Tage, dem der Sommer-Sonnen-Wende, erhalten habe, in der Art: dass keins der

Neujahre früher als die Wende fallen müsse, Scaliger Canon. Isagog. p. 235 sq.; Emil Müller p. 531.

Unhaltbar aber ist es, wenn Emil Müller p. 530 den zufällig gewählten Anfangstag dem Jahrpuncte so entgegengestellt, als gäbe es kein Drittes; er nennt in diesem Zusammenhange den Jahrpunct etwas „Festes, Ewiges, Himmlisches"; wegen dieser bewundernswürdigen Eigenschaften „müsse es der Jahrpunct gewesen sein, auf welchen sich bei den Griechen das Princip einer jeden Schaltordnung bezogen habe", p. 531. Hatte aber wirklich der Jahrpunct jene Eigenschaften in den Augen der Griechen? volksthümlich galten wohl die Solstitien nicht als Zeitpuncte, sondern als Zeiten von ungewisser Länge, daher der Plural τροπαί (wie μέσαι νύκτες, mitternächtliche Zeiten, nicht zeitlose Grenze zweier Zeiten). Die Sonne scheint 40 Tage still zu stehen, Gemin. Elem. p. 93 Altorf. Die Forschung mittelte mühsam unter den τροπαῖς einen bestimmten Tropentag aus und dies mit einiger Unsicherheit.

Meton bestimmte, wie es scheint durch unmittelbare Beobachtung mit Hülfe seines ἡλιοτρόπιον (Ideler Hdb. I p. 326), den Sonnenwendetag von a. Chr. 432; seine Beobachtung war unzureichend, nur obenhin (ὁλοσχερέστερον) angestellt, wie Ptolemaeus bemerkt (a. O. Not. 2); er hatte sich um reichlich einen Tag versehen und statt Juni 28 den 27. Juni als den des Solstizes aufgestellt. Bemerkte er die Schwierigkeit und Unsicherheit seiner Aufstellung nicht? denn durch unmittelbare Beobachtung, dazu noch mit wenig genügenden Instrumenten das astronomische Solstitium finden wollen, heisst sich sehr viel zutrauen.

Ich glaube gern, dass in den Vorstellungen einiger Forscher der Jahrpunct als etwas vor Gottes Angesicht Unwandelbares und Festes galt,*) zweifle aber, ob man ihn auf Erden an einen bestimmten Sonnenjahrstag zu befestigen sich getraute, um einen Cyclus, der auf den Tag genau sein sollte, der Herrschaft des Jahrspuncts zu unterstellen. Ein Herrscher bedarf eines festen Herrscherstuhls, und Meton wenigstens war nicht im Stande ihm einen solchen hinzustellen.

Indem Emil Müller den willkührlich gewählten Anfangstag des Cyclus mit dem festen, ewigen, himmlischen Signal contrastiert,

---

*) Als man die Präcession der Nachtgleichen kennen lernte, hielt man die Unwandelbarkeit der Jahrpuncte fest und meinte, dass nicht sie, sondern die Sterne sich bewegten, Ideler I p. 28. Die neuere Astronomie kehrt das um.

welches die in den Solstitialpunct tretende Sonne giebt, hat er, wie
ich glaube, nicht erwogen, dass es noch ein Drittes giebt, welches
in den Augen der Griechen älterer Zeit jener lobenden Prädicate
würdiger war. Dies Dritte sind die Erscheinungen am Fixsternhimmel.

So lange es Griechen gab dienten Arctur, die Plejaden, Sirius,
um Bestimmungen für Landbau und Schifffahrt anzuknüpfen. Auch
im Festjahr waren die Sterne sehr bequem, um dem unvermeidlichen
Schwanken jedes lunarischen Kalendertages gewisse Grenzen anzuweisen. Es kann nicht fehlen, dass man den Fixsternhimmel so
benutzte. Die mythologisch benannten Sternbilder selbst zeigen mitunter Beziehungen zu den Festen, welche in den Auf- und Unter-
gangszeiten gefeiert werden. Die Bezeichnung der Proërosien als
προαρκτούρια ist ein Beispiel, dass heortologische Bestimmungen
von Fixsternen hergenommen wurden. Warum sollen die Athener
älterer Zeit ihr sommerliches Neujahr anders behandelt haben?

Halten wir uns vorläufig an die gewöhnliche Vorstellung, dass
die attischen Neujahre postsolstitial waren, also an die von Scaliger
angeordneten. Sie haben die Eigenschaft niemals später einzutreten,
als die Sirius-Aufgänge in Athen, für welche Hartwig Schwer.Progr.
p. 18 Juli 27 bis 31 in a. Chr. 431 setzt; Juli 27/28 ist Scaligers
spätestes Neujahr. Der Aufgang des Sirius ist leicht wahrzunehmen.
Sein Aufgang ist die berühmteste Fixsternerscheinung des Alterthums. Mit Bezug auf die geglaubte Sonnenjahrslänge von $365^{1}/_{4}$ Tag
kann man sagen, dass der Sirius-Aufgang den Alten etwas Festes
scheinen musste, fest auf Jahrtausende. Es ist kein Stern am Himmel, der in gleicher Weise durch seinen Glanz auffallend und durch
seine zeitmessenden Eigenschaften nützlich wäre. In der Zeit seines
heliacischen Aufgangs begannen auch die Etesien, die ein abschnitt-
bildendes Moment in der griechischen Schifffahrt sind.

Die Erscheinung des Sirius ward vielleicht mit Bezug auf
epidemische Krankheiten auf Apoll bezogen. Es gab in Athen ein
Geschlecht der Κυννίδαι (s. Stephanus Paris IV p. 2120), aus dem
der Priester des Hundssternapolls war (Hesych. Κυννίδαι, γένος
Ἀθήνησιν, ἐξ οὗ ὁ ἱερεὺς τοῦ Κυννίου Ἀπόλλωνος). Die
Athener haben also in dem Hundsstern mehr etwas „Himmlisches"
und Göttliches erblickt, als in dem Tropenpuncte. Auf der kleinen
Insel Ceos, die sich eines nach dem attischen gebildeten Kalenders
bediente, fand beim Aufgange des Sirius das μεθ᾽ ὅπλων ἐπιτη-

ρεῖν τὴν ἐπιτολὴν τοῦ Κυνὸς statt (Preller gr. Mythol. I p. 307; Bergk Beitr. p. 33), ob als Neujahrsgebrauch wissen wir nicht.

Von Metons Parapegma giebt es nur wenige Fragmente, eins derselben bezieht sich auf den heliacischen Hundssternaufgang, jedoch nicht den griechischen Ende Juli, sondern den ägyptischen.*)

Man kann verschiedene Wege gehen, um Metons Kalender an den Hundssternaufgang anzuknüpfen; dies zu verfolgen führt hier zu weit. Dazu bin ich hier in dem Falle, nicht selbst eine Meinung aufstellen zu müssen, da mein Bruder Theodor in der röm. Chron. p. 60 u. 85 bemerkt, dass Metons Neujahr aus einem Hundsstern-Neujahr**) hervorgegangen zu sein scheine.

Auch für den jüngeren Kalender scheint mir die Frage gerechtfertigt, ob derselbe mehr vom Solstiz oder vom Sirius-Aufgang abhange.***)

Hecatombäen.

Angeblich hiess der erste Monat „Hecatombaeon" wegen gewisser Opfer, die man dem Apoll brachte (Etym. M. p. 321); dem Apoll sollte der Monat geheiligt sein, indem dieser Gott die Sonne bedeute, welche im Monat Hecatombaeon den grossen Lauf (Umlauf

---

*) Gemin. p.245: κε' Μέτων, κύων ἐπιτέλλει ἑῷος, am 25. Tage von der Wende. Dies auf Metons Solstitialbestimmung angewendet giebt Juli 21. Der Morgen von Juli 21 gehört auf einen Juli 20 abends beginnenden attischen Tag. Auf jeden Fall ist nicht der athenische Aufgang gemeint. Vgl. Th. Mommsen, röm. Chron. p. 60 Not. 65.

**) Schwer ist es hierbei Zeitrechnung und Religion auseinander zu halten. Wenn auf den Gentilcult der Κυννίδαι Rücksicht genommen wurde bei Gründung des Kalenders und sie ihr Opfer am VII Hecatombaeon (Apollonstag) brachten, so hatte dieser, nach den späten Neujahren von Juli 14 bis August 12, die Eigenschaft sich dem ägyptischen Aufgangstage des Hundssterns anzuschliessen. Der VII Hecatombaeon steht frühestens Juli 20 auf 21. — In Betreff der Religion hat der attische Aufgang Vorzüge; denn was man anbetet will man auch sehen. Bei einem Opfer am XV Hecatombaeon kann der Hundsstern immer gesehen werden, wenn man seinen Aufgang Juli 29 setzt und von späten Neujahren ausgeht.

***) Das späteste Jahr meiner callippischen Periode hat Juli 23 zum Neujahr. Auf diesen Tag setzte Eudoxus den heliacischen Aufgang des Hundssterns, Böckh Sonnenkreise pag. 393. Die Regel konnte also sein, den Tag des Hundssterns nie zu überschreiten. Siehe oben p. 103 über Scaligers Neujahre.

am Himmel zur Zeit des längsten Tages) mache (Bekk. An. p. 247); C. Fr. Hermann Mtsk. p. 57 und G. A. 54, 6.

Von einem oder mehreren Apollofesten im ersten Monat der Athener ist nichts bekannt, ebenso wenig kommt sonst ein „hecatombäischer Apoll" vor, dessen Etym. M. a. O. erwähnt (ϑύουσι γὰρ αὐτῷ Ἑκατομβαίῳ τοῦτ' ἐστὶ πολυτίμῳ). Unter Ἑκατομβαίῳ kann nicht ein mit Hecatomben gefeierter Gott verstanden werden; die Hecatomben, welche in diesem Monat geopfert werden und ihm das Recht geben Hecatombaeon zu heissen, sind die panathenäischen (Meier, in A. E. III, 10 pag. 292) und an den Panathenäen hat Apoll nicht Theil. Nehmen wir aber ein attisches Fest, Hecatombäen (G. A. 54) genannt, an, wie es in Argos Hecatombäen der Hera (Meurs. Gr. Fer. p. 100) gab, so ist es bei dieser Annahme misslich, dass der Hecatombe dennoch ausgewichen und aufgestellt werden muss, diese Feier gelte einem Ἀπόλλωνι ἑκατομβαίῳ, und das wolle sagen πολυτίμῳ, einem viel werthen (hochgeehrten). Die Erklärung πολύτιμος (kostbar) passt nicht für ἑκατόμβαιος, sondern für das homerische ἑκατόμβοιος z. B. Il. II 449 ἑκατόμβοιος δὲ ἕκαστος (ϑύσανος) „jede Troddel ist sehr kostbar."

Geht man auf die dem hecatombäischen Apoll gebrachten Opfer ein und fragt nach der Kalenderzeit, so kann man sie entweder auf I oder auf VII Hecatombaeon setzen; ja da a. O. von (mehreren) Opfern die Rede ist (τὰς τοῦ Ἀπόλλωνος ϑυσίας), könnte man beide Tage, den I und VII, zu Opfertagen machen; denn die νουμηνία καὶ ἑβδόμη (Schol. Ar. Plut. 1126) sind in Athen (Ἀϑήνησι) dem Apoll geweihet, eben so in Sparta. Doch zeigt der Plural vielleicht nur Unsicherheit ein bestimmtes Opfer zu nennen.

Diese gewissen Göttern geheiligten Monatstage stehen nun aber ausserhalb der Feste, ἔξω τῶν ἑορτῶν, wie Schol. Ar. a. O. ausdrücklich bemerkt, und im Allgemeinen gewiss richtig. Hiernach dürften der I und VII Hecatombaeon mit mehr Recht in einem Hemerologium, wie dem von Hesiod für den allgemeinen Monat aufgestellten, als im Festkalender*) unter den Festen ihren Platz finden.

Der Fall ist wohl hier dieser. Aus dem Monatsnamen hat man den der Begehung (Hecatombäen) gebildet. Leicht konnten z. B.

---

*) Rinck II p.422 hat alle Epimenien ohne Weiteres in das Festjahr gesetzt. An sich ist dies eben so wenig falsch als Sonntage neben Festtagen ins Kirchenjahr zu setzen. Aber den Unterschied hätte Rinck doch andeuten sollen.

die am VII schmausenden Epheben ihren Hecatombaeon-Schmaus kurzweg Hecatombäen nennen. Ihr Schmaus war keine Panegyris.

Ein Apollonspriester, der am 1 und VII in den Sommermonaten zu opfern verpflichtet war, oder der Abergläubige, welcher es freiwillig that, mag, wenn man Hecatombaeon im Kalender hatte, mitunter gesagt haben, er opfere dem hecatombäischen Apoll d. h. nicht: dem $πολυτίμῳ$, sondern dem Gotte des laufenden Monats; aber meistens wird er sich anders ausgedrückt haben. Sein Opfer galt dem $νεομήνιος$ (Philochor. ap. Schol. Odyss. XIX 155) oder dem $ἑβδομαγέτης$.

Abgesehen von der Frage, ob der Hecatombaeon bestimmt war den längsten Tag*) und den höchsten Sonnenstand zu enthalten, ist es unwahrscheinlich, dass „die Hecatombäen ursprünglich der Sonne galten" Welcker G. L. I p. 464 und auf den Apoll nachmals vererbt wurden. Ohne Zweifel liegt bei Apoll die Sonne und ihre Machtwirkung zu Grunde; aber der Uebergang in Apoll gehört alten Zeiten an und die Hecatombäen, ein Monatsopfer für Apoll (Epimenien), werden nicht älter in Athen sein als Solons apollinische Reformation. Dass man mit jedem der apollinischen Monatsopfer besondere Vorstellungen verband, ist keineswegs unmöglich; doch diese Vorstellungen zu errathen ist für die Opfer des Hecatombaeon besonders schwierig, da die Nachrichten (siehe oben Seite 93) kaum unzuverlässiger sein können.

Aus der Benutzung des VIII Hecatombaeon in der Theseussage, vermuthlich auch im Theseusdienste, lässt sich ein Schluss bilden zu Gunsten eines apollinischen Opfertages am VII Hecatombaeon. Denn die Begehungen für Apoll und die für Theseus zeigen im Festjahr einen gewissen Parallelismus. Im Winter scheint weder Apoll noch Theseus gefeiert.

Ist dem Apoll als dem Ordner der Zeiten (Welcker G. L. I p. 466) in Athen geopfert worden, so kann dies Opfer auf Neumond gebracht sein. Zeugnisse über ein am ersten Neumond des neuen Jahrs dem Apoll gebrachtes Opfer giebt es aber nicht, und wir können nicht wissen, welche andere Vorstellungen (Abwehr der Pest, cf. Cic. de Div. I. 57; Bergk Beitr. p. 33) man mit dem Opfer verband, eben

---

*) Nach Böckhs Tafel (Monde. p. 27) war dies in der besten und ruhigsten Zeit unter Pericles niemals der Fall.

so wenig, ob ein mit diesem Opfer betrauetes Geschlecht (die *Kvvvίδαι*? siehe Note ** zu Seite 104) nicht den VII vorzog.

Der Apoll des siebenten Lichts war in Athen der häuslich und von den Phratrien gefeierte Apollon Patroos; denn immer drei Phratrien gingen auf einen der vier altjonischen Stammväter (Geleon, Aegikoreus, Argades und Hoplos), d. h. auf einen der vier Enkel des Apollon Patroos zurück, cf. C. Fr. Hermann St. A. § 98, 1. Dass der Apollon das VII die Phratrien angeht beweiset C.I.I n. 463. [*ἱε*]*ρὸν* [*Ἀ*]*πόλλωνος ἑβδομείο*[*υ*] *φρατρίας Ἀχνιάδων*. Die Thargelien wurden dem Apoll wahrscheinlich am VII Thargelion begangen, und von diesem Feste heisst es Isae. 7, 15 *ἐπειδὴ Θαργήλια ἦν ἤγαγέ με ἐπὶ τοὺς βωμοὺς εἰς τοὺς γεννήτας τε καὶ φράτορας*. Da der pythische Apoll den Athenern *πατρῷος* ist (Dem. 18, 141), der Geburtstag des pythischen Gottes aber einer *ἑβδόμῃ* (VII Bysios, Plut. Q. Gr. 9; Hermann Mtsk. p. 50 sq.) angehört, so wird die *ἑβδόμη* auch für den attischen Patroos gelten.

Wenn wir uns an den Apaturien und Thargelien sämmtliche Phratrien repräsentiert und vereinigt denken dürfen, so ist dies für den VII Hecatombaeon oder VII Metagitnion nicht nöthig; da mag jede Phratrie an ihrer besonderen Stätte ein Monatsopfer gebracht haben, ob aber in allen Monaten*) steht dahin.

Am besten werden wir unter den *θυσίαις τοῦ Ἀπόλλωνος* dieses Monats nicht das Neumondsopfer, sondern die dem Apollon (Patroos, Agyieus, vielleicht auch dem Kynnios) schuldigen Epimenien des VII verstehen, welche ihm von gewissen Gesammtheiten (Phratrien, Hausbewohnerschaften, Geschlechtern wie die *Κυννίδαι* waren, Epheben) gebracht wurden.

---

*) Die VII Tage scheinen in so fern gleich heilig, als an ihnen wahrscheinlich nicht decretiert wurde (siehe Seite 94), denn Raugabé's Vorschlag II p. 79 n. 426, den VII zu ergänzen ist ganz unsicher; das scherzhafte Decret bei Lucian Deor. Concil. XIV, datiert *ἑβδόμῃ ἱσταμένου*, beweiset nichts, ja man könnte eher auf den Nichtgebrauch der *ἑβδόμη* auf Erden schliessen. — Aber in den Wintermonaten, wo Apoll nicht mehr am Regiment ist, scheint doch der VII nicht gleiche Heiligkeit zu haben; denn am VII Gamelion fand in Athen ein öffentlicher Verkauf statt, Rang. n. 348. Man könnte diesen Fall ablehnen, weil der VII Gamelion dieser Inschrift in Ol. 93, 4, also in eine Zeit gehört, wo vielleicht manches wider sonstige Sitte geschah; doch ist es besser vorläufig die VII Tage der Wintermonate auszunehmen und auf weitere Beispiele zu warten.

Kronien.

Die **Kalenderzeit** steht durch ein genügendes Zeugniss fest Dem. 24, 26. Danach sind die Kronien am XII Hecatombaeon*) gefeiert worden.

Nach den Kronien, glaubte man, habe einst, in der Zeit des Theseus, der ganze Monat Kronion geheissen, erst nachmals sei er Hecatombaeon genannt worden. Vielleicht wurde diese historisch zweifelhafte Behauptung von solchen aufgebracht, die den friedseligen Character dieses Monats auch in dem Namen ausgedrückt wünschten, sie meinten, dass der ganze Hecatombaeon so verfliessen müsse, als wenn noch der gute Kronos die Völker einer goldenen

---

*) Dem. 24, 26 heisst es .. οὔτ᾽ ἔμεινεν (Timocrates) οὐδένα τῶν τεταγμένων χρόνων (Termine) ἐν τοῖς νόμοις, ἀλλὰ τῆς ἐκκλησίας, ἐν ᾗ τοὺς νόμους ἐπεχειροτονήσατε, οὔσης ἑνδεκάτῃ τοῦ ἑκατομβαιῶνος μηνὸς δωδεκάτῃ τὸν νόμον εἰσήνεγκεν, εὐθὺς τῇ ὑστεραίᾳ (gleich den Tag nach XI Hecatom.), καὶ ταῦτ᾽ ὄντων Κρονίων καὶ διὰ ταῦτ᾽ ἀφειμένης τῆς βουλῆς, διαπραξάμενος μετὰ τῶν ὑμῖν ἐπιβουλευόντων καθίζεσθαι νομοθέτας διὰ ψηφίσματος ἐπὶ τῇ τῶν Παναθηναίων προφάσει. Hier ist nur von zwei Tagen, dem XI und XII Hecatombaeon, die Rede, nicht vom XIII, den Spalding als Kronientag betrachtete (Abh. d. Berl. Ak. 1804—18011 pag. 78). Timocrates hat das Dringende des Panathenäenfestes vorgeschützt (§. 28 τὸ τῆς ἑορτῆς προστησάμενος κατεπείγον), um die gesetzlich bestimmte dritte Ecclesie und auch die vorher erforderliche öffentliche Ausstellung seines Antrags zu umgehen und sogleich eine Nomothetenversammlung zu veranlassen. Die Panathenäen werden ἡ ἑορτή genannt, doch sind auch die Kronien eine ἑορτή und werden vom Schol. zu § 26 so bezeichnet. Indess „das Fest", das höchste, glänzendste dieses Monats und dieser Jahreszeit bleiben die Panathenäen, im Vergleich mit ihnen sind die Kronien sehr unbedeutend. Auch § 29 nennt Demosthenes sie nicht ἑορτή; es heisst daselbst: ἁπάντων ὑμῶν ἀγόντων ἱερομηνίαν καὶ νόμου κειμένου μήτ᾽ ἰδίᾳ μήτε κοινῇ μηδὲν ἀλλήλους ἀδικεῖν ἐν τούτῳ τῷ χρόνῳ, μηδὲ χρηματίζειν ὅ τι ἂν μὴ περὶ τῆς ἑορτῆς (Panathenäen) ᾖ, αὐτὸς οὐχ ἕνα τὸν τυχόντα ἀλλ᾽ ὅλην ἀδικῶν φανήσεται τὴν πόλιν. Hier ist nicht sofort klar ob von einer Ein-tägigen ἱερομηνία, also dem Kronienfeste, die Rede ist oder von einer mehrtägigen, einer Art von stiller Woche vom XII an bis zu den Panathenäen. Schol. p. 113, 46 Saup. erklärt ἱερὰ ἑορτὴ κατὰ μῆνα κ. τ. λ. Der Scholiast also nahm die Hieromenie einfach für den Kronientag, der auch nach der anderen Auffassung jedenfalls mit in die stille Woche einbegriffen ist. Wenn dagegen das öffentliche χρηματίζειν gesetzlich untersagt wird, so möchte man eher an eine Reihe von Tagen denken, da die Festlichkeit des Kronientags selbst schon Verbotes genug war und bei [herkömmlicher] Entlassung der βουλή (s. Dem. a. O.) von selbst ein Theil der öffentlichen Geschäfte abgeschnitten wurde. Es stand vielleicht im Gesetz ἱερομηνία. Zufällig ist der Ausdruck gewiss nicht. Auch § 34 heisst es: τὴν πόλιν ποιήσασαν ἱερομηνίαν ... ἐν αὐτῇ τῇ ἱερομηνίᾳ τὰ μέγιστ᾽ ἠδικῆσθαι.

Zeit regierte. Practisch konnte dies indess wohl nur vom zwölften Monatstage bis zum XXVIII oder XXIX hinunter gelten. In diese Zeit fiel das Kronosfest selbst, dann die Synökien mit ihrem Friedensopfer, endlich die Panathenäen, Feste die allerdings einen friedlichen, harmlosen Character an sich tragen. Wir dürfen annehmen, dass man im Ganzen*) die Geschäftssachen entweder vor dem XII abmachte oder auf den Metagitnion verschob, mindestens die Panathenäenfeier erst vorüber liess. So werden die Vorbereitungen für letztere wohl meistens vor dem XII beendet gewesen sein, z. B. die Diobelie und vieles Andere. Demosthenes verfolgt den Scheingrund des Timocrates so, dass er hervorhebt, wie kein Mensch in der Nomotheten-Sitzung Anträge gestellt habe in Betreff der Panathenäen, wie für dies Fest alles völlig besorgt und in Ordnung gewesen sei. — Man hat also in der Regel es wohl vermieden, sich mit Geschäften zu befassen, mitunter aber doch auch weniger vermeidliche Geschäfte abgethan.

Für den Ort der Kronienfeier ist keine Wahl, da wir nur von einem einzigen Heiligthum des Kronos und der Rhea,**) dem im Bezirke des Zeus, wissen (Pausan. I, 18, 7; Bergk de reliq. Comoed. p. 195). Es lässt sich dieser Ort in so fern empfehlen, als der Kronosdienst sich dem Zeusdienst angebildet, oder aus dem Zeusdienst herausgebildet hatte, freilich nicht der Kronosdienst des Hecatombaeon. S. Einleitung S. 78 – 80.

Ueber die Feier der Kronien, die wir uns theils häuslich

---

*) Die Bestätigung des Bündnisses (s. unt. Panathen. enge u. weite Ansätze) fand aber wahrscheinlich nach dem XI Hecatom. und vor den Panathenäen statt, da die peloponnesischen Gesandten 10 Tage vor den grossen Panathenäen nach Athen kommen sollten; allerhöchstens also kamen sie am XI selbst, wenn man vom XXI (s. Panathen. a. O.) hinaufrechnet, und am Tage ihrer Ankunft wird wohl nicht gleich die Bestätigung vor sich gegangen sein, sondern erst hernach. Uebrigens liesse sich einwenden, dass eine solche Bestätigung den Alten mehr als ein religiöser Act erschien, nicht als ein weltliches χρηματίζειν, so dass die Erneuerung jenes Bündnisses geradezu einen Theil z. B. des Friedensopfers (am Synökientage) bilden konnte, zu welchem die auf Vollmond (s. Panathen. a. O.) bestellten Gesandten noch zeitig kamen, denn die Synökien sind am XVI.

**) Sollte vielleicht C. I. I n. 523 der Name dieser Göttinn zu setzen sein τῇ Ῥείᾳ in den grösstentheils unverständlichen Worten Ἀνθεστηριῶνος ἱερεῖς ἐκ λουτρῶν .. so dass ἐκ die Zahl wäre; oder ιε die Zahl und dann Ῥείᾳ? aber was ist dann λουτρῶν .. oder ἐκ λουτρῶν ..?? Ein Opfer für Rhea am 15. Anthesterion und für Kronos am 15. Elaphebolion ist sachlich ganz annehmbar.

theils öffentlich zu denken haben, ist fast gar nichts überliefert. Sie galt dem Kronos und seiner Gemahlin der Rhea Schol. Dem. p. 113, 10 Saup. ἑορτὴ ἀγομένη Κρόνῳ καὶ μητρὶ τῶν θεῶν. Allen beiden war auch der erwähnte Tempel geweihet (siehe Seite 109). Sollte Rhea erst später (Welcker G. L. I p. 155) mit dem Kronos verbunden worden sein, so kann diese Verbindung doch für die sommerlichen Kronien als ursprünglich gelten, da das Fest wohl erst in späterer Zeit ein sommerliches wurde. S. Einl. a. O.

Thieropfer wurden an den Kronien nicht gebracht,*) doch dürfte ein Staatsgottesdienst und auch ein Staatsopfer an dem Kronostempel abgehalten sein, bestehend in harmlosen Gaben wie sie den Vorstellungen vom goldenen Weltalter gemäss sind z. B. Honig, Backwerk, Weihrauch (Bergk a. O. p. 189). Demosthenes a. O. hebt hervor, man dürfe in dieser Festzeit Niemandem wehe thun, also auch wohl keinem Thiere. Das μηδὲν φονεύειν ἔμψυχον, das Essen von Früchten, die der Boden freiwillig gab, war ein Zug des goldenen Zeitalters (siehe Belege bei Bergk a. O.) und diesem harmlosen Character würden Holokausta sowohl wie geschlachtete Thiere widerstreben. Auch die dem Kronos nach C. I. I n. 523 schuldige Opfergabe besteht in Gebackenem. — Das allgemeine Wohlwollen, welches an diesem Feste herrschen sollte, fand vielleicht auch seinen Ausdruck durch Geschenke, die man ärmeren Personen machte. Bei Alciphr. III, 57 wird einem bedürftigen Menschen Κρονίων ἐνστάντων durch den Sclaven eine Gabe zugesendet.

*) Mehr kann unmöglich aus der Hautgelder-Inschrift geschlossen werden, C. I. I n. 157. Bergk a. O. und Welcker a. O. p. 157 folgern, an den Kronien sei gar kein Staatsopfer gebracht worden, weil keine Häute von Thieren, die man dem Kronos geschlachtet, auf jener Inschrift verzeichnet seien. Man opferte kein Vieh an den Kronien, aber vielleicht Anderes. So werden auf der Inschrift auch die Anthesterien übergangen, obwohl die Geraren bei diesem Feste dem Bacchus opferten, sicherlich im Auftrage des Staates. Die Inschrift würde nicht einmal berechtigen alle Thieropfer zu leugnen, so fern auch ganze Thiere vollständig verbrannt werden. Dies scheint an den Diasien geschehen zu sein, wenigstens mit Schweinen. Von den Diasien sagt die Inschrift nichts. — Unter dem dargebrachten Backwerk mögen auch Thiere aus Teig geformt sich befunden haben: C. I. I n. 523 wenigstens findet sich ausser dem πόπανον noch eine βοῦς χοινικαῖος als Opfer für Kronos. Im goldenen Weltalter wurde nach Empedocles der Altar nicht mit dem Blut von Opferstieren genetzt, sondern sie sühnten damals die Gottheit mit solchen Thierbildern (γραπτοῖς τε ζώοισι: Bergk a. O. p. 189) und anderen harmlosen Gaben. Empedocles nennt als Gottheit des goldenen Alters freilich nicht Kronos sondern Κύπρις.

Dass am festlichen Mahl der Kronien nach der Ernte*) Knecht und Herr theilnahmen, hatte Philochorus für Attica überliefert und dieses Herkommen auf Cecrops zurückgeführt; Macrob. Saturn. 1, 10, 22: *Philochorus Saturno et Opi primum in Attica statuisse aram Cecropem dicit eosque deos pro Iove terraque coluisse instituisseque ut patres familiarum et frugibus et fructibus iam coactis passim cum servis vescerentur, cum quibus patientiam laboris in colendo rure toleraverant: delectari enim deum honore servorum contemplatu laboris.* Die Kronien waren also ein Sclavenfest; indess ist ihre Tendenz damit nicht erschöpft.

Synökien.

Das Fest kommt unter verschiedenen Namen vor. Der Name Synökien **) beruhet auf dem Zeugnisse des Thucydides und trifft auch die Thatsache, von der das Fest benannt ist (das συνοικίζειν), besser als Plutarchs Metökien.***) Daneben wird inschriftlich das

---

*) Nach den Worten *et frugibus et fructibus iam coactis* scheint es, dass die Kronien gemeint sind, nicht die kronien-artigen Gebräuche im Anthesterion, auf welche „*iam coactis*" sich nicht beziehen kann, da sie vielmehr „wenn schon wieder die Frühlingsarbeit naht" gefeiert werden. Freilich auch für die sommerlichen Kronien bereitet es Schwierigkeit, dass auch die Baumfrüchte — anscheinend alle — geerntet sein sollten. Geht man ernstlich auf diese Vorstellung ein, so kommt man auf den December, also auf die römischen Saturnalien. Das *iam* ist etwas flüchtig gesagt. Denn wenn *fructibus iam coactis* gefeiert wird, so ist die Kornernte längst vorbei, auf welche doch *iam* sprachlich mit zu beziehen ist; denn mit *et-et* ist eine feste Kette gebildet, *iam* bloss auf *fructibus* zu beziehen sehe ich keine Möglichkeit. Hätten wir den Text des Philochorus, so würde hier wohl manches richtiger gesagt sein.
**) Thucyd. II, 15 καὶ νεμομένους τὰ αὑτῶν ἑκάστους, ἅπερ καὶ πρὸ τοῦ, ἠνάγκασε μιᾷ πόλει χρῆσθαι, ἣ ἁπάντων ἤδη ξυντελούντων ἐς αὐτήν, μεγάλη γενομένη, παρεδόθη ὑπὸ Θησέως τοῖς ἔπειτα· καὶ ξυνοίκια ἐξ ἐκείνου ἔτι καὶ νῦν τῇ θεῷ ἑορτὴν δημοτελῆ ποιοῦσι. Der Scholiast bemerkt gut: τὸ ξυνῴκισεν'οὐκ ἔστιν ἐπὶ τοῦ ὁμοῦ ξυνοικισθῆναι ἐποίησεν, ἀλλ' ἐπὶ τοῦ μίαν πόλιν, τουτέστι μητρόπολιν, ἔχειν αὐτήν. — Eine blosse Variante für den Namen Synökien ist Synökesien Schol. Ar. Pax 1019, wo von τῇ τῶν συνοικεσίων ἑορτῇ die Rede ist; siehe unt. Seite 115 Note.
***) Plutarch Thes. 24 καταλύσας οὖν τὰ παρ' ἑκάστοις πρυτανεῖα καὶ βουλευτήρια καὶ ἀρχάς, ἓν δὲ ποιήσας ἅπασι κοινὸν ἐνταῦθα πρυτανεῖον καὶ βουλευτήριον ὅπου νῦν ἵδρυται τὸ ἄστυ, τήν τε πόλιν Ἀθήνας προςηγόρευσε καὶ Παναθήναια θυσίαν ἐποίησε κοινήν. Ἔθυσε δὲ καὶ Μετοίκια τῇ ἕκτῃ ἐπὶ δέκα τοῦ Ἑκατομβαιῶνος, ἣν ἔτι νῦν θύουσι. Mit Recht hat man sich gegen die Bezeichnung des Festes als Μετοίκια erklärt, G. A. § 51,9.

Synökienopfer, wie es scheint, unter dem Namen der Eirene aufgeführt,*) indem eine Darbringung an Eirene mit den Synökien verbunden war.

Die Kalenderzeit, XVI Hecatombaeon, beruht auf dem Zeugnisse Plutarchs (s. Seite 111 Note *** und den Schol. Ar. a. O.). Der XVI ist nicht als Vollmondstag angesehen worden, obwohl nach Geminus cap. VII der späteste Eintritt des Vollmonds den XVI stattfindet. Wäre der XVI Vollmond, so hätte man das platäische Todtenopfer nicht auf den XVI (des Maemacterion, G. A. 63, 9) angesetzt. Am XVI beginnen vielleicht die grossen Mysterien, ein Fest welches wohl nur im abnehmenden Mond gefeiert sein wollte. Als ein Vollmondsansatz kann auch das Munychiafest am XVI (des Munychion) nicht betrachtet werden. Endlich finden wir den XVI als Arbeitsanfang (siehe unt. zu Anf. des Abschn. Diasien), also hinweisend auf weitere Werkeltage, mithin den Tagen des abnehmenden Mondes zugerechnet und keineswegs als Monatstheiler ($\delta\iota\chi o\mu\eta\nu\iota\alpha$) angesehen wie der Vollmond.

Dies führt zu der Ansicht, dass die Synökien auf eine Mondphase gesetzt sind, die mit der panathenäischen Verwandschaft hat. Denn die Panathenäen gehören dem abnehmenden Monde an und ebenfalls die Synökien. Dieser äusseren Aehnlichkeit in der Phase entspricht auch eine innere. Denn beide Feste gelten der Athena und beide sind Einigungsfeste.

Der Ort des Synökienopfers früherer Zeit scheint das alte Prytaneum nördlich von der Burg gewesen zu sein, wenn es nämlich schon ein Synökienfest gab, als man noch das alte Prytaneum allein zur Benutzung hatte und die $\vartheta\acute{o}\lambda o\varsigma$, wo die Prytanen später opferten (das neue Prytaneum) noch nicht gebauet war. Pausan. Att. 18, 3 erwähnt im (alten) Prytaneum, wo solonische Gesetze standen, ein Bild der Eirene, deren Altar am Synökienfeste benutzt wurde. Da dasselbe nun aber in der Hauptsache der Athena ($\tau\tilde{\eta}\ \vartheta\epsilon\tilde{\omega}$ Thucyd. II. 15) galt, so musste daneben auch auf die Burg gestiegen und der Stadtgöttinn geopfert werden.

---

*) Auf der Inschrift C. I. I n. 157, wo Hautgelder vom Opfer für Eirene berechnet sind. Die Reihenfolge nöthigt, dies Opfer in den Hecatombaeon Ol. 111, 4 zu setzen und zwar vor die Panathenäen; denn die Folge ist auf der Inschrift: Friedensopfer, Ammonsopfer, Panathenäen. Die Verbindung eines Friedensopfers mit den Synökien ist bezeugt, Schol. Ar. Pax a. O. und das inschriftliche Friedensopfer wird in die ersten Decaden des Hecatombaeon fallen. Dies aber ist die Kalenderzeit der Synökien s. Plutarch a. O.

Ein Standbild der Eirene befand sich auch in der Nähe der Eponymen, Eirene den Plutos als Kind tragend (Pausan. Att. 8, 2 *Εἰρήνη φέρουσα Πλοῦτον παῖδα*). Die vor den Propyläen stehenden Eponymen sind ein Symbol der Centralisierung, also der Synökien. Dass das Rathhaus der 500 und die *θόλος* nahe ist, zeigt wie hier allerdings der Herzschlag staatlicher Gemeinschaft und ein geeigneter Ort für die Synökien ist, obwohl ein Altar der Eirene nicht neben ihrem Bilde erwähnt ist. Bei der Nähe der Propyläen kam auch in die beiden Opfer (das für Eirene, das für Athena) mehr Einheit des Ortes, wenn nämlich der Stadtgöttinn auf der Akropolis und unterhalb derselben (an einem Altar) der Eirene geopfert ward.

Früher glaubte Bötticher, „das *numen* der Eirene sei in der Athena-Nike eingeschlossen und der Altar der Eirene vor den Tempel der Athena-Nike zu setzen." Jetzt giebt er diese Ansicht auf, weil der Athena-Nike blutige Opfer gebracht werden, dergleichen der Eirene zu bringen nicht zulässig ist. Bötticher's Note im Philologus XVII p. 401.

Meine oben vorgebrachten Vermuthungen sind besonders in so fern unsicher, als uns Pausanias den Altar, den Opferaltar der Eirene, nicht nachweiset. Ein *ἄγαλμα* der Eirene beweiset noch nicht ein daselbst gebrachtes Opfer.

Vielleicht ist auch der bei den Propyläen belegene Tempel der Aphrodite Pandemos und der Peitho, welchen Theseus (Paus. Att. 22, 3) erbauete, benutzt worden, mit Bezug auf die milde volksfreundliche Beredtsamkeit, durch welche Theseus mit seiner Einigung Atticas durchgedrungen sein sollte. Statt des Theseus wird auch Solon als Erbauer genannt (Nicander bei Leake p. 103).

Die **Feier** der Synökien muss einen Bezug gehabt haben zu der fabelhaften Thatsache, aus welcher das Fest entstand. Diese war Atticas Centralisation durch Theseus. Einst zerfiel Attica in 12 Theile, diese 12 Länder sollte Theseus zu Einem Lande gemacht haben, indem er die örtlichen Vorsteher (*ἀρχαί*) nebst den örtlichen Senaten (*βουλευτήρια*) aufhob und Athens hauptstädtische Oberhoheit begründete. Cecrops hatte das Land einst in die 12 Städte getheilt Cecropia, Tetrapolis, Epacria, Decelea, Eleusis, Aphidnae, Thoricus, Brauron, Cytherus, Sphettus, Cephissus, Phalerus (Grote, Mythologie von Th. Fischer übers. I pag. 178). Dem Theseus gelang es alle diese Orte auf einmal zu einigen, durch eine auf sein Ansehen gestützte Ueberredungskraft. Die Ueberlieferung hiervon möchte durch die Gebräuche des Synökienfestes beeinflusst worden sein.

Es werden also jene alten Zwölfstädte an dem Einigungsfest irgendwie repräsentiert worden sein durch zwölf gesonderte Opfergaben, oder wie man es sonst sich vorstellen will. Andererseits können die Behörden des athenischen Staats, des von Theseus centralisierten, nicht müssig gewesen sein bei dem Feste. Das angeschlossene Opfer für Eirene kann, wenn es nicht jüngere Zuthat ist, ursprünglich nur den Frieden im Lande, die Eintracht Atticas bedeutet haben.

Als aber der Friede in Attica selbst ein gesicherter war, wird das Eirene-Opfer sich wohl auf den Frieden mit dem Auslande bezogen haben, ja man muss die Möglichkeit zulassen, dass das Eirene-Opfer dem Feste erst später hinzugelegt ist, vielleicht also von vornherein sich auf andere Staaten bezog. Die peloponnesischen Gesandten scheinen zum Eirene-Opfer nach Athen bestellt zu sein (Thucyd. V, 47; s. Kronien Seite 109 Note *). Das sehr stattliche Eirene-Opfer*) vom Jahre Ol. 111, 3 = a. Chr. 334/3 kann sich nur auf den Wunsch friedlicher Beziehungen zum Auslande beziehen, da Alexander der Grosse**) kürzlich den Griechen Beweise seiner Macht gegeben und sie belehrt hatte, wie unter allen Umständen das beste sei, den Krieg gar nicht zu versuchen. Es konnte am Synökientage dann auch ein $\dot{\epsilon}\pi\dot{\iota}$ $\xi\acute{\epsilon}\nu\iota\alpha$ $\kappa\alpha\lambda\epsilon\tilde{\iota}\nu$ stattfinden und ein fremder Diplomat von der Staatsbehörde zur Tafel gezogen werden in der $\vartheta\acute{o}\lambda o\varsigma$, s. o. Seite 112.

---

*) C. I. I n. 157.

**) Einen Einfluss der Zeitverhältnisse (s. unt. S. 128 Note*) scheint auch das Ammonsopfer derselben Inschrift zu verrathen, welches in der Zeit vor Alexander nicht existirt zu haben braucht. Hesych. v. $'A\mu\mu\acute{\omega}\nu$, $\dot{\epsilon}o\rho\tau\dot{\eta}$ $'A\vartheta\acute{\eta}$-$\nu\eta\sigma\iota\nu$ $\dot{\alpha}\gamma o\mu\acute{\epsilon}\nu\eta$ kann die Zeiten nach Alexander angehen, in denen auch $'A\mu\mu\acute{\omega}\nu\iota o\varsigma$ als attischer Eigenname häufig wird (Lenormant Recherches p. 218). Vielleicht ist es eine Huldigung, welche Athen dem Alexander brachte; denn Alexander sollte ein Sohn des Ammon sein. Hierbei indess muss angenommen werden, dass diese Schmeichelei schon a. Chr. 334 ausgedacht war, ehe Alexander nach Aegypten ging. (a. Chr. 332). Diese Annahme ist ungewiss. Auf Hecatombaeon VI kann man das Ammonsopfer nicht setzen, weil es inschriftlich nach dem Eirene-Opfer, also nach dem XVI, verzeichnet ist; auch hängt Hecatombaeon VI, Alexanders angeblicher Geburtstag, nicht mit Jupiter Ammon zusammen, sondern mit Artemis der göttlichen Hebamme des Königs (Hegesias bei Plut. Alex. 3). — Vergl. Seite 116 Note*. — Auch das Opfer für Hermes den Führer kann auf den ausziehenden Alexander gedeutet werden. Diesen sollte Hermes sicher führen, nicht die Athener. Das Opfer für Hermes den Führer ist ebenfalls ganz singulär. Vergl. Böckh C. I. I p. 252 und Herod. VI, 56 (Auszugsopfer in Lacedämon).

Am Altar der Eirene durfte kein Blut fliessen;*) man hat also etwa Friedenswein in die Flamme gespendet. Es war das Friedensopfer, ursprünglich wenigstens, ein Nebenact des der Athena gefeierten Synökienfestes. Welcherlei Opfer man der Athena brachte ist nicht bekannt, aber unbeschadet des blutlosen Neben-Opfers kann ihr Vieh geschlachtet und ein Opferschmaus gefolgt sein. Diese Annahme ist um so nöthiger, als die Hautgelder-Inschrift uns von einem nicht unbedeutenden Thieropfer des Synökientages Bericht giebt.

Hält man sich an die Worte der Inschrift, dass aus der ϑυσία τῇ Εἰρήνῃ nicht weniger als 924 Drachmen für Häute geschlachteter Thiere aufkamen, so entsteht ein Widerspruch gegen die vorgeschriebene Blutlosigkeit des Friedensopfers. Indess braucht diese Vorschrift nicht aufgegeben zu sein. Wenn das Friedensopfer ein Characteristicum des Synökientages war, so konnte ein Namenstausch eintreten; man durfte den Synökien-Tag ein Fest der Eirene, die Opferhandlungen dieses Tages insgesammt ein Friedensopfer nennen, obwohl der Friedensaltar nicht mit Thierblut bespritzt wurde.

Aber wenn auch der Friedens-Altar blutlos blieb, so liegt doch schon in jenem Namenstausch eine gewisse Ablenkung der Synökien von ihrem Grundsinne. Diese Ablenkung war durch die Beziehung zur auswärtigen Politik angebahnt; die Synökien des Theseus gingen nur Atticas innere Entwickelung an. Das Eirene-Opfer, als Friedens-Bestätigung mit dem Peloponnes oder Macedonien gedacht, konnte nachmals sehr leicht den Zusammensiedelungstag Atticas in Schatten stellen, eine alte, als bedeutend nicht mehr empfundene Thatsache der Sagenzeit und der Synökientag nicht durch einen zufälligen und unwesentlichen Namenstausch nunmehr als ϑυσία τῇ Εἰρήνῃ bezeichnet werden, sondern weil der auswärtige Friede Hauptinhalt des Festes geworden war.

Man könnte diese Betrachtungen über Ablenkung der Synökien von ihrem Grundsinne dadurch ablehnen wollen, dass man die Opfer

---

*) Ar. Pax 1019 ΟΙΚΕΤΗΣ. λαβὲ τὴν μάχαιραν· εἶθ' ὅπως μαγειρικῶς σφάξεις τὸν οἶν. — ΤΡΥΓΑΙΟΣ· ἀλλ' οὐ ϑέμις, was dann begründet wird οὐχ ἥδεται δήπουϑεν Εἰρήνη σφαγαῖς οὐδ' αἱματοῦται βωμός. — Schol. v. 1019 ἐν γὰρ τῇ τῶν Συνοικεσίων ἑορτῇ οἱ μέν φασιν Εἰρήνῃ ϑυσίαν τελεῖσϑαι, ἧς ὁ βωμὸς οὐχ αἱματοῦται.

des Jahres a. Chr. 334/3 als Ausnahme,*) als Ergebniss besonders schwerer oder doch zwingender Zeitumstände auffasste, da das Ammonsopfer eine Neuerung zu sein scheint und für das Eirene-Opfer mehr Thiere geschlachtet sind als sogar für die (kleinen) Panathenäen. Zugegeben dass das Eirene-Opfer des Jahres 334 Ausnahme war und dass Athen den Göttern für den Frieden und die Bewahrung vor Thebens Schicksal damals überschwänglich dankte — mussten solche Ausnahmen sich nicht wiederholen in einer Zeit, wo Athen seine Ohnmacht immer stärker fühlte? und musste nicht so die ohnehin etwas blasse Thatsache des mythischen συνοικισμός noch mehr erblassen? das der Athena begangene Zusammensiedelungsfest also in den Hintergrund, das Friedensopfer in den Vordergrund treten?

Panathenäen.

Kleine Panathenäen.

Der Unterschied des grossen und kleinen Festes bestand, nach Harpocr. und Suidas, unter Anderem, darin, dass jenes nur alle 4 Jahr, dieses alle Jahr (καθ' ἕκαστον ἐνιαυτόν nach beiden Lexicographen) begangen ward. Die jährliche Feier der (kleinen) Panathenäen bestätiget eine Inschrift Rang. 814, die dem Herausgeber zufolge etwa Ol. 110. abgefasst ist. Es kommen nämlich lin. 32 [τ]ὰ Παναθήναια τὰ κατ' ἐνιαυτόν, d. h. jährliche, die jährlichen**) vor. Dem

---

*) Rang. II n. 842 enthält nach dem Opfer für Zeus Soter, womit C. I. 1 n. 157 das Jahrverzeichniss schliesst, noch zwei Verzeichnungen, die Rangabe freilich noch in den Skirophorion setzt. Aber da C. I. 1 n. 157 das Jahr Ol. 111, 3 mit dem Zeus Soter schliesst, so möchte auf der ganz ähnlichen Inschrift Rang. 842 Zeus Soter ebenfalls der Beschliesser sein. Dann wären die Synökien und Panathenäen in den letzten zwei Zeilen Rang. 812, 19 und 20 zu ergänzen:

[ἐκ συνοικί]ων παρὰ βοώνου: H . . .
[ἐκ Παναθηνα]ίων π[αρὰ ἱ]εροπο[ιῶν] . .

Stände dies auf dem Stein (statt dass es bloss Conjectur ist), so würde mit mehr Wahrscheinlichkeit zu behaupten sein, dass das Ammonsopfer von C. I. 1 n. 157 eine Ausnahme bilde.

**) „Diesjährige" würde τὰ κατὰ τὸν ἐνιαυτόν heissen.

entspricht der Name des Hieropöenamtes, dem das kleine Fest oblag, *ἱεροποιοὶ κατ' ἐνιαυτόν* (C. I. n. 147; bei Rang. 814, 2 nur durch Ergänzung), während das Athlothetenamt für die grossen penteterisch war (Pollux VIII 93).

Auf jährliche, in je 4 Jahren viermal vorkommende Panathenäen alten Brauchs führt auch die historische Betrachtung der Sache. Erst in Pisistrats Zeit entstanden die grossen, wie nach einer freilich späten Notiz doch wahrscheinlich ist (Schol Aristid. p. 323 Dind. *τὰ δὲ μεγάλα Πεισίστρατος ἐποίησε*), da dieser Notiz die Einführung des gymnischen Agon Ol. 53, 3 zur Stütze dient; denn Ol. 53, 3 dürfen wir schon den Pisistratus als Festordner denken (Krause, Stuttg. R. E. V., 1105). Die Schöpfung eines penteterischen, im Vergleich mit der alten Jahresfeier glänzenderen Panathenäenfestes war also nicht eine Aenderung, sondern eine Vermehrung und Verherrlichung durch hinzugekommene Spiele, so dass als Grundlage der grossen Feier die kleine blieb. Wenn auch das dem alten Stamme eingepfropfte Reis übermächtig emporwuchs, so hat doch Pisistrat sich nicht so sehr am Herkommen vergriffen, dass er die alte Jahresfeier aufgab einmal im Quadriennium. Ebenso wenig braucht er für seine grossen Panathenäen einen neuen Monat oder neuen Tag gewählt zu haben, willkührlich auf den Nimbus verzichtend, welchen namentlich in der Religion alte Sitte um etwas, was geneuert wird, zu verbreiten pflegt. Vielmehr wird dieser geschickte Staatsmann seinen Eigenwillen an das schon von den Vorfahren Gewollte und Geübte angeschmolzen haben. Historisch angesehen haben wir also in der grossen Feier ebensogut jährliche, wie penteterische Elemente vorauszusetzen, ebenso gut die jährlichen Hieropöen auch an den grossen Panathenäen die Hecatombe opfernd, wie die nicht jährlichen Beamten für die Agonen der grossen Feier thätig zu denken.

Dass vor Entstehung des Unterschieds grosser und kleiner Panathenäen das Fest wirklich jedes Jahr gefeiert wurde, steht nicht zu bezweifeln. Eine (von Alters her) jährliche Panathenäenfeier wird bezeugt durch den Schiffskatalog Il. II 550 *ἔνθα δέ μιν* (den Erechtheus) *ταύροισι καὶ ἀρνειοῖς ἱλάονται κοῦροι Ἀθηναίων περιτελλομένων ἐνιαυτῶν*, wo Stephanus v. *περιτέλλομαι* und Damm p. 934 mit Unrecht *ἐνιαυτῶν* für Penteteriden nehmen. Es sind Jahre und jährliche Feste gemeint; vgl. m. zweiten Beitrag z. Zeitr. p. 405 n. 66. Sollte Pisistratus, wie schon die Alten meinten (Düntzer d. ep. Kyklos p. 12 u. 26; vgl. Köchly de gen. Catal. forma

p. 15), jene Worte in den Homer gebracht haben, so würden sie immerhin eine damals geglaubte Jährlichkeit des alten Festes bezeugen, auch in willkommener Weise dem oben über Pisistratus Gesagten zur Stütze dienen. Pisistratus nämlich hätte dann die Rhapsoden nur von jährlichen Panathenäen reden lassen und die Jahresfeier, als eine längst bestandene und immerfort bestehende, allein betont.

Wenn wir in dem grossen Feste auch das jährliche mit inbegriffen denken, so dürfen wir nicht ein Zeugniss erwarten, dass neben den grossen im selben Jahre auch kleine Panathenäen gefeiert wurden. Denn die penteterischen und die jährlichen Elemente bildeten eben einen Complex $\Pi\alpha\nu\alpha\vartheta\eta\nu\alpha\iota\alpha\ \tau\grave{\alpha}\ \mu\varepsilon\gamma\acute{\alpha}\lambda\alpha$ genannt. Doch scheint C. I. n. 147 das Jährliche von dem Penteterischen geschieden, da neben dem Gelde, welches die Athlotheten für die grosse Feier empfingen, noch abgesondert erwähnt wird: $\hat{\iota}\varepsilon\varrho\sigma\sigma\iota\iota\tilde{\iota}\varsigma\ \varkappa\alpha\tau'\ \dot{\varepsilon}\nu\iota\alpha\nu$- $\tau\grave{\sigma}\nu\ \varDelta\iota\acute{\upsilon}\lambda\lambda\omega\ '\!E\varrho\chi\iota\varepsilon\tilde{\iota}\ \varkappa\alpha\grave{\iota}\ \sigma\nu\nu\acute{\alpha}\varrho\chi\sigma\upsilon\sigma\iota\nu\ \dot{\varepsilon}\varsigma\ \tau\grave{\eta}\nu\ \dot{\varepsilon}\varkappa\alpha\tau\acute{\sigma}\mu\beta\eta\nu$ und die hier erwähnte Hecatombe doch wohl ebenfalls wie das Vorerwähnte $\dot{\varepsilon}\varsigma\ \Pi\alpha\nu\alpha\vartheta\acute{\eta}\nu\alpha\iota\alpha\ \tau\grave{\alpha}\ \mu\varepsilon\gamma\acute{\alpha}\lambda\alpha$ bestimmt war. Auch darin zeigt sich der Unterschied, dass die Hieropöen, wiewohl sie das wichtigste Panathenäen-Amt hatten, dennoch von den penteterischen Theilen der Feier nichts vollziehen sollten (Etymol. M. p. 468 sq.). Zu vollziehen hatten sie nun allerdings etwas an den grossen Panathenäen, aber nur das, was sie jährlich ebenso vollzogen, und was in den grossen als jährliches Element enthalten war (besonders die Hecatombe) und die Grundlage auch der penteterischen Feier bildete.

Statt also mit Böckh und Meier p. 278 zu sagen, dass die kleine Feier alle Jahr, nur nicht im Jahre der grossen eintrat, wogegen sich auch E. Curtius gr. G. II 695 erklärt, möchte es vorsichtiger sein zu behaupten, dass die kleine Feier zwar alle Jahr eintrat, aber unter vieren in einem zur grossen erhoben wurde. Dem von mir gewonnenen Resultate näher kommt eine Aeusserung Böckhs C. I. I p. 209 b., dass die kleinen Panathenäen, „wenn sie wirklich im grossen Festjahr gefeiert seien, für eine $\pi\alpha\varrho\alpha\sigma\varkappa\varepsilon\nu\acute{\eta}$ der grossen gelten könnten." Dennoch würde ich lieber umgekehrt sagen, dass die penteterischen Theile des grossen Festes vielmehr die Paraskeve des [kleinen], d. i. des Festzugs und Hecatombenopfers, des jährlichen und für die Religion hauptsächlichsten Theils, bildeten.

Von allem was sonst bekannt ist abweichend findet sich Demosth. p. 510 im zweiten Argument der Midiana die Behauptung, während die grosse Feier penteterisch, sei die kleine trieterisch begangen

worden. Sie ist mit den gesicherten Παναθηναίοις τοῖς κατ'
ἐνιαυτόν schlechterdings unvereinbar und, dass sie für historische
Zeiten falsch ist, hat das einstimmige Urtheil der Forscher entschieden. Die Behauptung des demosthen. Scholiasten findet sich auch
bei Lutat. ad Stat. Theb X 56 (G. A. 54, 11; Meursius Pan. cap. XVIII)*).
Mit Hinzunahme der Vaseninschriften (siehe unten P. 125 ff.) sind
Panathenäen aus allen 4 Olympiadenjahren belegt.**)

Die durch grosse wie kleine Panathenäen hindurchgehende
Gleichmässigkeit hatte ihren Halt am Erechtheum. Der daselbst wohnenden Athena Polias (Rang. 814) wurde die Hecatombe des kleinen
und ohne Zweifel auch die des grossen Festes geschlachtet. Ebenso
scheint der Peplos, als er jährlich wurde, immer derselben alten
Stadtgöttin bestimmt gewesen zu sein, welche im dichtgefügten Haus
des Erechtheus wohnte und deren Truhe sich mit Kleiderstoffen so
herrlich füllte, wie die einer homerischen Fürstinn. Dabei mag die
Polias jede sonst angemessene Verwendung dieser Stoffe gestattet
haben (z. B. die Goldelfenbeinstatue zu verhängen).

Der Parthenon, obwohl nicht für das kleine, sondern weit mehr
fürs grosse Fest erbaut, ist wohl auch jährlich an den Panathenäen
benutzt worden, und wenn z. B. die Pyrrhichisten des grossen Festes
in der Cella***) des Parthenon ihre Preisgelder empfingen, so wird
sich auch den Pyrrhichisten des kleinen Festes die Cella geöffnet
haben.

Grosse Panathenäe'n.

Da die grossen Panathenäen nur alle 4 Jahr, διὰ πεντετηρίδος
(Harpocr.), gefeiert wurden, so sind durch ein einziges, sicher bekanntes Jahr der grossen Feier alle übrigen bestimmt. Ein solches

---

*) Ob die für ältere Zeiten im Dogma (s. u. Gamelien geg. Ende) existirende Trieteris durch diese späten Zeugnisse irgend etwas gewinne, bezweifle ich.
Wiewohl der von den Gamelien ablaufende Kreis des Erechtheus nicht in Einem
Jahre absolviert wird und eine Trieteris verlangt, so ist dieselbe doch meines
Erachtens niemals heortologisch durchgeführt, weil die älteren Erechtheusfeste
jährlich waren, als die Gamelien hinzukamen. Die Trieteris des Erechtheus-Kreises hat also nur dogmatisch existiert und die Panathenäen sind allezeit
jährlich gewesen.

**) Panathenäen des ersten Olympiadenjahrs sind nur durch Vasen belegt.
Wiewohl dieser Beleg etwas unsicher ist, wird doch Niemand eine Trieteris aus
zweiten und vierten Jahren der Olympiade für die kleinen Panathenäen (Ol. 92,
2 und 4 bei Lys. 21 § 2 und 4; Ol. 111, 4 in C. I. n. 157) bilden wollen.

***) So Curtius gr. G. II p. 274, dem ich aber nicht beitrete in Betreff der
Trennung der beiden Feste nach den beiden Tempeln.

ist Ol. 110, 3, Archon Chärondas, nach C. I. I u. 251*): „Dem Hermes Enagonius stellte (diesen Stein) Autosthen[ides] auf als Gymnasiarch bei den grossen Panathenäen unter dem Archon Chärondas." Wiewohl die Sache hiermit abgethan ist, so bleiben doch weitere Bestätigungen willkommen, um möglichen Irrthum auszuschliessen. Bestätigend also kommt hinzu, dass nach Lysias (21, 1) Ol. 92, 3, Archon Glaukippus, grosse Panathenäen stattfanden. Dieser zeitgenössische Beleg für 92, 3 ist an Beweiskraft der Inschrift für 110, 3 ebenbürtig, so dass jener eben so gut den Fundamentalsatz und diese die Bestätigung bilden würde. Alles übrige Material ist kleineren oder grösseren Zweifeln unterworfen.

Glückliche Hinwegräumungen dieser Zweifel durch grosse Panathenäen im dritten der vier Olympiadenjahre sind aber wieder Bestätigungen des panathenäischen Epochenjahrs.

Dahin gehört die Inschrift C. I. n. 147, nach welcher 5 Talente und 1000 Drachmen für die grossen Panathenäen in demselben Jahre, von dem Lysias a. O. redet (unter Archon Glaukippus), ausgezahlt sind. So unanfechtbar das Zeugniss selbst ist, sieht man doch nicht, ob der Staat dies Geld für die Panathenäen desselben Jahrs oder eines anstossenden ausgab. Diese Ungewissheit wird durch den Lehrsatz gehoben, dass des beigefügten $τὰ\ μεγάλα$ wegen nur die Panathenäen von 92, 3 selbst gemeint sind, nicht also nachgehends die Summe für Ol. 92, 2 oder im Voraus für 92, 4 gezahlt ist. Letzteres schlägt Rangabé I p. 226 vor.

Wo grosse Panathenäen vorkommen oder wahrscheinlich sind, kann unter vieren die Wahl des Jahres gar nicht oder weniger zweifelhaft werden, und die Festfeier dazu dienen, ein ungenau bekanntes Ereigniss auf ein bestimmtes Jahr zu bringen. So variieren die eusebianischen Angaben über Einführung des gymnischen Agon, der einen Theil des Festes ausmachte, zwischen Ol. 53, 3; 53, 4 und 54, 4, und man hat sich allgemein für die erste Angabe, die des Hieronymus, 53, 3 entschieden, weil die Einführung der gymnischen Spiele nicht in einem Jahre der kleinen, sondern der grossen, eben 53, 3 gestifteten Panathenäen stattgefunden habe; cf. Fischer gr. Zeitt. zu Ol. 53, 3.

Ebenso war die Nachricht des Thucydides VI, 56, dass Hipparch an den grossen Panathenäen ermordet worden, dazu dienlich,

---

*) Mit dem Abdruck im C. I. (nach Fourmont) zu vergleichen Ephemeris 1857 II. 47 n. 3213.

bei den divergenten Jahrangaben der Chronisten (Corsini zu Olympias LXVI und Böckh C. I. II p. 318. a) eine solche zu empfehlen, die auf ein drittes Olympiadenjahr lautete, 66, 3.

Dass Meier A. E. III, 10 p. 279 in seiner Aufzählung die grossen Panathenäen von 53, 3 und 66, 3 voranstellt, ist nicht ganz zu billigen, da beide Jahre doch etwas hypothetisch sind.

Wie aus einer grossen Panathenäenfeier ein drittes Olympiadenjahr folgt, so kann es der Fall sein, dass das dritte Olympiadenjahr vorliegt und dadurch ein Bezug auf die Penteteris der Panathenäen wahrscheinlicher wird. Diesen Fall bietet das Marmor Parium zweimal dar, s. m. zweit. Beitrag z. Zeitr. p. 390. Der parische Chronist beginnt die athenische Geschichte mit einem dritten Olympiadenjahr, auf welches er den Cecrops setzt. Ebenso setzt er die ersten Panathenäen des Erichthonius an. Ohne Zweifel ist für beide Ansätze ein grosses Panathenäenjahr mit Absicht proleptisch angenommen, für Cecrops Ol. 202, 3 vor dem Siege des Coroebus, für Erichthonius Ol. 183, 3 vor demselben Zeitpuncte. S. Einl. Seite 4 Note.

Den Theseus hingegen und seine Synökien hat der Chronist nicht auf ein grosses Panathenäenjahr gesetzt (s. m. zweit. Beitrag p. 392), sondern auf ein zweites Olympiadenjahr, was denen ungünstig ist, welche, wie Rinck u. A., die Synökien in eine enge Verbindung mit dem grossen Panathenäenfeste bringen.

Dass aus dem bekannten dritten Olympiadenjahr und der Natur eines den Panathenäen naheliegenden Gegenstandes eine Beziehung zur grossen Feier gefolgert wird, kommt auch in der historischen Zeit vor. So ist aus dem bekannten Olympiadenjahr 85, 3, Archon Theodorus, und der unter diesem Archon aufgestellten Goldelfenbeinstatue des Parthenon (Philochor. im Schol. Ar. Pax 605 Dind.) sogleich ersichtlich, dass mit Absicht ein grosses Panathenäenjahr für eine die Feier so nahe berührende Sache von Pericles gewählt worden ist, um das schöne Werk würdig einzuweihen mit einer grossen Panathenäenfeier, vielleicht auch weiterhin dasselbe Jahr zur Anknüpfung der panathenäischen Finanzperioden (Penteteriden) zu benutzen (Böckh. C. I. I p. 182, a.). Vgl. u. Panath. Peplos-Procession. (Geschenke, die Panathenäen betreffend, gingen z. Jahre Ol. 120, 3 ein.)

Wir sehen also, dass die grossen Panathenäen ihre Epoche mit der Pythiade gemein haben.*) Wahrscheinlich nahm Solon den

---

*) Die Athener konnten also nach Panathenaiden zählen. Doch ist eine Spur hiervon erst aus später Zeit nachweisbar. Eine Inschrift, auf der lin. 38

pythischen Kalender, eine Ennaëteris, zum Vorbilde (Böckh Monde. p. 17), um den attischen zu regeln und aus der Hälftentheilung dieses achtjährigen Kalenders wurden, wie in Delphi schon a. Chr. 592/1, so später in Athen (vielleicht vor a. Chr. 561/0 = Ol. 54, 4 Tyrannis des Pisistrat nach Marm. Par. Ep. 40) vierjährige Festcyclen gebildet. Der Urheber der grossen Panathenäen, welcher der herkömmlichen Feier alle 4 Jahr Spiele zusetzte, hat auf Solons Kalendereinrichtung fortgebauet, vielleicht von dem noch lebenden Solon sich leiten lassen. Denn den Entscheidungsgrund zur Wahl der Epoche des grossen Festes hatte er nicht aus sich, auch nicht aus Delphi, sondern aus Solons (allerdings dem delphischen nachgebildeten) Kalender. Auch von diesem Gesichtspuncte aus ist zuzugeben, dass der auf Solon fussende Gründer der grossen Panathenäen sehr wohl Pisistrat sein konnte, welcher seine Tyrannei wo möglich recht solonisch einrichtete.

Der Auftheilung der Ennaëteris lag ein weltlicher Gedanke zu Grunde. Die Panathenäen sollten in gleiche Reihe mit den Olympien und anderen Nationalspielen Griechenlands treten. Rivalisierender Ehrgeiz leitete den Pisistrat, als er einen Tempel des olympischen Zeus begann, dessen riesige Dimensionen alles Aehnliche in Schatten stellten; er wollte dem Zeus noch ganz anders gedient haben, als die von Olympia.

Pisistratus liess Rhapsoden an dem Feste auftreten, und ohne Zweifel nur an dem grossen Feste; denn Lycurg § 103 sagt, die Vorfahren hätten gesetzlich bestimmt καθ' ἑκάστην πενταετηρίδα τῶν Παναθηναίων solle Homer und nur Homer vorgetragen werden. Pisistratus gehörte zum Demos Philaidä (Ross Demen p. 100), welche in Brauron*) wohnten, und den Philaidä war die brauronische Artemis und der Rhapsoden-Agon an den Brauronien von Haus' aus wohl bekannt (vgl. Schol. Ar. Av. 873). Der brauronische Agon**)

---

das Hadrians-Fest vorkommt, trägt wie eine Jahreszahl voran liu. 1 u. 2 Παναθηναΐδι ιε, in der 35. Panathenaïde; Philistor II p. 428. s. u. Olympieen.

*) Ob Brauron ausser der weiteren Bedeutung, wonach das Philaiden-Dorf dazu gehörte, auch die engere eines Demos gehabt habe, ist bestritten. Obwohl Pausan. 1, 23, 7 es einen Demos nennt (Stark, G. A. 62, 16), scheinen doch keine Brauronier als Demoten dieses Demos vorzukommen (Suchier de Diana Braurou. p. 6). Viele der Neueren, wie Ross Dem. p. 8 und Andere (s. bei Suchier p. 5), haben geleugnet, dass Brauron attischer Demos gewesen sei. Ueber die Gegend, wo Brauron zu vermuthen sei, s. Ross in Allg. Lit. Ztg. 1847 pag. 810 sqq.

**) Auf diesen, nicht auf die Panathenäen, kann das angeblich solonische

war gewiss älter als der athenische, und vermuthlich dort nach dem Vorbilde euböischer Agonen üblich. Pisistratus also führte das nach der Hauptstadt, was ihm aus seiner Heimat lieb geblieben war; vgl. Welcker ep. Cycl. p. 392.

Wenn Theopomp den Pisistratus als Gründer eines der berühmtesten athenischen Gymnasien nannte (Harpocr. p. 122, 11), so stimmt das gut mit der Ansicht, schon als Jüngling habe er den (ersten) gymnischen Agon des Festes geordnet (s. o. S. 117). Die abgerissene Notiz des Marcellin. (Vit. Thuc. § 3 Ἱπποκλείδης ἐφ' οὗ ἄρχοντος Παναθήναια ἐτέθη) ist mit Wahrscheinlichkeit auf dasselbe Factum*) bezogen worden, Fischer gr. Zeitt. p. 132. Dieser Archon, Abkömmling des Philaios, Eponymen des Demos Philaidä, braucht dem Pisistrat persönlich nicht näher gestanden zu haben, da Pisistrat nicht aus dem Geschlechte der Philaiden (wie R. E. V. 1646 steht), sondern aus dem attischen Dorfe dieses Namens war.

Zugleich mit dem Aufschwunge, den seit Solon die Gymnastik nahm, mag die Pyrrhiche an den Panathenäen üblich geworden sein. Die Athener ahmten sie vermuthlich den Spartern nach, und in Sparta selbst, wie überall im europäischen Griechenland, ist sie „gewiss erst seit der kunstmässigen Ausbildung des Flötenspiels (Olympus, a. Chr. 660—620) aufgekommen". O. Müller Ltg. I. p. 281. 289. Es kann also leicht bis in Pisistrats Zeit gedauert haben, dass man der Athena einen solchen Kriegstanz aufführte. Vielleicht kann man auch daran erinnern, dass jener Hippokleides (siehe oben) durch sein Tanzen sogar in's Sprüchwort übergegangen war; s. zu Marcellin a. O. in Poppos Thucydides (Bibl. Gr.) p. VII u. Herod. VI 129.

Die Pyrrhiche, eine dogmatisch an den Gottesdienst der Athena geknüpfte Begehung, ist wohl von vornherein jährlich gewesen. Sie findet sich sowohl als Theil der grossen wie auch der kleinen Feier bei Lysias 21, 1 und 4.

Gesetz über die Rhapsoden (Diog. L. 1, 57) bezogen werden. Denn von Solons Verdiensten um die Panathenäen, wissen die Alten nichts, desto mehr von denen des Pisistratus und seines Sohnes Hipparch. Ersterer scheint den Agon gestiftet, letzterer ihn gefördert zu haben; Meier a. O. p. 285. Die Pisistratiden haben dann wohl ihre eigenen Verfügungen für solonische ausgegeben. Misslich ist es, mit Düntzer Hom. p. 12, jedem der Drei ein besonderes Verdienst für die Rhapsodik beizulegen.

*) Der Archon gehörte der Familie an, welche auch die des Miltiades war. Hiervon ist ein Zweifel gegen des jungen Pisistratus Thätigkeit für die Panathenäen nicht zu entnehmen. Denn der Zwist des Pisistratus mit dieser Familie gehört in die späteren Jahre der Herrschaft.

Dass der gymnische Agon jedes Jahr vorkam, ist nicht zu beweisen. Mit dem Gottesdienst hat er nichts zu thun, es war eine der weltlichen Zuthaten, welche eben die grosse Feier zu diesem hochklingenden Namen berechtigten. Von der Gymnasiarchie für die grossen Panathenäen (C. I. I n. 251), von dem gymnischen Agon der grossen*) Panathenäen (Rang. n. 819, 18; [Dem.] 18, 116; Hippocrates Foes II, 1291, Meier A. E. III, 10, 283) ist bei den Alten die Rede, aber nicht von einer Gymnasiarchie oder einem gymnischen Agon der kleinen. Bei der Bestimmung Π[αναθηναίων τῶν μ]εγάλων τῷ γυμνικῷ ἀγῶνι (Rang. a. O.) soll nicht der Agon des grossen Festes von dem des kleinen unterschieden werden, sondern dieser Agon von den anderen Agonen und Festtagen des grossen Festes. — Dieselbe Bezeichnungsweise passt auf die kleine Feier, welche ebenfalls mehrere Festacte enthielt. Andocides 1, 28 spricht von den kleinen) Panathenäen Ol. 91, 2, Archon Eukleides, und sagt, dass gewisse Belohnungen Παναθηναίων τῷ ἀγῶνι gegeben wären. Dies ist nur genauer gesagt als Παναθηναίοις, der Lohn wurde ausgezahlt an den (kleinen) Panathenäen, und zwar ehe z. B. die Pyrrhichisten-Tänze anfingen, vermuthlich am Vortage der Pannychis, welcher kleineren Agonen gewidmet war; s. u. Panath. Schluss.

Xenophon (Sympos. 1, 2) erwähnt der Hippodromie des grossen Festes. Eine Hippodromie des kleinen ist wenigstens nicht belegt. Der Wagen, dessen Menander mit Bezug auf die kleinen Panathenäen gedacht hat, scheint das Paradegespann**), ζεῦγος πομπικόν, zu sein, und beweiset höchstens, dass dem Festzuge der kleinen Feier Wagengeleite gegeben wurde. Frgm. p. 165, Meineke: μικρὰ Παναθήναι᾽ ἐπειδὴ δι᾽ ἀγορᾶς πέμποντά σε Μοσχίων μήτηρ ἑώρα τῆς κόρης ἐφ᾽ ἅρματος; vgl. Meier a. O. p. 279. — Nebenher bestreite ich nicht die Möglichkeit eines jährlichen hippischen Agons von mehr gottesdienstlichem Character. Um die Erinnerungen an Erichthonius, den Stifter des Wagenspiels und des Panathenäenfestes zu wahren, konnte das Apobatenspiel vereinigt mit anderen mehr ceremoniellen Theilen aus dem grossen hippischen Agon (s. unten S. 161, Note **) jährlich in der Art aufgeführt werden, wie die kleineren

---

*) Ohne zugefügtes μεγάλα: Rang. II p. 969 n. 2285 [ἐ]ν Παναθηναίων τῷ γυμνικῷ ἀγῶνι.

**) So dass der Fahrende ein vom Staate bestellter πομπεύς war. Doch könnte der Sinn auch sein, dass er in eigenem Wagen unter der feiernden Gemeine sich befand. Indess scheint erstere Auffassung die näherliegende.

Agonen Rang. 960 (die Pyrrhiche, Euandrie u. a. m.), deren Zweck mehr gottesdienstlich war, als dass der einzelne Agonist einen in seine Tasche fliessenden Vortheil haben sollte; vgl Sauppe de Inscr. Panathen. p. 6.

Fände sich eine unbestrittene Spur von der Thätigkeit der Athlotheten für das jährliche Fest, so würde ein weltlicher Agon demselben beigelegt werden können. Die kleineren Agonen Rang. 960, II, 21 sqq. brauchen diese Behörde nicht beschäftiget zu haben, wenigstens am kleinen Feste nicht; denn Rang. a. O. findet sich über den Prämien der Pyrrhichisten, welche sicher auch an den kleinen Panathenäen auftraten, als Ueberschrift $\nu \iota \varkappa \eta \tau \acute{\eta} \varrho \iota \alpha$ „Siegespreise", was nicht auf eine Thätigkeit derer, die $\mathring{\alpha} \vartheta \lambda \alpha$ gaben, der Athlotheten, hinweiset. Ein sicheres Vorkommen der Athlothesie für die kleine Feier wäre also sehr wichtig, um einen der grossen Agonen derselben beizulegen.*) Es sind aber die „Agonotheten (d. i. Athlotheten)**) für die kleinen Panathenäen", C. A 54, 11. u. Ausg., nicht unbestritten. Rangabé I, p. 226 glaubt, ihre 9 Talente hätten sie im Voraus für Ol. 91, 3, also für die penteterische Feier, erhalten. Vorauszahlung ist so gut denkbar wie Nachzahlung, je nach Bedürfniss und Cassenbestand. —

Spuren einer panathenäischen Athlothesie aus kleinen Panathenäenjahren zeigen sich anderswo. Ich kann dieselben nicht hinreichend prüfen, will aber wenigstens Bericht erstatten. Es haben sich nämlich ausser der schon früher bekannten (Archon Agasias, Böckh C. I. II p. 70 n. 2035) einige panathenäische Vasen***) im alten Cyrenaica gefunden mit Archontennamen (Cephisodorus, Archippus, Theophrastus), die nur zum Theil in dritten Jahren der Olympiade unterzubringen sind. Sollen diese Vasen sämmtlich aus den Zeiten stammen, für welche die Archonten bekannt sind, so kann zwar Cephisodor †) in Ol. 103, 3, Archipp ††) in Ol. 115, 3, das ist in grossen Panathenäenjahren untergebracht werden, aber Agasias oder viel-

---

*) Der hippische, als untheilbares Ganze angesehn, würde das nächste Recht haben, dieser eine zu sein. Aber warum soll man ihn als untheilbar ansehn? s. oben S. 124 u. 161, Note**.
**) Die officielle Sprache des älteren Athen kennt nur $\mathring{\alpha} \vartheta \lambda o \vartheta \acute{\epsilon} \tau \alpha \iota$. Sauppe Myster. Inschr. p. 39 sq.
***) Was ich über dieselben weiss, verdanke ich der gütigen Mittheilung des Herrn Prof. Petersen in Hamburg.
†) Revue arch. T. V p. 230.
††) ibid. VI, 56.

mehr Hegesias*) gehört in Ol. 114, 1 und Theophrastus**) in 110, 1 oder 116, 4. Bei den kleinen Panathenäen dieser Jahre fand also eine Athlothesie statt***) und für Agonen, an denen jene Ausländer aus Cyrenaica sich die Vasen als Preise erwarben; dies ist sehr auffallend. Theilnahme von Ausländern deutet auf äusseren Glanz, der wohlbegründete Unterschied des grossen, vom Auslande besuchten, glänzenden Festes im dritten Olympiadenjahre und des kleinen kommt dadurch ins Schwanken. Hoffentlich wird erneuetes Studium der Vasen den Forschern einmal Auswege zeigen †), welche sich mit der Annahme vereinbaren lassen, dass Agonen, an denen das Aus-

---

*) Lenormant, sur trois nouv. vases historiques, Annali XIX p. 354 erkennt in Agasias (Corp. Inscr. Gr. n. O.) den Archon Hegesias. Er theilt, als berichtigte Schreibung, aus Paul Lucas zweiter Reise ΗΓΗΣΙΑΣ mit. Danach erscheint ΑΓΑΣΙΑΣ, wofür ebenfalls Paul Lucas als Quelle angegeben ist, als ein Versehen. — Auch der bisher angenommene Fundort Pera wird von Petersen beanstandet. Die Vase scheint aus der Gegend von Tripolis (Derne oder Derna) zu stammen (Raoul-Rochette lettre à Mr. Schorn. p. 10, n. 4).
**) Revue arch. VI p. 56.
***) Wenn jedes Jahr ein Quantum Olivenöl aus den Gärten der Göttinn bei Seite gesetzt, und die Krüge jedes Jahres mit dem Namen des Archon versehen worden wären, um den ganzen aus vier Ernten zusammengebrachten Vorrath am grossen Panathenäenfeste an Sieger zu vertheilen, so würde aus einer Vase mit Archontennamen gar nichts folgen für Panathenäen des Jahres, in welches der Archon gehörte. Siehe unten S. 151, Note *). Aber was sollte die Aufschreibung eines Archon auf den Krug, der nicht im Jahre des Archon vertheilt wurde? und so häufig sind auch wohl die Vasen mit Archontennamen nicht, um die Annahme zu unterstützen.
†) Petersen zweifelt nicht, dass wir in den gedachten Vasen wirkliche Preisgefässe besitzen, welche die Sieger aus Athen mit nach Hause nahmen. — Für die Voraussetzung, dass die aufgeschriebenen Archontate in die Zeit der erhaltenen Fasten gehören, scheint ein Umstand zu sprechen; es lassen sich die 4 Archonten in die Olympiaden 114 bis 116 zusammendrängen. Petersen nimmt danach für diese Jahre eine besonders lebhafte Theilnahme der Cyrenaïker an den Panathenäen an. Müsste man vielleicht auch einen damals entstandenen Aufschwung der Panathenäen jedes Jahres in Athen annehmen, eine lebhaftere Feier seitens der Athener? war dies eine Reaction gegen frühere Vernachlässigung des alten Gottesdienstes (s. S. 128), so lässt sich eine beginnende Reaction der Art zwar Ol. 114, 2 (Cephisodor, lamischer Krieg, vgl. Beulé l'Acrop. II, p. 317 über das Pyrrhichisten-Relief, welches Beulé in Ol. 114, 2 setzt), denken, schwerlich aber schon bei den Panathenäen Ol. 114, 1 (Hegesias), wo Alexander noch lebte. (Einer reagierenden Abweichung gegenüber könnte als Regel, von der man ausgegangen und zu der man zurückkehrte, bestehen bleiben, dass grosse Agonen und Zulassung von fremden Preisgewinnern nur alle 4 Jahr stattfänden.)

land theilnahm, in der Regel nur penteterisch stattfanden. Vgl. auch noch unt. Panath.: Opfer der Athena Nike, Note.

Nehme man für die betreffenden ersten und vierten Olympiadenjahre Agonen mit $ἄθλοις$ an, welche unbedeutender waren als die Agonen der grossen Panathenäen, indem von den dreierlei Agonen etwa nur einer gehalten wurde*), auch dieser vielleicht in kleinerem Maassstabe.

Zu diesem Agon mit $ἄθλοις$ brauchen nicht viele Ausländer gekommen zu sein. Cyrenaica, wo alle gemachten Funde so vorwiegend auf Attica weisen, hatte längere Zeit specielle Beziehung zu Athen. Die Bewohner von Cyrenaica kamen wie Hausfreunde, daraus folgt nicht ein allgemeiner Besuch des Auslandes. —

Selbst diesen kleineren Agon mit $ἄθλοις$ gestehe ich mir nicht als Regel denken zu können. Nur nothgedrungen lasse ich ihn zu für die Zeiten von Ol. 114 und 116. — Wer aus den gottesdienstlichen Theilen der hippischen Spiele einen jährlichen religiösen Agon componiert, hat in dieser Hypothese nicht das Mittel die Ol. 114, 1 und 116, 4 gegebenen $ἄθλα$ zu erklären. Ein religiöser Agon hatte gewiss keine $ἄθλα$. Doch ich kehre zum Pisistratus zurück.

Vor Pisistratus hatte im hippischen Agon alles was vornehm und reich war geglänzt. Pisistratus liebte den Adel nicht, desto mehr förderte er die allgemeine Bildung durch Gymnastik, desto angelegentlicher hegte er die volksthümlichen Dionysien (Curtius I p. 300), desto lieber zog er Dichter an seinen Hof, liess sogar Rhapsoden auftreten, deren bescheidener Adelsbrief ihre Routine war. Er wusste sich auf breitester Basis stehend und konnte glauben, populärer zu werden, wenn er den Vornehmen nicht jene Gelegenheit mehr bot, sich jährlich mit Ross und Wagen hervor zu thun und von dem alten hippischen Agon höchstens das jährlich begehen liess, was der Erechtheus-Athena-Dienst erforderte. Fest steht indess nur so viel, dass Pisistratus, indem er die grosse Panathenäenfeier weit über das bisherige Maass hinaus glänzend und herrlich machte, Anlass gab, die gewöhnliche Feier unter das bisherige Maass hinabzudrücken, zuerst in der Beachtung des Publicums, weiterhin auch in der Begehung selbst. Je zahlreicher die Ausländer, und berühmte Ausländer, wie Parmenides und Zenon (Plat. Parm p. 127; cf. Dem.

---

*) Ob die Vasen auf bestimmte Gattungen von Wettkämpfen hinweisen, vermag ich nicht auszumitteln.

59, 24), zu den grossen Panathenäen nach Athen reiseten, desto schwächer musste die Neigung werden, für das kleine Fest viel Geld aufzuwenden, da hier dieser Anreiz fehlte oder gering war, und wenig oder gar nicht vor Fremden geglänzt werden konnte. Die Hautgelder (C. I. I n. 157) aus den kleinen Panathenäen von Ol. 111, 4 betragen noch nicht so viel, wie die aus dem Opfer für Eirene. Es ist möglich, dass die Zeitereignisse*) einwirkten, Ol. 111, 4 = a. Chr. 333/2, so dass dies Verhältniss nicht ganz maassgebend ist; aber die Summe aus dem Eirene-Opfer ist fast doppelt so gross, wie die aus den kleinen Panathenäen. Sollte, auch wenn man mit Rücksicht auf Macedonien diesmal in abweichender Art opferte, ein so enormes Missverhältniss möglich gewesen sein, ohne eine längst eingerissene Herabdrückung**) des kleinen Panathenäenfestes?

---

*) Theben war a. Chr. 335 zerstört und seither die Griechen eingeschüchtert, die macedonischen Zeiten begannen und sie machten sich auch in der Religion fühlbar. Hyperides Epitaph (in Sauppes Ausg., Philol. Suppl. 1860) p. 31 sq. φανερὸν δ' ἐξ ὧν ἀναγκαζόμεθα καὶ νῦν ἤ[δη], θυσίας μὲν ἀνθρώποις γι[νομέν]ας ἐφορᾶν, ἀγάλμ[ατα δὲ] καὶ βωμοὺς καὶ ναοὺς τοῖ[ς μὲν] θεοῖς ἀμελῶς, τοῖς δὲ ἀνθρ[ώποις] ἐπιμελῶς συντελούμενα καὶ τοὺς τούτων οἰκέτας ὥσπερ ἥρωας τιμᾶν ἡμᾶς ἀναγκαζομένους. — Bei dem Friedensopfer der Inschrift mochte man einen macedonischen Gesandten beschmausen, der ein gutes Wort für Athen einlegte.

**) In der Diadochenzeit wurde die itonische Athena als die ehrwürdigere und ältere angesehen; ihr Tempel lag in Phthiotis und diese Landschaft hielt man für den Ursprungsort der Hellenen. Hierhin gehörte Achill (vgl. Welcker G. L. I p. 199 Not.) und der itonischen Athena weihete sein später Enkel Pyrrhus jene Galater-Waffen (Pausan. Att. 13). Die Pamboötien (R. E. I, p. 1136) und die itonische Athena bei Coronea sind als Filial angesehen worden von der itonischen Athena in Phthiotis. Im Marmor Parium Ep. 6 findet sich, dass der panathenäische Agon der Hellenen in Phthiotis (lin. 11. ΚΑΙ ΤΟΝ ΑΓΩΝΑ ΠΑΝ ΑΘ..ΝΑΙ...), eher gestiftet ist als die Panathenäen in Athen (Epoch. 10). Damals, zur Zeit des Pyrrhus, der auch der parische Chronist angehört, hat also der itonische Athenadienst als der ältere und ehrwürdigere gegolten; wir sehen, dass die athenischen Panathenäen an historischem Nimbus verloren haben. Wenn dennoch Marm. Par. Ep. 10 die von Erichthonius gestifteten Panathenäen Athens die ersten (Παναθηναίοις τοῖς πρώτοις γενομένοις) heissen, so soll das entweder bedeuten „die ersten in Athen" (nicht die ersten überhaupt), oder in Phthiotis ist bloss der Agon zuerst aufgekommen, nicht die vollständige Panathenäenfeier. Ep. 10 heisst es: [ἀφ' οὗ Ἐριχ]θόνιος Παναθηναίοις τοῖς πρώτοις γενομένοις ἅρμα ἔζευξε καὶ τὸν ἀγῶνα (nur von diesem ist Ep. 6 die Rede) ἐδείκνυε καὶ Ἀθηναίους [ὠν]όμασε. Böckh ändert Epoch. 6 Παν-[ελλή]νι[α ἔθεσαν]. Auf dem Stein standen die Panathenaea und die Panhellenien gehören, wie Böckh selbst bemerkt, nach Aegina. Mir scheint die überlieferte Lesart ΠΑΝΑΘ..ΝΑΙ annehmbar. Man wollte nicht bloss die

Kalenderzeit der Panathenäen.

Der einzige directe Zeuge, welcher über das Panathenäendatum redet, ist Proklos († 485 p. Chr.). Von den grossen Panathenäen sagt er bestimmt und ausdrücklich, dass sie am 3. vom Ende des Hecatombaeon gefeiert wurden (in Plat. Tim. p. 9). Ueber die kleinen Panathenäen äussert er sich nicht so ausdrücklich, auch nicht so bestimmt. Was er nämlich angiebt, ist das Datum der Bendideen, diesem Feste folgte nach Proklos unmittelbar das kleine Panathenäenfest. Nun aber giebt er a. O. p. 27, nach Aristoteles dem Rhodier, Thargelion XX, a. O. p. 9 aber nach einstimmigem Ansatze der alten Festjahrbeschreiber Thargelion XIX als den Bendideentag an. Hiernach erhielte man, wenn eins der beiden Daten falsch wäre, keine sichere Bestimmung und müsste zwischen Thargelion XXI und XX schwanken. Vgl. Böckh. Monde. p. 96 und besonders Stud. p. 174. Aber die Daten scheinen beide richtig, die zweitägigen Bendideen sind auf Thargelion XIX und XX anzusetzen (siehe unt. Bendideen Anf.). Danach erhalten wir nur Eine Bestimmung der kleinen Panathenäen auf Thargelion XXI.

Auf den XXI Thargelion kann aber das kleine Panathenäenfest für die bessere Zeit Athens nicht gesetzt werden. Das Verzeichniss der Hautgelder C. I. I n. 157 folgt dem Festkalender; es umfasst die letzte Hälfte des Jahres 111,3 und den Anfang von 111, 4, einem kleinen Panathenäenjahre. Nun schliesst die Aufzählung von 111, 3 mit den Bendideen (Thargelion XIX und XX) und dem Opfer für Zeus Soter im Skirophorion. Hierauf folgt die Ueberschrift des neuen Jahres 111, 4 ἐπὶ Νικοκράτους ἄρχοντος; aus 111, 4 wird dann das Opfer für Eirene Hecatombaeon XVI, dann das für Ammon, endlich die Panathenäen genannt. Offenbar sind dies die kleinen Panathenäen von 111, 4 und man muss sie später als Hecatombaeon XVI ansetzen, da auch die übrigen Feste nach der Aufeinanderfolge im Kirchenjahr geordnet sind. Wären sie am XXI Thargelion 111, 3 begangen worden, so würden sie auf der Inschrift gleich hinter den Bendideen stehn. Rinck Rel. d. Hell. II p. 232 bemüht sich vergeblich dieser vollgültigen Beweisführung ihre

---

Pambōotien, sondern auch die attischen Panathenäen für einen Tochtercult halten von dem hellenischen Ursitze in Phthiotis; entweder das ganze Panathenäenfest oder wenigstens der Agon sollte im hellenischen Ursitze eher als in Athen existiert haben. — Auch die Erfindung der Pyrrhiche durch Achill oder den Sohn des Achill gehört hierher, Krause Hellen. I p. 836.

Kraft zu nehmen; vgl. was Böckh Mondcycl. p. 98 gegen ihn ausführt.

Der XXI Thargelion stimmt ferner nicht mit der Thatsache, dass der Athena und ihren Opfern die τρίτη φθίνοντος beigelegt wird. Wenn wir uns das Fest mehrtägig denken, so würden z. B. XXI, XXII und XXIII allerdings alle miteinander μηνὸς φθίνοντος zu benennen sein. Aber es ist der Athena nicht überhaupt jeder Tag des abnehmenden oder mit φθίνοντος bezeichneten Mondes geweihet, sondern die voraussichtlich letzte Sichtbarkeit, die τρίτη φθίνοντος. Nach Schol. Il. VIII 39 ist Athena am 3. v. E. geboren und die schmale Mondsichel auf athenischen Münzen neben der Eule (Müller und Oesterlei A. D. I, 2 n. 69) gleicht gar nicht einem XXI oder XXII oder XXIII Tage alten Monde, sondern stellt ohne Zweifel eben die τρίτη φθίνοντος dar (O. Müller A. E. III 10 p. 85). Auf die zuletzt sichtbare Mondeserscheinung geht auch die μηνῶν φθινὰς ἡμέρα Eur. Heracl. 779, wo der Chor die Panathenäen im Auge hat. Und gerade für die kleinen Panathenäen darf man, fast mit mehr Recht als für die grossen, die der Gaea und Athena eigentlich gebührende Mondphase in Anspruch nehmen; denn die kleinen jährlichen Panathenäen wurden nach weit älterer Gewohnheit gefeiert, die grossen sind eine Neuerung des Pisistratus. — Der östliche Giebel des Parthenon (Geburt der Athena) deutet auch vielleicht die φθινὰς ἡμέρα an, denn gleichzeitig drängt Helios' Gespann empor (Welcker A. D. I p. 76), das der Selene ermattet und schwindet, und ist nur mit einem sehr kleinen Theile sichtbar.

K. Bötticher (Tektonik II p. 164), welcher die Bestimmung des Proklos festhält (p. 173) und die kleinen Panathenäen in den Thargelion setzt, hat von der proklischen Bestimmung zwar den Monat nicht, aber den Monatstag beibehalten; auch ihm schien für die kleinen Panathenäen τρίτη φθίνοντος der rechte Tag. Er setzt sie also a. O. auf Thargelion XXVIII, einen Tag, den Proklos entschieden nicht meinte, da seine ganze Auseinandersetzung auf dem unmittelbaren Anschlusse an die Bendideen beruht. Diese Benutzung der proklischen Ansätze ist nicht zu billigen, und wer den Tag beanstandet, wird besser auch den Monat beanstanden und einen wie den andern verwerfen. Auch haben wir ein Decret vom XXVIII Thargelion, was nicht zu der von Bötticher behaupteten Heiligkeit des Tages passt: siehe unt. Plynterien Anf.

Ist nun aber die proklische Datierung der kleinen Panathenäen verwerflich, so bleibt, da der platonische Scholiast (Rep. p. 395) nicht ein selbständiger, sondern von Proklos (vgl. Böckh Mondcyclen p. 96) abhängiger Zeuge ist, überhaupt gar kein Zeugniss des Alterthums übrig, welches den Tag dieses Festes angäbe; ja, indem man dies proklische Datum falsch findet, schadet man der Autorität des Proklos so sehr, dass seine Bestimmung des grossen Festes d. h. die einzige unmittelbare Datierung, die überliefert ist, an Zuverlässigkeit verliert. Indess kann und muss man entgegnen, dass Proklos die grosse Panathenäen-Datierung mit mehr Bestimmtheit vorträgt als die kleine. Doch ist es nicht sowohl diese grössere Bestimmtheit seines Vortrags als die Sachgemässheit seines Datums der grossen Panathenäen selbst, was demselben bei den meisten und gründlichsten Forschern Eingang und Glauben verschafft hat. Denn τρίτη φθίνοντος ist die rechte Mondphase und die panathenäische Hecatombe wird passend im Hecatombaeon dargebracht. Billigen wir aber den proklischen Ansatz für das grosse Fest d. h. für die jüngere Gestaltung der Panatheuäen, so werden wir ihn auch für die ältere, für die jährlichen Panathenäen, wahrscheinlich finden und beiden Festen denselben Monatstag zugestehen für die historische Zeit Athens; s. 6ben S. 117.

Wenn die Annehmbarkeit der τρίτη φθίνοντος Ἑκατομβαιῶνος für das grosse Fest, aus allgemeinen Gründen, die Annehmbarkeit desselben Kalendertags für das kleine bedingt, so gewinnt diese Folgerung noch dadurch an Wahrscheinlichkeit, dass sich der identische Panathenäentag des grossen und kleinen Festes anderen indirecten, aber zuverlässigen Winken und Andeutungen gegenüber als richtig erweiset. Hierher gehört erstlich die schon erwähnte Inschrift C. I. 157, nach der die kleinen Panathenäen Ol. 111, 4 später als Hecatom. XVI eintraten, aber wohl nicht viel später, sondern noch im Hecatombaeon am XXVIII. — Nach Demosth. 24, 26 standen am XI Hecatombaeon die Panathenäen bevor, und das Dringende der (viele Zurüstung fordernden) Feier (§ 28 τὸ τῆς ἑορτῆς κατεπεῖγον) gab dem Timocrates einen Vorwand an die Hand. Böhnecke Forschung. p. 729 n. 4 glaubt, dass hier die grossen Panathenäen Ol. 106, 3 gemeint sind; ist dies richtig (?), so war es am XI Hecatombaeon etwa ein paar Wochen bis zum ersten Panathenäentage, indem der XXVIII noch Tage der Agonen vor sich hat. Indess die Dem. 24, 28 gebrauchte Bezeichnung διοικεῖν, ἀδιοίκητον geht Rang. S 14 die kleinen Panathenäen an; eine Stelle wo διοικεῖν vom grossen Feste gesagt wäre, weiss ich nicht zu finden. Auch historische Gründe sprechen weniger für Ol. 106, 3 als für das folgende Jahr. Neuerdings wird daher das kleine Panathenäenjahr Ol. 106, 4 vorgezogen von Blume und A. Schaefer Dem. I p. 334. Schon Hoffmann Panathen. p. 45 hatte dasselbe gewollt. Ist also das kleine Panathenäenjahr Ol. 106, 4 gemeint, so haben die kleinen Panathenäen dem Hecatombaeon angehört. Vom XI Hecatom. sind dann bis zum Vortage (XXVII) des kleinen Festes sechzehn Tage. Es macht nicht viel aus, dass der Zwischenraum Ol. 106, 3 noch nicht 14 Tage, dagegen der Zwischenraum 106, 4 etwas mehr als 14 Tage würde. Denn in Betreff des κατεπείγον τῆς ἑορτῆς lässt sich nicht um einige Tage mehr oder minder rechten. Das κατεπείγον kann auch nicht nöthigen die kleinen Panathenäen auf den XVII zu setzen mit Hoffmann und H. A. Müller (oder auf den XIV, was Corsini's Meinung war, welche letztere mit C. I. n. 157 unvereinbar ist). Vgl. Meier A. E. III 10 p. 280.

Die Verwandtschaft der Synökien (Hecatom. XVI) mit dem Panathenäenfeste hat verschiedene Forscher veranlasst, beide Feste einander anzuschliessen. Hoffmann und H. A. Müller lassen die Synökienfeier unmittelbar der panathenäischen vorhergehen, während Rinck a. O. p. 234 die Synökien an den Schluss der Panathenäen setzt und zwar der grossen. Mit Recht nannte Meier a. O. p. 279 jene Annahme eine willkührliche; diese ist es ebenso sehr. Wenn Plutarch Thes. 24 zuerst von den Panathenäen des Theseus, dann von seiner Stiftung der Metökien (Synökien) redet, so folgt er in seiner Darstellung nicht dem Festkalender, wie Rinck a. O. andeutet. Schon Corsini bezog sich in diesem Sinn auf Plutarchs Worte, die doch vielleicht einfach das zuerst haben, was das Erste und Wichtigste ist (Παναθήναια θυσίαν ἐποίησε κοινήν), nachgehends aber das minder Wichtige nennen „auch brachte Theseus das Metökien-Opfer" ἔθυσε δὲ καὶ κ. τ. λ.

Für ein gleiches oder beinahe gleiches Datum beider Feste würde noch die Formel ἐκ Παναθηναίων ἐς Παναθήναια sprechen, wenn sie das bedeutete was Böckh C. I. I p. 117 gegen Osann behauptet „ex quibusvis Panathenaeis ad quaevis"; denn da sie sich auf Amtsjahre, von denen Rechenschaft zu geben ist, bezieht, so wird ein von grossen Panathenäen bis zu den nächsten kleinen verlaufendes Rechenschaftsjahr gleich sein müssen dem folgenden von kleinen zu kleinen sich erstreckenden, auch dem dritten, welches wiederum von kleinen zu kleinen reicht u. s. w. — gleich, so weit die unvermeidlichen Eigenschaften der Mondjahre es zulassen. Die Formel also würde mit Panathenäen die theils im ersten Monat des attischen

Jahres, theils im vorletzten gefeiert wären, sich nicht vereinbaren lassen; begönne man z. B. mit dem grossen Panathenäenmonat, so würde das erste Rechnungsjahr zu kurz, da schon im Thargelion der durch die Formel vorgeschriebene Termin *ἐς Παναθήναια* erreicht wäre. Nur wenn beiderlei Panathenäen in denselben Monat fallen, hat die so verstandene Formel einen vernünftigen Sinn, was Hoffmann a. O. p. 46 richtig hervorhebt. Dennoch muss man auf diesen Anhaltspunct verzichten, da Osann (bei Böckh C. I. I p. 209) mit mehr Recht diese Formel auf die grossen Panathenäen gedeutet hat und die Worte *ἐκ Παναθηναίων ἐς Παναθήναια* mit den kleinen Panathenäen nichts zu thun haben, sondern die von grossen Panathenäen zu grossen laufende Finanzperiode der Athener umfassen.

Einer solchen Penteteris, der von Ol. 88, 3 bis 89, 2, gehört die Rechnungs-Urkunde Rang. 116. 117 an. Ihr Präscript ist nach Rangabés Ergänzungen [*ἐλογίσαντο*] *οἱ λογιστα*[*ὶ ἐν τοῖς τέτ*]-*ταρσιν ἔτεσιν ἐκ Παναθηναίων* [*ἐς Παναθήναια*] d. h. in den 4 Jahren, welche die (gewöhnliche) Finanzperiode bilden; nicht: in den 4 Jahren, deren jedes von Panathenäen zu Panathenäen läuft. Wie Eingangs so wird auch am Schlusse nicht auf jedes Einzeljahr hingeblickt, sondern auf die Penteteris: *κεφάλαι*[*ον τῶν ἱερῶν χρημάτων τῶν ἀναλωθέντων ἐν τοῖς τέτταρσιν ἔ*]*τεσιν ἐκ Παναθηναίων ἐς Παναθήν*[*αια*]. In den Einzeljahren des Rechenschaftsberichts findet sich die Formel nicht, weil sie das Einzeljahr nicht angeht. Es ist von 4 Jahren die Rede, daneben von Terminen; dies wird besser auf nur 2 Termine, Anfang und Ende des Quadrienniums bezogen; die einzelnen Jahre zu definieren war unnöthig, dagegen musste der Mangel einer bürgerlichen Jahreszahl irgendwie ersetzt und den 4 Jahren ihre Stelle gewiesen werden, was annähernd geschieht durch *ἐκ Παναθηναίων ἐς Παναθήναια*. Wie auf der Inschrift, „die vier Jahre", so macht bei Lycurg § 109 die erwähnte Penteteris *τῶν μεγάλων* überflüssig in dem Ausdrucke *καθ' ἑκάστην πενταετηρίδα τῶν Παναθηναίων*. Anderswo werden nicht ausdrücklich vier Jahre, wohl aber vier Behörden d. h. vier Jahresbehörden neben der Formel genannt (Böckh C. I. I p. 179 und Rang. I. p. 137): *αἱ τέτταρες ἀρχαὶ αἳ ἐδίδοσαν τὸν λόγον ἐκ Παναθηναίων ἐς Παναθήναια*. Dies bedeutet nicht *quae singulae a Panathenaeis prioribus ad Panathenaea sequentia cet.* (Böckh a. O.), sondern die *τέτταρες ἀρχαί* thun hier dasselbe wie dort die *τέτταρα ἔτη*, sie leiten auf nur zwei Termine einer vierjährigen Verwaltungsperiode hin, also auf die grossen Panathenäen. Endlich fehlt es C. I. n. 76 doch auch nicht an einer leitenden Nebenbestimmung. Da heisst es von anderen Schatzmeistern, dass sie ihre Rechenschaft so einrichten sollen wie die Berechner der Gelder, welche der Athena gehören (καὶ ἐκ Παναθηναίων ἐς Παναθήναια τὸλ λόγον διδόντων, καθάπερ οἱ τὰ τῆς Ἀθηναίας ταμιεύοντες). Wenn es nun bekannt war, dass οἱ τὰ τῆς Ἀθηναίας ταμιεύοντες nach einer Penteteris rechneten, so konnte über die, an sich freilich nicht hinreichend normierenden Worte ἐκ Παναθηναίων ἐς Παναθήναια dennoch kein Zweifel entstehe.

Zu Gunsten kleiner Panathenäen im Thargelion beruft sich Clinton p. 335 auf Lysias 21, 4, wo vom Jahre des Eukleides (94, 2) und zuerst von einem dramatischen Siege, also vom Frühjahr, in das die Dionysien gehören, hierauf von einer Choregie für die kleinen Panathenäen (also vermuthlich die von Ol. 94, 2) die Rede ist. Clinton zeigt, dass der Redner sonst der Zeitordnung und dem Kalender folge; habe er das auch hier gethan, so müsse das kleine Fest nach dem Elaphebolion eingetreten sein: wahrscheinlich also im Thargelion, nach Proklos. Clintons oder vielmehr Meursius' Ansicht ist bei dieser Stelle allerdings vortheilhafter. Dennoch ist dies Argument schwach. Sehr leicht konnte und fast unwillkührlich der Redner den Komödiensieg und die weit grössere Ausgabe von 1600 Drachmen voranstellen, und die kleinere, 700 Dr., für den panathenäischen Chor hernach nennen, für das Jahr des Eukleides. Weder diese noch andere Aufzählungen sind von entscheidender Kraft; Isae. 5, 36 sind die (panathen.) Pyrrhichisten nach den τραγῳδοῖς und den Dionysien genannt; [Andoc.] 4, 42 umgekehrt, panathen. Festacte vor den τραγῳδοῖς; Maxim. Tyr. Diss. III, 10 p. 29 (Meier a. O. p. 280) folgen Παναθήναια, Σκιροφόρια, wodurch Panathenäen eben vor dem Skirophorion (im Thargelion) noch nicht gesichert werden.

Keine Frühlings-Panathenäen in älterer Zeit.

Den Frühling und zwar den Frühlingsanfang giebt ein Zeugniss der späten Kaiserzeit an, ungefähr aus dem Jahre 360 p. Chr. (Wernsdorf zum Himer. p. 427; Hoffmann Panathen. p. 47). Himerius betitelt seine dritte Rede εἰς Βασίλειον, Παναθηναίοις, ἀρχομένου τοῦ ἔαρος, an den Proconsul Basilius, um die Zeit der Panathenäen, als der Frühling begann. Ausserdem wird die Jahreszeit gesichert durch die Rede selbst, in welcher von den Tönen der

Nachtigall und dem Gezwitscher der Schwalbe, auch von dem reichlichen Fliessen des Ilissus die Rede ist (Hoffm. a. O.). Die Nennung dieses Flusses nöthigt in den „Panathenäen", zu deren Feier Basilius gekommen sei § 12 (Meier H. E. III 10 p. 281), die athenischen Panathenäen anzuerkennen; ebendazu nöthigt auch die Erwähnung des Processionsschiffes.

Auch bei [Virgil] Ciris 21 ist von den wiederkehrenden Quinquennien der Athener die Rede, wo man der Minerva den Peplus bringe; von dem leichten Zephyr (des Frühjahrs), der mit dem Eurus wechselt und den schweren Wagen (das Processionsschiff) dahin führt. C. Fr. Hermann deutet G. A. 54, 11 an, dass ihm die Beziehung auf den Frühling nicht sicher scheint, an welcher Meier a. O. gar nicht gezweifelt hat; in der That erledigt sich die Darstellung in der Ciris am besten durch Vorschweben des Frühlings. Mit diesem Zeugnisse reichen wir in noch ältere Zeiten hinauf, wenigstens bis Hadrian, unter den v. Leutsch die Abfassungszeit der Ciris setzt (Jahns Jahrb. Suppl. II p. 620; R. E. VI 2658), während Andere das Gedicht für älter halten.

Hiernach müsste das Fest in den Anthesterion oder Elaphebolion gehören. Nach C. I. I n. 103 beginnt Anthesterion XVI die Frühjahrsarbeit und vom Frieden des Nicias heisst es, dass er ἅμα ἦρι und zugleich ἐκ Διονυσίων εὐθὺς τῶν ἀστικῶν (Elaphebolion XIV) zu Stande gekommen sei, Thucyd. V, 20. Aber alles was wir sonst über die Kalenderzeit (s. o.) des kleinen und grossen Festes wissen oder vermuthen können, mahnt davon ab, die Feier in den Frühling zu setzen für die classische Zeit. Auch hat Meier mit Recht die Stelle des Maximus s. o. S. 134 eingewendet. Hier heisst es, dass im Frühjahr die Dionysien, im Herbst die Mysterien seien, dass jeder Gottheit eine Jahreszeit gehöre, worauf Panathenäen, Skirophorien, Haloen, Apaturien genannt werden. Ihm also fielen die Panathenäen nicht ins Frühjahr, im Gegentheil stellt er sie in seiner (übrigens etwas flüchtigen) Aufzählung mit den Skirophorien zusammen, einem Sommerfeste.

Mit gutem Grunde hat Hoffmann p. 49 hiernach angenommen, dass jene späte Nachricht von Panathenäen im Frühling auf die Kalenderzeit der römischen Quinquatrien März XIX—XXIII gehe. Was nach dem Aufhören der alten Panathenäen wiederum eingeführt wurde, waren die römischen Quinquatrien des Frühjahrs, die schon Dionys. Hal. II 70 Panathenäen nennt. Darnach hätte also nicht eine „Verlegung" (Meier p. 281) des Festes stattgefunden, sondern eine Neu-Einführung, die aber schwerlich zur Zeit des Augustus „längst"*) (Meier) geschehen war.

Zu Gunsten der Frühlingspanathenäen führen Meursius und Andere auch aus Aristoteles περὶ ζῴων γενέσεως 1. 18 die Worte an ἐκ τῶν Παναθηναίων ὁ πλοῦς.**) Bötticher Tektonik II p. 165 nennt diese „Bemerkung" des Aristoteles „unantastbar" und entnimmt den Sinn, „dass nach dem Frühlingsfeste der Panathenäen die Schifffahrt eröffnet werde." Dennoch hat weder Bötticher, noch sonst ein Vertreter der Frühlingsfeier gewagt, mit dem Frühling Ernst zu machen. Sie setzen nämlich das (kleine) Fest in den Thargelion, einen Sommermonat, in welchen keineswegs die Eröffnung der Schifffahrt fällt, tasten also jene Bemerkung, dass mit den Panathenäen die Schifffahrt beginne, aufs Stärkste an, indem sie ein dem Schifffahrtsanfang d. h. den Dionysien (Theophr. Char. 3 τὴν θάλασσαν ἐκ τῶν Διονυσίων πλώϊμον εἶναι) benachbartes Panathenäenfest nicht angemessen fanden; und gewiss ist der Thargelion weit passender zu einem Panathenäen-Ansatze als die Frühlingsmonate, besonders die ἀρχομένου τοῦ ἔαρος (Himer.), welche schon so bedeutende und kostspielige Feste enthalten, wie die Anthesterien, kleinen Mysterien, städtischen Dionysien. Also die Vertheidiger thargelischer Panathenäen verzichten in der That auf den Aristoteles (a. O.) als Zeugen für ihre Ansicht. Ebensowenig durften sie den Himerius für den Targelion anführen. — Ihr Irrthum hatte wahrscheinlich seinen Grund in einer falschen Orientierung des Thargelion, von dem es sicher ist, dass er ein Sommermonat war, da in ihm die Erstlinge des Feldes dargebracht wurden (G. A. 60, 6).

Aristoteles Worte, so verstanden wie Bötticher u. A. wollten, mussten ebenso gut von ihnen, die den Thargelion empfehlen, beanstandet werden, wie von uns, die wir beide Feste in den Hecatombaeon verlegen. Clinton, welcher doch die Meursische Ansicht vertritt, findet es p. 334 besser, die zweifelhafte Stelle des Aristoteles

---

*) Bis Sulla Athen zerstörte ist schwerlich an Aufhören der alten Panathenäen zu denken. Eine bestimmte Zeit dafür vorzuschlagen wage ich nicht, da ein sorgfältigeres Studium der attischen Feste aus der Kaiserzeit, als ich bisher angestellt, die Grundlage für Vorschläge der Art bilden muss.

**) In I. Bekkers Aristoteles vol. I p. 724, B, 1. Der Zusammenhang erläutert nichts: οὐ γὰρ δὴ ὡς τόδε μετὰ τόδε, οἷον ἐκ τῶν Παναθηναίων ὁ πλοῦς. Es ist ein Beispiel für ein blosses Nacheinander.

bei Seite zu lassen. Meier, bestreitet, dass ἐκ τῶν Παναθηναίων ὁ πλοῦς so viel bedeute wie ἡ θάλασσα πλώϊμός ἐστιν.

Nach dem Sprachgebrauch (Stephanus Paris. VI p. 1240) bedeutet πλοῦς γίγνεται, dass man fahren kann, nicht sowohl weil die Jahreszeit es wieder erlaubt, als weil das augenblickliche Unwetter aufhört, weil Wind und Wetter wieder dienen, nachdem der Sturm (χειμών) vorbei ist. So steht, Thucyd. 1, 137. μέχρι πλοῦς γένηται nicht dem Winter (χειμών) entgegen, sondern dem augenblicklich eingetretenen Sturme (Thucyd. a. O. καταφέρεται χειμῶνι, „er wird durch ein Unwetter verschlagen"). Doch im Griechischen bedeutet χειμών so gut Winter wie Sturm, und es dünkt mich die Behauptung nicht so ganz sicher, als habe ein griechischer Schiffer nicht auch am Wintersende sagen können: πλοῦς γίγνεται, „nun kann man das Meer wieder befahren." Die bestrittene Stelle so zu verstehen ist dennoch ein Hinderniss, und dies dürfte im Artikel liegen, welchen die Redensart πλοῦν εἶναι nicht hat und ebensowenig haben kann, als ἔστι πλεῖν oder εὐπλοίας τυχεῖν (Soph. O. T. 424 Herm.) beliebig auch mit τὸ πλεῖν oder τῆς εὐπλοίας abwechseln könnte. Legen wir hiernach die Worte ἐκ τῶν Παναθηναίων ὁ πλοῦς einem Seemanne in den Mund, der nach dem schönen Feste nun seine Arbeitsplage wieder beginnen sieht, einem Trierarchen, der vom Panathenäenfeste ab ernstlich daran denken muss, sein Schiff seefähig und zum πλοῦς bereit zu machen. Aus Ol. 104, 3 haben wir ein Beispiel, dass den Trierarchen Fahrtbereitschaft im Metagitnion anbefohlen wird, Dem. 50, 4. Nur für den πλοῦς sorgt der Trierarch, nicht für das Schiff, welches der Staat giebt. Da nun das Trierarchenjahr sich im Allgemeinen nach dem bürgerlichen richtete (Böckh St. H. III p. 171), so musste es öfters der Fall sein, dass nach dem Feste, im Metagitnion, den Trierarchen auch wirkliche Fahrtbereitschaft angesonnen wurde. Schon Petitus hat die Stelle auf die Trierarchie bezogen (H. A. Müller Panathen. p. 37); vgl. auch von den Trierarchen παρέχειν [παρεσ]κευασμένας (τὰς ναῦς) εἰς πλοῦν, in Böckh See-Urkunden n. XIV lin. 195. Der Artikel in den Worten ἐκ τῶν Παναθηναίων ὁ πλοῦς setzt einen Sprecher voraus: „nach dem Feste kommt mein πλοῦς, meine Geschäftssachen werden mir dann über den Hals kommen."

Der musicalische Agon.

Der älteste Agon dieser Art bestand in einem Rhapsoden-Wettkampfe. Der wahrscheinliche Stifter desselben ist Pisistratus, sein Sohn Hipparch ([Plato] Hipparch p. 228) hat ihn genauer geregelt. Die Rhapsoden trugen schwerlich bloss aus der Ilias*) vor, sondern auch aus der Odyssee, welche nicht weniger reich war an Lob für die Neliden, von denen die damaligen Beherrscher Athens ihre Abstammung herleiteten. Ihr Verdienst um die Rhapsodik bestand darin, dass die Rhapsoden ihren Zuhörern mehr ein Ganzes**) darbieten mussten, vorher hatten sie der eine dies der andere das nach Willkühr gesungen. — Der Ort des Rhapsodenkampfs war das älteste Odeum.***)

Homer war einst im alleinigen Besitze des panathenäischen Agons nach Lycurg. § 103, s. o. S. 122. Nachmals wurde die homerische Rhapsodik sowol durch Zulassung anderer Epen,†) als be-

---

*) Dies ist Welckers Meinung; wie in Brauron, so sei an den Panathenäen nur die Ilias vorgekommen, cp. Cycl. p. 392. Hesych. Βραυρωνίοις τὴν Ἰλιάδα ᾖδον ῥαψῳδοὶ ἐν Βραυρῶνι τῆς Ἀττικῆς, worin ein Ausschluss der Odyssee noch nicht liegt. Aber diesen für Brauron zugegeben, Athen brauchte sich an diesen Vorgang nicht zu binden. Des Tyrannen Namensvetter Pisistratus, Nestors Sohn, kommt nur in der Odyssee vor, und wenn in der Stelle von Erechtheus (Od. VII 81) auch nicht eine Spur attischer Rhapsoden zu erkennen sein sollte, so musste es doch den Athenern angenehm sein zu hören, wie Athena aus der weiten Griechenwelt zu ihnen und in das dichtgefügte Haus des Erechtheus, wie in ihre Familienwohnung zurückkehrte.

**) Nach Welcker a. O. p. 389 wäre die ganze Ilias an den Panathenäen rhapsodiert worden, mehrere Tage hindurch. Aber wer möchte bestimmen, wann jene Gesetzgeber ein Ganzes glaubten dargeboten zu haben? Welcker betrachtet das Epos zu sehr wie ein Drama, bei dem allerdings das εὐσύνοπτον wesentlich ist. Dass von der panathenäischen Rhapsodik Zusammenhang und Ordnung verlangt wurde, gegenüber früherer Zusammenhangslosigkeit und Unordnung, geht indess klar hervor; denn die vorgeblich solonische Verfügung wird von Diog. L. I, 57 dahin erklärt, dass der folgende Rhapsode sich dem vorigen anzuschliessen habe (ὅπου ὁ πρῶτος ἔληξεν ἐκεῖθεν ἄρχεσθαι τὸν ἐχόμενον; Düntzer a. O. p. 12).

***) In Pisistratus Zeit war das älteste Odeum jedenfalls der Ort des Agons der Rhapsoden. Es war ohne Dach und geräumig, also für ein sehr grosses Publicum geeignet. Ob auch nach Pericles' Begründung des musicalischen Agons, der im Odeum des Pericles abgehalten ward, das Volk im alten Odeum die Rhapsoden hörte, oder im Theater, wissen wir nicht.

†) Choerilus des Samiers (blüht Ol. 90, a. Chr. 420/19 = Ol. 90, 1) Perseis sollte mit den homerischen Gedichten zugleich vorgetragen werden nach Volks-

sonders dadurch in Schatten gestellt, dass eigentliche Concerte von Pericles eingerichtet wurden. Auch die sonst bekannten musicalischen Wettkämpfe *) jüngerer Zeit erwähnen grösstentheils des Rhapsoden und zwar vor den Musikern, die wohl wie in Athen später in den Agon kamen. An Abschaffung der panathenäischen Rhapsodik zu denken nöthigt nichts. — Dem pericleischen Agon **) war das neue Odeum bestimmt, Plut. Per. 13.

Pericles also fügte, Ol. 83, 3 wie es scheint, ***) Citherspiel, Gesang und Flöte hinzu und übernahm als erwählter Athlothet selbst die Anordnung des Agons, von welchem uns die Inschrift Rang. 961 einige Vorstellung giebt. †) Der solenne Anfang — mit Trompeter und Herold? — ist verloren, desgleichen der Rhapsode; dann beginnt die Inschrift. Sie giebt uns im Citherspiel ††) nicht weniger

---

beschluss (σὺν τοῖς Ὁμήρου ἀναγιγνώσκεσθαι ἐψηφίσθη), Meier a. O. p. 285 n. 79. Meier findet diese Nachricht nicht sehr verbürgt, während Welcker p. 394 sie nicht beanstandet. Auch wenn diese Nachricht falsch sein sollte, würde Lycurg (geb. nach 386 a. Chr., gest. nach 328, R. E. IV p. 1268) von jenem Gesetze, welches dem Homer den alleinigen Besitz des Agons sicherte, als von einem abgeschafften sprechen können. Denn lange vor Lycurg hatte Pericles diesen Alleinbesitz vernichtet und Concerte hinzugefügt. Mit Unrecht also hebt Meier a. O. hervor, Lycurg spreche so von der homerischen Rhapsodik, als habe sie in seiner Zeit nicht mehr gegolten, da doch nicht die Rhapsodik überhaupt, sondern nur das Privileg des Homer aufgegeben zu sein braucht, um das Gesetz (νόμον) der Vorfahren zu antiquieren.

*) Die ältere böotische Inschrift (C. I. n. 1583), wie auch die jüngeren (ib. n. 1584 sqq. Rang. 965) nennen den Rhapsoden; auch die von Chios C. I. n. 2214, und die teische n. 3088 unter dem Namen ὑποβολή, ὑποβολῆς ἀνταπόδοσις. Auf den Steinen von Aphrodisias fehlt allerdings der Rhapsode n. 2758, und zwar III col. 1 selbst der Encomiograph, mithin jede Spur von Epik.

**) Vielleicht indess wurde er anfangs im Theater gehalten, wenn er 83, 3 schon eingeführt und das Odeum des Pericles erst Ol. 84, 1 oder 2 zu setzen ist; s. Meier a. O. p. 285. Die Rhapsodik denkt sich Welcker a. O. p. 393 im pericleischen Odeum.

***) Um Ol. 83, 3 zu erhalten, muss statt Callias, wie Meier a. O. n. 80 vermuthet hat und auch O. Müller Ltg II p. 286 annimmt, der Archon Callimachus gesetzt werden.

†) Die Inschrift, welche der Herausgeber in die Zeit von Rang. 960, also a. Chr. 380 etwa, setzt, kann nur auf die Panathenäen gehen. Auch Sauppe de Inscr. Pan. p. 6 glaubt es.

††) Der Vorrang des Citherspiels tritt klar zu Tage und die Aufeinanderfolge bei Plut. Pericl. 13 ist unrichtig für Athen: καθότι χρὴ τοὺς ἀγωνιζομένους αὐλεῖν ἢ ᾄδειν ἢ κιθαρίζειν. Die Flöte hatte an den Panathenäen gewiss nicht den ersten Platz, wohl aber hat sie ihn auf böotischen Inschriften, die der Cither nicht den Vorrang einräumen. Αὐλείτωσαν Θηβαίων παῖδες, sagte Alcib.

als 5 Preise, der erste ist ein goldner Kranz zu 1000 Drachmen*) daneben — als Zugabe? — 500 Dr. baar. Es folgen zwei den Auloden (Sängern mit Flötenbegleitung), dann drei für Cither ohne Gesang bestimmte Preise; endlich die Flöte, mit der das Fragment schliesst. Vielleicht fehlt die συναυλία; **) möglicherweise auch παῖδες κιθαρισταί und αὐληταί.***) Dass die Jugend endlich überwog und der Agon eine Schulübung †) wurde braucht man nicht anzunehmen. Sehr lange wenigstens muss er ein eigentlicher Künstler-Wettkampf geblieben sein, nur einem solchen galt die plutarchische Schrift ἡ τῶν Παναθηναίων γραφὴ ἡ περὶ τοῦ μουσικοῦ ἀγῶνος, wohl eine Art Geschichte der Musik (Meier a. O. p. 284). In späterer Zeit scheinen eigenthümliche Leistungen lyrisch-dramatischen Gesanges hinzugekommen zu sein. ††)

---

bei Plut. cap. 2, und der böotische Schriftsteller mochte unwillkührlich den athenischen Agon in Böoterweise aufzählen.

*) Vgl. die drei von Lycurg gesetzten Stufenpreise: 10, 8, 6 Minen; G. A. 62, 12.

**) Nach Pollux IV 83 an den Panathenäen üblich. Plato legg. VI 765 spricht von συναυλίαις neben μονῳδίαις. Nach Pollux war es ein Zusammenspiel mehrerer Flöten, doch Andere verstanden darunter Flötenbegleitung wie die αὐλῳδία erfordert.

***) Dazu führt das beigefügte ἀνδράσι Rang. 961, 11 und 14 bei den αὐλῳδοῖς und κιθαρισταῖς, während bei den κιθαρῳδοῖς und αὐληταῖς kein ἀνδράσι steht. Vgl. C. I n. 2758, I ἀνδρὶ κιθαρῳδῷ neben παιδὶ κιθαρῳδῷ.

†) Jugendübungen sind die Agonen von Chios und Teos, C. I. n. 2214 und 3088, Schulprüfungen wenn man will.

††) Die Behauptung des Diog. L. III 56. (Meier p. 285), nach der dramatische Aufführungen am Panathenäenfeste mit denen an den Dionysien gleichgestellt werden, erklärt sich, wenn von panathenäischen κωμῳδοῖς und τραγῳδοῖς im Agon die Rede war, so wie die böotischen Inschriften von κωμῳδός und τραγῳδός sprechen. Diese Monodien, etwa auch mit Gebärdenspiel, nahm man irrthümlicherweise für Dramen. — Da sich die Behauptung des Diogenes durch Annahme eines τραγῳδός und κωμῳδός für die Panathenäen erledigt, so ist es nicht nöthig noch einen Schritt weiter zu gehen. In den jüngeren böot. Inschriften findet sich nämlich unleugbar Dramatisches zugefügt, wie auf der jüngeren Charitesien-Inschr. ein ποιητὴς σατύρων neben seinem ὑποκριτής u. dgl. m.; vgl. Rang. 965, wo die Schauspieler in kleiner Schrift am Rande notiert sind. Aber die ältere Charitesien-Inschr. enthält dergleichen Dramatisches nicht, und es braucht diese späte Sitte nicht gerade auch an den Panathenäen üblich geworden zu sein. Unmöglich wäre es freilich nicht.

Der gymnische Agon.

Anzahl der Oelkrüge

welche nach Rang. 700 den gymnischen Siegern als Preise zu geben waren.

Leistung.	παῖδες.		ἀγένειοι.		Bemerkungen.
	erster Preis.	zweiter Preis.	erster Preis.	zweiter Preis.	
στάδιον	50	10	60	12	Der Herausgeber rechnet d. ἀμφορεύς ἐλαίου zu 6 Drachmen, wonach also der erste Knabensieger im Stadion für 300 Drachmen Oel bekommt.
πένταθλον	30	6	40	8	
πάλη	30	6	40	8	
πυγμή	30	6	40	8	Die ersten Sieger bekommen immer fünfmal soviel wie die zweiten.
παγκράτιον	40	8	50	10	

Der gymnische Agon älterer Zeit war nach Lebensaltern geordnet, die jüngeren traten zuerst auf und jede Stufe beendete ihre Leistungen ehe die nächste daran kam, wie die der wirklichen Folge der Spiele ohne Zweifel sich anschliessenden Inschriften lehren. Wie in den Lebensaltern so wurde auch in den Kampf-Arten ein Fortschritt vom Geringeren zum Bedeutenderen bezweckt.

Früher unterschied man nur παῖδες und ἄνδρες und zwar noch in historischer Zeit,*) später befolgte man eine Dreitheilung in παῖδες, ἀγένειοι und ἄνδρες. Die παῖδες scheinen über 12 und nicht über 16,**) die ἀγένειοι über 16 und nicht über 20 Jahr alt gewesen zu sein, so jedoch, dass bei besonders rascher Körperent-

---

*) Böckh C. I. p. 355 B: *non tamen hoc παίδων et ἀγενείων discrimen antiquitus, certe nondum Pindari aetate obtinuisse videtur.*

**) Bei Suidas v. *Παναθήναια* und an den Parallelstellen vermuthet Rangabé II p. 679 statt Ἴσθμια sehr geschickt ις' ἐτῶν, was auch Sauppe de Inscr. Pan. p. 5 aunimmt. Die Stelle lautet dann: καὶ ἀγωνίζεται παῖς ις' ἐτῶν οὐ πρεσβύτερος, καὶ ἀγένειος καὶ ἀνήρ.

wickelung Ausnahmen (Rangabé II p. 680) gestattet waren. Diese Altersunterschiede entsprechen der penteterischen Wiederkehr des gymnischen Agons, dessen das kleine Panathenäenfest in der Regel entbehrte. Jede andere Altersabstufung als die nach 4 und 4 Jahren würde weniger entsprochen haben; jetzt konnte, von Ausnahmen abgesehen, jeder nur einmal als παῖς oder ἀγένειος auftreten und das nächste Mal war er immer auf der folgenden Stufe.

Eine noch genauere Scheidung, in 4 Classen, muss als bedeutend jünger gelten. So weit es sich wenigstens um unzweifelhaft attische*) Inschriften handelt, finden sich 4 Classen nur auf recht späten, C. I. n. 232 und Rang. n. 964; vgl. Rangabé II p. 690. Alles was nicht ἄνδρες heisst, wird hier systematisch in παῖδες τῆς πρώτης, δευτέρας, τρίτης ἡλικίας getheilt. Dabei ist die Verzeichnungsweise total verschieden. Das Lebensalter ist nicht mehr die Gattung und die Kampf-Arten die Unterabtheilungen, sondern es bildet z. B. der δόλιχος das Genus und jene 4 ἡλικίαι nebst der Rubrik ἐκ πάντων die Species; und so ist jede Kampf-Art fünffach zerlegt.

Auch eine späte böotische Inschrift Rang. 965 zeigt diese neue Weise. Alle Kämpfe sind durch drei oder zwei Lebensalter durchgeführt, mit Ausnahme des ὁπλίτης, der nur für Männer passt. Einen Lauf schildbewaffneter Knaben, mit AΘE auf den Schilden, zeigt eine nolanische Vase, wonach Gerhard Bilder ant. Leb. 1, 10 auf die Panathenäen schliesst. Die Anzahl der Knaben, deren nur

---

*) Es ist nicht zu ermitteln, ob C. I. 1590 böotisch oder attisch ist. Auf dieser Inschrift ist der παίδων τῶν πρεσβυτέρων gedacht, wird also wohl auch der παίδων τῶν νεωτέρων gedacht gewesen sein. Da sie dem 3. Jahrhundert angehört, so müsste man, weil in jüngeren aber sicher attischen Inschriften die Dreitheilung in παῖδες, ἀγένειοι, ἄνδρες waltet (Rang. 962 A), sich zu der Annahme entschliessen, dass in Athen ein gewisses Schwanken geherrscht habe, dass schon vor dem Aufkommen der Benennungen παῖδες τῆς πρώτης ἡλικίας u. s. w. die παῖδες mitunter schon in zwei Coetus getrennt worden seien, bis man systematischer wurde und die vier Abtheilungen als ἡλικίαι stehend machte — zu dieser Annahme müsste man sich entschliessen, wenn die Inschrift attisch wäre. Aber dies ist keineswegs gewiss. Die Inschrift kann böotisch sein und während des 3. Jahrhunderts die frühere Dreitheilung in Athen ohne Schwanken sich behauptet haben. Hiermit freilich wird das Schwanken eigentlich nur anderswohin abgelehnt, da, wenn n. 1590 böotisch ist, dasselbe von n. 1591 gelten wird. Diese beiden Inschriften nämlich, so verwandt und coetan sie scheinen, stimmen in der Eintheilung der παῖδες nicht überein; n. 1591 zeigt die alte Dreitheilung, n. 1590 aber jene πρεσβύτεροι und [νεώτεροι].

zwei sind, und auch ihre Stellung verbietet an panathenäische Pyrrhichisten-Knaben zu denken. Dass Knaben einen Lauf mit Waffenstücken an diesem Feste machten, ist indess sonst nicht bekannt, obwohl es möglich wäre, dass man endlich alle Leistungen durch alle Lebensalter,*) entsprechend modificiert, hindurchgeführt hätte.

Die Rubrik ἐκ πάντων, welche die jüngsten Inschriften zeigen, bedeutet sonst, im Vergleich mit den bloss Athenern zugänglichen Spielen, dass Athener wie Nicht-Athener theilnehmen dürfen.**) Auch hier hat sie diesen Sinn, nur dass sie bloss junge Leute angeht, wie theils ihre Stellung vor den ἄνδρες, theils der Umstand beweist, dass Rang. 964 unter den Männern auch Nicht-Athener sind, so dass ἐκ πάντων sich nicht in den ἄνδρες, sondern in den bloss athenische Gymnasiasten umfassenden ἡλικίαις findet. Die Jugend wird mit grösserer Schonung behandelt, der Classengeist wird nicht verletzt; dies ist der späten Zeit angemessen, wo Athen bloss als Bildungsstadt noch ein wenig bedeutete. In der Kaiserzeit scheinen bloss die drei ἡλικίαι (mit $\overline{A}$ $\overline{B}$ $\overline{\Gamma}$ bezeichnet C. I. n. 245) übrig geblieben zu sein,***) indem die jungen Ausländer sich jetzt unter die athenischen Epheben aufnehmen liessen (als ἐπέγγραφοι), sodass die Rubrik ἐκ πάντων unnütz ward.

Für die Blüthezeit und bis gegen die römische Invasion hin wurden die Lebensalter zu Grunde gelegt, zuerst producierten die παῖδες ihre sämmtlichen Leistungen, dann die ἀγένειοι, schliesslich die ἄνδρες. Sehen wir auf das vollkommenste Lebensalter, so

---

*) Auch die Euandrie, s. u. S. 168. Das Vasenbild auf die Euandrie zu beziehen ist unmöglich. Denn es sind nur 2 Läufer; auch würde zur Euandrie mehr ein Marsch passen als ein Lauf.

**) Böckh zu Peyssonels Inschr. lin. 43; Rangabé II p. 690. Dass ἐκ πάντων hier *omnium aetatum* bedeute, wie Böckh C. I p. 355 annimmt, ist nicht wahrscheinlich; denn warum hiess es dann nicht ἐκ πασῶν? sc. ἡλικιῶν.

***) Böckh C. I. I p. 359 sieht in der Bezeichnung $\overline{A}$ στάδ. $\overline{B}$ στάδ. $\overline{\Gamma}$ στάδ. und den ähnlichen die alten drei Abtheilungen der παῖδες ἀγένειοι, und ἄνδρες. Für $\overline{A}$ $\overline{B}$ $\overline{\Gamma}$ ist jedenfalls aber die nächste Deutung πρώτη, δευτέρα, τρίτη (ἡλικία). Dass auch die Kategorie ἄνδρες schwand, ist für sehr späte Zeiten nicht undenkbar. Die Männer bekümmerten sich wenig oder gar nicht um gymnische Siege mehr, sie verdienten Geld von den fremden Studenten und schickten ihre Söhne, um mit diesen einigen Wetteifer aufrecht zu erhalten. Und wenn noch jüngere Männer theilnehmen wollten, so mochte ihnen dies in der τρίτη ἡλικία unverwehrt sein. Die Bezeichnungen $\overline{A}$ $\overline{B}$ $\overline{\Gamma}$ anderswoher als aus den ἡλικίαις erklären, heisst einen Sprung in der Geschichte des gymnischen Agons machen; s. auch die Uebersicht.

finden sich 9 gymnische Spiele nach den Inschriften (s. die Uebersicht) stets in folgender Ordnung.

1. δόλιχος,   4. ἵππιος,   7. πυγμή,
2. στάδιον,   5. πένταθλον, 8. παμκράτιον,
3. δίαυλος,   6. πάλη,   9. ὁπλίτης.

In der ältesten Inschrift ist der Männer-Agon verloren, die Mittel ihn kennen zu lernen sind bloss Urkunden des 2. Jahrhunderts vor Christi. Die Reihe der 9 Spiele ist nicht auf einmal gebildet worden; denn wenn auch δόλιχος und δίαυλος früh hinzukamen, so brauchen doch ἵππιος und ὁπλίτης nicht schon in früher Zeit recipiert zu sein. Indess kann die älteste Inschrift (etwa 380 a. Chr.), Rang. 960 jene 9 Männerkämpfe enthalten haben.

Sicher ist, dass die ἀγένειοι das ganze 4. Jahrhundert und hinab bis zur römischen Zeit nur 5 Kämpfe hatten; nach obiger Zählung fehlten No 1. 3. 4. 9.

1.   4.   7. πυγμή,
2. στάδιον,   5. πένταθλον, 8. παγκράτιον,
3.   6. πάλη,   9.

Die älteste Inschrift ist für die ἀγένειοι vollständig, auch die jüngeren geben die gleiche Zahl, dieselben Leistungen und dieselbe Folge. Nur die allerjüngsten Belege wie C. I. n. 232 (s. die Uebers. Tafel III zu S. 152) führen den δόλιχος und δίαυλος durch drei Lebensalter und die Rubriken ἐκ πάντων und ἄνδρες durch.

Mit Wahrscheinlichkeit folgt aus Rang. 960, dass die παῖδες auch nicht mehr als genannte 5 Kämpfe producierten. Zwar nämlich beginnt diese wichtige Urkunde an ihrem fragmentierter Oberrande mit ΔΙΟΝ ΝΙΚΩΝΤΙ d. i. [παιδὶ στά]διον νικῶντι und es könnte scheinen als wäre oben der Knabensieger im δόλιχος abgebrochen. Wiewohl nun allerdings die jüngeren Urkunden mehr als 5 Knaben-Wettkämpfe und gerade auch den δόλιχος und diesen immer zuerst*) verzeichnen, so ist doch Rang. 960 schwerlich παιδὶ δόλιχον νικῶντι verloren, sondern die Knabenkämpfe eben so vollständig erhalten, wie die der ἀγένειοι. Denn wo ein δόλιχος der Knaben nachmals vorkommt, da findet sich auch der δίαυλος.**)

---

*) Das Vorangehen des δόλιχος zeigen auch Inschriften von Chios und Aphrodisias in Carien; vgl. Böckh C. I. II p. 202 A und p. 508 B.

**) Auf der attischen Inschrift Rang. 963; auf den beiden zweifelhafter Herkunft C. I. 1590 und 1591, auf der böotischen Rang. 965; auf der attischen jüngsten Characters Rang. 964; auf einer von Chios C. I. 2214; auch zweimal auf den Inschriftensteinen von Aphrodisias C. I. 2758 und zwar IV col. II lin. 9

Da nun der δίαυλος Immer nach dem στάδιον verzeichnet wird, unsere älteste Inschrift Rang. 960 aber auf das στάδιον einen andern Kampf folgen lässt, einen δίαυλος der Knaben also nicht anerkennt, so wird auch kein δόλιχος der Knaben da gestanden haben und das Verzeichniss mit 5 Knabenkämpfen vollständig sein.

In Betreff der παῖδες also zeigen sich Unterschiede der älteren Zeit und der jüngeren. Jene muthete der ganzen Jugend dasselbe zu, so dass παῖδες und ἀγένειοι ganz gleich stehen und noch deutlich sehen lassen, wie beide Classen wenige Menschenalter zuvor (vor Rang. 960) nur eine einzige waren. Später verlangte man das πένταθλον nicht mehr von den Knaben, gab ihnen aber dafür einen vielleicht für ihre Kräfte verkleinerten δόλιχος und auch den δίαυλος zu, so dass die παῖδες auf 6 Arten kamen,*) die ἀγένειοι auf 5 stehen blieben. Die παῖδες haben mitunter noch mehr Kämpfe, aber nicht auf Urkunden, die sicher attisch sind, die jüngsten ausgenommen. Die Pädagogik kam im Laufe der Zeit dahin, die Leistung abzuändern und sie der Altersstufe anzupassen, so dass endlich alle oder die meisten Kämpfe durch alle Classen**) ausgeführt wurden, wie C. I n. 232 und Rang. 964 zeigen.

Bemerkenswerth ist die feste Aufeinanderfolge dieser Spiele. Sie beruht auf etwas ausser dem Bereiche der Festlust und Genusssucht Liegendem, auf Erziehung und Schul-Disciplin. Einst waren wohl die 5 Kämpfe στάδιον, πένταθλον, πάλη, πυγμή, παγκράτιον für jedes Alter die einzig recipierten, während andere (δόλιχος, vielleicht auch der δίαυλος) nebenher nach freier Wahl ausgeführt wurden, wie bei uns in der Turnküre, bis sie auch recipiert wurden. Noch später scheinen ὁπλίτης und ἵππιος der festen Reihe einverleibt zu sein. Der ὁπλίτης hat allerdings meistens die letzte Stelle, doch im Agon von Aphrodisias C. I. n. 2758, IV die drittletzte; der

---

und 11; V col. II lin. 9 und 11. Allerdings findet sich Rang. 963 ein δόλιχος ohne δίαυλος, aber nicht für Knaben, sondern für Männer.

*) 6 Kampf-Arten der παῖδες haben wir Rang. 963; auf der zweifelhaften Inschrift C. I. 1591 und die παίδων τῶν νεωτέρων C. I. 1590; die παῖδες οἱ πρεσβύτεροι aber sind C. I. 1590 mit sieben Arten verzeichnet. Auf der böotischen Inschrift Rang. 965 haben die παῖδες endlich noch einen achten Kampf, den ἵππιος.

**) Ob indess die 4 Arten oder doch Längen des δόλιχος, zu 7, 12, 20 und 24 Stadien, auf die 4 Classen, die drei ἡλικίαι nebst den ἄνδρες zu beziehen sind, ist sehr zweifelhaft, da jene vier aus zerstreuten Angaben zusammengestellten Längen vielleicht niemals alle neben einander, ja zum Theil vielleicht überall nicht in practischer Geltung waren.

Mommsen, Heortologie. 10

ἵππιος die vierte, aber auch die fünfte (Rang. 965), auch die letzte C. I. n. 2758, IV. Dies deutet auf spätere Einschiebung in ein überkommenes Schema, welches ausser den 5 ältesten Arten auch schon den δόλιχος und δίαυλος enthielt und als allgemein griechisch*) betrachtet werden muss.

Auffallend ist die inschriftliche Voranstellung des δόλιχος, welche macht, dass nicht vom Geringeren zum Grösseren fortgeschritten wird; denn der längste Lauf (δόλιχος) beginnt, dann folgt der kleinste (στάδιον), hierauf der Doppellauf (δίαυλος, zwei Stadien), endlich der vierfache, ein doppelter Diaulos (Paus. VI, 16, 4 Bekk.), ἵππιος genannt. Dies veranlasst folgende Muthmassung: der gymnische Agon scheint in Abtheilungen zu zerfallen, deren eine die 10 oder 11 Jugendspiele, die andere die 9 Männerspiele enthielt und zwar so, dass entweder eine Mittagspause oder auch eine Nacht zwischen beiden Abtheilungen lag. Dann fand der langwierige δόλιχος statt, während die Zuschauer sich noch versammelten, sie brauchten diesen Wettlauf nicht vollständig mit anzusehen. Vielleicht legte man den ὁπλίτης aus ähnlichen Gründen an den Schluss; wer nicht Lust hatte ihm bis zu Ende beizuwohnen, konnte ohne Missvergnügen, da er die Hauptsachen gesehen, sich nach Hause begeben.

Die zwei Abtheilungen im Agon, entsprechend der alten Scheidung sämmtlicher Turner nach zwei Stufen, hatten ihren Grund in der heissen Jahreszeit und der Anzahl von 19 und mehr Kämpfen, die eine Pause wünschenswerth machten. Nebenher benutzte man die Pause, um dem δόλιχος eine angemessene Stelle zu geben. Anfangs hatte man nur den Männer-Dolichos, mit dem, nach der Pause, die Reihe der Männerspiele begann. Einen Knaben-Dolichos gab es noch nicht, sondern der Anfang der Jugendleistungen und des gymnischen Agons überhaupt war das στάδιον. Das erste Stück im Agon Rang. 960 ist das στάδιον,**) etwa 380 a. Chr.; und noch später blieb es das erste nach Plat. legg. VIII p. 833 σταδιοδρόμον μὴ πρῶτον ὁ κῆρυξ ἡμῖν, καθάπερ νῦν, ἐν τοῖς ἀγῶσι παρα-

---

*) Für die ganz abnorme Umstellung: „Pankration, Faustkampf" statt „Faustkampf, Pankration" C. I. n. 2758, I weiss ich keine Rechenschaft, als dass gerade I auch anderes Abweichende enthält; denn I enthält nur 4 Männerspiele, was dem sonstigen Herkommen ganz entgegen ist.
**) Odyss. VIII, 120 οἳ δ᾽ ἤτοι πρῶτον μὲν ἐπειρήσαντο πόδεσσιν, die Phäaken.

καλεῖ. Nachmals benutzte man den Anfang der ersten Abtheilung wie den zweiten, und beide Abtheilungen begannen nun, mit dem Knaben-Dolichos jene, mit dem Männer-Dolichos diese, wie die jüngeren Inschriften lehren. Dieser Ansicht kommt Böckhs Meinung entgegen, dass es nur zwei δόλιχοι gab, einen von 7, den andern von 24 Stadien (Krause Hellen. I p. 348). Ersterer war für die Jugend (παῖδες und ἀγένειοι) bestimmt, letzterer für die Männer, einen dritten wollte man nicht, weil der gymnische Agon nicht mehr als zwei Abtheilungen mittelst der Pause hatte. Der Knaben-Dolichos war also eine combinierte Leistung beider Jugendclassen, ausnahmsweise mochte ein ἀγένειος auch den Männer-Dolichos mitmachen; denn dass die ἀγένειοι diesen Lauf gar nicht fortübten ist unwahrscheinlich, und ein Dolichos der ἀγένειοι ist nirgends verzeichnet.

So wenig wie ein δόλιχος, findet sich den ἀγενείοις irgendwo ein δίαυλος beigelegt, welchen dennoch die παῖδες haben in späterer Zeit. Denn die älteste Inschrift giebt weder dem einen noch dem andern Coetus der Jugend einen δίαυλος. Hiernach könnte auch der Knaben-Diaulos eine combinierte Leistung beider Coetus sein.*) Doch ist diese Annahme nicht nöthig, da der δίαυλος ein Ersatz sein mag für das πένταθλον, welches früher (Rang. 960) den παῖδες gestattet, später aber (siehe die Uebersicht) ihnen entzogen ist.

Ueber die Art und Weise des Agons steht so viel fest, dass in den Laufspielen häufig 4 Läufer zugleich auftraten und für die Stadiodromen ist dies durch das sichere Zeugniss einer panathenäischen Vase zu erweisen, auf welcher 4 laufende Männer die Beischrift στάδιον ἀνδρῶν νίκη tragen, Abbildung bei Krause Hellen. Tafel VII. No. 14; vgl. I p. 364. n. 4. Ausser dieser, welche in der Sammlung des Prinzen von Canino No. 807 ist (H. A. Müller Panath. p. 82), finden sich noch zwei andere Vasen (Allg. Enc. III, 10 p. 300 n. 53) die gleichfalls 4 Wettläufer zeigen. Ungeachtet nun im Texte des Pausanias VI, 13, 4 Bekk. eine Lücke ist, so dürfen wir doch darauf bauen, dass er von Anordnung der Auftretenden zu vier und vier geredet hat: § 4 Πολίτης μὲν δὴ ἐπὶ τῆς δευτέρας καὶ . . . .

---

*) Auf einer Inschrift von Chios C. I. n. 2214 findet sich ein Beispiel, wo derselbe Ephebe, welcher lin. 18 μέσων στάδιον (unter denen der Mittelclasse) gesiegt hat, auch noch lin. 28 πρεσβυτέρων δίαυλον (in der höheren Classe) siegt.

τέσσαρας, ὡς [ἂν conj. Bekk.] ἕκαστοι συνταχϑῶσιν ὑπὸ τοῦ κλήρου, καὶ οὐκ ἀϑρόους ἀφιᾶσιν ἐς τὸν δρόμον· οἳ δ᾽ ἂν ἐν ἑκάστῃ τάξει κρατήσωσι, ὑπὲρ αὐτῶν αὖϑις ϑέουσι τῶν ἄϑλων· καὶ οὕτω σταδίου δύο ὁ στεφανούμενος ἀναιρήσεται νίκας. Hier haben wir wiederum Erwähnung des στάδιον, nachdem zuvor von τέσσαρες die Rede war, und wenn auch andere Bestimmungen (z. B. τρεῖς) vor τέσσαρες fehlen sollten, so liegt doch in dem erhaltenen Texte nur eine Bestätigung der stadiodromischen Quaterne vor. Das στάδιον aber ist für alle übrigen Läufe ohne Zweifel als maassgebend zu betrachten und anzunehmen, dass überall jede τάξις des Wettlaufs durchs Loos zusammen geordnet ist und unter den Siegern jeder τάξις wieder aufs neue certiert wurde. Wenn also, zum Beispiel, acht παῖδες sich zum στάδιον meldeten, wurden sie erst auseinander geloost und zwei τάξεις aus ihnen formiert. Jede Quaterne lief für sich, so dass nun zwei Sieger da waren, die durch einen dritten und letzten Stadienlauf unter sich noch zu certieren hatten. Diesen Hergang kann man auf die älteste Inschrift Rang. 960 anwenden, weil hier neben dem νικῶν auch immer noch ein δεύτερος belohnt ist. Der νικῶν ist der δύο νίκας ἀνελόμενος des Pausanias und der δεύτερος zwar von jenem besiegt, aber in seiner τάξις Sieger gewesen. Dieser Hergang findet auch einigen Anhalt an einem Vasenbilde, welches nur 2 Läufer zeigt, angeführt von H. A. Müller Allg. Enc. a. O. Ohne Zweifel müssen wir uns denken, dass nirgends vorgeschrieben war, es sollten sich acht παῖδες zum στάδιον anmelden, dass auch mitunter nur Eine τάξις da war, manchmal auch drei τάξεις u. s. w. War nur eine τάξις, so mochte der δεύτερος ganz wegfallen (H. A. Müller a. O. scheint im Widerspruch mit Paus. a. O. nur an eine einzige τάξις zu denken, aber s. Krause I p. 364), und bei drei τάξεις bestanden die drei Sieger noch einen letzten Entscheidungslauf oder mehrere, je nachdem nur Ein Preis oder mehrere vertheilt wurden. Da Pausan. a. O. von den Siegern in jeder (ἑκάστῃ, nicht ἑκατέρᾳ) Ordnung spricht, so braucht er nicht bloss an zwei Ordnungen gedacht zu haben, sondern es sind drei oder vier Ordnungen nicht ausgeschlossen. Sofern wir also auf einer panathenäischen Vase drei Läufer antreffen (Allgemein. Enc. a. O.), so können dies drei Sieger sein, die nun unter einander wetteifern, ebenso gut wenigstens als Diaulodromen, wofür sie nach Ambrosh gehalten werden von Krause (Hell. I. p. 364) und H. A. Müller (Panath. p. 84).

Noch unsicherern Anhalt als die Zahl der abgebildeten Wettläufer giebt die Richtung des Laufes, auf welche mit Unrecht Gewicht gelegt wird. In den angeführten Schriften findet sich folgendes System: Zwei oder vier Läufer nach rechts sind Stadiodromen; drei oder fünf in derselben Richtung sind Diaulodromen; vier nach links sind Dolichodromen. — Ich glaube, dass vier Wettläufer Stadiodromen vorstellen können, mögen sie links- oder rechtshin laufen. Gerhard (Berlins ant. Bildw. p. 208) soll nach H. A. Müller, Pan. p. 82 sich geirrt haben, wenn er sagt, dass die Stadiodromen linkshin laufen. Aber die vier nach links laufenden Figuren der Kollerschen Vase (n. 644 im Berliner Mus.), welche ohne Zweifel dem vorgeblichen Irrthum Gerhards zu Grunde liegen, hatte H. A. Müller, als er schrieb, nicht mehr vor Augen (Not. 10, p. 82); sonst würde er a. O. gewiss nicht aufstellen, man müsse, falls ihn sein Gedächtniss täusche und die vier Läufer der Kollerschen Vase (n. 644 im Berl. Mus.) nach links liefen, sie für Dolichodromen oder Dauerläufer halten. Denn da er selbst findet, dass die Dauerläufer nicht in sehr heftiger Bewegung wegen der Länge des Laufs sein können (vier Läufer in gemässigterem Schritt, Krause I p. 367, Tafel VI, 13, eine Zielsäule links), so hätte er die vier gewaltig ausschreitenden, armrudernden Läufer der Kollerschen Vase (n. 644 Berl. Mus.) niemals, ungeachtet sie nach links laufen, dilemmatisch für Dolichodromen erklären können. Gerhard selbst hat sie in den Bildern ant. Lebens II, 7 wiederholt, wo er sie blos „Wettläufer" nennt. Krause dagegen nennt sie I p. 952 „vier Wettläufer, $\sigma\tau\alpha\delta\iota o\delta\rho\delta\mu o\iota$ in den Panathenäen." Ungeachtet nun Krause Tafel VI, 11 die vier linkshin laufenden Männer der Kollerschen Vase (n. 644 Berl. Mus.) abbildet, berichtet er doch I p. 364, dass sie „von der Linken nach der Rechten laufen", was sie freilich müssen, wenn sie Stadiodromen nach Ambrosch's System sein sollen. Krause scheint in dem Augenblicke seine eigene Figur nicht angesehen zu haben. Wer sie ansieht, wird einräumen, dass diese Männer in ihren Bewegungen viele Aehnlichkeit haben mit den beischriftlich als Stadiodromen bezeichneten vieren (Tafel VII, 14 bei Krause). Ich glaube also, dass sie recht wohl $\sigma\tau\alpha\delta\iota o\delta\rho\delta\mu o\iota$ sein können, und dass Krause I, p. 952 das Rechte sagt, Ambrosch's System aber unhaltbar ist. Hiernach **können** vier Läufer, wenn sie aus allen Kräften sich anzustrengen scheinen, für Stadiodromen gelten, mögen sie nach rechts oder nach links laufen. Dass sie dafür gelten **müssen**, behaupte ich nicht, zweifle vielmehr, ob die im Voraus arbeitenden Töpfer für jede Gattung des Laufes besondere Gefässe zu liefern beauftragt wurden.

Es ist schwer einzusehen, weshalb die fünf Läufer nach rechtshin, Abbildung bei Krause Tafel VI, 12, gerade den δίαυλος laufen sollen, wie H. A. Müller Pan. p. 83 meint, warum nicht z. B. den ἵππιος? Die Vase ist eine volcentische, mithin wohl älter als Ol. 120 (R. E. VI, p. 2391); aber auch der ἵππιος ist unzweifelhaft älter als Ol. 120. H. A. Müller p. 84 erklärt, dass der ἵππιος auf Vasen nicht anerkannt werden könne, da man seine Länge nicht wisse *(quum ne mensura quidem huius curriculi nota sit)*. Das ist ein schwacher Grund. Ein Systematiker nach Ambrosch würde freilich in Verlegenheit gerathen, wenn er überhaupt nur die Möglichkeit zugäbe, auch der ἵππιος könne auf einer Vase, etwa auf jener volcentischen, gezeichnet sein. Denn die Fünfzahl der Läufer ist weder für den δίαυλος noch sonst für irgend einen Lauf überliefert, es könnte also eine Fünfzahl von Läufern mit gleichem Recht immer auch für den ἵππιος in Anspruch genommen werden. So bleibt nur übrig aus ziemlich unsichern Kriterien, wie der Bewegung und Anstrengung, zu rathen, welcher Lauf es wohl sei in dem die Läufer begriffen sind. —

Bemerkenswerth für den gymnischen Agon überhaupt ist die Schmucklosigkeit der Kämpfer, welche die Vasenbilder zeigen, während die Lampadophoren Kopfputz, auch wohl ein Stück Kleidung, Schilde, überhaupt also doch einigen Schmuck tragen (Gerhard Bilder ant. Lebens II, 8 und Krause Tafel VII, 16 und 17; IX, C, 25, l.). Die gymnischen Agonisten also scheinen nicht in eben dem Grade feierlich und geschmückt zu Ehren einer Gottheit ihre Wettspiele zu begehen, sondern so einfach wie auf ihrem Turnplatze treten sie auf im Agon der Panathenäen, nur bedacht auf die Leistung und alles von sich werfend, was bei derselben unnütz ist. Der Gottesdienst ist ihnen Nebensache. —

Die gymnischen Sieger erhielten zum Preise eine Quantität Oel von den altberühmten (Herod. V, 82) Olivenbäumen (μορίαι) der Athena in der Academie.*) Das Oel derselben war im Handel sehr gesucht, und es wurden auch die nicht als Siegsgeschenke ertheilten Amphoren, welche in den Handel kamen, mit denselben Figuren ge-

---

*) Unter denselben befand sich ein Absenker (G. A. 54, 19 u. das. Stark) des erstgeschaffenen Oelbaums auf der Burg. Dass ihre Zwölfzahl die erst a. Chr. 307 entstandene Zahl von 12 Stämmen nichts angehen, bemerkt Sauppe de Inscr. Pan. p. 10 gegen Bötticher.

schmückt, wie die wirklichen Preisamphoren (O. Jahn; G. A. 54, 19), und wie bei uns die Etiquette des Herrn Farina manchem unächten Fabricat, so mag die gleiche Bemalung mancher Amphore mit unheiligem Oel einen besseren Kaufpreis bedungen haben.

Das vergabte Oel war freilich aus dem Garten der Göttinn, aber die Gabe selbst war weltlich und dazu bestimmt, dem Gewinner gutes Geld einzubringen.*) An den grossen Panathenäen, auf die Rang. 960 sich bezieht, wurden 1200 oder noch mehr Krüge vertheilt, deren Oel über $1^1/_3$ Talent werth sein mochte, Rangabé II, p. 671 und Sauppe de Inscr. Pan. p. 4.

Je nachdem die Ernte im Winter des Vorjahrs**) ausgefallen war, konnten die Athlotheten grössere oder geringere Preise anbieten. Sie mochten die Liste ihrer ἆθλα im Voraus bekannt machen; eine solche Bekanntmachung scheint die Inschrift Rang. 960 zu sein. Auch wenn die Verabfolgung der in Rindvieh bestehenden νικητήρια durch den Opfervorstand erfolgte (durch die Hieropöen) und der Sieger nur im Falle er lieber die 100 Drachmen nahm, unmittelbar mit den Athlotheten zu thun hatte, musste die Abfassung eines solchen Verzeichnisses den letzteren zufallen. Die Inschrift Rang. 960 enthält keine Siegernamen, sie scheint dem Sieger mitunter die Wahl zu lassen zwischen dem Geldwerth und der Sache, ist also wohl vor dem Panathenäenfeste***) angefertiget, während die späteren Siegernamen enthalten und nach dem Feste gemacht sind.

Die Preise des musischen Agons bestehen ausser dem goldnen Kranz nur in Geld, und zwar in bedeutenden Summen, Rang. 961. Beide ältere Agonen (der hippische und gymnische) gaben dagegen Geldeswerth und zeigen sich auch in so fern mehr alterthümlich, als der jüngst-restaurierte (musische) Agon des Pericles. Dass in Pisistrats Zeit die Rhapsoden mit Geldsummen belohnt wurden, braucht man nicht anzunehmen

---

*) Er siegte für sich, nicht für seine Phyle. Hiernach ist es auffallend, dass auf einer Preisvase steht: Ἀκαμαντὶς φυλὴ ἐνίκα, Panofka Musée Blacas pl. 1, bei H. A. Müller, Panathen. p. 110. Eine Erklärung weiss ich nicht. In den grossen Agonen siegt der Einzelne für sich und seinen eigenen Vortheil, nicht namens seiner Phyle; cf. Sauppe de Inscr. Pan. p. 6.

**) Oder hat man die drei Ernten der Zwischenjahre aufgehoben und zur vierten geschlagen, dass vier Ernten zur Vertheilung kamen? Können wir so viel Oelbäume annehmen, dass davon Eine Jahresernte 1200 Krüge bringt?

***) Einige Wochen vorher etwa, wenn die Anmeldungen einigermaassen sich übersehen liessen, z. B. gegen den XII Hecatombaeon hin.

Sehr merkwürdig ist das Verhältniss des ersten Siegespreises zum zweiten, 5 zu 1, indem das Werthverhältniss von Rind und Schaaf*) zu Grunde zu liegen scheint, dem alten Doppel-Opfer im Athenacult, s. ob. S. 17. Als νικητήριον wird Rang. 960 βοῦς verzeichnet in den mehr religiösen Theilen der Panathenäen; gäbe es hier auch zweite Sieger, so müsste denen das ἐπίβοιον oder dessen Werth gegeben sein.**)

Den gymnischen Spielen scheint keine namhafte und berühmte Oertlichkeit bestimmt gewesen zu sein, ehe der Redner Lycurg (starb nach 329 a. Chr.) das panathenäische Stadium bauete.***) Der naheliegende Gedanke, dass hier, am Orte des panathenäischen Stadiums, schon vor Lycurg derselbe Agon stattfand (Leake Top. p. 141), hat in Zeugnissen keinen Halt. Diese führen vielmehr auf [einen Ort im] Demos Echelidae, westlich am Piraeus. In Echelidae wurden auch die hippischen Agonen gehalten. Vgl. Sauppe de Inscr. Pan. p. 7. Am Orte der Spiele†) mögen den Siegern ihre Quantitäten Oel gleich ausgehändiget worden sein, ohne Feierlichkeit; die Verkündigung aber der einzelnen Sieger, ebenfalls am Orte des Agons, müssen wir uns recht feierlich denken.

---

*) Nach Plutarch Solon 23 galt in Solons Zeit ein Ochs 5 Drachmen, ein Schaaf 1 Drachme. S. Böckh St. H. I, p. 82, n. Ausg. In Italien zeigt sich ebendasselbe Verhältniss; bei Appian B. C. I, 8 werden 500 Schaafe und 100 Rinder unter τὰ μείζονα und ἐλάσσονα gemeint sein; vgl. Dietsch Lehrb. I, p. 90.

**) Bei welchem Feste ist aber der Dexitheos Arist. Ach. 14 aufgetreten, um eine böotische Melodie zu singen, wobei der Siegespreis, nach der Erklärung Einiger (τινὲς οὕτως, ὅτι ὁ νικήσας ἆθλον ἐλάμβανε μόσχον, Schol. Ar. Ach. 13) in einem Kalbe bestand? Vgl. S. 17, Note.

***) Von dem auf Lycurg bezüglichen Psephisma des Stratocles (Westermann Biogr. p. 278) haben wir jetzt zwei Fragmente, ein kleines in den Ἐπιγρ. ἀν. n. 1 p. 1 bekannt gemachtes, das andere grössere in Ephem. von 1862 n. 241, p. 276. Sie bestätigen das aus Pseudoplutarch bekannte.

†) Die Spitzen des Parthenon waren mit Preisgefässen geschmückt, vielleicht mit Bezug auf die grossen Agonen; Curtius gr. G. II p. 275; vgl. Scaliger ad Euseb. An. 1452, p. 92. Doch die Preisvertheilung in der Cella, wenn sie je stattfand, ging nur solche Ehrengaben an wie die Hydria Rang. 960.

Hippischer Agon.

Anzahl der Oelkrüge

welche nach Rang. 960 an hippische Sieger als Preise zu geben waren.

Leistung.	erster Preis.	zweiter Preis.	Bemerkungen.
ἵππων πωλικῷ ζεύγει	40	8	Der erste Preis ist fünfmal so gross als der zweite, ein im gymn. Agon (s. o. Seite 141) beobachtetes Verhältniss, welches in diesen Resten des hippischen nicht immer befolgt ist. Denn der regelrechten Ansätze sind 3, der Ausnahmen ebenfalls 3. Jeder Krug zu 6 Drachmen gerechnet, kam der höchste Preis auf 840 Drachmen, der niedrigste auf 6 Drachmen.
ἵππων ζεύγει ἀδηφάγῳ	140	40	
ΠΟΛΕΜΙΣΤΗΡΙΟΙΣ ἵππῳ κέλητι νικῶντι	16	4	
ΠΟΛΕΜΙΣΤΗΡΙΟΙΣ ἵππων ζεύγει νικῶντι	30	6	
ζεύγει πομπικῷ νικῶντι	4	2	Der erste Preis im ζεῦγος πομπικόν ist sehr klein; Rangabe giebt in den Minuskeln ‖‖ an und damit stimmt die Uebersetzung (vier Kruge); in den Majuskeln giebt er ‖‖ an; man sollte 10 erwarten.
ἀφ' ἵππου ἀκοντίζοντι	5	1	

Aus der Uebersicht (s. Tafel IV) geht hervor, dass die jüngeren Quellen mit der ältesten, Rang. 960, die Grundzüge gemein haben, und dass für den Agon ein Schema mit 5 Rubriken das Fundament bildet.

Die erste Rubrik enthält das Apobatenspiel, ein den Bewohnern Atticas und Böotiens (Harpocr. p. 26, 8) eigenthümliches Schaustück, bei welchem der Wagenlenker (ἡνίοχος ἐγβιβάζων) einen Nebenmann (ἀποβάτης, ἀναβάτης) hat wie die Helden der Ilias. [*] Von

---

[*] Ross n. 23, 8 ist vor ἡ[νίοχος] ζεύγει ἐγβιβάζων der ἀποβάτης vielleicht aus Versehen dem Namen (Ἀμμώνιος) nicht vorgesetzt, so dass das Wort ἀποβάτης entweder vergessen oder dem Siegernamen nachgesetzt ist; denn

dem fahrenden Wagen springt der Nebenmann ab und auf, ist also eben so sehr ἀποβάτης (Inschrr.) als ἀναβάτης. Er thut dies theils mit Hülfe des Lenkers, der wohl darum ἐγβιβάζων (aussteigen lassend) heisst, theils mit Hülfe eigenthümlicher Räder an dem Wagen, ἀποβατικοὶ τροχοί (Böckh zu Peyss. Inschr. lin. 17). Schon Erechtheus hatte dies Wagenspiel ausgeführt, sein Apobat trug einen kleinen Schild und einen Helm mit dreifachem Kegel. [Eratosthen.] Catast. 13 ἤγαγε δὲ ἐπιμελῶς τὰ Παναθήναια καὶ ἅμα [ἡ|νίοχο͞ς] (Ἡνίοχον, Matth.; aber Erechtheus ist selbst der Himmelsfuhrmann) ἔχων παραβάτην ἀσπίδιον ἔχοντα καὶ τριλοφίαν ἐπὶ τῆς κεφαλῆς. So war dieser Anfang des hippischen Agons durch die Legende geheiliget und stand in Bezug zur Athena (ἤγετο τῇ Ἀθηνᾷ Lex. Seg. p. 426, Böckh a. O.). Vgl. Krause Hel. I p. 57 n. 11. Von der ältesten Inschrift ist leider das Stück weggebrochen, welches den Apobaten enthalten konnte. Aber der Sohn des Phocion (Plut. 20) trat schon auf im Apobatenspiel, welches also vielleicht für Rang. 960, da diese Inschrift dem Geburtsjahre Phocions a. Chr. 398 nicht fern liegt, vorauszusetzen ist, auch wenn das Apobatenspiel nicht so uralt wäre, wie die Legende will.

Die zweite Rubrik ist die des Reitens und Fahrens, ohne Beziehung zum Erechtheus und zur Athena, auch ohne besondere Qualification dieser Spiele als militärischer. Hier nimmt Theil wer gute Pferde hat, ein vorgeschriebenes Ceremoniell herrscht nicht, vielmehr die Willkühr und dilettantische Neigung des Einzelnen, so weit des Agonotheten Wille oder attische Sitte es gestattet. In diese

---

ein ἡνίοχος ohne ἀποβάτης ist ohne Beispiel. Die im Philistor II, p. 428 mitgetheilte Inschrift enthält freilich lin. 14 einen ἡνίοχος Παλλάδος Καλκούρνιος Πρόκλος. Sie ist aber kein Siegerverzeichniss und jünger als die Stiftung des Hadriansfestes; ἡνίοχος scheint hier Amtstitel, ein amtlicher ἀποβάτης steht allerdings nicht neben ihm. Doch folgt aus der späten Inschrift nichts für frühere Zeiten. — Ein ἀποβάτης ohne ἡνίοχος findet sich auf den Inschriften von Aphrodisias C. I. II, n. 2758, zweimal. Allein dieser Apobat ist nicht ein hippischer Sieger, sondern bildet einen Theil des gymnischen Agons, ist also dem attischen Apobaten schwerlich gleich zu achten. Sollte aus dieser oder ähnlicher Entartung etwa der andabata bei Cic. Fam. VII, 10 erklärbar werden, durch Verderbung aus ἀναβάτης? — Da bei jener Figur des Parthenonfrieses, die O. Müller für den Apobaten erklärt, sich der Nebenmann nicht befindet, so ist auf dem Friese gar kein Apobat anzuerkennen. Weit eher könnte man für die Inschriften zulassen, dass von dem Apobatenspiel der eine Theilnehmer genannt, der andere unterdrückt wäre, wenn sich dafür nur aus der besseren Zeit ein Beleg fände.

Rubrik gehören die beiden erst erhaltenen Spiele Rang. 960, nebst einem in lin. 1 fragmentierten dritten. Ergänzt man hierzu noch ein hippisches Stück, so erhält die zweite Rubrik 4 Leistungen*).

———

*) Mehr als 4 Spiele sind schwerlich in dieser Rubrik auf Rang. 960 verzeichnet gewesen, denn da dieselnschrift die Bahnläugen nicht angiebt, so kann z. B. neben ζεύγει nicht auch noch ζεύγει δίαυλον wie Peyss. 23 eine neue Leistung abgegeben haben. Es bleiben also, weil die auf der Inschrift bemerkbar gemachten Unterschiede im Alter und der Zahl (1, 2, 4) der Pferde liegen, nach Abzug des Reit-Fohlens und des Fohlenzweigespauns, nur jene vier Leistungen übrig; denn gedachte Unterschiede ergeben 6 Leistungen, z. B. Peyss. lin. 43—54. Sollte also wider Vermuthen wirklich eine fünfte, ja eine sechste in Rang. 960 fehlen, so ist wenigstens nicht zu ermitheln, welche es gewesen. Und wer aus der Uebersicht ersicht, wie in jüngerer Zeit so manche Rubrik angeschwollen ist, wie die älteste Inschrift meistens eine Minderzahl von Spielen in derselben Gattung zeigt, wird 6 Dilettanten-Stücke (zweite Rubrik) ablehnen, denn 6 ist die höchste Anzahl, welche die Museums-Inschrift Col. B hat. Geht man von den übrigen Inschriften aus, so ist nicht bloss 5, sondern auch 4 zu viel, denn die übrigen geben dieser Rubrik meistens drei Spiele, Peyss. 21 sqq.; Ross B, 53 sqq.; Ross A, 4, wo vorher ein drittes Spiel zu ergänzen. Die zwei Spiele Rang. 962, A, 39 sqq. können nicht dagegen angeführt werden, da hier singuläre Schmeichelei gegen die Ptolemäer waltet; man wusste dem naturalisirten Athener, dem Könige Ptolemäus, keinen mehr zur Seite zu stellen, als den Mikion, einen von den Ptolemäern begünstigten Mann, s. Rang. II p. 683 sq. Hiernach könnte auch die älteste Inschrift vielleicht nur drei oder noch weniger Spiele in der zweiten Rubrik enthalten haben. Oben im Texte sind dennoch, beispielsweise, 4 gesetzt, da dann, das Apobatenstück eingerechnet, der hippische Agon 9 Leistungen erhält, eben so viele wie der gymnische Männeragon, und 10 erste Preise hier wie dort vertheilt werden. Setzen wir, dass in Rang. 960, Col. B nach unten hin fast vollständig ist und Col. A nach unten hin nicht viel weiter reichte als Col. B, so mögen noch 3 oder 6 Zeilen der gymnischen Männerspiele unten in Col. A fehlen; die Fortsetzung etwa 21 Zeilen kam also oben in Col. B zu stehen. Wenn nun hier auch noch 8 oder 9 Zeilen für den Anfang der Ritterspiele zu ergänzen sind, so beläuft sich alles oben verlorene auf 29 bis 30 Zeilen. So vielen Platz also nimmt auf der Gegenseite der musische Agon weg, vorausgesetzt, dass er mit auf der Inschrift Rang. 960 stand, was keineswegs gewiss ist. Sollte der musische Agon nicht einen Theil von Rang. 960 ausgemacht haben, so liesse sich das unten fehlende Stück weit grösser denken, so dass ein grosser Theil von Col. B leer geblieben wäre. Dass Rang. 961, Fragment eines musischen Agons, nur 20 Zeilen hat, der vollständige Agon also über 20 hatte, und dass die weit jüngere Inschrift Rang. 965 einen musischen Agon von 30 Zeilen giebt, will nichts oder nicht viel bedeuten, um die Wahrscheinlichkeit für unsere Inschrift und einen verlorenen musischen Agon zu 30 Zeilen grösser zu machen.

Setzen wir, dass ein Zweigespann*) und lin. 1. ein Reiterstück, beides mit grossen**) Pferden, verloren ist, so erhalten wir eine Anordnung, in der immer 2 Wagen mit dem Reiter wechseln.

[Apobatenspiel]
[Zweigespann]
[Reiterstück]

Rang. 960.

Columne A	Columne B
verloren: Ueberschr. und musischer Agon, zusammen 29 oder 30 Zeilen.	verloren: Fortsetzung und Schluss der gymnischen Männerspiele mit 21 Zeilen .... Anfang d. hippischen Agon mit 8 oder 9 Zeilen
erhalten in 28 Zeilen und Zeilenresten: die ersten zehn Spiele des gymnischen Agon (Knaben und Jünglinge).	erhalten: Fortsetzung und Schluss des hippischen Agon; ferner Pyrrhiche, Euandrie, Lampas und Regatta, in 31 Zeilen u. Zeilenresten.
verloren: 3 bis 6 Zeilen der gymnischen Männerspiele.	In dieser Columne fehlt wenig.

*) Ein Zweigespann ist auch auf der ächt attischen und sehr alten Preisvase gebildet (O. Müller, Denkm. 1, 2 Taf. XVII n. 91). — Die Viergespanne am Parthenonfries sind Processionswagen und gehören zur πομπή, bei der ein Zweigespann wahrscheinlich dem Herkommen zuwider gewesen wäre. — Dass hingegen Rang. 960 gar kein Zweigespann enthalten haben sollte, dünkt mich unwahrscheinlich. In den Wolken ist Strepsiades drei Minen für Wagenkorb und Räder (διφρίσκου καὶ τροχοῖν) schuldig an Amynias v. 31. Es war ein Zweispänner nach v. 1301 (αὐτοῖς τροχοῖς τοῖς σοῖσι καὶ ξυνωρίσιν) und das Deminutiv v. 31 erklärt der Scholiast mit Bezug auf den (hippischen) Agon; das Scholion (cf. Dübner p. 420) richtiger bei Suidas I, 1, p. 1419, 8, Bernh.

**) Nicht mit Fohlen, da aus den jüngeren Inschriften folgt, dass die κέλητι πωλικῷ und συνωρίδι πωλικῇ gewonnenen Siege Ausländern angehören. Der Fohlenritt ist auch in Olympia jung, erst seit Ol. 131 (a. Chr. 256), Euseb. I, p. 299 Aucher.

Fohlen-Viergespann.
Viergespann.
Reiter mit dem Kriegsross.
Viergespann ebenfalls militärisch.
Processionswagen.
Reiter Speer werfend.

Die dritte Rubrik enthält Kriegsspiele. Dass auf „Reiten und Fahren ohne besondere Beziehung" Kriegsspiele folgten, beweiset sowohl die älteste Inschrift, als auch Peyss. 48 sqq., Ross A, 8 und B, 59. An dieser vorgeschriebenen Aufeinanderfolge kann es nicht irre machen, wenn in Rang. 962, A und B der zweiten Rubrik die Ausländer angeschlossen sind. Wo diese auch eingeschoben wurden, störten sie das alte Programm, welches indess maassgebend blieb, wie gerade die den Ausländern gewiesenen Plätze lehren. Denn mit den Ausländern wurde herumgeschoben, sie haben keinen festen Platz; siehe die Uebersicht. Die altüblichen Spiele der Athener aber behaupten ihre Plätze. Da Agonen von einigen zwanzig Ritterspielen ohne Zweifel in zwei Abtheilungen zerfielen, zu respective 10 und 13 Spielen, so ergiebt sich, dass man die Fremden entweder am Schlusse einer der beiden Abschnitte (Rang. 962, A, 44 und B, 28; Ross, A, 36) oder am Anfange des zweiten Abschnittes (Peyss. 43) auftreten liess. So störten sie die hergebrachte Ordnung weniger.

Die Einschiebung von 6 Ausländer-Spielen hatte, wenn man aus zwei Beispielen so viel folgern darf, die Einschiebung einheimischer Cavalerie mit ebenfalls 6 Stücken zur Folge, indem man sich von den Fremden nicht wollte überglänzen lassen. Denn obwohl die Cavalerie das Programm nicht stört, dessen dritte Rubrik „Kriegsspiele" vielmehr auch der Cavalerie offen sein muss, so scheint doch das Herkommen ein Kriegs-Viergespann, von Bürgern gelenkt, erfordert zu haben. Dieses nämlich wird Ross lin. 21 nachgeholt ($ἅρμα\ πολεμιστήριον$), und doch waren schon die 6 Spiele der Cavaleristen vorangegangen, welche, wie man sieht, der Sitte nicht genügten. Auf Peyssonel's Inschrift ist die dritte Rubrik nicht bloss zu Cavaleriestücken erweitert, sondern nach diesen sind die 6 Spiele fremder Dilettanten eingeschoben. Nach dieser Unterbrechung aber hat sich der Agonothet nur noch sorgfältiger bemüht, das Herkömmliche zu wahren. Denn es folgen lin. 56 u. 58, genau an die älteste Inschrift sich anschliessend (Rang. 960 B, 9 und 12), dieselben beiden Stücke, welche dort unter den $πολεμιστηρίοις$

verzeichnet sind, und genau in derselben Folge (Kriegsross und Kriegswagen). So entbehrt der Processionswagen nirgends das wahrscheinlich nationalgeschmückte ἅρμα πολεμιστήριον vor sich, so wenig wie nach sich den kriegerischen Schluss. — Das merkliche Vorherrschen der Dreizahl und Sechszahl in den Gattungen dürfte nicht über a. Chr. 307 (Einrichtung der 12 Phylen) hinaufreichen.*)

Die vierte Rubrik giebt der Processionswagen ab. Er behauptet seinen von der an den Panathenäen begangenen Pompe hergenommenen Namen bis in späte Zeiten und heisst immer ζεῦγος πομπικόν. Auf der ältesten Inschrift heissen alle dort vorkommenden Wagen ζεῦγος (viermal), nachmals aber wird der Ausdruck ἅρμα durchaus vorherrschend; s. d. Uebers. Tafel IV zu S. 153. Aber das ceremoniös vorgeschriebene, altehrwürdige Paradegespann der Göttin nennt sich auch in den späten Inschriften ζεῦγος πομπικόν wie ehedem. Es hat seine Stelle zwischen zwei kriegerischen Rubriken, und diese Stelle ist allemal die vorletzte im ganzen Agon, so weit er athenisch ist. Denn was Ross lin. 38 noch folgt, sind Fremde. Wenn Ross B mit dem Paradegespann schliesst, so ist anzunehmen, dass, wenn wir diese Inschrift vollständig hätten, noch kriegerische Stücke darauf folgen würden, wie das Programm es erfordert.

Die fünfte und letzte Rubrik enthält auf der ältesten Inschrift einen Wurfschützen-Ritt, auf den jüngeren wenigstens auch etwas Kriegerisches, nämlich die συνωρὶς πολεμιστηρία, nichts Dilettantisches. Es wäre möglich, dass neue Inschriftenfunde noch grössere Abweichungen in dem Finale ergäben, bis weiter aber darf man sagen, dass es herkömmlich war, ein Kriegsspiel nationalen Charakters an den Schluss zu stellen. Man fand je später wohl desto mehr

---

*) Man kann nicht mit Sicherheit sagen, es sei, weil die Phylarchen am Agon theilnahmen und ihrer 12 waren, die Auftheilung der Phylarchen zu 4 und 4 in 3 Leistungen (Peyss. 28 sqq.; Ross A, 8 sqq.) Ursache gewesen, auch die übrigen Leistungen dreifach und sechsfach zu gruppieren; denn die Theilnahme der Phylarchen am Agon ist erst aus später Zeit belegt; sie fand dazu vielleicht nur statt, wenn Fremde da waren. Wohl aber muss die alljährliche Theilnahme der Phylarchen und ihrer Reiter am Festzuge, wie auch die Zahl der geleitenden Gespanne von Nachwirkung für den Agon gewesen sein. Denn später werden nicht 10, sondern 12 geleitende Wagen oder 2×12 u. s. w. im Festzuge gewesen sein, wodurch Anordnungen zu 3 und zu 6 herbeigeführt und legitimiert wurden.

Gefallen an Kriegswagen, dergleichen nicht im historischen Griechenland, wohl aber im Homer zu finden waren.

Es versteht sich, und die Inschriften bestätigen es, dass den Fremden nur Gleichstellung mit den Dilettanten und ihrem unqualificierten Reiten und Fahren bewilligt ward, wogegen alles eigenthümlich Athenische den Athenern blieb.

Schon oben ist gesagt, dass wir uns Agonen, wie den auf Peyssonels Inschrift, oder den ersten auf der Ross'schen, nicht wohl ohne Abtheilungen, ohne eine Zwischenpause denken können. Der ältestbekannte Agon enthält vermuthlich 9 Leistungen, und ihm war doch wohl ein ganzer Tag bestimmt, dessen Morgen grossentheils mit den 9 Spielen hingegangen sein mag. Zerlegt man den ersten Agon der Ross'schen Inschrift in zwei Stücke und beginnt das zweite lin. 21, so enthält das erste 9 oder 10 Spiele (eins oder zwei zu ergänzen), das zweite aber 13, die drei Schlussrubriken und angeschlossene Ausländer. Es ist am besten, der ersten Abtheilung einen besonderen Tag zu gewähren, da sie lin. 19 mit . . $ων\ λαμπάδι$ schliesst, die Fackel aber auf den Abend deutet, so dass der Agon mittags oder nachmittags etwa begann. Am nächsten Morgen ward dann $ἅρματι\ πολεμιστηρίῳ$ lin. 21 wiederum begonnen, und die 13 Spiele abgespielt. Ebenso dürften die 23 auf Peyssonels Inschrift vorkommenden Spiele zwischen den Cavaleriestücken und den Ausländern ihre Pause gehabt haben, sei es nun, dass die ersten 10 Morgens, die letzten 13 Nachmittags, sei es, dass jene an einem ersten, diese an einem zweiten Tage abgehalten sind. — Columne A der Museumsinschrift giebt uns 9 Spiele, welche drei Rubriken (die Ausländer als eine gerechnet) vollständig machen und als eine erste Abtheilung gelten müssen. Die zweite ist verloren. — Die Reste des zweiten in Columne B derselben Inschrift erhaltenen Agons müssen zu 13 Spielen (s. d. Uebers. Tafel IV) vervollständigt werden, so das nun diese 13 Spiele die erste Hälfte des Agons bildeten. Die zweite mag ebenfalls 13 Spiele umfasst haben, nämlich die 6 Cavalerie-Stücke und die 7 der letzten drei Rubriken des Agons, wie sie Peyssonels Inschrift und Ross A geben. —

Die zwei Abtheilungen, und wenigstens für Ross A die zwei Tage, der hippischen Spiele, haben ihren Grund lediglich in der Zulassung von 6 Ausländer-Spielen, denen die Stadt nun 6 Cavalerie-Leistungen gegenüberstellte. Das einheimische Programm des hippischen Agons verlangte nur Einen Tag, und wenn keine Fremden zuströmten, ist der Agon auch noch in später Zeit eintägig gewesen.

Leider ist Ross B unten defect. Wenn nur drei oder noch weniger Spiele zum Schluss fehlen, so haben wir hier einen Agon von 11 oder noch etwas weniger Stücken, eine Zahl, für welche eine Zwischenpause oder Zweitägigkeit anzunehmen nichts nöthigt. — Als möglich indess muss man daneben zulassen, dass noch eine ganze letzte Hälfte mehr fehlen könnte, bestehend in 6 Cavalerie- und 6 Ausländerspielen, eine Anordnung, die der Agonothet für diese neuen Rubriken auch wohl wählen durfte. Da dennoch die gesicherten Beispiele nirgends eine solche Stellung der Cavaleriespiele aufweisen, so nehme man an, dass Ross B ein hippischer Agon ohne Fremde und ohne attische Reiter ist, dessen Länge nicht erheblich abweicht von dem ältesten Rang. 960 B überlieferten. Aristid. I. p. 255 (Hoffm. Panath. p. 73) erwähnt des gymnischen und musischen Agons als mehrtägiger, nicht aber des hippischen, welcher eintägig blieb und nur wegen der Theilnahme von Ausländern manchmal zwei Abtheilungen erhielt, die allerdings, wenn es so passte, zweien verschiedenen Tagen angehören konnten. Wenn die jüngeren Inschriften fast alle eine Zulassung von Ausländern zeigen und eine grosse Anzahl von Spielen, so darf diese Ausdehnung des Agons doch schwerlich als Regel gelten, sondern als eine, in gewissen Zeiten allerdings nicht seltene Ausnahme. Die Theilnahme reicher und vornehmer Fremden*) war selber ohne Zweifel ein Hauptmotiv die Sieger in Stein zu graben; alle panathenäischen Inschriften jüngerer Zeit sind Siegerverzeichnisse und ganz verschieden von den nicht aus Eitelkeit oder Schmeichelei, oder auch Dankbarkeit angefertigten Listen älterer Zeit (Rang. 960 und 961), auf denen kein einziger Siegername steht und auch nicht stehen sollte.

Aus den Siegespreisen, s. o. S. 153, sehen wir, dass die Theilnahme der Dilettanten am besten honoriert ward. Ein Mann der eigene Pferde lenkt oder lenken lässt, hat alles aus eigenen Mitteln bestritten und höheren Siegeslohn verdient als der Kutscher, welcher des Staates Wagen mit des Staates Rossen fährt. In dergleichen, wie Rangabé II, p. 670 schon vermuthet hat, lag der Grund die

---

*) Ohne Zweifel sparten die Athener keine Complimente, um diadochische Prinzen (Rang 962, A lin. 39 sq.) oder diadochische Sendlinge nach Athen zu ziehen. Nach Polyb. XXVIII, 16, 4 sendete Athen zum Antiochus Epiphanes wegen der Panathenäen; cf. Meier A. E. III, 10, p. 282. Es wurden auch geradezu Geschenke zur Panathenäenfeier (siehe unten S. 187 ff.) erbeten. Es fehlte bloss, dass sie auch die Trinkgelder in Stein graviren liessen.

hippischen Siegespreise so stark abzustufen. Reiche Dilettanten verliehen dem Agon und den grossen Panathenäen überhaupt recht eigentlich ihren Glanz. Dies bestätiget die Rubricierung, s. d. Uebers. Tafel IV, denn die besthonorierten Stücke Rang. 960 B lin. 2 und 5, ausgeführt von wohlhabenden Privatpersonen, müssen offenbar in Eine Rubrik gesetzt werden mit solchen Leistungen wie diejenigen, bei denen König Ptolemaeus (Rang. 962 A 39) Sieger wurde, und den ähnlichen.

Vergleicht man die Belohnungen für private Leistungen mit denen für die mehr ceremoniellen Theile des Agons, so nehmen von letzteren einige sich im äussersten Grade gering aus; so beträgt der zweite Preis im Paradegespann 2 Krüge (12 Drachmen); aber im ζεῦγος ἀδηφάγον d. i. τέλειον wird dem zweiten Sieger zwanzigmal so viel bewilligt.*) Dies auffallende Verhältniss erklärt sich daraus, dass die Behörde alles oder vieles hergab, um die vorgeschriebenen Leistungen des Agons auszurüsten, Pferde, Wagen, Equipierung. So mochten die Cavaleristen befehligt werden, mit dem ἀκοντίζειν ἀφ' ἵππου Rang. 460, B, lin. 18 den Schluss zu bilden, und konnten dafür keinen grossen Lohn erwarten.**)

Wie viel der Staat für die πολεμιστήρια that ist am schwierigsten zu beurtheilen, da ihre Preise weder sehr hoch noch sehr niedrig sind. Rangabé II p. 670 glaubt, dass sie von der Cavalerie (οἱ ἱππεῖς) executiert wurden, wovon ich mich nicht überzeugen kann. Zugegeben dass ein Cavalerist zu den πολεμιστηρίοις überhaupt und insbesondere für das Kriegsreiten (ἵππῳ κέλητι, Rang. 960, B lin. 9) befähigt ist (Stücke der Phylarchen mit dem Kriegsross, Peyss. lin. 28 sqq.) — das zweite Stück unter den πολεμιστηρίοις, der Kriegswagen Rang. 960, B lin. 12, eine in der Kriegführung antiquierte Sache, geht den Cavaleristen nicht näher an. Dazu finden wir neben den Stücken letzterer bürgerliche Leute, die

---

*) Wenn im ersten Preise Rang. 960, B, lin. 16 die Ziffer zu klein sein sollte durch einen Fehler, so könnte derselbe doch höchstens 10 (statt 3 oder 4), d. h. 1/14 des ζεύγει ἀδηφάγῳ erlangten, betragen haben.

**) Wer die Hypothese bildet, es habe am jährlichen Panathenäenfeste einen (kleineren) hippischen Agon gegeben, der muss diesen aus den ceremoniellen Theilen, den grundleglichen Elementen des grossen Agon zusammenstellen. Solch ein Agon ohne Dilettanten verursachte wenig Kosten, das Publicum wird sich aber für denselben nicht interessiert haben. An ἆθλα ist dabei nicht zu denken, die Leistungen machten kein certamen und forderten keine Athlothesie.

mit dem Kriegswagen, ja mit dem Kriegsross auftreten (Peyss, 58; Ross A 21; Peyss. 56); vergl. auch oben Seite 157. Auch Rang. B, 59 braucht der ἅρματι πολεμιστηρίῳ gewonnene Sieg keinem Cavaleristen zu gehören, wenn auch der Wagenlenker immerhin unter den Reitern, nebenher, hat dienen dürfen, also ein Cavalerist sein kann, nicht sein muss. Das Kriegsross geht nach Photius p. 438, 6 (Sauppe de Inscr. Pan. p. 5) nicht den Krieg, sondern eben nur dieses eigenthümliche ἀγώνισμα unserer Inschriften an. Der aristophanische Phidippides würde in seinem Traume nicht fragen, wie viele Bahnen der Kriegswagen fahre, wenn nicht ein starker persönlicher Ehrgeiz sich an diese Leistung knüpfte. Wiewohl nun der mässige Siegespreis, s. o. Seite 153, dahin führt, dass wenigstens die Pferde (die ἵπποι, πολεμιστήριοι) dem Staate gehörten, so brauchen doch die Theilnehmer dieses Kriegsspiels nicht Cavaleristen vom Fach gewesen zu sein, sondern jeder sonst geeignete Bürgerssohn, ob Cavalerist oder nicht, wurde zugelassen. Der Siegespreis aber ist darum höher, weil der Agonist zur Erlernung der Kriegsspiele Zeit, Mühe, auch vielleicht Geld*) verwendet hat, wogegen jeder Cavalerist das ἀκοντίζειν ἀφ᾽ ἵππου verstehen muss und die Lenkung des Paradewagens, da sie jährlich an grossen wie kleinen Panathenäen vorkommt, den Lenkern etwas schon Bekanntes, nicht speciell für den hippischen Agon der grossen Panathenäen Einstudiertes ist.

Der Ort der hippischen Spiele war nach den Zeugnissen Echelidae (s. o. S. 152). Nach den Inschriften scheinen in Echelidae wieder verschiedene Oerter bezeichnet zu werden, wenn nicht Peyss. 16 [σταδίῳ]**) zu ergänzen ist, s. Böckh z. d. St.

Pyrrhiche.

Dem hippischen Agon der grossen Panathenäen, von welchen Rang. 960 handelt, folgten nach dieser Inschrift die Pyrrhichisten,

---

*) Geld, wenn etwa der Agonist sich heldenhaft nach Art der tragischen Bühne equipieren musste, oder die Vorübungen mit eigenem Wagen anstellte, während der Staat ihm nur für den Agon selbst ein dem Staat gehöriges ἅρμα πολεμιστήριον anvertraute. Oder hätte man sich den Agonisten, in älterer Zeit wenigstens, als den Eigenthümer des Wagens zu denken?

**) Meier a. O. p. 282 zieht diese Ergänzung der andern (ἐν [πεδίῳ]) vor. Dann wäre in dem berühmten panathenäischen Stadium auch hippisch gekämpft. Ross B habe ich ἐ[ν] Ἐχ[ελιδ]ῶν gesetzt. Im Allgemeinen ist der Demos Echelidae für den hippischen Agon angemessener als für den gymnischen; s. o. Seite 152.

Kriegstänzer, welche die Athener nicht vor Solons und Pisistratus' Zeit den Spartanern nachgeahmt zu haben scheinen.*) Rang. 960 B lin. 21 sqq. heisst es:

Νικητήρια.**)
Η παισὶμ πυρριχισταῖ[ς] βοῦς
Η ἀγενείοις πυρριχισταῖς βοῦς
Η ἀνδράσι πυρριχισταῖς βοῦς.

Die Dreitheilung der Pyrrhichisten kann erst lange nach Pisistratus üblich geworden sein, als man anfing drei gymnische Lebensalter, statt der früheren zwei, zu unterscheiden.

Mit der Pyrrhiche betritt unsere Inschrift das Gebiet der kleineren Agonen, von mehr gottesdienstlichem Character (Pyrrhiche, Euandrie, Lampadephorie), welche dem Tage vor der heiligen Nacht angehören, deren Anfang die Lampadephorie bezeichnet.

Das sacrale Moment der Pyrrhiche zeigt sich theils in mythischen Anknüpfungen***) dieses Tanzes an die Person der Göttinn,

---

*) Siehe oben S. 123.

**) Die Erklärer der Inschrift beziehen diese Ueberschrift ausser auf die Pyrrhiche auch auf alles Folgende. Rangabé glaubt, dass νικητήρια ἱερά gemeint sind, da Pyrrhiche und Lampas den Gottesdienst betreffen, und Sauppe stellt die gottesdienstlichen νικητήρια den mehr weltlichen, auf eigentlichen Gewinn berechneten ἆθλα engeren Sinnes gegenüber. Sachlich ist diese Unterscheidung gewiss richtig, die kleinen Agonen gehen meisteus den Gottesdienst näher an und die hier ertheilten Preise desgleichen. Doch ist nicht zu übersehen, dass die Ueberschrift lin. 21 keineswegs alle die kleinen Agonen umfassen kann, da sie sich hernach wiederholt lin. 28 νικητήρια νεῶν ἁμίλλης. Aus dieser Wiederholung folgt, dass wenigstens lin. 27 ΔΔΔ λαμπαδηφόρῳ νικῶντι ὑδ[ρία] nicht mehr von der ersten Ueberschrift lin. 21 mit betroffen wird. Auf der Inschrift werden nur βόες oder ihre Aequivalente (100, 200, 300 Drachmen) νικητήρια genannt, nicht die ὑδ[ρία], vielleicht weil bei den Preisochsen das ἑστιᾶσθαι τὰ νικητήρια näher lag. Vergl. Xenoph. Cyr. VIII, 3, 33, τοῖς δὲ νικῶσι πᾶσιν ἐδίδου βοῦς τε, ὅπως θύσαντες ἑστιῷντο, καὶ ἐκπώματα· τὸν μὲν οὖν βοῦν ἔλαβε καὶ αὐτὸς τὸ νικητήριον· τῶν δὲ ἐκπωμάτων κ.τ.λ., wo offenbar mit einigem Nachdruck der βοῦς Siegspreis genannt wird, nicht die Gefässe. — Bei Plato legg. VIII, 833 steht νικητήρια ohne Unterschied von den vorher genannten ἆθλα.

***) Diese werden nicht alle athenisch sein. Nach Epicharm (geb. 540 a. Chr., † nach den Perserkriegen) spielte Athena die Flöte und die Dioskuren tanzten kriegerisch dazu. Schol. Pind. Py. II 127 ὁ Ἐπίχαρμος τὴν Ἀθηνᾶν φησι τοῖς Διοσκούροις τὸν ἐνόπλιον νόμον (die Pyrrhiche, O. Müller, Dor. II p. 336 n. 1) ἐπαυλῆσαι; Lobeck Agl. p. 541. Diese Vorstellung braucht nicht athenisch zu sein, Athena ist nicht bloss selber kriegerisch, sondern liebt auch die Vorschule des Kriegs, die Gymnastik, Welcker G. L. II 297. Andere

theils in den Siegespreisen (*Η βοῦς*), welche auf Schmaus und Opfer und gemeinsame Festfreude deuten, während die grossen Quantitäten Oels bester Sorte dem Einzelnen einen Profit gewähren und so die grossen Agonen mit ihren lucrativen Gewinnen merklich von den kleinen unterscheiden (vergl. Sauppe, de Inscr. Pan. pag. 6), bei denen auch nirgends zweite Siegespreise erscheinen, die in den grossen überall gegeben wurden, im musischen Agon (Rang. 261) sogar noch einen dritten, vierten und fünften Preis nach sich haben. Endlich würde es dem sacralen Character des Tanzes angemessen sein, wenn die Pyrrhichisten am Festzuge mit theilgenommen hätten.*)

Die Ausrüstung der Pyrrhiche ist eine Sache des Choregen. Lys. 21, 4. Nach der Inschrift müssen wir annehmen, dass die drei Altersstufen regelmässig vertreten waren.**) Rechnet man nach Lysias die einzelne Stufe zu 700 bis 800 Drachmen, so kostet die ganze Pyrrhiche 2100 bis 2400, also etwas weniger als der tragische (3000), etwas mehr als der thargelische Männerchor (2000). Der Sprecher des Lysias leistete also eine Drittels-Pyrrhiche. Vor der Zeit, in welche die Drittels-Pyrrhichen des lysianischen Sprechers fallen, war ein Beschluss (Ol. 92, 1; Böckh St. H. I p. 485 a. A.) zu Stande gekommen, dass zwei zusammen eine Choregie leisten durften. Hiernach hat vielleicht früher Ein Choreg alle drei Stufen

---

Mythen sind dagegen wohl in Athen gebildet oder umgebildet. Die Göttinn tanzte die Pyrrhiche als Ueberwinderinn der Titanen (Dion. Halic. VII 72) und die Thaten der Athena im Gigantenkampf wurden auf den Peplos gestickt; Meier H. E. III, 10 p. 386. Sie heisst Führerinn der Kureten und ihre Waffentänze und die Kureten sind dabei mit Oliven bekränzt, Lobeck a. O.

*) Es fehlt indess an guten Belegen dafür. Aristophanes spricht Nub. 988 sq. allerdings von der Pyrrhiche und zwar der *παῖδες*: *ὅταν ὀρχεῖσθαι Παναθηναίοις δέον αὐτοὺς τὴν ἀσπίδα τῆς κωλῆς προέχων ἀμελῇ τῆς Τριτογενείας*. Ein im Ravennatischen Codex nicht enthaltenes Scholion zu v. 988 besagt hier: *ὡσανεὶ τούτων ἐν τῇ πομπῇ ἀσπιδοφορούντων δ[έον] ἐπικαλύπτεσθαι [τὴν] αἰσχύνην*. Die gemeinte *πομπή* kann hier wohl nur die grosse sein, aber der Zeuge ist schlecht, doch was er bezeugt, ist keineswegs unmöglich oder unangemessen.

**) Wenn Schol. Aristoph. Nub. 988 sagt: *ὠρχοῦντο Παναθηναίοις ἐν ὅπλοις οἱ παῖδες*, so ist das zwar für die Stelle des Aristophanes, nicht aber für die Sache, ausreichend. Aristophanes spricht dort von dem jüngeren Geschlecht. Dass in des Dichters Zeit schon Dreitheilung der Pyrrhiche üblich war, folgt aus Lysias 21, 4 *ἐχορήγουν πυρριχισταῖς ἀγενείοις*; Lysias ist geboren a. Chr. 458, und in hohem Alter gestorben a. Chr. 378.

ausgerüstet und es ist dann die Pyrrhiche nicht besonders wohlfeil*) gewesen.

Bei diesem von der Flöte begleiteten Tanze ging es so zu, dass „zwei bewaffnete Reihen gemessenen Schritts sich gegen einander bewegten, bald vordringend, bald zurückweichend" (Krause Hel. I p. 837); es war ein kleines Bild des Krieges und Kampfes.

Wie der Sieg eines Pyrrhichisten-Chors zu Stande kam, ist nicht näher bekannt.**)

Die Pyrrhiche der Panathenäen zu erläutern, dient ein von Beulé vor den Propyläen (l'Acropole II p. 313) gefundenes Fussgestell, welches Bildsäulen, deren Füsse noch sichtbar, getragen hat. Ein panathenäischer Choreg, dessen Leistungen preiswürdig befunden waren, hatte Bildsäulen auf die Burg gestiftet und am Fussgestell derselben theils Pyrrhichisten theils einen cyclischen Chor darstellen und über jenen die Inschrift setzen lassen, welche der Entdecker folgendermassen ergänzt: ... [ἀνέθηκεν, χορηγῶν πυρριχ]ισταῖς νικήσας· Ἄταρβος Λυ[σίου ἡύλει, Κ]ηφι[σόδωρος ἦρχεν]. Diese Ergänzung scheint mir treffend, obwohl, um sie völlig zu sichern, der Raum der Lücken genau bestimmt werden muss; es könnte auch [ἀγενείοις πυρριχ]ισταῖς gesetzt werden nach Rang. 960; siehe Seite 163, doch lehrte ja das Relief selbst (abgebildet bei Beulé l'Acropole hinter dem zweiten Bande), welcher Altersstufe die Tänzer angehörten.

Cephisodor war Archon Ol. 103, 3 (grosse Panathenäen); auch der Archon Ol. 114, 2 (kleine Panathenäen) heisst Cephisodor. Wiewohl es im Allgemeinen wahrscheinlicher ist, alle bedeutenderen Leistungen auf grosse Panathenäen zu beziehen, (hier also Ol. 103, 3), so steht doch aus Lysias fest, dass die Pyrrhiche auch am kleinen Feste vorkam. Nach dem Kunststyl ist Beulé geneigt den Cephisodor von Ol. 114, 2 zu verstehen; ich kann das nicht untersuchen. Siehe auch Seite 125.

Das Relief stellt acht Jünglinge dar, denen zur Rechten eine

---

*) Die grössere Wohlfeilheit der Pyrrhiche, von der Böckh St. H. I p. 497 n. A. spricht, hat ihren Grund jedenfalls darin, dass an der Stelle des Lysias nur von Drittels-Pyrrhichen die Rede ist. Denn obwohl 21, 1 die Altersstufe nicht dabei steht, ist doch aus dem fast gleichen Aufwand (800, § 4. 700 Dr.) klar, dass es ebenfalls nur eine der drei Stufen ist, die ausgerüstet worden.

**) Isae. 5, 36 heisst es von einem Choregen, er sei mit Tragöden und Pyrrhichisten der letzte (ὕστατος) geblieben. Sind hier die drei Altersstufen unter einander abgeschätzt, oder mehrere Choregen für dieselbe Stufe?

Figur in langem Faltenkleide steht. Die Jünglinge tragen leichte Kopfbedeckungen (*un léger casque*, Beulé p. 320) und Schilde in der Linken, sonst sind sie nackt. Alle führen die gleiche Position aus, die ihr Kriegstanz vorschrieb, auch in Wuchs und Bildung sind sie einander ähnlich.

Zwischen dem vierten und fünften ist Platz frei gelassen, so dass die 8 Tänzer in Ordnungen zu 4 und 4 zerfallen, die wir der gymnischen Quaterne (4 Läufer auf Eine τάξις, siehe Seite 147) vergleichen und mit Beulé Halb-Chöre nennen können.

Offenbar haben wir eine Drittels-Pyrrhiche vor uns. Wenden wir auf das Relief die 800 Drachmen an, welche für Pyrrhichisten an den grossen Panathenäen verausgabt wurden (Lysias 21, 1), so kostete jeder Tänzer eine Mine. Die ganze Pyrrhiche aber hatte 24 Pyrrhichisten, gerade so viel Choreuten hatte der komische Chor.

Für die Pyrrhiche der Panathenäen wird man sich nur an Beulé's schöne Entdeckung halten müssen. Die sechs ähnlichen Waffentänzer bei Visconti (Mus. Pio-Clem. IV, 9) nennt Krause Korybanten; andere verwandte Darstellungen (Krause Hellen. 1 pag. 833 sq. und Abbildungen Tafel XXII sqq.) mischen offenbar Fremdartiges (Bacchisches) ein, darunter zeigt der a. O. Taf. XXIV n. 90 abgebildete Tanz, wie der bei Visconti sechs Figuren. Eine Anzahl von 6 Tänzern ist aber athenischem Herkommen nicht so gut anzupassen, wie die 8 Tänzer des neugefundenen und sicher panathenäischen Reliefs.

Euandrie.

Die athenischen Bürger, welche in Pisistrats Zeit ein Infanterie-Geleite des panathenäischen Festzugs bildeten, ordnete Hippias a. Chr. 514 im äusseren Ceramicus am Morgen des Festzugstages; ihn umgaben seine speerbewaffneten Trabanten. Als inzwischen Hipparch beim Leokorion ermordet und der überlebende Hippias davon benachrichtiget war, traf er Massregeln, um die Verschworenen zu finden. Von individuellen Verdachtsgründen abgesehen, wurden sie erkannt an der kleineren Handwaffe. Es war damals Sitte, dass das bewaffnete Gefolge bloss Schild und Speer trug, sonst keine Hieb- oder Stichwaffe in Händen*) hatte. — Dies Infanterie-

---

*) Dem Thucydides (6, 58) kommt es nur auf das an, was sie in der Hand trugen, nicht auf Helm, Harnisch u. dergl. Dass die πομπεῖς gar keine anderen Waffenstücke führten als Speer und Schild, war seine Meinung nicht.

Geleit war nicht eingeladen, um in zwei Parteien sich den Vorrang in der Stattlichkeit (Euandrie) streitig zu machen. Der Fürst stellte eine Anzahl herbefohlener oder nicht abgewiesener Bürger auf, ob er ihnen danken, sie bewirthen, irgend einen belohnen wollte, hing von seinem Belieben ab. Es wurde nicht alles aufgeboten, um ein den Augen angenehmes Schauspiel darzustellen, sondern das Volk erschien vor seinem Kriegsherrn, der es ordnete (διεκόσμει Thuc. 6, 56) als einer der δύω κοσμήτορε λαῶν, von denen das damalige Athen beherrscht war. — Thucydides spricht von der Sitte pisistratischer Zeit im Imperfect,*) denn sie änderte sich nachmals sehr.

Im freigewordenen Athen mochte nun erstlich jeder unabhängige Mann dem Zuge sich anschliessen, sein Schwert unter der Myrte tragend, kein Tyrann verbot es; er durfte dem lieben Harmodius einen Freiheitsgruss zusingen, denn Harmodius lebte ihm noch dort auf den glücklichen Inseln bei Achill und dem Tydiden (Scol. 2 bei Bergk S. P. p. 871). Ausser diesen dem Zuge zwanglos anwohnenden Bürgern gab es aber auch noch eigentliche πομπεῖς. Diese Geleitsleute, so weit es wenigstens Fussgänger waren, wurden mittelst eines eigenthümlichen Modus zu Geleitern erkoren und dieser Modus scheint die Euandrie gewesen zu sein.**)

Rang. 960, B lin. 25 sq. heisst es:

Η εὐανδρίᾳ φυλῇ νικώσῃ βοῦς.
Η φυλῇ νικώσῃ βοῦς.

Auf der Inschrift ging die Pyrrhiche vorher, es folgt die Lampadephorie. Vor der Lampas ist sie auch gestellt [Andocid.] 4, 42.

Die Besorgung dieses Wettkampfs war eine Liturgie; [Andocid.] 4, 42 περὶ δὲ τῶν λειτουργιῶν οὐκ ἀξιῶ μεμνῆσθαι (worauf die Euandrie, Lampas und Tragöden erwähnt werden). Wer diese Liturgie übernahm, hatte aus seinen Stammgenossen einen Zug der Schönsten und Grössten zusammenzubringen, auch wohl zu kleiden und

---

Er erzählt ohne Zweifel nach der noch lebendigen Tradition, die an dem Skolion ihren Halt hatte.

*) Thuc. 6, 56 ἐν ᾗ μόνον ἡμέρᾳ οὐχ ὕποπτον ἐγίγνετο ἐν ὅπλοις τῶν πολιτῶν τοὺς τὴν πομπὴν πέμψοντας (so Böhme und jetzt auch Krüger, statt πέμψαντας) ἀθρόους γενέσθαι; ib. 58 μετὰ γὰρ ἀσπίδος καὶ δόρατος εἰώθεσαν τὰς πομπὰς ποιεῖν. Das Imperfect wie 1, 6 πᾶσα ἡ Ἑλλὰς ἐσιδηροφόρει, nicht Praesens wie 2, 34 θάπτουσι von einer Sitte der thucydideischen Gegenwart.

**) Dass die euandrischen Sieger als solche Geleitsleute wurden ist nicht überliefert, aber wer das von Sauppe de Inscr. Pan. 8 sq. Beigebrachte überlegt, wird zu dieser Ansicht kommen.

auszurüsten (Sauppe de Inscr. Pan. p. 8). Solche Züge werden nicht sehr zahlreich*) gewesen sein, der Kosten wegen, sie mögen z. B. die Stärke eines Chors nicht überstiegen haben. Der Uebernehmer siegte dabei namens seiner Phyle, da er wohl nicht allein alle Kosten trug. Der Wettkampf fand vermuthlich nur zwischen je 2 Phylen statt, so dass schon deshalb zweite Sieger nicht möglich sind; siehe Rang. 960 a. O.

Es fragt sich wie lin. 26 der Inschrift zu erklären ist. Gleich nach der Euandrie folgt eine Phyle wiederum als Siegerinn in irgend einem Wettkampfe. Aber in welchem Wettkampfe? Sauppe a. O. p. 10 hat die Antwort gegeben, dass beide Siege zur Euandrie gehören und zwei Züge Oelzweig-tragender Greise einerseits, zwei Züge Waffen-tragender Männer aber andererseits concurriert haben, jene in der Schönheit des Alters, diese in der Schönheit der Jugend wetteifernd. Hiermit ist die ganz gleiche Belohnung beider Siege in Einklang und Sauppes Erklärung der von Rangabé II p. 672 aufgestellten vorzuziehen. Fraglich könnte nur sein, ob lin. 25 die agmina iuniorum, lin. 26 die agmina seniorum enthalten müsse, oder ob erst die seniores dann die iuniores an die Reihe kamen; s. o. Seite 143.

Das certamen iuniorum erscheint in der grossen Theseen-Inschrift, Philistor II p. 134, offenbar unter dem Namen Euoplie; die Euandrie geht voran, und beide so (1. Euandrie, 2. Euoplie) vereinigt stehen dreimal hintereinander. Das Vorangehen des certamen seniorum (Euandrie engeren Sinnes), das Nachfolgen des certamen iuniorum ist damit auch für die Panathenäen entschieden. — Auch in der verstümmelten Inschrift Rang. 964, welche wegen der tarantinischen Spiele (Rang. 964, 26; Theseen-Inschrift A, 57) als eine Theseen-Inschrift zu betrachten sein dürfte, ist die gleiche Folge annehmbar, so dass anfangs $εὐανδρία$ verloren ist; dann folgt lin. 2 die Euoplie; lin. 3 und 5 bilden wieder solch ein Paar; lin. 6 und 8 ebenfalls; hiermit sind die drei Paar vollständig. —

---

*) Die zur $πομπή$ befohlenen Athener in der Pisistratidenzeit also werden wohl weit stärker an Zahl gewesen sein. Dafür gab es damals keine Reiter. Denn die thessalischen Reiter waren eine ausserordentliche Hülfstruppe und für den Festzug als Ausländer nicht angemessen. Als man in Athen eine bürgerliche Reiterei nach den Perserzeiten zu haben anfing, wurde das Geleite zu Fuss von den Reitern überglänzt; es konnte, neben der Cavalerie, nicht mehr imponieren, wohl aber durch Schönheit gefallen.

Rang. 963, 7 ist gleichfalls die Euandrie genannt, vielleicht dann lin. 9 [εὐο]π[λ]ί[α].

Auf diesen Inschriften steht die Euandrie und Euoplie noch vor dem gymnischen Agon, hat also ihren Platz verändert. Denn auf der alten Panathenäen-Inschrift Rang. 960 nimmt sie unmittelbar vor der Pannychis die Stelle eines Proagons ein. Wiewohl es nun von jenen jüngeren Inschriften theils möglich, theils gewiss ist, dass sie die Panathenäen nicht angehen, liegt doch die zweifache Euandrie der Panathenäen als wahrscheinliches Vorbild zu Grunde und es ist anzunehmen, dass auch bei den Panathenäen die Abart der Euandrie späterhin Euoplie genannt wurde.

Pannychis.

Die Lampas, Rang. 960, B lin. 27 $\Delta\Delta\Delta$ λαμπαδηφόρῳ νικῶντι ὑδ[ρία], zeigt dass wir mit lin. 27 unserer Inschrift an den Anfang der heiligen Nacht gelangt sind; vergl. G. A. § 54. In der fast ganz mondlosen Nacht einer τρίτη φθίνοντος bedurfte es der Erleuchtung und aus dem Bedürfniss wurde eine Zierde. Es ist möglich dass man sich dies so zurechtlegte als verlange Athena, eine Lichtgöttinn, die Lampas. Die 24 Stunden von diesem Sonnenuntergang bis zum nächsten umfassen das eigentliche Hochfest der Panathenäen.

So weit aus der Inschrift a. O. zu ersehen, wird der Siegespreis einem Einzelnen ertheilt und ein Wetteifer zweier Phylen, wie bei der Euandrie und Euoplie, scheint dabei nicht stattgefunden zu haben. Doch nicht eine Gewinn bringende Belohnung, wie die der grossen Agonen, sondern eine gottesdienstliche Ehrengabe ist es, was dem Lampadephoren sein Sieg einbringt, eine Hydria[*]) oder an Geld 30 Dr., weniger als der geringste Preis im gymnischen Jugend-Agon beträgt. Diesen darf man deshalb zum Vergleich heranziehen, weil die Lampas selbst eine gymnische Leistung ist, ein

---

[*]) Die Hydriaphorie der Metöken-Frauen (Pollux 3, 55) ist nicht ehrenvoll (C. Fr. Herm. gr. Ant. I § 115, 10); um so schwieriger ist es zu sagen, ob sich an die Preisgabe eine den Sieger auszeichnende Opferdienstpflicht anschloss. Es genügt vielleicht anzunehmen, dass der erlangte Besitz eines Gefässes von gottesdienstlicher Bestimmung ehrenvoll war und dass der Besitzer auch mit seiner Hydria beim Opfer solche kleinere Dienstleistungen übernahm, die nicht beschwerlich waren und religiöse Dignität hatten; siehe Seite 182.

Gymnasiarch*) rüstet sie aus, wer die Fakel nicht zu tragen weiss, zeigt gymnisches Ungeschick (Ar. Ran. 1087 λαμπάδα δ' οὐδεὶς οἷός τε φέρειν ὑπ' ἀγυμνασίας ἔτι νυνί). Aber der gymnische Agon ist von weltlicher, die Lampas von geistlicher Tendenz.

Die ganze Nacht hindurch fanden Gebräuche statt, deren Ursprung ohne Zweifel in ein hohes Alterthum hinaufreicht. Erstlich die ὀλολύγματα, vermuthlich eind Art Litanei (vgl. Ameis z. Odyss. III 450), Sacralformeln, die von den (älteren) Priesterinnen nach einer herkömmlichen Regel immer aufs neue wiederholt wurden; dazu Tänze von Jungfrauen; Eur. Heraclid. 781, s. unten Note**).

An diesen Frauen-Ritus schloss sich Spiel und Gesang männlicher Chöre. Solch ein Chor war der, welcher an den kleinen Panathenäen 300 Drachmen kostete im Jahre des Diocles Ol. 92, 4, nach Lys. 21, 2 κυκλικῷ χορῷ. Euripides Heracl. 780 erwähnt nur jugendlicher Sänger: νέων τ' ἀοιδαὶ χορῶν τε μολπαί; doch kann man unter χορῶν μολπαί Männerchöre zur Flöte verstehen, die mit den Gesängen der Knaben (νέων ἀοιδαί) nicht identisch waren. Dass bekränzte Epheben „den gewohnten Päan" auf die Göttinn sangen beweist, jedoch nur für späte Zeiten (s. S. 15), Heliodor Aethiop. 1, 10; Meier II. E. III, 10 p. 290 n. 35; 292 n. 52. Einen cyclischen Chor von 7 Männern, die links einen Führer zur Seite haben, zeigt das oben Seite 165 erwähnte Relief. Sie stehen in feierlicher Gleichmässigkeit der Haltung, tiefverhüllt in ihre faltigen Kleider, ohne Kränze. Drei von ihnen bilden mit dem Führer eine Gruppe, von der die vier übrigen etwas getrennt stehen. In der Ueberschrift scheint sich der Aufsteller als Sieger mit dem cyclischen Chor zu bezeichnen; es sind nur wenige Buchstabenreste erhalten, die Beulé so ergänzt hat: [χορηγῶν] νική[σας κυκλικῷ χο]ρῷ; l'Acropole II pag. 317.

In welcher Art die verschiedenen Bräuche angeordnet waren und in einander griffen ist nicht überliefert. Die Aufeinanderfolge des Euripides darf man nicht zu Grunde legen. Nachdem er des Hecatombentages**) und der Chorlieder erwähnt hat, schliesst er mit

---

*) Da der Archon König Vorstand der Fackelspiele ist (Poll. VIII, 90: προέστηκε ... ἀγώνων τῶν ἐπὶ λαμπάδι), dürfte der Sieger seine Hydria nicht aus den Händen des Gymnasiarchen, sondern des Archon König erhalten haben.

**) Bei Euripides Heraclid. 777—783 wird zuerst im Allgemeinen der Hecatombenung bezeichnet, der hochfestliche, die Pannychis mit einschliessende: ἀλλ' ἐπί σοι πολύθυτος ἐς αἰεὶ τιμὰ κραίνεται, οὐδὲ λήθει μηνῶν φθινὰς

den Litaneien der Pannychis. Aber die Nacht und die Nachtfeier bildete auf keinen Fall den Schluss unter den Gebräuchen.

Wie dem tags auf der Burg zu bringenden Opfer und dem Festzuge nächtliche Religionsgebräuche vorangingen, so dürften auch dergleichen auf dem Areopag *) stattgefunden haben; denn auch hier fand ein Opfer (Rang. 814) am Lichttage der Panathenäen engsten Sinnes statt, wie denn auch von einem Festzuge für die Semnen die Rede ist, an dem kein Sclave theilnimmt; Philo de praest. libert. p. 886 B; G. A. 62, 37.

In der ὀλολυγή konnte schon die älteste Naturreligion ihren Ausdruck finden. An einem Ernteschluss-Feste, was die Panathenäen ursprünglich waren, hatte man Musse zurückzublicken auf die

ἁμέρα, νέων τ᾽ ἀοιδαὶ χορῶν τε μολπαί. ἀνεμόεντι δὲ γᾶς ὄχθῳ ὀλολύγματα παννυχίοις ὑπὸ παρθένων ἰαχεῖ ποδῶν κρότοισιν. Die φθινὰς ἡμέρα ist nicht der helle Tag, sondern das kalendarische νυχθήμερον. Auf das Ganze folgen die Theile, die Gesänge und Lieder von Chören, die nächtlichen Bräuche. Der Fortschritt ist vom Allgemeinen zum Besondern, nicht nach der Ordnung und Folge der Sachen gemacht. Vielleicht muss man sich die wirkliche Anordnung so denken, dass der grössere Theil der Nacht mit Litaneien der Weiber ausgefüllt wurde, aber schon vor Tag die Sänger begannen, so dass bei Aufgang des schwindenden Mondes und dann der Sonne der Ritus seinen Gipfel erreichte, indem alle Mitwirkenden, zugleich oder in Absätzen wechselnd, thätig waren, dass der Frauenritus aber nach Sonnenaufgang endete und nunmehr die cyclischen Männerchöre allein sangen bis das Opfern (vormittags) begann und noch während des Anfangs der Opfer.

*) Vielleicht bezieht sich der Schluss von Aeschylus Eumeniden zum Theil auf Cultushandlungen der panathenäischen Pannychis. Die rächerischen Gottheiten ergreifen Besitz von den Tiefen der attischen Erde unter dem Glanze von Fackeln, geleitet von dem εὐκλεὴς λόγος παίδων, γυναικῶν καὶ στόλος πρεσβυτίδων. Der wiederholte Ruf des Eumeniden-Geleits ὀλολύξατε νῦν ἐπὶ μολπαῖς erinnert an die (panathenäischen) ὀλολύγματα und μολπαί aus Euripides, s. o. Orestes der Muttermörder muss an einer φθινὰς ἡμέρα, vielleicht gerade an der τρίτῃ φθίνοντος, vor den Schranken gestanden haben, s. o. Seite 18, Note **. — Das eigentlich religiöse Hochfest der Panathenäen wird von den Hieropöen verwaltet und Hieropöen giebt es auch für die Semnen; in Demosthenes' Zeit freilich drei besondere für die Semnen (21, 115), während man erwarten möchte, dass die Hieropöen, welche eine zahlreiche Behörde waren (siehe unt. Apaturien, Schluss, letzte Note), den Dienst der Athena und den der Eumeniden zugleich besorgten. Im Festjahr der Athener ist nicht leicht eine passendere Stelle zu finden als die Panathenäen, um den Semnen-Cultus einzuweisen. — Derselbe wird damit nicht mit der Athena-Religion in dem Maasse vereinerlei, dass er nicht an ein besonderes Geschlecht geknüpft bliebe, welches mit der Religion der Athena nichts gemein hatte. Dies besondere Geschlecht war das der Hesychiden, Polemon. frgm. ed. Preller p. 91.

Kräfte Himmels und der Erden, denen das Korn verdankt ward, und sich des Wunders zu entsinnen, durch welches die äusserlich gestorbenen Getreidehalme nunmehr im Saatkorn enthalten und in dieser Gestalt zu neuem Segen eben jetzt geborgen waren.

Auch nachdem man das Gleichniss (Erechtheus den Kornhalm) aufgegeben hatte, war die ὀλολυγή geeignet den persönlichen Stammvater Erechtheus zu feiern, den zum Heile der Athena von der Stadtgöttinn verpflegten und grossgezogenen, endlich irdischem Tode verfallenen und als Erddämon geheimnissvoll fortlebenden.

Als endlich Athena bei der Panathenäenfeier durchaus in den Vordergrund trat und zuerst Pisistratus, wie es scheint, die Kühnheit hatte in den Panathenäen den Geburtstag seiner Schutzgöttinn zu begehen, war ebenfalls die ὀλολυγή, welche sowohl Freude als Trauer ausdrückt, anwendbar, als Jubel über glückliche Geburt und Begrüssung dessen was geboren ist (Theocr. XVII, 61 *Κόως δ' ὀλόλυξεν ἰδοῖσα*, und Welcker G. L. II, 279). Einige der Litaneien mochten das Nahen der Göttinn (im Festzuge) erflehen, in der Art, dass eine bestimmte Nachtzeit (der Aufgang des Mondes*) eben vor Tag) festgesetzt war, wo man annahm, dass Athena geboren sei und sofort, wie sie im Wagen aus Zeus' Haupte gesprungen,**) heranfahre um von ihrer Burg in Athen Besitz zu nehmen. Vorstellungen dieser Art scheint die pisistratische Panathenäen-Feier ausgedrückt zu haben. Das Festgeleit setzte sich auch noch späterhin mit Sonnenaufgang in Bewegung (Rangabé n. 814, 34).

Die in der Nacht und am Festmorgen herkömmliche Vocalmusik mag auch poëtische Erzeugnisse hervorgerufen haben, welche den Text bildeten für die Gesänge, namentlich der Knaben. Es ist möglich, dass hierzu die beiden Lieder, deren Anfänge Aristophanes Nub. 967 erwähnt, gehören. Aristophanes hebt hervor, dass die

---

*) So konnte im Alterthum behauptet werden, dass Athena der Mond sei (Gerhard, gr. Mythol. § 253. 3, d.), zumal da ihr nun auch die τρίτη ἱσταμένου, wo manchmal Neumond ist, beigelegt wurde.

**) Das ist die ältere Vorstellung. Zu Wagen sprang sie nach einem verlorenen Hymnus (Etym. M. p. 474, 30; Baumeister Hymn. p. 362) aus Zeus' Haupte. Der Peplos bewahrte dieses (Eurip. Hec. 470; Meier H. E. III, 10 p. 288 u. 12). Die zu Wagen geborene Athena für die Panathenäen des Pisistratus anzunehmen, ladet Herodots Erzählung I, 60 ein. Es ist besser die als Hoplitinn aus Zeus hervorspringende Athena erst der nach-pisistratischen Periode des Gottesdienstes beizulegen, obwohl Stesichorus, der in den Anfängen der pisistratischen Tyrannis starb, diese Version schon kennt, wie auch der homerische Hymnus 28, 5.

männliche Jugend alten Schlages dergleichen lernte, nach einer Harmonie, welche die Vorfahren überliefert; der Anfang des einen dieser Lieder ist (Bergk P. L. p. 951 2. Aufl.):

*Παλλάδα περσέπολιν, δεινὰν θεὸν, ἐγρεκύδοιμον
Ποτικλῄζω πολεμαδόκον ἁγνάν,
Παῖδα Διὸς μεγάλου δαμάσιππον ἀρίσταν παρθένον.*

Es ist ein Dithyramb, gedichtet von Lamprocles dem Athener. In der Art mögen die Lieder der Jugend (*ἀοιδαὶ νέων*, Eurip. s. o.) gewesen sein, welche der Athena am Hochfeste erschollen.

An solche Nächte heftet sich mitunter Aberglaube. „Traum in der Neujahrsnacht trifft ein" Grimm D. Myth. p. 1100 2. A. So ging dem Hipparch das in Erfüllung was ihm *ἐν προτέρῃ νυκτὶ τῶν Παναθηναίων* Herod. V, 56 geträumt hatte.

Die Hieropöen, welche nach Rang. 814, 32 sq. eine möglichst schöne Weihnacht ausrüsten sollen (*ποιεῖν τὴν παννυχίδα ὡς καλλίστην τῇ θεῷ*) haben zu dem Ende sehr geringe Geldmittel. Denn Ausgaben für die Pompe, Nebenkosten beim Opfer, wie [Brennholz] u. dergl., endlich auch für die Pannychis, sollen von 50 Drachmen bestritten werden, Rang. 814. lin. 27 bis 31. Wenn die Behörde so wenig gab, werden auch die Leistungen der Privaten gering gewesen sein. Es waren die kleinen Panathenäen wohl schon längst im Sinken.

Personal.

Ueber die Functionäre, welche an dem Hochfeste theilnahmen, giebt uns Rang. 814 Aufschluss, eine Inschrift die der Herausgeber gegen Ol. 110 (a. Chr. 340) also in die demosthenische Zeit setzt. *) Hier heisst es, dass die Hieropöen gewissen Personen ein Präcipuum vom Panathenäenopfer geben sollen, lin. 10 sq. *καὶ νείμαντ[ας τοῖς τε μάντ]εσιν πέντε μερίδας, καὶ τοῖς ἐννέα ἄρ[χουσιν τρεῖς κ]αὶ ταμίαις τῆς**) θεοῦ μίαν καὶ τοῖς ἱερ[οποιοῖς κ]αὶ τοῖς στ[ρατ]ηγοῖς καὶ τοῖς ταξιάρχ[οις μίαν καὶ τ]οῖς πομπ[εῦ-σι]ν τοῖς Ἀθηναίοις, καὶ τα[ῖς ἀρρηφόροι]ς ([κανηφόροι]ς?) κατὰ εἰω[θότα], τὰ δὲ ἄλλα κρέα Ἀθηναίο[ις διδόντας].* Es ist

---

*) Sie bezieht sich auf die kleinen Panathenäen, kann aber unbedenklich auch für die jährlichen Theile der grossen d. h. für die Pannychis, die Pompe, die Opfer, benutzt werden.

**) In den Minuskeln hat Rangabé II p. 440 fehlerhaft *τοῖς θεοῦ*; die Majuskeln geben ΤΗΣ ΘΕΟΤ.

hier nicht von der Hecatombe die Rede, welche auf der Inschrift erst folgt, sondern von den beiden Voropfern auf dem Areopag und für Athena Hygiea; diese beiden Voropfer geben die Portionen (μερίδες) her, die dem Personal zukommen, sie sind diesem Zwecke recht eigentlich bestimmt, die Hecatombe dagegen ist für das Volk, welches auch, wenn von jenen ein Rest bleibt, denselben bekommt (τὰ ἄλλα κρέα).

Die Seher erhalten 5 Portionen; nach Rangabé's Ergänzung von εσιν, was erhalten ist; vergl. Rangabé II p. 442. Unter Aufsicht der Opfervorsteher (ἱεροποιοί), welche die leitende Behörde der religiösen Festacte sind, scheinen die μάντεις das von den Göttern beschiedene Glück zum neuen Jahre verkündigt zu haben.

Als Ehrengäste folgen die Archonten, damals und schon längere Zeit in Athen eine sehr einflusslose Würde; sie haben indess vor dem Angesichte der Göttinn immer noch höheren Rang als die Strategen.

Dann die Schatzmeister*) der Göttinn. Sie wurden durch die

---

*) H. A. Müller Panathen. p. 121 sqq. erklärte 10 von den 14 Männergestalten, die im Fries des Parthenon an den Göttergruppen gebildet sind, für die 10 ταμίαι der Göttinn, 2 waren ihm Priester, für die beiden letzten stellte er keine Deutung auf. Bei der grossen Anzahl von Ehrengästen, die wir aus Rang. 814 lernen, ist kein Grund die ταμίαι sehr zu bevorzugen. — Ebenso wenig werden die 14 Gestalten Hieropöen sein; nach der Inschrift Ross Demen p. 40 haben wir 14 Hieropöen der Ἀθήναια, des Athenaenfestes. Denn abgesehen davon, dass von den Hieropöen der Göttinn doch einige wohl im Festzuge selbst beschäftigt waren, nicht aber, wie fast alle jene Gestalten, den kommenden Zug empfingen, ist wiederum kein Grund weshalb Phidias gerade lauter Hieropöen, darstellen sollte, statt Archonten, Strategen, Seher auszudrücken. Die Uebereinstimmung der Zahl von 14 Figuren mit den 14 Hieropöen der Ross'schen Inschrift beweiset nichts. Beiden Anzahlen liegt unabhängig die Siebenzahl zu Grunde, welche auch im Athenacult beliebt und, wie es scheint, heilig war. Im Inventar der Göttinn finden sich nicht selten sieben Phialen hinzugeschenkt, Böckh C. I. I p. 189. Der cyclische Chor auf Beulé's Relief (s. oben Seite 170) enthält sieben Personen, die achte ist nicht Chor-Mitglied, sondern etwa Chor-Meister. Die 12 Götter am östlichen Fries des Parthenon machen mit den 2 Nebenfiguren Gruppen von je 7. Es ist möglich, dass die Frauengestalten, welche Geräthe tragen, so wie die Männer beider Hälften des Westfrieses auf die Siebenzahl zurückgehen. Denn jener sind 29, dieser je 15, so dass eine Führerinn oder einen Führer abgerechnet 4×7 und 2×7 bleiben. Von den 30 Figuren des Westfrieses hat H. A. Müller p. 103 eine für sich gestellt; es müsste indess noch eine zweite ausgesondert werden, um die Siebenzahl durchzuführen. Doch kommt nichts darauf an; nur dass man nichts schliesse aus der Uebereinstimmung der 14 und 14.

Feier in so fern in Thätigkeit gesetzt als sie, freilich wohl nicht an den Festtagen sondern (z. B. 10 Tage) vorher, dem Volke eine Diobolie auszahlten, wenn die Mittel reichten. — Einst erhielten auch die Kolakreten*) vermuthlich ihren Antheil.

Hierauf werden die Hieropöen selbst nebst den Strategen und Taxiarchen genannt, eine aus Demosth. 4, 26 bekannte Verbindung. Demosthenes klagt über eben das was unsere Inschrift bestätiget, dass die Officiere mit den Opferern umherziehen und Festzüge machen helfen, was in Pericles Zeit ganz anders war. Die Officiere waren allem Anschein nach blosse Figuranten; was sie zu thun hatten, ist nicht bekannt (Westerm. zu Dem. a. O.), und wenn sie sich nützlich machten, so mochte das freiwillig sein. Auch die Festzugspolizei war, zu der Zeit wenigstens, wo Rang. 814 geschrieben ist, bei den Hieropöen, von welchen es lin. 34 sq. heisst ζημιοῦντας τὸν μὴ πειθαρχ[οῦντα ταῖς ὑπὸ](?) τῶν νόμων ζημίαις. Für die ältere Zeit dürfte dennoch Meier H. E. III 10 p. 293 Recht haben, dass die Hieropöen nur mit der Opferfeierlichkeit zu thun hatten. Im Verlaufe scheinen die Hieropöen immer mehr Einfluss zu erhalten.

Die Inschrift erwähnt dann des Geleits; den πομπ[εῦ]σιν soll wie auch anderen Dienstthuenden ihr gewohntes Präcipuum vom Opfer gegeben werden; [aber nur] den athenischen, τοῖς Ἀθηναίοις. (Es gab wohl auch ein nicht-attisches Geleit). Dasjenige was zur Burg geleitet wurde, war das Opfervieh. Wie nun das attische Geleit ölzweigtragender Greise und waffentragender Männer die für attisches Geld gekauften Opferstücke heranzuführen oder doch in deren Nähe einherzuziehen hatte, so werden Bürger von Tochterstädten wie Brea, wiederum ihre mitgebrachten Rinder geleitet haben und vielleicht ebenfalls [μετὰ θαλλῶν] (Sauppe de Inscr. Panath. p.10). Der Ernennungs-Modus für die attischen πομπεῖς zu Fuss ist die Euandrie (s. o. S. 167); von dieser aber sind die ξένοι ausgeschlossen, Bekk. Anecd. 257, 13, Sauppe de Inscr. Pan. p. 8. Die mittelst dieses Modus Ernannten sind also in der

---

*) Sie kommen neben dem Schatzmeister (Singular), dem der Athena ohne Zweifel, in einer alterthümlich geschriebenen Inschrift Ephemeris 1856 H. 42 n. 2830 vor; lin. 7 τὸ δὲ ἀργύριον δοῦναι τὸν ταμ[ίαν] — — | lin. 8 — — — τῆς θεο[ῦ] κατὰ τὰ πάτρια — — — — — — — | lin. 9 — — — — — — — κωλακρέται: διδόντων — — — — | *Die Erwähnung des alten Tempels (lin.6), des Peplos (lin. 10) und der Praxiergiden (lin. 13) beweiset, dass die Inschrift den Athenacult betrifft.

That „Geleiter [aber nur] athenische", οἱ πομπεῖς οἱ Ἀθηναῖοι. Die Euandrie war der Vorbereitungsact zur Pompe, mithin war jedes Jahr eine Euandrie nöthig, wenn anders die Geleitsleute doch wohl nicht auf eine ganze Penteteris creiert wurden.

Unter den πομπεῖς sind ausserdem reitende und fahrende mit einzubegreifen, sowol für das grosse als für das kleine Panathenäenfest der besseren Zeit. Ob gerade unter dem Geleit der Inschrift Rang. 814 alle drei Gattungen vertreten waren, mag unsicher sein; doch da die Phylarchen und Hipparchen nicht neben den Infanterie-Officieren genannt sind, ist es ein naheliegender Gedanke, dass erstere mit unter den πομπεῖς zu verstehen sind, so dass die Worte des Demosthenes 4, 26 δέκα ταξιάρχους καὶ στρατηγοὺς καὶ φυλάρχους καὶ ἱππάρχους δύο der inschriftlichen Aufzählung „Strategen Taxiarchen, Geleite" entsprechen. So empfiehlt es sich wenigstens auch an Reiter bei den πομπεῖς der Inschrift zu denken. Und wenn wir uns ein festes Herkommen denken, ausser Fussgängern und Reitern auch Wagen folgen zu lassen, so mochten die üblichen Gattungen des Geleits hinreichend deutlich bezeichnet sein mit dem blossen πομπεῖς. Man bemerke, dass die Inschrift gerade für das Geleit und die [Kanephoren] sich auf das Herkommen beruft in Betreff der Belohnung; es war eine jährlich sich wiederholende, auch bei anderen Festzügen geübte Observanz, nach der der πομπεύς jeder Gattung seine Opferportion erhielt, mithin unnütz darüber ins Detail zu gehen.

Für die Theilnahme der Reiter am panathenäischen Festzuge überhaupt sprechen manche Stellen der Alten (G. A. 54, 34), wenn auch nicht ausdrücklich; für die Theilnahme von Wagen der Name des ζεῦγος πομπικόν selbst, welches auf keiner panathenäischen Inschrift fehlt. Nur die Theilnahme von Reitern und Wagen bei dem kleinen Feste könnte beanstandet werden. Da aber der Staat ohnehin Reiter besoldete, die Paradegespanne besass, so dass wenig neue Kosten verursacht wurden (s. o. S. 161), so ist die Theilnahme von Reitern und Wagen von Seiten des Kostenpunctes durchaus wahrscheinlich, woneben indess nach und nach eintretende Beschränkungen namentlich für die kleinen Panathenäen einzuräumen sind, als Athen schwächer und ärmer wurde.

Nehmen wir den Standpunct der Religion, so ist es ebenfalls wahrscheinlicher, dass das eigentliche Hochfest (der Festzugstag) jedes Jahr gleichartig begangen wurde. Dies mag nie ganz erreicht sein, die weltliche Prunksucht mag bei der grossen Feier immer auch ein glänzenderes Hochfest herbeigeführt haben, aber bis zur Weglassung des Wagengeleites braucht man die Vernachlässigung des kleinen Festes nicht getrieben zu haben, so wenig wie bis zur Weglassung der Reiter. Auch scheint die oben S. 124 angeführte Stelle des Menander für Wagengeleit am kleinen Feste zu sprechen.

Der Fries des Parthenon, welcher den panathenäischen Festzug darstellt, hat nicht bloss der grossen, sondern auch der kleinen Feier den Spiegel vorgehalten, wie man Festzüge machen müsse; er enthält aber Wagen und Reiter, die hinter der Opferprocession herziehen und diese, obwohl leblos und nur Bilder von Stein, haben gewiss die Vätersitte treulich hüten helfen; so dass man sich ein wenig mehr scheuete es anders zu machen, wie es am Parthenon deutlich vorgeschrieben stand.

Auf beiden Langseiten zeigen sich je 10 Viergespanne, ζεύγη πομπικά, wie es scheint, gelenkt von Beauftragten, nicht von Siegern im grossen hippischen Agon.*)

Geleitsleute zu Fuss fehlen auf dem Fries des Parthenon, woraus nicht folgt, dass sie im panathenäischen Festzuge fehlten. Giebt uns der Fries Theile des wirklichen Festzuges, so haben wir die Spitzen vor uns, welche theils der Athena Hygiea ihr Voropfer nach der Burg bringen, theils zum Areopag abbiegen, um auch hier das

---

*) Die Lenker der Processionswagen haben ohne Zweifel Athener sein müssen, wie die anderen „athenischen Geleitsleute." Aber im grossen Agon siegen auch Nicht-Athener. — Nehmen wir an, dass in der Procession mindestens 10 Wagen oder 2 × 10, 3 × 10 sein mussten, nie über 10 hinter einander, um der Phylenzahl zu entsprechen (s. o. S. 168 Note) und das ganze Erechthidenvolk auch in den Wagen zu repräsentieren, so würde der hippische Sieger, wenn ihn sein Sieg im grossen Agon zur Lenkung eines Processionswagens berufen hätte, hiemit Vertreter seiner Phyle werden, womit er aus seinem Character herausträte. Denn er, wie alle Sieger der grossen Agonen, gewinnt seinen Preis für sich; nicht für seinen Stamm und seines Stammes Ehre ist er in die Schranken getreten. Dies unterscheidet ihn von den Siegern der mehr gottesdienstlichen kleinen Agonen; Sauppe de Inscr. Pan. p. 6. — Noch mehr: ist es Ernst, dass jene 10 Wagen die Phylen bedeuten, so müssen die Lenker jeder einer anderen Phyle angehören, was bei den siegreichen Agonisten nur durch ein sonderbares Spiel des Zufalls möglich wäre. — Oben S. 155, Note habe ich mich bemüht zu zeigen, dass bei dem Rang. 960 verzeichneten Agon zehn hippische Preise vertheilt sind. Gesetzt es siegten lauter Athener, so brauchen wir dieselben dennoch nicht zu Lenkern der Processionsgespanne im Festzuge zu machen. Die Zahl der Stämme, Zehn, liegt bei so Vielem zu Grunde, dass aus der Uebereinstimmung zweier Zehnheiten nicht das Geringste folgt.

Voropfer zu vollziehen nach Rang. 814, s. o. S. 173. Die Zahl*) der Opferthiere (eine δωδεκαΐς? oder vierzehn?) kann, nach dem Maassstabe der Wirklichkeit, nicht die Hecatombe vorstellen, und nichts hindert anzunehmen, die πομπεῖς zu Fuss seien verpflichtet gewesen, neben der Hecatombe, dem Volksopfer, einherzuziehen, nicht neben den Voropfern. — Uebrigens versteht es sich von selbst, dass der Fries uns weder ganz Wirklichkeit noch ganz Dichtung giebt, und dass es sich nur darum handeln kann, nach welcher von beiden Seiten sich die Darstellung neige. Die Vergleichung von Rang. 814, 9 mit dem östlichen Fries macht es wahrscheinlich, dass eine bestimmte Realität zu Grunde liegt und dieser Fries uns ein Abbild von den Spitzen des Festzugs darbietet, so weit nicht künstlerische Gründe empfahlen von diesen Wirklichkeiten abzugehen. Es fragt sich aber, ob ein für den Ost-Fries wahrscheinlicher Schluss auch für die Lang-Seiten bindend sei, überhaupt, ob der Fries des Parthenon Ein zusammenhängendes Bild gebe, oder nicht Ein Bild, sondern vier Bilder, deren jedes, wenn auch dem panathenäischen Festzuge angehörend, doch eine gewisse Fertigkeit und Genugsamkeit in sich selber trage? Das Auge sieht nicht bloss nicht alle vier Seiten zugleich, sondern schon zwei Seiten zugleich in der Schräge ansehen wäre zu viel, vielmehr wird es sich dem Eindrucke einer einzigen hingeben. Hiernach ist es nicht gewiss, ob die beiden Hälften des Ostfrieses auf den Langseiten characteristisch fortgesetzt sind, und als möglich muss man zugeben, dass die geringe Zahl von Rindern die Hecatombe vorstelle, weil die Phantasie des Beschauers den Rest ergänze und vermuthe die übrigen Rinder seien um die Ecke herumgegangen, und die gesehenen nur die letzten, ein Anblick, den die Hecatombe, wo der Zug in eine andere Strasse einbog, mitunter

---

*) Leider ist die Zahl nicht sicher. Aus allgemeinen Gründen empfiehlt sich die δωδεκαΐς. Denn die Gottheit, welcher die 12 Kühe II. VI 93 sq. gelten, ist Athena, und von dieser δωδεκαΐς ist gerade in Verbindung mit dem Peplos (II. a. O.) die Rede, welche Verbindung sich eben in den Panathenäen findet. Es kommt hinzu, dass der Scholiast das Zwölf-Opfer für attisch erklärt, freilich nur Schol. L. V. zu v. 93 δωδεκηὶς θυσία ἐστὶ παρὰ τοῖς Ἀττικοῖς. Ein besserer Platz für die δωδεκαΐς ist nirgends im attischen Festjahr. Sie passt zur Hecatombe, deren Achtel sie zu sein scheint. — Petersen nimmt 14 Opferstücke an, 10 Kühe, die den Phylen entsprechen, dahinter 4 Widder. Es würde dann die doppelte Siebenzahl sein; s. oben S. 174, Note. — Uebrigens muss man sich vorhalten, dass aus der Zahl vielleicht gar nichts folgt. Denn die Rinder gehen bis zur Ecke, sollen also vielleicht nur die letzten einer grösseren Zahl andeuten.

gewähren musste; und ebenso an der N. W. Ecke noch mehr Reiter, die πομπεῖς zu Fuss u. A. hinzudenke.

Nach den πομπεῖς nennt die Inschrift, Rang. 814, Dienstthuende, deren Geschlecht aus dem Dativ ΤΑ d. h. τα[ῖς] sich ergiebt, deren Bezeichnung selbst aber bis auf das Schlusssigma verloren ist. Was Rangabé II p. 442 für seine Ergänzung [ἀρρηφόροι]ς anführt, dass die Lücke damit genau ausgefüllt ist, gilt ebenso sehr für [κανηφόροι]ς und sachlich sind die Kanephoren neben den Geleitsleuten angemessener.

Von den 29 Frauengestalten am östlichen Fries trägt der grössere Theil Kannen und Becken, und diese Trägerinnen scheinen Kanephoren im Dienste des Staates zu sein. Als der Staat kostbare Processionsgefässe, goldene und silberne (χρυσίς, ἀργυρίς; Meier A. E. III 10 p. 292, Leake Top. p. 74 n. 1 Saup.) zu besitzen anfing, sollte dieser Reichthum und Glanz auch gesehen und bewundert werden. Wenn man also früher mehrere Stücke Geräth, in einem Korbe vereinigt, der Kanephore zu tragen gab, so vertrauete man jetzt jedem der Mädchen ein einzelnes solches Kleinod an, ohne dass man darum das eine ἀργυριδοφόρος, das andere χρυσιδοφόρος genannt hätte, sondern man blieb bei dem alten Ausdruck κανηφόροι für sämmtliche, obwohl das κανοῦν nicht mehr von allen gebraucht oder doch nur, von den rückkehrenden etwa, als Futteral benutzt wurde. An Ablegung *) des κανοῦν indess und bloss nominelle Kanephoren, wie die am Parthenon sind, ist für diejenigen Theile des Festzuges nicht zu denken, welche die ältesten und grundleglichsten (Hecatombe) waren, wohl aber für jüngere oder mehr nebensächliche Partien (die Voropfer), dergleichen uns der Parthenon-Fries giebt. Nehmen wir also an, dass bei der Hecatombe, auf welche wohl die herrliche **)

---

*) Athena begegnet Odyss. VII 20 ihrem Schützling in der Gestalt eines jungen Mädchens, das einen Krug (κάλπις) trägt. Des Erechtheus Tochter musste sich als Kanephore für den Dienst der Stadtgöttinn schmücken, Acusil. ap. Schol. Odyss. XIV 533. Solche Sagen schützten die Kanephorie nach alter Art. Vgl. Meier a. O. p. 291 u. 37.

**) Eratosthen. Cataster. XIII καὶ ἐποιήσατο (Ἐριχθόνιος) πρὸς τούτοις ἐπιφανῆ τὴν θυσίαν. Die Hecatombe ist für das Volk und wird der Athena Polias geschlachtet. Der Athena Polias nun soll sich eben auch Orithyia, des Erechtheus Tochter, schmücken und zur Burg hinaufsteigen, um zu opfern, Acusil. bei dem Note* angef. Schol. Die Tradition blieb gewahrt, wenn nur die der Polias bestimmten Opfer eigentliche Kanephoren hatten; das für Athena Hygiea, welches wir am Parthenon sehen, ist ein Nebenopfer und hat schwerlich so ehrwürdige Traditionen aufzuweisen, dass nicht moderne Prunkliebe hier das

Opfer-Ausrüstung des Erechtheus sich bezieht, immer noch korbtragende Mädchen gesehen wurden.

Die Zahl der Kanephoren dürfen wir uns nicht klein denken, da Lycurg für hundert Kanephoren Goldschmuck (Westerm. Bio. min. p. 279, 185 κόσμον χρυσοῦν εἰς ρ´ κανηφόρους; Pausan. Att. 29, 16 παρθένοις κόσμον ἑκατόν) anfertigen liess. Ihre Zahl mag nicht geringer gewesen sein, als die des männlichen Geleits, übrigens wohl an den grossen und kleinen Panathenäen verschieden. Sie mussten erwachsen und von guter Familie sein. Erstere Eigenschaft und die grössere Zahl unterscheidet sie von den Arrhephoren, welche noch Kinder und nur 4 an der Zahl waren. Uebrigens dürfte in den von Lycurg ausgerüsteten Kanephoren eine luxuriöse Steigerung wenigstens in Betreff des Gebrauchs von Gold und Silber zu erkennen sein, s. o. S. 15, Note.

Das athenische Volk nahm, von den Demarchen, wahrscheinlich nach seinen Demen (Meier a. O. p. 290) geordnet, am Zuge Theil; Schol. Ar. Nub. 37 οὗτοι (οἱ δημάρχοι) δὲ τὴν πομπὴν τῶν Παναθηναίων ἐκόσμουν. Der von athenischem Geleite (πομπεῖς) geführten Hecatombe muss sich die feiernde Gemeinde angeschlossen haben. — Ehe Athen sehr reich und das souveräne Volk stolz wurde, haben die Bürgerfamilien selber gewiss die Dienste verrichtet, welche später an untergeordnete Einwohner kamen.

Die Metöken nämlich mussten, gekleidet in Roth als der gesetzlich bestimmten Livree, hinter ihren Patronen, den Bürgern, Gefässe hertragen, gefüllt mit Kuchen und Opferbrot und bald aus Erz bald aus Silber*) gearbeitet (Meier a. O. p. 291 u. 41 sq.). Diese gesetzliche Bestimmung konnte so entstehen, dass der attische προστάτης für den, gewissen Metökenfamilien gewährten Schutz auch Dienste verlangte, ursprünglich nach privater Verabredung, bis aus dieser eine Sitte und dann ein Gesetz wurde. Die Metöken dienten nicht der Göttinn Athena, sondern den einzelnen Bürgern, welche die Göttinn feierten, was sie unmittelbar anging war nicht Gottesdienst, sondern Menschendienst. Sie empfingen daher den wenig ehrenvollen Namen der „Napfträger" σκαφηφόρος. Sie haben wahr-

---

κανοῦν ganz unterdrücken konnte, ohne irgend mit einem Dogma in Conflict zu kommen.

*) Man braucht nicht anzunehmen, dass die silbernen σκάφαι (Meier a. O. n. 42) für den Gottesdienst der Athena bestimmt waren, die erzenen aber für die Schmäuse der Demoten, wenn anders doch bride Festkuchen (κηρία, πόπανα) enthielten, welche nicht zur Burg emporzutragen waren.

scheinlich nicht mit auf die Burg*) steigen dürfen am Hochfeste, sie müssten denn sich das Recht attischer Epheben erschlichen haben, (Dinarch Frgm. XVI, 8 Saup. p. 332). Ihre Aufgabe war bei den Demenschmäusen ihren Patronen Brot und Kuchen zu bringen.

Die Metökinnen waren theils um ihre Herrinnen und Fräulein beschäftigt, theils nahmen sie ihnen Dienste ab, zu denen einst wohl die Bürgerinnen selbst verpflichtet waren. Nach Ar. Av. 1550 sqq. und anderen Stellen, die Meier a. O. sorgfältig prüft, geht hinter dem vornehmeren Mädchen, welches als Kanephore vorangeht, eine Metökinn (und zwar ein Metöken-Mädchen) her mit Schirm und Sessel als $\sigma\kappa\iota\alpha\delta\eta\varphi\acute{o}\varrho o\varsigma$ und $\delta\iota\varphi\varrho o\varphi\acute{o}\varrho o\varsigma$; ebenso hinter der vornehmen Frau eine Metökinn (und zwar eine Metökenfrau) Aelian. V. H. VI, 1. Der Unterschied in den Pflichten der abhängigen Frau und der Tochter mag nicht zwingend gewesen sein, um so weniger als diesen Pflichten ohne Zweifel das persönliche Abhängigkeits-Verhältniss einer Metökenfamilie von einer vornehmeren zu Grunde liegt, es also von dem Bestande ersterer abhängen wird, wer der Herrinn oder dem Fräulein Schirm und Sessel nachträgt. Da die Kanephoren aus guten Häusern sind (Harpocr. $\alpha\acute{\iota}\ \acute{\varepsilon}\nu\ \acute{\alpha}\xi\iota\acute{\omega}\mu\alpha\tau\iota\ \pi\alpha\varrho\vartheta\acute{\varepsilon}\nu o\iota$), so ist die Dienerschaft für sie von selbst da, weil eine angesehene Familie auch über Metöken und Metökinnen verfügt, für die das Familienhaupt $\pi\varrho o\sigma\tau\acute{\alpha}\tau\eta\varsigma$ ist. Diese Metökinnen also dienen nicht der Staatsreligion, sondern ihren Patroninnen: indirect allerdings nehmen sie am Gottesdienste Theil, jedoch nur bei Bedienung der Fräulein, denn die Frauen, denen sie nach Aelian a. O. Schirme nachtragen,**) dürfen wir als blosse Zuschauerinnen bei den Functionen ihrer Töchter (der Kanephoren) denken.

---

*) Die Worte des Dinarch Fr. XVI, 3 lassen diesen Sinn zu: $o\ddot{\iota}\ \dot{\alpha}\nu\tau\grave{\iota}\ \sigma\kappa\alpha\varphi\eta\varphi\acute{o}\varrho\omega\nu\ \acute{\varepsilon}\varphi\eta\beta o\iota\ \epsilon\grave{\iota}\varsigma\ \tau\grave{\eta}\nu\ \dot{\alpha}\kappa\varrho\acute{o}\pi o\lambda\iota\nu\ \dot{\alpha}\nu\alpha\beta\acute{\eta}\sigma o\nu\tau\alpha\iota,\ o\dot{\upsilon}\chi\ \dot{\upsilon}\mu\tilde{\iota}\nu\ \acute{\varepsilon}\chi o\nu\tau\varepsilon\varsigma\ \chi\acute{\alpha}\varrho\iota\nu\ \tau\tilde{\eta}\varsigma\ \pi o\lambda\iota\tau\epsilon\acute{\iota}\alpha\varsigma\ \dot{\alpha}\lambda\lambda\grave{\alpha}\ \tau\tilde{\omega}\ \tau o\acute{\upsilon}\tau o\upsilon\ \dot{\alpha}\varrho\gamma\upsilon\varrho\acute{\iota}\omega$, „welche anstatt naphtragende Metöken, wie sie sind, zu bleiben und sich von der Burg fern zu halten, sich die Rechte attischer Epheben erschlichen haben und auf die Burg im Festzuge der Panathenäen sich begeben, keineswegs weil ihr sie zu Bürgern gemacht habt, sondern weil Bestechung waltete." Weniger passend wäre: „welche, statt als Skaphephoren hinaufzugehen, vielmehr als Epheben hinaufgehen"; denn wozu das $\dot{\alpha}\nu\alpha\beta\tilde{\eta}\nu\alpha\iota$ überall hervorheben, wenn dies dem Metöken am Hochfesttage zustand? Meier a. O. p. 291 n. 41 hat dies angenommen.

**) Einen Grund diese Nachricht zu bezweifeln kann ich nicht finden, obwohl die Hauptpflicht der Metökinnen wohl darin bestand, dass sie Wasser trugen, s. u. S. 182. Wenn gerade keine verfügbare Frau in der Metökenfamilie war, so mag auch eine Metöken-Tochter der Patroninn den Schirm getragen haben.

Eine andere Pflicht der Metökiunen war die Hydriaphorie, zu der besonders Frauen gebraucht wurden, ohne indess Unverheirathete auszuschliessen (s. die Stellen bei Meier a. O.). Durch diese Pflicht traten allerdings die Metökinnen dicht an den Gottesdienst hinan, denn, wiewohl auch beim Rüsten des Demotenschmauses Wasser nöthig ist, so war bei dem Schlachten der Opferstücke am Altar Wasser doch ebenfalls ganz unentbehrlich. Aber bei der Temperatur des Hecatombaeon grosse gefüllte Krüge auf die Akropolis zu schaffen war beschwerlich und dieser einst gewiss von Athenerinnen versehene Dienst wurde in historischer Zeit den Metökinnen übertragen, wohl nicht ohne Zuthun des Staates.*) Dennoch blieb diese Dienstleistung, was sie war, eine Beschwerde und gehörte zu den „erniedrigenden Gebräuchen, welche die Metöken an ihre untergeordnete Stellung erinnerten" C. Fr. Hermann Ant. I § 115. Die getragenen Hydrien werden wir nicht mit Meier p. 292 a. O. als kostbare**) Wassergefässe denken, sondern als einfache Krüge, die dem Bedürfnisse genügen.

Man muss im Allgemeinen annehmen, dass das untergeordnete Personal nicht länger als irgend nöthig auf der Burgfläche blieb, dass die Dienste der Metökinnen ***) sowohl, wie der Schirm- und

---

*) Ihren Anfang kann diese Sitte indess ebenfalls in privater Verabredung haben, so dass eine Bürgerinn ihre eigene Pflicht abgab an eine von der Bürgerfamilie abhängige Metökinn. Aber als diese Sitte überhand nahm, muss der Staat gewisse Metökinnen jedesmal zum Wassertragen für das Volksopfer und die Nebenopfer befohlen haben, so dass fortan eine jede Wasserträgerinn an Stelle und im Auftrage ihrer besondern Patroninn zu fungieren aufhörte.

**) Selbst die als Preisgabe Rang. 960, B, 27 aufgeführte Hydria ist nicht mehr als 30 Drachmen werth.

***) Das Wasser der Clepsydra, obwohl etwas salzig, war dennoch gut genug zu Verrichtungen beim Abschlachten des Opfervieh's. Die Clepsydra bei den Panathenäen zu benutzen empfahl ihre Lage unterhalb der Burg; über ihren angeblichen Wasserreichthum in der Panathenäenzeit vgl. ob. S. 5, Note. Wenn die Metökinnen von da das Wasser holten, so kamen sie durch den Stufengang an die grosse Marmortreppe der Propyläen (Beulé l'Acrop. I p. 154) und schlugen grossentheils denselben Weg ein, welchen der Festzug ging. Beulé p. 152 lässt sie durch die südliche Seitenpforte unterhalb des Nike-Tempels zur Burg hinaufsteigen. — Um noch während des Opferns und doch ohne Aufsehen Wasser hinaufzuschaffen, könnte der Felsgang benutzt sein, welcher das Agraulion mit der Burgfläche verbindet. Nach der Beschreibung, die Beulé a. O. p. 157 und Breton Athènes p. 176 von den Unbequemlichkeiten des Felsgangs machen, ist freilich an Hinauftragen der Wasserkrüge nicht zu denken, wohl aber konnten die befohlenen Metökinnen eine Kette bilden, in der die Hydria von Hand zu

Sessel-Trägerinnen während des Gottesdienstes zurücktraten, dass die herrschaftlichen Domestiken nur auf kurze Zeit oder gar nicht dem Opferaltar und der eigentlichen Stätte der Feier sich naheten, dass möglichst alle Ministrationen auf der Burgfläche von ächten Erechthiden geleistet wurden.

Während des festlichen Zuges durch die Strassen von Athen werden die Dienerinnen ihre wesentlichsten Pflichten gehabt haben, indem bei dem Sonnenbrande in den Strassen der Stadt, besonders wenn der Zug anhielt oder den Markt umzog ein Schirm oder Sessel erwünscht war. Die Dienerinn musste immer nahe bleiben, um beim Wiederaufbruch des Zuges den Stuhl zu tragen. Für die am Ritus auf der Burg theilnehmenden vornehmen Frauen und Mädchen konnten jene Gegenstände der Bequemlichkeit aus den Heiligthümern der Burg (wo man auch Sessel aufbewahrte) genommen oder in der Art hinauf besorgt sein, dass die Kanephore nicht mit der Stuhlsetzerinn hinter sich durch die Propyläen einschritt oder während der heiligen Handlung jedes Edelfräulein eine Person, die den Schirm hielt, neben sich hatte.

Aber selbst zugegeben, dass die Schirm- und Sesselträgerinnen auch beim Einzug durch die Propyläen hinter ihren Damen und Fräulein blieben, auch sogar während des Ritus hinter den Stühlen standen, kann die Weglassung solcher Dienerinnen am Fries des Parthenon doch schwerlich einen Grund mehr abgeben, um die Darstellungen des Frieses aus dem Gebiete der Panathenäen hinauszuweisen. Der Künstler durfte sich in so weit von der Realität lossagen, als er sich auf Darstellung erechthidischer Landestöchter beschränkte und das Luxus-Personal wegliess.

Die Sieger der grossen Agonen nahmen ohne Zweifel am Festzuge Theil, jedoch unter der feiernden Gemeinde, nicht als Functionäre. Wenn die Volksgemeinde nach Demen geordnet einherzog, so wird sich jeder Sieger unter seinen Demoten befunden haben, wenn er Athener war, ebenso jeder Ausländer, der gesiegt hatte, unter seinen Landsleuten. Da in der Regel nur die grossen Pana-

---

Hand aufwärts ging, bis sie da angelangt war, wo der Gang in die Burgfläche ausmündet (im Bezirk des Erechtheums). Bei dem Opfer-Ritus selbst mochte dann die Hydria von Bürgerskindern bereit gehalten und zugelangt werden; diese Ministration mit der Hydria war eine leichte Pflicht gegen das Hinaufschaffen (Hydriaphorie der Metökinnen), vielleicht eine ehrenvolle Pflicht, welche der Sieger im Fackellauf erfüllen konnte. Sein Siegespreis ist eine Hydria; siehe oben Seite 169.

thenäen einen musischen, gymnischen und hippischen Agon gehabt zu haben scheinen, so war derjenige Festzug, an welchem die Sieger ihres jüngst erworbenen Ruhms sich freueten, ein Festzug der grossen Panathenäen. Es ist nicht überliefert und auch nicht wahrscheinlich, dass die prämiierten Agonisten ihren Character als Sieger auch an den folgenden Jahresfesten, die Penteteris hindurch, bewahrten oder gar ausser ihrem Gewinn noch ehrende*) Functionen erlangten, die sie am Hochfeste jedes Jahres bemerklich gemacht hätten.

Wenn die Athener „den freigelassenen Sclaven und anderen Barbaren" Bekk. anecd. p. 242; C. A. 55, 28 die leichte Pflicht auferlegten den Markt mit Eichenlaub zu bestreuen für den Festzug, so liegt hierin eine Tendenz der Milde und Güte, die auch den Geringsten nicht ganz verachten will. Alt dürfte die Sitte nicht sein, sondern etwa aus Cimons Zeit stammen, als die Athener sich ein Idealbild von sich und ihrem Edelmuth gegen die Schwächeren in Theseus bildeten.

Peplos.

Der in Troja dargebrachte Peplos Il. VI 90 spricht im Allgemeinen für ein höheres Alter der Peplos-Darbringungen auch in Athen.**) In der Ilias bringt die alte Landeskönigin ihn dar mit ihren Matronen,***) es ist ein Tag der Noth und die Darbringung eine ausserordentliche, durch die Umstände erheischte. Hecuba wählt unter ihren eigenen Kleiderstoffen, die aus Sidon sind, den

---

*) Da diese Functionen nur gottesdienstliche hätten sein können und der hippische Agon am meisten Cultus-Elemente enthält, so könnte man solche Functionen (Lenkung der Processionsgespanne) am ehesten für den hippischen Agon zugeben. Doch siehe S. 177, Note.

**) Die Verehrung der ilischen Burggöttin halten Duncker G. d. A. III p. 284 und Welcker G. L. II p. 286 für unhistorisch und bloss entlehnt aus dem Jonischen. Bei der näheren Verwandtschaft von Pelasgern und Joniern scheint die Sitte, einen Peplos darzubringen, als allgemein griechisch gelten zu können für diejenige Vorzeit, wo die Dorier noch nicht eingedrungen sind und noch keinen Theil an der griechischen Geschichte nehmen, also nicht mitzählen. Auch der Peplos von 16 eleischen Frauen der Hera dargebracht, scheint vordorisch zu sein. — In wie weit nun dieser Sitte eine besondere Stadt einen besonderen ihrem Cult gemässen Sinn unterlegen wollte, bleibt dabei immer noch zu entscheiden.

***) V. 87 γεραιάς, τινὲς γεραράς Schol. B. L. V.

Zu pag. 184.

inder, die geopfert werden sollen,
ch Petersen p. 31 zehn (?) Opferkühe;
Meier a. O. p. 292 nennt sie Stiere.

Sechs Jungfrauen, zwei mit
Kannen, vier mit Becken in
der Hand.

Sieben Jungfrauen oder
Frauen; zwei davon mit einer
Kerze beschäftigt; eine von

u. S. 188). Wir müssen auf neue Zeugnisse warten, durch die der Nachweis
zu führen wäre. Bis weiter ziehe ich die im Texte aufgestellte Ansicht vor.

V. 87 γεραιάς, τινὲς γεραράς Schol. B. L. V.

schönsten und grössten aus. Theano, Priesterinn der Athena, schliesst die Pforten des heiligen Hauses auf und legt, unter den Litaneien (ὀλολυγῇ Il. VI 301) der Matronen, der nach alter Art sitzenden (Schol. Il. VI 92) Göttinn das Tuch auf den Schooss und gelobt ihr betend 12 Kühe. Ueber dieser ganzen Handlung waltet ein stiller Ernst, ganz anders die rauschende Feier in Athen.

Nach ll. a. O. kann man für Athens Alterthum annehmen, dass in Folge besonderer Umstände der Athena ein Peplos gebracht wurde. Unregelmässigkeit des Darbringens war Vorstufe der regelmässigen, sei es penteterischen, sei es jährlichen Darbringung, welche in jüngerer Zeit üblich wurde. Aber in welcher Zeit wurden regelmässige Peplen üblich?

Von grosser Wichtigkeit wäre es, wenn sich ein Weg fände, den Peplos an die agrarische Athena und den agrarischen Erechtheus, oder wenigstens an Erechtheus den persönlichen Heros und dessen Dogmen anzulehnen. Dann dürfte man meinen, regelmässige Peplen seien eine recht alte Sitte, weil die Erechtheus-Religion alt ist.*) Bis sich ein sicherer Weg hierzu zeigt, nehme ich an, dass Athena selbst, ohne Rücksicht auf den Erechtheus, den Peplos erhält. Damit werden wir auf Pisistratus Zeit geführt, der, wie oben vermuthet ist, zuerst den Erechtheus zurückzuschieben anfing.

Es scheint also Pisistratus seiner Athena zuerst regelmässige Peplen dargebracht zu haben, welche er auf der Burg, wo er wohnte, unter seiner Aufsicht durch Frauen bereiten liess.

Wenn sich die Mittelgruppe am östlichen Fries des Parthenon auf den Peplos bezieht (O. Müller Denkm. I, 2 p. 12), und daraus

---

*) Könnte Jemand zeigen, dass Athena an den Plynterien ihren bisherigen Peplos abgelegt und weggeschenkt, dann die Zeit bis Ende Hecatombaeon ohne Peplos zugebracht hätte, so würde eine Beziehung zur Erechtheuspflege da sein; Athena hätte zum Ersatze des an den Plynterien abgethanen Festkleides, ein neues am Panathenäentage erhalten. Ablegung und Wegschenkung des Peplos am Plynterientage ist vielleicht annehmbar, siehe unt. Plynterien geg. Ende; aber kann auch die Peploslosigkeit für die ganze Zeit von den Plynterien bis zu den Panathenäen angenommen werden? z. B. für die Skirophorien? Es bleibt mir zweifelhaft, ob Athena ihren Peplos am Plynterientage regelmässig an Artemis schenkte, so wie eine Wöchnerin ihr Kleid weggiebt. Dass sie ihn an den Plynterien ablegte, bedingt noch keine Wegschenkung und Peploslosigkeit, und Wegschenkung von Kleidern am Plynterientage ist noch nicht Wegschenkung des Peplos. Leider geht aus Ephemeris 1856 Il. 42 n. 2830 nicht hervor an welchen Festen das Cultusbild mit dem Peplos zu bekleiden war (s. u. S. 188). Wir müssen auf neue Zeugnisse warten, durch die der Nachweis zu führen wäre. Bis weiter ziehe ich die im Texte aufgestellte Ansicht vor.

Etwas über das Alter der geregelten Peplos-Darbringung folgen soll, so wird die Vermuthung nicht zu Gunsten hohen Alterthums der regelmässigen Peplen ausfallen, weil der Parthenon wie auch Pisistrats Hecatompedon der jüngere Bau ist neben dem Erechtheum, und auf jüngere Bräuche im Allgemeinen gewiesen war, während wohl am Erechtheum sich ältere Cultusbräuche dargestellt fanden.*) Indess ist eine solche Folgerung aus verschieden Gründen sehr unsicher.

Gehen wir aus von den Einrichtungen historischer Zeit, so führt die Altersbestimmung (7 bis 11 Jahr) der am Peplos helfenden Mädchen auf die Penteteris der Panathenäen, d. h. auf Pisistratus, durch welchen die grossen Panathenäen und damit die Penteteriden gegründet sind. Wenn nun das Lebensalter der Arrhephoren vor Pisistratus nicht so oder überhaupt nicht genau bestimmt war, so rührt von ihm wohl nicht bloss diese Bestimmung her, sondern Pisistratus gab den Arrhephoren zuerst als neues, übrigens nebensächliches Amt hinzu, dass zwei von ihnen an dem jetzt regelmässig zu bringenden Peplos mit arbeiten sollten.

Wahrscheinlich beabsichtigte Pisistratus nur an seinen grossen Panathenäen einen neuen Peplos darzubringen und behielt die Arrhephoren 4 Jahre lang auf der Burg, um sie in künstlicher Arbeit unterweisen zu lassen. In den Zwischenjahren mochten gebrauchte Peplen dienen. Penteterisch war auch der eleische Peplos.

Im republicanischen Athen scheint die Neu-Anfertigung in jedem Jahre Regel geworden zu sein (G. A. 54, 13), weil die Behörden jährlich wechselten und der Gebrauch aufkam, solche Männer, die sich das Jahr über ausgezeichnet, in die Stickerei des Peplos**) aufzunehmen und abzubilden (ἄνδρες ἄξιοι τοῦ πέπλου). Die herkömmliche Altersbestimmung blieb bestehen, obwohl der Peplos

---

*) Der Fries des Erechtheums enthielt Figuren von Wagen, Kriegern und Frauen. Die Figuren hatten Colorit, der Fries selbst war schwarz; Breton Athènes p. 160.

**) So drängte sich Hoffart in die Religion ein, denn eben das schmeichelt, sich neben der Gottheit zu vergöttern. Wenn mit Bötticher ein weltlicher und ein geistlicher Peplos anzunehmen wäre, so würde der Ehrgeiz letzteren vorgezogen haben. Geistliches und Weltliches scheiden sich nicht so wie Bötticher will, sondern das Portrait eines Diadochen füllt den Platz, wo Götterbilder (Meier a. O. p. 289 u. 16) sein sollten, und der Sturmwind, welcher den mit Diadochenbildern bestickten Peplos mitten im Ceramicus zerreisst, lehrt, dass die Religion verletzt war. Vgl. auch Stark zu G. A. 54, 13.

jetzt jährlich geworden war und auch die Arrhephoren jährlich ab- und neue zugingen.

Uebrigens kam es bei der jährlichen Darbringung von selbst, dass man für das grosse Fest schönere Peplen arbeitete und namentlich in dem sinkenden Athen sich für das kleinere Fest sogar zu Zeiten wohl mit ausgebesserten Peplen begnügte, also aus Gleichgültigkeit gegen die Religion doch wieder in die penteterische Einrichtung des Pisistratus zurückfiel.

Anfänglich mag der Peplos von Menschenhänden durch die Stadt in Procession getragen und der Göttinn gebracht sein. Hernach befestigte man ihn segelartig über einem Wagen; man suchte dabei die Illusion aufrecht zu halten, dass das heilige Kleid der Burg bis auf eine gewisse Nähe gleichsam zu Lande zusegelte. Dies kam schon in der Diadochenzeit auf, wie aus dem neugefundenen Ehrendecret für Philippides hervorgeht, Ephemer. von 1862 n. 100 p. 118. Als athenischer Gesandter hatte Philippides den König Lysimachus gebeten, den Athenern eine Raa und einen Mast zur Peplosdarbringung zu schenken. Lysimachus ging darauf ein und die erbetenen Segelstangen gelangten Ol. 120, 2 = a. Chr. 299/8, Archon Euctemon, nach Athen. Die Stelle lautet: διελέχθη δὲ (Φιλιππίδης) καὶ ὑπὲρ κεραίας καὶ ἱστοῦ, ὅπως ἂν δοθῇ τῇ θεῷ εἰς τὰ Παναθήναια τῷ πέπλῳ, ἃ ἐκομίσθη ἐπ' Εὐκτήμονος ἄρχοντος. Vermuthlich wurden die königlichen Gaben nicht an den (kleinen) Panathenäen in Euctemons Jahre zuerst produciert, sondern gingen im Vorsommer a. Chr. 298 ein, so dass die grossen Panathenäen von Ol. 120, 3 zuerst durch sie verherrlicht wurden. Der Peplos, mit seinen Zipfeln an der Raa befestiget, konnte sich vollständig zeigen, in der Art unserer Banner. Das Obergestell des Wagens muss dem erzenen Schiffe geähnelt haben, welches kürzlich im Erechtheum gefunden und Ephemer. von 1862 p. 91 abgebildet ist.

Dies Schaugepränge und die Künstlichkeit der verborgenen Vorrichtungen, durch welche das Fahrzeug sich vorwärts bewegte, wird bis in späte Zeiten hinein noch Fortschritte gemacht haben, je nachdem reiche Leute sich dafür interessierten, wie Herodes Atticus, s. Philostrat. Vit. Soph. p. 236 ed. Kayser.

Ein durch die Strassen segelndes Schiff ist allerdings „ein sonderbares Schauspiel", O. Müller in A. E. III, 10 p. 86. Doch seit den Perserkriegen wuchsen die Athener unter Eindrücken des Seelebens auf, den Panathenäen wurde eine Regatta angeschlossen, es lag nicht so ganz fern, ein sehr grosses viereckiges Stück Zeug wie ein geschwelltes Segel ξὺν οὐρίῳ τῷ κόλπῳ (Philostrat. p. 236, lin 21) zeigen zu wollen. Die Zeiten der agrarischen Athena waren längst vorbei. Die stäte Wiederholung der Sache gab Gelegenheit die Illusion immer vollständiger zu machen, Philostratus spricht auch von vielen Rudern (χιλίᾳ κώπῃ A. O. lin. 22).

Die Bestimmung des Peplos war „zur Bekleidung des alterthümlichen" Gnadenbildes der Polias im Erechtheum zu dienen (G. A. 154). Ueber die Festzeiten, an welchen der Peplos zu brauchen und dem Bilde im alten Tempel (Erechtheum) umzuthun war, durch die Praxiergiden (oder Praxiergidinnen), gab es in Athen Bestimmungen, welche vom delphischen Gott ausgegangen waren. So viel scheint sich aus den Resten der Inschrift Ephem. n. 2830 zu ergeben, die sich indess nicht speciell mit den Panathenäen beschäftiget. Die Schrift ist alterthümlich. Pittakis bringt die Bestimmungen mit den Plynterien zusammen. Vgl. unt. Plynterien: Feier. Die den Peplos betreffende Stelle lautet: lin. 10. ... δὲ ὁ Ἀπόλλων ἔχρησεν...; lin. 11. ... ἀμφιεννύουσιν τὸν πέπλον ...; lin. 12. [ἐν ταῖς ἑορ]ταῖς Διῒ Μοιραγέτει Ἀπόλλωνι ...; lin. 13. [κατὰ τὰ π]άτρια Πραχσιεργίδαι. Siehe auch S. 175, Note.

Festzug.

Zu den die Weihenacht Besorgenden mussten sich morgens noch andere theils Festbeamte theils Ehrengäste auf der Burg (nebenher auch auf dem Areopag) einfinden, jene um die letzten Zurüstungen zum Empfang des mit Sonnenaufgang beginnenden Festzugs und zur Opferung zu treffen, diese um der Feier anzuwohnen, ihr Praecipuum zu empfangen und sich des schönen Anblicks zu freuen. — Der Fries des Parthenon bildet neben den Göttergruppen eine Anzahl von Männern ab, die dem kommenden Zuge entgegensehen oder mit einander sprechen oder die Opfermädchen über ihren Dienst zu belehren scheinen. Es sind der Männer so viele wie der Götter, doch sind sie so vertheilt, dass links 6, rechts 8 stehen. Sie zeigen ziemlich verschiedene Haltung und nichts nöthigt alle oder fast alle für Personen desselben Ranges und Standes (s. o. S. 174, Note) zu halten. Vielmehr sind sie dazu bestimmt, die Mannichfaltigkeit von Ehrengästen, vielleicht auch von Festbeamten in allgemeinem Bilde zu repräsentieren, welche wir aus Rang. 814, 10 kennen lernen (s. o. Seite 173). Den Archonten, Sehern und den andern ordentlichen Theilnehmern *) müssen auch noch angesehene Ausländer hinzugezählt werden, z. B. die Gesandten aus dem Peloponnes, welche das Bündniss von a. Chr. 420 zu erneuen, 10 Tage vor den grossen Panathenäen nach Athen kamen (Thucyd. V, 47) und dann wohl in Gesellschaft der athenischen Würdenträger die Pompe von der Burg ansahen, desgleichen distinguierte Privatpersonen aus der Fremde.

Das Gros des Festzuges sammelte sich ohne Zweifel ausserhalb Athens in der schönsten Vorstadt, wo wir den Hippias beschäftiget finden das Geleit zu Fuss aufzustellen. Hier also, im äusseren Ceramicus, ordneten sich sämmtliche πομπεῖς, gehende, reitende, fahrende, und ebendahin muss vorher das Opfervieh zusammengetrieben sein. In der Umgegend des äusseren Ceramicus muss sich auch das attische Volk nach Demen geordnet haben, wie auch die fremden Geleitsleute mit den Opfern der Tochterstädte hier ihren Anschluss, nach ihren Heimaten geordnet, vorbereiten mochten. Inzwischen waren wohl gleichzeitig in der inneren Stadt kleinere Contingente **) gerüstet worden, welche der durchs Dipylon einziehende Hauptzug nunmehr im inneren Ceramicus annectierte. Die aufgehende Sonne war der Termin, bis zu welchem alles bereit sein musste.

Namentlich mögen diejenigen, welche sehr heilige und kostbare Gegenstände trugen (wie den Peplos, den Leuchter, welchen man am Fries des Parthenon sieht, die Gold und Silbergefässe), solche

---

*) In Pericles Zeit gaben sich die Oberofficiere ohne Zweifel nur beiläufig mit Festzügen ab. Damals war kein Grund zu der Klage, welche Demosthenes über ihr kindisches Treiben erhebt.

**) Auf getrennte Anordnung der Theile scheint die Erzählung Thuc. 1, 20 zu führen, dass Hipparch mit Anordnung der Pompe, d. h. eines Theils der Pompe beschäftigt war, während Hippias die Hopliten aufstellte, jener im inneren Ceramicus am Leocorion, dieser im äusseren. Die Lage des Leocorion ist nicht genauer bekannt, doch bei der Menge und Mannichfaltigkeit der Festgenossen empfiehlt sich eine Aufstellung gesonderter Theile. O. Müller A. E. I, 6 p. 235 glaubte dagegen, die panathenäische Procession habe die ganze Entfernung vom äusseren Ceramicus bis zum Leocorion eingenommen. Thuc. 1, 20 spricht anscheinend so, als habe auch Hipparch die ganze Pompe vor sich gehabt (τὴν Παναθηναϊκὴν πομπὴν διακοσμοῦντι); aber an dieser Stelle spricht er nur im Fluge von der Sache, hätte er an der Hauptstelle VI, 56 sqq. uns sagen wollen, womit Hipparch beschäftigt gewesen, so würde er uns wohl einen bestimmten Theil des Zuges genannt haben, welchen wir uns getrennt denken könnten.

kleinere Abtheilungen gebildet haben, welche vom Hauptzuge oder von dazu deputierten Geleitsleuten abgeholt wurden und erst im inneren Ceramicus einen Theil des Hauptzuges zu bilden anfingen. Die Fortsetzung des Zuges durch das Innere der Stadt ist theilweise ein topographisches Problem, dessen Lösung vornehmlich davon abhängt, wo man das städtische Eleusinion ansetzt. Leake (Top. p. 216), der dasselbe am Ost-Ende des Burghügels sucht,*) lässt den Zug, nachdem er durchs Dipylon die Stadt betreten, durch den Ceramicus die Agora erreichen, von der Agora — auf einem nicht näher angegebenen Wege, doch wohl im Süden der Burg, die nach Leake ganz umzogen wird — sich zum Eleusinion begeben, um dieses herumbiegen und am Pelasgikon, im Norden der Burg vorbei zum Tempel des Apollon Patroos an der Agora zurückkehren.

Grundlage dieser Ansicht ist zunächst die Stelle bei Philochorus V. Sophist. 2, 1, § 5, wo die Worte nach Kaysers Ausgabe p. 236 so lauten: κἀκεῖνα περὶ τῶν Παναθηναίων τούτων ἤκουον· πέπλον μὲν ἀνῆφθαι τῆς νεὼς ἠδίω γραφῆς ξὺν οὐρίῳ τῷ κόλπῳ, δραμεῖν δὲ τὴν ναῦν οὐχ ἀποζυγίων ἀγόντων, ἀλλ' ὑπογείοις μηχαναῖς ἐπολισθάνουσαν, ἐκ Κεραμεικοῦ δὲ ἄρασαν χιλίᾳ κώπῃ ἀφεῖναι ἐπὶ τὸ Ἐλευσίνιον καὶ περιβαλοῦσαν αὐτὸ παραμεῖψαι τὸ Πελασγικὸν κομιζομένην τε παρὰ τὸ Πύθιον ἐλθεῖν, οἷ νῦν ὥρμισται. Hier wird παραμεῖψαι „entlang fahren" bedeuten, nicht: „um die Ecke biegen." Beulé l'Acrop. I p. 151 übersetzt: *longeant le mur des Pélasges*.

Ausser der Lage des Eleusinion ist in Philochorus' Worten besonders das Pythion schwer zu erklären. Die Oertlichkeit, welche sonst Pythion heisst, liegt am Iliss (Leake p. 198; Forchhammer k. Stud. p. 367; nach O. Müller A. E. I, 6 p. 235 freilich am Ende der Tripodenstrasse). Leake sucht p. 216 zu zeigen, dass Philochorus nur den am Markt gelegenen Tempel des Apollon Patroos hat meinen können.

Der angegebenen Schwierigkeiten ungeachtet erkennt man so viel, dass der Zug durch den Ceramicus den Markt erreichte und sich dann zum Eleusinion — ungewiss freilich auf welchem Wege — begab; dass der Zug beim Eleusinion umbog, also diess der östlichste Punkt war, welchen er berührte; dass er — theilweise un-

---

*) Ich halte diese Ansicht für die beifallswürdigste; siehe unten Seite 249, Note.

gewiss auf welchem Wege — vom Eleusinion sich den Propyläen, dem Endpunkte der Procession, näherte, schliesslich in der Art, dass nördlich von der Burg am Pelasgikon entlang gezogen, um die Nord-West-Ecke gebogen und so das Ziel, der Aufweg durch die Propyläen erreicht wurde. Zuletzt also hatten die Ziehenden die Burg zur Linken. *)

Mehrere Zeugnisse (Philostr. a. O. und Suidas II, 2 p. 184 Bernh.) beziehen sich auf den Gebrauch der Schiffsprocession, welchen die Blüthezeit vielleicht nur in Anfängen kannte. Es könnte fraglich sein, ob die von Philostrat angegebene Strasse der Schiffsprocession auch die Processionsstrasse der pericleischen Zeit gewesen, ob nicht der grösser und schwerfälliger gewordene Apparat des Peplosschiffes genöthigt habe die Processionsstrasse etwas zu ändern? Indess auch ein älterer Zeuge Xenophon (Hipparch. 3, 2; Leake Top. p. 216) redet vom Paradereiten **) bis zum Eleusinion und zwar vom Markte und den Hermen aus. Hierdurch wird theilweise der von Philostrat angegebene Weg bestätigt; „Von den Hermen [an der Agora] zum Eleusinion" (Xen.) und „vom Ceramicus [der in die Agora mündet] bis zum Eleusinion" ist offenbar dasselbe. Die Schiffsprocession hat also nichts in der Processionsstrasse geändert und Philochorus' Worte sind auch auf die besten Zeiten anwendbar, zumal wenn man bedenkt, dass in einer von Berg und Thal durchzogenen Stadt wie

---

*) Aus dem Fries des Parthenon folgt nichts zu Gunsten des Heranziehens von Norden. Die Figuren der West-, Nord- und halben Ostseite kehren dem Beschauer alle die linke Seite zu, die der Süd- und halben Ostseite aber zeigen uns alle ihre rechte Seite. Die dem Publicum besonders zugewendeten Seiten wurden bevorzugt. Am stiefmütterlichsten kam die Süd-West-Ecke weg, wo gewissermassen ein Riss ist, denn hier reiten die einen nordwärts, die anderen ostwärts. Dagegen zeigen die Figuren der West-, Nord- und halben Ostseite alle dieselbe Richtung; der Beschauer kann herumgehen und immer an demselben mächtig langen Zuge herumzugehen glauben. Das ist ein Vorzug dieser Seiten. Mit der Annäherung des Zugs an die Propyläen von Süden oder Norden hat es nichts zu thun. Auch wenn die Pompe von Süden kommend nach ihrer Linken das Opfer zum Areopag (S. 192), nach ihrer Rechten das für Hygiea abgeordnet hätte, würde bei gleicher Lage des Parthenon den meist gesehenen Seiten der Vorzug gebühren; sowohl mit Bezug auf Continuierlichkeit der Figuren, als auch mit Bezug auf den Gegenstand (Hygiea).

**) An die Reiter des Panathenäenzugs selbst hat freilich Xenophon wohl nicht gedacht. Er heisst seinen Hipparchen vom Markt bis zum Eleusinion recht schnell reiten (εἰς τάχος ἀνιέναι τοὺς ἵππους). Die Escorte des Panathenäenzugs ritt und fuhr ohne Zweifel langsam. Aber die Strasse solcher Paraden lehrt uns Xenophon allerdings kennen.

Athen die für eine grosse Procession geeignete Strasse von natürlichen Gegebenheiten abhängt, die sich nicht so leicht ändern lassen. Am Ziele angelangt mussten sich die Theile des Zuges, welche am Fusse der Burg und des Areopag bleiben sollten, von denen trennen, welche die Opfer und den Gottesdienst zu besorgen hatten oder daran theilnahmen. Unten blieben Wagen und Reiter (Beulé I p. 147 sqq.), nur zu Fuss schritten Würdenträger und alle vornehmeren Theilnehmer und Theilnehmerinnen die Marmortreppe hinauf, indess das Vieh durch die südliche Seitenpforte (unter dem Nike-Tempel) eingetrieben wurde (nach Beulé a. O. p. 152). Zugleich wurde der Areopag bestiegen.

Während nämlich Einige sich mit dem Voropfer für Athena Hygiea nach der Burg wendeten, hatten Andere das Voropfer auf den Areopag zu führen. Rang. 814, 8 sqq. [ϑ]ύειν δὲ τοὺς ἱεροποιοὺς τὰς μὲν δύο [θυσίας τήν τε τῇ] Ἀθηνᾷ τῇ Ὑγιείᾳ καὶ τὴν ἐν τῷ Ἀρε[ίῳ πάγῳ τελου]μένην καθάπερ πρότερον, wo die beiden letzten Worte lehren, dass diese Einrichtung älter ist als die Inschrift.

Wenden wir die inschriftlichen Voropfer auf den Ost-Fries des Parthenon an, wo sich nach den besten Autoritäten Hygiea dargestellt findet als die vorderste der Göttergruppe rechts, so folgt, dass die Heranziehenden der Athena Hygiea das Voropfer bringen wollen.

Für die andere Göttergruppe ist nun nicht mehr Freiheit gegeben. Es muss dieselbe das andere Voropfer, das areopagitische, darstellen, und es fragt sich, ob dies gefolgerte Muss auch sein kann. Die weibliche Figur mit der Fackel, welche nach Einigen Demeter, nach Andern Aphrodite, endlich wieder nach Anderen Artemis ist, könnte doch auch eine in der Art der Aphrodite*) gebildete

---

*) Aus der Schule des Phidias ging auch die der Aphrodite verwandte Nemesis hervor; Preller gr. Myth. I p. 333 n. A. Mit Unrecht würde man die äschyleische Grässlichkeit der Furien gegen obige Deutung wenden. Pausanias Att. 28, 6 sagt ausdrücklich, dieser Dichter habe ihnen zuerst Haar mit Schlangen gegeben, und hebt hervor, dass ihren Bildern nichts Furchtbares (οὐδὲν φοβερόν) anzusehen sei. — Weit eher könnte man gegen die Einzahl der Erinys einwenden. Denn der attische Cultus erkannte drei Erinyen an nach Polemon ap. Schol. Soph. O. C. 39 (nicht zwei, siehe Siebel. zu Paus. a. O.); die Dreizahl folgt auch aus den drei Hieropöen der Semnen bei Demosthenes, s. o. p. 171, Note *. Hiergegen weiss ich nichts zu erwiedern, als dass dem Künstler Manches freisteht und was den Dichtern hingeht, auch ihm hingehen muss. Denn die Erinys in der Einzahl findet sich im Homer; vgl. bes. Il. XIX 87 Ζεύς καὶ Μοῖρα καὶ ἠεροφοῖτις

Furie darstellen. Die beiden für Zeus und Hera gehaltenen Figuren sind dann Pluton und neben ihm Gaea, eine auf den Areopag bezügliche Gruppe, wo nach Paus. Att. 28, 6 Pluton, Hermes und Ge verehrt werden. Auch der Namensgott des Areopag, Ares, scheint neben der Eumenide dargestellt.

Wie die beiden am Parthenon sichtbaren Processionen Nebenhandlungen des panathenäischen Hochfestes, eine unabhängig von der andern, darstellen, so wird für die Mittelgruppen zu vermuthen sein, dass sie ebenfalls einen oder mehrere Nebenacte darstellen, ohne mit den beiden Voropfern zusammenzufallen, deren Götter den Mittelfiguren den Rücken wenden. — Die Peplosdarbringung, auf welche Viele die eine Gruppenhälfte deuten, bildet einen solchen unabhängigen Act, wichtig genug um die Mitte des Ostfrieses einzunehmen, und bei den Voropfern passend, weil diese und die Peplos-Darbringung ohne Zweifel unter den ersten Cultushandlungen waren, die der bei den Propyläen angelangte Festzug auszuführen anfing. — Sollte die andere Gruppenhälfte ebenfalls einen Nebenact der Panathenäen bedeuten *), so ist bisher wenigstens derselbe noch unbekannt. — Einig ist man weder über den Sinn der einen noch der andern Gruppenhälfte. —

Der Athena Hygiea hatte Pericles eine Statue errichtet bei dem Altar [der Hygiea], welcher „angeblich schon vorher da war" (Plut. Per. 13 παρὰ τὸν βωμὸν ὅς καὶ πρότερον ἦν ὡς λέγουσιν; cf. Leake Top. p. 107, N. 6). Die Statue wird von Pausanias unter den „am Eingang zur Burg" stehenden aufgezählt. Beulé giebt das Fussgestell der Hygiea an, wo die Propyläen in die Burgfläche ausgehen (siehe Beulé's Plan). Das Opfer galt dem Heil und Leben des Volks und seiner Beamten.

An dem Eingangs-Opfer, welches den Gottheiten des Areopag gleichzeitig gebracht wurde, mögen sich, bei den grossen Panathenäen wenigstens, auch Fremde betheiligt haben. Pausanias 1, 28, 6

Ἐρινύς, wo neben dem einzelnen Zeus die einzelne Erinys steht. Die älteste der Erinyen hat Euripides Iph. Taur. 963 Dind., vgl. Pindar Ol. 2, 73. Bei Aeschylus ist die Einzahl häufig, doch im Drama beweiset das Nichts, weil im Wechsel der Rede und Gegenrede immer nur Eine sprechen kann. Im Allgemeinen lässt sich der Wechsel der Zahl mit dem ähnlichen der Νέμεσις und Νεμέσεις zusammenhalten; Preller a. O.

*) Man könnte fragen, ob die Gruppenhälfte links, da sie den Göttern des Areopag zunächst ist, eine Handlung auf dem Areopag anzeige, gleichzeitig mit der Peplosdarbringung auf der Burg. Die Fackel der Mittelfigur lässt sich auf die Semnen beziehen; vgl. oben S. 171 und 172.

erwähnt, dass jenen Gottheiten Fremde so gut wie Städter (ξένοι τε ὁμοίως καὶ ἀστοί) opferten.

Von den mit den Voropfern verbundenen Gebeten kann man sich vielleicht eine Vorstellung nach dem Schluss der äschyleischen Eumeniden bilden. Einige Verschiedenheit in den mündlichen Theilen (Gebeten, Gesängen) des Ritus am Altar der Athena Hygiea, auf dem Areopag, am Tempel der Athena Nike, am Erechtheum, muss doch wohl angenommen werden, wenn auch manche Formeln und Wendungen überall sich wiederholten.

Die Gebete am grossen und kleinen Feste waren nicht ganz gleich. Denn Herod. VI, 111 sagt, in Folge des marathonischen Kampfes habe der Herold bei den penteterischen Opfern auch für die Platäer beten müssen, wobei an die Panathenäen zu denken ist, und zwar die grossen.

Zu den jährlichen Panathenäen-Bräuchen ist auch wohl die Eiresione zu rechnen nach dem Scholiasten zu Clemens p. 9, 33 Pott: „ἐρίῳ“ · τὴν λεγομένην εἰρεσιώνην φησὶν, ἣν οὕτως περιειλοῦντες ἐρίοις καὶ ταινίαις ὑφασμάτων λινέων — ἣν δὲ κλάδος ἀπὸ τῆς Μορίας ἐλαίας — καὶ ἀκροδρύοις παντοίοις περιαρτῶντες, ἀνῆγον εἰς ἀκρόπολιν τῇ Πολιάδι Ἀθηναῖοι Παναθήναια, οὕτως ἐπευφημοῦντες· εἰρεσιώνη σῦκα*) φέρει καὶ μῆλα καὶ ἑξῆς. Es ist schwer eine bestimmte Stelle für diesen nebensächlichen Festact auszumitteln.

Zwischen der Hinaufführung der Voropfer und der Hecatombe muss eine Zwischenzeit verflossen sein.**)

Nach der Pompe folgt die Darbringung der Hecatombe; die Hieropöen sollen sie, nach Rang. 814, 18, πέμψαντες τὴν πομπὴν τῇ θεῷ opfern und zwar eins der schönsten Rinder der Athena

---

*) August-Feigen, siehe Note ** S. 35.
**) In dieser Zwischenzeit wartete die übrige Pompe am Fusse der Burg, indem sie ausruhete oder auf der Agora umherzog, nach Vollendung der eigentlichen Gesammt-Procession. Möglich wäre es auch, dass man die Voropfer hinaufbrachte gleich beim ersten Heranziehen der Pompe aus dem Ceramicus, dass also die Pompe ohne ihre Spitzen weiterzog und, wenn sie zum zweiten Mal sich den Propyläen näherte, gleich die Hecatombe hinaufgehen konnte, weil die Voropfer schon geschlachtet waren. Die ankommenden Ehrengäste, die πομπεῖς u. s. w. fanden dann ihre Portionen fertig vor. Indess lässt sich einwenden, dass der Gesammteindruck, zunächst die Zahl der Opferthiere, so für einen grossen Theil des Zuges verringert worden wäre. Der Peplos wenigstens wurde gewiss nicht gleich hinaufgebracht, wenn der Zug zuerst aus dem Ceramicus der Burg nahe kam.

Nike, die übrigen der Athena Polias, ib. lin. 20 προκρί[ναντες ἐκ τῶν] καλλιστευουσῶν βοῶν. Die Inschrift nennt die Athena Polias zuerst, „alle Rinder sind für sie, nur eins für Athena Nike."*) Aber da sie bemerkt, dies eine solle am Altar der Nike geopfert werden, also am Eingang der Burg (Rangabé II p. 443) beim Niketempel, so ist dies wieder ein neues Voropfer, für das siegreiche Glück**) Athens gebracht am Eingang der Burg, wie das für Hygiea. Die Polias also erhält ihre Hecatombe zuletzt von allen Opfern. Die Darbringung findet ἐπὶ τῷ βωμῷ τῆς Ἀθηνᾶς τῷ μεγάλῳ, ib. lin. 19. statt.***)

---

*) Die Epheben gingen, nach der späten Inschrift Ephemeris n. 4098 lin. 13, im Zuge mit, συνεπόμπευσαν, wahrscheinlich im panathenäischen Festzuge; sie geleiteten ein Stück Rindvieh und brachten es der Athena (Nike) auf der Burg. Es ist die zweite Inschrift im Philistor I, Heft 1 und 2, wo die Stelle so lautet: συντελουμένης δὲ καὶ τῆς θυσίας τῇ Ἀθηνᾷ τῇ Νίκῃ συνεπόμπευσαν καλῶς καὶ εὐσχημό[νως, βοῦν συνπέμψ[αν]τες ἣν καὶ ἔθυσαν [ἐν] ἀκροπόλει τῇ[ι] θεῷ.

**) Das Opfer für Athena Nike hat mit den Siegen im Agon nichts zu thun. Der Niketempel, welchen Leake p. 392 von Cimon erbaut glaubt, bezieht sich auf ernstere Siege; seine Langseiten stellten vielleicht die Schlachten von Marathon und Plataeä dar, so dass das Platäer-Gebet, s. o. S. 194, passend am Altar der Nike gesprochen sein würde. Die Inschrift, welche sich auf die kleinen Panathenäen bezieht, enthält keine Spur von Agonen. Die Göttin der grossen Agonen ist nicht die des Niketempels, sondern Athena Parthenos, die eine Nike auf der Hand trägt. Vgl. Curtius gr. G. II p. 274 sq. und Bötticher im Philologus XVII p. 399.

***) Wo ist der grosse Altar der Athena zu suchen? ist er identisch mit dem anderswo erwähnten Altar des Opferers? (τὸμ βωμὸν τοῦ θυηχοῦ — nicht θυηκοῦ — ἄθετον, Böckh C. I. I p. 281 n. 160 § 7; auch als Inschrift eines Ehrensessels ΘΥΗΧΟΟΥ (W. Fischer N. Schweiz. Mus. III p. 57, Note), und haben wir uns hier unter dem nördlichen Vorbau des Erechtheums den Ort zu denken, wo man der Athena Polias die vielen Rinder der Hecatombe schlachtete? (Rangabé II p. 443.) Der Altar des Opferers war zur Zeit der Inschrift n. 160 unvollendet und wenn an ihm die Hecatombe gebracht wurde — eine Sache die jährlich vorkam — musste einstweilig wenigstens ein anderer Ort gewählt werden. Auch scheint die besondere Bezeichnung (τοῦ θυηχοῦ) eher auf etwas Besonderes als auf eine so gewöhnliche Handlung wie das Schlachten von Rindern zu gehen. —

Besser passt der an der Ostfronte des Parthenon belegene grosse Opferaltar, Breton p. 146; auf Beulé's Plan: Autel de Minerve. Hier war auch mehr Platz für das Schlachten einer Menge von Rindern.

Aber in älteren Zeiten, ehe der Cultus sehr luxuriös wurde, ist gewiss das Hauptopfer der Athena Polias am Erechtheum dargebracht, wo diese Göttin ihren Wohnsitz hat. Auf Benutzung des Bezirks um das Erechtheum deutet auch die dortige Aufstellung des Theseus mit dem marathonischen Stier, wel-

Das Fleisch von dem Nike- und Polias-Opfer nicht bloss, sondern auch die Reste der anderen Voropfer werden dem Volke ausgetheilt (κρεανομίαις ib. lin. 25) und zwar an jeden Demos besonders, welcher [nach seiner Volkszahl] eine grössere oder geringere Anzahl Demoten für diesen Zweck zu deputieren hat. *) Die Aufsicht der Demarchen (s. o. Seite 180) war nöthig, damit nicht ein Demos mehr Demoten deputierte als ihm zukam, denn die Hieropöen, welche jedem eine μερίς gegeben zu haben scheinen, mussten zwar die Gesammtzahl der Portionen im Ueberschlage kennen ohne doch im Einzelnen zu wissen, wie viele jedem Demos einzuhändigen waren.

Gegessen wurde wahrscheinlich nach Demen; G. A. 54, 17 u. A. Das souveräne Volk sass zu Tisch und liess sich von seinen Beisassen (s. o. Seite 180) das Brot und den Kuchen reichen. Bei den Demenschmäusen mochte auch das Harmodioslied **) erschallen.

In wie weit das Geschlecht der Opferthiere vorgeschrieben war ist schwer zu sagen. In Pisistrats Zeit sühnte man den panathenäischen Heros Erechtheus mit Stieren und Widdern; Il. II 547. Gerade hieraus schliesst der Scholiast B, dass Il. a. O. μιν auf Erechtheus gehe, nicht auf Athena (θηλέα δὲ τῇ Ἀθηνᾷ θύουσιν). Das Wort βοῦς (z. B. Rang. 814) leitet dabei unsicher, ***) weil βοῦς bloss grammatisches Feminin sein könnte.

<small>chen er der Athena schlachtete; vielleicht auch der (mit Opferbeschauungen beschäftigte?) Seher bei Tolmides, Pausan. Att. 27, 5.

Bei der umfangreichen Handlung des Hecatombenopfers konnte der Bezirk des Erechtheums auch noch in späterer Zeit mit benutzt werden, indem man z. B. das Geschlachtete durch den westlichen Eingang in den Bezirk trug, daselbst die Portionen (μερίδες) abtheilte, welche dann an der kleinen Treppe (auf Beulé's Plan: Entrée de l'Enceinte), rechts von der östlichen Fronte des Erechtheums, in Empfang genommen wurden.

*) ib. lin. 25 sqq. ἀ[ποδιδόναι] δὲ τὰς μερίδας εἰς τὸν δῆμον ἕκαστον, κατὰ ἄ[νδρα νέμον]τας ὁπόσους ἂν παρέχῃ ὁ δῆμος. Jeder Deputierte scheint also eine μερίς erhalten zu haben, jedoch in ὁπόσους ἂν keine Beliebigkeit der zu ernennenden Anzahl, sondern Verschiedenheit der Zahl in den verschiedenen Demen zu liegen; die Zahl musste gesetzlich geregelt sein. Vgl. Rangabé a. O.

**) Die Scene, welche dem Aristophanes (Ach. 980 Dind.) vorschwebt wird am besten in die Panathenäen verlegt. Es ist von Störungen die Rede, welche der Krieg den behaglich Schmausenden bereitet, und die Jahreszeit der Panathenäen ist gerade die, wo die Peloponnesier einzufallen pflegen.

***) Ich wage also nicht den Schluss, die Zurückdrängung des Erechtheus durch das Dogma von Athenas Geburt habe veranlasst, dass später Kühe oder doch diese neben männlichen Thieren vorgeschrieben wurden, welche letztere</small>

Regatta.

Erst Sauppe de Inscr. Pan. p. 10 sq. hat Rang. 960 B, 28 das panathenäische Schiffs-Wettspiel erkannt. Der griechische Herausgeber dachte irrthümlich an ein Jugend-Wettspiel, ἅμιλλα νέων statt νεῶν.

Es scheint nicht, dass die sunische Regatta zu der panathenäischen in einem Verhältnisse*) stand, ungeachtet beide penteterisch**) dem Poseidon***) begangen wurden neben Athena.

Oertlich sind beide Wettkämpfe ganz getrennt, der eine im Piraeus, der andere bei Sunion. Auch kann man nicht sagen, anfangs sei der Seewettkampf bei Sunion vorgenommen, späterhin nach Athen verlegt worden; denn beide bestanden gleichzeitig †) neben einander. — Ob neugefundene Zeugnisse dennoch ein Verhältniss der Regatten zu einander (z. B. in späterer Zeit) aufweisen werden, ist abzuwarten.

---

dem attischen Poseidon (dem Erechtheus) galten. — Uebrigens opfert Theseus den marathonischen Stier der Göttin, Paus. Att. 27, 10; nach Plutarch freilich dem Apoll, aber das ἀνάθημα des marathonischen Demos beim Erechtheum zeigt offenbar, dass Pausanias Recht hat. — In Ilios wird an den Ἰλιακοῖς der Athena eine Kuh (θηλείᾳ) und ein männliches Schaaf geopfert C. I. II p. 889.

*) Die sunische Regatta Lys. 21, 5 bezog Meursius auf die Panathenäen, Rinck, II p. 241, auf die kleinen Panathenäen. Gegen Meursius erklärte sich Corsini F. A. II p. 373.

**) Nach Schömanns geschickter Emendation Herod. VI 87 (πεντετηρίς statt πεντήρης) war die sunische Regatta eine Penteteris; s. Sauppe a. O. Die panathenäische ist zunächst durch Rang. 960 gesichert, und da Rang. 960 die grossen penteterischen Panathenäen ohne Zweifel betrifft, muss man auch die panathenäische Regatta für penteterisch halten, bis bewiesen ist, dass sie jährlich war.

***) Da die Panathenäen ausser der Athena auch dem Erechtheus galten, dieser aber in der attischen Dogmatik Poseidon ist, so wird eine ἅμιλλα νεῶν an den Panathenäen vornehmlich dem Poseidon-Erechtheus gegolten haben. Die Vereinigung des Poseidon und der Athena wiederholt sich auf Sunion, auch wenn die dort vorfindlichen Fundamente eines zweiten Bauwerks (Leake Dem. p. 55 West.) nicht ein Poseidonstempel waren, sondern ein Vorbau des Athenatempels, und Poseidon nur einen Altar in Athenas Hause hatte. Der sunische See-Wettkampf wird dem mit Athena geeinten Poseidon gegolten haben; ebenso die nach der salaminischen Schlacht dort gestiftete Triere (Herod. VIII, 121), von der Grote annimmt, dass sie der Athena bestimmt war. Vgl. Sauppe a. O.

†) Die panathenäische Regatta — etwa a. Chr. 480 entstanden — existirte in der Blüthezeit, denn der Komödiendichter Plato (Plut. Them. 32) spricht von ihr: Ol. 97, 3 ist noch ein Stück von diesem Dichter aufgeführt. Lysias' Zeugniss über die sunische Regatta gehört in dieselbe Zeit.

Kalenderzeit der panathenäischen Regatta wird der Tag nach *) der hochfestlichen τρίτη φθίνοντος **) gewesen sein. Die vertheilten Preise sind nicht unbedeutend. Der siegreiche Stamm erhält 300 Dr.; zum Schmause sind dann noch 200 Dr. auf der Inschrift verzeichnet. Es folgt noch ein dritter Posten, 200 Dr., dessen Bestimmung fragmentiert (TI) ist.

Sollten an der Regatta mehr als 2 Phylen theilgenommen haben, etwa gar sämmtliche Phylen, so konnten auch zweite, dritte Preise vertheilt werden; lin. 31 HH TI hat vermuthlich einen zweiten Preis enthalten HH ΤΙΙ ΦΥΛΗ ΙΙ ΤΙΙ ΔΕΥΤΕΡΑΙ. Rangabé ergänzte τῇ θυσίᾳ was Sauppe zwar zulässt, jedoch nicht ganz billigt, da hier ein Opfer noch nach dem Schmaus käme.

In der Familie des Lycurg, eines Eteobutaden, erbte das Priesteramt des Poseidon-Erechtheus. Er traf Verfügungen über dies Amt (b. Westermann Biogr. min. p. 276, 125 διετάξατο δὲ καὶ τὴν ἱερωσύνην τοῦ Ποσειδῶνος Ἐρεχθέως), welches hernach sein Sohn bekleidete (ib. p. 277, 153 Τὸν δὲ πίνακα ἀνέθηκεν ὁ παῖς αὐτοῦ λαχὼν ἐκ τοῦ γένους τὴν ἱερωσύνην). Lycurg hat im Piraeus dem Poseidon, d. i. dem Poseidon-Erechtheus, einen Agon gestiftet und mindestens drei cyclische Chöre bestimmt (ib. 273, 50) mit Preisen von 1000, 800, 600 Drachmen, von denen der erste dem Kranze zu 1000 Drachmen gleichkommt, welchen nach einer Inschrift der erste Cithersieger (s. o. S. 139 f.) erhält. Diese Chöre sind als eine Erweiterung der Regatta zu betrachten und auf den im Piraeus begangenen XXIX Hecatombaeon zu setzen, so fern die Regatta insonderheit dem Poseidon-Erechtheus gegolten haben muss.

---

*) Es geht nicht an den piräischen Schmaus, Rang. 960, B, lin. 30 HH εἰς ἑστίασιν, gleichzeitig mit dem panathenäischen anzusetzen, etwa um die Seeleute zu entschädigen, welche durch den Dienst (Terent. Eunuch. 290) bei Schiffen und Werften zu bleiben genöthigt waren und am Hochfest nicht theilnahmen. Der Sieg wird einer Phyle zu Theil, was auf Theilnahme anderer, vielleicht aller Phylen hinweiset. Die Regatta war eine allgemeine Volksbelustigung, die mit dem Hochfeste unmöglich coincidieren konnte und die ἑστίασις folgte auf die Regatta. An der ἑστίασις mochten die Ruderer der Regatta-Böte, Sieger und Besiegte, participieren, nicht also die am Hochfest zurückgebliebenen Wachtmannschaften.

**) An der τρισιενάς, vielleicht XXIX, heisst Hesiod Ἔργ. 815 das Schiff ins Meer ziehen. — Vermuthlich verband man practische Zwecke damit. Die Trierarchen wünschte man fahrtbereit nach dem Feste (μετὰ τὰ Παναθήναια ὁ πλοῦς), und wer sein Schiff dann völlig und trefflich ausgerüstet hatte, konnte sich einen Preis verdienen.

Auf der Inschrift Rang. 960, an deren Schluss vielleicht noch Phylensiege in der ἅμιλλα verloren sind (s. o. S. 198), werden die Chöre nicht auch noch gestanden haben, da die vermuthete Zeit von Rang. 960 eine ältere ist als die des Lycurg (a. Chr. 396 bis 329 ungefähr).

Programm.

Die Wettspiele, denen die Athlotheten vorstehn, d. h. die grossen Agonen (der grossen Panathenäen) nennt Pollux VIII 33: τόν τε μουσικὸν καὶ τὸν γυμνικὸν καὶ τὴν ἱπποδρομίαν. Der musische und gymnische Agon sind jüngeren Ursprungs, die Hippodromie geht auf den Erechtheus zurück (s. o. Seite 154), der als hippischer Agonist bewundernswerth war (ἐθαυμάσθη ἀγωνιστὴς γενόμενος, Eratosth. Cataster. XIII). Nun geht aber das πομπὴν ἄγειν und (darnach) das θυσίαν ποιεῖσθαι gleichfalls (nach Eratosth. a. O.) auf den Erechtheus zurück. Lassen wir also, was das Natürlichste ist, die erechtheischen Einrichtungen bei einander, so erhalten wir, aus den beiden Citaten, vorläufig diese Folge:*)

ὁ μουσικὸς ἀγών
ὁ γυμνικὸς ἀγών
ἡ ἱπποδρομία ⎫
ἡ πομπή   ⎬ die erechtheischen Festacte, welche vor Pisistrat jährlich waren.
ἡ θυσία   ⎭

Alle drei Agonen finden sich zugleich auf keiner attischen Inschrift; aber eine böotische, Römernamen enthaltende, Rang. 965 giebt uns die Ordnung des Pollux: musische, gymnische, hippische. Eine teïsche Inschrift C. I. N. 2214 enthält einen musischen Agon, der dem gymnischen vorangeht. Auf den Inschriften von Aphrodisias N. 2758 geht I col. II, 3 der musische Agon dem gymnischen

---

*) Diese Folge nahm schon Meier (A. E. III, 10 p. 288) an; vgl. Sauppe a. O. p. 7. C. Hoffmann und H. A. Müller beginnen mit dem gymnischen Agon; jener beruft sich auf Plato (Menex. 249 B), der aber hier ganz im Allgemeinen (μουσικῆς πάσης) und nicht wie Pollux von den Panathenäen geradezu redet. Auch ist Plato nicht consequent; legg. II 658 A schiebt er den musischen Agon zwischen die beiden anderen grossen ein, nach der kl. Zürich. Ausg. (Hoffmann p. 75 giebt die Stelle anders). Dagegen bestätiget legg. XII p. 947 E sogar die Reihenfolge des Pollux: auch VI p. 764 wird die Musik der Gymnastik vorangestellt und ib. p. 765 zuerst von den musischen Aufsehern gehandelt, dann von denen der anderen Agonen. Wenn an der letzten Stelle (τὰ γυμνάσια ἵππων τε καὶ ἀνθρώπων) die Pferde den Menschen vorgehen, so ist darauf kein Gewicht zu legen.

und III col. III, 10 der gymnische seinerseits wieder dem hippischen voran. Dies nun sind nicht-attische Bestätigungen für die obige Anordnung.

Für Athen beweiset Xen. Symp. init., dass der gymnische Agon dem hippischen voranging. Dasselbe, und zwar das unmittelbare Vorangehen des gymnischen vor dem hippischen ergiebt sich aus panathenäischen Inschriften: Peyss. I. 18; Rang. 962 A. l. 35; ib. B lin. 12, wo die entscheidenden Anfangsbuchstaben, $\tilde{\eta}\nu$... und $\dot{\alpha}$... d. h. $\dot{\eta}\nu\prime o\chi o\varsigma$ $\dot{\epsilon}\gamma\beta\iota\beta\dot{\alpha}\zeta\omega\nu$ und $\dot{\alpha}\pi o\beta\dot{\alpha}\tau\eta\varsigma$, nach dem Schluss der gymnischen Spiele ($\dot{o}\pi\lambda\dot{\iota}\tau\eta\nu$) bei Rangabé II p. 675 ganz deutlich gegeben sind, während Ross sie noch nicht erkannt zu haben scheint. — Auch die zweifelhaft attische Inschrift C. I. 1591*) bestätigt obige Folge des gymnischen und hippischen Agons.

Auf der in Conons Zeit zu setzenden ältesten Panathenäen-Inschrift Rang. 960 ist eine Lücke zwischen den gymnischen und hippischen Spielen. Aus Obigem folgt, dass in diese Lücke bloss fehlende gymnische und hippische Spiele einzuschieben sind, weil diese beiden Agonen continuierlich sind. Es kann also nicht auch noch der musische Agon in der Lücke gestanden haben.

Ebenso wenig kann auf der ältesten Inschrift der musische Agon dem hippischen unmittelbar gefolgt sein. Denn der Platz unmittelbar nach dem hippischen Agon ist occupiert von einer Reihe kleinerer Agonen. Hiernach ist der musische Agon entweder der allererste oder der allerletzte unter den Festacten gewesen bei derjenigen Feier, auf welche diese Inschrift geht. Die Wahl kann nicht zweifelhaft sein. Der musische Agon war der erste Act der grossen Panathenäen auf Rang. 960, denn er wird von den beiden anderen grossen Agonen nicht getrennt gewesen sein. Die obige Anordnung der grossen Agonen bildet eine untrennbare Phalanx.

Folgen wir für die weiteren Festacte den Inschriften Rang. 960 und 814, so schlossen sich an die grossen Agonen zunächst Pyrrhiche und Euandrie an; dann beging man das religiöse Hochfest, und zwar mit einer Lampadephorie und Pannychis, der die Voropfer und Opfer nebst der Fleischaustheilung folgten.**) Eine Regatta schloss das Ganze als Nachfeier.

---

*) Der Anfang von C. I. 1591 muss völlig ignoriert werden. Hier geht lin. 6 ein Sieg $\ddot{\alpha}\varrho\mu\alpha\tau\iota$ $\tau\epsilon[\lambda\epsilon\prime\omega]$ voran. Es folgt eine Lücke. Dann folgt das gymnische Pentathlon.

**) Stark zu G. A. 54, 11 kehrt die Folge der Voropfer und der Pannychis um: „dem (Opfer für Hygiea und auf dem Areopag) folgt die $\pi\alpha\nu\nu\nu\chi\iota\varsigma$".

Ein Theil dieser Anordnung der gottesdienstlichen Acte beruht auf der Wahrscheinlichkeit, die heilige Nacht der Panathenäen an die Lampas zu knüpfen und auf diesem Wege dem Hochfeste seinen Platz zu gewinnen in der Ordnung der Feierlichkeiten Rang. 960. S. o. Seite 169. Nirgendswo anders kann das Hochfest besser eingefügt werden; am wenigsten lässt es sich vor den übrigen Festacten denken, weil dann bei den grossen Panathenäen die Feier in den andern Monat hineinreichte, was nicht Sitte war; denn dem Hochfeste kam schon selbst ein dem Monatsende naher Tag, τρίτη φθίνοντος, zu. Vgl. H. A. Müller Pan. p. 46.

Zeitdauer in Tagen.

Die Zeugnisse, sämmtlich späten Zeiten angehörend, gehen zwiefach auseinander. Sie ergeben theils 4 Tage*) theils eine unbestimmte Mehrzahl, welche aber die 4 überstieg.**) So haben neuere Forscher (Sauppe de Inscr. Pan. p. 7) theils jene 4 Tage festgehalten, theils die Dauer des Festes auf 12 Tage gesetzt, und zwar immer für die penteterische Feier, auf welche allein die Zeugnisse der Autoren zu beziehen sind.

---

heisst es bei ihm, so dass er sich die Voropfer am Tage vor dem Hochfest gedacht haben muss. Aber da die Reste der Voropfer (Rang. 814, 15) mit zur Hecatombe geschlagen und dem Volke gegeben werden sollten, ist es besser sämmtliche Opfer auf den Hochfesttag zu setzen. Dass nach lin. 18 der Hecatombe die Pompe vorangeht und auf der Inschrift schon vor dieser Stelle die Voropfer erwähnt sind, beweiset nichts. Die Inschrift erwähnt die Voropfer auch eher als den Ochsenkauf (lin. 17), der doch vorher stattgefunden haben musste. Die Participien βοωνήσαντες und πέμψαντες enthalten Nebenbemerkungen, während der Zusammenhang hauptsächlich an lin. 15 anknüpft. Rangabé II p. 443 hat das auch schon bemerkt.

*) Die Vierzahl findet sich Schol. Aristid. p. 98, 31: p. 196, 30; p. 197, 17. Diese drei Stellen beweisen aufs Sicherste, dass der späte Scholiast das Panathenäenfest (das grosse) für viertägig gehalten hat. Im Schol. Eur. Hec. 465 schwankt die Lesart zwischen παλλὰς ἡμέρας und, was die breslauer Handschrift hat, τέσσαρας. Den Wortlaut der Stellen s. bei Meier a. O. p. 279.

**) Hoffmann Panathen. p. 73 giebt die Worte des Rhetors Aristides I p. 255 Steph. Es heisst daselbst, dass die Menge der Panathenäentage freigestellt sei (τὸ πλῆθος τῶν ἡμερῶν ἀνεῖται); dass der gymnische und noch mehr der musische Agon nicht Einmal (εἰσάπαξ) absolviert werde und gewissermassen an jedem einzelnen Tage ende und wiederum von Anfang beginne (am nächsten Tage); deshalb sei hier auch eine Menge von aristideischen Reden nicht unangemessen. — Setzt man also die beiden Agonen zu je 2 Tagen an, so nehmen diese beiden Festacte allein schon 4 Tage weg.

Aus dem Verzeichniss der Festacte Rang. 960 kann eine Vermuthung über die Dauer des grossen Festes gebildet werden. Sauppe a. O. setzt sie auf mindestens 6 Tage.

Den musischen Agon hat Welcker mehrtägig angenommen, zu Gunsten seines Gedankens, dass die ganze Ilias vorgetragen sei (s. o. Seite 138, Note **). Für diesen Agon hebt Aristides die Mehrtägigkeit besonders (καὶ ἔτι μᾶλλον τὸν τῆς μουσικῆς) hervor (s. o. Seite 201, Note **). Die Vermehrung des wahrscheinlich fortbestandenen Rhapsoden-Agon durch musicalische Aufführungen, die bedeutenden Siegespreise, die Berühmtheit dieses, eigene Schriften (s. o. Seite 140) veranlassenden, Theiles der Panathenäen dienen im Ganzen der Ansicht zur Stütze, dass der musische Agon 2 bis 3 Tage dauerte in der besten Zeit Athens, und dass Aristides keine Unwahrheit gesagt hat. Neben dem längsten Ansatz von 3 Tagen kann man als kürzesten drei halbe Tage stellen.

Die gymnischen Spiele hatten zwei Abtheilungen und eine Pause dazwischen, wie oben Seite 146 vermuthet ist. Hiernach lässt sich ihre splendideste Ansetzung auf 2 Tage bringen und dies mit Einstimmung des Aristides, welcher von Mehrtägigkeit auch dieses Agons redet. Daneben ist ein spärlicherer Ansatz auf 2 halbe Tage zuzulassen.

Dem hippischen Agon älterer Zeit scheint Ein Morgen zu genügen (s. o. Seite 159); der von Rang 960 ist oben muthmasslich auf nicht mehr als 9 Spiele bestimmt (s. o. Seite. 155 Note und vgl. Ross N. 23 B ob. Taf. IV zu S: 153). Wenn aber der Athlothet das Programm bequem einrichtete, so musste doch die Hippodromie einen ganzen Tag wegnehmen, weil der Nachmittag unbesetzt blieb. Bei Xenophon Symp. (s. o. S. 124) ist dies der Fall; wogegen eine späte Inschrift Benutzung des Nachmittags zeigt, dass ein Athlothet auch in der früheren Zeit dem Agon nur eine Tageshälfte auswarf, muss als möglich gelten.

Die stark angeschwollenen Pferderennen von nicht weniger, als 23 Spielen, die allerdings 2 Abtheilungen haben mussten, und leicht 2 Tage oder wenigstens Tageshälften wegnehmen konnten, sind wahrscheinlich auf spätere Zeiten zu beschränken und auch in den späteren Zeiten keineswegs Regel gewesen (s. o. S. 159).

Die drei grossen Agonen würden hiernach einen weitläufigen Ansatz zulassen, zu 3, 2 und 1 Tag, im Ganzen zu 6 Tagen, oder aber zu eben so vielen Tageshälften, im Ganzen zu 3 Tagen, was der engste Ansatz wäre. Letzterem kommt die Viertägigkeit des Scholiasten (s. o. S. 201, Note *) am nächsten, welcher nur noch das

Hochfest mit 1 Tag hinzulegte und die 4 Tage mehr aus eigner Hypothese*) denn als Historiker hinstellte.

Der weite und enge Ansatz bilden die Grenzen, zwischen welchen das Programm der Athlotheten sich halten mochte. Ein festes Herkommen in der Zeitdauer der grossen Agonen ist aus den Inschriften nicht zu entnehmen.

Ausser der für die 3 grossen Agonen nöthigen Zeit, müssen aber, die Inschrift Rang. 960 als massgebend angesehen, noch 3 Tage hinzugerechnet werden.

Erstlich ein Tag der Festzugsproben, nachmals selbständiger Agonen kleineren Umfangs, der Pyrrhiche und der Euandrie. Da beide, Rang. 960 vor der Lampas verzeichnet sind, so kommt ihnen der Vortag des Hochfestes zu und es können diese kleineren Agonen nicht als Zeit-Ausfüllung der Pausen im Festzuge gedacht werden, in welchem Falle sie Rang. 960 nach der Lampas verzeichnet wären. Nebenher bleibt unbenommen, dass die Pyrrhichisten zum Beispiel, wenn die Festzügler ruheten oder auf die $κρεανομία$ warteten, Tänze auf der Agora oder vor dem Anakeion begingen (s. oben Seite 164).

Dann das hochfestliche $νυχθήμερον$ selber, nach Sonnenuntergang beginnend mit der Lampadephorie, an welche sich die Pannychis schloss. Mit Sonnenaufgang folgte die Pompe, dann die beiden Voropfer für Athena Hygiea und am Areopag, das Voropfer für Athena Nike und die Hecatombe für die Polias. Von diesem Tage gilt Plutarchs Bemerkung Them. 18, dass ein Hauptfesttag zu überfüllt sei um Genuss zu gewähren, und dass man erst am zweiten Tage zu sich selber komme.

Die Nachfeier im Piraeus, bestehend in einer Regatta, verlangt endlich noch einen Tag. Dies ist der Schlusstag der grossen Panathenäen, der sechste nach einem engen Ansatz, nach einem weiten Ansatz aber der neunte.

Der weite Ansatz (9 Tage) hat den Vorzug, dass die Nachmittage frei sind zu Vorlesungen (G. A. 54, 24) oder Privatgastmählern (Xen. Sympos. in.). Doch da die Fremden sich (wie die peloponnesischen Gesandten s. o. S. 188) etwas früher einfinden konnten, so bleibt doch auch bei dem 6 tägigen Ansatze Zeit; eigentliche Geschäfte vermied man schon vor dem Feste, s. o. S. 109.

---

*) Er rechnete wohl so viel Tage, als ihm Acte des Festes bekannt waren, und jeden der 3 Agonen eintägig. Aber das sonst bekannte Material nöthigt Unterschiede der drei Agonen auch in der Zeitdauer anzunehmen.

Für die kleinen Panathenäen habe ich, um doch etwas anzusetzen, 2 Tage angesetzt. Es ist ganz ungewiss.

Der weite Ansatz reicht vom 7. Tage nach Vollmond, diesen auf XIV Hecatombaeon gesetzt, bis zum Tage vor Neumond oder dem Neumondstage selbst inclusive; folgendermassen in einem 30 tägigen Monat:

    Hecatombaeon
    XXI—XXIII musischer Agon, drei Tage.
    XXIV und XXV gymnischer Agon, zwei Tage.
    XXVI hippischer Agon.
    XXVII die kleineren Agonen, (Pyrrhiche, Euandrie).
    XXVIII das Hochfest, τρίτῃ φθίνοντος.
    XXIX Regatta. — Summe: Neun Tage.

Alle diese Tage können φθίνοντος gezählt werden. Dieses ist im 29 tägigen Monat nicht der Fall, man müsste denn annehmen, der grosse Panathenäen-Monat sei niemals 29 tägig gewesen.

Der enge Ansatz reicht vom 10. Tage nach Vollmond, XIV Hecatombaeon, bis Neumond oder vor Neumond:

    Hecatombaeon
    XXIV und Morgens den XXV, musischer Agon.
    Abends den XXV und morgens den XXVI, gymnischer Agon.
    Abends XXVI hippischer Agon.
    XXVII kleinere Agonen.
    XXVIII Hochfest der Panathenäen.
    XXIX Regatta. — Summe: Sechs Tage.

Der enge Ansatz hat für Thucyd. V, 47 einige Vorzüge. Die dort erwähnte Bestätigung und Erneuerung des Bündnisses soll trieterisch stattfinden. Die Athener sollen 30 Tage vor den Olympien, wohl vor dem Olympien-Vollmond, mithin am Vollmonde nach Elis, Mantinea und Argos gehn, die Argiver, Eleer und Mantineer aber 10 Tage vor den grossen Panathenäen nach Athen kommen, was nach dem engen Ansatze so viel ist als Vollmond, wenn die 10 Tage nicht vom XXVIII[*]), sondern vom XXIV hinauf zu rechnen sind.

---

[*]) Sicher ist es nicht, den XXIV zu Grunde zu legen. Im Gegentheil ist das Hochfest an anderen Stellen gemeint (Meier a. O. p. 279 n. 36), wo die Panathenäen als Tag behandelt werden. Doch ist der Fall bei Thucyd. a. O. insofern nicht derselbe, als die Fremden 10 Tage eher kommen sollten als sonst geschehen wäre; sonst aber wären sie — nicht zum XXVIII — sondern schon zum Anfang der Agonen, XXIV, gekommen.

Wiewohl nun dieselben Geschäftsträger nicht an demselben Vollmondstage in den drei Städten sein konnten, so ist es doch passender für beide Contrahenten den im Ungefähren gleichen Termin anzunehmen.

Für internationale Verabredungen ist der Vollmond*) ein sehr angemessener Termin, so weit es sich um friedliche Verabredungen handelt, nicht um Ueberfälle und dgl. So sind die 60 Tage und die Jahresfrist, vom Olympienvollmond (bei Herod. VI, 126) abwärts, nach Vollmonden zu rechnen.**)

Weil der Vollmond ein fassliches Zeichen ist für Alle, heisst es von ihm, Hym. XXXII, 13 $\tau\acute{\epsilon}\kappa\mu\omega\varrho$ $\delta\grave{\epsilon}$ $\beta\varrho o\tau o\tilde{\iota}\varsigma$ $\kappa a\grave{\iota}$ $\sigma\tilde{\eta}\mu a$ $\tau\acute{\epsilon}\tau\nu\kappa\tau a\iota$, und Baumeister z. d. St.

Die kleinen Panathenäen erhalten folgende Stellung im Hecatombaeon:

XXVII kleinere Agonen, Pyrrhiche [Euandrie]
XXVIII Hochfest.

Metagitnien.

Einst fand in den Ortschaften, welche später Quartiere von Athen bildeten, eine Umsiedlung statt; aus Melite zogen etliche der früheren Bewohner aus und machten Wohnung nicht im nächst anstossenden Quartier (Collytus), sondern in Diomea; Plutarch de exil. cap. 6, G. A. 55, 2 sagt: nach diesem Factum begingen sie (die Umgesiedelten in Diomea?) Metagitnien (Nachbarfest) und der Monat

---

*) Der Friede des Nicias läuft vom Vollmonde des Elaphebolion, Thucyd. V, 20. — Der eine Mysterienfriede auf der Inschrift, Böckh C. I. n. 71, 6, hebt mit dem Vollmonde des Metagitnion, der andere mit dem Vollmonde des Gamelion an, nach der schönen Berichtigung Sauppe's, s. unten Mysterien bei Agrae: Kalenderzeit, Note. — Der Anfangstag des jährigen Waffenstillstandes Ol. 89, 2, a. Chr. 423, ist der XIV Elaphebolion, Thucy. IV 118; siehe unten Städtische Dionysien: Kalenderzeit. — Der XIV dient überhaupt für öffentliche Geschäfte. Ein Decret vom XIV Thargelion (vermuthlich Ol. 112, 1) bei Böckh Mond-Cyclen p. 44; eins vom XIV des Schaltmonats (vielleicht Ol. 118, 1), bei Böckh Studien p. 62; eine Zahlung zur Diobelie am XIV Boëdromion, Böckh C. I. n. 148 (vermuthlich aus Ol. 92, 4).

**) Der Schmaus und das Verlöbniss der Agariste kommt dann auf Vollmond; Pindar Isth. VII, 44 (Sauppe Inscr. Eleus. p. 6); wonach der Vollmondstag hochzeitlich ist, also wohl auch sich für das $\grave{\epsilon}\gamma\gamma\nu\tilde{a}\nu$ und $\grave{\epsilon}\gamma\gamma\nu\tilde{a}\sigma\vartheta a\iota$ eignet.

heisse davon Metagitnion. Plutarchs Worte enthalten eine Ungenauigkeit in Betreff des Subjects von ἄγουσι; es heisst bei ihm: ἆρα οὖν ξένοι καὶ ἀπόλιδές εἰσιν Ἀθηναῖοι οἱ μεταστάντες ἐκ Μελίτης εἰς Διομίδα (Διόμεια), ὅπου καὶ μῆνα Μεταγειτνιῶνα καὶ θυσίαν ἐπώνυμον ἄγουσι τοῦ μετοικισμοῦ τὰ Μεταγείτνια. Nach dem Zusammenhang müssen die Umsiedler (οἱ μεταστάντες) das Subject zu ἄγουσι sein; diess passt aber schlecht zu μῆνα, den Monat Metagitnion hat ganz Athen im Kalender (ἄγουσι), so dass für ἄγουσι vielmehr ein allgemeines Subject (man, alle Athener) nöthig wird: „Die Athener haben daher einen Nachbarmonat und ein Nachbarfest."

Vom Metagitnion behaupten die Lexicographen (Suidas II, 1 p. 797 Bernh. und Harpocr. p. 197, G. A. 55, 1), dass in diesem Monat dem Apollon Metagitnios geopfert werde. Ein Apoll dieses Beinamens ist sonst nicht bekannt, doch kann man sagen: wenn es ein Metagitnienfest gab, so muss es auch einen Festgott gegeben haben, weshalb also nicht Apoll? der als Strassengott (Agyieus) nicht unpassend in irgend einer Gegend der Stadt der metagitnische heissen konnte, indem er des Nachbars Schwelle und den Nachbarfrieden überhaupt hütete.

Aber die offenbare Absicht, den bekannten Monatsnamen zu erklären, muss zur Behutsamkeit auffordern. Schol. Thuc. II, 15 leitet den Monatsnamen ganz anders ab, von den Synökien, die nämlich auch (unrichtig) Metökien (s. Synökien S. 111) heissen, also an μεταγείτνια erinnerten. Diese Ableitung ist erweislich falsch, weil die Synökien gar nicht in den 2. Monat gehören. Der Scholiast also hat von apollinischen Metagitnien nichts gewusst. Indess zum Schaden der apollinischen Metagitnien folgt hieraus nicht viel. Wenn der Scholiast so unwissend war, den Monat der Synökien nicht zu kennen, so mag ihm auch der apollinische Metagitnientag entgangen sein.

Mit Grund indess weiset C. Fr. Hermann G. A. § 55 darauf hin, dass sich der Monatsname auch auf Cos finde (als Πεταγείτνυος) und ein local-attischer Ursprung des Metagitnion daher Einwendungen zulasse. Eher kann man an die in diesen Monat wahrscheinlich fallenden Isthmien*) und den Besuch bei den Nachbaren auf dem Isthmus denken. Der Monatsname ist wahrscheinlich eher da gewesen, als die Metagitnien des Plutarch oder der metagitnische Apoll

---

*) Man würde also eher einen metagitnischen Poseidonstag erwarten, die Isthmien gehen den Apoll nichts an.

des Suidas, und der Fall ganz derselbe wie mit den Hecatombäen und dem hecatombäischen Apoll. Denn beide Begehungen scheinen die Epimenien am VII des Monats zu sein, welche zunächst dem Apollon Agyieus, nicht bloss in Diomea, sondern in Athen überall, begangen werden.

Die Feier des siebenten Tages erhielt sich bis in späte Zeiten und aus dem so lange geübten Brauch konnte sich für die Epimenien des Metagitnion ein Eigenname bilden aus dem Monatsnamen, ebenso ein Specialname für den Tagesgott. Dies ist die gelindeste Annahme. Nebenher war leicht ein obscures Factum, wie jene Umsiedelung nach Diomea auf die Bahn gebracht, welche vielleicht keine Stütze an sicheren Spuren (z. B. einem Altar des metagitnischen Apoll in Diomea) fand, und, um Glauben zu erwecken, doch finden müsste. —

Einen ganz andern Weg schlägt Sauppe ein, de demis urbanis p. 23. Er betrachtet Diomea als einen ausserstädtischen *) Demos und glaubt an eine Metagitnienfeier, zu der sich alle Athener vereinigten; der Monat Metagitnion lehre, dass das gleichnamige Fest alle Athener betreffe und dass Plutarchs Meldung, es sei bloss von den nach Diomea gezogenen Melitensern gefeiert, nicht richtig sein könne. Die Entstehung des Festes erklärt Sauppe nicht aus der Umsiedelung jener Melitenser, sondern stellt auf, dass in Athen aufgenommene Dorier ihrem Apoll in den Zeiten der Völkerwanderung Metagitnien gestiftet haben. Als Ort der Feier scheint er den nach seiner Ansicht ausserstädtischen Demos Diomea anzunehmen, wo sich Fremde (Dorier) ansiedeln und die Städter hinausziehen konnten.

Ueber einen durch brauchbare Zeugnisse so wenig beglaubigten Gegenstand ist es misslich zu disputieren. Auch Sauppe hat seine Ansicht erst gestalten müssen aus den Zeugnissen und die $\vartheta v\sigma i\alpha$ $\dot{\epsilon}\pi\dot{\omega}\nu\nu\mu o\varsigma\ \tau o\tilde{v}\ \mu\epsilon\tau o\iota\kappa\iota\sigma\mu o\tilde{v}$ nicht wahr gefunden.

---

*) Dies hängt mit Sauppe's Ansicht zusammen, dass Klisthenes zehn Demen im Weichbilde der Stadt einrichtete, deren jeder einer besonderen Phyle angehörte, so dass die Stadt zugleich alle 10 Phylen repräsentierte; a. O. p. 19. Diomea gehört zur Aegeïs und diese ist schon durch Collytus vertreten; a. O. p. 15.

Niketeria.

Poseidons und Athenas Streit um Attica wird auf Boëdromion II gesetzt. Dieser Götterstreit war etwas trauriges, der Tag selbst ein so unglückseliger, dass Plutarch de frat. amore c. 18 behauptet, er sei stets ausgemerzt worden im Boëdromion; vgl. hernach μίαν τῶν ἀποφράδων νομίζειν, a. O.; auch Sympos. Quaest. IX, 6. Es ist klar genug, dass Plutarch die δευτέρα als einen dies ater schildert. Nichts also kann unpassender sein, als Rincks Annahme II. p. 68 (ebenso G. A. n. A. p. 380) die δευτέρα sei der Tag gewesen, an welchem νικητήρια der Athena über Poseidon begangen sind. Zwar hat Plutarch ohne Zweifel Unrecht, dass δευτέρα ἰσταμένου im Boëdromion stets ausgemerzt wurde (Böckh C. I. I p. 226 B; Ideler Hdb. I p. 283); aber in der Auffassung des Tages als eines finstern, der Wegwerfung würdigen, hat er gewiss nicht geirrt, und was wir sonst von der δευτέρα in den attischen Monden wissen, lässt sich mit seiner Schilderung der boëdromischen δευτέρα wohl vereinigen. Hiernach kann mit mehr Grund der folgende Tag als Niketerien-Tag vorgeschlagen werden und die plataïsche Siegesfeier ist also identisch mit dem Niketerientage.

Dass der Sieg von Plataea in Athen jährlich gefeiert ist überliefert Niemand, doch in den Zusammenhang bei Plut. de glor. Athen. 7 passt allerdings ein gefeierter Sieg besser als ein blosses Datum für die Thatsache. Plutarch giebt die Schlacht von Plataea einmal auf IV Boëdromion (Aristid. 19) und zweimal auf III an (Camill. 19 und de glor. Ath. 7), er ist also durch sich selbst überstimmt. Wahrscheinlich war die Schlacht an einem andern Tage vorgefallen und man setzte den Dank für den Erfolg auf die der Athena heilige τρίτη. Mit den Siegen bei Marathon und Salamis verfuhr man ähnlich.

Die τρίτη ἰσταμένου des Boëdromion war vielleicht dadurch schon vor a. Chr. 479 so heilig geworden, dass an ihr die geglaubte Wiedergeburt des heiligen Oelbaums stattgefunden hatte, nachdem Tags zuvor Xerxes das Heiligthum eingeäschert hatte; s. m. zweiten Beitrag z. Zeitr. p. 391 sq. Die δευτέρα ist dann der Tag der Zerstörung durch die Perser und ein wirklicher Unglückstag. Einigen Anhalt hat diese Vermuthung daran, dass jene Thatsache wenige Wochen vor der Schlacht bei Salamis (Boëdromion XX; nach Böckh

Monde, p. 74 Boëdromion XIX), vielleicht also Anfang des Monats stattfand. —

Bedeutend und stark hervorgehoben dürfte die Siegesfeier für Plataea niemals gewesen sein. Sie kam nur hinzu, die Heiligkeit der τρίτη bestand schon. Auf den Ephebeninschriften kommen keine Niketerien vor; die Pompe und das Rindsopfer für Athena Nike (Ephem. n. 4098, 13) scheint die Panathenäen anzugehen. Uebrigens ist nichts dagegen einzuwenden, dass die Athener für ihren Sieg bei Plataea der Athena dankten; baueten doch die Platäer selbst von den 80 Talenten, die sie von der Beute erhielten, einen schönen Athena-Tempel, vgl. Grote übers. v. Meissner III p. 148. Nur kann man die Anordnung im Kalender nicht löblich finden, da der ältere Sieg von Marathon an einem späteren Tage (Boëdromion VI) gefeiert wird. Im Gottesdienste war gewiss der Sieg Athenas über Poseidon Hauptsache. Diesen eigentlich beging man. Man setzte ihn zu Anfang des Monats auf die erste τρίτη und der Monat war somit von vornherein gestempelt und gezeichnet als Siegesmonat der Athener, eine Auffassung, die in der Zeit nach den Perserkriegen besondere Lebendigkeit gewann. Vor den Perserkriegen hatte man den Sieg der Stadtgöttinn, eine an sich viel ältere Glaubensthatsache, anderswo angesetzt; s. unt. Buphonien geg. Ende.

Genesien.

Dies am V Boëdromion begangene Todtenfest reicht in alte Zeiten hinauf; der Name Genesia kam in Solons ἄξονες vor.*) Das Fest hiess auch Nemesia, ein dritter Name scheint νεκύσια gewesen zu sein.**)

---

*) Bekker An. p. 86, 20: Γενέσια· οὔσης τε ἑορτῆς δημοτελοῦς Ἀθήναις, Βοηδρομιῶνος πέμπτης, καθότι φησὶ Φιλόχορος καὶ Σόλων ἐν τοῖς ἄξοσι κ. τ. λ.; vgl. Petersen Geburtstagsfeier p. 345.

**) Der eigentliche Sitz der Pflichterfüllung gegen Verstorbene ist das Privatleben, die Gesellschaft in ihrer Abstufung und Vielseitigkeit erfüllt solche Pflichten; daher die verschiedenen Ausdrücke. Denn alle Bezeichnungen des öffentlichen Festes sind wohl ursprünglich Appellativa für die Bräuche des Privatlebens. Von dem Namen γενέσια ist dies gewiss, er bezeichnet die Todtenfeier der einzelnen Verstorbenen: Petersen p. 302. — Νεμέσια ohne Zweifel = γενέσια, öffentliches allgemeines Todtenfest; Bekk. An. p. 282, 32: Νεμέσια· πανήγυρίς τις ἐπὶ τοῖς νεκροῖς ἀγομένη ἐπεὶ ἡ Νέμεσις ἐπὶ τῶν ἀποθα-

Am Genesientage empfing Gaea Opfer (Hesych v. γενέσια· ἑορτὴ πένθιμος Ἀθηναίοις, οἱ δὲ τὰ νεκύσια· καὶ ἐν τῇ ἡμέρᾳ τῇ Γῇ θύουσι), auch Nemesis, eine Todesgöttinn, welche die Pietät gegen die Verstorbenen in der Familie wahrte. Opfer für Nemesis sind nicht überliefert, folgen aber aus dem zweiten Namen dieses Festes, Νεμέσια.*)

Opfer für Gaea passen zu dem Kalendertage, einer πέμπτη. Die fünften Tage gehören nach Hesiod den Erinyen. Die Todtenbräuche der πέμπτη in der Zeit des Boëdromion wird Solon nicht erst eingeführt, sondern vorgefunden haben.

Wie sich die Volksgemeine einmal jährlich sammelte, um den Zuwachs der Familien zu verzeichnen (an den Apaturien) und dabei dem Zeus Phratrios und der Athena zu opfern, so überschauete man am Genesienfeste die Verlüste der Familien und wendete sich an die Gottheiten, welche γενέσιοι καὶ πατρῷοι, sei es für das Volk, sei es für ein γένος, sind. Genesien und Apaturien sind Geschlechterfeste, eins ein Complement des anderen. Am Genesienfeste werden die alten 360 Geschlechter, in welche die 4 Phylen und ihre 12 Phratrien zerfielen, hervorgetreten und gottesdienstlich

---

νόντων τέτακται. Aber bei Demosth. 41, 11 p. 1031 ist von einer Tochter die Rede, der Frau des Spudias, welche für ihren Vater eine Mine Silbers beiträgt zu den Nemesien (Νεμέσια). Hier ist vielleicht nicht die πανήγυρις, sondern eine private Begehung gemeint; vgl. Petersen p. 345, Note. — Endlich werden die νεκύσια von den Lexicographen (Bekker An. p. 231 und Hesych.) als eine andere Benennung der γενέσια hingestellt: οἱ δὲ τὰ νεκύσια. Vermuthlich hatte auch dieser Name theils privaten theils öffentlichen Sinn.

*) An die Genesien oder Nemesien des V Boëdromion schliesst sich unmittelbar das Marathonsfest, am VI. Gesetzt, dass beide Feste ein Ganzes bildeten, so könnte man behaupten, die gemeinte Nemesis sei die marathonische und der Name Nemesia habe nicht in der Nemesis des Familienlebens seinen Grund, sondern darin, dass der V Boëdromion seit a. Chr. 490 als Vorfeier des Marathonsfestes angesehen wurde. Von der über den Persern waltenden Nemesis sagt Pausan. Att. 33, 2: δοκεῖ δὲ καὶ τοῖς ἀποβᾶσιν ἐς Μαραθῶνα τῶν βαρβάρων ἀπαντῆσαι μήνιμα ἐκ τῆς θεοῦ ταύτης (nämlich τῆς Νεμέσεως). Danach wäre der Name Nemesia erst seit 490 entstanden. Allein dieser Behauptung ist sowohl die demosthenische Stelle (siehe die vorige Note) ungünstig, welche uns Pietätspflichten im Familienkreise zeigt, als auch die Notizen der Lexicographen, aus denen eine den Todten überhaupt, nicht bloss denen von Marathon geltende Feier sich ergiebt. Ein der völkerrechtlichen Nemesis gewidmetes Fest würde nach Rhamnus, nicht nach Athen gehören. In Athen finden wir Nemesis nur als Zunamen der Urania auf der Sessel-Inschrift, W. Fischer N. Schweiz. Mus. III p. 51. Urania Nemesis ist aber schwerlich die völkerrechtliche oder mit Bezug auf sie so genannt.

auch dann noch bewahrt sein, als die Bevölkerung in andere politische Theile zerfiel. Die Zusammengehörigkeit eines solchen Geschlechts haftete an der gemeinsamen Grabstätte (Curtius gr. G. I p. 250).

Boëdromia des Apollon Boëdromios und der Artemis Agrotera am VI Boëdromion, dem Tage nach den Genesien, sind mit Wahrscheinlichkeit schon vor a. Chr. 490 anzunehmen.

Böckh Monde. p. 67 zweifelt nicht, dass die Agrotera, unabhängig von der marathonischen Schlacht, als Jagdgöttinn zu Agrae verehrt wurde (wo sie nach Pausan. Att. 19, 7 zuerst jagte), und zwar im Boëdromion verehrt wurde, so wie Apollon Boëdromios im Boëdromion sein Fest hatte.

Den VI Boëdromion beiden Letoiden gewidmet zu glauben, empfiehlt die Analogie des Delphinienfestes am VI Munychion. Apollon Boëdromios, der Kriegshelfer, gesellt sich angemessen der tapfern Artemis Agrotera, so wie in Theben ihm der Tempel der Artemis Eukleia, einer Göttinn des Siegsruhms benachbart ist, Pausan. Böot. 17, 2.*)

Auch für die in ein Marathonsfest übergegangene Begehung des VI Boëdromion ist eine kriegerische Pompe ($\beta o \eta \delta \rho \acute{o} \mu \iota \alpha \; \pi \acute{e} \mu \pi \epsilon \iota \nu$, Demosthen. 3, 31**) anzunehmen, ein Kriegslauf. Nur so erledigt sich die seltsame Behauptung Herodots, VI, 112, von den Athenern bei Marathon: $\pi \varrho \tilde{\omega} \tau o \iota \; \mu \grave{e} \nu \; \gamma \grave{\alpha} \varrho \; \; \mathrm{`}E \lambda \lambda \acute{\eta} \nu \omega \nu \; \pi \acute{\alpha} \nu \tau \omega \nu \; \tau \tilde{\omega} \nu \; \dot{\eta} \mu \epsilon \tilde{\iota} \varsigma \; \ddot{\iota} \delta \mu \epsilon \nu \; \delta \varrho \acute{o} \mu \omega \; \dot{\epsilon} \varsigma \; \pi o \lambda \epsilon \mu \acute{\iota} o \nu \varsigma \; \dot{\epsilon} \chi \varrho \acute{\eta} \sigma \alpha \nu \tau o$, ***) Herodot muss einem Marathonsfeste und dem Festzuge für Artemis, wobei wohl Festzügler im Sturmschritt sich zeigten, beigewohnt haben. Er bildete sich ein oder liess sich einbilden, dass die Marathonomachen

---

*) Der solonischen Zeit könnte man vielleicht die Hinzunahme noch eines Tages, des VII Boëdromion, beilegen und auf den Genesientag (V Boëdromion) zwei Letoidentage folgen lassen. Diese müsste man in engster Verbindung denken, so dass die solonische Feier, doch nur formell, in einen Tag der Artemis Agrotera (den VI) und einen des Apollon Boëdromios (den VII) zerfiele, Apoll an der Feier des VI, Artemis an der des VII Theil hätte, mithin wiederum nur eine vereinigte Letoidenfeier von der Dauer eines Biduums heraus käme.

**) Westermann findet in dem $\beta o \eta \delta \varrho \acute{o} \mu \iota \alpha \; \pi \acute{e} \mu \pi \epsilon \iota \nu$ einen singulären Fall, was wenigstens ebenso hypothetisch ist, als ein jedes Jahr vorkommender Kriegslauf. — Dem. contrastiert wohl Krieg spielen ($\beta o \eta \delta \varrho. \; \pi.$) und Krieg führen ($\sigma \tau \varrho \alpha \tau \epsilon \acute{v} \epsilon \sigma \vartheta \alpha \iota$, § 30).

***) Wer dem Herodot dies aufs Wort glaubt, wird ebenso sehr dahin kommen, den boëdromischen Festzug für die Marathonsfeier in Anspruch zu nehmen, jedoch ihn erst nach a. Chr. 490 setzen. Aber Herodots Behauptung ist thatsächlich falsch, s. Bähr z. d. St.

die Entdeckung gemacht hätten, einen Feind im Laufe anzugreifen und dass, um dieselbe zu verewigen, das βοηδρόμια πέμπειν am Siegesfeste vorkomme, obwohl die Boëdromia keineswegs erst von a. Chr. 490 datierten.

Vor a. Chr. 490 hat sich dem Todtenfeste des V Boëdromion am VI eine Feier von kriegerischer Tendenz angeschlossen, vielleicht auch durch inneren Zusammenhang dem Todtenfeste angehört. In Solons Zeit kann Apollon unter den Göttern der die Genesien feiernden attischen Geschlechter seine Verehrung am V Boëdromion gefunden haben, so dass der VI demselben Gotte, jedoch in der Eigenschaft eines Helfers zu kriegerischen Siegen, gewidmet war. Nichts hindert zu glauben, dass an den Genesien die in der Schlacht Gefallenen besonders hervortretende Grabesehren empfingen. Dann war der VI gewissermassen ein Tag des Trostes, man rief den stürmischen Siegshelfer Apollon an, man gedachte der Siege, die errungen worden, so sich tröstend über den Tod derer, die sie blutig erkauft hatten.

Uebergang des VI in ein Marathonsfest. — Auf den VI wurde die Marathonsfeier nicht darum angesetzt, weil die Schlacht am VI vorfiel. Sie fand einige Tage nach dem Vollmond statt, wie aus Herodot hervorgeht, s. Böckh Monde. p. 66. Man hatte die Artemis zur Auszugsgöttinn*) gewählt und ihr Opfer gelobt. Als nun der Sieg gewonnen und das Gelübde zu lösen war, musste ein passender Artemistag ausgemittelt werden, um das versprochene Dankopfer zu bringen. Man wählte also die ἕκτη des Monats nach der Schlacht. Diese erschien passend, sei es weil man sich an die nächste ἕκτη nach der Schlacht hielt, sei es, weil der VI Boëdromion schon längst ein Festtag der Artemis Agrotera war (Böckh a. O. p. 67). nach der oben vorgetragenen Vermuthung.

Der Sieg von 490 a. Chr. war ein Factum von so erschütternder Stärke, dass die am VI Boëdromion gefeierten Erinnerungen an die Schlacht leicht die älteren Festgebräuche verdunkeln und

---

*) Vielleicht zog Miltiades am VI Metagitnion aus der Stadt. Gleichzeitig wurde ein Hemerodrome abgesendet, welcher in 2 Tagen Sparta erreichte und am IX vorgelassen wurde. Bei Abgang des Boten waren die Athener noch in der Stadt, Herod. VI 105, wo πρῶτα μέν „unmittelbar nach ihrem Abmarsche" bedeutet und hinzuzudenken ist: ἔπειτα δ' ἐβοήθεον ἐς Μαραθῶνα. Setzen wir dann mit Böckh Monde. p. 72, dass die Schlacht am XVII Metagitnion stattfand, so verlaufen 11 Tage, in denen der Turnus (περιελθεῖν Herod. VI, 111) unter den Strategen rund kommen konnte und wieder von vorne begann.

nicht bloss den VI, sondern auch den V Boëdromion vom ursprünglichen Sinne etwas ablenken konnten. Die Genesien des V waren eine allgemeine Todtenfeier, bei der zwar vielleicht auch schon im Kriege Gefallene höhere Ehre erhielten, welche aber doch nicht ein einzelnes Treffen auszeichnete; am VI feierte man Apoll und Artemis, Gottheiten des Kriegs und der Jagd, aber nicht die Auszugsgottheit einer bestimmten Schlacht.*) Da der VI in die specielle Bedeutung eines marathonischen Siegsfestes überging, konnte daraus eine Rückwirkung auf den Genesientag entstehn, durch die derselbe etwas von seinem früheren Character verlor. Die Todten aus jener Weltschlacht lagen nicht in Gentilgräbern, sondern in Marathon.

Apollon, der nach obiger Vermuthung am V als einer der θεοὶ γενέσιοι καὶ πατρῷοι und am VI als Boëdromios gefeiert worden war, trat seit 490 a. Chr. gottesdienstlich noch mehr zurück als in der Pisistratidenzeit. Er hatte sich den Persern gegenüber keineswegs so patriotisch bewiesen, wie Artemis. Die enggefassten Leidenschaften von Hellas, wo jede Bergspalte ein Staat ist und Front macht gegen den Angreifer, reichten nicht empor zu den Höhen von Delphi, wie Gewitter die in den Thälern schweben. In Delphi urtheilte man kalt und etwas kosmopolitisch, man wusste auch die Geschenke der Fürsten Asiens zu schätzen.

Der VI wurde wieder vorwiegend ein Fest der Artemis. Die Boëdromia, ein dem Apoll dieses Namens eigentlich bestimmter Brauch, blieben freilich äusserlich bestehn, gingen aber so vollständig in die Erinnerungen von a. Chr. 490 auf, dass gesagt wurde die Marathonomachen hätten den δρόμος gegen Feinde erfunden (nach der oben vorgetragenen Hypothese über Herod. VI, 112). So war Apollon Boëdromios verdrängt.

Das Opfer, welches der Polemarch der Artemis bringt (Pollux III 21), ist das vom Polemarchen Callimachus (Schol. Ar. Eqq. 657)

---

*) Es ist möglich, dass eine bestimmte Schlacht, welche Athen durch marathonische Mitstreiter gegen Euboea (Eurip. Ion 59 sqq.) oder gegen Eleusis (Etym. M. p. 202, G. A. 55, 4) einst gewonnen hatte, der Stiftung des Boëdromienfestes zu Grunde liegt. Aber bei der Unsicherheit der Ueberlieferung (G. A. a. O.) ist es besser keine grosse und entscheidende Schlacht anzunehmen, bei der Marathons Beistand für Athen entschied, sondern eine Reihe kleinerer Fehden, in denen die Marathonier immer zu Athen hielten. So wollte die Einführung des Apollon Boëdromios in Athen überhaupt den Apoll als Stammgott der marathonischen Tetrapolis ehren, insonders als den Gott der guten Kriegshülfe aus Marathon.

vor der Schlacht bei Marathon angelobte Ziegenopfer, welches ihr am VI mit 500*) Ziegen entrichtet wurde, Plut. d. malign. Her. c. 26. Ob jenes Gelübde wirklich von Callimachus ausging oder von Miltiades, den Aelian V. H. II, 25 nennt, ist einerlei; Herodots Erzählung VI, 109 lässt keinen Zweifel an den Verdiensten, die der Polemarch**) Callimachus um den Sieg hatte. Der herodotische Themistocles setzt dieselben noch über die Verdienste des Harmodius und Aristogiton und sein Tod (Her. VI 109) besiegelte sie. Es kann also das Opfer des athenischen Polemarchen für Artemis nicht, wie Petersen Geburtstagsfeier p. 303 anzunehmen scheint, vom VI Boëdromion, dem Marathonsfeste, getrennt werden. Der Polemarch opferte am Marathonsfeste und ausserdem am Epitaphienfeste. ***)

Der am Marathonsfest stattfindende Festzug für Artemis wird auf den Ephebeninschriften häufig und zwar zu Anfang erwähnt, weil das Jahr damals im Boëdromion begann. Genesien kommen nirgends daneben vor, sie scheinen erloschen, die Epitaphien hatten sie, soweit sie öffentliches Fest waren, unnütz gemacht. Vielleicht wünschte man auch das Todtenfest aus dem damaligen Jahresanfange (s. S. 90 Note) weg.

Der Festzug war kriegerisch ($\dot{\epsilon}\nu$ $\ddot{o}\pi\lambda o\iota\varsigma$), es werden die $\dot{\alpha}\varrho\iota\sigma\tau\epsilon\tilde{\iota}\alpha$ erwähnt, welche die Jünglinge trugen. Ephem. n. 4097 erste Inschrift in Philistor I, lin. 7 $\dot{\epsilon}\pi\dot{o}\mu\pi\epsilon\upsilon\sigma\alpha\nu$ $\tau\tilde{\eta}$ $\tau\epsilon$ $'A\varrho\tau\acute{\epsilon}\mu\iota\delta\iota$ $\tau\tilde{\eta}$ $\dot{\alpha}\gamma\varrho o\tau\acute{\epsilon}\varrho\alpha$ $\varkappa\alpha\grave{\iota}$ $\dot{\alpha}\nu\dot{\eta}[\nu\epsilon]\gamma\varkappa\alpha\nu$ $\tau\grave{\alpha}$ $\dot{\alpha}\varrho\iota\sigma\tau\epsilon\tilde{\iota}\alpha$ $\varkappa\alpha\tau\grave{\alpha}$ $\tau\grave{o}$ $\psi\acute{\eta}\varphi\iota\sigma\mu\alpha$; cf. Plat. Menex. p. 240 $\tau\grave{\alpha}$ $\mu\grave{\epsilon}\nu$ $o\tilde{\upsilon}\nu$ $\dot{\alpha}\varrho\iota\sigma\tau\epsilon\tilde{\iota}\alpha$ $\tau\tilde{\omega}$ $\lambda\acute{o}\gamma\omega$ $\dot{\epsilon}\varkappa\epsilon\acute{\iota}\nu o\iota\varsigma$ ($\tau o\tilde{\iota}\varsigma$ $M\alpha\varrho\alpha\vartheta\tilde{\omega}\nu\iota$) $\dot{\alpha}\nu\alpha\vartheta\epsilon\tau\acute{\epsilon}o\nu$, $\tau\grave{\alpha}$ $\delta\grave{\epsilon}$ $\delta\epsilon\upsilon\tau\epsilon\varrho\epsilon\tilde{\iota}\alpha$ $\tau o\tilde{\iota}\varsigma$ $\pi\epsilon\varrho\grave{\iota}$ $\Sigma\alpha\lambda\alpha\mu\tilde{\iota}\nu\alpha$ $\varkappa$. τ. λ. — Ephemer. n. 4104, dritte Inschrift in Philistor I, lin. 8 $\dot{\epsilon}\pi\dot{o}\mu\pi\epsilon\upsilon\sigma\acute{\alpha}\nu$ $\tau\epsilon$ $\tau\tilde{\eta}$ $'A\varrho\tau\acute{\epsilon}\mu\iota\delta\iota$ $\tau\tilde{\eta}$ $\dot{\alpha}\gamma\varrho o\tau\acute{\epsilon}\varrho\alpha$ $\dot{\epsilon}\nu$ $\ddot{o}\pi\lambda o\iota\varsigma$. —

) Eine Hecatombe Rinder sind 500 Schaafen an Werth gleich, s. S. 152 Note. Vielleicht hat man daher auch bei dem Ziegenopfer die Summe von 500 gesetzt.

**) Er war aus Aphidnae. Aphidnae liegt in der Tetrapolis, wo die Sagen von Ion und Xuthus zu Hause sind. Xuthus herrschte hier, Leake Dem. p. 65. Vielleicht werden jene sagenhaften Führer Polemarchen genannt (Herod. VIII, 44 nennt den Ion Stratarch). O. Müller Dor. I p. 237 legt darauf zu viel Gewicht.

***) Es ist schwierig in der Stelle des Pollux (III, 91) die verschiedenen Bräuche den beiden Festen zuzutheilen; s. unt. Theseus-Feste: Epitaphien. Ein Opfer für Enyalios passt gut für das Marathonsfest, wogegen das für Harmodius die Theseen angehen dürfte, wenigstens die Theseen späterer Zeit. In Herodots Zeit mag letzteres noch den Genesien und dem Marathonsfeste angehört haben, später aber auf die Epitaphien übergegangen sein. Hierbei ist vorausgesetzt, dass bald nach dem Sturz der Tyrannis ein Todtendienst für die beiden Befreier gestiftet wurde.

Ephemer. n. 4098, zweite Inschrift im Philistor I, lin. 8 ἐπόμπευ-
σαν τῇ Ἀρτέμιδι τῇ ἀγροτέρᾳ. — Die πομπεύοντες sind Epheben
schon römischer Zeit.

Dass jetzt am V Boëdromion, vor der Siegsfeier, die Gräber in
Marathon besucht und durch Todtenopfer geehrt wurden, lässt sich
keineswegs beweisen; ebenso wenig ein Besuch bei der völkerrechtlichen Nemesis von Rhamnus an diesem Tage. Wenn ein Besuch
in Marathon und Rhamnus stattfand, was möglich ist, so muss der
Kalendertag wenigstens als unsicher betrachtet werden.*)

Die von Thucydides II, 34 geschilderten Parentationen sind zunächst kein Festgebrauch, der regelmässig im Jahre am bestimmten
Tage wiederkehrt, sondern immer, wenn der Fall eintrat (ὁπότε
ξυμβαίη αὐτοῖς, Thuc. a. O.), wenn Schlachten gewesen und Gefallene zu ehren waren, fanden jene Bräuche statt, deren bedeut-
samsten schon lange vor der Zeit, welcher Thucydides' Beschreibung
angehört, die Leichenrede ausmachte. Schon vor der pericleischen
waren viele solche Reden gehalten worden (Thuc. II, 35 οἱ μὲν
πολλοὶ τῶν ἐνθάδε εἰρηκότων).

Wenn der Lauf des Kriegs durch die Jahreszeit eine Weile ge-
hemmt war, wendete man sich zur Bestattungsfeier. Es ist möglich,
dass man sie in älterer Zeit auch am Genesientage abhielt. Ein anderes öffentliches Todtenfest hatte Athen vor Stiftung der Epitaphien
(vermuthlich Pyanepsion VII) nicht und die Epitaphien sind wohl nicht
älter als die Theseusfeste, welche erst von Einholung der Gebeine
des Theseus durch Cimon datieren; vgl. Leake Topogr. p. 363.

---

*) Im Philistor I, zweite Inschrift (oder Ephemeris n. 4099, lin. 24 sqq.)
haben wir Folgendes: εἰς ...... τὸ καὶ τὰ ἱερὰ τὰ κατὰ τὴν χώραν ἐν οἷς
διετέλουν θύοντες καὶ καλλιεροῦντες ὑπὲρ τοῦ δήμου, παραγενόμενοι δὲ
[εἰς τὸ] πολυανδρεῖον ἐστεφάνωσάν τε καὶ ἐνήγισαν τοῖς κατὰ πόλεμον
τελευτήσασιν ὑπ[ὲ]ρ τῆς ἐλευθερίας. Nach Pittakis' Ergänzungen, die ich
hier nicht wiederhole, kamen die Epheben nach Marathon und den dortigen
Heiligthümern, bekränzten den Friedhof und brachten Todtenopfer den für die
Freiheit gefallenen. — Aber der ganz allgemeine Ausdruck οἱ κατὰ πόλεμον
τελευτήσαντες bezeichnet schwerlich die Marathonomachen, viel eher kann er
auf die im Ceramicus Begrabenen gehen, welche durch die Epitaphien gefeiert
wurden. Ob indess von diesem Feste die Rede ist, lasse ich dahingestellt, ich
verstehe die Stelle nicht. — Ihre Fortsetzung lautet: παρεγένο[ντο] δ[ὲ καὶ] ...
οι ... ι τὴν γεγονεῖαν ἐκ παλαιῶν χρόνων ὑπὸ τῶν πατέρων τοῦ ἱεροῦ
[κ]υρείαν καὶ θ[ύ]σαντες ἀπῆλθον αὐθ[ημερεί] ... αν (die von mir mit ...
angegebenen Lücken sind in Wahrheit grösser). Nach Pittakis' Ergänzung
waren dies Opferhandlungen in Rhamnus, was insofern recht gut passt, als
vorher vom Besuch der Grenzen, nachher vom Salamis-Feste die Rede ist.

Aber seit Stiftung der Theseen hat man wohl meistens den VII Pyanepsion zur Parentation gewählt. In diesem Monat waren im Allgemeinen die Feldzüge beendet.*)

Der pericleische Epitaphios gehört einem Wintersemester an, so wie Thucydides seine Jahre zweitheilig rechnet, und zwar dem von a. Chr. 431. Die Rede, welche Hyperides Ol. 114, 2 in gleichem Sinne hielt, scheint ziemlich spät im Winter (Sauppe im Philol. I Suppl. 1860 p. 60) gesprochen zu sein, sie ist aus Alexanders Todesjahr a. Chr. 323 und vielleicht ein besonderer Tag eines winterlichen Monats für sie anberaumt.

Hätte man nicht zu den wirklichen Parentationen der Todten des Jahres häufig den VII Pyanepsion gewählt, so würde die bloss heortologische Parentation und die angeschlossenen Agonen nicht in der theseischen Festzeit stehend geworden sein; s. die Theseus-Feste. Von jährlicher Feier der patriotisch Gestorbenen spricht schon Plato (Menex. p. 249) oder wer sonst den Menexenus geschrieben hat. Diese Feier bei den Genesien unterzubringen ist unmöglich.

Pericles redete im Ceramicus (der schönsten Vorstadt, Thucyd. II, 34); der Ceramicus scheint allerdings nicht die Oertlichkeit der späteren Leichenpredigten gewesen zu sein, sondern das Theseion, aber benutzt wurde der Ceramicus jedenfalls am Epitaphientage. Dieser Tag hatte Fackelläufe und ein Fackellauf beginnt im äusseren Ceramicus. Vgl. auch die unt. (Theseus f. Epitaphien) citierte Inschrift, wo ein Lauf ἀπὸ τοῦ πολυανδρείου vorkommt.

Es ist misslich aus den Grabreden, die sich im Menexenus und sonst finden, Folgerungen zu machen für den Kalendertag, welchem sie bestimmt waren. [Demosthenes] 60, 7 p. 1391 beginnt mit dem Amazonensiege und in Folge davon sind die Boëdromien gestiftet. Im § 8 a. O. wird der Krieg gegen Eumolpus und die Eleusinier erwähnt; dies ist die zweite Stiftungssage der Boëdromien, G. A. 55, 4. Siehe unt. a. O. Note Amazonen-Todtenopfer betreffend.

Doch lassen sich wenigstens ebensoviele, ja noch mehr Beziehungen zu den auf Pyanepsion VII hinweisenden Fabeln finden. Es werden § 8 a. O. die Heracliden erwähnt, welchen nach Einigen (Plut. Thes. XXII) Pyanepsienkost gereicht worden war. Die starke

---

*) Erinnern wir uns, dass die Peloponnesier a. Chr. 429, ohne Plataea genommen zu haben, schon Mitte September aus Attica zogen, περὶ Ἀρκτούρου ἐπιτολάς, Thucyd. II, 78. Dann fängt nach Hesiod die Weinernte an.

Hervorhebung der Marathonomachen (Plat. Menexen. p. 240) passt sehr gut auf einen Theseustag, da Theseus' Schatten bei Marathon mitfocht.

Sehr leicht haben die immer eifriger gefeierten Epitaphien dem ähnlichen Feste des Boëdromion eine oder die andere Sage abspenstig machen und an sich und den theseischen Sagencomplex heranziehn können.

Charisterien für Athens Befreiung durch Thrasybul.

Die $Χαριστήρια\ ἐλευθερίας$ beruhen einzig auf Plut. de glor. Athen. c. 7; sonst ist nichts von diesem Dankfeste bekannt. Hätte es noch bis in späte Zeiten bestanden, so würde es wahrscheinlich auf den Epheheninschriften vorkommen. Denn an den kriegerischen zu edlem Nacheifer erweckenden Erinnerungen Athens (Marathon, Salamis) betheiligten sich die Epheben besonders.

Der XII als Einzelfestsag kommt im Skirophorion als der Athena begangen vor und die thrasybulischen Charisterien, welche Plutarch a. O. auf Boëdromion XII setzt, scheinen ebenfalls der Athena gegolten zu haben. Da die Befreier nach ihrem Siege bewaffnet[*]) auf die Acropolis zogen und der Athena opferten (Xen. Hellen II, 4, 39), so wird das jährliche Befreiungs-Opfer insbesondere der Athena gebracht worden sein. Vgl. Lys. 13, 80 sq.

---

[*]) Stark zu G. A. 31, 12 beruft sich auf Lys. 13, 80, um zu beweisen, dass die Waffen immer niedergelegt werden vor Betretung des heiligen Bezirks. Aber a. O. §81, in den Worten $ἐπειδὴ\ δὲ\ πρὸς\ ταῖς\ πύλαις\ ἦσαν\ καὶ\ ἔθεντο\ τὰ\ ὅπλα\ πρὶν\ εἰςιέναι\ εἰς\ τὸ\ ἄστυ$, bedeutet $ὅπλα\ τίθεσθαι$ nur: sich aufstellen, sich ordnen. Die Waffen irgendwo niederlegen, um sie nicht mehr zu gebrauchen, müsste $ὅπλα\ τιθέναι$ (nicht $τίθεσθαι$) heissen. So findet sich in Curtius Anec. Delph. n. 40 p. 75 lin extr. $δοῦναι\ δὲ\ τοὺς\ Δελφοὺς\ Εὐδόξῳ\ καὶ\ θησαυρὸν\ ὅπου\ τὰ\ ὅπλα\ θήσει$ „ein Schatzhaus um die Schilde (vorher $ἀσπίδες = ὅπλα$) hinzulegen." Xenophon, an der oben citierten Stelle sagt ganz deutlich: $οἱ\ δ'\ ἐκ\ τοῦ\ Πειραιᾶς\ ἀνελθόντες\ σὺν\ τοῖς\ ὅπλοις\ εἰς\ τὴν\ ἀκρόπολιν\ ἔθυσαν\ τῇ\ Ἀθηνᾷ$.

Proerosien.

Die Kalenderzeit des Proerosienfestes ist nicht bekannt. Dass sie eine herbstliche*) sein müsse, kann für sicher gelten, auch dass sie nicht nach Umständen verschieden, sondern auf einen bestimmten Tag und Monat fixiert war.**)
Die προηρόσια ***) (αἱ πρὸ τοῦ ἀρότου γινόμεναι θυσίαι περὶ τῶν μελλόντων ἔσεσθαι καρπῶν, ὥστε τελεσφορεῖσθαι Suid. II, 2 p. 433 Bernh.) können, da sie dem Pflügen, dieses dem Säen vorangeht, nicht tief in den Pyanepsion hineingesetzt werden, weil dies der Saatmonat ist. Rincks Ansatz auf Pyanepsion XVIII ist also unpassend.

Vor Pyanepsion VII, dem Tage der Eiresione für Apoll, werden jedenfalls die Proerosien ihre Stelle gehabt haben. Nach Suid. I, 2 p. 774 Bernh.: εἰρεσιώνη κλάδος ἦν ἐλαίας ἐρίοις πεπλεγμένος, ἐξήρτητο δὲ αὐτοῦ τὰ ὡραῖα πάντα. ἵστασαν δὲ αὐτὴν πρὸ τῶν θυρῶν κατὰ παλαιὸν χρησμόν. οἱ μὲν γάρ φασιν ὡς λοιμοῦ πᾶσαν τὴν γῆν κατασχόντος ὁ θεὸς εἶπε προηρόσια τῇ Δηοῖ ὑπὲρ πάντων θῦσαι θυσίαν Ἀθηναίοις, οὗ ἕνεκεν χαριστήρια πανταχόθεν ἐκπέμπουσιν Ἀθήναζε τῶν καρπῶν τὰς ἀπαρχάς†) ist die Eiresione ein dem Apoll dargebrachter Dank,

---

*) Bossler de gentib. p. 11 setzt die drei Pflügungen, welche vermuthlich den Inhalt der Proerosien bildeten (Rinck II p. 80 n. 9) alle in den Herbst (Pyanepsion). O. Müller A. E. I, 33 p. 291 verlegt die rarische Pflügung in die Eleusinienzeit (Boëdromion). — Eine Trennung der 3 ἄροτοι nach den 3 Saatzeiten (Theoph. II. Pfl. VIII, 1) und der 3fachen Blüthe der Narcisse und Meerzwiebel (Voss L. B. p. 65. 771) ist unstatthaft. Nur die herbstliche Saatzeit hiess auch ἄροτος Theophr. a.O. § 2.

**) Bossler a.O. n. 11 denkt sich die Pflügungen als feriae conceptivae, aber im Festjahr Athens (wenigstens in dem Festjahr historischer Zeit) ist fast alles aufs bestimmteste fixiert. Römische Analogien können hier nur irre leiten.

***) Offenbar stand nicht προηροσίαι, da hernach ἐγένετο folgt; s. Sauppe Or. Att. II p. 271, B, 9.

†) Die aus aller Welt (πανταχόθεν) nach Athen gesendeten ἀπαρχαί werden also von den Athenern für alle (ὑπὲρ πάντων) geopfert an den Proerosien. Hiermit vergleiche man die Delien. Es werden jährliche ἀπαρχαί nach Delos gesendet (Callimach. hymn. in Del. 278: ἀμφιετεῖς δεκατηφόροι αἰεὶ ἀπαρχαὶ πέμπονται). Die Gaben kommen aus dem Hyperboreerlande, gehen durch alle Welt von Volk zu Volk, bis sie (nach attischer Sage, Stein zu Herod. IV, 33, 4) endlich den Athenern eingehändigt werden (Pausan. Att. 31, 2). Die Athener bringen sie nach der heiligen Insel, ὑπὲρ πάντων offen-

weil der Gott Proerosien in allgemeiner Noth angerathen habe. Da nun die dankenswerthe Sache dem Dankfeste auch im Kalender vorangegangen sein wird, so ist klar, dass die Proerosien der Eiresione, mithin dem VII Pyanepsion vorangingen, denn es kann nur die herbstliche Eiresione gemeint sein; vgl. Sauppe a. O. lin. 17.

Andererseits können die Proerosien nicht weit vor den Saatmonat hinaufgerückt werden, wie in der Natur der Sache liegt; ein Ansatz vor XII Boëdromion würde das Saatfest mitten unter Siegesfeste bringen. Betrachten wir also als Grenzen möglicher Ansätze Boëdromion XIII und Pyanepsion VI.

Soll nun ein bestimmter Tag gesetzt werden, so kann man nur Boëdromion XIII vorschlagen. Wiewohl nämlich ein dem Saatmonat näherer Tag, z. B. τρίτη φθίνοντος im Boëdromion sich mehr empföhle und XIII gerade die allerfrüheste Grenze selbst ist, so hat doch unter allen Tagen einzig der XIII einigen Anhalt an C. I. I p. 482 n. 523, 4 Βοηδρομιῶνος γί Νέφθυἷκαί Ὀσίριδ[ι] | ἀλεκτρυόνα· καρπώσεις, σπείρων πυρ[οὺς] | καὶ κριθάς, σπένδων μελίκρατον d. h. [man soll bringen] Fruchtopfer, καρπώσεις Subst., indem man Weizenkörner und Gersten streut und Honigtrank ausgiesst. —*)

Es war also die C. I. a. O. verzeichnete Feier des XIII ein locales Parallelfest der öffentlichen Proerosien, wenn diese, wie es scheint, auf XIII Boëdromion anzusetzen sind.

Wäre die Inschrift Philistor II H. 17 p. 238 vollständig, so würden wir vielleicht wissen, ob XIII Boëdromion der Proerosientag

---

bar, als Vertreter der Hyperboreer und aller Völker, die sich um die Herauförderung der ἀπαρχαί verdient gemacht und ein Recht haben, an der Huld Apolls theilzunehmen. — Diese Aehnlichkeit der Proerosien und Delien lässt sich auch für Pollux VIII, 107 benutzen, wo die delische, brauronische, heracleische und eleusinische Penteteris genannt wird. Die eleusinische scheint eine penteterische Proerosienfeier. Wie die ursprünglich jedes Jahr ohne Unterschied gefeierten Delien nach der Lustration von a. Chr. 426 (C. Fr. Hermann G. A. § 65) zur Penteteris erhoben wurden, ebenso hat man die jährlichen Proerosien zur Penteteris erheben können.

*) So hat Böckh die Stelle genommen. O. Müller a. O. interpungirt anders und will καρπώσεις σπείρων κ. τ. λ. zum folgenden XVII Boëdromion ziehen, indem er diesen Brauch einem Eleusinientage anzueignen wünscht. Es ist aber besser bei der mehr unbefangenen Auffassung Böckhs zu bleiben. Für diese kann man auch Hesiod. ἔργ. 782 anführen, wo die τρισκαιδεκάτη als ein Saatfeindlicher Tag vorkommt; um so passender gerade an diesem Tage zu opfern, um den feindseligen Zorn der Erdmächte zu begütigen.

war oder nicht. Hier kommen XIII und XIV vor in Verbindung mit XIX Boëdromion, dem Auszugstage des Iacchus. Leider sind die Lücken so gross, dass nicht errathen werden kann, ob nach altem Brauch, lin. 7 [κ]ατὰ τὰ ἀρχαῖα νόμι[μα], Proerosien in Eleusis zu feiern waren und die Epheben dabei assistieren sollten, oder ob am XIII und XIV nur städtische Zurüstungen der Eleusinien zu beschicken waren. Im ersteren Falle müssten die Epheben, welche in Eleusis (am XIII) Proerosienopfer brachten (Ephemeris n. 4098, 8 4104, 28), bei ihrer Rückkehr die ἱερά aus Eleusis den einholenden Epheben entgegengebracht haben; dann kehrten die ἱερά am XIX im Iacchuszuge wiederum nach Eleusis zurück. Jedenfalls sind auf gedachter Inschrift die Proerosien, wenn sie überall vorkamen, nicht als Hauptsache vorgekommen, da sie von den Eleusinien handelt und die Tage XIII und XIV nur als Rüsttage*) erwähnt wurden, wie es scheint.

Als Ort der Feier erscheint auf Inschriften Eleusis und der (Demeter)-Tempel, wo man auch die Mysterien beging. Ephemeris 4098, 8 ἀπήντησαν δὲ καὶ τοῖς ἱεροῖς καὶ προέπεμψαν αὐτά, ὁμοίως καὶ τὸν Ἴακχον, ἤραντο δὲ καὶ τοὺς βοῦς τοῖς ἐν Ἐλευσῖνι τῇ θυσίᾳ (beim Mysterien-Opfer) καὶ τοῖς προηροσίοις καὶ τοὺς ἐν τοῖς ἄλλοις ἱεροῖς καὶ γυμνασίοις d. h. die Epheben zogen den Heiligthümern aus Eleusis entgegen und geleiteten sie nach Athen, ebenso von Athen den Iacchus, sie halfen auch die Rinder in Eleusis zum Opfer hinaufbringen am Feste der grossen Mysterien und bei den Proerosien, desgleichen die an den anderen Tempeln und Turnplätzen; n. 4104 lin. 9 sind die Eleusinien und das Opfer allein genannt und lin. 28 werden die Proerosien unabhängig nachgeholt: τοῖς τε προηροσίοις ἤραντο τοὺς βοῦς ἐν Ἐλευσῖνι καὶ ἐλειτούργησαν (thaten Dienste) ἐν τῷ ἱερῷ εὐτάκτως, worauf dann wieder von den grossen Mysterien und einer der Demeter und der Kore geschenkten Phiale die Rede ist. — Ein Rinderopfer, wie es in diesen späten Quellen erscheint, möchte selbst eine späte Zuthat sein; aber ein Opfer hat die Demeter von Eleusis (Deo) gewiss hier an ihrem Tempel längst bei den Proerosien empfangen, woran sich die Pflügung auf dem rarischen Felde schloss.

Wiewohl nun weder von Skiron noch der Burg, sondern ledig-

---

*) Als einen blossen Rüsttag der Eleusinien lassen sich die Proerosien nicht auffassen. Eine gewisse, mehr äusserliche Beziehung beider Feste zu einander habe ich oben S. 76 zugegeben.

lich von einer eleusinischen Feier der Proerosien auf den Inschriften die Rede ist, so liegt es doch nahe anzunehmen, dass beim Hinziehn auch Zwischenorte, wie Skiron, berührt wurden, wie auch, dass beim Ausgangsorte ὑπὸ τῇ Πόλει zuerst, oder als am Zielpuncte der rückkehrenden Procession zuletzt ὑπὸ τῇ Πόλει geopfert und gepflügt wurde. Denn bei Skiron kam man ohnehin vorbei, es lag an der heiligen Strasse, Preller Via Sacra I p. 7. Die Buzygen konnten alle drei Oertlichkeiten, Skiron, Eleusis und die Burg, an einem einzigen Processionstage besuchen.

Die Benutzung aller drei Oertlichkeiten am selben Festtage ist eine allerdings unsichere, aber doch mögliche Annahme. Jede andere Annahme würde ebenso unsicher und dabei weniger übersichtlich und einfach sein, z. B. wenn man ein Triduum oder drei verstreute Tage ausmitteln wollte. (Für die Rückkehr nach Athen, welche indess nicht festlich gewesen zu sein braucht und zugleich vorbereitende Zwecke für die Eleusinien erfüllen konnte, musste der folgende Lichttag (Boëdromion XIV) benutzt werden.)

Die Feier.

Wenn richtig vermuthet ist, dass die heiligen Ackerungen der Buzygen,*) begleitet von feierlichen Verwünschungen, das Wesentliche der Proerosienfeier ausmachten (siehe Seite 218 Note*), so hatte diese einen überaus strengen und ernsten Character. Wie wohl andere in ähnlicher Noth auf apollinischen Rath gestiftete Feste der Erdgottheit (Damia und Auxesia in Epidaurus Herod. V, 83 extr.) neben religiösem Ernst auch Muthwillen und Scherz zeigen, so scheint doch das bei den attischen Proerosien nicht der Fall gewesen zu sein; vielleicht weil die attische Neigung zu Spott und Lust sich hinreichend äussern konnte bei den schon bestehenden Gebräuchen des grossen eleusinischen Festes.

Wenn eine zürnende Gottheit alles Ernstes die natürlichen Geschenke des Erdbodens versagt (nach der Legende: λοιμοῦ πᾶσαν

---

*) Plut. conjug. praec. c. 42, G. A. 56, 28, nennt nur den dritten ἄροτος, den unter der Burg, einen buzygischen. Aber der auf Skiron, wo man zuerst pflügte in Attica, kann nur der Athena (Skiras) gehört haben, man muss ihn also den Buzygen beilegen, deren Ahnherr den Pflug erfand und die offenbar dem Athenadienst angehören. Die rarische Pflügung endlich muss den Buzygen deshalb zugeeignet werden, weil sie die heiligen Rinder in Eleusis besorgen, s. S. 76. — Ob auch Zeus Teleios an den Proerosien Theil hatte? Sein Priester war ein Buzyge; s. a. O. und Vischer N. Schweiz. Mus. III p. 47.

τὴν γῆν κατασχόντος, oben S. 218), so tritt der Mensch demüthig und reuig hin zum Altar, bereit alles abzuthun, wodurch er die Gottheit gekränkt haben könnte. Es kränkt aber der Mensch die Gottheit durch Sünde und über die Sünder ergingen am Procrosienfeste, wenn der heilige Pflug den Boden furchte, jene eigenthümlichen Verwünschungen der Buzygen, welche sprichwörtlich wurden. Wer Gnade bei Deo finden, wer ihren Segen im andern Jahr ernten wollte, der hatte sich menschenfreundlich und gesittet zu erweisen, der durfte nicht Wasser und Feuer dem Bittenden versagen, der musste den verirrten Wanderer zurechte weisen, überhaupt dem Nächsten thun, was er sich selbst gethan wissen wollte; wo nicht, so traf ihn der Fluch des Buzygen und die Rache der unversöhnten Deo erreichte ihn. Als Athen noch nicht durch Handel und Kriegsglück eine Weltstadt war, hing die Existenz wesentlich am Ackerbau, und unter dem Gefühl der Abhängigkeit von Demeter, welches beim Vorpflügefest den Bauern beherrschte, war es angemessen jene einfachsten Gebote der Nächstenliebe einzuschärfen, die den Inhalt der buzygischen Flüche bilden.

Zu dem legendarischen Ursprung des Festes aus einer Hungersnoth passen die auf späten Inschriften (s. o.) vorkommenden Rindsopfer nicht, welche die Epheben schlachten halfen. Luxus und Genusssucht macht sich freilich nach und nach selbst an das, was einst ganz frei davon war. Wenn das Fest von Buzygen geleitet wurde vor Alters und das Verbot Rinder zu tödten sich unter den buzygischen Gesetzen befand (Bossler p. 10), so kann bei den Procrosien älterer Zeit von geopferten Rindern gar nicht die Rede sein.

Zu vergleichen aus der Einleitung S. 76 f.

Eleusinien.

Von der Kalenderzeit des Festes sind zwei Tage sicher bekannt, einer aus dem Anfange, ἅλαδε μύσται, am XVI Boëdromion *)

---

*) Polyaen. III, 11, § 11 Χαβρίας περὶ Νάξον ναυμαχῶν ἐνίκησε βοηδρομιῶνος ἕκτῃ ἐπὶ δέκα, ταύτην τὴν ἡμέραν ἐπιτήδειον τῇ ναυμαχίᾳ κρίνας, ὅτι ἦν μία τῶν μεγάλων μυστηρίων. οὕτω γὰρ Θεμιστοκλῆς τοῖς Πέρσαις ἐναυμάχησε περὶ Σαλαμῖνα· ἀλλὰ οἱ μὲν περὶ Θεμιστοκλέα σύμμαχον ἔσχον τὸν Ἴακχον οἱ δὲ περὶ Χαβρίαν Ἅλαδε μύσται, wie Meursius statt des handschriftlichen Ἑλλάδα μύσται emendiert hat; Preller Ztschr.

und dann der Haupttag. Ἴακχος am XX Boëdromion.*) An diese
beiden festen Puncte müssen die übrigen Eleusinientage durch Muthmassung angelehnt werden.

Dass ἅλαδε μύσται, der XVI. in die Anfänge der Eleusinien
fiel, lässt sich aus allgemeinen Gründen vermuthen. Der Haupttag,
die εἰκάς gehört dem abnehmenden Monde an, und mithin wird das
ganze Fest erst nach Vollmond angefangen haben.

Um die Vollmondszeit begannen die Eleusinien; Plut. Alex. 31
sagt von der a. Chr. 331 September 20/21 eingetretenen Mond-
finsterniss: ἡ μὲν οὖν σελήνη τοῦ βοηδρομιῶνος ἐξέλιπε περὶ
τὴν τῶν μυστηρίων τῶν Ἀθήνησιν ἀρχήν. Durch diese Angabe sehen wir nur bestätigt, dass die Mysterien nicht über die
Monatsmitte hinaufgingen.

Der Mysterienanfang richtete sich nicht nach dem beobachteten
oder berechneten Eintritte des wahren Vollmonds,**) welcher in den
Kalendern der Alten (Geminus cap. VII extr.) frühestens am XIII,
spätestens am XVI statthatte; sondern die Mysterien begannen an
einem bestimmten Kalendertage, einem so und so vielten Boëdromion, eine Bestimmung, die allerdings nach der Mondphase gemacht war und mit ihr harmonierte oder harmonieren sollte.

Der wirkliche durch Beobachtung ungefähr bemerkte Vollmond war wohl für die Bewohner Atticas das Signal, sich aufzu-
machen und nach Athen zur Mysterienfeier zu gehen, so wie die
διχομηνία (Vollmond) des Metagitnion dem Auslande das Signal war
unter dem Schutze eines dann beginnenden Gottesfriedens sicher

---

f. d. A. 1836 n. 125 p. 1002. Plut. Phoc. VI ἐνίκων δὲ μεγάλοις μυστηρίοις·
καὶ παρεῖχεν οἰνοχόημα Χαβρίας Ἀθηναίοις καθ' ἕκαστον ἐνιαυτὸν τῇ
ἕκτῃ ἐπὶ δέκα βοηδρομιῶνος; de gloria Athen. VII ἕκτῃ δὲ μεσοῦντος οἰνο-
χοεῖται τῆς Χαβρίου περὶ Νάξον ἐπινίκια ναυμαχίας.

*) Plut. Camill. XIX οὐκ ἀγνοῶ δ' ὅτι περὶ τὸν τῶν μυστηρίων καιρὸν
αὖθις Θῆβαί τε κατεσκάφησαν ὑπὸ Ἀλεξάνδρου καὶ μετὰ ταῦτα φρουρὰν
Ἀθηναῖοι Μακεδόνων ἐδέξαντο περὶ αὐτὴν τὴν εἰκάδα τοῦ βοηδρομιῶνος,
ἧ τὸν μυστικὸν Ἴακχον ἐξάγουσιν. Phoc. XXVIII εἰκάδι γὰρ ἡ φρουρὰ
βοηδρομιῶνος εἰσήχθη μυστηρίων ὄντων, ᾗ τὸν Ἴακχον ἐξ ἄστεως Ἐλευ-
σῖνάδε πέμπουσιν. Siehe unten S. 226 f.

**) G. A. § 55, 8 heisst es, dass die Mysterien „spätestens" am XVI began-
nen, aber auch „schon" am XIV beginnen konnten. Ich weiss nicht, ob hiermit
gesagt sein soll, dass der Anfang das eine Jahr am XIV, das andere am XV,
oder XVI stattfand, also conceptiv war. Aber man richtete sich nach dem ge-
zählten Kalendertage, auch wenn der Kalender etwas falsch war, wie Aristoph.
Nub. 615—626 lehrt.

nach Athen zu reisen zu den Mysterien, so lange die Festsetzungen der Inschrift C. I. n. 71 galten (s. S. 205 Note*). Hierbei war vorausgesetzt, dass der hauptstädtische Kalender im Allgemeinen mit der Beobachtung stimmte, und dass wer nach Anschauung mit Vollmond nach Athen ging, hier im Kalender meistens den XV Boëdromion antraf, welcher an dem Abende begann, wo der Mysterienbesucher in Athen eintraf, nachdem er zum Beispiel morgens den XIV von Hause abgereiset war.

Andererseits ist Einiges über gewisse Eleusinientage bekannt, an welcher Stelle (ob anfangs, mitten oder zu Ende) sie in die Gesammtreihe der festlichen Zeiten eingriffen.

Es wird uns die „Versammlung" als erster*) und die „Spendungen" als letzter Tag oder als Nachfeier der Mysterien**) genannt. Endlich erfahren wir von den „Epidaurien", dass sie ein für die erste Aufnahme eines Ankömmlings schon später Mysterientag sind,***) der aber, da es sich doch immer noch um eine erste Aufnahme in Eleusis handelt, dem Zuge nach Eleusis vorangehen muss (G. A. 55, 18).

Preller hat mit gutem Grunde das Fest in zwei Hälften zerlegt, die erste wird in Athen, die zweite in Eleusis begangen, indem der Iacchuszug den Abschnitt bildet und durch denselben der bisherige

---

*) Hesych. Ἀγυρμός· ἐκκλησία· συγκρότησις· ἔστι δὲ πᾶν τὸ ἀγειρόμενον· καὶ τῶν μυστηρίων ἡμέρα πρώτη; Preller a. O. p. 1002.

**) Hesych. τῇ ὑστεραίᾳ ἡμέρᾳ τῶν μυστηρίων κοτυλίσκους πληροῦσιν, οὕς καλοῦσι πλημοχόας, wonach Stephanus Paris. s. v. die Ableitung von πλῆσαι befürwortet. Athen. XI p. 496 A sq. χρῶνται δὲ τούτῳ τῷ σκεύει ἐν Ἐλευσῖνι τῇ τελευταίᾳ τῶν μυστηρίων ἡμέρᾳ, ἣν καὶ ἀπ' αὐτοῦ προσαγορεύουσι πλημοχόας· ἐν ᾗ δύο πλημοχόας πληρώσαντες, τὴν μὲν πρὸς ἀνατολὰς τὴν δὲ πρὸς δύσιν ἀνιστάμενοι, ἀνατρέπουσιν, ἐπιλέγοντες ῥῆσιν μυστικήν. Bei Athenaeus findet sich dann ein Fragment aus einem Stücke Pirithous: ἵνα πλημοχόας τάσδ' εἰς χθόνιον χάσμ' εὐφήμως προχέωμεν. Stephanus citiert noch aus Pollux X, 74 den Tagnamen singularisch πλημοχόην. — Preller a. O. p. 1009 erklärt: Wasserspende von πλήμη (Meeresfluth, aber doch wohl zuletzt auf πλῆσαι zurückgehend). In der Mysterieninschrift von Andania p. 27 lin. 106 scheint [π]λῆμα vorzukommen und Wasserreservoir (E. Curtius) zu bedeuten, s. Sauppe z. d. St.

***) Philostr. V. Apoll. IV, 18 p. 72 Kays. ἦν μὲν δὴ Ἐπιδαυρίων ἡμέρα· τὰ δὲ Ἐπιδαύρια μετὰ πρόσρησίν τε καὶ ἱερεῖα δεῦρο („bisher, bis jetzt" Preller p. 1005) μυεῖν Ἀθηναίοις πάτριον ἐπὶ θυσίᾳ δευτέρᾳ· τουτὶ δὲ ἐνόμισαν Ἀσκληπιοῦ ἕνεκα, ὅτι δὴ ἐμύησαν αὐτὸν ἥκοντα Ἐπιδαυρόθεν ὀψὲ μυστηρίων. — Ἐπὶ θυσίᾳ δευτέρᾳ bedeutet: um ein zweites Opfer abzugeben; ὀψὲ für Asklepios zu spät, für Apollonius spät, aber nicht zu spät.

Ort der Feier (Athen) mit einem andern (Eleusis) vertauscht wird. Der Iacchuszug fand aber, was sicher ist, am XIX bis in den XX hinein statt; alle Tage also vor dem XIX/XX bilden die athenische Hälfte der Eleusinien. Dieses lässt sich von verschiedenen Seiten her bestätigen.

Die Weinvertheilung des Chabrias am XVI (s. o. S. 222, Note) fand ohne Zweifel in Athen statt, und wenn wir sie auf den Vorabend des XVI setzen, so war bis zu diesem Abend die Stadt noch nicht nach Eleusis gezogen.*) Dass am XVIII die Behörden noch in Athen waren, beweisen zwei Decrete von diesem Datum (s. o. S. 95). Dasselbe folgt für den XIX aus einem Decret vom XIX (s. ebendaselbst). Der Schluss gilt immer nur für den Morgen, wenn wir nämlich die Versammlungen am Morgen (Ar. Acharn. 20) zu denken haben, was für die vom XIX durchaus nöthig ist; denn am XIX ging der Iacchuszug von Athen aus.

Decrete dagegen vom XX, XXI, XXII, XXIII, XXIV, XXV habe ich bisher noch nicht gefunden; aber vom XXVI giebt es ein Decret (s. oben ebendaselbst) und, wenn wir [Dem.] 18, 105 gelten lassen, zwei. Die psephismen-freien Tage vom XX an bilden um gerade die eleusinische Hälfte des Festes nach Preller, während welcher die Athener schon deshalb nicht decretierten, weil sie nicht in Athen waren.

Soll der ἀγυρμός ein besonderer Mysterientag sein — Hesych. (s. o. S. 224 Note *) nennt ihn den ersten — so kann man nicht anders, als den XV Boëdr. dafür ansetzen, da der XIV (Vollmond) besser nicht zu Tagen des abnehmenden Monds hinzugerechnet wird. — Die πρόςρησις, welche Philostrat (s. o. S. 224 Note ***) als ersten Cultusact aufzählt, schon auf den XV zu setzen ist weniger passend; nicht sowol, weil der ἀγυρμός selbst laut und lärmend **) war und einer andächtigen Gemüthsstimmung nicht günstig, als weil am XVI noch die Weinvertheilung des Chabrias unterzubringen ist. Setzen wir sie auf den Vorabend des XVI, auf denjenigen, welcher auf den ἀγυρμός folgte, so schliesst sich beides wohl an (das Trinken an den ἀγυρμός), nur muss der ἀγυρμός dann ohne Cultusact gedacht werden und erst am Lichttage des XVI der Ernst des Gottesdienstes beginnen.

---

*) Es konnte also am XVI decretiert werden, so weit es auf die Anwesenheit der Behörden ankam, und das Decret [Dem.] 18, 105 ist insofern nicht anfechtbar.

**) Preller in R. E. III p. 96.

προδρόμους τινὰς ἅμ' ἡμέρᾳ ἐξέπεμψεν; und die eleusinische Staubwolke Herod. VIII 65 setzt Tageshelle voraus.

Auch nimmt eine Inschrift den XIX für den Iacchus in Anspruch, als den Tag, an welchem die Procession nach Eleusis unter militärischer Bedeckung der Epheben stattfinden solle, Philistor II p. 238 sq.

Copie
der Inschrift im Philistor II p. 238 sq.

```
                                          . . . κλι
                                     . . [μυ]στηρι
                                  . . [Εὐμο]λπιδῶν
                                  . . εἴη τὰ ἱερὰ
                                . . . . ἄστεως ε    5
                                  . . τῷ δήμῳ προσ
                               . . [κ]ατὰ τὰ ἀρχαῖα νόμι-
μα . . . . . . . . . . . . . . . . . . ους τῇ τρίτῃ ἐπὶ δέ
κα . . . . . . . . . . . . . [το]ῦ εἰθισμένου σχῆμα-
τος . . . . . . . . . . . . να τῇ τετράδι ἐπὶ δέκα πα   10
     . . . . . . . . . . τοῦ Ἐλευσεινίου τοῦ ὑπὸ
τῇ πόλει . . . . . . .  τε πλείων καὶ φρουρὰ μείζων
     . . . . . . . . ἐπειδὴ καὶ ὁ φαιδυντὴς τοῖν Θε-
οῖν . . . . [κα]τὰ τὰ πάτρια τῇ ἱερείᾳ τῆς Ἀθηνᾶς ὡς
     . . . . . . ἡ παραπέμπουσα στρατιὰ κατὰ τὰ αὐτὰ   15
     . . . . [τῇ ἐν]άτῃ ἐπὶ δέκα τοῦ Βοηδρομιῶνος προσ
     . . . τῷ κοσμήτῃ τῶν ἐφήβων ἄγειν τοὺς ἐφή[βους]
     . . . . Ἐλευσεῖνάδε μετὰ τοῦ αὐτοῦ σχήματος
  . . ντας τὰ ἱερά, μέλειν δὲ τούτου τῷ κατ' ἐν[ιαυτὸν]
κοσμητῇ ὅπως μηδέποτε τοῦτο ἐκλε . . . . . . . [κ]  20
ατολιγωρηθείη ποτὲ τὰ τῆς εὐσεβείας . . . . . . . .
ω, παραπέμπειν δὲ τοὺς ἐφήβους π . . . . . . . . .
τὴν πανοπλίαν ἐστεφανωμέν[ους] . . . . . . . . . .
νῳ βαδΕίζοντες ἐν τάξει ἐπ — . . . . . . . . [ε]
φήβοις τὴν τοσαύτην ὁδοιπορῆσαι Ι . . . . . . .  25
καὶ θυσιῶν καὶ σπονδῶν καὶ παιάνων τω . . . . .
ὁδὸν μεθέξειν ὡς ἂν τά τε ἱερὰ μετὰ φρουρᾶ[ς] . . .
τέρας καὶ πομπῆς μακροτέρας ἄγοιτο. οἵ τε ἔφ[ηβοι]
παρακολουθοῦντες τῇ περὶ τὸ θεῖον τῆς πόλε[ως
θεραπείᾳ καὶ ἄνδρες εὐσεβέστεροι γΕίνοιντο, μεθέ-   30
                    15*
```

ξουσιν ὁ[ὲ] καὶ οἱ ἔφηβοι πάντες τῶν τε ἄλλων ὧν ἂν
παρέχ[ῃ τ]οῖς Εὐμολπίδαις ὁ ἄρχων τοῦ γένους καὶ τῆ[ς
δι[αν]ομῆς· γενέσθαι δὲ τὴν γνώμην ταύτην φα[νε-
ρ]ὰν καὶ τῇ ἐξ Ἀρείου πάγου βουλῇ καὶ τῇ βουλ[ῇ] τῶν
35 Φ καὶ τῷ ἱεροφάντῃ καὶ τῷ γένει τῶν Εὐ[μο]λπιδῶν.
ἀναγράψαι δὲ τὸ ψήφισμα τοῦτο τὸν [τα]μία[ν] τοῦ γένους τῶν Εὐμολπιδῶν ἐν τρισὶν [στήλ]αις καὶ στῆσαι
τὴν μὲν ἐν Ἐλευσεινίῳ τῷ ὑπὸ τῇ πόλει, τὴν δὲ ἐν
τῷ Διογενείῳ, τὴν δὲ ἐν Ἐλευσεῖνι ἐν τῷ ἱερῷ πρὸ
40 τοῦ βουλευτηρίου.

Am XX aber, dem eigentlichen Iacchustage, war man bei
Fackelschein in Eleusis. Die Fackel der εἰκάδες (d. h. des XX Boëdr.)
bei Eurip. Ion. 1076 zeigt das. Der Plural kann nicht wohl so verstanden werden, als wenn der (am XX bei Tage aus Athen gegangene)
Festzug am XXI, XXII u. s. w. überhaupt „an den Monatstagen vom
XX ab" (Schömann Alt. II. p. 347) seine Fackeln schwinge. O. Müller
A. E. I. 33 p. 281 hat Andocid. §121 ταῖς εἰκάσι μυστηρίοις τούτοις richtig durch „am 20sten" übersetzt; und bei Plut Cam. 19
bedeutet περὶ τὰς εἰκάδας so viel wie περὶ τὴν εἰκάδα „um den
20sten" Böckh Monde. p. 73, wo der gegebene Spielraum nicht im
Plural, sondern in περὶ liegt. Der ältere Sprachgebrauch scheint
pluralisch: Ar. Nub. 17 ὁρῶν ἄγουσαν τὴν σελήνην εἰκάδας,
wozu im Scholion bemerkt ist οἱ Ἀττικοὶ δὲ τὰς εἰκάδας πληθυντικῶς λέγουσι (wiewohl Demosthenes 19. 59 allerdings den Singular hat: οὐκοῦν εἰκάς, ᾗ τίθεμεν πυθέσθαι τοὺς Φωκέας τὰ
παρ' ὑμῶν). Die andere Scholiastenansicht (ἢ τὸ εἰκάδας μὴ νόει
διὰ μόνα τὰ εἴκοσιν ἀλλὰ καὶ διὰ τὰ ἐφεξῆς · τούτου γὰρ
ἕνεκα πληθυντικῶς εἴρηται) ist für die alte Sprechweise schwerlich richtig, da ja auch in den componierten Zahlen auf Inschriften
besserer Zeit nur der Pluralis (μετ' εἰκάδας) vorkommt, Böckh Stud.
p. 67. Für εἰκάδες oder εἰκάς weiss ich keinen Beleg aus attischen *)
Inschriften. Meier glaubte unter δεκάτῃ προτέρᾳ den XX ver-

---

*) Eine Inschrift von Ceos hatte die εἰκάς durch Conjectur, C. I. II n. 2360;
nach dem berichtigten Texte Rang. II p. 459 n. 821 ist die Stelle nicht ver-
ständlicher. Rangabé giebt lin. 4 ΝΙΓΗΜΜΗΖ............ΑΤΗΙΑΠΙΟΝΤΟΣ.
Der Anfang νι ist verständlich und gehört zum vorigen Μαιμακτηρ[ιῶ]νι.
Die sechs nächsten Buchstaben sind sinnlos, dann fehlen etwa zwölf. Vielleicht
stand doch die εἰκάς da und Dativ, nicht ΤΗΜ (τὴν) was Rangabé hat:
also τῇ [εἰκά]δ[ι καὶ τῇ δε]κάτῃ. Maemacterion XX und XXI.

stehen zu dürfen, was Böckh a. O. p. 88 sq. bestreitet. Ich trete Meier bei, s. unt. Lenäen Kalenderzeit, Note Epicurs Geburtstag betr.

Das Vorwärtsschreiten der Procession ward unterbrochen durch zahlreiche Cultushandlungen und man konnte für den sonst vierstündigen Weg leicht das Dreifache und Vierfache brauchen, z. B. von 10 Uhr Morgens am XIX Boëdromion bis in den XX hinein nach Mitternacht. Wenn der Mond am 20sten Tage nach Neumond wirklich am Himmel stehen soll (Eurip. Ion. 1080 χορεύει Σελάνα) bei der Ankunft in Eleusis, so muss diese mehrere Stunden nach Sonnenuntergang angesetzt werden.

Für die Begehungen in Eleusis kann man die (leider zusammenhangslose) Stelle einer Inschrift zu Grunde legen, aus der sich die Reihenfolge (späterer Zeit) ergiebt, Rang. 813, 4 sq. θυσίας δὲ καὶ μυστήρια*) καὶ .... [καὶ ἀγῶνας σταδι]ακούς τε καὶ σκηνικοὺς αὐτὸς**) ἐπιτελεῖν ἐψηφίσατο. Die Aufeinanderfolge also war: Opfer, Mysterien (engeren Sinnes) — — — Agonen. Diese Anordnung der zwei ersten Acte giebt auch der in der Mysterieninschrift von Andania wiederholt vorkommende Ausdruck: αἱ θυσίαι καὶ τὰ μυστήρια („der gewöhnliche für das ganze Fest" Sauppe Myst. I. p. 49). Vgl. K. Keil Schedae Epigraph. p. 51.

Ging also den Mysterientagen engeren Sinnes (den Weihen) ein solennes Opfer voran, so möchte ich den Lichttag des XX als den Tag des Hauptopfers in Eleusis vorschlagen.

XXI, XXII und XXIII setze ich dann als eigentliche μυστηριώτιδες ἡμέραι Rang. 813 lin. 9. Für die drei Tage giebt es nur die Analogie der drei Mysterientage, welche Lucians Alexander

---

*) Der Mangel des Artikels hindert die Opfer und Mysterien als die wohlbekannten, längst üblichen Opfer und Mysterien des Eleusinienfestes zu nehmen. Lenormant übersetzt Recherches p. 98 *les sacrifices, les mystères*. Aber im Griechischen steht das nicht, sondern nur was Rangabé ausdrückt: *des sacrifices et des mystères*. Desungeachtet ist anzunehmen, dass die Aufeinanderfolge Rang. 813, 4 derjenigen congruent ist, welche in den Eleusinien herkömmlich war, mag die Aufzählung nun gewisse Theile des grossen Festes, welche die Technifen mitmachten oder gesonderte Begehungen der Technifen angehen. Völlig gesonderte Begehungen der Technifen sind nicht denkbar; sie richteten sich ohne Zweifel nach der allgemeinen Feier und lehnten sich ihr an; s. u. S. 266.

**) Vielleicht geht αὐτός auf den Zunftvorsteher (Archon, Böckh C. I. II p. 653, 6; Keil p. 53). Keil bezieht αὐτός auf den populus Eleusiniorum, Rangabé und Lenormant p. 96 auf das Volk der Athener. Der Epimelet kann wohl jedenfalls nicht mit αὐτός gemeint sein.

(cap. 38) begeht.*) Es ist ein schwacher Anhalt, aber doch ein Anhalt.**)

Ueber den Tag der Plemochoen sagen die Zeugnisse nicht dasselbe, Athenaeus nennt ihn den letzten, Hesychius den Tag nach dem letzten Mysterientag***) (s. o. S. 224 Note **). Ferner ist fraglich und auch schon gefragt worden (G. A. 55, 40 extrem.), ob hier von den Mysterien engeren Sinnes die Rede sei, oder ob die Mysterien das ganze Eleusinienfest bedeuten, wonach die Plemochoen durch eine Zwischenzeit von den Weihen der μυστηριώτιδες ἡμέραι getrennt wären.

Die Plemochoen auf den Schluss des ganzen Festes oder den Tag nach dem Schlusse zu setzen, hat Manches gegen sich. Die Zwischenzeit von den Weihen bis zum Schluss wurde durch Schmäuse und Volksbelustigungen ausgefüllt. Die allmähliche Vermehrung letzterer führte dahin, den Umfang des Festes nach und nach zu erweitern und zwar nach dem Monatsschlusse zu, da man an den andern Tagen nicht rücken durfte. Was folgte also für das an den Schluss aller Begehungen gesetzte plemochoische Todtenamt? Es musste ebenfalls seinen Tag aufgeben, vielleicht mehrmals auf-

---

*) Die Stelle (p. 192 vol. II, Jacobitz) lautet: τελετήν τε γάρ τινα συνίσταται καὶ δᾳδουχίας καὶ ἱεροφαντίας, τριῶν ἑξῆς ἀεὶ τελουμένων ἡμερῶν. καὶ ἐν μὲν τῇ πρώτῃ πρόρρησις ἦν ὥσπερ Ἀθήνησι τοιαύτη· εἴ τις ἄθεος ἢ Χριστιανὸς ἢ Ἐπικούρειος ἥκει κατάσκοπος τῶν ὀργίων, φευγέτω, οἱ δὲ πιστεύοντες τῷ θεῷ τελείσθωσαν τύχῃ τῇ ἀγαθῇ· εἶτ' εὐθὺς ἐν ἀρχῇ ἐξέλασις ἐγίγνετο· καὶ ὁ μὲν ἡγεῖτο λέγων, ἔξω Χριστιανούς! τὸ δὲ πλῆθος πᾶν ἐπεφθέγγετο, ἔξω Ἐπικουρείους! εἶτα Λητοῦς ἐγίγνετο λοχεία καὶ Ἀπόλλωνος γοναὶ καὶ Κορωνίδος γάμος καὶ Ἀσκληπιὸς ἐτίκτετο. ἐν δὲ τῇ δευτέρᾳ Γλύκωνος ἐπιφάνεια καὶ γέννησις τοῦ θεοῦ. τρίτῃ δὲ ἡμέρᾳ Ποδαλειρίου [τε] ἦν καὶ τῆς μητρὸς Ἀλεξάνδρου γάμος· δᾳδὶς δὲ ἐκαλεῖτο καὶ δᾷδες δὲ ἐκαίοντο. καὶ τελευταῖον Σελήνης καὶ Ἀλεξάνδρου ἔρως καὶ τικτομένη τοῦ Ῥουτιλλιανοῦ ἡ γυνή· ἐδᾳδούχει δὲ καὶ ἱεροφάντει ὁ Ἐνδυμίων Ἀλέξανδρος.

**) Athen wird bei Lucian ausdrücklich genannt, doch hat die πρόρρησις in der lucianischen Travestie ihre Stelle am ersten Mysterientage, in den wirklichen Mysterien Athens aber fand sie mehrere Tage früher statt. Lucian scheint ein zusammengeschobenes Bild zu entwerfen, dem zu Gefallen doch wohl kaum aufgestellt werden darf, dass eine (zweite) πρόρρησις im Beginn der μυστηριώτιδες ἡμέραι in Eleusis ausgesprochen wurde.

***) Ich weiss nicht, ob es sich verlohnt, künstliche Annahmen zu machen, um beide Autoren dasselbe berichten zu lassen, wie wenn man sagte, die Plemochoen hätten vor Sonnenuntergang am letzten Mysterientage begonnen und erst nach Sonnenuntergang geschlossen, also am Tage nach dem letzten.

geben und auf einen späteren Kalendertag hinunterrücken. Dies unangenehme Schwanken eines Religionsgebrauchs wird vermieden, wenn wir bei Hesych. und Athen. unter Mysterien die Mysterien engeren Sinnes verstehen, was, wie auch C. Fr. Hermann (G. A. 55, 40 extr.) durch seine Fragstellung zugiebt, wenigstens möglich ist.

Die Plemochoen werden in Eleusis begangen, Athen. XI p. 496 A χρῶνται δὲ αὐτῷ (τῷ σκεύει) ἐν Ἐλευσῖνι. Wer beweisen kann, dass dies nicht wahr und Athen der Begehungsort ist, wird den Tag nach der Rückkehr der Mysten wählen, wenn das ganze Fest vorbei ist. Auf Athen als den Begehungsort scheint das für eine Plemochoe erklärte Gefäss*) zu sprechen, welches am Fries des Eleusiniums in Athen abgebildet gewesen ist; Lenormant Rech. p. 397 sqq. Aber es ist besser den überlieferten Ort (ἐν Ἐλευσῖνι) festzuhalten.

Hiernach setze ich den XXIII oder XXIV als den Tag der Plemochoen an; der XXIII ist der letzte eigentliche Mysterientag in obiger Aufstellung, der XXIV die ὑστεραία. Ich habe mich unten mehr für die τελευταία der Mysterien engeren Sinnes den XXIII entschieden, weil die religiöse Ceremonie für diesen Tag besser passt als für den nächsten. Denn der nächste Tag war für Agonen bestimmt, also mehr weltlich, der XXIV.

Da es nämlich ein vom XXVI datiertes athenisches Psephisma giebt, so bleiben nur noch 2 disponible Tage, der XXIV und XXV. Auf den XXIV werden also die [ἀγῶνες σταδια]κοί und auf den XXV die (ἀγῶνες) σκηνικοί, nach Rang. 814 lin. 4 sq. (s. o. S. 229) zu setzen sein. Da ich den ἀγυρμός nicht als Cultustag mitrechne, dauert nach meiner Aufstellung das Fest 10 Tage, wie das sicilische (G. A. 55, 8).

Der XXVI Boëdromion ist für eine gewisse Zeit wenigstens, schon wieder Geschäftstag und die ὑστεραία des Eleusinienfestes. An diesem Tage wird also zuvörderst die von Solon vorgeschriebene Rathssitzung im städtischen Eleusinium nach dem Fest (τῇ ὑστεραίᾳ τῶν μυστηρίων Audoc. I, 111) stattfinden, dann aber andere Geschäfte jeder Art,**) wie die, von welchen der Beschluss

---

*) Neben dem Gefäss ist ein geschmückter Rindsschädel dargestellt, der auf Opfer wie das Gefäss auf Libation deutet. Opfer und Libation ist aber eine Verbindung, welche eben auch die das Eleusinienfest angehenden Inschriften geben; Philistor II p. 238, lin. 26 θυσιῶν καὶ σπονδῶν καὶ παιάνων; Rang. 813 lin. 8 θύειν [καὶ σπένδ]ειν.

**) Wer dies unwahrscheinlich findet, muss irgendwo einen Tag ersparen

vom XXVI (Böckh Stud. p. 27 sq. und Kirchhoff im Philologus XII p. 735 sqq.) handelt.

Dass im Boëdromion nach den Mysterien noch einige Zeit für Geschäfte frei war, zeigt Dem. 3, 5, wo Charidem's Abfahrt mit 10 Schiffen im Boëdromion nach den Mysterien erwähnt ist.

Es giebt noch ein Decret vom XXVIII Boëdr., aus Eleusis,*) nicht aus Athen oder dem dortigen Eleusinium (Ross Demen p. X) datiert. Dasselbe gehört in späte Zeiten und es ist wohl möglich, dass das Eleusinienfest dieser späten Zeit auch noch den XXVI, ja noch den XXVII des Monats mit umfasste. **) Denn bei dem steigenden Ansehen der Eleusinien ist es sehr wahrscheinlich, dass man die reichen Fremden immer noch einen Tag länger in Attica zu halten und auszubeuten suchte.

Indess ist die ἕνη καὶ νέα wohl allezeit festlos geblieben, wiewohl es nur Ein sicheres Decret dieses Datums giebt Rang. N. 997; dazu [Demosthenes] 18, 75.

---

und z. B. nur zwei Mysteriennächte ansetzen. Aber die Sitzung im Eleusinium ist wohl nur, wenn ein Vorkommniss aus der Eleusinienzeit Entscheidung verlangte, abgehalten worden; oder sollte man bloss um des δίζεσθαι τὰ ἀγαθά willen eine Session im Eleusinium gehalten haben? Nehmen wir an, dass nicht an jedem XXVI Boëdromion eine Sitzung im Eleusinium nothwendig stattfand. Andererseits aber, für die Zeiten eines ernsteren Staatslebens, hat es gewiss nichts gegen sich zu glauben, dass die ὑστεραία der Eleusinien auch für sonstige Geschäfte bestimmt war. Lag weiter nichts vor als eine Anerkennung zum Beispiel, die dem Eifer der Mysterienbesorger gebührte, so brauchte nicht gleich im Boëdromion das Anerkennungs-Decret abgefasst zu werden; man wartete besser bis zum Frühjahr, wo dieselbe Behörde wiederum für die kleinen Mysterien thätig war, und darnach für beide Pflichterfüllungen einen Dank erhalten konnte. Dass man wirklich so verfuhr, beweiset das Decret [ἐπ]ὶ Μενεκλέ[ο]υς in Ἐπ. ἀν. n. 3, wo die Epimeleten wegen beider Mysterienopfer gelobt sind. Die grossen werden aus der Vergangenheit (lin. 20 πρότερον) erwähnt.

*) In dem Rathhaus beim eleusinischen Heiligthum (Inschrift Philistor II p. 239 lin. 40) sind ohne Zweifel die Sitzungen gehalten, deren eine das Decret bei Ross a. O. bezeugt. Eleusis beerbte Athen. Anfangs mochte manchmal in Athen, manchmal in Eleusis Sitzung sein.

**) Die beiden hinzugelegten Tage Rang. 813 werden zwar formell die Begehung einer Zunft (der [σύν]οδος τῶν περ[ὶ] τὸν Διόνυσον τεχνιτῶν lin. 6) hinzugefügt, nicht der allgemeinen Eleusinienfeier, mit der das Zunftfest coincidiert. Uebrigens konnte die Vermehrung der Zunftfeiertage mit einer Verlängerung von Theatervorstellungen einen Zusammenhang haben, und die Theatervorstellungen gingen allerdings alle Festfeiernden an.

Personal.

Hierophant. Seit die eleusinische Religion das Uebergewicht über die des Erechtheus erlangt hatte, war der Hierophant einer der höchsten Geistlichen Athens und blieb es bis in späteste Zeiten.*) Dieselbe bedeutende Stellung muss der Hierophant schon in jener älteren Periode gehabt haben, als Eleusis und der eleusinische Cult nicht mit Athen und dem Bacchus verschmolzen war.

Er wurde auf Lebenszeit ernannt aus den Eumolpiden, einem uralten Geschlechte der Eleusinier, welches sich von dem dort localen Poseidon ableitete und in der Sage als den Athenern feindlich erscheint. Es gab immer nur Einen Hierophanten zur Zeit.

Der Hierophant wurde hieronym (Lucian Lexiph. 10) d. h. sein Name wurde verschwiegen. Doch finden wir in späteren Inschriften zwar den Eigennamen unterdrückt, nicht aber den des Vaters und Heimatsorts (z. B. Ross Dem. p. 45 B lin. 11 *ἱεροφάντης Εὐστρόφου Πειραιεύς*). Wenn der römische Gentilname zugesetzt ist, (z. B. C. I. N. 187 *Ἰούλ. Ἱεροφάντης*), so heisst dies auch weiter nichts als den Vaternamen (Julius) angeben.**)

Für seine Functionen war eine gute Stimme erforderlich, wie auch der Name des Eumolpus d. h. des Sängers lehrt (Preller R. E. III, p. 90). Er war zur Keuschheit verpflichtet und stand meistens wohl in einem höheren Lebensalter. Ein langes Gewand (*στολή*) und eine Kopfbinde (*στρόφιον*) machte seine äussere Erscheinung feierlich und etwas orientalisch. — G. A. § 55, 21.

Daduch. Der Daduch und Keryx sind an Rang nicht dem Hierophanten gleich, als dessen Diaconen sie vielmehr erscheinen. Einen Rangunterschied aber zwischen Daduch und Keryx kann man

---

*) Dio Chr. XXXI (p. 386 Dindorf) spricht von den *θρόνοις, οὗ τὸν ἱεροφάντην καὶ τοὺς ἄλλους ἱερεῖς ἀνάγκη καθίζειν*. Dio nennt unter allen Priestern nur den Hierophanten. Auf Inschriften hat der Hierophant die erste Stelle in der Reihenfolge, C. I. I n. 184 sq. und bes. n. 190 p. 323 sqq. Sein Sitz im Lenaeon ist in der Vorderreihe drei Plätze rechts von dem mittleren und örtlich vornehmsten (dem des Priesters des Dionysos Eleutherus), Tab. 20 u. 90 in der Ephemeris vom Juni 1862; im N. Schweiz Mus. III, p. 37 (Aufsatz von W. Vischer) n. 31 im VI Keil; er bildet mit dem Sitze des Priesters des delischen Apoll einen Doppelthron, Vischer a. O. p. 41 sq.

**) Es war also doch möglich den Hierophanten zu bezeichnen. In wie weit sich dennoch der Mangel an Monumenten aus der Hieronymität erkläre (Lenormant Rech. p. 141), lasse ich dahingestellt.

nicht zulassen, da „die δᾳδοῦχοι unter die κήρυκες subsumiert werden" K. Fr. Hermann G. A. 55, 25.*)

Die Daduchen früherer Zeit scheinen aus Eleusis zu stammen, denn Callias der Daduch nennt den Triptolem in seiner Rede (bei Xen. Hellen. VI, 3, 6) ὁ ἡμέτερος πρόγονος. Hernach aber kam dies Amt an ein Geschlecht, welches keinen der Hymn. v. 474 sq. genannten eleusinischen Fürsten zum Ahnherrn hatte. Dies Geschlecht war das der Lycomiden, dem der grosse Themistocles angehörte. Abgesehen von dem örtlichen Demeterdienste der Lycomiden in Phlya trug der Ruhm des Themistocles und sein unter dem Schutz des Iacchus erfochtener Sieg dazu bei, das Lycomidengeschlecht als das von Gott gewollte für die hohe Function der Daduchie zu empfehlen und dies Amt, statt mit Triptolem und den localen Traditionen von Eleusis, jetzt mit den glänzendsten Erinnerungen Athens zu verknüpfen.

Durch die Inschriften bestätiget sich die Hieronymität der Daduchen (Lucian a. O.) noch weniger als die der Hierophanten. Wir finden auf späteren Inschriften vollständig z. B. Τιβ. Κλ. Σώσπιδος δᾳ[δούχου] (C. I. n. 423 oder Lenormant n. 29). In älterer Zeit mag aber doch der Name wirklich ganz oder theilweise verschwiegen worden sein und dem lebenden Daduchen gegenüber bediente man sich gewiss auch später nur seines Titels, nicht seines Eigennamens. Vgl. Lenormant p. 152.

So wenig wie mehrere Hierophanten gab es je mehrere Daduchen zu gleicher Zeit. Siehe darüber Lenormant p. 161 sqq.

Die Kleidung des Daduchen war der des Hierophanten ähnlich, ebenfalls etwas orientalisch, weshalb Callias der Daduch von einem persischen Soldaten für einen König gehalten wurde; Plutarch. Aristid. cap. 5.

Keryx oder Hierokeryx.**) An Rang steht er dem Daduchen

---

*) In der zweiten Sitzreihe des Lenaeon, die sonst keine Ehrensessel hat, findet sich der Sitz des Daduchen, mit dem des Priesters des pythischen Apoll einen Doppelthron bildend, Ephemeris a. O. n. 101, bei Vischer a. O. n. 69 im VII und mittleren Keile des Theaters. Vischer p. 41 glaubt der Doppelthron habe nicht allezeit in der Hinterreihe, sondern einstmals in der Vorderreihe gestanden, was allerdings sehr wahrscheinlich ist. Siebzehn Plätze links von dem mittleren (siehe oben S. 233, Note *) findet sich der Sitz des heiligen Herolds, ἱεροκήρυκος, n. 51 im X Keile bei Vischer a. O., Ephem. von 1862, p. 157 n. 131. Ueber den Sessel eines zweiten nach bedeutend weiter links sitzenden Herolds siehe folgende Note.

**) In älterer Zeit hiess der fungierende Herold wahrscheinlich bloss κῆρυξ, Xen. Hellen. II, 4, 20: ὁ τῶν μυστῶν κῆρυξ. Auf späten Inschriften aber

ziemlich gleich, obwohl die hergebrachte Folge ist: Hierophant, Daduch, Keryx; indess finden wir ihn C. I. N. 188 B. an zweiter Stelle: ... ιος ἱεροφάντης, [Μέμ]μιος ἱεροκήρυξ, Πομπήϊος δᾳδοῦχος.

Pausan. Att. 38, 3 giebt uns eine Sage, nach der Keryx jüngerer Sohn des Eumolpus war, also die Keryken, eine jüngere Eumolpiden-Linie und Eleusinier. Aber die Keryken selbst leiteten sich von Hermes und Aglauros ab (Pausan. a. O.), um an Cecrops und Athen anzuknüpfen. Erstere Sage also führt auf eleusinischen Ursprung, letztere auf athenischen. Schenken wir dem, was die Keryken über sich selbst sagten, Glauben, so sind sie athenisch und mögen ein eleusinisches Geschlecht (die Εὐδάνεμοι? s. S. 244) verdrängt oder absorbiert haben.

Altarpriester, ὁ ἐπὶ βωμῷ; anfänglich ein Functionär geringeren Ranges. Ein Ehrensessel von ihm findet sich nicht, doch muss in später Zeit auch dies Amt höheres Ansehen gewonnen haben, wo die Folge diese ist: Hierophant, Daduch, Keryx, Epibomius. Nach Euseb. Praep. Ev. III, 12 haben alle vier an den heiligen Schauspielen Theil (G. A. 55, 28), indess spricht Plutarch Alcib. 22 nur von den drei ersten Aemtern, nur auf diese machen altberühmte Geschlechter Anspruch, von einem Geschlechte derer ἐπὶ βωμῷ verlautet nichts; vgl. G. A. 55, 25 extrem. u. Rinck II p. 346. Dies nöthigt nicht den Altarpriester überhaupt erst späteren Zeiten beizulegen; er findet sich schon auf der alten Inschrift, C. I. N. 71 a, 39 [τ]ὸν ἐπὶ τῷ βωμῷ ἱερέα.

Lucian Lexiph. 10 dehnt die Hieronymität noch weiter aus, als auf die beiden ersten Würdenträger, und unter „den andern" mögen, in später Zeit, auch Keryx und Epibomius mitbegriffen sein. Denn alle vier sind, z. B. C. I. 185, gleich viel und gleich wenig hieronym., da heisst es: Ἄσιτοι· Ἰούλ. ἱεροφάντης, Ἀλλ. δᾳ-

---

heisst er niemals κῆρυξ sondern ἱεροκῆρυξ, wie ihn auch [Demosth.] 59, 78 nennt. Die Titulatur Hierokeryx ist wohl erst später stehend geworden. Im Lenaeon hat sich nicht bloss ein Sessel des ἱεροκήρυξ (siehe vorige Note) sondern auch einer mit der Aufschrift κήρυκος παναγοῦς καὶ ἱερέως (Ephem. von 1862 p. 158 n. 138, bei Vischer a. O. n. 64) gefunden. Ueber die Unterschiede dieser Heroldsämter, welche beide die Mysterien angehen, dürfte so viel zu vermuthen sein, dass der Hierokeryx an Rang der vornehmere war. Den Herold, welcher mit dem Strategen einen Doppelthron im Lenaeon hat (Ephem. von 1862 Tab. 20 n. 102), kann man füglich als einen weltlichen Beamten ansehen, s. Vischer a. O. 45.

δοῦχος, Ἐρέννιος ἱεροχῆρυξ Μέμ. ἐπὶ βωμῷ, überall sind die Gentilnamen genannt (Julius, Aelius, Herennius, Memmius).

Zum Tempelpersonal gehört auch ὁ φαιδυντὴς τοῖν θε[οῖν], Philistor II p. 238 lin. 13 (siehe o. p. 227), der die Götterbilder putzte und reinigte; ursprünglich ist ein φαιδυντής (φαιδρυντής) ohne Zweifel ein ziemlich untergeordneter Functionär, doch finden wir unter den Ehrensesseln zwei für Phädynten des Zeus bestimmte. — „Der Priester der Göttinnen" (C. I. n. 71,ᵃ 39 [τὸν ἱερέα τ]ὸν θεοῖν,*) vielleicht [τ]οῖν θεοῖν, siehe Böckh C. I. I p. 109, b) scheint auch zur eleusinischen Religion zu gehören. — Man kann diesen Priester und den Phädynten etwa dem Eleusinium der Stadt (C. I. N. 71, a 38 und Philistor a. O. lin. 11) zuweisen.

Den Iacchus und die Eleusinien gehen die drei Poll. 1, 35 (G. A. 55, 27) erwähnten Dienstthuenden an: ἰακχαγωγός (Ehrensessel im Lenaeon n. 60 bei Vischer a. O.) γὰρ καὶ κουροτρόφος τις καὶ δαειρίτης καὶ ὅσα τοιαῦτα ἴδια τῶν Ἐλευσινίων (s. u. S. 254).

In die Eleusinien gehört noch der ὑδρανὸς ὁ ἁγνιστὴς τῶν Ἐλευσινίων (Hesych.), G. A. 55, 27. — Ueber die σπονδοφόροι s. u. S. 243. — Nach einem kleinen Fragment einer in Eleusis neuerdings gefundenen Inschrift nimmt Lenormant p. 17 Neokoren beim Anaktoron an, indem er ergänzt [νε] [ω]κόρω[ν].**) Hesych. erklärt φαιδρυντής durch νεωκόρος. Indess wird vorläufig der Phädynt (s. oben) besser nicht mit den Neokoren zusammenzuwerfen sein. Ueber die Musiker s. u. S. 268. —

Es kann wohl sein, dass noch die παναγεῖς und der λικνοφόρος (Lenorm. p. 220 u. 224) hierhergehören. Der zweite Herold, von dessen Ehrensitz oben S. 234 Note** die Rede war, heisst παναγής. Πυρφόροι aber gab es auch in anderen Culten; Vischer a. O. p. 58. — Vgl. Hermanns Bemerkung gegen Ste-Croix in G. A. 55, 27.

Hierophantinn. Ihr Name sollte verschwiegen werden, wie C. I. n. 434, lin. 2 οὔνομα σιγάσθω beweiset; doch finden wir

---

*) Lenormant Recherches p. 219 bezweifelt Böckhs Ergänzung [ἱερέα], da diese Betitelung zu farblos und allgemein sei. Aber die eponyme Priesterinn von Eleusis heisst bloss ἱέρεια auf Inschriften, die Lenormant p. 133 sqq. selbst anführt, und wenn ihr Titel vollständig ἡ ἱέρεια τῆς Δήμητρος (nach Lenormants Vermuthung p. 133) war, so muss auch ὁ ἱερεὺς τοῖν θεοῖν als Priestername genügen. Hiernach gilt mir Böckhs Ergänzung als durchaus haltbar.

**) Die erhaltenen Reste sind eher οκορω, doch weiss ich keine bessere Ergänzung.

sie in der nächsten Inschrift N. 435 vollständig genannt, ob deshalb, weil es hier nicht die Hierophantinn der (alten) Demeter, sondern die der jüngeren, τῆς νεωτέρας d. i. der römischen Kaiserinn Sabina, ist, lässt sich nicht ausmachen.

Welchem Adelsgeschlechte die Hierophantinnen angehörten, ist nicht sicher bekannt. Die Hierophantinn der jüngeren Demeter (C. I. n. 435) gehört einer Linie der lycomidischen Daduchen an (s. Lenormant Rech. p. 185 und p. 156 N. 18).

Für die ältere Zeit dürfte es nur Eine Hierophantinn zur Zeit gegeben haben. Als Hadrians Gemahlinn Sabina, C. I. N. 1073 νέα Δημήτηρ genannt, eine Hierophantinn erhielt (C. I. N. 435), gab es mindestens zwei Hierophantinnen, weil man darum der eigentlichen Demeter ihre Hierophantinn gewiss nicht entzog. So konnte man noch zu mehr Hierophantinnen gelangen oder schon gelangt sein. Die Existenz mehrerer geht hervor aus Schol. Soph. O. C. 683, weil hier Hierophant und Daduch im Singular neben pluralischen Hierophantinnen stehen: καὶ τὸν ἱεροφάντην δὲ καὶ τὰς ἱεροφάντιδας καὶ τὸν δᾳδοῦχον καὶ τὰς ἄλλας ἱερείας μυρρίνης ἔχειν στέφανον.

Ein keuscher Wandel war ohne Zweifel auch der Hierophantinn vorgeschrieben und wenn Kinder der Hierophantinn (Lenormant p. 182) erwähnt werden, so folgt daraus noch nicht, dass sie während ihres heiligen Standes Umgang mit einem Manne hatte.

[Daduchinn]. Eine δᾳδουχήσασα kommt auf der arcadischen Inschrift C. I. N. 1535 vor, die in Verbindung mit Lucian Catapl. 22*) zu der Vermuthung Anlass geboten hat, dass unter dem Personal der attischen Eleusinien, Daduchinnen waren; Lenormant p. 186 sqq. Diese Vermuthung ist sehr ansprechend.

Priesterinn. Auf mehreren Inschriften kommt, um die Zeit der Aufstellung eines Monuments anzugeben, die eponyme Priesterin der eleusinischen Gottheiten vor; so wird C. I. n. 386 am Schluss hinzugefügt: ἐπὶ ἱερείας Φλαουΐας Λαοδαμίας τῆς Κλείτου Φλυέως θ[υγατρός]. Vgl. Lenormant p. 134 und 135. Ohne Zweifel ist dies die bei Suidas und Photius erwähnte Priesterinn der Demeter und Kore, ernannt aus dem Geschlechte der Philliden. Φιλλεῖδαι· γένος ἐστὶν Ἀθήνησιν . ἐκ δὲ τούτων

---

*) In den Worten ἐτελέσθης γὰρ τὰ Ἐλευσίνια ist nach dem Tauchnitzer Abdruck [τὰ Ἐλευσίνια] für unächt gehalten worden. Doch giebt I. Bekker I p. 335 als lucianisch: εἰπέ μοι, ἐτελέσθης γὰρ, ὦ Κυνίσκε, τὰ Ἐλευσίνια, οὐχ ὅμοια τοῖς ἐκεῖ τὰ ἐνθάδε σοι δοκεῖ. KTN. εὖ λέγεις· ἰδοὺ οὖν προσέρχεται δᾳδουχοῦσά τις κ. τ. λ.

ἡ ἱέρεια τῆς Δήμητρος καὶ Κόρης, ἡ μυοῦσα τοὺς μύστας ἐν Ἐλευσῖνι*); vgl. C. I. N. 439 ἱέρεια τῆς, wo entweder Δήμητρος καὶ Κόρης oder wenigstens Δήμητρος (Lenormant p. 140) zu ergänzen ist.

Während die Hierophantinnen ihren Eigennamen verloren, diente die jedesmalige Priesterinn gerade durch Nennung ihres vollen Namens als eine Art Anno.

Den drei höchsten Functionären (Hierophant, Daduch, Keryx) entsprachen vielleicht drei hohe Functionärinnen. — Nach Paus. Att. 38, 3 übernahmen die drei Töchter des Keleos die heiligen Pflichten in Eleusis, eine Tradition, welche G. Hermann u. A. der des Hymn. V, 108, wo vier Töchter und mit anderen Namen erwähnt sind, vorziehn, und welche nicht mit Baumeister Hymn. Hom. p. 294 für einen Irrthum des Pausanias zu halten ist. Die drei Töchter des Keleos können einen Anhalt bilden für drei hohe Functionärinnen, — Es ist möglich, dass die Dreiheit*) der Eleusiniengötter (Demeter und Kore nebst Bacchus) auch eine Dreizahl der Priesterschaft empfehlen half. — Dennoch wird durch diese Vergleichungen nur sehr wenig zu der Wahrscheinlichkeit hinzugelegt, dass es drei hohe Functionärinnen gab.

Könnte man zeigen, dass nicht bloss im Allgemeinen Dreiheit und Dreiheit sich entspreche, sondern im Einzelnen eine bestimmte der drei Keleostöchter mit einer gewissen Functionärinn zusammenhange, diese wieder einem der drei höchsten Priester entspreche und auch hinweise auf eine unter den drei Gottheiten — dann würde die Wahrscheinlichkeit von drei Functionärinnen sehr gross werden.

*) Lenormant, der p. 138 von Böckhs Bemerkungen (C. I. I p. 446) ausgehend zu zeigen sucht, die Priesterinn sei eine Eumolpidinn gewesen, entnimmt aus Suidas v. Φιλλεῖδαι (II, 2 p. 1464 Bernh. und Phot. Lex. p. 648), dass die Hierophantinn aus dem Geschlechte der Philliden erwählt sei. Die Lexicographen sprechen aber (siehe die Worte im Text) nicht von der Hierophantinn, sondern von der Priesterinn. Uebrigens ist es wohl möglich, dass die Philliden mit den Eumolpiden verwandt waren. Ueber die Familie, der die Hierophantinnen angehörten, giebt es kein Zeugniss; vgl. G. A. 55, 26.

**) Anscheinend ist die Dreiheit erst durch das Zusammentreten von Athen und Eleusis zu Stande gekommen, weil die Athener wahrscheinlich den Bacchus zusetzten. Aber vielleicht hat der athenische Iacchus einen früheren Pflegling und Liebling der Erdgottheiten verdrängt, so dass eine eleusinische Trias älter sein kann als die Aufnahme der Eleusinien in das attische Festjahr.

Aber die Entsprechung systematisch durchzuführen*) ist unmöglich, wenn auch Einzelnes sich entspricht, z. B. Hierophant und Hierophantinn. Unter den Namen der Keleostöchter ist keiner, der auf eine bestimmte Functionärinn hinwiese.

Der **Geweihete vom Heerde**, Knabe oder Mädchen, gehört nicht eigentlich zum Personal der Eleusinien, wiewohl er als Geweiheter gewisse Functionen unmittelbar nach der Einweihung verrichtet haben mag. Die Aeltern führen den ungeweiheten nach Eleusis und seine Theilnahme am Feste besteht wesentlich darin, dass er den ersten Grad der Weihe empfängt, nicht den zweiten (Himer. XXII, 7 παῖς μύστης καὶ ἐπόπτης ἀνήρ; Böckh C. I. I p. 444. a). Von allen Bräuchen, welche die Epoptie angehen, ist er damit von selbst ausgeschlossen.

Das μυηθῆναι ἀφ' ἑστίας setzt vollberechtigte athenische Abstammung voraus und zwar vornehme Abstammung (Bekk. An. p. 204 ὁ ἐκ τῶν προκρίτων Ἀθηναίων κλήρῳ λαχὼν παῖς δημοσίᾳ μυηθείς), vermuthlich eumolpidische, lycomidische oder ähnlich distinguierte (Böckh a. O. p. 445 b). Unter den angebotenen entschied das Loos und wen es getroffen, der wurde öffentlich namens aller eingeweihet, um dadurch namens aller nach Eleusis geführten Neulinge die Gnade der Götter zu erlangen und ihren Zorn abzuleiten (Porphyr. Astin. IV, 5 ἀντὶ πάντων τῶν μυουμένων ἀπομειλίσσεται τὸ θεῖον, Böckh a. O. p. 446). Es ist also eine mehr passive Function, die der μυηθεὶς ἀφ' ἑστίας hat.

Die ἑστία, auf welche der Ausdruck sich bezieht, scheint im eleusinischen Heiligthum gesucht werden zu müssen, ein heiliger Heerd der Demeter, in dessen Nähe der Erwählte die Weihen für alle nahm.**) — Die Aeltern hofften ihrem Kinde durch die Weihen

---

*) Lenormant p. 191 entwirft folgende Vergleichungstafel:
1. Hierophant . . . . . . Hierophantinn.
2. Daduch . . . . Daduchinn.
3. Hierokeryx (ist ohne Correlat).
4. Epibomius . . . . . . Priesterinn.

Nur die Parallele 1. ist sicher. — Fritzsche hat die priesterliche und die göttliche Trias so verglichen:
1. Hierophant, Demeter-Priester.
2. Keryx, Kore-Priester.
3. Daduch, Iacchus-Priester.

Sehr viel liesse sich dagegen einwenden; vgl. G. A. 55, 24.

**) Schömann Alt. II p. 352 ist von Böckhs Erklärung nicht befriedigt und fragt, ob ἀφ' ἑστίας vielleicht „von Staatswegen" bedeute. Ich halte (mit

vom Heerd reichen Segen zu gewinnen und legten Gewicht darauf, wie die Steinschriften bezeugen, auf denen sie ihre so geweiheten Söhne oder Töchter verewigten. Es giebt jetzt dreizehn Inschriften der Art; Lenormant Recherches p. 204.

Der **Archon Basileus** theilte mit den vier Epimeleten die äusserliche Beaufsichtigung des Festes; es war eine specielle Mysterien-Behörde, die Epimeleten heissen auf Inschriften ἐπιμεληταί μυστηρίων und zwei gehörten den heiligen Geschlechtern an; Aristot. bei Harpocr. p. 118 ὁ δὲ βασιλεὺς πρῶτον μὲν τῶν μυστηρίων ἐπιμελεῖται μετὰ τῶν ἐπιμελητῶν, οὓς ὁ δῆμος ἐχειροτόνει· τέσσαρες δ' ἦσαν, δύο μὲν ἐξ Ἀθηναίων ἁπάντων, εἷς δὲ ἐξ Εὐμολπιδῶν, καὶ εἷς ἐκ Κηρύκων; Pollux VIII, 90 ὁ δὲ βασιλεὺς μυστηρίων προέστηκε μετὰ τῶν ἐπιμελητῶν καὶ ληναίων καὶ ἀγώνων τῶν ἐπὶ λαμπάδι καὶ τὰ περὶ τὰς πατρίους θυσίας διοικεῖ.

Eine kürzlich gefundene Inschrift (Ephemer. 1860 II. 54 n. 3825, jetzt auch Lenormant Rech. p. 58) spricht vom Basileus, dem Paredros desselben und den Gentilen des Kerykengeschlechts als von denen, welche für die Mysterien-Angelegenheiten Sorge getragen: ἐπειδὴ Εὐθύδημος ὁ πάρεδρος τοῦ βασιλέως καλῶς καὶ φιλοτίμως μετὰ τοῦ β[ασ]ιλέως καὶ τοῦ γένους τοῦ Κηρύκ[ω]ν ἐπεμελήθη τῶν περὶ τὰ μυστήρια. Es ist unsicher, in welchem Verhältniss der Beisitzer zu den 4 erwählten Epimeleten steht, ob er einer der ἐξ Ἀθηναίων ἁπάντων gewesen ist, oder ob er als ausserordentlicher Beistand vom Basileus*) hinzugezogen war. Letzteres ist das Wahrscheinlichste, doch ist der Besitzer darum nicht ein Epimelet, sondern persönlicher Beistand des Basileus; so ernennt der Archon König bei [Dem.] 59, 81 seinen Schwiegervater zum Paredros. Diesem wird a. O. keine Epimelie beigelegt, sondern der Zweck seiner Ernennung ist ἵνα διοικήσῃ τὴν ἀρχήν.

Die specielle Aufgabe des Basileus [und seines Beisitzers] war

---

Lenormant Recherches p. 204) Böckhs Erklärung für wahr. Bei dem Ceremoniell der Einweihung mochten Fackeln dienen, die man an der ἑστία feierlich anzündete. Dieser Brauch kommt in der attischen Religion auch sonst vor (beim Apaturienfeste, Meurs. Gr. Fer. p. 36). Vielleicht kann man auch die Stelle des Hymnus 236 — 240 heranziehen, wo Demeter an ihrem Pflegling eine Unsterblichkeitsweihe (v. 242) vollzieht. Sie bedient sich dabei des Heerdfeuers, es ist offenbar eine mystische Ceremonie, s. Bothe in Baumeisters Commentar z. d. Hymn. p. 309

*) Vgl. Harpocr. v. Πάρεδρος.

eine polizeiliche, ὅπως ἂν μηδεὶς ἀδικῇ μηδὲ ἀσεβῇ περὶ τὰ ἱερά, Lys. 6, 4. Die Dienste der Keryken (s. o. die Inschriftenstelle) müssen wir uns denen ähnlich denken, welche die ῥαβδοφόροι in Andania haben (Lenormant p. 61). — Von dieser Polizeibehörde (Archon König, Beisitzer, Keryken), auf welche allein sich die Inschrift bezieht, dürfte die rein administrative Behörde der Epimeleten geschieden werden müssen, wiewohl auch letztere formell noch immer unter dem Basileus gestanden haben mag.

Der Archon König hatte, anscheinend ohne die 4 Epimeleten, Opfer im städtischen Eleusinium wie auch in Eleusis darzubringen für das Wohl der Athener, ὑπὲρ ἡμῶν καὶ θυσιάσει καὶ εὐχὰς εὔξεται κατὰ τὰ πάτρια τὰ μὲν ἐν τῷ ἐνθάδε Ἐλευσινίῳ τὰ δὲ ἐν τῷ Ἐλευσῖνι ἱερῷ; Lys. 6, 4. In demselben Sinne, jedoch so viel zu ersehen ohne den Basileus, opferten die Epimeleten ἐφ᾽ ὑγιείᾳ καὶ σωτ[ηρί]ᾳ τῆς βουλῆς καὶ τοῦ δήμου καὶ τῶν ἄλλων [ὅσο]ι εἰσὶν εὔνους (für εὔνοι, Philemon) καὶ φίλοι τοῦ δήμου, Ἐπιγρ. ἀν. 1, 3.*)

Es scheint, dass man den Epimeleten eine administrative Thätigkeit beilegen muss, Beschauung von Opfern, Einnehmen etwaiger Gebühren. In der Mysterieninschrift von Andania findet sich ein Cassenbeamter ἐπιμελητής genannt (Sauppe p. 35), und so heisst auch der Administrator der Zunftcasse Rang. 813. Der Archon Basileus, sowohl Chef der Mysterien-Polizei als oberster Administrator (in letzterer Eigenschaft also Vorstand der 4 Epimeleten), konnte durch die Menge von Geschäften sich genöthigt sehen, die Administrativgeschäfte thatsächlich den Epimeleten zu überlassen, indem er selbst von der Mysterien-Polizei völlig in Anspruch genommen war. So kam es, dass die 4 Epimeleten eine gewisse Selbständigkeit gewannen, und es erklärt sich, dass bei dem Opfer der Verwaltungsbeamten (Ἐπιγρ. ἀν. 1, 3) nichts vom Basileus, und bei dem Dank für den Beisitzer des Polizeibeamten (Ephemeris n. 3825)

---

*) Früher glaubte ich, das Opfer Lys. 6, 4 und das Ἐπιγρ. 1, 3 sei ein und dasselbe, wofür Manches zu sprechen schien. Der Basileus opfert im städtischen Eleusinion und da werden wohl auch die Epimeleten geopfert haben; der Zweck beider Opfer ist das Gemeinwohl Athens; Harpocr. und Pollux melden eine gemeinsame Thätigkeit der 4 Epimeleten und des Basileus. Aber die angeführten Inschriften scheinen doch auf eine getrennte Thätigkeit zu führen. Doch wäre es möglich, dass in früherer Zeit die Epimeleten nicht unabhängig opferten und nur der Basileus ein Opfer für den athenischen Staat brachte.

nichts von den 4 Epimeleten verlautet. Vielleicht haben sich erst später Verwaltung und Polizei so geschieden.

Hieropöen. Das aus zehn Mitgliedern bestehende Hieropöenamt verwaltete theils die herkömmlichen Opfer jedes Jahres theils die penteterischen Opfer (θυσίας τὰς νομιζομένας ἐπιτελοῦσι καὶ τὰς πενταετηρίδας ἁπάσας διοικοῦσι πλὴν Ἀθηναίων Etymol. M. p. 468; cf. Meier in A. E. III, 10, p. 293 Note 58, der Παναθηναίων statt Ἀθηναίων hat). Unter den von ihnen besorgten Penteteriden nennt Pollux VIII, 107 auch die in Eleusis (τὴν Ἐλευσῖνι), welche viele auf die grossen Mysterien beziehen.

Die Hieropöen werden C. I. n. 71 a lin. 39 erwähnt [τοῖ]ς ἱεροποιο[ῖσιν] · [οἱ δὲ ἱερο]ποιοὶ ταμιενέσ[θων]; sie sollten Gelder administrieren. Die Inschrift bezieht sich auf Eleusis und die Mysterien, da die eleusinischen Mysten lin. 35 vorkommen, indess ist der Zusammenhang nicht verständlich. Da sich aber n. 71 b auf die jedes Jahr eintretenden Mysterien bezieht, so ist zu vermuthen, auch n. 71 a betreffe die jährlichen Begehungen in Eleusis, nicht die penteterischen, und das Hieropöenamt habe jedes Jahr in Eleusis zu thun gehabt.

Auch die Ephemer. 3798 vorkommenden Hieropöen scheinen sich auf jährlich gebrachte Opfer zu beziehen, nicht auf penteterische, die wir uns grösser und glänzender denken müssten als die dort verzeichneten.

Wäre freilich mit Lenormant p. 76 in dieser Inschrift lin. 2 τοὺς ἱεροποιοὺς Ἐλευσινίων καὶ [Δηλίων] „die Hieropöen der Eleusinien und des Delienfestes" zu lesen, dann würden sie als Penteteriden-Behörde auftreten, nach Pollux a. O., der ihnen die delische, brauronische, heracleische und eleusinische Penteteris beilegt. Aber wie sollten die jährlichen Hieropöen (Rang. 814, lin. 2 ἱεροποιῶν κατ' ἐνιαυτόν; auch C. I. n. 147), welche zunächst für die Opferfeste des Jahrs sorgen (Rang. 814 lin. 31 τοὺς δὲ ἱεροποιοὺς τοὺς διοι[κοῦντας τ]ὰ Παναθήναια τὰ κατ' ἐνιαυτόν), zu einer solchen Titulatur kommen wie „Hieropöen der Eleusinien und Delien"? Die Delien jedenfalls wären blosser Titel, da die Inschrift sich auf eleusinische Heortologie bezieht. In dieser Beziehung würde ἀλώων besser passen. Doch hat es am meisten für sich, Ἐλευσινίων als Genitiv von Ἐλευσίνιοι anzusehen und zu ergänzen καὶ Ἀθηναίων.*) Dann haben wir eleu-

---

*) Oder ἀστῶν? Lenormant p. 86 giebt durch 6 Puncte das Fehlen von 6

sinische Hieropöen neben athenischen, was in einem Feste, dessen heiligste Theile die Eleusinier ursprünglich allein beanspruchten (Pausan. Att. 38, 3) und welches in der That ein eleusinisch-athenisches war, nicht auffallend ist; vgl. Einl. S. 63.

Eine penteterische Thätigkeit der Hieropöen finde ich hiernach nicht bestätigt für die Eleusinien. Sie würde glaublicher sein, wenn sich penteterische Agonen*) des Eleusinienfestes nachweisen liessen; hiervon ist aber gerade das Gegentheil der Fall, s. Stark zu G. A. 55, 39 p. 379. Dazu spricht Pollux a. O. nicht von den Eleusinien, sondern von einer Penteteris in Eleusis, wohin auch an den Proërosien und Haloen Festzüge aus Athen gesendet wurden. Diese Feste geringern Ranges passen besser zu den von Pollux erwähnten Delien, Brauronien und Heracleen; es sind Feste zweiten Ranges. Die eleusinische Penteteris nennt er zuletzt, um so vermeidlicher ist es an die Eleusinien, das berühmteste Fest des Alterthums, zu denken. So ist mir die Penteteris der Eleusinien durchaus zweifelhaft geworden.

Die Feier.

Die bevorstehende Eleusinienfeier wurde rings umher den Nachbarstaaten angekündigt z. B. den Phociern. Die zu dem Ende abgesendeten nennt Aeschin 2, 133 Spondophoren: (τοῖς σπονδοφόροις τοῖς τὰς μυστηριώτιδας σπονδὰς ἐπαγγέλλουσι, und ib. 134 οἱ τὰ μυστήρια ἀπαγγέλλοντες, dann κάλει μοι τοὺς σπονδοφόρους.

Buchstaben an. Wenn aber, wie er selbst p. 72 sagt, die Lücken gleich sind und wir nach der letzten Zeile schliessen dürfen, so fehlt ein längeres Wort als Δηλίων ist, also eins wie Ἀθηναίων.

*) Ein Anlass wäre nicht schwer zu finden, z. B. in dem Siege von Salamis Ol. 75, 1, zu dem Iacchus verholfen hatte, so dass man immer das erste Olympiadenjahr durch glänzendere Opfer und Agonen, ausgezeichnet hätte. Ich glaubte früher an die Penteteris der Eleusinien und setzte ihren Anfang in das erste Jahr des olympischen Quadrienniums. — Auch die Inschrift der neuen Ephemeris von 1862 p. 176 u. 181: ἀγωνοθετήσαντα τῶν μεγάλων Ἐλευσινίων giebt mir den früheren Glauben nicht wieder. Die Inschrift ist aus später Zeit (Κλ. Ἡρώδης ἀνέθηκεν) und beweiset nur für späte Zeit. Grosse Eleusinien also nannte man die penteterisch mit grösseren Agonen und Opfern gefeierten? Die drei gewöhnlichen Begehungen nannte man kleine Eleusinien? Aber es kommen kleine Eleusinien meines Wissens nicht vor, und die grossen giebt nur diese späte Inschrift.

Nehmen wir an, dass die vielleicht a. Chr. 445 zu Stande gekommene Festsetzung Corp. Inscr. n. 71 ἄρχειν δὲ τὸν χρόνον τῶν σπονδῶν τοῦ Μεταγειτνιῶνος μηνὸς ἀπὸ διχομηνίας καὶ τὸν Βοηδρομιῶνα καὶ τοῦ Πυανοψιῶνος μέχρι δεκάτης ἱσταμένου (Sauppe de Inscr. Eleus. p. 9), auf einer schon vorher bestandenen Sitte beruhe, so werden die Boten des Mysterienfriedens am Vollmonde vor dem Vollmonde des Festmonats ausgegangen sein seit alter Zeit, indem sie auf die Zeit nach dem nächsten Vollmond die Feier verkündigten.

Dies Botenamt mochte von den Geschlechtern der Εὐδάνεμοι und Κήρυκες verwaltet werden oder ursprünglich verwaltet sein. Hesych. Εὐδάνεμος, ἄγγελος παρ᾽ Ἀθηναίοις (Bossler de gentt. sacerd. p. 38). Auch beweiset die διαδικασία Εὐδανέμων πρὸς Κήρυκας ὑπὲρ τοῦ κανῶς (Sauppe Or. Att. II p. 323, b. 10), wie nahe die Eudanemen den Herolden in ihren Ansprüchen standen. Von dem Geschlechte der Herolde ist klar, dass ihm die Spondophorie erblich zukommen konnte, was Lobeck aus Athen. VI 234 E τὸ γένος τῶν Κηρύκων τῶν τῆς μυστηριώτιδος folgert, Agl. p. 213.

Vielleicht ging einst aus Athen ein Keryke, aus Eleusis ein Eudaneme gleichzeitig als Boten des Gottesfriedens aus (vgl. Xen. Hellen. IV, 7, 3) oder mehrere solcher Paare aus den beiden Geschlechtern.

Für die historische Zeit geht aus der Inschrift Ephemeris 1856, 44 u. 3113 so viel hervor, dass Mitglieder jenes geistlichen Adels ausgesendet wurden; lin. 12. [Ἐ]υμολπίδαι καὶ Κήρυκες und auf diesen Nominativ bezieht sich hernach ἑαυτῶν in den Worten lin. 14 εἰς τούς ἐκπεμπομένους ἐξ ἑαυτῶ[ν]; ob dann lin. 15 auf Mitglieder eines besonderen Geschlechtes ἐξ ὧν οἱ σπονδοφόροι ἐκπέμποντ[αι] geht, ist nicht zu entscheiden. Nach Nennung der Eumolpiden und Keryken scheint eher zu passen „und die anderen Familien, aus denen Spondophoren entsendet werden." Doch ist der Zusammenhang der Inschrift von lin. 12 an nicht klar.

Je näher die Mysterienzeit herankam, desto mehr häuften sich die Geschäfte der Mysterienbeamten. Der einzelne Mysterienbesucher hatte seinen nächsten Anhalt nicht an einem Beamten, sondern an einem Privatmann, welcher aller Grade theilhaftig und der Bräuche kundig war, dem Mystagogen. In Andania (Sauppe's Mysterien-Inschr. p. 37) werden sie unter Aufsicht des Staats vorschriftsmässig gewählt, und für die eleusinischen Mystagogen wenigstens ist anzunehmen, dass sie dem Basileus und den Epimeleten persönlich oder ihrem Rufe nach bekannt sein, oder aber sich als zuverlässige Leute und auch als Epopten bei der Behörde ausweisen mussten.

Wenn ein Fremder den Mystagogen, unter dessen Leitung er einen oder alle Grade der Weihen erhalten hatte, bei seinem nächsten Besuche in Athen und Eleusis nicht mehr am Leben fand, so musste er die erhaltenen Weihen einem neuen Mystagogen oder einem Beamten nachweisen. Im Falle er diesen Nachweis nicht durch persönliche Bekannte führen konnte, blieb nichts übrig, als den Fremden nach Dingen zu fragen, die nur der Eingeweihete wusste, wie nach jenem σύνθημα Ἐλευσινίων, Clemens bei Lobeck Agl. p. 25 ἐνήστευσα, ἔπιον τὸν κυκεῶνα, ἔλαβον ἐκ κίστης, ἐργασάμενος (Lobeck ἐγγενσάμενος, was auch Schöm. Alt. II p. 349 billigt) ἀπεθέμην εἰς κάλαθον καὶ ἐκ καλάθου εἰς κίστην.

Bei dem Mystagogen erholte sich der Myste zunächst Rathes, wie er von Sünden sich befreien und vor Demeter Gnade finden möge. In einem schwierigeren Falle konnte ein Beamter*) hinzugezogen und eine dem Bekenntnisse und Gemüthszustande des Mysten entsprechende Reinigungsweise, wie auch das zu entrichtende Opfer bestimmt werden. Die Bedingungen, unter denen die verschiedenen Mysten in Eleusis Einlass fanden, waren zweifelsohne nicht dieselben. So wurde wohl nur nach Umständen die Reinigung mit dem Zeuswidderfell auferlegt, auf welches der Daduch den Sünder mit dem linken Fusse treten liess (Preller Polem. p. 140); dass

---

*) Einer der Exegeten? Nach Petersen im Philol. Suppl. 1860 p. 167 waren in Athen drei Exegeten, einer aus den Eupatriden ernannt, ein Eumolpide und ein Keryke. Die Zusammensetzung des Exegetenamts hätte danach sehr viel Aehnlichkeit mit der Zusammensetzung des Epimeletenamts gehabt, welches letztere speciell für die Mysterien bestimmt war. Die beiden Ehrensessel von Exegeten Philol. XIX p. 358 n. 3 Πυθοχρήστου ἐξηγητοῦ und p. 360 n. 19 ἐξηγητοῦ ἐξ Εὐπατριδῶν χειροτονητοῦ ὑπὸ τοῦ δήμου διὰ βίου zeigen keine Beziehung zu den für die Eleusinien wichtigen Adelsgeschlechtern. Sie waren noch nicht entdeckt als Petersen seine Abhandlung schrieb. — Man könnte auch an Zuziehung des eumolpidischen oder kerykischen Epimeleten denken. Doch mag es besser sein, den Epimeleten nur das Aeusserliche (Administrativgeschäfte) beizulegen, die Entscheidung eines schwierigen Falles also den Exegeten vorgelegt zu glauben.

die ganze eleusinische Gemeine in dieser Art entsündigt wurde, ist nicht wahrscheinlich (vgl. Rinck, Rel. d. Hell. II p. 355).

Auch nach dem Grade der Weihe und der Bevorzugung Einzelner dabei müssen die Darbringungen abgestuft worden sein. In den Mysterien von Andania bilden die Protomysten, „Erzgeweihete", eine höhere Classe, sie bezahlen bei ihrem Eintritte nicht bloss eine Summe als „Einstandsgeld" ὑποστατικόν (Sauppe p. 20 zu lin. 50), sondern haben auch die Verpflichtung insbesondere 100 Schafe (lin. 70) in der Pompe darzubringen. Ebenso haben die Aeltern der μυηθέντες ἀφ' ἑστίας sich für diesen Vorzug besonders feierlicher Einweihung und für die Aufstellung des Denkmals darüber gewiss erkenntlich bewiesen und höhere Gebühren oder Geschenke gegeben. In älterer Zeit werden die Gebühren nicht in Geld bestanden haben.

Eine Beaufsichtigung der Unterschiede führte einigermassen zu übersichtlicher Classification der ganzen Festgemeinde. Als zu dem Ende verordnete Aufseher können die Epimeleten betrachtet werden. Es mussten wohl die darzubringenden Opfer von Sachkundigen geprüft werden und zwar eine gewisse Zeit vor der Feier z. B. 10 Tage (wie in Andania, Sauppe Myst.-Inschr. lin. 71). Der einzelne Myste hatte von seinem Mystagogen erfahren, welche Opfer er zu bringen habe, damit war nicht ausgeschlossen, dass auch die Aufsichtsbehörde noch von dem Mysten und seinem Opfer Kenntniss nahm, um das von dem Mystagogen (privatim) schon gebilligte Opfer (amtlich) gutzuheissen oder zu verwerfen. Der Basileus und die Epimeleten hatten hierbei Gelegenheit, die Einzuweihenden nach den verschiedenen Graden der Weihe zu überschauen, sie classenweise zu ordnen, vielleicht aus den Händen der Mysten Opfer und Gebühren zu empfangen, um sie den verschiedenen Tempeln zuzuweisen — überliefert ist nichts von alledem, aber eine andere Behörde als die Epimeleten hat man nicht, um ihr die Administration beizulegen.

Nach dem Versammlungstage (Boëdrom. XV) folgte am XVI der Festtag ἅλαδε μύσται „ihr Mysten, ans Meer!" der erste, von welchem Cultusacte bekannt sind. Die Abendzeit nach Sonnenuntergang, mit welcher der XVI begann, scheint auch noch von CultusActen frei gewesen und erst, vormittags etwa, am Lichttage des XVI die feierlichen Verbote den Versammelten verkündiget zu sein, durch welche alle Unberechtigten von der Theilnahme ausgeschlossen wurden, Mörder, Unreine, Barbaren. Eine solche Bekanntmachung ging vom Basileus, *) dem obersten Staatsbeamten des Festes aus. Eine ähnliche sprachen der Hierophant und der Daduch **) in der Stoa Poikile (C. A. 55, 13). Bei der grossen Zahl der Versammelten hing es wesentlich von den Mystagogen ab, ob der Verordnung auch wirklich nachgelebt wurde. Ein gewissenhafter Mystagog hatte in seinem Kreise die Verordnung (Liban. Or. Corinth. IV p. 356; Lobeck Agl. p. 15) schon in den Tagen vor der formellen Verkündigung gehandhabt, sich vergewissernd, dass die von ihm Eingeführten zulassungsfähig seien.

Die Versammlung vor und in der Stoa musste mit der Aufforderung an die Mysten, sich ans Meer zu begeben, ihren Schluss erreichen.

Es begab sich nun die ganze Gemeine an die Seeküste, um sich selbst und ihre Opferthiere (Schweine) im Meerwasser zu reinigen für die bevorstehenden Opferfeste, vermuthlich unter Aufsicht von Functionären, wenigstens wohl von Mystagogen, und vielleicht unter Beistand des ὑδρανός; s. Seite 236.

Die Wahl des Reinigungsortes hing wahrscheinlich vom Rathe des Mystagogen oder eines höher gestellten Sachkundigen ab. Denn wir finden sowohl Waschungen im Piraeus (Plut. Phoc. 28 μύστην δὲ λούοντα χοιρίδιον ἐν Κανθάρῳ λιμένι κῆτος συνέλαβε) als auch an den viel weiter (1½ Meilen, Schöm. Alt. II 344) von der Stadt entfernten Ῥειτοί, zweien Wasserrinnen, die salzig sind und deren eine der Demeter, die andere der Kore geweihet war (Hesych. v. Ῥειτοί bei Preller de Via Sacra II p. 10; auch Pausan. Att. 38, 1) und deren Fische den Priestern (der Göttinnen) gehörten. Den Alten erschienen diese Salzbäche sehr merkwürdig, da sie dachten, in

---

*) Pollux VIII, 90 προαγορεύει δὲ (ὁ βασιλεὺς) τοῖς ἐν αἰτίᾳ ἀπέχεσθαι μυστηρίων καὶ τῶν ἄλλων νομίμων; Schöm. Alt. II p. 344.

**) Dass der Basileus zu einer Classe der Frierenden, der Hierophant und Daduch zu einer anderen sprachen, ist nicht wahrscheinlich. Vielmehr werden alle der Reinigung bedürftigen bei derselben Stoa versammelt gewesen und das Verbot von den verschiedenen Beamten (vielleicht mit formellen Abweichungen, in der Hauptsache aber gleichartig) wiederholt worden sein. Es ist überliefert, dass den Mysten dasselbe wiederholt eingeschärft wurde. Nach Dio Chrys. XVII p. 464 hat derselbe Beamte (der Hierophant) dasselbe mehrmals gesprochen, indess kommt es dem Dio hier nicht auf die Identität des Aussprechenden an, sondern auf des Ausgesprochenen Wiederholung. Dio hätte vielleicht sagen sollen, dieselbe Vorschrift sei von mehreren Beamten (aber nicht von jedem mehrmals) gesprochen worden.

ihnen fliesse der Euripus (bei Chalcis) aus der Erde hervor*) (Paus. a. O.). Sie enthalten nämlich auch aus Quellen Wasser, die bei Sturm und Gewitter stärker fliessen sollen (Fiedler Reise I 82). Da nun auch die heilige Strasse über die Ῥειτοί geht und nirgends eher an salziges Wasser kommt, so mochte den Bussfertigen das mystische Gewässer dieser Quellen vornehmlich zu Waschungen empfohlen werden; Etym. M. s. v. ἱερὰ ὁδός, ἡ εἰς Ἐλευσῖνα ἄγουσα, ἣν ἀπίασιν οἱ μύσται ἅλαδε, wo Preller ἅλαδε als mögliche Verderbung aus Ἐλευσινάδε bezeichnet R. E. III 96. Halten wir uns an den überlieferten Text. Dann gelangten die (am Tage, der ἅλαδε μύσται hiess) ans Meer befohlenen Mysten auf dem von ihnen betretenen heiligen Wege an Salzwasser zuerst da, wo die Ῥειτοί sind, welche beiden irdischen Flüsse eine Vergleichung erlauben mit Platons zwei Höllenflüssen, deren jedem er besondere Gattungen von Sündern zutheilt (Phaed. p. 114). Es ist wohl möglich, dass, je nach der Sünde, die Anzahl der Bäder gesteigert wurde (z. B. auf 7 Bäder in jedem der ῥειτοί; vgl. Suidas I, 1 p. 598 ἀπὸ δὶς ἑπτὰ κυμάτων, ἐκ μεταφορᾶς τῶν ἐπὶ φόνοις καθαιρομένων. οὗτοι γὰρ δὶς ἑπτὰ κύμασι πλύνουσι τὰ ἱμάτια, und Rinck II 355), dass Waschung und Fasten nach längst vorhergegangener Anfrage den halben Mysterienmonat hindurch vierzehn Tage lang für Einzelne dauerten, oder wie man sich sonst die Verstärkungen der geistlichen Bereitung durch äussere Mittel vorstellen will. — Hierneben können alle Gläubigen der Demeter zu Ehren 9 Tage lang gefastet, d. h. das Essen nach Sonnenuntergang und vor Sonnenaufgang verlegt haben, indem sie am XIII begannen und im Laufe des XXI aufhörten. Vgl. Preller R. E. III, 99. Dies war keine grosse Kasteiung, da die Lichttage im September und October nicht lang sind. Uebrigens findet sich nirgends das neuntägige Fasten streng vorgeschrieben und nur die Orthodoxen mögen sich genau daran gebunden haben.

Der XVII Boëdromion war ohne Zweifel der erste städtische Opfertag, an welchem etliche der am XVI in der See abgewaschenen Opferthiere dargebracht werden sollten.

Die Gebräuche des XVII und XVIII, wie auch die des XVI, müssen im Ganzen als vorbereitende gelten, welche keineswegs von allen

---

*) Pittakis (Ephem. 1857 H. 45 p. 1550) hält dies für wahr und glaubt, dass das Salzwasser sich unter der Erde mit Süsswasser mische und halbsalzig werde. Er sagt die Ῥειτοί hiessen jetzt Στεφάνη.

Theilnehmern des Festzuges mitbegangen zu werden brauchten. Der Privatmann, welcher nach C. I. 523 den Göttinnen ein Schwein opferte, blieb auf seinem Landsitze und machte den XVII nicht in Athen mit. Ebenso wenn er am XVIII dem Dionysos Früchte (Trauben) darbrachte, blieb er in seinem Dorfe. Obligat waren diese Reinigungsopfer wahrscheinlich nur für die, welche noch nicht alle Grade der Weihe hatten, und selbst wer den XVII versäumt hatte konnte noch durch Theilnahme am Epidaurienopfer des XVIII zulassungsfähig werden, wie das Beispiel lehrt bei Philostratus.

Auf den XVII kann vermuthungsweise das Soterien-Opfer gesetzt werden, welches „die Mysterienbesorger der Demeter und Kore und den anderen Göttern für Rath und Volk und für das Wohl von Weib und Kind" darzubringen pflegten, bei den Mysterien in Eleusis, wie bei denen in Agrae, Ephemeris 1859, II. 52, n. 3651 (auch 'Επιγρ. άν. n. 3.); Rang. n. 795. Als Ort des Opfers scheint das städtische Eleusinion *) betrachtet werden zu müssen (Rang. II

*) Für die Lage des städtischen Eleusinions sollen sich nach Fr. Lenormant Recherches p. 401 gar keine positiven Angaben finden. Lenormant sagt, die Kirche der Παναγία Γοργώπικο sei gebauet aus den Trümmern des hadrianischen Gymnasiums und denen des städtischen Eleusinions, welches danach dem Gymnasium nahe gelegen und den Platz um die erwähnte kleine Kirche der Panagia eingenommen habe (Leake giebt Tafel II die Kirche an), auch von Rangabé sei diese Hypothese gebilligt worden. — Es ist aber nicht richtig, dass keine Angaben über das städtische Eleusinion vorhanden sind. Clemens Protr. p. 13 Sylburg setzt es ὑπὸ τῇ ἀκροπόλει, ebenso Arnobius (Leake Top. p. 214, 4), wonach Leake das Eleusinion dem Ost-Ende des Burghügels zugewiesen hat. Er sagt, dass man sich mit dieser Ansetzung begnügen müsse, weil keins der Zeugnisse (s. auch oben S. 190) ihr widerspreche. Neuerdings ist ein Zeugniss hinzugekommen, die Inschrift Philistor II p. 239. Das in ihr enthaltene Psephisma bezieht sich auf die Eleusinien, s. o. S. 227. Es soll in drei Exemplaren aufgestellt werden, einmal ἐν Ἐλευσινίῳ τῷ ὑπὸ τῇ πόλει, dann im Diogeneion, drittens im Tempel zu Eleusis vor dem Buleuterion. Hiermit ist bestätigt, was aus Clemens und Arnobius über die Lage bekannt war. Fr. Lenormant's und Rangabé's Hypothese ist also nicht zulässig, da ein bei der Panagia gelegener Tempel nicht ὑπὸ τῇ πόλει ist. Hiernach halte ich Leake's Ansicht fest, obwohl auch sie grossentheils hypothetisch ist. Ὑπὸ τῇ πόλει ist ein ziemlich unsicherer Ausdruck (vgl. Schol. II. II, 505, Ὑποθῆβαι kann die ganze Unterstadt sein), aber wo ὑπὸ τῇ πόλει als Characteristicum eines Gebäudes zugefügt wird, da muss das ὑπό auch deutlich hervortreten. Wie deutlich denn aber? so deutlich zum Beispiel wie im lenäischen Theater. Dieses nennt Philostrat. V. Apollon. p. 73, 32 ed. Kayser θέατρον τὸ ὑπὸ τῇ ἀκροπόλει.
— Kürzlich hat E. Gerhard im Rhein. Mus. XVIII p. 301 sich ebenfalls für Leake's Ansicht entschieden, welche von Rangabé nicht widerlegt sei im Bullet-

p. 415). Hier (ἐν τῷ ἐνθάδε Ἐλευσινίῳ, Lys. 6, 4) opferte auch in gleichem Sinne (ὑπὲρ ὑμῶν, Lysias) der Basileus. Vielleicht darf für die älteren Zeiten das Opfer des Basileus und das Opfer der Epimeleten als ein und dasselbe angesehen werden (siehe oben S. 241).

Das lobende Decret für die Mysterienbesorger, datiert vom Ende Anthesterion, Archon Menekles, hatte seinen Platz [ἐ]ν Ἐλευσ[ινι] (nach Kumanudes in den Ἐπιγρ. ἀν. a. O.) So ist das Ehrendecret für den Beisitzer des Königs, s. S. 240. in Eleusis aufgestellt gewesen; Fundort des Steins sind die Propyläen der eleusinischen Demeter. Aber die Inschrift Ἐπιγρ. ἀν. n. 3 lässt auch [ἐ]ν Ἐλευσ[ινίῳ]*) als Ergänzung zu, was sachlich vielleicht noch passender ist, indem das Decret gleich nach den Mysterien von Agrae abgefasst sein muss, welche äusserlich in keiner Verbindung mit Eleusis standen. Der Stein ist in Athen gefunden (Lenormant Rech. p. 62). Auch ist von den drei Aufstellungsorten der Säulen Philistor II p. 239 der erste das Eleusinion unter der Burg.

An den Opfern des XVII Boëdromion scheinen auch Theoren fremder Städte theilgenommen zu haben.**)

Den XVIII Boëdromion fanden wahrscheinlich die Epidaurien statt, als zweites (städtisches) Opfer nach dem ersten Opfer des XVII und als Vorbereitung des Iacchustages. Pausanias Corinth. 26, 8 rechnet die athenischen Epidaurien zu den berühmtesten Asklepiosfesten; die Legende wollte, dass dem von Epidaurus verspätet an-

---

tino dell' Instituto 1850 p. 136 sq.; hier habe Rangabé das Eleusinion bei der Agora angesetzt und danach Bursian (Geogr. I p. 296, Note 2), es in N. W. oder S. W. unter der Burg gesucht. Diese Hypothese muss Rangabé jetzt aufgegeben haben, wenn Fr. Lenormant a. O. recht berichtet. Mir genügt es, dass E. Gerhard die Ansicht Leake's für zulässig hält, und dass er von einem in W. zu suchenden Eleusinion nicht überzeugt worden ist.

*) So ergänzt auch Fr. Lenormant Rech. p. 65; indess wird statt ἐν Ἐλευσινίῳ τῷ ἐν ἄστει (Lenormant) zu schreiben sein ἐν Ἐλευσεινίῳ τῷ ὑπὸ τῇ πόλει (Philistor II p. 238 sq. lin. 38).

**) Von solchen Theoren und ihrem Architheoros, die für ihre Vaterstadt Milet sowohl, als für Athen Heilopfer gebracht, ist die Rede Ephem. 1857 Heft 46 n. 3147. Sie brachten auch Gaben (lin. 5: ἔδωκαν δὲ καὶ τὰ περὶ...). Dass die fremden Theoren, nachdem sie in Athen am XVII Soterienopfer gebracht, auch mit nach Eleusis zogen, versteht sich von selbst. Von fremden Weibern, die in Eleusis angekommen sind, heisst es, sie seien nicht als Gesandtschaft da zu den Mysterien, Eurip. Suppl. 173: πρεσβεύματ᾽ οὐ Δήμητρος ἐς μυστήρια; cf. Rinck II p. 332.

kommenden Asklepios zu Gefallen der athenische Epidaurientag gestiftet sei, um den, wenn auch verspäteten Heros noch für die eleusinischen Mysterien zulassungsfähig zu machen; s. auch Philostr. Vit. Apoll. IV 18, p. 72 ed. Kayser. (G. A. 55, 18), wo es sich ebenfalls um die späte, aber doch am Epidaurientag noch mögliche Vorweihe des Apollonius für Eleusis handelt; vgl. Preller R. E. III p. 97. Der sagenhafte Asklepios war wie Apollonius ohne Zweifel gänzlich Neuling. Ein Neuling hat aber ordnungsmässig zuerst die kleinen Mysterien durchzumachen. Es gab also neben diesem ordentlich zu betretenden Wege der Zulassung noch nebenbei gestattete Zulassungsarten.*)

Sofern der Epidaurientag auch noch Reinigungsopfer enthielt, hat man wohl Schweine dargebracht, dem Asklepios selbst aber das, was in Epidaurus üblich war (also nicht Ziegen, Pausan. Corinth. 26 extr.).

Welche Oertlichkeiten man am Epidaurientage benutzte, ist nicht überliefert. Sie mussten dem Zweck entsprechen, dass des in die Eleusinien hineingezogenen Asklepios gedacht und der Hauptgötter (Iacchus, Demeter, Kore) dabei nicht vergessen wurde. Wo man vom Piraeus (Pausan. Att. 2, 2) in die Stadt geht, ist ein Demetertempel (ib. 2, 4), welcher Bildsäulen der Hauptgötter enthält, unter denen Iacchus**) eine Fackel hält, nicht weit vom Pompeion; der Asklepiostempel der Stadt***) lag im S. W. der Burg, wie auch der Fundort verschiedener Reste mit inschriftlicher Nennung des Asklepios †) zeigt. Eine Beziehung zwischen dem Iaccheum und dem Asklepios ††) giebt das Traumorakel; ein solches fand beim

---

*) In späten Zeiten hat man den Ausländern (Römern) wohl nur zwei herbstliche Besuche zugemuthet, nicht auch zwei lenzliche. Vielleicht ist in älteren Zeiten die Erlassung der Frühlingsmysterien seltener gewesen.

**) Daher hiess der Demetertempel Ἰακχεῖον, ein anderes Ἰακχεῖον hat Athen nicht, Siehe Böckh C. I. I p. 471.

***) Wenn am Epidaurientage ein städtischer Tempel des Iacchus benutzt ist, so müssen wir auch einen städtischen Asklepiostempel wählen, nicht den viel weiter entfernten Asklepiostempel im Piraeus, Schol. Ar. Plut. 621; vgl. auch Ross Demen p. 62.

†) Rang. n. 552; 774; 1047 sqq.; 1052 sq.; 2303; für die westlich vom Theseum gefundene Aufschrift n. 1054 denkt Rangabé freilich an einen besondern Asklepiostempel dieses Orts.

††) Nach der Aufschrift eines in Athen gefundenen Piedestals wurde ein Asklepios geweihet κατ' ἐπίταγμα, wonach der Iacchagoge genannt wird Ross Dem. p. 103. Die Priester hatten wohl dem Weihenden seinen Traum so ge-

Iaccheum statt (Böckh C. I. I p. 471.) und im Asklepioscult sind solche Orakel herkömmlich.

Die athenischen Mysterienbesorger, welche am XVII opferten, scheinen auch am Epidaurientage [Opfer] am Asklepiostempel ausgerichtet zu haben. Es ist wenigstens Rang. n. 552 von den Epimeleten [der Mysterien] die Rede in Verbindung mit dem Heiligthum des Asklepios; lin. 6 könnte vor ἐπιμελη[τῶ]ν noch μυστηρίων (wie Rang. 795) gestanden haben.

Gewisse heilige Gegenstände, die in Eleusis aufbewahrt wurden und bei der am XIX beginnenden Pompe nicht fehlen durften, werden in den Tagen vor dem XIX nach Athen abgegangen sein. Anfangs von eleusinischem Geleit weiter getragen, wurden sie später wenigstens bei der Echo (einem der Echo*) geweiheten Orte) vielleicht in der Nähe des Poikilon (s. Pittakis in der Ephemeris 1860 H. 55 p. 2061) von den Epheben**) in Empfang genommen und auf der heiligen Strasse, die auch bisher benutzt worden, weiter conduciert. Die Verordnung darüber s. o. S. 227. Dicht vor Athen, in Hiera Syke wurde abermals Halt gemacht und die Heiligthümer abgesetzt (Philostr. Vit. Sophist. 2, 20, p. 262 Kays.: τὰ δὲ Ἐλευσινόθεν ἱερὰ ἐπειδὰν εἰς ἄστυ ἄγωσιν ἐκεῖ — in Hiera Syke — ἀναπαύουσιν; vgl. Preller de Via Sacra I p. 10 sq.), etwa um gewisse Bräuche zu vollziehen, oder weil die eleusinischen Geleitsleute erst hier, nicht gleich bei der Echo, nach Eleusis zurückgingen. Von Hiera Syke, welches Philostr. a. O. προάστειον nennt, wurden sie dann zur Stadt gebracht und in das Iaccheum (d. h. den in der Nähe des piräischen Thors den drei eleusinischen Gottheiten geweiheten Tempel) eingestellt, um am Lichttage des XIX Athen wiederum zu verlassen. Das Eintreffen in Athen fand im Laufe des XVIII oder spätestens im Anfang des XIX (nach Sonnenuntergang statt.

---

deutet, dass er diese Weihung machen solle und zwar am Epidaurientage: siehe S. 254, Note.

*) Schol. Nicand. Alexipharm. 130 Ἰάμβη δὲ θυγάτηρ [ἦν] Ἠχοῦς, bei Baumeister Hymn. Ho. p. 303. Pan und Echo als Aeltern der Iambe hat Etymol. Magn. (siehe Stephanus Paris. IV p. 487).

**) Ephem. a. O. n. 4097, 6 ὑπαπάντησαν δὲ καὶ τοῖς ἱεροῖς ἐν ὅπλοις μέχρι τῆς Ἠχοῦς καὶ προέπεμψαν αὐτά; cf. n. 4098, 8. Die Einholung (ὑπαπάντησις) ist erwähnt ib. n. 4104, 9 ἐποιήσαντο δὲ καὶ τὴν ὑπαπάντησιν τοῖς ἱεροῖς ἐν ὅπλοις. Dass dies die eleusinischen Monstranzen sind, ergiebt sich daraus, dass gleich darauf das dem Iacchus gegebene Geleit erwähnt ist an allen drei Stellen der Inschriften.

Unter den von Eleusis kommenden ἱεροῖς lässt sich aus kostbaren Stoffen gearbeitetes Spielzeug*) für das Iacchuskind (nach Clemens bei Lobeck Agl. p. 701 ἀστράγαλος, στρόβιλος, σφαῖρα μῆλα, ῥόμβος, ἔσοπτρον) oder auch eine geweihete Wiege (λίκνον) denken, nicht aber das Bild des Iacchus selbst, welches vermuthlich zu Athen im Iaccheum**) aufbewahrt und irgendwann ***) nach Beendung der Eleusinien wieder nach Athen zurückgebracht wurde.

Eine der Nächte, die XVIII oder XIX des Boëdromion (wo nicht gar beide), mag für Incubationen am Iaccheum und am Asklepiostempel bestimmt gewesen sein. Wenn wir die XVIII wählen, so muss Abends ein Voropfer, dann die Incubation und hierauf am Lichttage der Epidaurien nach Massgabe des Traums ein Hauptopfer stattgefunden haben.

Die Procession, welche den Iacchus nach Eleusis führte, begann Boëdromion XIX (etwa Vormittags), traf aber erst am XX in Eleusis ein, mehrere Stunden nach Sonnenuntergang.

Bei der grossen Anzahl von Theilnehmern mussten sich die verschiedenen Partien des Festzugs an verschiedenen Orten der Stadt sammeln und dann die Agora und den anstossenden Theil des Ceramicus†) entlang, eine hinter der andern sich ordnen. War

---

*) Ausser den Amuleten hängte man, wie O. Jahn üb. d. bösen Blick p. 70 in Ber. d. Sächs. Ges. 1855 bemerkt, auch kleine Spielsachen den Kindern um. Unter den Amuleten war der Phallus „entweder in der bulla versteckt oder unverhüllt" die Hauptsache. Vielleicht hängt dieser Aberglaube mit dem Gebrauch des Phallus in den Mysterien zusammen, und es ist möglich, dass man auch bei den Spielsachen sich nach den crepundiis Bacchi richtete, sofern auch das Iacchuskind solche gehabt hatte. Doch scheint unter den Spielsachen Plaut. Rud. IV. 4, 110 keine zu sein, die den Bacchus anginge.

**) Als ordentlichen Standort des Iacchosbildes muss das Iaccheum angesehen werden, wie der Name lehrt. Die Iacchische Pompe führt den Gott nach Eleusis. Das Iacchusbild also in Eleusis stehend zu denken ist nicht passend. Das von Lenormant verheissene Werk über Eleusis wird hoffentlich über die eleusinischen Oertlichkeiten einiges Licht verbreiten; vorläufig muss man leugnen, dass es in Eleusis ein Ἰακχεῖον gab.

***) War diese Rückkehr festlich? verband man sie vielleicht mit den Haloen? so dass man den siebenmonatlichen Bacchus nach Eleusis am XX Boëdromion brachte und ihn neunmonatlich am XX Maemacterion (Haloa?) wieder erhielt?

†) Preller de Via Sacra Eleus. I p. 5 sq. giebt die Zeugnisse für die Marktgegend und den Ceramicus, auf für das Anstimmen des Iacchus beim Durchschreiten der Marktgegend, wenn nicht Schol. Ar. Ran. 423 δι' ἀγορῶν von der alten und neuen Agora zu verstehen sein sollte.

dies geschehen, so mochten die für das Iacchuskind bestellten Ministranten das heilige Bild nebst den eleusinischen Monstranzen (den ἱεροῖς) aus dem Iaccheum heraustragen und sich an die Spitze des Zuges setzen, der sich mit Iacchus-Ruf nunmehr durch den übrigen Theil des Ceramicus nach dem Dipylon in Bewegung setzte und durch dieses Thor die heilige Strasse zu betreten anfing.

Dem Iacchuskinde war eine Wärterschaft beigegeben, der es trug hiess Ἰακχαγωγός,*) neben diesem nennt Pollux I, 35 (G. A. 55. 27) noch zwei Functionäre oder Functionärinnen, κουροτρόφος τις καὶ δαειρίτης, wenn nicht die Lesart δειρῖτις (L. Dindorf. Steph. II p. 848) besser ist, da sie statt eines männlichen δαειρίτης eine weibliche δειρῖτις giebt und unter κουροτρόφος doch wohl eine Amme (mit Welcker) zu verstehen, also neben dieser eine zweite dienende Frau, wenigstens ebenso passend sein möchte; vgl. Rinck II p. 360. Ueber die δειρῖτις oder etwa δ[α]ειρῖτις einmal ins Klare zu kommen, ist wenig Aussicht, da schon den Alten die Göttinn Δάειρα**) räthselhaft war und Einige sie so, Andere anders erklärten; s. Steph. Paris. s. v. Δάειρα II, 847.

Bei den Heiligthümern am Wege nach Eleusis wurden viele Gebräuche verrichtet an dem Tage, wo die Procession dieselben berührte, nachdem wohl schon einige im Voraus am XVIII bei Einholung der ἱερά vollzogen waren. Im peloponnesischen Kriege hatten diese Gebräuche wegen der Besetzung von Decelea eine Zeit lang geruht (Plut. Alcib. 34 θυσίαι καὶ χορεῖαι καὶ πολλὰ τῶν δρωμένων καθ᾽ ὁδὸν ἱερῶν, ὅταν ἐξελαύνωσι τὸν Ἴακχον,

---

*) Böckh C. I. I p. 470 u. 481, 9 στολίζοντος Αἰμιλίου |.. ικου (lies: [Ἀττ]ικοῦ) Μιλιτέως, ἱερατ[εύ]οντος Ιακχαγωγοῦ Διον[υ]|σίου Μαραθωνίου, ξακο[ρ]|εύοντος ἁγιαφόρου Εὐκάρπου. Ross Dem. p. 103 n. 189 [Ιακχα]γωγοῦ Διον[υσίου] Μαραθωνίο[υ], [στο]λίζοντος Αἰ[μιλί]ου Ἀττικοῦ [Μιλιτέ]ως, wonach C. I. 481, 10 [Ἀττ]ικοῦ unzweifelhaft ist.

**) Durch Vergleichung von C. I. I n. 157, lin 7 τῶν [ἐμ Πει]ρα[ιεῖ] wird es zweifelhaft ob auf der Hautgelder-Inschrift Rang. 842 τῇ Δαείρ[ᾳ] (Opfer für Daeira) stand. Böckh hat Daeira für Persephone genommen; er ergänzt: [ἐκ τῆς θυσ]ίας τῇ [Δήμητρι καὶ τῇ Κόρῃ τῇ Δαείρ[ᾳ], das Opfer bezieht er auf die Haloen (Rangabé II p.502), Dass τῇ κόρῃ noch durch die Apposition τῇ Δαείρᾳ verstärkt sein soll, ist unerwartet. Rinck II 339 ergänzt [ἐκ τῆς θυσ]ίας [τῷ Ἑρμῇ καὶ] τῇ Δαείρ[ᾳ] und hält Δάειρα für „die alte Erdgöttinn von Eleusis, deren Cultus sich nebenbei forterhalten habe, nicht ohne eine gewisse Eifersucht." Vermuthlich sind einige der Buchstaben falsch und hier wie auf der andern Hautgelder-Inschrift die Piräeen erwähnt; siehe ländliche Dionysien: örtliche Feier.

ὑπ' ἀνάγκης ἐξελείπετο). Sie sind lin. 26 der oben citierten Inschrift (s. o. S. 227) gemeint: καὶ θυσιῶν καὶ σπονδῶν καὶ παιάνων τῶ[ν γιγνομένων καθ'] ὁδὸν μεθέξειν (die Epheben sollen an den Gebräuchen der Processions-Strasse theilnehmen).

Die Menge der im Festzuge Vereinigten lässt annehmen, dass nicht die Gesammtheit an jeder der Opferhandlungen des heiligen Weges theilhatte. Während z. B. Einige sich in das bei Anthemokritos' Bildsäule erbauete und vom Skiros-Bache gespeisete Bad*) (Preller Via Sacr. I p. 7; Sauppe Or. Att. II p. 237) begaben, mochten die Phytaliden dem Phytalos in Lakiadae opfern, die Meisten aber schon am Cephissus sein und theils noch Bäder in demselben nehmen, theils sich an den Scherzen**) erlustigen, welche hier hergebrachtermassen zum Besten gegeben wurden. Je nachdem das Bedürfniss immer noch zu wiederholender Reinigung vor dem Eintritt in die eleusinische Weihstätte oder der Glaube an einen besondern Heiligen rege und lebendig war, nahm also wohl der Eine hier, der Andere dort Theil, indem immer Einige unter den Tausenden, welche mitzogen, bestimmte Verpflichtung hatten, hier oder da zu opfern, namentlich wohl gewisse priesterliche Geschlechter, wie die Eumolpiden, Krokoniden u. a. m. Die Gebräuche des heiligen Weges standen wahrscheinlich alle in Bezug zu den Eleusinien, bei denen ausser den drei Hauptgottheiten auch noch andere,***) dazu Heroen und Heroinen, betheiligt waren; aber je enger irgend ein solcher Gebrauch sich an die Mysterien anlehnte, desto sorgfältiger schweigt Pausanias.

Ein längeres Verweilen der Gesammtheit scheint, ausser am attischen Cephissus, bei Krokons Burg stattgefunden zu haben, wo gewisse Cultusbeamte aus den Krokoniden wahrscheinlich den Ein-

---

*) Ein künstliches βαλανεῖον; künstliche warme Bäder wurden auch in Andania bei den Mysterien genommen und dafür ein Trinkgeld von zwei Kupfermünzen gezahlt, Sauppes Myst. Inschr. p. 28.

**) Sie hiessen Gephyrismen obwohl in älterer Zeit gewiss keine Brücke über den Cephissus existierte. Strabo nennt eine solche allerdings (s. Leake Dem. p. 139). Wahrscheinlich hat der Gebrauch des γεφυρίζειν nicht seinen Namen von einer Brücke. Siehe S. 29, Note.

***) Lenormant Rech. p. 257 glaubt, der Apoll, dessen Pausan. Att. 37, 4 erwähnt, an dem Orte des jetzigen Klosters Δαφνί, sei als Apollon Patroos, mit Bezug auf die ihm vereinigte Athena, und als identisch mit Bacchus angesehen worden. Diese Ansicht mache ich zu der meinigen. Der Hierophantensitz bildet mit dem eines Apollonspriesters einen Doppelthron, s. S. 233 Note *; ebenso der Daduchensitz.

geweiheten jene brandgelben Fäden*) um den rechten Arm und den Fuss banden (s. Steph. s. v. κροκόω; O. Müller A. E. I, 33 p. 273; Schömann Alt. II p. 347). Dies kann eben beim Eintritt ins Eleusinische — Krokons Burg lag an der alten Grenze gegen das athenische Gebiet — geschehen sein und so lange gedauert haben, dass der Zug erst mit Sonnenuntergang weiterzog, um weiterhin am Kallichorosbrunnen bei Fackelschein zu tanzen und zu singen, und zwar dies nicht mehr am XIX, sondern am XX Boëdr., dem Iacchustage, welcher mit der Sichtbarkeit einiger Fixsterne bereits begonnen hatte.

Am XX Boëdr. mochten in den Stunden des heiligen Abends, wo man dem Iacchus entgegensah, zu Eleusis kletische Hymnen erschallen.

Da der Zug schwerlich auf die Stunde genau und gewiss mitunter erst spät in der Nacht eintraf, auch die Procession selbst, welche in der Regel zu Fuss**) gemacht wurde, eine anstrengende gewesen war, so können in der Eikaden-Nacht selbst nicht füglich heilige Dramen im Telesterion gegeben worden sein, sondern die übrigen Nachtstunden und der Morgen blieben dem Ausruhen gewidmet, nachdem das Iacchusbild und die ἱερά an heiligem Orte (bei der Artemis Propylaea?) abgestellt waren unter einem Ceremoniell, das wir nicht kennen.

Am Lichttage des XX, gleich nach Mittag etwa, folgte dann ein Opfer, welches der Demeter und Kore und dem Iacchus vornehmlich galt, daneben auch anderen Gottheiten, die mit den eleusinischen in enger Verbindung standen; Eurip. Suppl. 1 sq. Δήμητερ ἑστιοῦχ' Ἐλευσῖνος χθονὸς τῆςδ', οἵ τε ναοὺς ἔχετε πρόςπολοι θεᾶς.

---

*) „Bunte Fäden spielten bei allem Zauberwesen eine grosse Rolle (κλωσμάτια βεβαμμένα, κόκκινος στήμων)." O. Jahn üb. d. bösen Blick p. 42. Man sieht nicht, ob hier der Mysterien-Brauch aus dem herrschenden Aberglauben schöpfte oder der Aberglaube aus den Mysterien. Letzteres ist wahrscheinlicher. Auch die Anwendung von obscönen Dingen als Gegenzauber ist mit Bräuchen in den Mysterien verwandt. Die Wage, unter andere abergläubische Zeichen gemischt, mag sich auf das Zeichen der Wage im Thierkreis beziehen; denn wenn die Sonne in das Zeichen der Wage tritt, ist es Mysterienzeit; s. Einl. S. 73 Note.

**) Indess wurde doch auch gefahren. In Demosthenes' Zeit wurde das Fahren nach Eleusis zu den Mysterien Gegenstand eines gesetzlichen Verbots (Schöm. Alt. II p. 345), schwächliche Personen also mussten sich in einer Sänfte tragen lassen.

Von diesem Opfer giebt uns eine in Eleusis am Zugange ins Megaron gefundene Inschrift Kunde, welche offenbar der älteren Zeit Athens angehört. Nach derselben sollen die Hieropöen der Eleusinier und [Athener] dem Hermes Enagonios und den Chariten eine Ziege, der Artemis eine Ziege, endlich einem oder mehreren Heroen gewisse Opfer bringen, dem Telesidromos und Triptolemos. Dies scheinen die Voropfer zu sein. Es folgt die Hauptdarbringung, bestehend in einem Rinde und zwei kleineren Thieren, letztere für die Göttinnen (Demeter und Persephone), ersteres für Iacchus bestimmt.

Die Inschrift, Ephemer. 1860, 53, n. 3798, jetzt auch bei Lenormant Rech. p. 70 findet sich auf einer Steinbasis von pentelischem Marmor. In der Mitte der Basis ist eine viereckige Oeffnung, wie um eine Stele aufzunehmen, zu beiden Seiten zwei runde Löcher. Rechts und links fehlt Einiges, jedoch nicht viel. Sie lautet:

KAI.OIΔEMOI : HOIEΓΑΡΑΙΒΑΤΕ
d: ΤΟΣΗΙΕΡΟΠΟΙΟΣ : ΕΛΕΥΣΙΝΙΟΝ : ΚΑΙ   Bei Lenorm. beginnt lin. 2
ΕΙ : ΗΕRΜΕΙΕΝΑΛΟΝΙΟΙ : ΧΑRΙΣΙΝ : ΑΙΛΑ   mit N, das ist N.
Ν : ΑΡΤΕΜΙΔΙ : ΑΙΛΑ : ΤΕΛΕΣΙΔRΟΜΟΙ : ΤΡΙΓ (Lenormant: TRIΓ)
ΧΟΙ : ΘΕΟΙΝ : ΤRΙΤΤΟΑΝ : ΒΟΑRΧΟΝ : ΕΝΤΕΙΕΟR

Lin. 2 sind die Hieropöen der Eleusinier als die Opferer genannt. Wahrscheinlich stand nach καὶ noch ’Ἀθηναίων, Hieropöen, die sowohl Namens der Eleusinier wie der Athener opfern; siehe oben Seite 242.

Lin. 4 hatte ich τρίγλαν ergänzt und unter τελεσιδρόμῳ Hecate verstanden; Lobeck Agl. p. 191. Aber Lenormant giebt deutlich TRIΓ, so dass Τριπτολέμῳ zu ergänzen ist. Τελεσιδρόμῳ bleibt räthselhaft. Lenormant erblickt darin einen heroischen Beschützer der Stadiodromen, der sonst nicht bekannt ist. Es ist leichter diese Ansicht zu bestreiten, als eine weniger hypothetische aufzustellen.

Lin. 5 nehme ich *BOAPXON* für βούπρωρον, was von der Trittys in dem Sinne gebraucht wird, den ich oben angegeben; s. Nitzsch zur Odyssee Th. III p. 207 (zu XI 131). Das Rind ist dann für den Dionysos (ἱερὸς γὰρ Διονύσου [βοῦς], Schol. Pind. Ol. XIII 25), welcher hier Iacchus heisst, denn *XOI* kann kaum anders, als [Ἰάκ]χῳ ergänzt werden.*) Iacchus war also die Hauptgottheit

---

*) Lenormant p. 80 sqq. hat ebenso ergänzt und erklärt. Da wir beide

unter den dreien, weshalb dies Opfer auf den XX als den Iacchustag zu setzen ist.

Vermuthlich bilden die Darbringungen der Inschrift das Hauptopfer, wenn anders ein Hauptopfer nicht bestimmt ist Festschmäuse abzuwerfen, sondern einer jeden Gottheit das zu geben, was ihr zukommt. Das bei der Pompe in Andania zu bringende Hauptopfer ist nicht grösser und nicht glänzender als das unserer Inschrift, aber mit ähnlicher Sorgfalt abgestuft, je nach den Göttern. Sauppe Mysterien-Inschr. lin. 70 (p. 23) *ἐν δὲ τᾷ πομπᾷ Δάματρι σῦν ἐπίτοκα, τοῖς δὲ Μεγάλοις θεοῖς δάμαλιν διετῆ σῦν, Ἑρμᾶνι κριόν, Ἀπόλλωνι Καρνείῳ κάπρον, Ἁγνᾷ ὄιν.*

Die angeführte Stelle der Inschrift von Andania kann nicht veranlassen, das eleusinische Hauptopfer auf die späte Stunde zu setzen, wo der Iacchuszug bei den Propyläen der Eleusinier ist, wenn auch in Andania gleich beim Anlangen der *πομπή* Demeter ihre trächtige Sau, die grossen Götter ihr junges (Sauppe a. O. p. 17, lin. 34) zweijähriges Schwein u. s. w. erhalten. Denn ungeachtet der grossen Aehnlichkeit beider Mysterieninstitute tritt hier doch ein Unterschied hervor. Der Iacchuszug bringt wohl nicht die Trittys oder eines der anderen Hauptopfer mit, in Eleusis rüstet man die Göttertafel zu und der Gast, welcher an derselben Platz nehmen soll, ist es, welcher von den Athenern im Iacchuszuge herangeführt wird. Auch sind Opfer nicht unabhängig von der Tageszeit, und die Opferstunde der Trittys, abhängig gemacht von dem frühen oder späten Eintreffen des Zuges, würde schwanken.

Hierneben mag allerdings auch von Athen im Festzuge noch Opfervieh mitgebracht sein, jedoch nicht als Hauptopfer, sondern als Zugabe, als Geschenk, welches vom Religionsbrauch nicht eigentlich vorgeschrieben war, wenn auch solche Geschenke fast zur Regel wurden. Auf Epheben-Inschriften (jüngerer Zeit) ist nämlich von Rindern die Rede, bei deren Opferung die Epheben dienstlich waren. So heisst es Ephem. 1860, 55 n. 4097, 6 sqq., dass die Epheben gewaffnet den Heiligthümern bis Echo entgegenzogen, dass sie gleicherweise die Heiligthümer und den Iacchus (nach Eleusis) geleitet, dass sie auch beim Opfer in Eleusis die Rinder hinaufhoben und hinaufzogen, *ἦραντο*, auf die Stufen des Opferaltars oder der Propyläen,*) dass sie eine Phiale zu 100 Drachmen in den Tempel stifte-

---
unabhängig auf dasselbe Resultat gekommen sind, bleibt mir um so weniger Zweifel, dass wir die Wahrheit gefunden haben.

*) E. Curtius Gött. Anz. 1860 p. 336 deutet *ἦραντο* darauf, dass sie als

ten. — Diese Rinder werden nach dem pflichtmässigen Hauptopfer, unmittelbar darauf als Zugabe, geschlachtet sein, wie bei den Panathenäen die grosse Menge der Rinder, von denen geschmauset wird, auf gewisse kleinere, speciell vorgeschriebene Opfer folgt. — Wir finden auch, dass die Epheben selber Rinder schlachteten im Heiligthum, schwerlich nach alter Sitte (Ephem. 4104, 11 καὶ αὐτοὶ ἐβουθύτησαν ἐν τῷ περιβόλῳ τοῦ ἱεροῦ). Es ist nicht unwahrscheinlich, dass unter den Rindern auch von den Epheben gekaufte [*]) waren.

Wenn das Pflichtopfer (die Trittys nebst den Ziegen) nachmittags gebracht wurde und noch ein längerer Ritus hinzukam, dann die Zurichtung der Ochsen für den Schmaus folgte, so wurde es Abend ehe man schmausete. In älterer Zeit ist indess schwerlich das Schmausen sehr üppig gewesen, später allerdings wohl. In Betreff der nach Sonnenuntergang zu setzenden Mahlzeit ist auch zu beachten, dass der Herbst schon die Tage kürzte, also, wenn das Essen sich nicht schwelgerisch ausdehnte, immer noch mehrere Stunden nachblieben, um Fackelläufe der Demeter zu begehen (z. B. von 8 Uhr Abends bis in die Nacht hinein).

Boëdromion XXI bis XXIII sind oben als Mysterien-Tage aufgestellt, wofür wenigstens eine Analogie spricht, s. o. S. 229. An diesen Tagen fanden überhaupt heilige Vorstellungen statt, am XXI etwa das allgemeine Suchen nach dem entschwundenen Demeterkinde, am XXII und XXIII δρώμενα im Telesterion.

Stierkämpfer die Thiere einfingen, bändigten und zum Opfer herbeitrugen (Stierkämpfe sind bei den Göttinnen in Eleusis gehalten, Lobeck Agl. p. 206 n.). Aber es ist wahrscheinlich nur eine gewöhnliche Hülfleistung (λειτουργεῖν, s. Sauppe Myst. I. p. 23); vgl. Ephem. 4104, 26 τοῖς τε προηγορίοις ἦραντο τοὺς βοῦς ἐν Ἐλευσίνι καὶ ἐλειτούργησαν ἐν τῷ ἱερῷ εὐτάκτως. Tempelstufen sind hoch und nicht passierbar, das schwerfällige Vieh musste hinaufgehoben werden zum Theil. Für die Proërosien wird Niemand Stierkämpfe annehmen.

[*]) Dass unter diesen Rindern auch von den Epheben gekaufte waren, geht aus Ephem. 4042 lin. 16 = lin. 15 der zweiten Inschr. bei Curtius Gött. Anz. 1860 Decemb. p. 340 nicht hervor. Curtius a. O. p. 336 vermuthet es und hat vielleicht Recht. Den auf eigene Kosten zugegebenen Stier (ταῦρον ἐκ τῶν ἰδίων) braucht man nicht auf die Eleusinien zu beziehen. Dennoch ist es sehr möglich und sogar wahrscheinlich, dass die Epheben das Geld gaben für Ankauf eines Ochsen zu den Eleusinien oder einen Theil des Geldes. Ausdrücklich ist von gegebenem Gelde auch Ephem. 4104, 15 nicht die Rede, παρήγαγον δὲ καὶ τοῖς Ἐλευσινίοις βοῦς τροφίας δύο.

Noch am Iacchustage selbst, wo man nach der langen Procession spät anlangte, das nächtliche Suchen anzusetzen, ist nicht passend. Wenn an mehreren Stellen im Plural von Fackelnächten (s. Preller a. O. p. 100) die Rede ist, so ist dabei die Processions-Nacht eingerechnet, indem sowol in der Nacht des XX als in der des XXI Fackeln gebraucht wurden. Aber der eigentliche Tag der Fackeln (lampadum dies Fulgent. 1, 10; Preller a. O.) ist der XXI. Ohne Zweifel trieb man das Suchen und Umherirren nach der verlorenen Kore bis zur Erschöpfung, und einige Stunden Ruhe nach der Procession waren erforderlich, um die Anstrengung zu ertragen.

Es sind dabei äusserliche Unterschiede, nach den Graden der Weihe denkbar. Viele mochten ausserhalb der eleusinischen Einfriedigung umherlaufen, während Andere in dem äusseren, noch Andere in dem inneren Tempelhof von Eleusis die Irren der Demeter nachahmen durften.

Die Scherze der Iambe und Baubo kamen bei dieser Begehung vor, im Dogma wurde die trauernde Demeter durch diese, ihre Mägde, erheitert. Dann folgte der Kykeon, welchen auch Demeter sich endlich zu trinken entschloss. Die den Gebräuchen zu Grunde liegende Fabel kannte in historischer Zeit jeder Gebildete, er brauchte sie nicht durch den Mystagogen zu erfahren. In älterer Zeit wird Manches geheim gehalten worden sein, was später populär war durch den Hymnus.

Dass der Genuss des Kykeon, den Preller zu spät (auf Boëdromion XXIV) setzt, überhaupt den Uebergang von Trauer zur Freude auch für die eigentlichen Mysterien des XXII und XXIII bezeichne (Preller a. O. p. 101), ist sehr unwahrscheinlich. Ob ein Myste tröstliche Anschauungen, Verheissungen der Seligkeit empfing und aus dem Telesterion mit nach Hause nahm, hing vom Grade seiner Einweihung ab. Die populären Gebräuche des XX und XXI werden am besten völlig geschieden von denjenigen Anschauungen, die den Mysterien-Cursus bildeten und nicht populär waren. Der Sinn und Zweck eines zweiten Besuchs von Eleusis würde verloren gehen, wenn schon beim ersten dem Suchen des heilsbedürftigen Mysten das Finden, dem Schmerze die Linderung, dem Entbehren Genuss und selige Anschauung gefolgt wäre, wie es Preller a. O. schildert.

Für die, welche alle Grade hatten, war kein Grund, der Demeter zu condolieren und mit Fackeln umherzuirren, da ihnen Bacchus und Kore nicht mehr im Todtenreich weilten. Doch auch sie, die Epopten, machten den alten populären Gebrauch des Fackeltages mit und stellten sich damit auf die Stufe der Novizen, für welche allein das Suchen nach Kore, und Demeters Zorn dogmatische Wahrheit hatte. Die als Mystagogen fungierenden Höchstgeweiheten konnten nicht anders mit den ihnen befohlenen Jüngern verfahren, so wie Lehrer mit Anfängern die Anfänge selbst wieder durchlernen *).

Den δρωμένοις im Weihtempel können nicht weniger als 2 Tage angewiesen werden, weil es zwei Mystenclassen giebt und die Vorstellungen für jede Classe verschieden sein mussten. Ohne Zweifel zeigte man beiden Classen nicht dieselben Göttergruppen bei dem Lichte des eleusinischen Feuers, ebensowenig dieselbe irdische Scene. Es wird also nicht in derselben Nacht die Bühne umgebaut und die Zurüstungen für die nächsten Vorstellungen in der Eile gemacht sein. Auch war bei der Menge von Theilnehmern vielleicht eine Wiederholung der δρώμενα nöthig, indem man das Telesterion, wie viele Menschen es auch fasste, sich zweimal füllen liess in derselben Nacht. — Die hohen Würdenträger und Trägerinnen der eleusinischen Religion (s. o. S. 233 ff.) brachten die heiligen Dramen selbst zur Aufführung. So viel lehrt die Stelle des Euseb. praep. evang. III, 12 (G. A. 55, 28) ἐν δὲ τοῖς κατ' Ἐλευσῖνα μυστηρίοις ὁ μὲν ἱεροφάντης εἰς εἰκόνα τοῦ δημιουργοῦ ἐνσκευάζεται, δᾳδοῦχος δὲ εἰς τὴν Ἡλίου, καὶ ὁ μὲν ἐπὶ βωμῷ εἰς τὴν Σελήνης, ὁ δὲ ἱεροκήρυξ Ἑρμοῦ.

Die Anschauungen, welche (nach Obigem XXII Boëdromion) der geringeren Mystenclasse dargeboten wurden, können nicht anders als sehr verschieden von denen gedacht werden, die die höchste Weihe bildeten. Was die Anfänger (häufig Kinder) zu sehen bekamen, lag theilweise wohl den populären Vorstellungen (Demeters Trauer) nahe. Siehe oben S. 72.

Erst die höchste, nur Erwachsenen ertheilte Weihe (nach Obigem Boëdromion XXIII) führte entschieden über die populären Vorstellungen hinaus. Dogmatischer Gegenstand der höchsten Weihe scheint der wiedergeborene Bacchus (Iacchus) im glückseligen Verein

---

*) Zur Theilnahme an dem Umherirren mit Fackeln waren also nicht alle verpflichtet: nur die noch im Trauerjahr stehenden Mysten ersten Grades (s. oben. S. 74) mussten theilnehmen, ferner ihre Mystagogen. Alle übrigen können aus freien Stücken den Fackeltag, wie ein Erinnerungsfest, begangen haben, so auch diejenigen, welche die zweite Weihe bei Agrae (aber noch nicht die zweite eleusinische) erhalten und dadurch schon tröstlichere Hoffnungen gefasst hatten.

mit seiner Mutter Kore und mit Demeter gewesen zu sein; s. oben in der Einleitung a. O.

Nur für den XXIII Boëdromion, den letzten Mysterientag im engeren Sinne, lässt sich der epoptischen Nachtfeier im Telesterion eine Cultushandlung hinzufügen, wenn wir die Wasserspende (Plemochoen) gegen Abend (auf den Schluss des XXIII) ansetzen; s. oben S. 231. Indem man mystische Worte ($\dot{\rho}\tilde{\eta}\sigma\iota\nu$ $\mu\upsilon\sigma\tau\iota\varkappa\dot{\eta}\nu$, s. oben S. 224 Note **) aussprach, wurden zwei Thongefässe (Plemochoen oder Kotylisken, Athen.), welche man [mit Wasser] gefüllt hatte, nach Aufgang und Niedergang völlig ausgegossen. Dieser Gebrauch hat den Character eines Todtenamtes (O. Müller A. E. I, 33, p. 281). Er bildet den Schluss sämmtlicher Cultushandlungen, auch der uns nicht bekannten Opfer des XXI und XXII, hat also die Stellung eines sogenannten $\dot{\epsilon}\pi\iota\tau\epsilon\lambda\dot{\epsilon}\omega\mu\alpha$, wie die $\zeta\eta\mu\iota\alpha$ der Thesmophorien (Preller Zeitschr. f. d. Alt. 1835 n. 126 p. 1009).

Nach Athen. a. O. nannte man den letzten Mysterientag (den XXIII nach obiger Aufstellung) wegen dieses Gebrauches „Plemochoen" den Tag des Todtenopfers, was zu der Annahme passt, dass die Nacht des XXIII dazu bestimmt war, den Höchstgeweiheten eine Anschauung vom Jenseits und dem Todtenreiche zu gewähren.

Sollte die hinzugesprochene $\dot{\rho}\tilde{\eta}\sigma\iota\varsigma$ $\mu\upsilon\sigma\tau\iota\varkappa\dot{\eta}$ wirklich $\upsilon\tilde{\epsilon}$ $\tau o\varkappa\upsilon\tau\epsilon$ (oder nach Lobeck $\tilde{\upsilon}\epsilon$ $\varkappa\upsilon\epsilon$) gewesen sein, so würden wir dennoch um eine Deutung verlegen sein. Rinck II p. 392 erblickt darin die zeugende und empfangende Kraft der Natur und sieht in den Plemochoen nicht ein Todtenamt, sondern ein Gebet um den Segen des Erdenschoosses. Sofern aber dieser Segen ein agrarischer ist, hat er, obwohl die eleusinische Demeter einst agrarisch gefeiert ist, in den eleusinischen Proerosien seinen Ausdruck gefunden s. Einleitung S. 75 sq. Den Eleusinien blieb die Aufgabe, den sterblichen Menschen über Seligkeit und Verdammniss zu beruhigen und mit ethisch gedachten Gottheiten des Todtenreichs auszusöhnen.

Unter dem, was bei den Plemochoen hinzugesagt wurde, mag auch ein feierliches $\chi\alpha\tilde{\iota}\rho\epsilon$ an die, gemäss dem Gesetze des Zeus, jährlich in den Hades steigende Kore gewesen sein. Dieser Ritus scheint $\pi\rho o\chi\alpha\iota\rho\eta\tau\dot{\eta}\rho\iota\alpha$ (nach dem Codex C des Harpocration p. 161, 9 ed. I. Bekker) geheissen zu haben.*)

---

*) Am besten passt der Ritus nach Eleusis, wo irgend ein heiliges Geschlecht ihn erblich ausführen konnte. Vgl. S. 44 Note und S. 231. Will man

Auf den Lichttag und zwar den Morgen des XXIV Boëdromion können die gymnischen Spiele zu Eleusis angesetzt werden.
Sie werden Ἐλευσίνια genannt vom Schol. (Aug. B) Pind. Ol. IX. 166 (Scholia Germani ed. T. Mommsen p. 47) *ἐν τῇ Ἐλευσῖνι τῆς Ἀττικῆς ἀγὼν ἐτελεῖτο Δήμητρος καὶ Περσεφόνης τὰ καλούμενα Ἐλευσίνια.* Ebenso Schol. Pind. IX 150 (Böckh p. 228) *ἄγεται δὲ αὐτόθε ἀγὼν Κόρης καὶ Δήμητρος ὃς καλεῖται Ἐλευσίνια, οὗ ἔπαθλον κριθαί.* Vielleicht hatte Ἐλευσίνια ursprünglich die engere Bedeutung „gymnischer Agon zu Eleusis", so dass man erst später die Mysterien mit darunter verstand.

Τὰ Δημήτρια ist eine andere Bezeichnung des Agons bei den Scholiasten zu Pind. an der letztgedachten Stelle: *ἐν Ἐλευσῖνι ἄγεται τὰ Δημήτρια· τοῦτον δὲ πρῶτον ἀγώνων φασὶν εἶναι. μετὰ γὰρ τὸ εὑρεθῆναι τὸν Δημήτριον καρπὸν εὐρωστίας οἱ ἄνθρωποι ἐπίδειξιν ἐπιδειξάμενοι ἠγωνίζοντο* u. s. w., woraus man sieht, dass der Scholiast seine Absicht mit dem Namen Δημήτρια (Fest der Demeterfrucht) hatte. Ob dieser je üblich war, lässt sich bezweifeln,*) wiewohl O. Müller A. E. 1, 33 p. 282 ihn annimmt.

Bei den Scholiasten a. O. *τὸν τῶν Ἐλευσινίων ἀγῶνα λέγει· ἔπαθλον δὲ κεῖται κριθαί· ἄγεται δὲ ἐν Ἀθήναις* (in Attica) *μετὰ τῶν Δημητριακῶν καρπῶν συλλογὴν τῇ Δήμητρι εὐχαριστήρια* ist der Name ὁ τῶν Ἐλευσινίων ἀγών, und εὐχαριστήρια nicht Name, sondern Erläuterung „als Dankfest für Demeter.

„Gymnischer Agon der Eleusinien" ist die solenne Bezeichnung späterer Inschriften. Ephem.1860, II. 55 u. 4098 lin. 41 *καὶ ἀνειπεῖν τὸν στέφανον [ἐν τῷ θεάτρῳ Διονυσί]ων τε τῶν ἐν ἄστει καινοῖς τραγῳδοῖς καὶ Παναθηναίων καὶ Ἐλευσινίων τοῖς γυμνικοῖς ἀγῶσι*; cf. ibid. n. 4105 lin. 48; ib. 99; n. 4107 lin. 35 u. a. St. Hiernach ist bei Joseph Ant. Iud. XIV, 16 *καὶ ἐν* unrichtig: *ἀνειπεῖν τὸν στέφανον ἐν τῷ θεάτρῳ τραγῳδιῶν*

---

die Prochäreterien als unabhängige ἑορτή (Harpocr. a. O.) aufrecht erhalten, so muss man sie als Parallelfest der Plemochoen in Athen vollziehen lassen.

*) Auch abgesehen davon, dass der Scholiast hernach Abgeschmacktheiten hinzufügt. Als die Athener aus Schmeichelei die (grossen) Dionysien Demetrien nannten, dem Demetrius (Plutarch cap. 26) zu Ehren, existierte derselbe Name schwerlich schon in anderem Sinne Δημήτρια = Ἐλευσίνια.

τῶν καινῶν ἀγομένων καὶ Παναθηναίων καὶ Ἐλευσινίων καὶ ἐν τοῖς γυμνικοῖς ἀγῶσιν.*)

Aehnlich der parische Chronist lin. 30, ep. 17 ἀφ' οὗ [ἐ]ν Ἐλευσῖνι ὁ γυμνικὸς [ἀγὼν ἐτέθη], ungefähr sechstehalb Jahrhunderte vor Ol. 1, 1 (also nicht wie oben Schol. Pind. zuerst von allen gegründet); vgl. Aristid. I p. 417 in G. A. 55, 39.

Anderswo genügt Ἐλευσίνια, um den Agon zu bezeichnen. In einem Kranze steht Ἐλευσίν[ια] [ἄ]νδρα[ς] [π]αγκράτι[ον] neben anderen Kränzen, in denen ein panathenäischer Sieg, ein olympischer u. a. verzeichnet sind, Rang. 968, welche Inschrift der Herausgeber für etwas älter als die römische Zeit hält. (Solche Siegerkränze**) zeigen sich auch Rang. 1079. — Ephemeris n. 3046 [παῖδ]ας oder [ἄνδρ]ας Ἐλ[ευσίνια], daneben andere Spiele (die Charitesien in Orchomenos.)

Aus später Kaiserzeit ist unter anderen Siegen in Delphi, Rom, Puteoli etc. auch genannt Ἐλευσείνια ἐν Ἀθήναις γ' „dreimal in den Eleusinien in Attica" C. I. I n. 1068.

Ebenfalls aus später Kaiserzeit ist C. I. I n. 271. Die attischen Epheben haben in den gymnischen Spielen von Eleusis (über die fremden, s. Böckh a. O.) gesiegt und der Sophronist weihet ein Heraklesbild zu Ehren der siegreichen Epheben; die Bezeichnung des Sieges ist: ἀπὸ τῆς ἐν Ἐλευσῖνι νίκης.

Eine schon oben S. 229 erwähnte Inschrift, die in Eleusis gefunden ist und sich auf eleusinische Heiligthümer der Schauspieler-Zunft bezieht, nennt eingangs „Opfer, Mysterien, [Lücke] Wettkämpfe im Stadion und auf der Bühne" Rang. 813. Obwohl der Zusammenhang dieser Worte nicht zu ersehen ist, so wird, auch wenn nicht Athen, sondern die Zunft beschliesst, stadische Agonen zu feiern, dieser Beschluss den Sinn haben, dass die Techniten an den allgemeinen Agonen des eleusinischen Stadion theilnehmen wollen. Was also aus der Inschrift über die [ἀγῶνας σταδι]ακούς***) folgt, gilt

---

*) Rinck II 387 macht aus dem fehlerhaften Texte die seltsamsten Schlüsse (Trauerspiel am XX Boëdromion).

**) Stark zu G. A. 55, 39 findet hier eine Bekränzung des Demetrius Phalereus an den Eleusinien; aber in dem einen der beiden Kränze auf der linken Seite (Lenormant Recherches p. 6) steht nicht ΕΛΕΤΣΙΝΙΑ, sondern ΕΛΕΤΣΙΝΙΟΙ „die Eleusinier", auch Rangabé hat schon Ἐλευσίνιοι. Ἐλευσίνιοι ist mir unverständlich, keiner der Herausgeber geht darauf ein, auch bei Wilh. Vischer Beiträge p. 59 sqq. finde ich keine Hülfe.

***) Keil p. 48 liest Rang. 813, lin. 5 ΙΚΟΤΣ und ergänzt κ[αὶ ἀγῶνας

durchaus auch für den eleusinischen Agon überhaupt; s. o. S. 229. Die Zusammenstellung der Weltspiele im Stadion mit den ohne Zweifel jährlichen Opfern lässt keine andere Auffassung zu, als dass auch die Wettspiele damals jährliche waren (vgl. Stark zu G. A. 55, 39). Vielleicht sind sie allezeit jährlich gewesen, der Preis besteht in einem Maass Gerste;*) Gerste giebt es jedes Jahr.**) Einige glauben an penteterische Opfer des Eleusinienfestes und daher an penteterische Agonen, aber siehe Stark zu G. A. 55, 39 und oben Seite 243.

Am Nachmittag des XXIV Boēdromion kann noch eine, oder die andere Volksbelustigung stattgehabt haben, wenn nicht, was bei dem steigenden Umfang des Festes denkbar wäre, eigene Tage dazu anberaumt sind. Es ist erstlich die Rede von einer Begebung βαλλητύς genannt, welche als eine πανήγυρις (Athen IX p. 406 D), auch als eine ἑορτή bezeichnet wird, sie soll dem Sohne des Keleos, Demophon zu Ehren gefeiert sein, s. Meurs. Gr. Fer. p. 56. Dass die βαλλητύς oder sonst ein Festact der Eleusinien mit der schwierigen Stelle im Hymnus Hom. V, 265 sqq. zusammenhange, ist nicht glaublich, da, wie Baumeister z. d. St. p. 312 bemerkt, die Worte πόλεμον καὶ φύλοπιν αἰνήν nicht auf Spiele gehen können.***) Rinck II p. 395 versteht einen Scheinkampf der Eleusinier und glaubt Τύπται, ἑορτή τις (Hesych.) sei ein anderer Name der βαλλητύς.

Θυμελ]ικούς. Aber die Lesart ΑΚΟΥΣ (Pittakis und Rangabé) wird durch Lenormant bestätigt, also zu ergänzen [σταδι]ακούς.

*) Der Getreidescheffel, welcher die Sieger lohnte, scheint abgebildet zu sein an dem merkwürdigen Fragment der eleusinischen Propyläen, welches nach Henzens Restitution folgende Inschrift hat: [Ap. Claudius]. Ap. f. Pulche[r]. Propylum. Cere [ri. et. Proserpi]nae. cos, vovi[t. im]perato[r. probavit. Pulcher. Clan]dius. et. Rex. Ma[rcius. fec]eru[nt]; Lenormant Rech. p. 392. Einen symbolischen Sinn (a. O. p. 53) in dem Getreidescheffel der Demeter zu suchen, ist kein Anlass.

**) Wer an den Zorn der Demeter erinnern möchte, die ein Jahr lang den Erdenschooss unfruchtbar bleiben liess, würde zu trieterischen Agonen gelangen. Trieterische Agonen sind für alte Zeiten vielleicht nicht unmöglich, aber für historische Zeiten entbehren sie jedes Anhalts.

***) Mit Matthiae und Baumeister indess durch Emendation „die Athener" und den Kampf derselben mit den Eleusiniern in die Stelle hineinzusetzen, kann ich mich nicht entschliessen. Baumeister hat Ἀθηναίοισι statt ἐν ἀλλήλοισι geschrieben v. 267. Dass sich hiergegen, abgesehen von unserer Unbekanntschaft mit den Verhältnissen, unter denen der Hymnus zu Stande kam, manches einwenden lässt, hat Baumeister p. 311 extr. selbst gesehen.

Die Stierkämpfe bei den Göttinnen in Eleusis beruhen bisher bloss auf dem späten Zeugniss des Artemidor, welcher unter Hadrian und den Antoninen lebte (R. E. I 842); das αἱρεῖσθαι τοὺς βοῦς auf Inschriften jüngerer Zeit lässt sich ohne eine Beziehung auf Stierkämpfe erklären, s. o. S. 258 Note und die Annahme dass eleusinische Stiergefechte eine Neuerung spätester Zeit sind, ist wenigstens nicht widerlegbar. Ich halte diese Annahme für die richtigste.

Am XXV Boëdromion vermuthlich scenische Agonen (Rang. 813. lin. 5 [ἀγῶνας σταδι]ακούς τε καὶ σκηνικούς) als Schluss der Eleusinien, ausgeführt durch die Schauspielergilde (lin. 6 [ἡ σύ]νοδος τῶν περὶ τὸν Διόνυσον τεχνιτῶν).

Schauspiele aufführen, galt für Gottesdienst und die Schauspieler späterer Zeit bildeten eine gottesdienstliche Kaste, welche gleiche Stellung hatte wie die aus alter Zeit herstammenden Priestergeschlechter. So hat der Διόνυσος μελπόμενος nicht bloss einen Priester ἐξ Εὐνειδῶν, sondern ebenfalls einen ἐκ τεχνειτῶν; von beiden sind die Ehrensessel erhalten, Philol. XIX p. 362 n. 17 und p. 363 n. 23. Auch der Ἀντίνοος χορεῖος, eine Art Bacchus (s. unt. Städtische Dionysien, Festbeamte, Epimeleten), hat einen Priester aus den Techniten, wie der Ehrensessel Philol. a. O. p. 362 n. 19 beweiset. Vgl. W. Vischer im N. Schweiz. Mus. III, p. 57.

Bei der öffentlichen Stellung, welche die Schauspielerzunft hatte, wird es schwierig zu entscheiden, was von dem Rang. 813 Ueberlieferten bloss die Zunft angeht und was Theil des öffentlichen und allgemeinen Eleusinienfestes ist, bei welchem die Künstler in der Art mitwirken konnten, dass die eleusinische Gemeine ihnen zuschauete oder zuhörte. Es ist im Allgemeinen wahrscheinlich, dass die Begehungen der Schauspieler entweder schon bei ihrer ersten Einrichtung auf ein Publicum berechnet waren oder doch später einen herkömmlichen Theil des grossen Eleusinienfestes bildeten.

Die Künstlergilde hat in Eleusis ein Grundstück mit Altar erworben, um daselbst in den Tagen der Mysterien Demeter und Kore durch Opfer und Weihguss zu feiern, auch durch heilige Gesänge (Päane); lin. 8—10.*) Dies ist formell eine mit den Mysterientagen

---

*) Lin. 10 ist ausserordentlich schwierig. Bei Keil Sched. p. 49 lautet die ganze Stelle [ἡ σύ]νοδος τῶν περὶ τὸν Διόνυσον τεχνιτῶν . . . . . . lin. 8: ἐψηφίσατο καὶ αὐτὴ θύειν lin. 9: [καὶ σπένδ]ειν τῇ Δήμητρι καὶ τῇ Κόρῃ ταῖς μυστηριώτισιν ἡμέραις καὶ βωμὸν ἱδρυσα[μ.] lin. 10: [ἔνη καὶ] τέμενος κατασκευάσασα ἐν Ἐλευσῖνι σπονδὰς καὶ παιᾶνας ἐπιτελεῖ[ν], ὧν ἐπιοχ lin. 11: [εθίντω]ν ἐπὶ ἔτη καὶ πλείονα (..nachdem diese mehrere Jahre

coincidente Zunftfeier, die aber im Einverständniss mit den leitenden Behörden des Festes so angesetzt gewesen sein wird, dass auch das Publicum Zutritt hatte; während die Mysterien auf Nachtstunden kamen, konnten die Begehungen der Künstler auf Tagesstunden fixiert sein. Die scenischen Agonen lin. 5 lassen sich, obwohl die Stelle der Inschrift fragmentiert ist, nur als der ganzen Eleusiniengemeinde geöffnete denken.

Der Epimelet*) Philemon ist ein Beamter der Zunft, Administrator der Zunftcasse, durch deren gute Verwaltung er Mittel geschafft hatte zu weiteren zwei Zunftfeiertagen; lin. 17: [προς]εμέρισεν δὲ καὶ ἐκ τῶν κοινῶν εἰς ἄλλας ἡμέρας δύο καὶ ἐμ lin. 18: [πάσα]ις**) καλλιερήσας ταῖς ἡμέραις τὰς ἐψηφισμένας ὑπὸ τῶν πατέ lin. 19: [ρων] σπονδὰς καὶ ἐπιχύσεις καὶ παιᾶνας ταῖς θεαῖς ἐπετέλεσεν (Keil). Wenn die Zunft an diesen ihren Feiertagen im Theater spielte, um nach der Vorstellung zu schmausen, so konnte die Erweiterung des Zunftfestes zu einer Erweiterung des Eleusinienfestes führen, so dass jetzt nicht nur am XXV, sondern auch am XXVI und XXVII Theater war; s. o. S. 232.

Das Theater der Eleusinier kommt Ephemeris 1860 II. 55 n. 4082 vor; ein Thebaner erhält dort Proedrie und Atelie wie die Eleusinier selbst, die Säule mit diesem Beschluss soll man ins Theater stellen (στῆσαι εἰς τὸ θέ[ατρον τῶν 'Ελευσιν]ίων). Pittakis a. O. sagt, dass man westlich von Eleusis Spuren eines Theaters und eines Stadions bemerke. Vor der Benutzung des Theaters mochten Gebräuche gottesdienstlicher Reinigung hergehen, sowie

---

hindurch gehindert und unterblieben waren"). Fr. Lenormant Recherches p. 96 liest lin. 9 ἱδρύσατ[ο καὶ], indem er vermuthlich bei seiner Revision des Steins das T bewährt fand. Aber seine Lesart lin. 10 ἐπιτελειῶν ἐπίσχ[υσ]εν „zu begehen fortfuhr" (s. Rech. p. 123) ist unmöglich, da das Subject ἡ σύνοδος das Feminin ἐπιτελειοῦσα verlangt.

*) Rangabé hatte v. 813, 12 (II p. 437) ἐπιμελητὴς το[ῦ] ἱ[εροῦ γ]ενόμενος gesetzt und einen Intendanten des eleusinischen Tempels angenommen. Aber schon Keil schrieb richtig Φιλήμων ἐπιμελητὴς τὸ [τρ]ί[τον γενόμ]ενος, ebenso Lenormant p. 96. Dennoch wiederholte Stark zu G. A. 55, 25 den ἱ[εροῦ] ἐπιμελητής und stellte ihn zu den Mysterienbesorgern (μυστηρίων ἐπιμεληταί Dem. 21, 171; Rang. n. 795), welche von dem Zunftbeamten geschieden werden müssen. Nur auf einen solchen passt lin. 33 βιασαμένων δὲ αὐτὸν τῶν τεχνιτῶν πάλιν τὸ τέταρτον ὑπομεῖναι ἐπιμελητήν, wogegen die Mysterienbesorger vom Volk erwählt werden, Horpocr. p. 118. — Auch Lenormant p. 124 hat Rangabé's Ansicht zurückgewiesen.

**) Lenormant giebt lin. 18 ΔΙΣ und ergänst ἐμπ[αλιν](?) δίς. Ich zweifle nicht, dass Keil recht gesehen; ΔΙΣ wird ΑΙΣ sein.

im Theater von Andania die Reinigung mit drei Ferkelopfern vollzogen wird, Sauppe Myst.-Inschr. p. 23 lin. 70 καὶ ὅταν ἐν τῷ θεάτρῳ καθαίρει (scil. ὁ ἱερεύς), χοιρίσκους τρεῖς.
Das Hinzukommen von Schauspielen zu den Eleusinien gehört späteren Zeiten an. Für die ältere und bessere Zeit bleibt wahr, was Böckh Len. p. 75 bemerkt, dass in Eleusis keine Schauspiele nachweisbar sind. Die Abfassungszeit der Inschrift Rang. 813 ist jedenfalls eine jüngere, übrigens sehr unsichere.*)
Längst aber wird Musik und Gesang**) zu den Cultushandlungen der Eleusinien erforderlich gewesen sein (Schöm. Alt. II p. 342) und man mag sich deswegen an die Euniden und an die Sänger der Bühne gewendet haben.

Uebersicht.

Boëdr.

XIV   Der Vollmond giebt das Signal für Attica, dass es Zeit sei nach Athen zu gehen.

XV   Die Gemeinde sammelt sich (ἀγυρμός).

XVI   abends Weinvertheilung des Chabrias.

Lichttag: πρόςρησις. Ἄλαδε μύσται.

XVII   ἱερεῖα. Vermuthlich Soterienopfer (Ἐπιγρ. ἀν. n. 3). Höherer städtischer Opfertag.

XVIII   abends
nachts ☰ Incubationen? ☰
(morgens wurde mitunter decretiert) dann die Opfer der Ἐπιδαύρια.

} Städtische Feiertage.

---

*) Wenn die Rang. 813 genannten Archonten Aeschraeus und Seleucus athenische Archonten sind und nicht Archonten der Schauspielerzunft, so gehört die Inschrift in die Zeiten, deren Archontenreihe unbekannt ist. Es ist aber nicht so ganz sicher, dass Aeschraeus und Seleucus athenische Staatsbehörden sind. Die Versuche, eine Zeitbestimmung aus der κοινὴ περίστασις lin. 12 zu finden, haben zu sehr abweichenden Ergebnissen geführt; die gemeinsame Calamität, welche die Heiligthümer der τεχνῖται umstürzte, setzt Keil p. 51 in das Jahr 180 a. Chr. ungefähr, Rangabé aber 100 Jahr höher, Lenormant p. 119 dagegen 100 Jahr tiefer als Keil. Diese Ansätze schwanken in einem Zeitraum von 200 Jahren. Lenormants Beweise aus der Sprache bedürfen aber theilweise der Prüfung, s. o, S. 266 Note.

**) Lenormant Rech. p. 226 vermuthet, dass der ἱεραυλῆς (z. B. C. I. n. 184. C, lin. 18) Chef der eleusinischen ὑμνῳδοί und ὑμνήτριαι (Poll. 1, 35) war.

Theseus-Feste.

XIX abends
nachts
(morgens wurde mitunter decretiert).
Vormittags: der Iacchuszug geht aus Athen ab, Gebräuche am heiligen Wege.

XX Hochfest.
abends wurde vielleicht in Eleusis der kommende Iacchus angerufen, auch rüstete man in Eleusis das Pflichtopfer.
nachts Der Iacchuszug trifft aus Athen in Eleusis ein. — Ausruhen. —
Am Lichttage fand das feierliche Pflichtopfer (Trittys) statt.

XXI Lampadum dies. (nachts) Kykeon.

XXII Einweihung derer, die im Frühling vorher zuerst an den Mysterien bei Agrae theilgenommen hatten (nachts).

XXIII Ertheilung der höchsten und letzten Weihen (nachts). — Nachmittags oder gegen Sonnenuntergang die Schlussceremonie: Plemochoen.

XXIV abends
nachts
Lichttag: [ἀγῶνες σταδι]ακοί.

XXV abends
nachts
Lichttag: (ἀγῶνες) σκηνικοί.

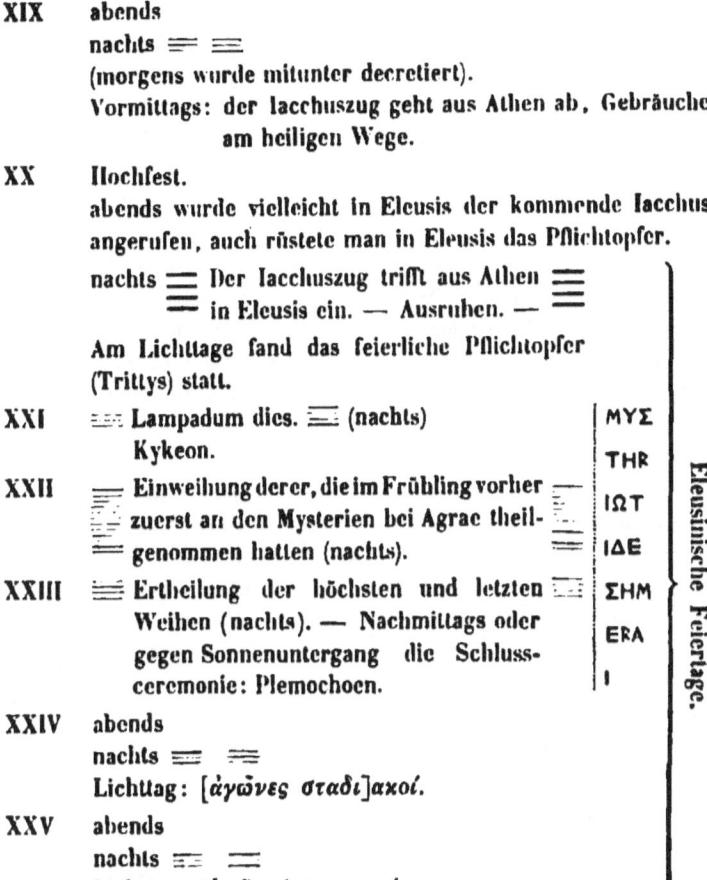

MYΣ
THR
IΩT
IΔE
ΣHM
ERA
I

} Eleusinische Feiertage.

Theseus-Feste.

Die Kybernesien gehören in den Zusammenhang der theseischen Heimkehr,*) und können den Theseusfesten nur zu Anfang an-

*) Rinck II p. 425 setzt sie auf den Delphinientag (VI Munychion), den Ausfahrtstag des Theseus. Die Stiftung passt aber nur nach der Heimkehr und, weil die Sage nicht zögert, unmittelbar mit dem Anlanden am Heimatsgestade in Phaleron. — Dass Plutarch der Kybernesien vor dem Delphinientage (Thes. cap.

gelehnt werden. Ein Steuermannsfest hat seinen natürlichen Platz dann im Jahre, wenn die Steuermannskunst sich bewährt hat. Nach der Sage, die Plutarch Thes. XVII aus Philochorus giebt, empfängt Theseus seinen κυβερνήτης und seinen πρωρεύς von dem Salaminier Skiros; als der Steuermann und Untersteuermann sich bewährt haben und Theseus glücklich wieder im Hafen ist mit den 14 Kindern, unter denen sich ein Enkel des Salaminiers Skiros befindet, bauet er in Phaleron die Steuermanns-Capellen am Heiligthum des Salaminiers Skiros (πρὸς τῷ τοῦ Σκίρου ἱερῷ Plut. a. O., wo man indess πρὸς τῷ τῆς Σκιράδος Ἀθηνᾶς ἱερῷ erwarten möchte).

Der Ort der Kybernesien ist Phaleron, wo sich die Steuermannscapellen (ἡρῷα Ναυσιθόου καὶ Φαίακος*) εἰσαμένου Θησέως Philochor. bei Plut. a. O.) befanden. Nach Phaleron gehört auch theilweise die Oschophorienfeier, der die Kybernesien unmittelbar vorzuordnen sind.

Gleichzeitig lässt die Sage den Tod des Aegeus eintreten. Theseus war nicht eingedenk der Verabredung, im Falle des Gelingens das schwarze Segel mit einem von glücklicherer Farbe zu vertauschen, und Aegeus, der von der Burg bei der Nike Apteros das Schiff mit dem traurigen Segel herankommen sah, stürzte sich herab und versetzte die Stadt Athen in Trauer um den Tod ihres Königs. Setzen wir den Selbstmord des Aegeus auf Sonnenuntergang oder gleich nach Sonnenuntergang, so ist das erste volle νυχθήμερον, welches Theseus und die Seinen auf dem Boden ihrer Heimat zubringen, ein Tag der Todtentrauer.

Pyanepsien am VII Pyanepsion; Harpocration: Ἀπολλώνιος καὶ σχεδὸν πάντες οἱ περὶ τῶν Ἀθήνησιν ἑορτῶν γεγραφότες Πυανεψιῶνος ἑβδόμῃ τὰ Πυανέψια Ἀπόλλωνι ἄγεσθαί φασιν. Es war Sitte am VII Pyanepsion Linsen, Bohnen und dergleichen zu kochen.

Diese ἕψησις τῶν ὀσπρίων (Plut. XXII) wurde von den Meisten aus der Theseus-Sage erklärt. Die Gefährten des Theseus sollten

---
XVIII) Erwähnung thut, beweiset nichts. Auch wenn wir mit Rinck das Kybernesienfest auf VI Munychion setzen, bleibt Plutarchs Darstellung desultorisch, da es jedenfalls nach dem Bittgang am städtischen Delphinium gestiftet sein müsste, als die Fahrtgenossen schon am phalerischen Strande sind. Plutarch kam zu der Abschweifung nicht durch calendarische Nähe der Kybernesien und Delphinien, sondern dadurch, dass er auf Philochorus' Behauptungen einging.

*) In diesen phäakischen Namen (Odyss. VII, 56) liegt Rivalität gegen Corcyra (Thucyd. I, 25).

die Ueberbleibsel ihres Proviants zusammengemischt und so die Sitte, ein Topfgericht zu bereiten, aufgebracht haben. Die Bereitung der Pyanepsia geschieht offenbar während der Landung oder gleich nachher, ehe die Ankommenden in der Stadt Athen sind; an dem Abende also, mit welchem Pyanepsion VII beginnt, fangen die Gefährten des Theseus (und nach ihrem Vorgang die Athener) an, Hülsenfrüchte in Töpfen zu kochen, da das Hingehen der Geretteten zur Stadt am selben VII Pyanepsion (Plut. a. O.) — im Laufe des Lichttages — erfolgt.

Das Topfgericht, aus Resten der Schiffskost zusammengerührt, ist ein bescheidenes Mahl. Glänzende Schmäuse würden zu der Trauer um Aegeus nicht gepasst haben; die pyanepsische $χύτρα$ (Plut. a. O.) kann mit der am chytrischen Todtenfeste (Anthesterion XIII) herkömmlichen Topfspeise verglichen werden.

Die Pyanepsien wurden dem Apoll begangen, nach Harpocr., s. vor. Seite. Auch Plutarch XXII scheint anzudeuten, Theseus habe theils durch die Pyanepsien-Speise theils durch die Eiresione sein Gelübde gelöset; $τῷ\ Ἀπόλλωνι\ τὴν\ εὐχὴν\ ἀπεδίδου$ wird durch $ἡ\ μὲν\ οὖν\ ἕψησις\ τῶν\ ὀσπρίων$ und $τὴν\ δὲ\ εἰρεσιώνην$ detaillirt. In welcher Weise die $χύτρα$ des Pyanepsientages an den Apoll herankam, ist nicht bekannt. Die Beziehung zum Apoll ist vermuthlich durch jüngere Bräuche zurückgedrängt worden; wir wissen weiter nichts, als dass es in Athen an diesem Tage herkömmlich war, Hülsenfrüchte zu kochen. Vielleicht hat man, ehe Bacchus eindrang, der athenischen Jugend, welche Eiresionen an die Thüren des Apollontempels hängte, solche Topfspeisen vertheilt. Wenn die Eiresione einst Hauptsache und die Eiresionen-Träger Hauptheilnehmer des Festes waren, so fand diese Deipnophorie im Dienste des Apoll statt, man beging die Pyanepsia dem Apoll, welcher später nebensächlich wurde.

Die Oschophorien gehören ebenfalls auf VII Pyanepsion. Nach Plutarch XXII opfert der gelandete Held in Phaleron den Göttern, gemäss seinen Gelöbnissen, und sendet einen Herold nach Athen. Dieser kehrt mit der Trauerbotschaft von Aegeus' Tode zurück und, da Theseus bei seiner Rückkehr noch mit den Spendopfern beschäftigt ist, wartet er draussen; er ist unbekränzten Hauptes als Trauerbote, aber auf seinem Stabe trägt er Kränze; die Athener, denen er die glückliche Heimkehr gemeldet, haben sie ihm umgehängt. Erst als die Spendopfer vollzogen sind, tritt er bei Theseus ein, und jetzt ziehen alle mit lauter Wehklage zur Stadt hinauf, am

VII Pyanepsion.*) Die erwähnten Züge der Theseussage aber waren in den Oschophorien bewahrt, wie Plutarch hervorhebt: ὅθεν καὶ νῦν ἐν τοῖς ὀσχοφορίοις κ. τ. λ. Die grundleglichen Thatsachen des Oschophorienfestes gehören also dem Morgen oder Vormittage des VII Pyanepsion an, ehe**) Theseus und die Geretteten zur Stadt ziehen, und wir können nicht zweifeln, auch das Oschophorienfest selbst so anzusetzen.

Der oschophorische Festzug bestand wesentlich aus jungen Leuten, die von Athen bis ans Meer liefen. Das Ziel war Phaleron; hier war nur Getränk vorbereitet, die Esslust der feiernden Jugend

---

*) Für das XXII Capitel in Plutarchs Theseus gilt durchaus nur die in diesem Capitel selbst vorfindliche Angabe des VII Pyanepsion. Ohne das Datum zu nennen sagt Plutarch zuerst οἱ δὲ σὺν κλαυθμῷ καὶ θορύβῳ σπεύδοντες ἀνέβαινον εἰς τὴν πόλιν; dann, wenige Zeilen später, ταύτῃ (τῇ ἑβδόμῃ τοῦ Πυανεψιῶνος μηνὸς ἱσταμένου) γὰρ ἀνέβησαν εἰς ἄστυ σωθέντες.— Hiermit im Widerspruch heisst es um Ende der Biographie cap. XXXVI: ὀγδόῃ Πυανεψιῶνος, ἐν ᾗ μετὰ τῶν ἠϊθέων ἐκ Κρήτης ἐπανῆλθεν. Der VIII war auch noch festlich und hing mit dem VII eng zusammen, die Begehungen der theseischen Heimkehr befassten mehrere Tage. So kam Plutarch zu seiner flüchtigen Behauptung cap. XXXVI. Gewiss ist cap. XXII nicht nach cap. XXXVI zu corrigieren, was Einige wollten: s. Sintenis z. d. St.

**) Liest man freilich nun im Plutarch weiter, so wird man an der gefassten Meinung wieder irre. Erst hernach tritt die normbildende Feier, der erste Oschophorienzug des Theseus hervor. Cap. XXIII heisst es, Theseus habe das Oschophorienfest gestiftet (Θησέως καταστήσαντος), auf ihn gehe der Brauch zurück, zwei weiblich gekleidete Ephebeu mit im Zuge zu führen, nach seiner Heimkehr (ἐπεὶ δὲ ἐπανῆλθεν) habe er und jene die Pompe gehalten. Plutarch geräth hier unvermerkt in einen ganz anderen Erklärungsversuch der Oschophorien hinein. Nach cap. XXII hat der attische Held Theseus durch seine glückliche Heimkehr, in die das schmerzliche Klagen um Aegeus sich einmischte, durch seinen mit guter Botschaft nach Athen eilenden Herold, der ihm kranzlos als schlimmer Bote zurückkam, Anlass gegeben zu den Oschophorienbräuchen, in denen Jubel und Weheruf sich vereinigte, seine Thaten und Leiden haben die Grundlage eines Festes gebildet; er selbst hat es nicht gestiftet, sondern die Nachwelt hat das heortologisch ausgebeutet, was für Theseus Ereigniss und Schicksal war. Der mit Bezug auf Aegeus' Tod der Freude sich einmischende Ruf schmerzlichen Staunens, welcher bei dem (oschophorischen) Trankopfer (in Phaleron) gehört wird (Plut. XXII ἐπιφωνεῖν δὲ ἐν ταῖς σπονδαῖς ἐλελεῦ ἰοῦ ἰοῦ), passt nur sehr bald nach Aegeus' Tod, welcher mit dem Anfahren des Theseusschiffes coincidiert, ehe noch Theseus Musse und Lust hat Festzüge zu arrangieren, ehe er noch in der Stadt ist. Hiernach ist Plutarchs Behauptung, Theseus habe nach seiner Heimkehr das Fest der Oschophorien zuerst gefeiert, zu verwerfen. — Mit ἐπεὶ δὲ ἐπανῆλθεν wird nicht gemeint sein „ein Jahr oder einige Jahre nach der Heimkehr."

wurde befriedigt durch Frauen, welche Speisen trugen (αἱ δειπνοφόροι). Auch (παῖδες) δειπνοφόροι werden erwähnt, vermuthlich Knaben, welche δεῖπνα aus der Hand der Speisebringerinnen erhalten hatten und mit den Speise-Gefässen in der Hand beim Oschophorienfeste gesehen wurden. *) Die verabreichten Speisen können nur die herkömmlichen des Pyanepsientages gewesen sein.

Aus jeder Phyle (G. A. 56, 11) wurden zwei Rebenträger (ὀσχοφόροι) unter den Söhnen reicher und vornehmer Familien erwählt (Hyperid. Frgm. XIV, 1 Saup.), im Ganzen also 20. Es ist auch von der jetzt üblichen Erwählung deipnophorischer Frauen die Rede (Hyperid. ib. 2). Die Rebenträger haben die Rolle der mit Theseus scheidenden, jetzt aus Creta glücklich erretteten Kinder, die Deipnophoren aber die der Mütter dieser Kinder.**) Wahrscheinlich waren beide durch dieselbe Wahl bestimmt. Die erkorenen Epheben mussten nämlich nicht bloss aus guten Ständen sein, sondern auch noch lebende Aeltern haben (ἀμφιθαλεῖς sein, Schol. Nicand. Alexiph. 109). Mit jedem Epheben, den man auserkor, hatte man also auch seine reiche Mutter zur Deipnophore bestimmt. Die wohlhabenden Matronen, deren Söhne Haupttheilnehmer des Oschophorienzugs waren, fanden sich mit Mägden und Speisekörben ein, um ihren Kindern und auch der übrigen an dem Dauerlauf theilnehmenden Jugend Essen mitzugeben nach Phaleron, so wie bei unseren Waldfesten die Frauen, welche ihre Kinder mit darunter haben, am bereitwilligsten sind alle zu bewirthen.

---

*) Hesych. παρὰ Ἀθηναίοις καθίστανται ἐν τῇ τῶν ὀσχοφορίων ἑορτῇ οἱ δειπνοφόροι, wo Meurs. (ir. Fer. p. 220 αἱ verlangt. Unter δειπνοφόροις zunächst Frauen zu verstehen, berechtiget ihre Deutung auf die Mütter der 14, die Plutarch Thes. XXIII a. A. aufstellen. Indess finden wir Knaben in gleicher Eigenschaft, Bekk. An. 239. — Dass die Deipnophorie den Cecropstöchtern und an ihrer statt den Ersephoren gegolten habe, dass die deipnophorischen Frauen Mütter der fungierenden Ersephoren der Athena gewesen seien (O. Müller A. E. III, 10 p. 84; Schömann Alt. II p. 431), ist nicht annehmbar und mit Recht von Hermann G. A. 56, 11 zurückgewiesen. Die Cecropstöchter und die Ersephoren gehen den Theseus nichts an. — Ob es eine zweite Deipnophorie im Dienste der Burggöttinn gab (Bekk. An. p. 239, lin. 7) ist sehr zweifelhaft; für das Oschophorienfest dagegen stehen die Deipnophoren durch Zeugnisse fest.

**) Danach müssten es 14 deipnophorische Frauen sein für die δὶς ἑπτὰ παῖδες, eine auch sonst in der attischen Religion beliebte Zahl (G. A. 58, 12; oben S. 174 Note). Aber der Epheben, welche doch die παῖδες vorstellen sollen, sind nicht vierzehn, sondern 20 laufen aus und 10 werden Sieger. Es ist also die Zahl der Deipnophoren nicht den vierzehn Kindern der Sage anzupassen, sondern den zwanzig Rebenträgern des Oschophorienfestes.

Von dem Tempel des Dionysos in Limnae, dem lenäischen, *) bewegte sich, vermuthlich morgens, der Festzug aus **) und durchschritt unter oschophorischen Gesängen einen Theil der Stadt Athen. Die einherziehenden jungen Leute waren begleitet von deipnophorischen Frauen.

Nach dem Umzuge durch die Stadt, begab sich der rebentragende Zug vor die Thore, jetzt begannen die erwählten Epheben ihren Wettlauf. Viele andere junge Leute liefen ohne Zweifel mit, ohne eine Function zu haben. Einige unter den freiwilligen Läufern scheinen ($παῖδες$) $δειπνοφόροι$ genannt worden zu sein, weil sie die pyanepsischen Speisen trugen, welche nach dem Wettlauf in Phaleron verzehrt werden sollten. Die Speisebringerinnen, welche nicht ganz bis Phaleron mitgingen,***) hatten sie an die ($παῖδες$) $δειπνοφόροι$ abgegeben.

In Phaleron angelangt, erfüllten die erwählten Oschophoren ihre festliche Aufgabe. Die traubentragenden Weinranken, mit

---

*) Τὸ Διονυσιακὸν ἱερόν (Procli Chrestom. bei Phot. bibl. c. 239 p. 322; G. A. 56, 10) und τὸ ἱερὸν τοῦ Διονύσου (Athen. XI p. 195) kann nur das Lenaeon sein. Unter den Gemälden des jüngeren Tempels befand sich eins, welches den Cretazug anging, Pausan. Att. 20, 3.

**) Proclus a. O. ἦν δὲ ἡ παρακομπὴ ἐκ τοῦ Διονυσιακοῦ ἱεροῦ εἰς τὸ τῆς Ἀθηνᾶς τῆς Σκιράδος τέμενος. Von dem Festzuge (πομπεῦσαι) spricht auch Plutarch Thes. XXIII. Athenaeus a. O. sagt τρέχουσι δ᾽ ἐκ τοῦ ἱεροῦ τοῦ Διονύσου, wonach es scheinen könnte, als habe der Lauf bei dem Dionysostempel angefangen. Aber Athenaeus übergeht die Pompe völlig, an deren Existenz doch kein Zweifel ist. Statt zu sagen: „von dem Tempel wird ausgezogen und hiernach gelaufen," meldet er flüchtig: „von dem Tempel wird ausgelaufen." — Schömann Alt. II p. 431 urtheilt freilich anders. Er fasst den Athenaeus beim Worte und lehrt, das Fest habe begonnen mit Wettlaufen von einem Bacchustempel bis Phaleron und erst in Phaleron habe sich auf dem Platze Oschophorion ein Festzug geordnet, um zur Stadt zurückzukehren. Aber von einer aus dem Oschophorion der Skiras ausgehenden Pompe ist nichts überliefert, wohl aber erwähnt Proclus die Pompe aus dem Bacchustempel. Da ferner, wie ich mit Schömann annehme, die Weinranken mit Trauben der Athena Skiras von den Jünglingen dargebracht werden, so haben diese bei ihrer Rückkehr keine ὄσχοι mehr. Wie sollte aber der oschophorische Festzug vielmehr ein nicht-oschophorischer, ein ohne ὄσχοι angestellter, gewesen sein?

***) Nicht bloss das Mitschmausen der Deipnophoren (s. unten S. 277) geschieht in der Stadt, sondern auch die Theilnahme der Frauen am Oschophorenzuge beschränkt sich wesentlich auf das Weichbild der Stadt. So wird bei Alciphr. 1, 4 einer Fischersfrau, welche Stadtdame sein möchte, die Frage gethan, warum sie das Ufer verlassend immer zur Stadt gehe und mit den reichen Athenerinnen Oschophorien und Lenäen feiere.

welchen sie liefen, lieferten sie, als ein Geschenk des Weingottes für die Olivengöttinn (Athena Skiras), im Heiligthum derselben ab; vgl. Schöm. Alt. II p. 432. Das phalerische τέμενος der Athena Skiras enthielt einen Ort, Oschophorion genannt. Hierher trugen sie die ὄσχοι und liessen sie daselbst.

An diesem ihrem Ziele lohnte den Sieger die Pentaploa, er durfte den Fünftrank kosten. Von den fünf Bestandtheilen nennt Proclus das Oel zuerst, die Gabe der Skiras, bei Athenaeus aber steht das Geschenk des Dionysos, der Wein, voran. Seinen legendarischen Ursprung hatte dieser Mischwein in den σπονδαῖς (Plut. Thes. XXII), dem Trankopfer*) des Theseus.

Von der Art, wie die Jünglinge zur Stadt zurückkehrten, erfahren wir nur ein wenig aus Athen. a. O., wo es heisst: ὁ νικήσας ... κωμάζει μετὰ χοροῦ. Man zog zwanglos, wohl wieder unter Musik und Liedern, zur Stadt hinauf.

Vielleicht haben die Heimziehenden vom Tempel der Skiras Eiresionen mitgenommen, Skiras ist die Göttin des Olivenbodens und die Eiresione ein Olivenzweig, κλάδος ἐλαίας Plut. Thes. XXII (vgl. Schol. zu Clemens p. 9, 33 Pott.: ἦν δὲ κλάδος ἀπὸ τῆς Μορίας ἐλαίας, die freilich nicht in Phaleron war). **) Da ein παῖς ἀμφιθαλής die Eiresione trägt und an Apolls Tempelpforten hängt bei den Pyanepsien (Eustath. ad. II. XXII 405; G. A. 56, 1) d. i. am Oschophorientage, so hat einer oder mehrere der erwählten Rebenträger, nach Athen rückkehrend, die Eiresione dargebracht; denn die Rebenträger sind alle παῖδες ἀμφιθαλεῖς. Dass sich ein bacchischer Rebenträger in einen apollinischen Eiresionebringer

---

*) Nur dies Trankopfer ist für die Oschophorien wesentlich. Auf sich beruhen muss was Plutarch Thes. XXII sagt: κατακλεύσας δὲ ὁ Θησεὺς ἔθυε μὲν αὐτὸς ἃς ἐκπλέων θυσίας εὔξατο τοῖς θεοῖς Φαληροῖ.

**) Als eine von Athena Skiras bewilligte Gegengabe lässt sich indess die Eiresione nicht nehmen, denn der ihr die Trauben geschenkt, ist Bacchus, aber dem sie die Eiresione senden lässt, ist nicht Bacchus, sondern Apoll. Dachte man Bacchus und Apoll identisch bei diesen Bräuchen? Ehe Bacchus eingemischt war, werden von den Jünglingen allerlei Herbstfrüchte (auch Trauben, aber nicht bloss Trauben) nach Phaleron getragen sein, um hier bei der Skiras Oelzweige zu holen und die zu Eiresionen aufgeschmückten nach Athen zurückzutragen. Als Sender der Herbstfrucht konnte Apoll gelten, der ja eben jetzt die Unfruchtbarkeit (Plut. Thes. XXII) aufhören liess, und wenn Apoll der Skiras Früchte sendete, konnte ihm als Gegengabe die Eiresione zukommen, gleichsam zur Bestätigung des Bundes beider früchteschaffenden Götter, Apolls, der für Zeitigung der Herbstfrucht, und Athenas, die für die winterliche Olive Sorge trägt.

am selben Feste umwandelt, ist nicht auffallend bei den intimen Beziehungen dieser beiden Gottheiten. Bei der Eiresione wurde ein bekanntes Volkslied gesungen.*)

Das Hingehen der Oschophoren nach Phaleron sollte an den Auszug des Theseus, das Zurückgehen an seine Heimkehr erinnern.

Den nach Creta bestimmten Kindern hatten ihre Mütter einst Speisen zugetragen und sich deshalb nach Phaleron begeben, wo die Kinder im Tempel der Athena Skiras eingeschlossen waren (G. A. 56, 12). Darum begleiteten deipnophorische Frauen die jungen Rebenträger und brachten sie eine Strecke weit auf den Weg nach Phaleron.

Die mit Theseus Heimgekehrten brachten dem Apoll Eiresionen dar. Als der Held auszog, legte er, ein Zeichen des erfleheten Schutzes, den heiligen Oelzweig umwunden mit Wolle vor Apoll nieder im Delphinium ($\tau\grave{\eta}\nu$ $\acute{\iota}\varkappa\varepsilon\tau\eta\varrho\acute{\iota}\alpha\nu$, Plut. Thes. XVIII). Einen Zweig desselben heiligen Baumes empfing der Gott auch von den Geretteten, jedoch reich aufgeziert mit den Geschenken der Opora (weil jetzt die Zeit der Unfruchtbarkeit aufhörte, fügt Plutarch Thes. XXII hinzu. $\H{\omega}\varsigma\pi\varepsilon\varrho$ $\tau\acute{o}\tau\varepsilon$ $\tau\grave{\eta}\nu$ $\acute{\iota}\varkappa\varepsilon\tau\eta\varrho\acute{\iota}\alpha\nu$, $\pi\alpha\nu\tau o\delta\alpha\pi\tilde{\omega}\nu$ $\delta\grave{\varepsilon}$ $\dot{\alpha}\nu\acute{\alpha}$-$\pi\lambda\varepsilon\omega\nu$ $\varkappa\alpha\tau\alpha\varrho\gamma\mu\acute{\alpha}\tau\omega\nu$ $\delta\iota\grave{\alpha}$ $\tau\grave{o}$ $\lambda\tilde{\eta}\xi\alpha\iota$ $\tau\grave{\eta}\nu$ $\dot{\alpha}\varphi o\varrho\acute{\iota}\alpha\nu$). Darum haben die oschophorischen Jünglinge, nachdem sie ihre $\H{o}\sigma\chi o\iota$ abgegeben, zur Stadt ziehend die Eiresione getragen und dem Apoll dargebracht (gemäss der oben empfohlenen Anschliessung der Eiresione an das Zurückgehen der Feiernden nach Athen).

Es ist bei den Bräuchen des VII Pyanepsion nicht überall zu entscheiden, ob die Bräuche aus der Theseus-Sage oder diese aus jenen entstand; nur so viel ist sicher, dass in den jüngeren Zeiten, denen der Aufschwung des Theseus-Dienstes angehört, eine Conformität zwischen den Ueberlieferungen von dem attischen Helden und den Festacten erstrebt wurde.

Die 20 Oschophoren hatten ihren Grund in den 10 klisthenischen Phylen; die Sage gab nur $\delta\grave{\iota}\varsigma$ $\dot{\varepsilon}\pi\tau\grave{\alpha}$ $\pi\alpha\tilde{\iota}\delta\varepsilon\varsigma$. — Es scheint, dass immer zwei mit einander im Laufe wetteiferten, so dass zehn Sieger wurden und zehnmal aus der Pentaploa geschenkt ward. Der in G. A. 56, 11 angeführte Proclus sagt: $\dot{\varepsilon}\xi$ $\dot{\varepsilon}\varkappa\acute{\alpha}\sigma\tau\eta\varsigma$ $\delta\grave{\varepsilon}$ $\varphi\upsilon\lambda\tilde{\eta}\varsigma$

---

*) Die morgens Ausziehenden singen oschophorische Lieder. Es ist besser das Singen der Eiresione ganz zu trennen und auf den Heimzug zu setzen, damit die verschiedenen Lieder einander nicht stören.

ἔφηβοι διημιλλῶντο πρὸς ἀλλήλους δρόμῳ, καὶ τούτων ὁ πρότερος (der Sieger unter zwei διαμιλληθεῖσι derselben Phyle) ἐγένετο ἐκ τῆς πενταπλῆς λεγομένης φιάλης. Ob die zehn Sieger, jeder mit einem besondern Chor, heimzogen, oder der erstangekommene unter den zehn Siegern einen Ehrenplatz bekam, wenn im κῶμος zurückgekehrt wurde (Athen. p. 495 F ὁ νικήσας ... κωμάζει μετὰ χοροῦ) ist nicht zu ersehen.

Dass zehn Oschophoren Sieger wurden, lässt sich aus Plutarch vermuthen, welcher aus den Ueberlieferungen oder Ausschmückungen der Theseus-Sage 10 Rollen ermittelt, vermuthlich um zehn Sieger des Oschophorenlaufs dogmatisch zu belegen. Die 20 Auslaufenden waren auf keine Weise mit der Tradition auszusöhnen, und auch die zehn siegreich Heimkehrenden durch die Sage zu vertreten, hat einige Mühe gekostet.

Die 10 Rollen sind: die des Herolds, den sein bekränzter, laubumwundener Stab den anderen weinumwundene Stäbe Tragengenden nahe bringt, so dass man ihn mit unter die Wettläufer zählen muss. Plutarch lässt ihn zum Trankopfer des Theseus kommen, dieses ist aber die dogmatische Grundlage der πενταπλόα. In der Rolle des oschophorischen Herolds konnte also einer der Jünglinge Sieger werden.

Ferner giebt uns Plutarch zwei Verkleidete, cap. XXIII: Theseus habe zwei tapfere Jünglinge als Mädchen costümiert, und zu den 7 nach Creta mitgenommen; Niemand habe diese List bemerkt. — Es ist vielmehr eine List des Plutarch, der die 10 Phylen betheiligen will.

Endlich folgen ἠΐθεοι ἑπτά; so sind es 10 in Allem. Diese 10 Rollen konnten bei der Pompe doppelt besetzt werden, etwa in zwei Zügen einhergehen.

In der Sage ziehen jetzt die Heimgekehrten mit lauter Klage nach Athen, wo Theseus seinem Vater die letzte Ehre erweiset. Am Vormittage konnten die Oschophorien beendet sein und Nachmittags die Todtengebräuche für Aegeus stattfinden. Abends mit Anbruch des VIII Pyanepsion folgt der von den Phytaliden ausgerichtete grosse Theseenschmaus,*) von welchem die Deipnophoren ihren An-

---

*) Schöm. Alt. II p. 431 behauptet, der aus Phaleron zurückkehrende Festzug sei (abermals) zum Dionysos-Tempel gelangt, wo die Phytaliden ein Opfer bereit gehabt hätten. Das ist unhaltbar. Nach dem Wettlauf fand keine Pompe statt, sondern das von Schömann übergangene κωμάζειν μετὰ χοροῦ. Plutarch,

theil erhalten (Plut. Thes. extr. *θυσίαν δὲ ποιοῦσιν αὐτῷ τὴν μεγίστην ὀγδόῃ Πυανεψιῶνος, ἐν ᾗ μετὰ τῶν ἠϊθέων ἐκ Κρήτης ἐπανῆλθεν*), eine Art *περίδειπνον*.

Epitaphien, am VII Pyanepsion Nachmittags; späterhin ward vermuthlich der ganze VII Pyanepsion für die Epitaphien in Anspruch genommen, indem die übrigen Bräuche dieses Tages erloschen, oder in die Epitaphien aufgenommen wurden.

Eine Verbindung der Epitaphien mit den Theseusfesten beweisen die Epheheninschriften. In denselben werden „Theseen und Epitaphien" fast immer zusammen genannt. Hier scheinen die Theseen das Ganze, die Epitaphien der Theil. Einmal findet sich das Epitaphienfest voran genannt, doch folgt nicht das blosse Theseenfest, sondern „Theseen und Epitaphien" Ephemer. n. 4098 lin. 21 sq.

Der glänzende Theseus-Dienst, welcher erst nach den Perserzeiten aufkam, knüpft sich selbst zunächst an Todtenbräuche. Der delphische Apoll hatte den Athenern befohlen, die Gebeine ihres Heros aufzusuchen, und es gelang dem Cimon sie auf Skyros zu entdecken, ein Adler zeigte ihm den Ort. Cimon brachte die Reliquien des Theseus auf sein Schiff, die Athener empfingen sie glänzend (Plut. Thes. extr. *πομπαῖς τε λαμπραῖς καὶ θυσίαις*) und setzten sie im theseischen *τέμενος* bei. Eine Beisetzung von Ueberresten des Todten begründete diesen Gottesdienst.*)

---

auf den Schömann sich beruft, spricht cap. XXIII extr. vom *τέμενος* des Theseustempels und dem grossen von den Phytaliden daselbst ausgerichteten Theseenopfer: *ἐξῃρέθη δὲ καὶ τέμενος αὐτῷ* (dem Theseus; O. Müller verlangte *Αἰγεῖ*, mit Unrecht) *καὶ τοὺς ἀπὸ τῶν παρασχόντων τὸν δασμὸν οἴκων ἔταξεν εἰς θυσίαν αὐτῷ* (*αὐτῷ* om. C.) *τελεῖν ἀποφοράς· καὶ τῆς θυσίας ἐπεμελοῦντο Φυταλίδαι, Θησέως ἀποδόντος αὐτοῖς ἀμοιβὴν τῆς φιλοξενίας* (cf. cap. XII). Dem Theseus wird ein Bezirk gegeben (Herod. I, 148 *χῶρος ἱρός . . . κοινῇ ἐξαραιρημένος ὑπὸ Ἰώνων Ποσειδέωνι Ἑλικωνίῳ*) und seinen Wohlthätern, den Phytaliden, der Opferdienst anvertrauet. — Wahrscheinlich ist auch einige Zeilen früher: *αἱ δὲ δειπνοφόροι παραλαμβάνονται καὶ κοινωνοῦσι τῆς θυσίας ἀπομιμούμεναι τὰς μητέρας ἐκείνων τῶν λαχόντων* der grosse Theseuschmaus gemeint, bei welchem, nach Aegeus Bestattung, die Geretteten sich endlich ihrer Rettung freuen dürfen und wo die Mütter der Geretteten füglich hingehören. Die Deipnophoren, welche morgens Speisen gereicht, empfangen abends ihre Opferantheile.

*) Sofern die Seefahrt im Pyanepsion zu enden pflegt, lässt sich aufstellen, Cimons Triere sei zu Anfang Pyanepsion heimgekehrt, die Grablegung der Gebeine habe am VII, das Todtenmahl nach Sonnenuntergang am VIII stattgefunden.

In gleicher Art gelangten die Ueberreste der in fernen Landen gefallenen athenischen Krieger meistens nach der Mutterstadt, und den im Kriege gefallenen galten eben die Epitaphien.*) Dass das Theseion auch für militärische Zwecke diente Thucydides VI, 61 (κατέδαρθον ἐν Θησείῳ τῷ ἐν πόλει ἐν ὅπλοις); Andocid. I, 45. beweiset freilich wenig oder nichts für militärische Todtenbräuche. Doch ist beachtenswerth, dass der Anonymus Viennensis, der älteste Beschreiber Athens im Mittelalter, von dem Tempel, welcher insgemein für das Theseion gilt, behauptet, hier seien die epitaphischen Reden gehalten worden (ἔστι βωμὸς εἰς ὃν ταφῆς ἀξιοῦνται οἱ παγκρατιασταὶ καὶ ὀλύμπιοι · ἐν ᾧ φοιτῶντες οἱ ῥήτορες τοὺς ἐπιταφίους λόγους ἀνεγίνωσκον, Ross Theseion p. 1).

Die epitaphische Lobrede, einer der merkwürdigsten Gebräuche dieses Festes, wurde von den attischen Trauerspieldichtern an Theseus und die von ihm begrabenen geknüpft; Dionys. Hal. V, 17 (οἱ Ἀθήνῃσι τραγῳδοποιοί) ἐπὶ τοῖς ὑπὸ Θησέως θαπτομένοις καὶ τοῦτο (τὸ λέγεσθαι ἐπαίνοις) ἐμύθευσαν.

Die Epitaphien sind also den Festen des Theseus irgendwie anzuschliessen. Wie man sie anzuschliessen habe, dazu ist' der Weg gewiesen.

Aegeus' Tod und der Klageruf, mit welchem Theseus und seine

---

*) Die Sitte, im Kriege Gefallenen eine Todtenfeier zu veranstalten, ist an sich selbst älter als Cimons Einholung der Gebeine des Theseus (Ol. 77, 4 = a.Chr.469/8, Archon Apsephion) und hat schon existiert ehe unter Cimons Einfluss das städtische Theseion und der städtische Theseusdienst gegründet wurde. Diodor XI, 33 sagt, nach der Schlacht bei Plataeae habe das Volk die Gräber derer geschmückt, die im persischen Kriege gefallen, und zuerst den epitaphischen Agon angestellt, auch ein Gesetz gegeben, dass gewählte Redner sie loben sollten. Letzteren Punct, die schon von a. Chr. 479 datierenden Grabreden, hat man bezweifelt (Poppo Thucyd. III, 2 p. 129), aber eine Todtenfeier für die aus den Perserkriegen ist gewiss so alt wie a. Chr. 479, wo sie nicht gar bis zum Jahre der Marathonsschlacht hinanreicht (Dion. Hal. V, 17). Aber diese Epitaphien der ersten Perserzeiten waren nicht städtisch: die Todten von Plataeae ruheten bei Plataeae, die von Marathon bei Marathon; und eine Todtenfeier muss nun da halten, wo die Todten ruhen. — Eine städtische Todtenfeier wurde erst möglich, als man den äusseren Ceramicus regelmässig benutzte, um die Gefallenen zu bestatten und in der Stadt selbst das Theseion hatte, einen legendarischen Mittelpunct für alle patriotischen und erhebenden Empfindungen, die den Krieger edle Aufopferung lehren können. Der Aufschwung des Theseusdienstes erklärt sich eben durch die epitaphische Tendenz desselben und die in späteren Zeiten nur immer stärker hervortretende Neigung, sich in die Erinnerungen alter Siege zu versenken.

Schützlinge am VII Pyanepsion zur Stadt ziehen (Plut. Thes. XXII), empfiehlt die Annahme, einen Theil des VII, den Nachmittag, für Todtengebräuche anzusetzen. In der Tradition scheint die Bestattung des Aegeus (Plut. a. O.) sogleich stattzufinden, als erste Handlung des nach Athen gekommenen Aegeus-Sohnes.

Wo ohne nähere Bestimmung von Theseen die Rede ist, muss wo möglich Pyanepsion VIII (Plutarch Thes. XXXVI) verstanden werden. Wenn also Plutarch a. O. cap. IV sagt, dass die Athener noch jetzt μιᾷ πρότερον ἡμέρᾳ τῶν Θησείων dem Lehrer des Heroen, Connidas, Todtenopfer bringen, so erhalten wir den VII als Tag dieses Todtenopfers.*)

Das Todtenopfer für die Amazonen wird πρὸ τῶν Θησείων Plut. a. O. XXVII gebracht, vielleicht unmittelbar vor den Theseen des VIII, also am VII Pyanepsion.**)

Vereinigen wir also sämmtliche Todtenopfer, das für Aegeus, das für Theseus selbst, das für Connidas, das für die Amazonen, mit den im peloponnesischen Kriege ausgebildeten Epitaphien der gefallenen Krieger. Diese Annahme ist einer Zersplitterung und Anlehnung der mythischen Todtenbräuche an die einzelnen Monatsbegehungen***) des VIII vorzuziehen.

Die von Thucydides II, 34 geschilderten Bräuche können öfters am VII Pyanepsion stattgefunden haben. Als Athen keine Kriege mehr führte und die Leichenreden ein Festact †) wurden, hat man

---

*) Corsini setzt es dem VIII Hecatombaeon vor; am VIII Hecatombaeon betrat Theseus als Jüngling zuerst aus der Fremde kommend die Stadt. Doch ist eine grössere Theseusfeier für den Tag wenigstens nicht nachweisbar. Vgl. Stark in G. A. 62, 27.

**) Diese Ansetzung ist dadurch erschwert, dass wegen der Amazonenschlacht die Boëdromien, ein Fest des nach ihnen benannten Monats, gestiftet sein sollen; Plut Thes. XXVII. Vielleicht hat man aber das Fest der Schlacht, d. h. das Siegsfest, im Boëdromion, von dem Todtenopfer im Pyanepsion zu scheiden. — Denken wir uns einmal, dass früher das amazonische Todtenopfer wirklich auf V Boëdromion (Genesien) gesetzt, also dem VI Boëdromion (Βοηδρόμια, Marathonsfest für Artemis Agrotera) angeschlossen war, so hat es nichts gegen sich anzunehmen, die später erloschenen Genesien seien beerbt worden von den Epitaphien, das Epitaphienfest habe den amazonischen Todtenbrauch nachmals an sich gerissen.

***) Manche davon mag ihre Speciallegende gehabt haben, wie der VIII Hecatombaeon. Doch was Plutarch von diesem Tage meldet (s. oben Note *) hat keinen Bezug zu einem Todtenopfer.

†) Ein ausdrückliches Zeugniss, dass auch ohne Schlachten und wirkliche Bestattung von Todten die Leichenrede jährlich gehalten wurde, habe ich nicht

ohne Zweifel den Epitaphientag für die jährliche Leichenrede bestimmt.

Bei den Epitaphien war der Polemarch thätig. Er stellte den epitaphischen Agon an und das Todtenopfer für Harmodios, welches in den Theseusdienst gut hineinpasste, weil Theseus als ein Ideal democratischen Freiheitssinnes gedacht wurde. Himerius Or. II p. 369 hat eine epitaphische Prunkrede, πολεμαρχικός betitelt; vgl. Poppo Thuc. III, 2 p. 133. Ob der Polemarch an diesem Feste auch dem Enyalios *) opferte, ist zweifelhaft.

An die eigentlichen Todtengebräuche (τὰ νομιζόμενα) schlossen sich Agonen; Plat. Menex. p. 249 αὐτοὺς δὲ τοὺς τελευτήσαντας τιμῶσα οὐδέποτε ἐκλείπει (ἡ πόλις), καθ᾽ ἕκαστον ἐνιαυτὸν αὐτὴ τὰ νομιζόμενα ποιοῦσα κοινῇ πᾶσιν, ἅπερ ἰδίᾳ ἑκάστῳ ἰδία γίγνεται, πρὸς δὲ τούτοις ἀγῶνας γυμνικοὺς καὶ ἱππικοὺς τιθεῖσα καὶ μουσικῆς πάσης. Hiernach hätten Agonen jeder Art stattgefunden, doch die ἀγῶνες μουσικῆς πάσης sind nicht durch Inschriften oder sonst zu belegen.

Von Opfern und Agonen ist am Schluss des [demosthenischen] Epitaphios die Rede und [Lysias] 2 extrem. kommen ἀγῶνες ῥώμης καὶ σοφίας καὶ πλούτου vor. Die ἀγῶνες ῥώμης sind gym-

---

gefunden. Aber die unter Demosthenes' und Anderer Namen auf uns gekommenen Epitaphien sind blosse Prunkreden und verdanken ihre Entstehung offenbar der jährlich auch ohne Kampf und Tod wiederkehrenden Verpflichtung, einen öffentlichen Epitaphios vorzutragen.

*) Pollux III, 91 ὁ δὲ πολέμαρχος θύει μὲν Ἀρτέμιδι (beim Marathonsfest am VI Boëdr.) καὶ τῷ Ἐνυαλίῳ, διατίθησι δὲ τὸν ἐπιτάφιον ἀγῶνα τῶν ἐν πολέμῳ ἀποθανόντων καὶ τοῖς περὶ Ἁρμόδιον ἐναγίζει. Was Pollux unter μέν aufführt scheint den VI Boëdromion, was er unter δέ aufführt den VII Pyanepsion und die Epitaphien anzugehen; das Opfer für Enyalios, den Gott stürmischen Angriffs, passt zum Feste der Marathonsschlacht, bei welcher zuerst ein Feind im Lauf angegriffen sein sollte, Herod. VI 112. Dennoch lesen wir Bekk. An. p. 290 πολέμαρχος .. τῷ Ἐνυαλίῳ διατίθησι τὸν ἀγῶνα τὸν ἐπιτάφιον. Diese Glosse ist vielleicht zusammengezogen aus: [θύει μὲν] Ἐνυαλίῳ, διατίθησι[δὲ], indem der Polemarch an beiden Festen thätig war und der Glossator dachte, es sei nur von einem einzigen Feste die Rede. Petersen Geburtstagsfeier p. 303 bezieht das Opfer für Enyalios (Pollux) und die Glossen des Hesychius ἐνυάλιξις, ἑορτὴ τοῦ Ἐνυαλίου, ἐνυαλίζειν, τὴν Ἐνυαλίου ἑορτὴν ἄγειν auf die Epitaphien. Aber bei Pollux gehört das θύειν μὲν Ἀρτέμιδι jedenfalls dem Marathonsfeste an, weil dieser Schlacht das Gelübde an Artemis Agrotera zukommt; unmittelbar damit verbunden ist bei Pollux καὶ τῷ Ἐνυαλίῳ. Und wie konnte der epitaphische Agon dem Enyalios gelten? er galt den Manen gestorbener Helden z. B. des Theseus. Enyalios konnte nur nebenher ein Opfer dabei erhalten.

nische und hippische; ob σοφίας auf einen Wetteifer epitaphischer Redner gehe, ist eben so unsicher wie die Deutung von πλούτου. Reichthum konnte bei den Epitaphien theils so hervortreten, dass der Privatmann seinen Angehörigen kostbare Todtengaben brachte (Thucyd. II, 34 καὶ ἐπιφέρει τῷ αὑτοῦ ἕκαστός ἥν τι βούληται) theils aber auch durch prächtige Herstellung alles dessen, was von staatswegen für die Epitaphien zugerüstet ward.

Nach Gellius XV, 20 hat schon in Euripides' Zeit an den Theseen ein Agon stattgefunden.

Auf Inschriften sind Fackellauf, Waffenlauf und militärische Paraden überliefert: Ephemeris 4097, 8 (οἱ ἔφηβοι) ἔδ[ρ]αμον δὲ καὶ τὴν λαμπάδα τοῖς ἐπιταφίοις πρὸς τοὺς [ξ]ένοις (ἔνους Philistor) ἐφήβους οἵς καὶ ἐνίκων; 4098, 21 ἐποιήσαντο δὲ καὶ τοῖς Ἐπιταφίοις δρόμον ἐν ὅπλοις τόν τε ἀπὸ τοῦ Πολυανδρείου καὶ τοὺς ἄλλους τοὺς καθήκοντας καὶ ἐπεδείξαντο ἐν τοῖς ὅπλοις τοῖς τε Θησείοις καὶ Ἐπιταφίοις; cf. ib. lin. 76; n. 4104, 19 ποιησάμενοι δὲ καὶ μελέτην ἐν τοῖς ὅπλοις ἐπεδείξαντο τοῖς τε Θησείοις καὶ τοῖς Ἐπιταφίοις; vgl. n. 4107, 16 sq.; n. 4041, 13; n. 4042, 11 und 21; Philistor II p. 187 eine Siegerinschrift aus dem Fackellaufe lin. 2 sq. ἐπιτάφια λαμπάδα νεικήσας κ. τ. λ.

Auch Rangabé n. 785 ist wohl aus einer Epheheninschrift und lin. 3 ἔν τε τοῖς Θησε[ίοις καὶ τοῖς Ἐπιταφίοις] zu ergänzen.

Es kann schon des wiederholten τοῖς τε Θησείοις καὶ Ἐπιταφίοις wegen kein Zweifel sein, dass beide Feste zusammengehören, einander mindestens sehr nahe lagen im Kalender. Da nun die Theseen bedeutende Fackelspiele enthielten, in derselben Kalenderzeit aber verschiedene Fackelabende unwahrscheinlich sind, so müssen wir die vier Fackelläufe der Theseen für epitaphische nehmen, und in der Formel τοῖς τε Θησείοις καὶ τοῖς Ἐπιταφίοις ein σχῆμα καθ' ὅλον καὶ μέρος erblicken, in dem Sinne: „an den Theseen, insonderheit demjenigen Theseentage, welcher Epitaphia heisst und welcher die ephebische Jugend vornehmlich angeht."

Was uns also die grosse Theseen-Inschrift, Philistor II II. 15 p. 132 sqq., bis zu den Fackelläufen verzeichnet, ist eine Beschreibung der Spiele des Epitaphientages.

Die erstaufgeführten Preise gelten Trompetern und Herolden, dann kommen sechs abwechselnd in der Euandrie und Euoplie vertheilte Preise. Erstlich siegt die Phyle Attalis in der Euandrie, die Aegeis in der Euoplie; hier sind die Wettkämpfenden eine attische

Elite, ἐπίλεκτοι. Dann siegt ein τάγμα in der Euandrie, ein anderes in der Euoplie; die Kämpfenden sind οἱ ἐν τοῖς ἔθνεσιν, Ausländer. Endlich attische Ritter; in der Euandrie siegt die Phyle Leontis, in der Euoplie die Acantis. Das letzte Spiel ist ein tarantinisches, vielleicht auf Todtendienst bezügliches.

Es folgen 4 Fackelläufe mit Einzelsiegern und zwar der Knaben, der alten Epheben, der Fremden (τῶν ἐ[θνι]κῶν ἐγλ[εκτῶν]?), der Reiter. — Die Fackel zeigt uns, dass es Abend ist, der Abend, welcher dem VIII Pyanepsion angehört. Die Wettkämpfe der Euandrie und Euoplie fanden am VII statt und ersetzten die erloschenen Oschophorien.

Am VIII Morgens begann der gymnische, am IX der hippische Agon. Beide Agonen sind älter als die Euandrie; denn wenn im Menexenus von gymnischen und hippischen Agonen zu Ehren der im Kriege Gefallenen die Rede ist, so kann man darunter nur diejenigen verstehen, welche an den Theseusfesten vorkamen. Die epitaphische Tendenz der Theseusfeste ist oben nachgewiesen.

Lin. 4 sqq. der Theseeninschrift wird Festzug, Opfer und Opferschmaus dem Fackelspiel vorangestellt, diese Festacte also wohl auf den Lichttag des VII und den angeschlossenen Vorabend des VIII in ununterbrochener Reihe zu setzen sein *)

Setzen wir morgens den VII Pyanepsion die Trompeter und Herolde nebst den Euandrien — alles certierende Vorbereitungen einer Pompe — so muss mittags die Pompe, nachmittags das Opfer stattgehabt haben.

Mit Sonnenuntergang, wenn der VII sich vom VIII scheidet, beginnt dann der grosse Theseenschmaus, an dem die Deipnophoren theilhaben. Da es schon spät im Jahr ist, so wird der Schmaus bei Licht vor sich gegangen sein, ähnlich der apaturischen Dorpia. Die langen Abende der Jahrszeit würden sogar gestatten, auch noch

---

*) Die lin. 4 angeführten Festacte sind: πομπή, θυσία, λαμπάς, γυμνικὸς ἀγών. Wenn hierauf Preise erwähnt sind, welche den Phylen und Zügen (τάγμασιν) in der Euandrie und Euoplie ausgesetzt wurden, so scheint dies nicht so zu verstehen, als ob die Euandrie nach dem gymnischen Agon vorkam, der ihr hernach, auf der Inschrift, folgt, sondern es fand wohl die Verkündigung der Sieger und die Preisvertheilung am gymnischen Tage statt, was, bekannten Analogien zufolge, gar nicht anders sein konnte. — Dennoch kann man die theseischen Agonen aus lin. 4 sqq. allerdings nicht vollständig kennen lernen, so fehlen z. B. die Ritterspiele, auch Anderes fehlt, welches im Siegerverzeichniss enthalten ist. In der Hauptsache also muss man sich an das Siegerverzeichniss selbst halten.

einen Theil des Opfers bis nach Sonnenuntergang d. h. bis in den VIII hinein zu verspäten.*)

Wenn der Schmaus zum Beispiel von Abends 7 Uhr bis 10 Uhr währte, so konnten um 10 Uhr die Fackelläufe eintreten.

Der Theseus-Tempel hatte Vermögen, Rangabé n. 2253, lin. 15. Für das grosse Theseusopfer waren besondere Familien steuerpflichtig (Plutarch Thes. XXIII); die Phytaliden besorgten es ($\dot{\epsilon}\pi\epsilon\mu\epsilon\lambda o\tilde{v}\nu\tau o$).**) Doch sind neben ihnen oder an ihrer Statt nachmals die Hieropöen, vermuthlich beim Opfer, thätig gewesen; sie machen Rang. 1059 dem Theseus eine Dedication. Der Theseuspriester (Sessel-Inschrift Philol. XIX, 361) muss am Grabe seines Heros im Theseion ein Opfer gebracht haben.

Dass wir den am VIII Abends stattfindenden Opferschmaus als ein Leichenmahl aufzufassen haben, folgt aus der epitaphischen Bedeutung der Theseusfeste. Ausserdem giebt es gewissermassen ein Zeugniss dafür, Schol. Ar. Ach. 961 $\dot{\epsilon}\pi\epsilon\tau\epsilon\lambda\epsilon\tilde{\iota}\tau o$ $\delta\dot{\epsilon}$ ($\dot{\eta}$ $\dot{\epsilon}o\rho\tau\dot{\eta}$ $\tau\tilde{\omega}\nu$ $Xo\tilde{\omega}\nu$) $\Pi\nu\alpha\nu\epsilon\psi\iota\tilde{\omega}\nu o\varsigma$ $\dot{o}\gamma\delta\dot{o}\eta$, $o\dot{\iota}$ $\delta\dot{\epsilon}$ $'A\nu\vartheta\epsilon\sigma\tau\epsilon\rho\iota\tilde{\omega}\nu o\varsigma$ $\delta\epsilon\varkappa\dot{\alpha}\tau\eta$. Wie konnte der Scholiast die Choën, eine bacchische Begehung im Frühjahr, mit dem Hauptopfertage der Theseen im Spätherbste verwechseln? offenbar darum, weil der XIII Pyanepsion choën-artige, mit Choën verbundene Gebräuche enthielt (Schol. a. O. p. 26, A, lin. 7 erklärt: $\chi o\grave{\alpha}\varsigma$ $\delta\grave{\epsilon}$ $\dot{\omega}\varsigma$ $\tau\iota\mu\acute{\alpha}\varsigma$, $\dot{\epsilon}\chi\acute{v}\sigma\epsilon\iota\varsigma$, $\dot{\epsilon}\nu\alpha\gamma\acute{\iota}\sigma\mu\alpha\tau\alpha$ $\dot{\epsilon}\pi\grave{\iota}$ $\nu\epsilon\varkappa\rho o\tilde{\iota}\varsigma$, $\ddot{\eta}$ $\sigma\pi o\nu\delta\acute{\alpha}\varsigma$. $\varkappa$. τ. λ.), eben Gebräuche eines Leichenmahls.

Am Lichttage des VIII Pyanepsion folgt der gymnische Agon. Die Theseeninschrift giebt uns 27 Preise, die etwa so vertheilt waren, dass nach den ersten 13, in Dolichos, Stadion und Diaulos vertheilten, eine Pause eintrat, worauf dann die anderen drei Gattungen Pale, Pygme, Pankration mit noch 14 Preisen absolviert wurden. Die Folge der Gattungen ist dieselbe, welche die Kämpfe

---

*) Indess möchte sich Plut. Thes. extr. $\vartheta v\sigma\acute{\iota}\alpha\nu$ $\delta\grave{\epsilon}$ $\pi o\iota o\tilde{v}\sigma\iota\nu$ $\alpha\dot{v}\tau\tilde{\omega}$ $\tau\grave{\eta}\nu$ $\mu\epsilon\gamma\acute{\iota}\sigma\tau\eta\nu$ $\dot{o}\gamma\delta\acute{o}\eta$ $\Pi v\alpha\nu\epsilon\psi\iota\tilde{\omega}\nu o\varsigma$ doch hinreichend dadurch erledigen, wenn nur der Schmaus, nicht auch das Abschlachten des Viehs, auf den VIII kommt. — In G. A. 62, 27 wird, wohl aus Meurs. Gr. Fer. p. 166, Ar. Thesm. 841 für die Kalenderzeit der Theseen benutzt. Aber an der Stelle, wo Bisetus aus $T\eta\nu\acute{\iota}o\iota\sigma\iota$ (codd.) auf $\Theta\eta\sigma\epsilon\acute{\iota}o\iota\sigma\iota$ rieth, liest man längst $\Sigma\tau\eta\nu\acute{\iota}o\iota\sigma\iota$.

**) Wenn wir darunter zunächst Berechnung der Einkünfte des Theseion verstehen, was in den Zusammenhang bei Plutarch a. O. passt, so lässt sich die administrative Thätigkeit eines phytalidischen Epimeleten mit der der Hieropöen vereinbaren. — Uebrigens mag später der Gentildienst der Phytaliden auch geradezu abgegeben sein an den Staat.

der Knaben z. B. Rang. 963 einhalten, s. Panathen. Taf. III S. 141, jede Gattung ist durch gewisse Stufen durchgeführt (drei ἡλικίαι, ἐκ πάντων, Männer s. Panathen. a. O.) mit Ausnahme des Dolichos, wo nur drei und des Ringens, wo nur 4 Stufen und Preise sind, so dass nicht volle fünfmal-sechs Preise vertheilt werden, sondern nur 27. — Hier endet vielleicht der gymnische Tag, obwohl die folgenden Infanterie-Stücke als Erweiterung des unzweifelhaft gymnischen ὁπλίτης (s. Panathen. a. O.) angesehen und zu den gymnischen Spielen gerechnet werden könnten. Aber 27 Preise sind genug für zwei Abtheilungen, sogar reichlich (s. Panathen. ob. S. 159): dazu entspricht das letzte Infanterie-Stück (B lin. 77 ἀκοντίζων ἐκ τῶν ἐ[φή]βων) dem letzten Cavalerie-Stück (B lin. 95 ἀφ' ἵππου ἀκοντίζων) und es ist nicht unpassend, den im Ganzen doch auch militärischen Cavalerie-Spielen die rein militärischen Infanterie-Spiele vorzuordnen.

Der dritte Tag, Pyanepsion IX, beginne uns mit den soldatischen Paraden der Jugend; erstlich aus dem ersten Lebensalter ὁπλομάχων ἐν ἀσπιδίῳ καὶ δόρατι und ἐν θυρεῷ καὶ μαχαίρᾳ; ähnliche zwei aus dem zweiten (ἐν ἀσπιδίῳ καὶ δόρ[ατι] und ἐν θυρεῷ καὶ μαχαίρᾳ); aus dem dritten bloss ἐν [ἀ]σπιδίῳ καὶ δ[όρατι]; endlich aus den Epheben das sechste und letzte Infanterie-Stück hat der ἀκοντίζων.

Den Schluss bilden zehn Cavalerie-Stücke, so stark ungefähr sind auch sonst die continuierlichen Ritterspiele (s. Panathen. ob. S. 159); zuerst B lin 79 ἵππῳ λαμπρῷ; dann lin. 81 .. ΥΓΕΙ. Ι ...... vermuthlich [ζε]ύγει und vielleicht der Name [Ἐ][χ]έδημος; darauf lin. 82 unleserlich; viertens [ἀκάμ]πιον, fünftens [ἵππ]ῳ πολεμιστῇ δίαυλον; sechstens δίαυλον (nicht mit dem Kriegsross); siebentens ἀκάμπιον — letztere drei Kämpfe ἐκ τῶν ἱππέων; die vier ersten scheinen bürgerliche (ἐκ τῶν πολιτικῶν), worauf auch [ζε]ύγει lin. 81 deutet (vgl. Peyssonels Inschr. lin. 60 und Ross n. 23 A, lin. 24). Der achte und neunte Kampf, δίαυλον und ἀκόντιον, sind ἐκ πάντων. Endlich der zehnte, ohne nähere Bezeichnung, ein Speerwurf zu Pferde (ἀφ' ἵππου ἀκοντίζων, lin. 95). Dies ist eine aus dem Panathenäenbrauch herübergenommene Gattung, denn auf der ältesten Panathenäen-Inschrift Rang. 960, B, 18 wird, ebenfalls am Schlusse des Agons, dem ἀφ' ἵππου ἀκοντίζοντι der (neunte und) letzte Preis gegeben.

Auch Rang. n. 964 ist wahrscheinlich auf die Theseen zu beziehen, da für die Panathenäen noch keine tarantinischen (Ritter-)

Spiele, Rang. 964 lin. 26 *Ταραντινῶν*,*) nachgewiesen sind, im theseischen Agon aber dieselben sicher vorkommen. Auf der Theseeninschrift Philistor a. O. A lin. 57 gewinnt die Acantis den Preis der ritterlichen Euoplie *Ταραντιναρχούντων Εὐθοίνου τοῦ Μοσχίωνος Μαραθωνίου, Πολυνίκου τοῦ Μοσχίωνος Μαραθωνίου* d. h. indem Euthoenus und ein Bruder des Euthoenus die Tarantinenführer, die Anführer im tarantinischen Ritterspiel, waren.

Uebrigens ist die Aufeinanderfolge der grossen Inschrift nicht ganz gleich mit der von Rang. 964, wo dem Dolichos der dritten Altersclasse die Tarantinen voraufgehen, während Philistor a. O. p. 136 lin. 67 die letzte *λαμπάς* voraufgeht.

Die Agonen der Theseusfeste geht auch Ἐπιγρ. ἀν. n. 14 an. [*ἀγωνοθετή*]*δας Θησ*[*είων ἐν τῷ ἐπὶ* Ἡρ]*ῳδοῦ ἄρχ*[*οντος ἐνιαυ*]-*τῷ* Ἑρμῇ. Hermes gehört als Todtenführer eben so sehr wie als Enagonios zu den Theseen und Epitaphien.

Uebersicht.

Pyanepsion V, öffentliche Ausstellung der irdischen Ueberreste, *τὰ μὲν ὀστᾶ προτίθενται τῶν ἀπογενομένων πρότριτα σκηνὴν ποιήσαντες καὶ ἐπιφέρει τῷ αὑτοῦ ἕκαστος ἥν τι βούληται*, Thuc. II, 34. Letzteres dauert noch den VI. } hinfällig wenn nicht Schlachten gewesen und wirklich Todte zu begraben waren.

Pyanepsion VI, die Ueberreste stehen noch aus, man bringt ihnen Gaben.

---

*) So accentuiert Rangabé. Es ist aber *Ταραντῖνοι* (eine Species von Hipparcontisten Suidas v. ἱππική, 1, 2, p. 1055 Beroli.) und *Ταραντῖνοι* (der Name der Einwohner von Tarent) ein und dasselbe Wort, ohne Zweifel weil diese Art des Spiels von Reitern mit kleinen Speeren, etwa auch in besonderm Costüm, aus Tarent stammt. Dass nicht jeder *ἀφ᾿ ἵππου ἀκοντίζων* ein tarentinisch Reitender ist, lehrt die grosse Theseeninschrift selbst, wo der Hippacontist lin. 95 noch neben den Tareutinern vorkommt. Im Philistor wird noch auf Acro zu Hor. Sat, 1, 6,59 verwiesen. Wie sollen wir aber urtheilen über die römischen ludi Tarentini oder Terentini, ob sie Verwandtschaft haben mit dem Reiterspiel der Theseeninschrift und dessen Ursprungsorte Tarent in Italien? Die handschriftlich bessere Lesart (O. Jahn zu Censorin. XVII p. 45, 17) ist Ta-

Kybernesien in Phaleron.

Pyanepsion VII. Den ganzen Tag über wird Pyanepsienkost gegessen und vertheilt.

In den Morgenstunden: Oschophorien. Mittags: Todtenbräuche für Aegeus, Theseus, u. A. Epitaphien für die Todten aus den Kriegen (Rede). Theseusopfer.	In späterer Zeit waren die Oschophorien erloschen und statt ihrer wurde der Morgen mit epitaphischen Agonen hingebracht, unter denen tarantinische Ritterspiele sind. Es folgt Festzug und Opfer.

Pyanepsion VIII Abends: Theseen-Opferschmaus. Fackelspiele. Am Tage: gymnischer Agon.

Pyanepsion IX: Hippischer Agon.

Pyanepsion X beginnen die Thesmophorien der Weiber mit den Stenien. Obwohl diese denkbar sind neben einem von den Männern gefeierten Agon, ist es doch besser eine Collision zweier Feste zu vermeiden, welche durch Ausdehnung der Theseen auf den X Pyanepsion entstehen würde.

Thesmophorien.

Thesmophorische Skira.

Eine Specialuntersuchung der Skira möge der Erörterung des Thesmophorienfestes vorangehen, um die Skira dem Thesmophorienfeste zu vindiciren und zu zeigen, dass sie das Oschophorienfest nichts angehen.

Bei Athen. XI p. 495F heisst es: Ἀριστόδημος ἐν τρίτῳ περὶ Πινδάρου, τοῖς Σκείρροις φησὶν Ἀθήναζε ἀγῶνα ἐπιτελεῖσθαι τῶν ἐφήβων δρόμον (δρόμου Schweigh.), τρέχειν δ᾽αὐτοὺς ἔχοντας ἀμπέλου κλάδον κατάκαρπον τὸν καλούμενον ὦσχον, τρέ-

---

rentini, obwohl der Ort der Säcularspiele (Festus p. 351 ed. O. Müller) nicht a, sondern e hat. Der unzweifelhaften Tendenz der attischen Theseen, Todte zu feiern, scheint sich anzunähern, was wir von den ludi Tarentini der Römer erfahren. Die Quindecimvirn sagten nach den sibyllinischen Büchern aus: *Diti patri et Proserpinae ludi Tarentini in campo Martio fierent tribus noctibus et hostiae furvae immolarentur cet.* (Censorin n. O.).

χουσι δ' ἐκ τοῦ ἱεροῦ τοῦ Διονύσου μέχρι τοῦ τῆς Σκιρράδος Ἀθηνᾶς κ. τ. λ. Die bekannten Feierlichkeiten der Oschophorien wurden an den Σκείρροις (Σκίροις) begangen. Die Oschophoria also werden hier „geradezu Σκίρα genannt" G. A. 56, 11? nun freilich, wenn die angeführte Stelle unverdorben wäre.

Corsini wollte den ambiguis verbis dieser Stelle keine Autorität zugestehen, F. A. II p. 355. Unter Anderem hielt er es für möglich, τοῖς Σκείρροις auf den Ort zu beziehen. Vom Orte Skiron in der Nähe des heiligen Weges bei Athen verstand auch Casaubonus τοῖς Σκείρροις. Beide übersetzen in Sciris prope Athenas. Ἀθήναζε heisst aber „nach Athen", nicht „bei Athen." Schweighäuser also und Andere meinten, unter τοῖς Σκίροις sei das Fest zu verstehen, das eben beschriebene Oschophorienfest. Aber was sagt die Beschreibung? sie giebt uns einen Agon, der von Athen, aus dem Dionysostempel (dem lenäischen) nach Phaleron (zum dortigen Tempel der Skiras) geht. Hiermit stimmt das Ἀθήναζε nicht. Es hilft nichts zu sagen, dass bei den Oschophorien ein solenner Einzug nach Athen, Ἀθήναζε, stattfand, indem die Sieger und alle übrigen aus Phaleron zurückkehrten. Dieser Einzug war der Agon nicht, Ἀθήναζε ἀγῶνα ἐπιτελεῖσθαι ist also falsch *) und überhaupt muss die Stelle zunächst aus dem erklärt werden, was sie selber giebt. Sie giebt aber eine Richtung von Athen, nicht nach Athen. Hiernach ist zu vermuthen, dass die Worte τοῖς Σκείρροις φησὶν Ἀθήναζε ἀγῶνα ἐπιτελεῖσθαι verdorben sind. Corsini proponiert τοῖς τῆς Σκιράδος. Die obgedachten Zweifel machen besonders Ἀθήναζε verdächtig. Vielleicht hat da gestanden: τῇ Σκιράδι φησὶν Ἀθηνᾷ, obwohl Herodot VIII 94 das Beiwort (Σκιράδος) nachsetzt. Die Späteren, auf deren Sprachgebrauch es hier allein ankommt, setzten Σκιράς dem Hauptnamen voran; Paus. Att. 36, 4 καὶ τῆς Σκιράδος ἱδρύσατο Ἀθηνᾶς ἐπὶ Φαλήρῳ τὸ ἀρχαῖον ἱερόν; 1, 4 Σκιράδος Ἀθηνᾶς; auch Pollux IX, 96; Schol. Ar. Eccl. 18: Bekker Anecdota p. 300, 35; ibid. p. 304, 8, wo freilich Σκειράς als Glosse voranstehen mag; Suidas 11, 2 p. 796, 14 (ibid. 795, 18, wo Σκιράδα nachsteht, ist die Meinung „Die Athena als Skiras verehrt man in Athen").

---

*) Auch nach Schömann Alt. II p. 431 hat an den Oschophorien kein Wettlauf nach Athen stattgefunden, sondern, was in der Richtung nach Athen erfolgte, war nach ihm die Pompe. Selbst wenn letzteres wahr wäre, würde die Stelle des Athenaeus immer Falsches enthalten.

C. Fr. Hermann lässt die angezweifelte Stelle gelten. Er zieht Deipnophorie und Weiberfest zusammen und macht das Weiberfest der Deipnophoren zu einem Nebenact des Oschophorienfestes. Skira hat nach ihm zwei Bedeutungen, im weiteren Sinne sind es die Oschophorien (G. A. 56, 7), im engeren die Ceremonien des Weiberfestes (§ 56, Text „vorzugsweise Σκίρα, heissen" die Bräuche der Weiber). Nach Hermann waren am Oschophorientage Mütter und Kinder im phalerischen Athenatempel eingeschlossen und die Weiber verrichteten Gebräuche für ihre Fruchtbarkeit; diese Einschliessung geschah zum Gedächtniss des von Theseus abgelösten Menschentributs; die Vierzehn waren im (phalerischen) Tempel eingeschlossen worden und hatten Besuch von ihren Müttern erhalten, die ihnen Speise zutrugen (Deipnophorie). Da nun die Deipnophorie ein Oschophorienbrauch ist, so nimmt Hermann jene Mütter der eingeschlossenen Söhne und Töchter für die Skiraweiber (56, 12). Diese Annahme ist nicht haltbar. Die Skira sind eine Begehung, wobei die Frauen geheime Beschlüsse fassen (Ar. Eccl. 18), sie setzen ein längeres Zusammensein voraus und ein geordnetes, es ist von dem Vorsitz an den (Stenien und) Skiren die Rede (Ar. Thesm. 834). Hiermit hat es keine Verwandtschaft, wenn die Mütter kommen, um ihre Kinder zu trösten. Auch waren die Kinder, welche Theseus entführte, schon grösser (ἠϊθέους ἑπτὰ καὶ παρθένους τοσαύτας Plut. Thes. 15), die Oschophoren sind Jünglinge. Wie passt nun das zur Geheimsitzung an den Σκίροις? — Die verborgene Session der Weiber nach bestimmter Form ist nicht vergleichbar mit den zwanglosen Besuchen der Mütter (φοιτᾶν Bekk. An. p. 235; ἐπεφοίτων Plut. Thes. 23; συνῄεσαν ἀσπασόμεναι Harpocr. nach Sauppes Lesart Or. Att. II p. 289 statt συνῆσαν).

Gegen oschophorische Σκίρα spricht auch noch die (wahrscheinlich) schon vom Anfang des Pyanepsion begonnene Paraskeve des Thesmophorienfestes. In dieser der Enthaltsamkeit gewidmeten Vorbereitungszeit standen die Weiber schon unter dem Gesetz der Thesmophoros. Es ist also unpassend, wenn sie sich an einem Tage der Paraskeve im Athenatempel einschliessen, da all ihr Denken darauf gerichtet ist, den Zorn der Demeter zu versöhnen.

Thesmophorische Skira.

An Skira als einen Act des Thesmophorienfestes hat Niemand gedacht ausser Rinck II p. 319. Rincks Ansichten sind oft verkehrt und diese erscheint bei ihm als flüchtig hingestellte Berichtigung einer eben so flüchtig hingeworfenen Behauptung. Von dieser Seite her sind also thesmophorische Skira wenig empfohlen; ja in Rincks Darstellung sind sie gar nicht annehmbar, weil er sie mit einem Irrthume verbindet. Die Thesmophoriazusen sollen nach Eleusis ziehend an den vorstädtischen Ort Skiron gelangt sein und dort die Skira begangen haben; sie zogen aber nicht nach Eleusis. Sehen wir also von Rinck ab und befragen die Alten selbst.

Beide Stellen des Aristophanes sprechen für thesmophorische Skira; Thesm. 834 werden sie zusammengestellt mit den Stenien, welche einen Act des Thesmophorienfestes bilden. Es ist von einer Proedrie an beiden Festlichkeiten die Rede und der Gedanke liegt nahe, dass auch die Skira ein Theil des vielgegliederten Thesmophorienfestes sind, wenn auch v. 835 unter $ταῖς\ ἄλλαις\ ἑορταῖς$ nicht lauter thesmophorische Acte verstanden sein mögen. Ebenso passen Eccl. 18 für die geheimen an den $Σκίροις$ gefassten Beschlüsse thesmophorische $Σκίρα$, da die Weiber als Thesmophoriazusen ganz unter sich sind.

Auf thesmophorische Skira hat auch der Ravennatische Erklärer jene erste Stelle bezogen, was man übersah. Zu den Worten $προεδρίαν\ τ'\ αὐτῇ\ δίδοσθαι\ Στηνίοισι\ καὶ\ Σκίροις$ (v. 834) bemerkt er: $ἀμφότεραι\ ἑορταὶ\ γυναικῶν,\ τὰ\ μὲν\ Στήνια\ πρὸ δυεῖν τῶν\ Θεσμοφορίων\ Πυανεψιῶνος\ θ',\ τὰ\ δὲ\ Σκίρα\ λέγεσθαί φασί τινες\ τὰ\ γινόμενα\ ἱερὰ\ ἐν\ τῇ\ ἑορτῇ\ ταύτῃ\ Δήμητρι\ καὶ Κόρῃ.\ οἱ\ δὲ\ ὅτι\ ἐπίσκυρα\ (ἐπὶ\ Σκίρῳ$ Fritzsche$)\ θύεται τῇ\ Ἀθηνᾷ$. Hier kann $ἐν\ τῇ\ ἑορτῇ\ ταύτῃ$ nur das Thesmophorienfest sein oder die Stenien, ein Theil desselben. Denn die (erste) Interpretation will sagen: „Weiberfeste sind beide, die Stenien am IX Pyanepsion, zwei Tage vor den Thesmophorien; die Skiren sollen nach Einigen eine an diesem Feste stattfindende heilige Handlung sein für Demeter und Kore". Jene werden als eine vor dem Feste, diese als eine an dem Feste begangene bezeichnet; denn am nächsten liegt für $ἑορτῇ$ doch wohl die Bedeutung: das Thesmophorienfest selbst (weniger das Stenienfest), ungeachtet „selbst" nicht dasteht, auch nicht durch Conjectur ($ἐν\ αὐτῇ\ τῇ$ . .) hineingebracht zu werden braucht. O. Müller A. E. III, 10 p. 88 citiert die Worte ohne $ταύτῃ$, und schreibt $τὰ\ γινόμενα\ ἱερὰ\ ἐν\ τῇ\ ἑορτῇ\ Δήμητρι\ καὶ\ Κόρῃ$, wodurch die Beziehung auf das „obgenannte Fest, $ἡ\ ἑορτὴ\ αὕτη$" verdunkelt wird. In der Parallelstelle des Stephanus von Byz. sind die Worte $ἐν\ τῇ\ ἑορτῇ\ ταύτῃ$ ganz weggelassen.

Nachdem er die andere auf Athena gehende Erklärung verzeichnet hat, fügt er hinzu: ἄλλοι δὲ ἀπὸ τῶν γιγνομένων ἱερῶν Δημήτερι καὶ Κόρῃ (Dübner adnot. ad Schol. Ar. Thesm. 834). Hier stehen also die Σκίρα als eine der Demeter geltende Opferhandlung da, ganz abgeblasst und unkenntlich, weil Stephanus von Byz. sich nicht die Mühe gab den, im Zusammenhange des Schol. Ar. a. O. deutlichen Zusatz ebenso deutlich in dem seinigen durch ἐν τοῖς Θεσμοφορίοις wiederzugeben.

Kalendertage.

Die Thesmophorien fielen in den Pyanepsion nach übereinstimmender Angabe unserer Quellen. Auf einen dem Spätjahr angehörigen Monat führt auch der Orakelspruch: „Die Weiber auf Colias d. h. die Thesmophoriazusen werden mit Rudern Feuer machen und sich Speise bereiten" (Herod. VIII 96). Der Spruch erfüllte sich durch die in den Herbstmonat Boēdromion zu setzende Salamisschlacht, von der die bei Colias angetriebenen Schiffstrümmer bald danach *) im Pyanepsion den Weibern als Scheite dienen konnten.

Aber über die Monatstage selbst sind die Angaben widersprechend, in dem Grade, dass nicht weniger als drei Hypothesen, jede auf Zeugnisse gestüzt, hervorgetreten sind, denn die Zeugnisse gehen dreifach auseinander. (Mehr als drei Hypothesen brauchen wenigstens nicht behandelt zu werden, da die früheren, von Meursius und Wellauer, ohne Rücksicht auf die erst später entdeckten Ravennatischen Scholien aufgestellt sind.)

Die erste unter den zu besprechenden Ansichten ist die von Rinck (Rel. d. Hell. II p. 124 sqq.), der mit Meursius den XVI Pyanepsion für den Tag der νηστεία (Plutarch) hält und die städtischen Thesmophorien auf XIV bis XVII ansetzt. So ist ihm der XVI (νηστεία) der dritte Thesmophorientag, was er nach Aristoph. Thesm. 80 sein soll, so wie Rinck nämlich die Stelle versteht. Aber Aristophanes nennt denselben Tag auch μέση. Diesem Ausdrucke wird Rinck nicht gerecht, da der dritte Tag unter vieren nicht passend μέση genannt wird. Rinck, dem die Unangemessenheit dieses Aus-

---

*) Die Zeitbestimmung wird nicht alteriert durch die Lesart, φρίξουσι (codd.) oder φρύξουσι (emeud.), da man unter Κωλιάδες γυναῖκες doch auch bei der Lesart φρίξουσι eher an das bekannte Frauenfest dieses Ortes als an Bewohnerinnen von Colias denken wird (Preller Ztschr. f. d. Alt. 1885 p. 789).

druckes nicht entging, sagt, die städtischen Thesmophorien zerfielen in drei Acte, einen ersten zweitägigen (Wallfahrt nach Eleusis und zurück), einen zweiten eintägigen (Fasten), einen dritten eintägigen (Kalligeneia); und der dritte Tag bilde in der That den mittleren Festact. Dagegen ist zu erwidern, dass Aristophanes wie bei τρίτη so ebenfalls bei μέση nicht an einen Act, sondern einfach an eine ἡμέρα denkt, und der dritte Tag unter vieren untreffend μέση heissen würde. Zudem war der Fasttag kein Decretentag. Vom XVI Pyanepsion aber haben wir das Decret Ephemeris n. 4097; mithin ist Pyanepsion XVI nicht der Fasttag, an welchem keine Sitzung stattfand (Aristoph. Thesm. a. O.) — Die Angaben der Ravennatischen Scholien benutzt Rinck zu einer ganz neuen Vermuthung. Was sie lehren, soll sich nicht auf die städtischen, sondern auf ländliche Thesmophorien beziehen, welche ebenfalls 4 Tage dauerten Pyanepsion X bis XIII, a. O. II p. 129.

Aber Aristophanes redet a. O. von dem städtischen Feste und seine antiken Erklärer durften auch zunächst nur von diesem reden. Rinck lässt sie den sehr grossen Fehler machen, zur Erklärung des städtischen Thesmophorientages bei Aristophanes ausschliesslich ländliche Thesmophorientage herbeizubringen. Die ganze Parallele ländlicher und städtischer Thesmophorien von gleicher Länge ist eine Phantasie. Rincks Ansicht enthält Willkührlichkeiten und kann dennoch weder Aristophanes' τρίτη und μέση noch die Ansichten der Scholien leidlich unterbringen. Wir werden uns nach einer besseren umsehen müssen.

Die Scholiasten des Aristophanes stellen auf, dass am IX Pyanepsion Στήνια, am X ἐν Ἁλιμοῦντι Θεσμοφόρια, am XI Ἄνοδος, am XII νηστεία, am XIII Καλλιγένεια begangen wurden. In diesen Angaben ist System und Ordnung, sie haben daher, seit Preller zuerst a. O. auf sie hinwies, fast allgemeine Billigung gefunden. Wenn ich dennoch das System der Scholiasten in einer gewissen Beziehung für unrichtig halte, so ist es gar sehr nöthig Rechenschaft zu geben, wie ich dazu gekommen, anderer Meinung als Preller, C. Fr. Hermann und Schömann zu sein. Freilich ganz allein stehe ich nicht gegen diese, denn auch Fritzsche zu Aristoph. Thesm. 80 ist anderer Meinung als der Scholiast und mit mir theilweise derselben Meinung. Er war anfangs überzeugt, das System der Scholien sei das wahre, es liegt seiner Erörterung de Thesmoph. secundis zu Grunde. Hernach sah er, dass die Worte des Aristophanes (τρίτη) sich nach den Scholiasten nicht erklären lassen und dass ihr System einen Fehler enthalte, welcher Einen Tag beträgt. So erging es auch mir. Fritzsche und ich haben dabei nicht den Vorwurf zu tragen, neben alten und neuen Hypothesen noch eine neueste aufzustellen, sondern berufen uns auf die polemische Wendung des Scholiasten ἀλλ' οὐδὲ ψυχρεύεσθαί τις κ. τ. λ., wonach unsere Ansicht schon den antiken Erklärern bekannt war.

Die dritte Ansicht also ist die vom Schol. Ar. Thesm. 80 zurückgewiesene, dass τρίτῃ bei Aristophanes nicht den dritten Festtag bezeichne, sondern einen III der betreffenden Decade, und dass folglich das System des Scholiasten um Einen Tag hinuntergeschoben werden muss. Denn Aristophanes ist Zeuge ersten Ranges, der Scholiast kaum zweiten Ranges. Plutarch also (Dem. 30) schrieb .. δὲ τρίτῃ ἐπὶ δέκα, nicht .. δ' ἕκτῃ, oder wenn er ἕκτῃ schrieb, versah er sich.

Der Scholiast lässt den Aristophanes sagen: „es finden keine Gerichte statt, auch keine Rathssitzung, weil es, das Fest von Halimus eingerechnet, der dritte, aber die Thesmophorien im engeren Sinne genommen, der mittlere Thesmophorientag ist." Unmöglich, dass der Sprechende in Einem Athem der Thesmophorien zugleich als viertägiger und als dreitägiger gedenke. Die erste Bestimmung ἐπεὶ τρίτη 'στὶ scheint blos dazusein, um den Hörer zu verwirren, da sie auf einem Terminus beruht, der auf der Stelle mit einem andern vertauscht wird, von welchem aus ἡ μέση gesagt ist.

Es fordert diese Auffassung die Abtheilung: ἐπεὶ τρίτη 'στὶ Θεσμοφορίων, ἡ μέση; „weil es dritter Festtag der Thesmophorien ist, der mittlere." Da aber τρίτῃ keinen Artikel hat, so denkt man vielmehr bei τρίτῃ an einen Kalendertag, und zieht Θεσμοφορίων ἡ μέση zusammen, so wie Ar. Thesm. 375 und im Sprichworte bei Athen. VII p. 307F. Fritzsche a. O. p. 23 lehrt auch, dass es metrisch besser sei ἐπεὶ τρίτῃ 'στὶ für sich zu lassen. Nun kann aber in der täglichen Umgangssprache ἐπὶ δέκα recht wohl ergänzt werden; denn τρίτῃ ἡ μέση „dreizehnter Monatstag" zusammenzuziehen würde eher für Hesiod (ἔργ. 782. 794. 805. 810. 820) als für Aristophanes passen, auch den sogar sprichwörtlichen Zusammenhang von Θεσμοφορίων ἡ μέση zerstören. Φθίνοντος wird von selbst ergänzt in den Wolken 1128, da πέμπτη, τετράς κ. τ. λ. keinen anderen Sinn zulässt. Demosthenes 19, 59 will sagen, dass vom XVI bis XX Skirophorion fünf Tage sind, unterdrückt aber bei XVI die Zehn: ἀπὸ γὰρ ἕκτης εἰς ταύτην (τὴν εἰκάδα) πέμπτη γίγνεται, im vorigen § hiess es vollständig: ἡ δ' ἐκκλησία μετὰ ταῦτα ., τῇ ἕκτῃ ἐπὶ δέκα ἐγίγνετο Σκιροφοριῶνος. Wenn hier der Zusammenhang erlaubte ἐπὶ δέκα ohne Schaden wegzulassen, so müssen wir diese Weglassung der Sprache der Gegenwart und des täglichen Umgangs, wo vieles sich von selbst versteht, in eben dem oder noch weiterem Umfange beilegen und können den aristophanischen Mnesilochos sagen lassen: „weil τρίτη ist", da der gegenwärtige Hörer weiss, in welcher Decade des Monats, vorausgesetzt, dass es auf die Decade überhaupt ankam und τρίτη allein nicht genügte, um einen für öffentliche Geschäfte wenig geeigneten Tag (s. S. 94) anzudeuten.

Gehen wir also vom Aristophanes aus in dieser Frage und lassen ihn beglaubigen, dass der mittlere Thesmophorientag der III einer attischen Woche, in diesem Fall der XIII des Monats sei, so ist es willkommen, dass wir den besten Zeugen für uns haben; aber geben wir ihm Gehör, so müssen wir die Angaben der Scholien sowol wie den Plutarch eines Irrthums zeihen, was nicht willkommen, jedoch unter mehreren Uebeln das kleinere ist. Durch Interpretation nämlich die Scholien und den Aristophanes dasselbe sagen zu lassen ist unmöglich, was ich hervorhebe, da Fritzsche einen Versuch dazu gemacht hat. Der Versuch ist folgender. Vielleicht, heisst es p. 24, lassen sich δεκάς und εἰκάς als erste, XI und XXI als zweite, XII und XXII als dritte Tage der entsprechenden Decaden nehmen. Wer das zulässt, lässt die heilloseste Verwirrung zu. Es ist nicht nöthig, darauf einzugehen, um so weniger als Fritzsche selbst p. 23 sagt, dass er diesen Weg weniger probat finde („minus probo").

Für die Worte des Aristophanes ist es gleichgültig, ob tags vor den städtischen Thesmophorien in Halimus ein Fest war oder nicht, da ἡ μέση lediglich das städtische Fest angeht. So bestätigt sich nun die Behauptung derer, welche erinnerten, dass μέσος fast immer von nur dreien stehe. Doch ist das nebensächlich. Wären nämlich 5 städtische Thesmophorienfesttage überliefert, weshalb sollte der dritte da nicht ἡ μέση heissen dürfen? Meursius und Corsini, welche 5 Festtage annahmen, haben daran nicht gezweifelt; heisst doch der Mittelfinger auch im Griechischen ὁ μέσος (bei Plato Rep. p. 523); cf. Pollux IX 98 τῶν δὲ πέντε τῶν ἑκατέρωθεν γραμμῶν μέση τις ἦν ἱερὰ καλουμένη γραμμή.

Gegen das System der Scholien lassen sich noch andere Einwendungen machen. Erstlich: wenn die ἁγνεία ἀπ' ἀνδρός, welche den Thesmophorien voranging, in Athen neun Nächte dauerte, so werden diese aus einer Boëdromion-Nacht und 8 Pyanepsion-Nächten bestehen. Man erwartet aber einfach die ersten 9 Nächte des Pyanepsion. Es lässt sich nicht entgegnen, nach vollen 8 νυχθημέροις und einer dazu verbrauchten Nacht sei noch die Tageshelle des IX Pyanepsion übrig. Denn die *Στήνια* sind selbst nächtlich (*ἐλοιδοροῦντο δ' ἐν αὐτῇ νυκτός* Photius), so dass jedenfalls die (das griechische *νυχθήμερον* beginnende) Nacht des X Pyanepsion für die *Στήνια* mit in Anspruch genommen werden müsste, ausser der Tageshelle des IX. Sollen also die Frauen ihre *ἱερομηνία* mit Neumond beginnen, so folgt, dass die *ἁγνεία*, ihre Neuntägigkeit vorausgesetzt, noch den IX Pyanepsion dauert, also die *Στήνια* erst mit Sonnenuntergang dieses Tages d. h. mit Beginn des X Pyanepsion anheben können. — Diese Einwendung ist nur secundär, weil sie auf der nicht ganz sicheren Annahme beruht, dass Ovids novem noctes (Metam. X, 434) für Athen galten.

Die zweite, aber ebenfalls nur secundäre, Einwendung gegen die Daten des Scholiasten ist folgende: der XII ist nach den Scholien Trauertag, der XIII Freudentag. Hiermit stimmt die Analogie des attischen Kalenders nicht überein, der XII ist in den attischen Monaten niemals traurig, der XIII niemals heiter. Das Fest des XII Skirophorion ist allerdings ernst, aber nicht finster, am XII Hecatombaeon, XII Boëdromion, XII Anthesterion sind heitere Feste. Dagegen ist XIII Anthesterion das Chytrenfest, ein Tag der Trauer, der XIII Skirophorion war vielleicht für Hinabtragung von Todtengaben (Arrhephorie) bestimmt, anscheinend ist er überschlagen zwischen Skirophorien und Buphonien. Am XIII Boëdromion soll nach C. I. I n. 523 Nephthys und Osiris einen Hahn als Opfer erhalten, ein Opfer wie es scheint von chthonischem Character. Am XIII Gemelion ist (wenn Scaliger Canon. Isag. p. 58 recht berichtet) Agamemnon ermordet worden. Vom XIII scheint es keine Staatsdecrete zu geben, s. S. 94.

Alle diese Bedenken sind gehoben, wenn wir den Scholiasten eines Fehlers zeihen, eines nicht grossen aber durchgehenden. Er fing seine Thesmophorientage früher zu zählen an, als er gesollt hätte. Statt die *ἁγνεία ἀπ' ἀνδρός*, welche bis zum IX Pyanepsion dauert, am Ende des IX enden zu lassen, rechnete er sie bis zum IX exclusive, so kam die ganze Reihe um eine Stelle zu hoch.

Nach der berichtigten Ansicht wird XIV Kalligenientag. Diese Benutzung der Tetrade lässt sich aus Hesiods Hemerologium empfehlen. Nach Hesiod ist die Tetras passend zur Heirath; vgl. auch *τετράδι κοῦρος ἔγεντο καὶ οὔποτε πάγκακος ἔσται* im Schol. Hes. *ἔργ.* 772 Vollb.

Da die Thesmophorien bis in römische Zeiten fortbestanden, so müssen die Theseen in ihrer späteren, mehrere Tage umfassenden Gestalt neben den Thesmophorien untergebracht werden. Dies wird erleichtert, wenn Pyanepsion IX nicht von den Thesmophorien occupiert gewesen ist; s. S. 287.

Die Féier.

Der abendlich nach dem Interlunium zuerst erblickte Neumond des I Pyanepsion (s. o. S. 295) war den Weibern das Zeichen der beginnenden Paraskeve, welche Keuschheit und Enthaltsamkeit für 9 Nächte (Ovid. Metam. X, 434) auferlegte. Diese Paraskeve war eine häusliche, die Frau enthielt sich ihres Mannes und legte Büsche von Agnus castus in das Ehebett. Eben jetzt war man mit der Wintersaat beschäftigt, der Pyanepsion ist der Saatmonat. Um nun das Gedeihen dieser Arbeit des Mannes, wie das Wohl des ganzen Hauses zu fördern, um den Segen künftiger Ernte wie auch die Segnung der Eheleute selbst mit Kindern zu sichern, mühete sich die Hausfrau rein und heilig vor das Antlitz der Demeter zu treten, deren Hochfest gegen den Vollmond herannahete. Nachdem die neunte Nacht verstrichen war, dachten die Weiber an den Aufbruch und zogen dem phalerischen Hafen zu.

Mit Sonnenuntergang, wenn IX Pyanepsion endete und X begann, trafen die Weiber einander zum Beginn der Stenien. Da am folgenden Tage die Thesmophorien von Halimus stattfanden, so mochten die heranziehenden Matronen theils gleich nach Halimus gehen, theils vorher sich in Athen treffen, um von Athen nach Halimus zu wandern. Gegen Preller bemerkt Rinck p. 128, dass die Procession von Athen nach Halimus auf einer blossen Erdichtung beruhe. Allerdings werden die Stenien besser nicht als „Tag der Festprocession", Schömann Alt. II p. 427, zu betrachten, vielmehr eine Anzahl kleiner Processionen anzunehmen sein, so dass die Stenia überall da stattfinden, wo sich feiern wollende Trupps von Thesmophoriazusen treffen. Die Nächtlichkeit der Stenia ist überliefert, sie begannen also nach Sonnenuntergang und die begegnenden, wie Nachtpatrouillen im Felde, verlangten sich die Parole ab und gaben scherzend das Erkennungszeichen. Streichen wir also die förmliche Festprocession und setzen zwanglose Weiberzüge an die Stelle, die weder in vorgeschriebener Zahl noch an vorgeschriebenem Orte stattfanden. Rinck entfernt sich indess weiter von der Ueberlieferung als seine Gegner; mit Unrecht sucht er das halimusische Fest zu localisieren und den Zusammenhang mit dem städtischen zu zerstören. Der erste Tag ($\Sigma\tau\acute{\eta}\nu\iota\alpha$) betraf alle Thesmophoriazusen, am zweiten folgt das halimusische Fest, der dritte und die folgenden gehen wieder alle Thesmophoriazusen an — welcher Schluss war da treffender als der von Preller, dass auch der halimusische Tag einen Theil des Thesmophorienfestes bilde?

Die Scherze trafen vorwiegend die Weiber, indem zwei Schaaren in spöttischen Verkehr geriethen ($\dot{\varepsilon}\lambda o\iota\delta o\varrho o\tilde{v}\nu\tau o$ $\dot{\alpha}\lambda\lambda\acute{\eta}\lambda\alpha\varsigma$ Photius); vgl. Herod. V, 83. Gerieth ihnen ein Mann in den Wurf, so bekam er indess ohne Zweifel reichlich Schelte ab. Bei Aristophanes heisst es, dass sich einer nichts hätte Schimpfliches gefallen, selbst der Achaja (der Demeter) nichts hingehen lassen, Acharn. 708. Unter der Achaja wird am besten die Göttinn der Stenien und Thesmophorien verstanden.

Das privilegirte Spotten an den Demeterfesten hat sich auch in der Literatur ausgeprägt. Eine hochberühmte Cultusstätte der Thesmophoros ist Paros, und der Parier Archilochus ist Schöpfer des iambischen Spottgedichts, Müller Ltg. I, 235. Malice, die verwunden will, muss Dinge, die wahr sind, zu einem Bilde zu vereinigen wissen, welches beleidigt, weil es trifft im Einzelnen, im Ganzen aber doch an Carricatur streift, muss also nicht ideal noch schöpferisch sein. So vermögen Frauen aus kleinen Zügen eine Schilderung zu gestalten, die bis zur Grausamkeit genau ist, und den Gegner mit Nadelstichen tödtet, ohne, in ihrer Gereiztheit ein Maass zu kennen. Solch ein Element ist auch im Archilochus. — Der platte jedoch nicht untreffende Spott des Simonides $\pi\varepsilon\varrho\grave{\iota}$ $\gamma v v\alpha\iota\varkappa\tilde{\omega}\nu$ passt in den Mund von Thesmophoriazusen. Merkwürdig erinnert die beste Sorte der Weiber (v. 83 $\tau\grave{\eta}\nu$ δ' $\dot{\varepsilon}\varkappa$ $\mu\varepsilon\lambda\acute{\iota}\sigma\sigma\eta\varsigma$) an die Melissen der Demeter (Lobeck Agl. 817) und von Eheweibern, ihrem Werthe oder Unwerthe für Mann und Haus, ist überhaupt nur die Rede; dies liegt eben im Bereich der Thesmophorien (Frau und Kinder, und Gedeihen des Korns, das Haus und Kinder ernährt).

Die halimusischen Mysterien folgten am XI Pyanepsion, vom Abend an. Ueberliefert ist, dass sie den Tag vor der städtischen Feier begangen sind; nimmt man noch die nächste Nacht hinzu (Schömann a. O.), so dauern sie 36 Stunden etwa, zwei Nächte und die zwischenliegende Tageshelle. Die mystischen Gebräuche werden nächtlich im Thesmophorion der Halimusier (G. A. 56, 15) vollzogen sein, während der Tag in Spiel und Tanz an der ganzen Küste bis Colias (Plutarch Solon 8) hingebracht wurde, es scheint auch, dass am Ufer gekocht ward (Herod. VIII 96). Ein Theil der Feier in Halimus mag auch der Aphrodite auf Colias gegolten haben; Preller Ztschr. f. d. Alt. 1835 p. 791 und gr. Myth. 1, 481.

Der Tag in Halimus war ein wesentlicher Theil des athenischen Thesmophorienfestes, nicht wie die Stenien mehr nebensächlich, noch weniger Mittelpunct einer von der städtischen unabhängigen ländlichen Feier.. Die nahe Meerfluth diente ohne Zweifel zu Reinigungen,*) wie an dem $ἅλαδε\ μύσται$ genannten Tage der Eleusinien. Doch ist dieser Vergleich für Halimus schwerlich erschöpfend. Denn der Ausdruck „Mysterien in Halimus" (Alimontia mysteria, Arnob. V, 28; G. A. 56, 15), das dem städtischen vergleichbare Thesmophorion daselbst, deuten auf grössere Selbständigkeit und eigenthümlichen Inhalt des halimusischen Festes. Ein blosser Rüsttag kann nicht $ἐν\ Ἁλιμοῦντι\ Θεσμοφόρια$ heissen (Schol. Ar. Thesm. 80).

Am folgenden Tage, XII Pyanepsion ($ἄνοδος$), zogen die Frauen in grosser Procession von Halimus zur Stadt. Wenn sie morgens auf-

---

*) Die Badesitten in der Türkei haben mit den Bräuchen der beiden ersten Thesmophorientage (Stenia, Alimontia mysteria) Aehnlichkeit. Der Besuch der Badehäuser ist eine der beliebtesten Vergnügungen in der Türkei, nicht bloss bei den Türkinnen, sondern ebenfalls den dort lebenden Griechinnen, Armenierinnen und Jüdinnen. Die Nacht vorher, ehe die badende Damengesellschaft ausfährt, ist unruhig, sie wird grossentheils auf Zubereitung von Leckerbissen verwendet, die jede Dame mitnimmt. Morgens werden die Wagen bestiegen, einer nimmt die Gesellschaft auf, ein zweiter das Gepäck. Unterwegs wird gefrühstückt, geraucht, geschwatzt, gelacht, auch wohl gestritten und geschrieen. Im Badehaus angelangt, wirft jede Dame sich in das Badecostüm, worauf wieder geruht und gegessen wird. Endlich folgt das Baden selbst, jedoch vielfach unterbrochen durch Rauchen, Essen, Kaffeetrinken, Spielen und Necken. Bei den Neckereien nehmen die Muhamedanerinnen gewöhnlich die Andersgläubigen zum Stichblatt, und zwar in einer Weise wie unartige Kinder dergleichen thun. Auf das Baden mit Nebengenüssen, verwenden sie 3 bis 4 Stunden. Dann schlafen sie aus. Beim Erwachen folgt eine lange und lebhafte Berathung über die Vergnügungen, mit denen der köstliche Tag schliessen soll. Gewöhnlich entscheidet man sich für den Besuch einer der Promenaden, wo die Badegesellschaft lustwandelt und über die Vorbeigänger medisirt. Endlich werden unter einem Baume die Teppiche ausgebreitet und geruht, während die in Körben mitgebrachte Mahlzeit gewärmt wird. Erst, wenn es spät geworden, entschliessen sich die Damen zur Heimkehr. (Nach der Mittheilung eines Unterhaltungsblattes.)

brachen, so konnten sie, im städtischen Thesmophorion angelangt, um die Mittagszeit*) ungefähr, die Gebräuche vollziehen, welche Σκίρα heissen; für die Σκίρα und die dann gefassten heimlichen Beschlüsse (Ar. Eccl. 18) ist eine Räumlichkeit erforderlich, die völlige Absonderung gestattete. Eine solche bot ohne Zweifel das städtische Thesmophorion dar.

Der Ort der städtischen Feier scheint am Osthang der Acropolis gewesen zu sein, im Umfange des „Eleusinion unter der Burg (πόλις)", (s. oben Note S. 249), sei es nun, dass das städtische Eleusinion mit älterem Namen Thesmophorion geheissen habe, sei es, dass ein Theil des Eleusinion den Namen Thesmophorion führte, so wie ein Ort im τέμενος der Athena Skiras den Namen Oschophorion hatte; Schol. Ar. Thesm. 585 ἐπεὶ καὶ ἄνοδον τὴν εἰς τὸ θεσμοφόριον ἄφιξιν λέγουσιν· ἐπὶ ὑψηλῷ (am Burghügel) γὰρ κεῖται τὸ θεσμοφόριον. Auch Fritzsche (z. d. Stelle) sucht das Thesmophorion bei der Burg, spricht sich aber leider nicht näher darüber aus. Die Geheimdienste der Demeter Thesmophoros fordern einen verschliessbaren Raum, diese Eigenschaft hatte das Eleusinion (Thuc. II, 17). Es ist durchaus kein anderer städtischer Ort für die Thesmophorien auszumitteln als dieser, und so lange nicht diejenigen, welche sich das Thesmophorion anderswo denken (C. Fr. Hermann in G. A. 56, 20), damit hervortreten, wo sie sich das Thesmophorion denken, ist eine unsichere Ansicht besser als gar keine. Es empfiehlt sich historisch gar sehr, dass die eleusinische Demeter da eingewiesen wurde, wo die thesmophorische längst gewohnt hatte; denn in der Stadt ist die eleusinische nicht alt.

In der grossen Procession von Halimus bis ins Centrum der Hauptstadt, wurden die θεσμοί (Gesetze) der Demeter feierlich einhergetragen. Heilige Frauen trugen die herkömmlichen Schriftrollen (in Capseln) auf dem Haupte (Schol. Theocr. IV, 25; Fritzsche p. 579 sq.; cf. Ar. Eccl. v. 222 sq. ἐπὶ τῆς κεφαλῆς φέρουσιν,

---

*) Die Setzung der Skira ist unsicher. Aus der Aufeinanderfolge Στηνίοισι καὶ Σκίροις (Ar. Thesm. 834) folgt höchstens, dass erst Stenia, dann Skira begangen sind. Nach Obigem lagen noch die halimusischen Mysterien dazwischen. Dies verringert die Einstimmung mit der Aufeinanderfolge bei Aristophanes, die also nicht so ist, wie wenn man Gründonnerstag und Stillfreitag sagt. Aber wenn wir unter den Σκίροις die Hauptversammlung für zu fassende Beschlüsse verstehen, so passt eine solche besser in die städtische, an den Hauptfesttagen benutzte Oertlichkeit als nach Halimus.

ὥςπερ καὶ πρὸ τοῦ · τὰ Θεσμοφόρι' ἄγουσιν, ὥςπερ καὶ πρὸ τοῦ), freilich nicht nach Eleusis.*) Dieser Act ist der Grund des Festnamens, Thesmophorien bedeutet Gesetzestragung. Aus der Bezeichnung des Festgebrauchs scheint der Name der Göttinn Θεσμοφόρος**) erst entstanden, indem θεσμοφόρος ursprünglich eine im Dienste der Demeter jenen Brauch vollziehende Frau bedeuten dürfte, so viel wie θεσμοφοριάζουσα.

Die νηστεία folgte am XIII, der mittlere Tag des städtischen Thesmophorienfestes (XII, XIII und XIV), dessen Dreitägigkeit übereinstimmt mit den ebenfalls dreitägigen Thesmophorien von Milet, Abdera und Sparta (Fritzsche p. 578; Welcker G. L. II p. 500). Finstre Todtentrauer (σκυθρωποτάτη Plut. Dem. 30) war der Character dieses Tages, die Weiber sassen auf der Erde und fasteten (νηστεύουσιν χαμαὶ καθήμεναι Plutarch de Iside et Os. c. 69), wie David fastete und über Nacht auf der Erde lag 2 Samuelis 12, 16. Die Bräuche waren so streng und eigenthümlich, dass sie in die gewöhnliche Rede übergingen. Mit Thesmophorienfasten verband man die Vorstellung der strengsten Enthaltsamkeit und Speiselosigkeit Ar. Av. 1519; Athen. VII p. 307 F; vgl. Schol. Ar. Thesm. 375.

Für das religiöse Bewusstsein war die νηστεία offenbar die Spitze des ganzen Festes, bestimmt den Grimm der chthonischen Gottheiten zu besänftigen. Ausser dem Fasten und Auf-der-Erdesitzen fanden wohl auch κομμοὶ καὶ θρῆνοι statt, die den Erdgöttern gebühren; Welcker G. L. I, 360. Es lag das Dogma zu Grunde, dass im Herbste, wenn alles Grün und jede Schönheit des Jahrs schwindet, auch Kore in den Hades gehe und die darum be-

---

*) Die irrthümliche Erwähnung von Eleusis erklärt sich leichter, wenn wir das Eleusinion als Ziel der Procession ansehen. Allerdings konnte eine Verwechselung zwischen den Demeterfesten auch allein schon zu irriger Nennung von Eleusis führen (Fritzsche p. 580). Die Verwechselung von Halimus und Eleusis (G. A. 56, 20) ist vielleicht unabhängig entstanden; das bei Plut. Solon 8 Erzählte gehört offenbar nach Halimus.

**) So setzt der δαφνηφόρος Φοῖβος Anacr. XI, 6 Bergk den Gebrauch des δαφνηφορεῖν voraus. Welcker G. L. II, 496 will θεσμός in dem Compositum auf das Gesetz der Ehe beziehen; θεσμός heisst aber überhaupt Satzung und andere Satzungen dürfen wir nicht ausschliessen. Was die Weiber trugen, waren wohl zunächst die Ritual-Vorschriften ihres Thesmophorienfestes, über Opfer, Procession u. dgl. Gewiss bezog sich auch einiges darin auf die Saat, z. B. wenn der Kranich das Zeichen gebe, solle man zu (Zeus und) Demeter um Gedeihen für die Saat (in bestimmtem Ceremoniell) ein Gebet richten, Hesiod Ἔργ. 450. 467.

trübte Demeter Beileid verlange, und dsss sie die strafen und heimsuchen werde, welche ihr das Beileid versagen. Die Thesmophoriengöttinn ist eine attische Achaja, d. h. die Klagende. Mit dem Feste der Demeter Achaja in Böotien steht daher Plutarch a. O. die Thesmophorientrauer zusammen, weil die Göttinn um der Kore willen ἐν ἄχει ist.

Die den Mächten der Unterwelt in ihre tiefen Wohnungen hinabgesendeten Schweinsopfer (Welcker G. L. II. 500) werfen keine Opferschmäuse ab, denn bei dem μεγαρίζειν wurde das ganze Thier versenkt.

Die leidenschaftlichen Trauergebräuche gehören gewiss einer sehr alten Zeit an und reichen weit über Solons und Epimenides' Reformation hinauf. Vgl. Welcker G. L. I, 360. Hier, im Begehen der νηστεία, ist ohne Zweifel etwas von dem σκληρὸν καὶ βαρβαρικόν (Plut. Solon 12) in den Trauergebräuchen der Weiber bewahrt, das jene Reformatoren beschränkten. Das Attica älterer Zeit trauerte ebenso orientalisch heftig wie Lacedaemon, Herod. VI, 58. Diese von den Alten selbst abgegebenen Urtheile verdienen Beachtung. An sich folgt aus dem Nichtgebrauch des Sessels und dem Fasten noch nicht eine Beeinflussung durch Orientalen; dergleichen konnte auch ohne orientalischen Einfluss ähnlich in Gebrauch kommen, aber vielleicht doch nicht in solcher Maasslosigkeit. Es können also asiatische Einwirkungen diese schon bei den Griechen selbst entstandene Sitte gesteigert und gegipfelt und gottesdienstlich*) verwendet haben.

Der letzte Festtag, XIV Pyanepsion, hiess Καλλιγένεια und bezog sich auf die Geburt schöner Kinder. Der Name scheint ursprünglich die jetzt versöhnte Demeter zu bedeuten, als die da nun den Matronen den schönsten Segen der Familie nicht versagen werde. Aristophanes in den zweiten Thesmophoriazusen hatte die Kalligeneia als eine eigene Figur abgesondert; Kalligeneia ist die Vorrednerin des erwähnten Lustspiels. Wie die (ersten) Thesmophoriazusen am Tage der νηστεία spielen, so die zweiten am Kalligenientage.**)

---

*) Bei Homer zeigen sich ähnliche Züge an trauernden Personen, freiwilliger Verzicht auf die gewohnten Bequemlichkeiten, auf Speise; aber nur als menschliche Schwäche, nicht als gottesdienstliche Sitte. Homer Odyss. IV, 717. 788; XI, 190; Hymn. IV, 193.

*) Dieser Meinung sind Fritzsche p. 585 und Bergk Frgm. Ar. 187. Welcker G. L. II p. 505 behauptet, die zweiten Thesmophoriazusen wären erst

Auf alles, was an heiteren Gebräuchen überliefert ist, hat der Kalligenientag die nächsten Ansprüche, übrigens nicht die alleinigen, denn auch in Halimus wurde gespielt und getanzt. Schömann p. 428 setzt verschiedene *scherzhafte Bräuche ($\varkappa\nu\iota\sigma\mu\acute{o}\varsigma$ Reiz und Lüsternheit, $\H{o}\varkappa\lambda\alpha\sigma\mu\alpha$ Tanz mit Niederkauern, $\chi\alpha\lambda\varkappa\iota\delta\iota\varkappa\grave{o}\nu$ $\delta\acute{\iota}\omega\gamma\mu\alpha$*) chalcidisches Greifspiel) auf diesen Tag, was im Allgemeinen das Wahrscheinlichste ist, obwohl wir uns von den Bräuchen keine deutliche Vorstellung machen können.

Am wenigsten zweifelhaft ist, dass ein Opfer $\zeta\eta\mu\acute{\iota}\alpha$ genannt dem letzten Tage angehörte; denn es wurde als Zugabe, mit Rücksicht auf möglicherweise begangene Fehlgriffe in den Thesmophorien, dargebracht. — G. A. 56, 19.

Apaturien und Chalkeen.

Kalendertage.

Die Zeit des Festes war der Monat Pyanepsion; die Tage sind nicht überliefert, sie müssen nach Vermuthung angesetzt werden. Ein bewegliches Fest waren die Apaturien schwerlich, wenn auch die beiden öffentlichen Ferientage, die man dem festlichen Triduum zulegte, nach dem Ermessen der Geschmacksherren ($\pi\rho o\tau\acute{e}\nu\vartheta\alpha\iota$) verschiedene Stellung hatten (z. B. als zwei Vortage, ein andermal als ein Vortag und ein Nachtag des Triduums), die ins gesammt 5 Tage betragenden apaturischen Ferien also allerdings da im Kalen-

---

nach vollendetem Feste begangen worden. Demetrius der Trözener nannte dies Stück $\Theta\varepsilon\sigma\mu o\varphi o\rho\iota\acute{\alpha}\sigma\alpha\sigma\alpha\iota$. Die Gesetzestragung und der Trauertag, also die Hauptacte der Thesmophorien, sind am Kalligenientage vorbei, dieser ist ein Tag des Aufathmens von den strengen Stunden der Trauer, ein durch die thesmophorischen Kasteiungen errungenes fröhliches Finale, kurz eine Nachfeier, eine $\dot{v}\sigma\tau\varepsilon\rho\alpha\acute{\iota}\alpha$ zur $\dot{\varepsilon}o\rho\tau\acute{\eta}$. So konnten die Feiernden $\Theta\varepsilon\sigma\mu o\varphi o\rho\iota\acute{\alpha}\sigma\alpha\sigma\alpha\iota$ heissen. Dass für eine komische Handlung neben den Opfern und Festivitäten kein Platz soll gewesen sein, ist ein sehr schwacher Grund. Ein Stück, in welchem Kalligenia vorkommt, wird auf den Kalligenientag gehören. Hiernach scheinen mir Fritzsche und Bergk recht zu urtheilen.

*) Rinck II p. 126 setzt das $\delta\acute{\iota}\omega\gamma\mu\alpha$ auf seinen ersten Festtag und erblickt darin eine Erinnerung an ein historisches Factum, indem durch das Gebet der Frauen die Feinde nach Chalcis gescheucht seien. Wenn der Gebrauch Andeutungen jenes Factums enthielt, so braucht er nicht spasshaft gewesen zu sein; vgl. Lobeck Agl. p. 680.

der begannen, wo die προτένθαι den Anfang setzten (Athen. IV p. 171 E. ἀπὸ τῆς ἡμέρας ἧς οἱ προτένθαι ἄγουσι πέντε ἡμέρας, G. A. 56. 30). So hat Weihnacht seine feste Stelle im Jahr, aber die schulfreien Tage um Weihnachten herum, werden jedes Jahr nach Gutachten bestimmt, und Anfang und Ende derselben sind conceptiv.

Hiermit ist zugleich die Möglichkeit entzogen, aus den fünftägigen Senatsferien, die das ψήφισμα ἐπὶ Κηφισοδώρου *) ἄρχοντος vorschrieb (Athen. a. O.), die Kalenderzeit der Apaturien zu finden. Da nämlich die einzigen von Decreten nicht unterbrochenen 5 Tage Pyanepsion I bis V sind, so könnte es scheinen, dass hier und nur hier jene fünftägigen im Psephisma verlangten Senatsferien ihre Stelle hatten.

Auch andere Einwendungen**) lassen sich gegen den Schluss machen, dass die Apaturien in ein decretenfreies Penthemeron gesetzt werden müssen, gemäss dem Psephisma.

Betrachten wir also die beiden decretenfreien tridua des Pyanepsion (XIX bis XXI, sofern der XXI Pyanepsion der doppelt datierten Inschrift bei Böckh Monde. p. 57 nicht amtliches Datum ist;***) dazu die drei vorletzten Monatstage) als eben so gut und ebenso geeignet für einen Apaturien-Ansatz wie Pyanepsion I bis V; siehe die Uebersicht Tafel I zu S. 94.

Wenn sich auch Einzelnes für das Penthemeron (Pyanepsion I bis V) sagen lässt, †) so überwiegen doch die Gründe, welche einen späteren Ansatz im Pyanepsion empfehlen.

---

*) Archonten des Namens erwähnt C. Fr. Hermann (Antiq. I p. 444) drei aus den Zeiten des Demosthenes (a. Chr. 366. 358. 323).

**) Jener Volksbeschluss galt nicht seit ewig und für ewig; ja, da die Athener an halben Festtagen auch decretierten (z. B. am XVIII und XIX Boëdromion) und wahrscheinlich nur die Hochfeste decretenfrei blieben, so dürfte, wenn die Umstände so leiteten, immerhin auch an einem der dem Apaturienfeste zugegebenen Ferientage Sitzung gewesen sein. — Auch ist die Decreten-Freiheit der ersten 5 Tage im Pyanepsion nicht so abnorm, dass sie einen besondern Grund haben müsste; im Gegentheil sind in der Mehrzahl der Monate dieselben Tage decretenfrei. Dies kann mit in Zufälligkeiten oder in der Lückenhaftigkeit meiner Sammlung liegen, verringert aber den Vorzug der fünf decretenfreien Tage des Pyanepsion. Der Pyanepsion hat die Decretenfreiheit seiner 5 ersten Tage mit sieben anderen Monaten gemein.

***) S. m. Beiträge z. gr. Zeitr. p. 55 und Böckh Stud. p. 166 sqq.

†) Zum Beispiel, dass dem Apaturienschmaus der Besitzenden, der Familienväter, sich ein fröhlicher Tag der Jugend (Oschophorien), ferner eine Speisevertheilung an die Armuth recht gut anschliesse.

Auch diejenigen, welche die Apaturienzeit näher bestimmten, Böckh C. I. I p. 221 und Rinck Rel. d. Hell. II p. 424, sind zu dem Ergebniss gelangt, sie nach Vollmond zu setzen. *) Einen Ansatz vor Vollmond zu wählen wurden jene vielleicht schon dadurch abgehalten, dass ein förmliches Gedränge von Festen zwischen Boëdromion XVI und Pyanepsion XIV entstände; es ist nämlich nur Platz für die Apaturien in den ersten Monatstagen. Diese bleiben besser unbesetzt, damit eine Pause sei zwischen den vielen Festen des öffentlichen Gottesdienstes.

Die Apaturien fordern eine Zeit im Jahre, wo die Schifffahrt beendet ist. Die Familienmitglieder müssen möglichst alle zur Stelle, Niemand mehr auf See sein. Da nun am VII Pyanepsion Theseus' Seefahrt endet, der VII also als Seefahrtsabschluss anzusehen ist, so werden die Apaturien nach dem VII zu setzen sein, mithin, wegen der nahe folgenden Theseen und Thesmophorien, nach Vollmond.

Schwerer ist die Wahl zwischen den beiden decretenfreien triduis, s. S. 303. Das eine (XIX bis XXI Pyanepsion) ist unsicher. Wenn Böckh Studien p. 168 mit Recht den XXI Pyanepsion des doppelt datierten Decrets ([δεχ]άτῃ ὑστέρᾳ) als öffentlich geltendes Datum ansieht, so existiert kein decretenfreies triduum hier, sondern nur ein biduum. Es existiert nur nach meiner Behauptung, dass das andere Datum ([τρίτῃ με]τ' εἰκάδας) das geltende war, welche mir im vorliegenden Falle hinderlich ist, da ich für die Apaturien das letzte triduum vor der ἕνη καὶ νέα vorzuschlagen beabsichtige. Lassen sich also, unabhängig von der schwierigen, auf alle Fälle hypothetischen Entscheidung über jene Doppeldaten empfehlende Gründe für die τετάρτῃ, τρίτῃ und δευτέρᾳ φθίνοντος beibringen, um die Apaturien daselbst anzusetzen?

Die Apaturien und ihre Schmäuse, Ende Pyanepsion angesetzt, erhalten eine den Panathenäen verwandte Monatsstellung und werden den Chalkeen (ἕνη καὶ νέα des Pyanepsion) eng angeschlossen. Beides scheint mir günstig. Athena und Hephäst werden an den Apaturien gefeiert, denselben Göttern gelten die Chalkeen (G. A. 56, 32 und 33); Athena und Hephäst, die Hauptpersonen im Dogma des persönlichen Erechtheus, lassen in den Apaturien ein dem Erech-

---

*) Böckh setzt sie nach dem XVII Pyanepsion; Rinck auf XX bis XXIII. Gegen Rinck kann man einige Psephismen benutzen, doch giebt kein einziges völlig sicheren Anhalt, theils wegen Unächtheit (Demosthen. 18, 118), theils wegen fragmentarischer Ueberlieferung (Ephemeris n. 4044, lin. 5; Rangabé n. 395).

theuskreis angehöriges Fest erkennen, welches mithin Bezug zu den Panathenäen hat.

Wählt man die Tage um den XX Pyanepsion, so wird der XX ἀνάρρυσις, die κυρία τῶν Ἀπατουρίων ἡμέρα, sein. Der XX ist ein im Bacchuscult sehr berühmter, im Athenacult aber gar nicht vorkommender Monatstag. Die Bendideen des XIX und XX Thargelion gingen indirect den Erechtheus vielleicht an, ihre Stiftung ist aber sehr spät (in Socrates' Zeit) und von den ältern Festen der Athena hat keins einen festlichen XX, so weit die Ueberlieferung reicht.

Ort.

Wenn der Abendschmaus nicht im selben Saal stattfand, sondern „jeder Theilnehmer in sein Phratrion oder in das Haus eines reichen Genossen der Phratrie" ging, um mit den zur selben Phratrie Gehörigen zu essen (R. E. I p. 593), so waren es in der That viele Abendschmäuse. Auf eine Vielheit führt ἡ δορπία, ein sicherer Singular,*) wenigstens nicht. Eintheilung nach Sectionen (Phratrien) und örtliche Sonderung ist angemessen für den Tag oder die Tage, wo jede Phratrie ihre Geschäftssachen erledigt; an die Sections-Sitzungen konnten sich Sections-Schmäuse schliessen, bei denen jede Phratrie**) für sich war. Aber die δορπία ist ursprünglich ein gemeinsames Mahl gewesen, das ist die natürlichste Annahme; selbst für spätere Zeiten und vergrösserte Zahl der Apaturientheilnehmer lässt sich ein Schmaus denken, an welchem die 12 Phratrien durch Vertreter theilnehmen, während die Uebrigen nach Belieben sich zum Essen vereinigen.

Eine gemeinsame Oertlichkeit muss das Fest gehabt haben, wahrscheinlich das (alte) Prytaneum, später die θόλος; denn hier war der Staatsheerd. Die vom athenischen Prytaneum, der Sage

---

*) Stephan. Paris. s. v. sagt, an 2 Stellen des Suidas stehe δόρπεια quasi pluralis a δόρπειος subst. neutr. δόρπειον. Suidas I, 1, 1439 Bernh. sieht allerdings δόρπεια; aber p. 532 καλοῦσι δὲ τὴν μὲν πρώτην Δόρπειαν, wo Parallelstellen der Grammatiker (s. Bernh.) δορπίαν haben. Also nur Eine Stelle hat diese üble Form.

**) Vielleicht war der samische Phratorenschmaus ein solcher; in Westermann Biogr. Min. p. 15, 405 ist nur von einer Phratrie und dem Haus, wo sie assen, die Rede; ib. 392 οἱ φράτορες οἱ ἡμέτεροι die sämmtlichen Phratrien der Stadt? sofern die Einladung der einzelnen Phratrie von allen anerkannt wird, einer Einladung aller gleichkommt?

nach, ausgegangenen Jonier (Herod. I, 146) hatten vom attischen Staatsheerde Feuer mitgenommen, um sich den neuen Staatsheerd davon anzuzünden. Da nun zum Zeichen ihrer alten Verwandtschaft von allen aus Athen gezogenen mit Ausnahme zweier Städte (ib. 147) Apaturien gefeiert wurden, so war der natürliche Festort eben jener Staatsheerd des Prytaneums, welcher das Feuerfünkchen der Metropolis bewahrte. Eben denselben Festort müssen wir für Athen selbst annehmen. Einstmals mochten hier alle Phratoren Platz finden, später wenigstens die durch eine gewisse Zahl (30) repräsentierten Phratrien.*)

Der Heerd, von welchem die Apaturiengemeinde Athens ihre Fackeln anzündet, um den Hephäst, den Stammgott der Erechthiden zu feiern (nach Istros bei Harpocr. p. 118, Meurs. Gr. Fer. p. 36), ist ohne Zweifel der Staatsheerd in einem der beiden Prytaneen.**) Hier war das religiöse Centrum des Festes, muthmasslich auch das materielle, wo die Phratrien, vertreten durch erwählte Ausschüsse, schmauseten.

Nichts hindert, neben dem öffentlichen Schmause auch noch gleichzeitige Abendessen in Privathäusern anzunehmen. Aber nicht von diesen, sondern von dem öffentlichen Schmause hatte der Apaturientag δορπία seinen Namen.

Die Feier.

Für Speisen und Wein war theilweise durch die Opfergebühren gesorgt, doch forderte die δορπία, da sie vor Einlieferung der Gebühren gehalten wurde, besondere Zurüstungen. Wenn der Staat

---

*) Muthmasslich lassen sich zwei oder drei Classen in der Apaturiengemeinde festsetzen: 1) Familienväter, welche Kinder anmelden, 2) Vertrauensmänner, die über die Anmeldungen richten, und vielleicht 3) die Unbetheiligten. Es richteten doch wohl nur gewählte Ausschüsse, z. B. 30 in jeder Phratrie, so dass alle miteinander durch 12 × 30 = 360 Personen vertreten sein konnten beim Abendschmaus im Prytaneum.

**) Es kommt auf den Ephebeninschriften vor. Ephemeris n.'4104, 5 θύσαντες ἐν ταῖς ἐγγραφαῖς ἐν τῷ πρυτανείῳ ἐπὶ τῆς κοινῆς ἑστίας τοῦ δήμου κ. τ. λ. Ebenso im Eingang ibid. n. 4097 und 4098. Hiernach ist E. Curtius' Meinung, dass dieser gemeinsame Heerd von dem im Prytaneum verschieden sei (Gött. Nachr. 1860 p. 332) und dass in dem a. O. behandelten Fragment θύσαντες [ἐν τῇ ἀγορᾷ] ἐπὶ τῆς κοινῆς ἑστίας τοῦ δήμου ergänzt werden müsse, nicht mehr haltbar. — Die ἐγγραφαί selbst gehören nicht in die Apaturien.

Geld hergab,*) so mochte davon vornehmlich die δορπία, nebenher auch der übrige Verlauf des Festes unterstützt werden.

Die δορπία wird erster Tag genannt (Suidas I, 1 p. 1439 ἡ πρώτη ἡμέρα [ἡ] τῶν Ἀπατουρίων), obwohl sie eigentlich ein Vorabend war. Herod. II, 48 spricht vom Vorabend eines Festes als τῆς ὁρτῆς τῇ δορπίῃ. Dies war ohne Zweifel die ursprüngliche Stellung der δορπία und sie wird ihre ursprüngliche Stellung immer bewahrt haben. Im Pyanepsion geht die Sonne früh unter, und wenn auch einige religiöse Bräuche dem endenden Tage angehörten, so setzte man sich doch schwerlich viel eher zu Tisch als Licht angezündet war. Die Weinwarte (οἰνόπται) sorgten auch für Erleuchtung, und die ganze δορπία verlief wohl bei Licht, fand also, abgesehen von Eingangsgebeten und Spenden (die man annehmen muss), am beginnenden Kalendertage statt. Hiernach ist die δορπία ursprünglich Nebensache, und dies bestätigt Schol. Ar. Pax 890 (Meurs. Gr. Fer. p. 34). Da wird der folgende Festact, die ἀνάρρυσις als die κυρία τῶν Ἀπατουρίων ἡμέρα bezeichnet.**)

Vorstand des Schmauses waren vermuthlich die προτένθαι, da von ihnen die Anberaumung der Ferientage abhing (s. o. S. 302); sie sorgten für Speisen (προτένθαι = προγευσται, s. Steph. Paris. s. v.). Ohne Zweifel wurden sie erwählt und bildeten in bestimmter Zahl eine Art Collegium (Athen. IV p. 171 E ὥςπερ τι σύστημα οἱ προτένθαι εἰσὶ καθάπερ καὶ οἱ παράσιτοι ὀνομαζόμενοι).

Der für Wein und Beleuchtung verordneten Oenopten waren drei (aus jeder Phratrie vermuthlich, im Ganzen 36). Sie wurden erwählt, Athen. X p. 425 A. B. Pollux VI, 3, und bildeten eine Be-

---

*) Die Apaturien werden ein Fest „auf Staatskosten" δημοτελής genannt, Suidas I, 1 p. 523; ebenfalls die angeschlossenen Chalkeen älterer Zeit ἑορτὴ ἀρχαία δημοτελής, Eustath II. II, 652 (G. A. 56, 32). Δημοτελής bedeutet auch öffentlich. Indess ist eine Geldbeihülfe des Staats den athenischen Sitten ganz angemessen, da auch die Oenopten und Protenthen wohl in öffentlichem Auftrage thätig waren. Ob die Diobelie von Ol. 92, 3, acht Talente, in der 4. Prytanie gezahlt, den Apaturien bestimmt war (Böckh C. I p. 221), lasse ich dahingestellt.

**) Proclus nennt die ἀνάρρυσις als πρώτη unter den drei Tagen, Meurs. Gr. Fer. p. 37. Dies ist falsch. Proclus spricht selbst von drei Apaturientagen, die nur herauskommen, wenn wir die Dorpia zum ersten machen. Die ἀνάρρυσις war nicht die πρώτη, sondern die κυρία. Dass der zweite oder mittlere Apaturientag Hauptfesttag war, folgt auch durch Combination von Schol. Ar. Pax 899 und 901, wonach die τρίτη ἡμέρα die ὑστέρα, Tag nach dem Hochfeste, ist.

hörde (ἐπιμεληταί, curatores), Photius: ἐπιμεληταὶ τοῦ τοὺς φράτορας ἡδὺν οἶνον ἔχειν. — Steph. s. v. Wiewohl sie nicht ausdrücklich auf die Apaturien bezogen werden, so genügt doch die Nennung der Phratoren und die Sachgemässheit (s. unten von der ἐπίδοσις), um sie diesem Feste anzueignen.

Vielleicht war die ursprüngliche Veranlassung, die Committeen zu ernennen, nicht der Abendschmaus; sondern sie sollten die Qualification der Opfergaben prüfen, welche von den Vätern einkamen. Es waren theils Thieropfer, für Kinder in zartem Alter ein Schaaf, eine Ziege, ein kleineres Opfer, ein μεῖον,*) so genannt mit Bezug auf grössere Opfer. So hiess mit Bezug auf das grössere Opfer (βοῦς) das kleinere ἐπίβοιον, ein Schaaf; s. Einleitung S. 17. Grössere Opfer fehlten bei dem herrlichen Schmause gewiss nicht. Sie konnten von freigebigen reichen Vätern eingehen, nicht bloss wenn ein Fürst wie Sitalces (Ar. Ach. 145) seinen Sohn recipieren liess, sondern auch von Inländern. Das für einen Jüngling, der in die Phratrie eingeführt wurde, zu steuernde Opfer κουρεῖον wird grösser gewesen sein als das μεῖον. — Eine Zugabe (ἐπίδοσις von Wein, οἰνιστήρια) war herkömmlich daneben (s. Stephan. v. οἰνιστήρια) und wohl ebenfalls in zweifacher Verschiedenheit. Vgl. C. Fr. Hermann in Ztschr. f. d. Alt. 1835 p. 1141.

Wahrscheinlich begann am nächsten Morgen das Hauptgeschäft der Apaturien-Gemeinde, Eintragung der Kinder in die Phratorenliste, und zwar mit örtlicher Sonderung der Phratrien.

Zunächst wurden ächte Bürgerkinder recipiert, schon in zartem Alter. Eine Bestimmung über letzteres geht aus den Zeugnissen nicht hervor.**) Legitimationen Unehelicher und Adoptionen liessen sich noch weniger an eine Altersstufe binden; die Recipienden waren oft, ja wohl meistens, Erwachsene. —

Die „vielen Opfer" Proclus (Meurs. gr. Fer. p. 37), von denen die Anarrhysis den Namen hat, sind offenbar die zahlreichen Darbringungen von Kleinvieh, für jedes einzuschreibende Kind ein Stück.

---

*) Einige leiten μεῖον von μείς für μῆν ab und erklären μηνιαῖον, einmonatliches Lamm oder Zicklein; Hermann a. O. 1142 und Schömann Alt. II p. 486. Aber in μείς ist das ν nicht todt, wie der Genitiv μείνος C. I. 1 n. 1569 μείνος Θειλουθίω (boeot.) lehrt. Dass die Wurzel ΜΑ (messen) lautet, G. Curtius gr. Etym. I p. 297, trägt für das griechische μεῖον nichts aus.

**) Im Etym. M. ist von den das Jahr über (seit den letzten Apaturien) Geborenen, bei Proclus von 3 und 4 jährigen Kindern die Rede, Meurs. Gr. Fer. p. 41.

Der Vater oder der an Vaters Stelle Getretene, erscheint mit dem Kinde vor den Phratoren und bringt als Gebühr ein Stück Kleinvieh von bestimmtem Gewichte mit. Damit tritt er zum Altar. Erfolgen nun keine Einreden, so schwört er, es sei ein ächt athenisches Kind athenischer Aeltern. Während die vermuthlich damit beauftragten $προτένθαι$, nach angestellter Prüfung des Opfers, das vollwichtig befundene entweder gleich abschlachten lassen an dem flammenden Altar des Zeus Phratrios oder für später in Empfang nehmen, auch das Weinquantum (den Oenopten) abgeliefert wird, recipieren die Phratoren das Bürgerkind, indem sie die Stimmsteine vom Altar nehmen und dann den Namen ins Protocoll eintragen. — War Einsage gethan, so konnte ein Process und auch Bestrafung boshafter Einrede folgen, so dass die Reception nachträglich oder erst am nächsten Apaturienfest vollzogen wurde (R. E. 1 p. 594).

Es ist nicht passend, die Geschäfte erst am Kureotis-Tage beginnen zu lassen, dem dritten Apaturientage und letzten Hochfesttage. Auf zwei Tage des Genusses zuletzt die Geschäfte, theilweise weitläuftige, folgen zu lassen, ist keine gute Anordnung.

Wenn auch einer der zugegebenen Tage mitunter als Aushülfe benutzt wurde (die $ἐπίβδα$), um einen Rest von Geschäften zu erledigen, so wurden die beiden Ferientage doch ohne Zweifel nicht zu diesem Ende hinzugelegt, sondern um Vorbereitungen fürs Fest zu machen und der schönen Feier ein gewisses Behagen zu sichern. Die Apaturien - Geschäfte sind feierlich und festlich und das Programm selbst muss ihnen genügenden Platz ausgeworfen haben.

Die Lichttage der Apaturien wird man den Receptionen, die langen Abende der Geselligkeit bestimmt haben.

Der zweite Apaturientag ($τρίτη$ $φθίνοντος$), hiess $ἀνάρρυσις$ d. h. Opferung.*) Man opferte dem Zeus Phratrios und der Athena (Schol. Ar. Ach. 146. G. A. 56, 29). Da, wie oben vermuthet ist, die Anmeldungen und Darbringungen schon am Morgen des ersten Tages ($δορπία$) begonnen hatten, so war für einen Abendschmaus im Kreise der Phratoren gesorgt. Die Opfer für Zeus Phratrios und Athena scheint jede Phratrie an ihrem Orte dargebracht zu haben.

Der dritte Apaturientag ($δευτέρα$ $φθίνοντος$) $κουρεῶτις$ genannt, wird seinem Vorabende nach auch wohl ähnlicher Geselligkeit bestimmt gewesen sein, so wie der Lichttag einem Reste von

---

*) Vgl. Bekk. An. p. 417, 11. und Einleitung S. 18, Note *.

Geschäften. (Wenn die nur Schol. Ar. Pax 901 cf. 899 erwähnte Hippodromie nicht auf Irrthum beruht so kann sie auf diesen Lichttag gesetzt werden.)

Die Grammatiker, welche κουρεῶτις als Kindertag erklären, behaupten des Etymons wegen, dass die Kinder am Kureotis-Tage inscribiert sind. Da diese Etymologie wahrscheinlich falsch ist, so kann die Versicherung der Grammatiker von der Inscription an diesem Tage auch nicht sehr ins Gewicht fallen. Inscribiert konnte auch an diesem Tage werden, aber nicht bloss an diesem.

Nach der Reception ihrer Kinder begaben sich die einzelnen Familien nach Tempeln, wie zu dem Heiligthum des Apollon Patroos, um sie den Göttern zu empfehlen, Dem. 57, 54. Solche Darstellungen im Tempel scheinen Privathandlungen gewesen zu sein, welche unabhängig neben den Apaturien-Bräuchen herliefen.

Am Kureotistage wurde der Jugend das Haar geschnitten und Göttern (Artemis, Heracles) geweihet. Davon hatte der Tag seinen Namen. Auch diese Haarweihe war wohl mehr Sitte des Privatlebens als Gesetz des Cultus.

Nach Erledigung der Geschäfte wurden Jünglinge und Knaben den Phratoren vorgestellt. Die herangewachsenen Söhne waren schon früher in die Phratrie eingeführt und recipiert, die Vorstellung also bei den Phratoren, wenn sie auch vielleicht ausser geselligen noch practische*) Zwecke hatte, war keine zweite Reception, Meier de gentil. Att. p. 17; cf. Schöm. Alt. II p. 485. Wer seinen Sohn in solcher Weise einführte, pflegte den Phratoren ein grösseres Opferstück (für die Festlichkeit des [letzten] Apaturien-Abends) zu steuern. Die vorgestellten Knaben zeigten dann ihre Talente, indem sie Gedichte (Plato Tim. p. 21) vortrugen; der Vater hatte durch ein schönes Stück Schlachtvieh für freundlichen Empfang gesorgt. Die Vorträge mögen während des Mahles angehört sein.

Die letzte Apaturien-Versammlung wurde vermuthlich im Prytaneum gehalten und schloss damit, dass die Theilnehmer, nachdem sie die übrigen Deputat-Opfer verzehrt und dem Weine zuge-

---

*) Schömann Alt I p. 365 sq. glaubt, dass die Jünglinge, wenn sie mündig gesprochen wurden, noch nöthigenfalls einer Prüfung sich zu unterwerfen hatten, die sich auf die Fähigkeit selbständiger Vermögensverwaltung bezog, jedoch nur in gewissen Fällen (a. O. p. 366) eintreten mochte. Es musste vom Ermessen der Angehörigen abhängen, in wie weit ein Fall zu abermaliger Darstellung bei den Phratoren nöthigte. Auch ohne practische Zwecke konnte Jemand die abermalige Einführung wünschen.

sprochen, Fackeln am Staatsheerde anzündeten und sich hinausbegaben*) zum Tempel des Hephäst am Areopag. Hier feierten sie bei Fackellicht den göttlichen Ahnherrn Athens mit Hymnen und Opfergaben. Das Apaturienfest, der Einzeichnung der jüngsten Sprösslinge aus Hephästus' Samen bestimmt, schloss in alter Zeit wohl mit diesem Brauch, wobei die Apaturientheilnehmer, ältere Leute, selbst Lampadephoren waren.

Der hephästische Fackelabend, kalendarisch dem folgenden Tage (Chalkeen, ἔνη καὶ νέα des Pyanepsion), dem Nachtage der Apaturien (ἐπίβδα) angehörend, scheint den Specialnamen Hephästien**) gehabt und ausser der Lampadephorie der Apaturientheilnehmer auch noch eine gymnische Lampas***) enthalten zu haben.

---

*) Istros bei Harpocr. p. 118, 24, meldet: ἐν τῇ τῶν Ἀπατουρίων ἑορτῇ Ἀθηναίων οἱ καλλίστας στολὰς ἐνδεδυκότες, λαβόντες ἡμμένας λαμπάδας ἀπὸ τῆς ἑστίας (im Prytaneum), ὑμνοῦσι τὸν Ἥφαιστον θύοντες (θύοντες Valesius und I. Bekker; codices: θύοντες, was Meier de gentil. Att. p. 13 festhält). Wenn wir θύοντες lesen, so ist es ein Fackellauf. Da ich den Fackellauf, der allerdings diesem festlichen Abende anzueignen ist, in gewöhnlicher Weise als gymnische Leistung von Jünglingen vollzogen glaube, habe ich nichts gegen das handschriftliche θύοντες einzuwenden. Die Prachtkleider der Apaturiengemeinde können nicht hindern, sie mit Fackeln hinziehend zu denken; es gab zierliche Wachsfackeln auf einem Lichtträger (Krause R. E. IV p. 749), die mit den Pechfackeln unserer Studenten keine Aehnlichkeit haben. Denken wir uns indess die gymnischen Fackelträger mit den Apaturiengästen hinziehend, so brauchen letztere nicht gerade selbst Fackeln in der Hand gehabt zu haben.

**) Mehrere Zeugnisse sagen, dass die Chalkeen dem Hephäst galten (G. A. 56, 32), Phanodemus behauptete, dass man sie dem Hephäst und nicht der Athena feiere (a. O. 33). Hiernach sind die Ἡφαίστεια ohne Zweifel Theil des Chalkeenfestes gewesen und da sie als Lampadephorie Dunkelheit fordern, muss man ihnen den Vorabend der Chalkeen zuweisen. — Durch die unabhängig (oben S. 302 ff.) gewonnenen Kalendertage der Apaturien kommt die apaturische Lampas (Harpocr. p. 118) in die Nähe der hephästischen des Chalkeen-Vorabends. Da aber die apaturische Lampas am besten als Finale des ganzen Festes aufgefasst wird, fällt sie auf denselben Abend mit der hephästischen. Diese Betrachtungen führen dahin, die beiden Lampadephorien möglichst in eine einzige zu verwandeln, was ich im Text versucht habe.

***) Die Hephästien hatte Lysias (Sauppe Or. Att. II p. 188 aus Harpocr. p. 118) nebst den Panathenäen und Promethien als Fackelfeste genannt. Dieselben hat Schol. Ar. Ran. 131. Mit den Dionysien kommen sie auf einer lückenhaften Inschrift Rangabé II n. 567 vor: .. δὲ Ἡφαιστίων [καὶ] Διονυσίων. Auf einer vollständigen C. I. 1 n. 213 p. 343: ἀναγράψαι δὲ καὶ εἴ τις ἄλλος νενίκηκεν ἀπ' Εὐκλείδου ἄρχοντος παισὶν ἢ ἀνδράσιν Διονύσια ἢ Θαργήλια ἢ Προμήθια ἢ Ἡφαίστια. Auch hier sind die Dionysien daneben. Wiewohl Böckh p. 344 bemerkt, dass bei Promethien und Hephästien nicht an Choregie, sondern an Gymnasiarchie (den gymnischen Fackellauf) zu denken sei,

Jene muss man als ältere, diese als jüngere Sitte betrachten. Eine Combination der fackeltragenden Apaturiengäste und der jugendlichen Fackelläufer ist dabei nicht unmöglich, wenn wir uns vorstellen — überliefert ist nichts —, dass die gymnische Lampas ihr Ziel im Prytaneum hatte, und dass die daselbst angekommenen ihre schmausenden Väter abholten, so dass nunmehr vom Prytaneum aus beide Theile, die Jungen und die Alten, vereinigt zum Hephästus zogen.

Bei Fackelläufen wurde die Fackel am Altar des Eros im äusseren Ceramicus angezündet und dann ging der Lauf in den städtischen Ceramicus. In der Nähe des Ceramicus aber und der königlichen Halle war ein Hephästustempel (Pausan. Att. 14, 6), welcher ein Bild des Hephäst und eins der Athena mit meergrünen Augen enthielt. Die Nebenstellung der Athena und des Hephäst erklärte sich Pausanias aus dem Dogma von Erechtheus. Die von den vereinigten Jünglingen und Männern begangene Lampadephorie des Chalkeen-Vorabends kann nur diesem Tempel und dem mit Athena vereinigten Hephäst und zwar mit Bezug auf Erechtheus gebracht sein. Vielleicht wurde auch der nahegelegene Tempel der Aphrodite Urania (Paus. a. O. § 7) benutzt, weil diese Göttin der Geschlechtsliebe vorsteht und Hephästos als Erzeuger gefeiert wurde. Auch das Anzünden der Fackel beim Eros fand seine Beziehung.*) (Auf einem athenischen Bruchstück sind Athena und Hephäst gemalt, über ihnen schwebt Eros, Welcker G. L. II p. 285).

Im Erechtheus-Dogma kommt noch eine nach dem Erzeuger**)

---

kann man doch fragen, ob παισίν καί ἀνδράσιν auf alle 4 Feste bezogen und gesungene Hymnen auf Hephäst und Prometheus verstanden werden können. Bezeugt ist indess für die Hephästien zunächst nur die λαμπάς, und ob wir uns die jugendlichen Lampadephoren zugleich als eingeübte Sänger denken dürfen, oder ob C. I. n. 213 Chöre, die nicht auch Fackeln tragen, gemeint sind, lässt sich ohne neue Zeugnisse nicht ausmachen.

*) Die Lampas für Hephäst — freilich nicht die gymnische (s. oben S. 311) — ist ohne Zweifel einer der ältesten unter den athenischen Fackelbräuchen; um so mehr muss man voraussetzen, dass solche Einzelheiten wie das Anzünden bei Eros für die hephästische Fackel einen ordentlichen Sinn habe. Wiewohl der Altar (Paus. Att. 30, 1) und das Bild (Plut. Sol. 1) des Eros aus Pisistrats Zeit sind, knüpfen sich doch diese Stiftungen ohne Zweifel an viel ältere Vorstellungen.

**) Eurip. Fr. 917 Nauck, aus Eratosthen. Catast. 13. Bei dem Attentat des verliebten Feuergottes verbirgt sich Athena an einem Orte Atticas (vielleicht also keinem städtischen), der von ihm, dem Hephäst, seinen Namen erhielt, Ἥφαιστος. Statt dieses auffallenden Namens hat Matthiae Ἡφαίστιον gesetzt; Schaub las Ἡφαίστου sc. ἱερόν; Heyne Ἡφαίστιον. Siehe Matthiae ad Erat. l. l.

benannte Oertlichkeit vor. Da man nicht weiss, wo sie lag, so lässt sich nicht sagen, ob bei der Hephästosfeier auf sie Rücksicht genommen wurde; sie mag bloss im ἱερὸς λόγος vorgekommen sein.

An der ἕνη καὶ νέα des Pyanepsion, der ἐπίβδα des Apaturienfestes (hypothetisch) und dem Chalkeen-Tage, wurde der Peplos begonnen. Wiewohl nun der an den Chalkeen begonnene, an den Panathenäen darzubringende Peplos einen neuen Beweis liefert, dass die Chalkeen und Panathenäen in Bezug stehen, so kann doch der Anfang der Peplos-Arbeit nicht aus dem Erechtheusdogma erklärt werden, weder aus dem agrarischen, noch aus dem persönlichen. Denn welchen Sinn kann es haben, wenn Erechtheus entsteht, auch den Peplos entstehen zu lassen, 9 Monat auf Erechtheus und dieselbe Zeit auf den Peplos zu wenden, die Vollendung des Peplos an den Panathenäen, dem Vollendungsfeste des Erechtheus, hervortreten zu lassen?

Der Beginn der künstlichen Frauengabe deutet vielmehr auf Athena als Ergane und auf die jüngere Bedeutung der Chalkeen als Künstlerfest; Suidas a. O. ὕστερον δὲ ὑπὸ μόνων ἤγετο τῶν τεχνιτῶν. Harpocr. p. 183, 20 ἑορτή ... χειρώναξι κοινή, μάλιστα δὲ χαλκεῦσιν. Auf das Fest der Handwerker und Künstler ging auch wohl das menandrische Drama χαλκεῖα (ibid.).

Die Auffassung der Chalkeen-Göttinn Athena als Ergane wurde vermuthlich damals begründet oder doch sehr gefördert, als ein Neuerer (Pisistratus?) festsetzte, dass am Chalkeen-Tage, einem alten Feste des Erechtheuskreises, welches man dem Hephäst und der Athena beging, die Peplos-Arbeit anheben solle. Wer den Peplos und die Ergane an den Chalkeen für ursprünglich hält, kann die Hinzunahme und starke Hervorhebung des Hephäst nicht erklären, welchem allein Phanodemos die Chalkeen beilegt, indem er sie der Athena sogar abspricht. Der Peplos war eine weibliche Arbeit, den Hephäst ging er nicht an. Athena Ergane wird von Handwerkern gefeiert (Soph. fr. 759 Nauck). Man kann also nicht sagen, der arbeitenden Männer wegen habe man den männlichen Gott des Schmiedens zusetzen müssen. Richtiger wird es sein, die Vereinigung von Hephäst und Athena als alt, jedoch in agrarischem Sinne fixiert, anzusehen, die Beziehung auf künstliche Arbeit aber als viel jünger.

Der Anfang mit der Peplos-Arbeit wurde ohne Zweifel am hellen Tage gemacht. Setzen wir also den Lichttag der Chalkeen als Handwerkerfest, der Athena Ergane begangen.

Der Vorabend enthielt die Feier für Hephästus und die hephästische Athena (s. unt. Munychia: Feier geg. Ende). Obgleich kalendarisch zum Chalkeen-Tage gehörig, war er doch total verschieden von seinem Lichttage; Fackelspiel und feierliches Opfer der Hieropöen *) zeichneten ihn aus. Hymnen auf Hephästus den mystischen Erzeuger des Erechtheus und die neben ihm abgebildete Hephästusbraut erschollen am Tempel beim Ceramicus und machten ihn zu einem Schluss-Act der Apaturien.**)

So löset sich der Widerspruch, dass die Chalkeen später bloss von Handwerkern gefeiert wurden, da doch für die Athenäen (d. i. die Chalkeen) noch Ol. 107, 4 oder 119, 4 das Hieropöen-Amt thätig war und die Hieropöen gewiss nicht bloss für Handwerker opferten, sondern die Hephästus-Athena-Feier verwalteten, welche die Abendstunden zwischen dem letzten Lichttage der Apaturien und dem Lichttage des Künstlerfestes einnahm.

Wenn es heisst, das „später blos von den Künstlern begangene Fest" habe das pandemische***) geheissen, weil es [früher] von allen begangen worden (Suidas a. O. οἱ δὲ Πάνδημον διὰ τὸ ὑπὸ πάντων ἄγεσθαι), so kann, nach den vorgetragenen Vermuthungen, damit nur gesagt sein: der von Künstlern begangene Lichttag der

---

*) Die Chalkeen hiessen auch Ἀθήναια (G. A. 56, 33). Athenäen von Hieropöen verwaltet giebt eine Inschrift bei Ross Demen p. 40: ἐπὶ Καλ[λιμάχ]ου (Ol. 107, 4) oder ἐπὶ Καλ[λιάρχ]ου (Ol. 119, 4) ἄρχοντος ἱεροποίησαν τὰ Ἀθήναια. Darauf folgen 14 Mannsnamen. Die ersten 10 sind Einheimische, die letzten 4 vielleicht Metöken und Fremde (s. Ross a. O.). Es scheinen 10 Hieropöen und 4 hinzugezogene Beihelfer zu sein; vgl. die Inschrift des 3. Jahrhunderts vor Christi bei Ross p. 53. (Die Athenäen älterer Zeiten müssen von denen der Kaiserzeit vielleicht getrennt werden.)

**) Diese könnte man danach zu 4 Abenden und 3 Lichttagen ansetzen, wenn es nicht rathsamer wäre, die Kalendertage unzerspalten zu lassen.

***) Wenn das Thema des Festes alter Zeit der verliebte Feuergott und seine Zeugung des Erdsohnes Erechtheus war, so könnte die Vermuthung entstehen pandemisch beziehe sich auf die Aphrodite dieses Namens. Aber Aphrodite Pandemos wird nicht in der Nähe des Hephästustempels, dessen Statuen den Pausanias an Erechtheus erinnerten, verehrt, sondern an den Propyläen. Auch wurden Aphrodite Pandemos und Peitho auf die Democratie bezogen, weshalb der Gründer Solon (Leake Top. p. 103) oder Theseus (Pausan. Att. 22, 3) ist, während freilich Schol. Luc. p. 244 ed. Jacobitz sagt, ἀμφότεραι πόρναι ἡ μὲν Πάνδημος ἡ δὲ Οὐρανία und Plato Symp. p. 180 Pandemos als die gewöhnliche Fleischeslust schildert. — Ich bleibe für Πάνδημον bei der von Suidas zugesetzten Erklärung stehen, πάνδημον sc. ἑορτήν. Vgl. auch Steph. VI p. 135.

Chalkeen ist einst von allen gefeiert worden. Denn der Vorabend war nicht in Verfall gekommen, sondern eine allgemeine Feier geblieben.

Die erechtheische Dogmatik ist also aus dem Liebttage der ἔνη καὶ νέα verdrängt worden? Dies wäre nicht unmöglich. Doch scheinen die Handwerker der Ergane mit erechtheischen Bräuchen gedient zu haben. Soph. fr. 759 heisst es βᾶτ' εἰς ὁδὸν δὴ πᾶς ὁ χειρῶναξ λέως, οἳ τὴν Διὸς γοργῶπιν Ἐργάνην στατοῖς λίκνοισι προςτρέπεσθε u. s. w. Die λίκνα werden aus dem Cultus agrarischer Zeit stehen geblieben sein. Sie werden von Hesych. II p. 441, den Nauck anführt, so erklärt: λείκνοισι προτρέπεσθαι [sic]. λεῖκνα ἱστάντες προςάγεσθαι, ἃ ἐστι κανᾶ, ἐφ' οἷς τὰ λήϊα ἐπετίθετο, ἅπερ εἰσὶ καρποὶ πύρινοι.*) Für Ergane ist dieser Brauch wohl nicht erfunden.

Programm der Apaturien und Chalkeen.

ἕκτη φθίνοντος, mitunter erster Feiertag.

πέμπτη φθίνοντος, mitunter erster oder zweiter Feiertag.

τετάρτη Abend: δορπία.
φθίνον- ⸺ Nacht ≡
τος. Tag: Reception beginnt, und damit die Ablieferung von Einzelopfern zur ἀνάρρυσις.
} ΔΟΡΠΙΑ, erster Apaturientag.

τρίτη Abend: Einzelschmäuse von den Opfern der
φθίνον- ἀνάρρυσις.
τος. ⸺ Nacht ≡
Tag: Receptionen und Einlieferungen zur ἀνάρρυσις.
} ΑΝΑΡΡΥΣΙΣ, zweiter Apaturientag.

δευτέ- Abend: Einzelschmäuse von den Opfern der
ρα φθί- ἀνάρρυσις.
νοντος. ⸺ Nacht ≡
Tag: Beendung der Geschäfte, wenn noch ein Rest nach ist. Haarweihe.
} ΚΟΥΡΕΩΤΙΣ, dritter Apaturientag.

---

*) Dies führt auf das λίκνον im Getreidebau, Getreideschwinge. Man könnte auch an λίκνον Wiege (Wiege des Erechtheuskindes) denken, wie z. B.

ἔνη	Abend: Hephästien.	ΕΠΙΒΔΑ, Nachfeier der Apaturien, auch Chalkeen und Athenäen genannt.
καὶ	☰ Nacht ☰	
νέα	Tag: Handwerkerfest (Chalkeen). Peplos begonnen. Mitunter als 4. oder 5. Ferientag angesehen und decretenfrei.	
νου-μη-νία	Mitunter als 5. Ferientag angesehen. Wiewohl sich ein Fest nicht über den einen Monat in einen zweiten ausdehnt, hat es doch nichts gegen sich, die Ferien beliebig zu erstrecken. Doch mag meistens die πέμπτη decretenfrei gewesen sein, so dass die 5 letzten oder vorletzten Monatstage Ferien waren.	

Bewahrte Alterthümlichkeit des Apaturienfestes.

Seit die Apaturien, ursprünglich agrarisch (Einleitung Seite 7), sich zu einem Geschlechterfeste umgebildet hatten (das S. 34 ff.), scheinen sie sich weiter nicht verändert zu haben. Ungestört lebte in der Apaturien-Religion das altjonische Attica mit seinen Phratrien fort, wie sehr dies auch den moderneren Politikern als überwundener Standpunct erscheinen mochte und in der Politik auch war. Denn die Phratrien existierten nur vor dem Angesichte der Götter.

Von den jüngeren Culten des Apoll*) und Dionysos wurden die Apaturien wenig berührt.

An Apoll die Haarweihe (κουρεῶτις) zu knüpfen ist ganz hypothetisch; der Artemiscult ist älter im attischen Staatsgottesdienste und längst kann die Jugend das Haar der Artemis geweihet haben, ehe Apoll ins Festjahr kam. Doch wer wollte, mochte sein Kind ins Heiligthum des Patroos tragen, es war aber Privatsache und der Vater konnte gewiss einen andern Tempel wählen, oder überall nur dem häuslichen Apoll ein Opfer anzünden (Petersen Hausg. p. 15).

Hermes im Hymn. v. 21 ἱερῷ ἐνὶ λίκνῳ liegt und der Athena ΔΙΚΝΙΑ (wahrscheinlich kleine Wiegen) geschenkt wurden, s. unt. Plynterien geg. Ende, drittletzte Note.

*) Es ist kalendarisch unmöglich anzunehmen, dass Apollon Patroos an einem der Apaturientage gezeugt sei. Geburt und Zeugung des Apoll mussten auf VII. Monatstage kommen; wer also Apollons Geburt auf Hecatombaeon VII setzte, würde Pyanepsion VII als Zeugungstag erhalten, was nicht angeht, da Pyanepsion VII schon durch andere Feste in Anspruch genommen ist und nicht Apaturientag sein kann.

An den Dionysos knüpft allerdings eine seltsame Stiftungssage der Apaturien ((R. E. I p. 592) an; ihre Tendenz ist, eine Täuschung, ἀπάτη, herbeizubringen und so den Namen Ἀπατούρια als Täuschungsfest zu erklären. Abgesehen davon, dass schon die Alten das Anfangs-A für ἅμα erklärten, fehlt jede Spur, dass Dionysos — Dionysos Melanaegis *) — öffentlich verehrt worden ist. Zu welchem Altar oder Tempel (etwa auch zu einem des Dionysos) ein Privatmann an den Apaturien sein Kind wollte tragen lassen, war für den Bestand des Apaturienfestes von keiner Bedeutung.

Zeusfest im Maemacterion.

Ein Fest des stürmenden Zeus, Ζεὺς μαιμάκτης, vermuthete schon Meursius Gr. Fer. p. 200. Nun bot die Inschrift C. I. I n. 523 am XX Maemacterion eine Begehung für den ländlichen Zeus (Μαιμακτηριῶνος Διὶ Γεωργῷ κ' πόπανον κ. τ. λ.), zunächst eine dörfliche, aus der aber eine entsprechende städtische zu folgern war. Hiernach hat man ein Fest des stürmischen Zeus auf den XX Maemacterion des attischen Festjahrs gesetzt, und das Fest Maemacteria getauft, ein Name, der nicht vorkommt (Meursius a. O.; Böckh C. I. I p. 483; Welcker G. L. I p. 207).

Unter der Voraussetzung, dass ausser dem XX auch noch ein oder zwei Tage der letzten Decade dem Zeusfeste beizulegen sind, gehört die Anwendung des Zeus-Widderfells ἐν τοῖς καθαρμοῖς φθίνοντος Μαιμακτηριῶνος (Eustath. p. 1935; Preller Polemon. frgm. p. 140) hierher, nebst dem Sühnungsumzug; Welcker a. O. p. 208 sq. Diesen Zusammenhang hat auch Hermann G. A. §. 57 anerkannt.

---

*) Welckers Erklärungsversuch ist nicht überzeugend, Nachtrag z. Trilog. 199 (G. A. 56, 29). Wer weiss denn, ob die Αἰγικορεῖς nicht Scherzname für Seeleute sind, von αἶγες (Wellen) *qui caerula verrunt*. Namen entstehen manchmal so. Eine geringe Menschenclasse wie Ziegenhirten sind, konnte nicht eine Phyle bilden, die den anderen gleich stand. Droysen in Ztschr. f. Gesch. Wiss. VIII p. 305 u. 309 sagt Αἰγικορεῖς klinge wie ein Schimpfname, sei ein nachmals fixierter Parteiname (Ziegenfütterer).

Auf der Insel Ceos, deren Festjahr dem attischen ähnelte, finden wir in derselben Zeit des Maemacterion*) eine wahrscheinlich verwandte Begehung. Bergk Beitr. z. gr. Mtsk. p. 33 legt das Fest, von welchem die Inschrift redet, mit Grund dem Zeus bei. Ob aus den Opferbestimmungen **) sich noch ein näherer Bezug zu der Feier in Athen ergebe, steht dahin.

Die Monatsstellung des Festes erinnert an die Mysterien, in denen die εἰκάδες als Iacchustag sicher sind. Auch das Sühnwidderfell brauchte der Daduch in Eleusis. War also das Fest des stürmischen Zeus ein winterliches Mysterienfest?

Da Hadrian, als er einen Winter in Athen zubrachte, die eleusinischen Weihen empfing, Lobeck. Agl. p. 37 sq., so empfiehlt es sich wenigstens für späte Zeiten auch dem Winter ein Mysterienfest zuzutheilen. Dieses konnte dem Maemacterion angehören. Aus der neuen Benennung des Schaltmonats, der nach Hadrian Hadrianion ***) hiess, folgt nicht, dass der Kaiser im Schaltmonat die Weihen erhielt. Es kann das ein Compliment sein, welches in keiner näheren Verbindung mit der Initiation des Hadrian steht. Aber ausser den Eleusinien des Herbstes, denen er p. X. 132†) beiwohnte, auch noch ein zweites Fest zu haben war sehr passend, weil die Weihen stufenweise mitgetheilt wurden.

Auf bacchische Mysterien führt auch die Deutung des Zeus-Namens bei Harpocr. p. 191 μαιμάκτης δ' ἐστὶν ὁ ἐνθουσιώδης κ. τ. λ. Zeus ist Bacchus' Erzeuger und zweiter Gebärer, von ihm empfängt er seine enthusiastische Kraft, wie Zeus Maemactes Stürme durch den Himmel sendet, so rauscht und gährt der Zeus-Sohn im Bottich. Dogmatisch wurde dies so ausgedrückt, dass Zeus den

---

*) Rang. n. 821, wo der Maemacterion und die letzte Decade (... ἄτῃ ἀπιόντος lin 4, nach Rangabé [ἐνν]άτῃ ἀπιόντος) sicher sind.

**) Lin 8 ist leider auch in Rangabé's Abschrift immer noch räthselhaft. Ist daselbst von einem Schweinsopfer (ὑαμινὸν [sic] Ούῃ) die Rede, so fasst die Inschrift Bestimmungen über dreierlei Thiere, Rind, Schaaf und Schwein, was eine Trittys wäre und sich mit der dem Iacchus (am XX Boëdromion vermuthlich) gebrachten vergleichen liesse. Aber von der Unsicherheit der Lesart lin. 8 abgesehen, ist dennoch eine Trittys vielleicht gar nicht gemeint. Es konnte bestimmt sein, dass jeder Ochs, jedes Schaaf, jedes Schwein so und so beschaffen sein müsse.

***) Der Schaltmonat Hadrianion findet sich auf Inschriften: Philistor I p. 384; Ephemeris n. 3239.

†) Nach Buttmann's Bem., hinter L. Ideler's Unters. üb. d. astron. Beob. d. Alten, p. 395; siehe indess Lobeck Agl. p. 38, Note.

Sohn in seinem Schenkel ausgetragen und zur Geburt reif gemacht habe. — Derselbe Gott heisst mit Bezug auf die ländliche Arbeit des Weinbaus γεωργός, s. oben S. 317.

Da im attischen Kirchenjahr der Weingott am XX Boëdromion als geborenes Siebenmonatskind gefeiert wurde, so folgt, dass er am XX Maemacterion, neun Monat alt, aus Zeus' Schenkel an das Licht trat, ein fertiger Gott. Dass Zeus ihn zwei Monat nach der Katastrophe aus sich geboren habe, sagt Lucian Dial. D. 9: καὶ νῦν τρίτῳ ἤδη μηνὶ ἐξέτεκεν αὐτὸ (ὁ Ζεύς), wo der Boëdromion als πρῶτος zu nehmen ist, so dass der Maemacterion τρίτος wird.

Soll das Fest des Zeus Maemactes mysteriös gewesen sein, so ist gar keine Wahl; man muss die Geburt aus Zeus für dasselbe annehmen, weil die übrigen Wendepuncte bacchischer Dogmatik (Tod, Erzeugung, siebenmonatliche Geburt) bereits ihre heortologischen Plätze haben.

Auch die Jahreszeit, welcher der Maemacterion angehört, hilft die Deutung stützen. Die beiden Monate, welche Bacchus in seines Vaters Wesen noch zubringt, müssen zusammenfallen mit der Zeit, die der Most braucht, um im Gährfasse Wein zu werden. Nun lehren aber die Oschophorienbräuche, dass man Anfangs Pyanepsion reife Trauben hat. Ende Maemacterion wird es also Zeit sein, den längst geernteten und im Fasse gährenden Wein zuerst aus der Kufe zu befreien und umzugiessen.

Das mysteriöse Dasein des Bacchus endet also mit dem Feste des Zeus Maemactes, jetzt beginnt der Gott seine offene, fröhliche Existenz, von der sogleich die ländlichen Dionysien Zeugniss geben.

Es ist möglich, dass sich das Fest erst später mystisch ausbildete; denn je nachdem man es ansah, liess sich die neunmonatliche Geburt zu den bacchischen Mysterien rechnen als Schluss, oder auch zu den jetzt anhebenden Weinfesten als Anfang ziehen.

Abergläubige Vorstellungen über die rechte Monatszeit, wann man das Fass öffnen müsse, sind indess schon bei Hesiod zu finden, Hesiod ἔργ. 821 τετράδι δ' οἴγε πίθον · περὶ πάντων ἱερὸν ἦμαρ μέσση · παῦροι δ' αὖτε (sc. ἴσασι) μετ' εἰκάδα μηνὸς ἀρίστην, „wenige wissen, dass der 24. der beste ist". Sind diese παῦροι die eleusinischen Eingeweihten (βάκχοι δέ τε παῦροι Platon. Phaed. p. 69) und haben wir Hesiods Lob der εἰκάς, a. O. 794 εἰκάδι δ' ἐν μεγάλῃ, πλέῳ ἤματι, ἴστορα φῶτα γείνασθαι μάλα γάρ τε νόον πεπυκασμένος ἐστίν, aus der bacchischen Religion zu erklären, so können wir ihn sagen lassen: wenige nur wissen, dass man an derjenigen Tetrade das Fass öffnen muss, welche auf den 20. Monatstag, den Tag der reichsten Verheissung, folgt. — An die Pithögien des Anthesterion, kann man dabei nicht denken; diese finden im attischen Kalender nicht an einer Tetrade statt. Wohl aber ist eine Beziehung auf das erste Anstechen der Fässer nach der lauten Gährung möglich, für welches das Zeus-Fest im Maemacterion abzuwarten und die τετράς unmittelbar nach demselben zu wählen war. — Diese Auffassung der Stelle des Hemerologiums ist aber an Voraussetzungen geknüpft, die nicht jeder zugeben wird, und es kann sich auch unabhängig vom Gottesdienst solch ein Aberglaube gebildet und behauptet haben.

Aber welchen Namen hatte das Fest des winterlichen Zeus? und ist alles was wir von den Bräuchen wissen, auf den Monatstag und die Sühngebräuche beschränkt?

Ich vermuthe, dass das Fest Haloa hiess und dass die Haloen-Feier mit der des Zeusfestes im Maemacterion identisch ist.

Diese Vermuthung hat das positive Zeugniss des Harpocration p. 17 gegen sich, ἑορτή ἐστιν Ἀττικὴ τὰ Ἁλῷα, ἥν φησι Φιλόχορος ὀνομασθῆναι ἀπὸ τοῦ τότε τοὺς ἀνθρώπους τὰς διατριβὰς ποιεῖσθαι περὶ τὰς ἅλως· ἄγεσθαι δὲ αὐτὴν φησιν ἐν τῷ περὶ ἑορτῶν Ποσειδεῶνος μηνός. Da die Haloen einen poseidonischen Festzug enthielten (Bekk. an. p. 385 Ποσειδῶνος πομπή), so haben die Ausschreiber des Philochorus sich versehen und aus Ποσειδῶνος „des Gottes Poseidon" eine Zeit Ποσειδεῶνος μηνός „im Monat Poseideon" gemacht. *)

Wem diese Umstürzung eines Zeugnisses missfällt, der erwäge, dass nicht bloss Corsini, sondern auch K. Fr. Hermann die Zeugnisse über das Haloenfest theilweise zurückgewiesen haben. Corsini hielt den Monat Poseideon für unpassend und schlug den Hecatombaeon vor, gegen Harpocr. a. O. (G. A. 57, 5). Hermann leugnete den mystischen Character der Haloen, was einem anderen positiven Zeugniss zuwiderläuft.

---

*) Der Scholiast zu Plat. rep. p. 475 setzt die Lenäen in den Maemacterion, ein Irrthum der dadurch herbeigeführt scheinen könnte, dass er Haloen und Lenäen verwechselte; so erklärt, würde dieser Irrthum des Scholiasten meiner Hypothese günstig sein. Doch hat der Scholiast vielmehr in den Monaten sich versehen, wie die Aufeinanderfolge bei ihm: Poseideon, Maemacterion, Elaphebolion, lehrt. Er wollte dem Kalender folgen und hätte schreiben sollen: Poseideon, Gamelion, Elaphebolion. Für meine Hypothese ist also Schol. Plat. a. O. gleichgültig.

Hermann sagt G. A. 57, 4, dass nur der Scholiast des Lucian p. 245 Jacobitz die Haloen als ein Mysterienfest bezeichne (ἑορτὴ μυστήρια περιέχουσα Δήμητρος καὶ Κόρης καὶ Διονύσου). Es liegt aber ein indirectes Zeugniss ausserdem vor, durch welches die Verwandtschaft der Haloen mit den eleusinischen Mysterien wahrscheinlich wird. Die Inschrift C. I. n. 386 (I p. 443) hat lin. 1. Εὐμολπιδῶν Λυκομίδα . . ; lin. 2. διὰ βίου ἐν Ἐλευσεῖνι μὲν [Δήμητρος καὶ Κόρης]; lin. 3 Ἁλώων, ἐν Σάμῳ δὲ τῆς . . . Wiewohl in diesen Zeilenresten wenig ergänzbar ist, muss doch die Verbindung der Eumolpiden mit den Haloen für ein den Eleusinien nahe verwandtes, also mysteriöses Fest sprechen; auf das fragmentierte ΛΥΚΟΜΙΔΑ kann man sich in demselben Sinne berufen; s. S. 234 und Fr. Lenormant Recherches p. 153. Die Inschrift ist bei Eleusis gefunden „in campo Rario".

Die grossen Mysterien werden theils in der Stadt Athen, theils in Eleusis gefeiert, ebenso die Haloen. Siehe die Zeugnisse in G. A. 57, 6. Da das 4 Stunden von Athen entfernte Eleusis besucht wurde, können die Haloen leicht mehrere Tage gedauert haben. Wenn [Demosthenes] 59, 116 so spricht, als wären sie eintägig (ἐν ταύτῃ τῇ ἡμέρᾳ, vorher Ἁλῴοις), so wird er den Haupttag im Auge haben. So wird auch von den Anthesterien und Panathenäen gesprochen, s. S. 347.

Der Sühnumzug mit dem Zeuswidderfell, kann passend mit der Haloen-Pompe von Athen nach Eleusis vereinigt werden. Lässt man dagegen die Benutzung des Διὸς κώδιον im Maemacterion, die Haloen aber im Poseideon eintreten, so ist jene nicht eine Vorbereitung dieser, weil der Neumond dazwischen liegt, welcher eine Hieromenie von der andern vollständig trennt.

Am Haloentag (d. i. am Haupttage) war es verboten Opferthiere zu schlachten (ἱερεῖα θύειν [Demosthen.] a. O.) und was an Darbringungen zu machen war, brachte die eleusinische Priesterinn dar (a. O.). Ueber die Priesterinn ἡ ἱέρεια siehe Seite 238 Note*. Diese gottesdienstlich strengen Bestimmungen stimmen nicht mit dem Haloenfeste so wie Hermann es auffasst. Nach ihm war es auf ausgelassene Lust in der παννυχίς und auf Weingenuss gerichtet. Vielmehr hatte es bei aller Ausgelassenheit nachts, ganz wie die Mysterien, einen stark dogmatischen Gehalt und demgemäss genaue Opferbestimmungen, und war, in der uns bekannten Gestalt, keineswegs eine Art von ländlichem Dionysienfest.

Hermann hielt offenbar darum das Zeugniss des Schol. Lucian.

p. 245 Jacobitz für falsch, weil er das Zeugniss des Harpocration p. 17 für wahr hielt, die Mysterien im Haloenfeste lehnte er ab, weil er den Monat Poseideon für das Haloenfest annahm. Weil der Monat Poseideon überliefert ist, in welchen die ländlichen Dionysien fallen, schienen Preller'n die Haloen ursprünglich das ländliche Dionysienfest der Eleusinier zu sein, welches sich dann eigenthümlich ausbildete (Preller R. E. II p. 1060 not. extrem.) — so eigenthümlich freilich, dass es seine ursprüngliche Grundlage verliess und ein Mysterienfest wurde. Hermann bestritt den eigenthümlichen Gehalt des Festes und suchte es als ein blos auf Amüsement gerichtetes, den ländlichen Dionysien möglichst ähnliches hinzustellen, damit es in den Poseideon, den Monat zwangloser Lustbarkeit, wohl hineinpasse.

Sagen wir vielmehr umgekehrt: weil die Haloen ein Fest mit strengem Ritual und von mysteriöser Tendenz waren, ist es besser, ihnen einen andern Monat anzuweisen, als denjenigen, welcher der leichtsinnigste im ganzen attischen Festjahr ist.

Es lässt sich nicht nachweisen, kann aber wahr sein, dass die Haloa das Weinfest (ländliche Dionysien) der Eleusinier zur Grundlage haben. Haloen und ländliche Dionysien bezielen dasselbe, dass wieder junger Wein da ist. Aber dieselbe Sache lässt sich verschieden auffassen. Die Haloa geben die dogmatisch gestaltete, die ländlichen Dionysien die materielle Befreiung des Bacchus aus der Kufe. Erstere enthalten die von Mysterien umschleierte Geburt des Gottes, letztere zeigen die ersten Machtwirkungen des geborenen in offener heiterer Weise. Wenn das eleusinische Weinfest in so eigenthümliche Bahnen gedrängt wurde, ist es auch wohl hinausgedrängt worden aus dem Monat der materiellen Weinfeste, dem Poseideon, und hat — als Haloa — seinen Platz anderswo.

Mit Recht dagegen hat Hermann angenommen, dass die Haloen „namentlich auf das Kosten des jungen Weines gerichtet waren." Schol. Lucian. a. O. nennt unter Anderem, was nicht annehmbar ist, auch das Kosten des Weines ($\dot{\epsilon}\pi\iota\ \tau\tilde{\eta}\ \tau o\mu\tilde{\eta}\ \tau\tilde{\eta}\varsigma\ \dot{\alpha}\mu\pi\dot{\epsilon}\lambda o\upsilon\ \varkappa\alpha\iota\ \tau\tilde{\eta}\ \gamma\epsilon\acute{\upsilon}\sigma\epsilon\iota\ \tau o\tilde{\upsilon}\ o\check{\iota}\nu o\upsilon\ \varkappa\alpha\iota\ \tau\tilde{\omega}\nu\ \check{\alpha}\lambda\lambda\omega\nu\ \varkappa\alpha\rho\pi\tilde{\omega}\nu$; G. A. 57, 7). Der Most hatte schon gegohren und fing an geniessbar zu werden.

An den Haloen fand ein Festzug zu Ehren des Poseidon statt, der als $\Phi\upsilon\tau\acute{\alpha}\lambda\mu\iota o\varsigma$ in Verbindung mit Demeter stand (Stark zu G. A. 57, 5). Der Priester des Poseidon Phytalmios, dessen Ehrensessel sich unter denen des Lenaeon befindet (Philol. XIX p. 359, 16), hat also wohl Functionen am Haloenfeste gehabt.

Das Opfer für Poseidon am VIII Poseideon, welches C. I. n. 523, 18 aufgeführt wird, gilt nicht dem Phytalmios, sondern dem $Xαμαίζηλος$, welcher sonst unbekannt ist. Hiernach findet der von Harpocration überlieferte Monat der Haloen, der Poseideon, keine Unterstützung durch diese Inschrift und wird man nicht die Haloen auf den VIII Poscideon ansetzen wollen, den Opfertag für jenen $Ποσειδῶν\ Xαμαίζηλος$.

Poseidons Rolle in dieser Dogmatik lässt sich nicht näher angeben. Auf einem Gemälde bei Athen. VIII p. 346 sah man den Meergott, wie er dem kreisenden Zeus einen Thunfisch reichte, und bei Lucian Dial. D. 9 ist es Poseidon, der den entbundenen Zeus zu sprechen wünscht. Daraus sehen wir, dass Poseidon bei der Schenkelgeburt des Bacchus eine Rolle hatte, aber nicht welche Rolle er hatte.

Im dionysischen Festkreise schliesst die Feier im Maemacterion den mysteriösen Zusammenhang ab. Bacchus ist zum zweiten Mal geboren, der Dithyrambos. Fortan ist er als mächtiger Gott unter den Menschen, die ihn im Poseideon fröhlich feiern, wie in einem einzigen, dem geborenen Theoinos begangenen, grossen Amphidromienfeste.

Ländliche Dionysien.

Kalenderzeit ist der Monat Poseideon. Im attischen Schaltjahr folgt auf den Poseideon der eingeschobene Monat, wodurch die Dionysien einen Spielraum von 59 bis 60 Tagen gewannen.

Ueber die Benutzung des Schaltmonats steht nichts fest. In älterer Zeit, ehe die Piräen bedeutend wurden, scheinen die Lenäen den nächsten Anspruch auf den Schaltmonat zu haben, in späterer aber haben die Piräen den gleichen, wo nicht noch stärkeren Anspruch auf den Schaltmonat. Dies hindert nicht zu glauben, dass auch noch ein Rest ländlicher Dionysien geringerer Ortschaften im Schaltmonat begangen wurde.*)

---

*) Zuziehung des Schaltmonats giebt etwas geänderte Festgrenzen. Setzen wir Poseideon VIII als ersten Piräentag, Gamelion VIII als ersten Lenäentag, so sind nach den Neujahren perikleischer Zeit die Grenzen des ersten Piräentages December 16 bis Januar 14, die des ersten Lenäentages Januar 26 bis Febr. 23. Unter Zuziehung des Schaltmonats gehen jene bis Januar 24 hinunter, diese bis Januar 14 hinauf. — Zu Gunsten februarischer Lenäen (s. S. 45 Note **) trage ich hier eine Beweisstelle nach, die ich der Mittheilung meines Bruders

Die ländlichen Dionysien waren dörfliche Feste (τὰ κατὰ δήμους Διονύσια Harpocr. p. 143; G. A. 57, 10), die in das öffentliche Jahr im Einzelnen nicht aufgenommen werden konnten. Der Staat wies ihnen den Monat Poseideon zu, damit im Verlauf desselben die Landbewohner, ungestört durch öffentliche Hochfeste,*) ländliche Dionysien feiern möchten. Schwerlich haben sich die Dörfer an den Monat Poseideon streng gebunden, da der Demarch auf dem Dorf wohl nicht immer wusste, welchen Monat man in Athen hatte. In der Wahl der Mondphase (s. S. 320) war der Demarch mehr an ein dörfliches Herkommen oder herrschende Superstition gebunden als in der Wahl des Monats, die Mondphase konnte ihm jede abergläubige Demotinn nachrechnen.

Die ländlichen Dionysien sind Weinfeste.

Durch den τρύγητος Διονύσῳ am XVIII Boëdromion (C. I. 1 n. 523) und durch die Oschophorien am VII Pyanepsion ist die Stellung der attischen Weinlese in den attischen Kalendern einigermassen gegeben. Wiewohl Pyanepsion VII, im Sonnenjahr schwankend wie alle Tage des Mondjahrs, leicht so früh fallen konnte, dass noch nach den Oschophorien Wein geerntet wurde, so ist es doch unmöglich die im Boëdromion nach C. I. a. O. beginnende Lese durch den Pyanepsion und Maemacterion bis in den Poseideon hinein auszudehnen, auch wenn wir bei der Inschrift den Kalenderunterschied (s. S. 101) in Anschlag bringen. Plinius rechnet sie zu 44 Tagen; s. Einleitung S. 57, N. **. Bacchische Begehungen im Poseideon können, nach Anleitung des attischen Festjahrs selbst, sich auf nichts Anderes beziehen als auf gegohrenen Most, welchen man schon trinkt. Solcher, nicht ganz fertiger, Wein wurde den Gästen vorgesetzt bei dem Symposium des Lexiphanes, Lucian Lexiph. 6: οἶνος δὲ ἦν οὐ γέρων, ἀλλὰ τῶν ἀπὸ βύρσης, ἤδη μὲν ἀγλευκής (saucer Most), ἄπεπτος δὲ ἔτι, zur Winterszeit ibid. 14. Für die ländliche Bevölkerung kann man getrost die Behauptung des Plutarch Symp. VIII, 10, 3 ignorieren, dass frühestens im Anthesterion der junge Wein getrunken sei. Auch C. Fr. Hermann hat dies nicht wahr gefunden, da er G. A. 57 p. 391 n. A. sagt, dass die Haloen, ein Fest dieser Jahreszeit (Winter), auf das

---

verdanke. Auf einer Inschrift von Olbia, Henzen n. 6429, wird der VIII Lenaeon mit dem 17. Februar gleichgestellt. Sie ist aus dem Jahre 201 post Chr.

*) Im Winter wurde auch seltener decretiert, s. Taf. I und S. 95 f., am seltensten im Maemacterion.

Kosten des jungen Weines gerichtet waren. Wie sollte man auch wohl nicht gekostet haben, wenn man, um die Zeit der Bruma (Plinius), zuerst den Wein abliess, s. Einleitung S. 45, Note *. Im städtischen Leben wurde der Wein nicht eher gekauft, als er zu Markte kam (Anthesterion), aber an den Productionsorten trank man was man hatte und viel früher im Jahr, so wie auch heutiges Tags ohne bestimmte Regel der Most angebrochen wird, s. Fiedler Reise I, 573. Auf diese Weise sind in älterer Zeit eine Anzahl regellos verstreuter örtlicher Weinfeste (ländl. Dionysien) entstanden. In raffinierteren Zeiten hat der wohlhabende Landmann bei seinen ländlichen Dionysien für Virnich und alten Wein sorgen können, die Knechte brauchen indess den Most vom Jahr nicht verschmähet zu haben.

Die Meinung, dass die ländlichen Dionysien der Weinlese galten (Kanngiesser, Böckh, Preller), muss nunmehr ihren Gründen nach beleuchtet werden.

Wir finden, bemerkt Böckh Len. p. 109, dass bei den ländlichen Schauspielen in Kollytos noch Trauben, Feigen und Oliven hingen. — Bei Aeschin. 1, 157 ($\dot{\epsilon}\nu$ $\tau o\tilde{\iota}\varsigma$ $\varkappa\alpha\tau'$ $\dot{\alpha}\gamma\varrho o\dot{\upsilon}\varsigma$ $\Delta\iota o\nu\upsilon\sigma\acute{\iota}o\iota\varsigma$ $\varkappa\omega\mu\varphi\delta\tilde{\omega}\nu$ $\check{o}\nu\tau\omega\nu$ $\dot{\epsilon}\nu$ $Ko\lambda\lambda\upsilon\tau\tilde{\varphi}$) ist von Komödien der ländlichen Dionysien in Kollytos, bei Dem. 18, 180 ($\ddot{o}\nu$ $\dot{\epsilon}\nu$ $Ko\lambda\lambda\upsilon\tau\tilde{\varphi}$ $\pi o\tau\epsilon$ $O\dot{\iota}\nu\acute{o}\mu\alpha o\nu$ $\varkappa\alpha\varkappa\tilde{\omega}\varsigma$ $\dot{\epsilon}\pi\acute{\epsilon}\tau\varrho\iota\psi\alpha\varsigma$) von Tragödien in Kollytos (vielleicht der ländlichen Dionysien daselbst) die Rede. Die andere Stelle Dem. 18, 262 braucht nicht auf die ländlichen Dionysien bezogen zu werden, nach welcher Aeschines einer vagierenden Truppe sich anschloss und Feigen, Trauben und Oliven entwendete. Wenn ein kleiner Staat so lange und so eifrig wie Athen die Bühnenspiele fördert, so entstehen Banden der Art, die Beschäftigung und Brot suchen, nicht bloss im Poseideon. Die Städter wendeten den ganzen Frühling auf Theatervergnügungen und im Boëdromion fanden $\sigma\varkappa\eta\nu\iota\varkappa o\grave{\iota}$ $\dot{\alpha}\gamma\tilde{\omega}\nu\epsilon\varsigma$ am Eleusinienfeste statt, nachmals wenigstens. Es ist klar genug, dass die Schauspielerei um sich griff. Nichts hindert zu glauben, dass irgend ein Dorf im September oder October von der Gesellschaft des Simylos, Socrates und Aeschines besucht wurde.

Noch mehr, wie kommen Weinberge nach Kollytos? Kollytos ist ein athenischer Stadttheil und hört auf, wo die Stadtmauer aufhört, welche ihn von der Eintiefung (Koile) draussen und den Abhängen des Lykabettos*) trennt. Aber vielleicht lag „ein Theil des

---

*) Forchhammer setzt Kollytos zwischen Stadtmauer Pnyx und Museion an; auch hier passen keine Wein-, Feigen- und Olivenpflanzungen hin, und zu

Demos Kollytos ausserhalb der Mauer"? Westermann z. Dem. a. O. hat das angenommen. Dies einmal zugegeben, so konnten doch am Lykabettos, dessen Land für werthlos galt, höchstens Oliven zu finden sein; Leake Top. p. 154.

Tragen wir also nicht in die Stelle Aeschin. 1, 157 die Herbstfrüchte aus den Worten des Demosthenes hinein. Zeihen wir lieber den Hesychius (ἀρουραῖος Οἰνόμαος· Δημοσθένης Αἰσχίνην οὕτως ἔφη, ἐπεὶ κατὰ τὴν χώραν περινοστῶν ὑπεκρίνετο Σοφοκλέους Οἰνόμαον) der Flüchtigkeit, welcher mit Beziehung auf Dem. 18, 180 (ὃν ἐν Κολλυτῷ ποτε Οἰνόμαον κακῶς ἐπέτριψας), statt des städtischen Ortes Kollytos, κατὰ τὴν χώραν angiebt, Kreuz- und Querzüge durch Attica. Vgl. Böckh Len. p. 76 Note.

Eine Weinlese im Poseideon, fährt Böckh Len. p. 109 fort, könne allerdings zu spät scheinen, doch habe man in Atticas mildem Winter den Wein wohl lange hängen lassen, und auch in Ungarn zu Tokay sei die Weinlese in freien Gärten nicht vor November 29 erlaubt und in den der Krone zehntpflichtigen nicht vor December 6.*) Dies habe Kanngiesser gut erinnert, um die späte Lese mehr glaublich zu machen. — Wenn die österreichische Regierung eine späte Lese octroyiert, so folgt nicht, dass unter den zwanglos lebenden Athenern die Lese unnatürlich**) spät sei.

Soll die Stimme der Alten etwas gelten, so hat man den Wein keineswegs so spät wie in Tokay geerntet. Plinius XVIII, 74 lehrt nicht einen „späten Eintritt" (G. A. 57, 12) der Weinlese, sondern er lässt sie mit dem Herbstäquinoctium anfangen und sagt, dass sie höchstens bis zum Plejadenuntergang (Anf. November) dauere. Darum weil der möglichst späte Termin, den zu überschreiten das Orakel verbietet, von Plinius angegeben ist, ist nicht überhaupt ein später Eintritt der Lese angegeben. Hesiod lässt sie nicht viele Tage früher beginnen. Die Setzung der Weinlese auf Aequinoctium galt

---

einer Ausdehnung von Kollytos bis in Koile hinein ist weder Leake noch Forchhammer gekommen, sondern Koile ist ihnen ein von Kollytos durch die Mauer abgesonderter Theil. Vgl. auch Sauppe de demis urbanis p. 15.

*) Diese Verspätung bezweckt die Concentrierung des Mostes durch Kälte. Plin. XIV, 5, 7 erwähnt, dass einige Sorten auf den Hügeln bei Thurii nicht eher geerntet werden als bis es friert. Das, was die Sybariten sich ausgedacht haben, wird man nicht als Regel ansehen dürfen, da es dem Orakelspruche (Plin. XVIII, 74) zuwider läuft.

*) Die absichtlich verspätete Lese für die köstlichen Cyperweine ist Ende October, Jullien Topogr. d. Weinb. II p. 139, cf. Aubergier Oenologie p. 92. Ilmenau 1827.

für alle Griechen insgemein. Wie hätten sonst gewisse Fixsterne, die um diese Zeit aufgehen, τρυγητής und προτρυγητήρ heissen, wie Thucydides sich des Ausdrucks ὀλίγον πρὸ τρυγήτου IV, 84 als eines seinen Landsleuten geläufigen bedienen können? Halten wir also Tag- und Nacht-Gleiche als Weinlesezeit fest.

Die Feier der ländlichen Dionysien hatte wenig Aehnlichkeit mit einem Weinlesefest. Ein Weinlesefest sollte billigerweise der Weinlese selber verwandt sein. Homer beschreibt sie uns Il. XVIII, 567 sqq. Da singt ein Knabe das Linoslied zur Cither, die jungen Winzer und Winzerinnen, beladen mit Trauben, singen und jauchzen mit darein, die Arbeit ist nur ein Spiel und wie im Reigen scheint der Linossänger die tanzende Jugend anzuführen. Hiermit kann man Gebräuche der attischen Oschophorien vergleichen. Jünglinge ziehen unter Liedern dahin und tragen Reben in den Händen.

Bei der Weinernte löschen die Arbeiter ihren Durst naturgemäss mit Trauben oder daraus abgeflossenem (süssem) Most, der sie nicht berauscht.*)

Für die ländlichen Dionysien aber ist das wesentliche Erforderniss (wie für die Dionysien überhaupt) Wein. Dies zeigt sich in dem Namen θεοίνια (τὰ κατὰ δήμους Διονύσια Θεοίνια ἐλέγετο Harpocr. s. oben S. 324), d. h. Fest des Gottes Wein, des θέοινος. Es ist nicht unmöglich, dass θεοίνια eine absichtliche, jedoch nicht sinnlose Verdrehung**) eines gottesdienstlichen Wortes θεόγνια (Bacchus' Geburt) ist; darum bedeutet θέοινος nicht weniger den Gott Wein; vgl. Aeschyl. fr. 397 Nauck πάτερ θέοινε, μαινάδων ζευκτήριε, wo Tzetzes ad Lyc. 1247 erklärt θεὸς οἴνου εὑρέτης. Wer die ländlichen Dionysien ein Fest des Gottes Wein, des Weinerfinders nannte, bezeichnete sie als ein Weinfest, nicht als Weinlesefest.

Aus den Dionysien ging das attische Drama hervor, das Trauerspiel aus dem Dithyramb, einem ernsten Festgesange an Bacchus,

---

*) Dass den Arbeitern nicht Wein gereicht wird, scheint sich von selbst zu verstehen. Siehe Macrob. Saturn. VII, 7, 14, der es zu erklären sucht, wie es zugehe, dass der Wein, als süsser Most in der Weinlese getrunken, nicht berauscht. Seine Erklärung ist nicht zu verachten. Er sucht den Grund in dem dulce. Dies ist wahr. Der Zuckerstoff ist es, welcher sich beim Gähren umsetzt und das berauschende Element abgiebt.

**) Von solcher Verdrehung gottesdienstlicher Ausdrücke giebt es manche Beispiele. Sollte nämlich θέοινος wirklich eine ursprüngliche Bildung sein? aus θεός und οἶνος wie unser Gottmensch, oder τραγέλαφος; vgl. Pott etym. Forsch. II p. 385.

das Lustspiel aus dem phallischen Scherzliede, welches demselben Gott gewidmet war. An diese Cantaten, vorgetragen in der Festgemeine der Dionysien, schlossen sich Umzüge mit Wehklage oder Jubel, Verkleidungen mit entsprechenden Reden, Tänze, überhaupt alles das an, was einer erhöheten Stimmung der Geselligkeit, namentlich unter den leicht erregten Joniern gemäss war; denn das Schauspielerpersonal dieser regellosen Dramatik war die Festgemeine selbst, in ihrer Mitte Bacchus, der jugendliche Zeussohn, der wundervolle Erreger der Gemüther, welcher auch den Einfältigen zu beseelen und Jeden in Schmerz und Lust emporzuheben wusste. Der halb wirkliche halb poëtische Rausch, welcher die Menschen zu einem Ueberschwang treibt und die Feiernden in eine Truppe von Tragöden und Comöden verwandelt, hat keinen unmittelbaren Zusammenhang mit der Weinlese, da ist Bacchus nur ein armes, schwaches, zu früh an das Licht gestossenes Kind (Iacchus), ängstlicher Pflege bedürftig; um die Menschen so mächtig emporzureissen muss er aus Zeus (Zeus Maemactes; $\mu\alpha\iota\mu\acute{\alpha}\kappa\tau\eta\varsigma$ δ' $\dot{\varepsilon}\sigma\tau\grave{\iota}\nu$ $\dot{o}$ $\dot{\varepsilon}\nu\vartheta\sigma\upsilon\sigma\iota\acute{\omega}\delta\eta\varsigma$, Harpocration p. 123) dämonische Kraft gewonnen und seine begeisternden Eigenschaften angenommen haben.

Es mag wohl sein, dass die Winzer sich zuerst das Gesicht mit Trestern färbten, und dass von diesem Scherz hernach die dionysische Gemeine Gebrauch machte; darum ist doch auch das Lustspiel nicht ein Kind der Weinlesefeier, wie O. Müller Ltg. II p. 32 Not. sagt, der die Tragödie von den Lenäen ableitet, als habe diese einen andern Ursprung als die Comödie. Auch das Lustspiel ist Poesie und seine Chöre voll jenes lyrischen Aufflugs, welchen der Enthusiasmus des Bacchus einflösst. Otfried Müllers Darstellung der attischen Dramatik liefert selbst den Beweis davon, dass die Weinlese und ihre Feier Nebensache sind für die Entstehung des Schauspiels. Wenn in Attica zuerst der junge Wein gekostet und deshalb ländliche Dionysien angestellt und Kufen und Fässer ausgetrunken wurden, so fanden sich Hefen genug auf dem Grunde, um sich zu bemalen, und es kommt wenig darauf an, ob diese Bemalung zuerst von den Winzern bei der Lese oder zuerst aus einem geleerten Gährfass stattfand.

Ebenso mag immerhin die Sitte, einen Phallos im Weinberg bei der Lese (Böckh Len. p. 119 Preller gr. M. I p. 441 a. O.) aufzuhängen, um Unglück abzuwehren, sehr alt und älter sein, als der Phallos des Lustspiels. Daraus sehen wir nur, dass die dramatische Tendenz der Dionysien etwas benutzte, was anderswo vorbereitet war, nicht dass die phallischen Lieder der Comödie aus der Weinlesefeier herrühren oder in sie hineingehören. Die Elemente sind oft da, zerstreut, widerstrebend; aber es fehlt die Einigung, welche zur Kunst führt. Wo die erste Spur einer Einigung sich zeigt, da ist die Wiege der Kunst, und nur aus dem Cult des Weingottes konnte jene Flamme aufschlagen, welche an sich bedeutungslose Elemente zum Ganzen zusammenschmolz und umschmolz, denn der liebe Phales (Ar. Acharn. 263 sqq.), mit dem sich so köstlich scherzen und lachen und schwärmen lässt, ist ein persönlich angeredeter, kameradschaftlicher Zechgenoss, ein lebendiger Dämon des Weins geworden, während der am Weinstock schwebende Phallos wirklichen, practischen Zwecken diente und den Weinbergsbesitzer vor Schaden bewahren sollte — ein aus abergläubiger Verkehrtheit aufgehängtes Stück Holz.

Die ländlichen Dionysien, welche der Bauer in Aristophanes' Acharnern feiert, enthalten nicht den leisesten Nachklang einer Weinlese. Das lyrische Phalloslied ist keine Empfindungs-Poesie, sondern dramatisierend, der Bauer redet seinen Dämon an, der Dämon hat eine stumme Rolle. „Lieber Phales, ich und du, schwärmen wolln wir immer zu, durch die Nacht hin auf dem Plan, Phales sei mein Zechkumpan" u. s. w. — Der Bauer hält eine familiäre Festprocession, die Tochter trägt auf ihrem Kopfe das Opferkörbchen, ein Knecht das fetischartige Symbol des Gottes; auch das übrige Gesinde des Hauses ist zugegen, indess die Hausfrau vom Dach (v. 262) der Procession zuschauet. Das Körbchen wird niedergesetzt, der Bauer spricht: „o Herrscher Dionysos, möge ich mir zum Heil das Fest (v. 250 $\tau\dot{\alpha}$ $\varkappa\alpha\tau$' $\dot{\alpha}\gamma\varrho\text{ο}\dot{\upsilon}\varsigma$ $\varDelta\iota\text{ο}\nu\acute{\upsilon}\sigma\iota\alpha$) begehen". Dann folgt die Begehung selbst. Sie besteht darin, dass die Kanephore, dann der Phallosträger und der Bauer, das $\varphi\alpha\lambda\lambda\iota\varkappa\acute{\text{ο}}\nu$ v. 261 singend, einherschreiten im Festzuge ($\pi\text{ο}\mu\pi\acute{\eta}\nu$ v. 248). — Für die wirkliche Begehung der ländlichen Dionysien müssen wir uns freilich nicht eine einzelne Familie, sondern eine ganze Dorfgemeinde denken. Dass in den Acharnern ein einzelner Bauer sie feiert, hat seinen Grund im komischen Zusammenhange des Stückes.

Sonst wird uns das von Aristophanes geschilderte Dionysienfest kein unrichtiges Bild der ländlichen Feier geben, mithin die Ansicht unterstützen, dass diese Feste keine Beziehung zur Ernte der Trauben hatten. Das $\varphi\alpha\lambda\lambda\iota\varkappa\acute{\text{ο}}\nu$ mit seiner dramatischen Lebendigkeit verräth uns eine andere Stimmung als die jener homerischen Weinlese, bei welcher die zärtliche Klage um Linos gehört wird. Sie ist dem Abschneiden der schönen Rebe vom Stock ebenso angemessen,*) als der üppige Muthwille des φαλλικόν es nicht ist. Gewiss ist es eine überflüssige Bemühung, die Weinlese möglichst tief in den Winter zu bringen, damit sie den ländlichen Dionysien nahe sei, oder umgekehrt den Fest-Monat (Poseideon) möglichst hoch, nach dem Herbste zu, aufwärts zu schrauben, damit er nicht zu weit von der Weinernte sich entferne. Denn jeder Unbefangene muss gestehen, dass die von Aristophanes beschriebene Feier von einer Weinlesefeier grundverschieden ist.

Die ältesten Dionysien Atticas sind die ländlichen. Man stand um den Altar und pries den geborenen Gott mit Rede und Lied so gut man konnte, als der einfachste cyclische Chor. Aus diesem lyrischen Aufschwung bildete sich der Dithyramb, welchen Plato, Euripides und Pindar einstimmig auf die Geburt des Gottes Dionysos beziehen (Hartung im Philol. I, 395). Ernsthafte Begeisterung und Religiosität fehlte beim Opfer des Landmanns nicht, wenn sich auch Lust und Scherz beim darnach folgenden Umherschwärmen (κῶμος) anschloss. Die ältesten Dionysien der Landleute enthielten die Ursprünge nicht bloss des Lustspiels, sondern auch des Trauerspiels, es ist nicht richtig, blos die Lenäen mit der Mission des Tragischen zu betrauen.

Im Ganzen war Freude und Jubel vorwaltend, wie denn im Dithyramb das fröhliche Ereigniss der Διονύσου γένεσις begrüsst wird. Doch konnte das lyrisch bewegte Gemüth auch auf die Leiden des Gottes**) eingehen.

Oertliche Feier.

Von geringeren Begehungen auf dem Lande ist begreiflicherweise wenig überliefert; doch erfahren wir von dem Feste zu Phlya, Isae. 8, 15 sq. εἰς Διονύσια εἰς ἀγρὸν ἦγεν ἀεὶ ἡμᾶς καὶ μετ'

---

*) Als ein deutscher Reisender in den Corinthengärten von Zante Esel, Schaafe und Ziegen umherlaufen und die Reste der eben abgeernteten Weinstöcke fressen sah, kam es ihm vor als sei das Undank und Frevel; Vogel geogr. Landschaftsbild. III p. 402.

**) Auf des Gottes Leiden und Tod bezogen sich die Chytren. Die Dogmatik fixierte hier das eine der in den Dionysien selbst schon liegenden Extreme, den Schmerz, indem die Lust der Choën sehr plötzlich umschlägt.

ἐκείνου ἐθεωροῦμεν καθήμενοι παρ' αὐτόν. Es war also etwas zu sehen, wahrscheinlich Schauspiele (καθήμενοι); Böckh Len. p. 76. — In Kollytos, einem athenischen Stadtquartier, gab es ländliche Dionysien, bei denen alte Stücke (Sophocles Oenomaus) gegeben wurden; s. o. S. 325. Im Allgemeinen bekümmerte sich der Staat um diese Localfeste gar nicht; s. Böckh a. O.

Die Piraea hatten anfangs wohl ebenfalls bloss die Bedeutung eines Localfestes. Das piräische Theater gehörte nicht dem Staat, sondern dem Demos, dessen Magistrat, der Demarch, als leitende Behörde erscheint; Böckh Len. p. 74. Allein bei dem glänzenden Aufschwung und der Nähe des Piraeus war es natürlich, dass die Piräen mit den städtischen Festen in die Schranken traten. Der lebhafte Besuch der Städter machte, dass der piräische Dionysienschmaus so unterstützt wurde, wie der eines recipierten Festes. Oeffentliche Unterstützung der Piraea geht hervor aus C. I. I p. 250 n. 157 [ἐγ Διο][ν᾿υ[σ]ίων τῶν [ἐμ Πει]ρα[ιεῖ][π]α[ρὰ βοων]ῶν, worauf die Zahl folgt; vgl. G. A. 57, 23. Die sehr geringen Reste zu Anfang der Inschrift bei Rangabé II p. 501 n. 842, in denen man ein Opfer für Demeter und Daeira vermuthet, enthalten wohl auch nur die Piraea; lin. 2 muss neu nach dem Stein geprüft werden; ΤΗΙΔΑΕΙΙ- ist die angegebene Lesung, aus welcher leicht Πειραεῖ*) (von der Nebenform ohne Jota) zu machen ist.

Factisch war das Piräenfest gewiss längst recipiert, ohne dass es doch rechtlich aufhörte ein dörfliches Fest zu sein. Euripides liess Stücke im Piraeus aufführen (Aelian V. H. II, 13; Böckh Len. p. 75). — Wie die Piraea C. I. I n. 157 vor den Lenäen hergehen, so findet sich auch in dem unächten Gesetz [Demosthen.] 21, 10 die Aufeinanderfolge: Piräen, Lenäen, städtische Dionysien, Thargelien; siehe unten S. 337 Note ***.

Die Inschriften späterZeit erwähnen der Piräen öfters; die attischen Epheben opfern dem piräischen Dionysos wie einem städtischen. Ephemeris n. 4097 lin. 11 τῷ ἐν Πειραιεῖ Διονύσῳ**)

---

*) ἐμ Πειραεῖ οἰκοῦντος Seeurk. p. 439, 30 und andere Stellen in Steph. Paris. VI p. 670.

**) Leake Top. p. 279 Snup. sagt, das piräische Theater habe zu einem (piräischen) Heiligthum des Dionysos gehört; einem Tempel also mit einem Tempelbilde, welches in das Theater auf die Orchestra (Dio Chr. Or. XXXI p. 386 Dind.) gebracht wurde, um da zu stehen, während gespielt wurde. Zu dieser Ansicht stimmt der Ausdruck der Inschrift „dem piräischen Dionysos." Anders steht [Dem.] 21, 10 ὅταν ἡ πομπὴ ᾖ τῷ Διονύσῳ ἐν Πειραιεῖ. Nach

θύσαντ[ες] ἀνέθηκαν φιάλην ἀπὸ δραχμῶν ἑκατόν; 4107. 13 [π]αρήγαγον δὲ καὶ τοῖς Πειραίοις τῷ Διονύσῳ ταῦρον κά[λλιστον]; 4104, 16 (παρήγαγον δὲ) καὶ τοῖς Πειραίοις τῷ Διονύσῳ ταῦρον καὶ ἔθυσαν, τοῖς τε Διονυσίοις (an den städtischen) ἕτερον βοῦν κ. τ. λ. An dieser letzten Stelle werden die Lenäen übergangen, vielleicht waren sie damals von dem immer mehr aufblühenden Piräenfeste verdunkelt worden. Sie kommen indess, begangen von Epheben, auf einer Inschrift später Zeit (Ephem. von 1862 n. 199) vor: τὸν ἀγῶνα τῶν Ληναίων. Hier werden aufgezählt: Lenäen, Anthesterien (χύτροι), grosse Dionysien (Ἀντινόεια ἐν ἄστει). Die Piräen fehlen.

Von den salaminischen Dionysien geben zwei inschriftliche Kranzverkündigungen Kunde, C. I. I p. 150 n. 108 Διονυσίων τῶν ἐν Σαλαμῖνι τραγῳδοῖς ὅταν πρῶτον γένηται; und Ephem. 4097 lin. 57. Διονυσίων τῶν ἐν Σαλαμῖνι τραγῳδῶν τῷ ἀγῶνι.

Ursprünglich haben auch die Lenäen unter die Zahl der ländlichen Dionysien gehört; Preller R. E. II p. 1060 Note und Böckh Lenäen p. 72; vgl. p. 66. Die Lenäen haben sich hervorgebildet aus ländlichen Dionysien in der Umgegend von Athen.

Dass auch Eleusis ein oder mehrere ländliche Weinfeste beging, lässt sich denken, doch muss es dahingestellt bleiben, ob in den Haloen ein eleusinisches Dionysienfest untergegangen ist oder nicht; s. o. S. 322.

Lenäen.

Kalenderzeit. — Dass die Lenäen in den Gamelion gehören, überliefern mit grosser Einstimmung Schol. Hesiod. ἔργ. 506 Vollb. (Proclus) und andere Grammatiker; Böckh Lenäen p. 59; G. A. 57, 27

---

des Interpolators Worten braucht man nicht an einen im piräischen Heiligthum beständig aufgestellten Dionysos zu denken. Wäre aber der Festgott vom städtischen Opferheerde im Lenaeon nach dem Piraeus jedesmal zu den Piräen herbeigeholt worden, so hätte die Inschrift nicht τῷ ἐν Πειραιεῖ Διονύσῳ, sondern τῷ Διονύσῳ ἐν Πειραιεῖ sagen müssen. Früher nahm ich an, der städtische Gott sei im piräischen Festzug nach dem Piräus hingebracht und im lenäischen zurückgebracht worden.

und 28. „Nur der Scholiast des Platon*) giebt an: τὰ δὲ Λήναια μηνὸς Μαιμακτηριῶνος, was gar nicht in Betracht kommen kann" gegen die übrigen Zeugnisse (Böckh a. O. p. 60), von denen das im platonischen Scholion Gesagte bloss eine fehlerhafte Wiederholung ist.**) Seitdem es jährliche Lenäen im attischen Kirchenjahr gab, war der Gamelion des Gemeinjahrs jedenfalls Lenäenmonat, ob auch im Schaltjahr, scheint mir fraglich; siehe Einleitung S. 47.

Um den Platz des Lenäenfestes im Gamelion zu finden, bieten sich zwei Analogien dar, deren eine auf abnehmenden, die andere auf zunehmenden Mond leitet. Am XX Boëdromion wird der Weingott als Iacchus gefeiert, vielleicht ist also auch die lenäische Feier auf den XX Gamelion und weitere Tage zu setzen. Ganz anders führt der Vorgang der anthesterischen und städtischen Dionysien; diese fallen in die Tage, wo der Mond anfängt voll zu werden; danach müsste man den Anfang der Lenäen auf den VIII oder XI setzen, oder ihren Schluss auf XIII oder XIV, weil die Anthesterien und grossen Dionysien in ihren Monaten so anfangen und schliessen.

Lässt man die innere oder äussere Aehnlichkeit der Feste auf die Wahl zwischen beiden Analogien einwirken, so ist die Wahl der ersten Monatshälfte offenbar vorzuziehen. Anthesterien und Lenäen hatten mit einander τὰ ἐκ τῶν ἁμαξῶν (Phot. Lex. p. 565) gemein. Die Tendenz der lenäischen Schauspiele und der an den grossen Dionysien gegebenen ist dieselbe, das Publicum soll ergötzt werden, dieser Zweck des Genusses ist mit Religion ein wenig umkleidet und verhüllt, wogegen der Iacchus-Tag ein religiöses Hochfest ist, der gefeiertste Tag der Eleusinien, bei denen freilich später auch nebenher Bühnendarstellungen (s. Eleusinien S. 266) stattfanden. Die heiligen δρώμενα im Tempel von Eleusis wird Niemand mit den für Jedermann zugänglichen Dramen des Lenäenfestes zusammenstellen wollen; darnach wäre die Analogie der my-

---

*) Zur Republik p. 475; bei Bekker p. 407, in der kleinen Züricher Ausgabe p. 119 der Scholien: Διονύσια ἑορτὴ Ἀθήνησι Διονύσῳ ἤγετο, τὰ μὲν κατ' ἀγροὺς μηνὸς Ποσειδεῶνος, τὰ δὲ Λήναια μηνὸς Μαιμακτηριῶνος, τὰ δὲ ἐν ἄστει Ἐλαφηβολιῶνος. Dieses ist, abgesehen vom Maemacterion, dasselbe was man anderswo liest, wie Bekk. Anecd. p. 235, 6 Διονύσια: ἑορτὴ Ἀθήνησι Διονύσου· ἤγετο δὲ τὰ μὲν κατ' ἀγροὺς μηνὸς Ποσειδεῶνος, τὰ δὲ Λήναια Γαμηλιῶνος, τὰ δὲ ἐν ἄστει Ἐλαφηβολιῶνος.

**) Rinck, der II, 90 die jetzt allgemeine Ansicht bekämpft, stützt sich auf die in den Acharnern von Dikäopolis begangenen Feste; vgl. aber Droysen Einl. z. den Acharn. und Stark zu G. A. 58, 1.

stischen εἰκάς für die Lenäen weniger passend. Wenn der Archon Basileus sowohl über die Mysterien wie über die Lenäen gesetzt ist, so fällt diese Uebereinstimmung gegen die weit grösseren Unterschiede nicht ins Gewicht. Pollux VIII, 90 nennt die Lenäen neben den Mysterien; die Lenäen enthalten keine Mysterienfeier.

Dennoch scheint für Lenäen am XX eine Inschriftenstelle zu sprechen. C. I. I n. 523, lin. 21 Γαμηλιῶνος κιττώσεις Διονύσου θι' d. h. im Gamelion [sollen] Bekränzungen des Dionysosbildes mit Epheu, und zwar am XIX [stattfinden]; oder κιττός εἰς Διονύσου „einen Epheu in den Bacchustempel". Dieser kleine Ritus konnte leicht in Verbindung stehen mit den Lenäen als ein Vortag, so dass die Lenäen am XX begannen; vgl. Böckh Lenäen p. 62 und 114; Preller R. E. II 1059. In dem Oertchen Atticas, wo die Feste von n. 523 galten, vermochte man dem lenäischen Gott nicht glänzende Schauspiele wie in der Hauptstadt zu feiern, aber in der Frömmigkeit wollte man der Stadt gleichstehen? die religiöse Vorfeier, eine ἱερὰ ἡμέρα der Lenäen, sollte auch auf dem Dorfe ihren Epheukranz finden? — So kann es scheinen.

Auch eine Stelle der schwierigen Inschrift Rang. II p. 944 n. 2252 zieht der Herausgeber hierher, wo [γ]αμηλιῶνος μη[νὸς φθί]νον[τ]ος Διονύσῳ steht und dann ΕΡΙΘΟΣ:ΚΡΙΤΟΣ (nach Rangabé: ἐρί̣φ̣ι̣ος κ̣ι̣τ̣τός) folgt. Die Inschrift enthält Opfer, man weiss nicht ob städtische. Die Tendenz des ganzen Verzeichnisses ist dunkel.

Bei der Wahl der εἰκάς für die Lenäen bleibt es aber doch immer auffallend, dass die im Dionysosdienst für mysteriöse Feste benutzte εἰκάς hier für die nicht mystischen Lenäen dienen soll. Indess kann man entgegnen, dass die Tage vor Vollmond nicht bloss weltliche Feste (städtische Dionysien), sondern auch streng religiöse mit geheimen Bräuchen verbundene (Thesmophorien, Anthesterien) enthalten und so auch die εἰκάς in beiderlei Sinn verwandt sein möchte, für den geistlichen Iacchus-Tag und für die weltlichen Lenäen.

Mit Lenäen am XX Gamelion verträgt sich die Begehung dieses Tages nicht gut, welche bei den Epicureern üblich war zum Gedächtnisse ihres Stifters. Es scheint, dass Epicurs wirklicher Geburtstag der VII Gamelion war (nach Apollodor bei Diog. Laert. X, 14; Böckh Stud. p. 89; Petersen Geb. Feier p. 310) und dass die Bestimmung „den herkömmlichen Geburtstag jährlich am XX Gamelion*) zu begehen" eine willkührlich beliebte ist. Die Schmäuse am XX boten der alten Orthodoxie trotz, welche von den Epicureern verachtet wurde (Luc. Alex. 38 εἴ τις ἄθεος, ἢ Χριστιανός, ἢ Ἐπικούρειος ἥκει κατάσκοπος τῶν ὀργίων φευγέτω), aber das fröhliche Lenäenfest brauchen sie nicht befehdet zu haben und es wäre sonderbar, wenn sie ihre höchste Sectenfeier**) auf den ersten Lenäentag gesetzt hätten.

Statuiert man eine zweitägige Vorfeier am XIX und XX und setzt die Schauspiele auf Gamelion XXI bis XXIII, so steht auch dieser Annahme etwas entgegen. Denn ἐνάτῃ φθίνοντος γ[αμη]λιῶνος Rang. I p. 395 n. 348 hat ein öffentlicher Verkauf stattgefunden, wofür besser ein anderer als ein Schauspieltag gewählt wird. Die Inschrift verzeichnet mehrere Verkäufe dieses Monats, zuerst am VII, dann am XXII, dann am XXV und es scheint, dass die Lenäen zwischen die beiden ersten Verkaufstage fielen; denn gerade bei diesen steht derselbe Eigenthümer (Ἀξιόχου τοῦ Ἀλκιβιάδου) angemerkt und man erwartet, dass sie einer gleich nach dem andern angesetzt sein mussten.

Bei einem Lenäen-Ansatz ist auch Rücksicht zu nehmen auf

---

*) Die aus Diogenes Laert. citierten Worte sind: τὴν εἰθισμένην γενέθλιον ἡμέραν, ἑκάστου ἔτους τῇ προτέρᾳ δεκάτῃ τοῦ Γαμηλιῶνος. Meier und Petersen verstehen hier den XX, was gewiss das Richtige ist. Alle Eikaden wurden von den Epicureern gefeiert und eine als Geburtstag des Epicur. So schmausten die athenischen Studenten an allen ἑβδόμαις und an einer (VII Thargelion) war Plato geboren. Rangabé II p. 982 hat für die Inschrift n. 2303 die δεκάτη προτέρα nach dem Rest des Prytanientages (εἰ[κοστῇ]) einfach und treffend so erklärt, dass der Kalendertag mit dem der Prytanie gleichlief. In weltlichen Documenten vermied man den XX Monatstag εἰκάς zu nennen, weil εἰκάς ein kirchlicher, heiliger Ausdruck geworden war; vgl. Eleusinien S. 228.

**) Im Testamente des Epicur ist auch noch von zwei andern Gedächtnissfesten die Rede a. O. συντελείτωσαν δὲ καὶ τὴν τῶν ἀδελφῶν ἡμέραν τοῦ Ποσειδεῶνος καθάπερ καὶ ἡμεῖς· συντελείτωσαν δὲ καὶ τὴν Πολυαίνου τοῦ Μεταγειτνιῶνος. Vielleicht sind hier ebenfalls der XX Poseideon und der XX Metagitnion gemeint. Vorher war der Tag zugefügt, obwohl ihn jeder kannte (τὴν εἰθισμένην). Nennung des Tages für die geringeren beiden Feste war weit nöthiger. Aber wahrscheinlich muss man aus dem Vorigen die δεκάτη προτέρα, wie auf den Gamelion, so auch auf die beiden anderen Monden beziehen. (Die Zahl XX, κ΄, liesse sich hinter Ποσειδεῶνος aus καθάπερ einsetzen, aber auf Μεταγειτνιῶνος folgt kein mit κ anfangendes Wort.) — Sind die Eikaden im Poseideon und Metagitnion gemeint, so kann man daraus vielleicht schliessen, dass dies festlose Tage waren.

das Decret später Zeit, Ephemeris 4097 lin. 63, datiert XI Gamelion aus dem Theater. Der Kosmet hat mit seinen Epheben dem Dionysos (τῷ Διονύσῳ τῷ [ἐν Ἀηναί]ῳ Ephem.; τῷ Γ...... |ῳ Philistor) geopfert, wie auch den anderen gewöhnlich bedachten Göttern des Festzugstages (καὶ τοῖς ἄλλοις θεοῖς οἷς πάτριον ἦν [ἐν πομπῇ] Διονύσου Eph.; [ἐν τῇ πομπῇ] τοῦ Διονύσου Philistor). Ihm wird ein Ephenkranz beschlossen. Die Epheben haben auch eine Phiale zu 100 Drachmen in den Tempel des Dionysos gestiftet. Beschlossen wird, dass man die guten Zeichen annehme, von welchen der Kosmet berichte, dass sie erfolgt seien bei dem Opfer für Heil und Leben des Rathes und Volkes und Aller. — Hier wird am besten ein eben vor dem XI Gamelion abgehaltener Festzug gedacht; aber welcher, der piräische oder der lenäische? Für den piräischen spricht, dass die Piräen auf Inschriften dieser späten Zeit öfter vorkommen (oben S. 331). Dennoch darf man die Ergänzung der Ephemeris nicht ganz wegwerfen: τῷ Διονύσῳ τῷ [ἐν Ἀηναί]ῳ. Auch der Philistor giebt die Lücke mit sieben Stellen an und die Ergänzung [ἐν Ἀηναί]ῳ bietet so viele Buchstaben.*) Man könnte auch an ἐπιληνίῳ denken. Da ῳ erhalten ist, so ist τῷ ἐν Πειραιεῖ nicht möglich,**) wohl aber können wir τῷ Διονύσῳ τῷ [Πειραῖx] ῷ schreiben, Πειραῖx sind sieben Buchstaben. Sicher ist aber auch diese Ergänzung nicht.

Gegen einen Lenäen-Ansatz auf Gamelion VIII bis XI kann man erhaltene Decrete, vom VIII eins, C. I. I n. 124, vom XI zwei, C. I. I n. 105 und das oben erwähnte, anführen und behaupten, ein Sitzungstag der höchsten Staatsbehörden könne nicht Lenäentag sein. Doch ist diese Behauptung nicht durchzuführen.

Zwei von den erwähnten Decreten sind aus später Zeit. Das vom VIII, C. I. n. 124 ist sicher jünger als Ol. 152 = a. Chr. 172 (Böckh C. I. I p. 171) und das Ephebendecret Ephem. n. 4097 ist gleichfalls jung. So wenig nun aus einem Decret vom IX Elaphebolion (Ephem. n. 4107 lin. 50) folgt, dass der IX Elaphebolion unter den städtischen Dionysientagen fehlte, eben so wenig ist aus den beiden Decreten eine Folgerung gestattet, als wenn Gamelion VIII

---

*) Einen „Dionysos im Lenaeon" finde ich so wörtlich nicht belegt. Das Fest, der Agon und die Pompe werden als die „bei dem Lenaeon, ἐπὶ Ἀηναίῳ" bezeichnet, Stephan. V, 256. Aber der Gott könnte doch ἐν Ἀηναίῳ genannt sein.

**) Die verdächtige Namensform Πειραιός (Πιραιός Meineke ad Alciphr. p. 174) aus Stephan. Byzant. möchte ich nicht wagen heranzuziehen.

und XI nicht hätten Lenäentage sein können. Morgens den VIII
konnte Sitzung im Rathhause ($βουλὴ ἐμ βουλευτηρίῳ$ C. I. n. 124.
lin. 6) sein, ehe die Vorfeier der Lenäen anhob, ebenso, morgens
vor dem Schauspiel, Ekklesie am Orte des Schauspiels selbst
(Ephem. n. 4097 lin. 63 $ἐκκλησία κυρία [ἐν τῷ] θεάτρῳ$). Die
Gegenstände beider Psephismen sind unbedeutend und waren leicht
zu erledigen.

Bedeutsamer ist der Gegenstand des Belobungsdecrets vom
XI Gamelion des Schaltjahrs Ol. 116, 3 (Böckh Monde. p. 48), in
welchem die Verdienste Asanders des Macedoniers anerkannt werden unter Archon Nicodorus.

Auch abgesehen von besonderen Umständen*) oder Benutzung
des Schaltmonds**) von Ol. 116, 3 für die Lenäenfeier, dürften die
Schauspieltage in Athen nicht höher und heiliger geachtet worden
sein, als die halben Festtage der Eleusinien (Boëdromion XVIII und
XIX), von denen Psephismen datirt sind, siehe oben S. 226. Das
im Theater versammelte Volk kann dem Macedonier seinen Dank
votiert haben, ehe die Vorstellung begann, wie für Ephem. 4097 ob.
S. 337 angenommen ist.

Dem vorliegenden Material scheint ein Lenäen-Ansatz auf Gamelion VIII bis XI am wenigsten zu widerstreiten. Die Dauer
der Lenäen ist nicht bekannt, ich rechne als Minimum 4 Tage, einen
Tag für die Vorfeier, drei für Schauspiele. Weniger Tage konnten
sie nicht haben und wiederum muss man sie kürzer als die grossen
Dionysien, das heisst unter 6 oder 7 Tagen ansetzen.

Von dem Schaltmond nehme ich an, dass er nach Gutdünken
für die Piräen,***) denen ich als herkömmlichen Platz Posei-

---

*) Asander scheint sich eine Zeit lang in Athen aufgehalten zu haben, unter
Verhältnissen (Böckh C. I. 1 p. 144), die vielleicht rasche Abreise erheischten,
so dass die Athener eilen mussten das Decret abzufassen.

**) Eine Lenäenfeier im Schaltmond muss man auch für historische Zeiten
als mögliche Annahme gelten lassen. Piräen sowohl wie Lenäen konnten vermuthlich, so gut wie die ländlichen Dionysien irgend eines Dorfes, nach Belieben
auch im Schaltmond begangen werden. Gesetzt, dass man der baldigen Abreise
eines einflussreichen Ausländers entgegensah, mochte man, um ihn zu unter-
halten, die Piräen im ersten, die Lenäen im zweiten Poseideon feiern.

***) Aus der Aufeinanderfolge: Piräen, Lenäen (oben S. 331) ergiebt sich,
dass die Piräen eher, also wohl einen ganzen Monat eher, als die Lenäen gefeiert sind. Setzen wir sie also in den Poseideon. — Gegen diese Setzung kann
man C. I. 1 n. 157 benutzen. Hier steht lin. 6: $ἐπὶ Κτησικλέους ἄρχοντος$,
was wie eine Semesterüberschrift aussieht. Was also folgt (lin. 7 Piraea), wird

deon VIII bis XI anweise,*) und vielleicht auch für die Lenäen benutzt werden konnte; s. vor. S. Note **.

Ort der Feier war das Lenaeon; siehe Anthesterien. Mit dem örtlichen Namen hängt der des Lenäenfestes zusammen. Da nun vor Alters blos die Burg πόλις, also alle Bezirke umher ländliche waren, so könnte die Grundbedeutung des Festnamens Λήναια an einen Gaunamen anknüpfen. Die Ληναιεῖς bildeten einen Demos (Steph. Byz.; Leake Demen p. 141 Westerm.), und Λήναια wären also „die ländlichen Dionysien der Lenäer"? die Feier von Dörfnern im „Gau Lenaeon" (Böckh Len. p. 72)? Aber die Angabe von Stephanus, dass es einen Gau Lenaeon gegeben habe, ist wahrscheinlich falsch (Leake a. O., die Bem. das. vom Hg.) und Lenäen hat niemals eine Feier lenäischer Dorfbewohner bedeutet; ebenso wenig eine anfangs auf die Bewohner von Limnae beschränkte**) sind die Lenäen gewesen. Denn Limnae gehörte wohl schon früh zum ἄστυ

---

alles in die letzten sechs Monat von Ol. 111, 3, Archon Ktesikles, gehören? mithin die Piraea lin. 7 in den Gamelion, der das zweite Semester des Ktesikles beginnt? Die Ueberschrift lin. 6 trennt nach meiner Ansicht allerdings zwei Semester, aber mir ist das Jahr nicht zwölfmonatlich (wie bei Böckh Monde. p. 29), sondern dreizehnmonatlich. Danach kann ich sagen, man habe das Jahr des Ktesikles nicht anders als in ungleiche Hälften zerlegen können und die Semester-Ueberschrift n. 157 lin. 6 beginne vom Schaltmonat, in welchen die Piräen fielen, so dass von lin. 7 bis lin. 29 sieben Monat liegen. — Da indess Ol. 111, 3 kein urkundliches, sondern bloss nach meiner metonischen Zeitrechnung bestimmtes Schaltjahr ist, so gebe ich meine Ansicht über die Piräen dieses Jahres als hypothetisch zu. Sie bietet indess hier Vortheile. Denn meine Gegner müssen entweder Piräen und Lenäen in den Gamelion zusammendrängen oder von lin. 6 ab sieben Monat rechnen, was im Gemeinjahr keine gute Theilung ist. Ob Rang. 842 eine Semesterüberschrift hatte, ist leider nicht zu ersehen.

*) Mich leitet dabei die Analogie der übrigen Dionysien. Das Decret vom IX Poseideon (siehe Taf. 1) beruht theilweise auf Ergänzung, die aber sicher scheint. Einen Hinderungsgrund, die Piräen in diese Gegend des Monats zu setzen, kann es nicht abgeben.

**) Preller R. E. II p. 1060 rechnet Limnae zu den Demen. Ob Limnae aber ein Demos war, unterliegt grossen Zweifeln, Leake Top. p. 318 Saup. und Demen a. O. Und wären die in Limnae gefeierten Lenäen ursprünglich Localfest daselbst gewesen, wie die ländlichen Dionysien von Icaria oder von anderen kleinen Orten, so müssten sie Limnäen geheissen haben, so wie die örtlichen Dionysien des Piraeus immer von ihrem Orte benannt werden und ohne ihren alten Namen abzulegen als Piraea (s. oben S. 331 und 332) städtisch wurden. Liesse sich für die Lenäen ein Neben-Name Limnäen nachweisen, so würde Prellers Ansicht sich hören lassen.

und war bereits städtisch, als Attica noch wenig oder nichts von Dionysos und Dionysien wusste.

Hiermit ist keineswegs gesagt, dass die Lenäen nicht anfangs ländlich waren; ein Fest für Athen und die Umlande (nicht für ganz Attica). Die Leute aus der Gegend sammelten sich beim lenäischen Heiligthum und mit dem Namen des Heiligthums hängt der Festname zusammen. Den unsichern Gaunamen *Ληναιεῖς* muss man bei Seite lassen.

Weiter lässt sich mit Sicherheit nicht dringen; doch hat schon der Scholiast Ar. Ach. 201 (Böckh Len. p. 66) sich die Vermuthung erlaubt, die Lenäen *διὰ τὸ πρῶτον ἐν τούτῳ τῷ τόπῳ ληνὸν τεθῆναι* zu erklären. Wenn die hier frühzeitig aufgestellte Keltereinrichtung eine öffentliche, gemeinsamem Gebrauche bestimmte war, so konnte sie einen Sammelpunct bilden, um das Fest des Gottes zu feiern, welches danach „das Fest bei der Kelter" und dessen Ort „der Kelterort" hiess. Die athenischen Weinbergsbesitzer mochten vor Alters wirklich an diesem Orte, freilich nicht in der Lenäenzeit ihre Trauben austreten lassen, indem damals noch nicht viele Keltern in der Gegend waren. Die Wahl dieses Ortes braucht nicht durch nahegelegene Weinberge bestimmt zu sein, sondern durch das in Limnae vorhandene Wasser (s. unt. S. 380 und Böckh Len. p. 116). Ohne Wasser kann man keinen Wein bereiten.

Soll zwischen dem Kelter-Orte und den winterlichen Lenäen, bei denen schon gegohrener Most zu Gebote stand, ein noch engeres Band geknüpft werden, so ist der Weg dazu gewiesen. Die heutigen Griechen haben, wie Fiedler Reise I p. 573 erzählt, in jedem Weinberg einen länglich viereckigen Behälter. Derselbe ist mit Mörtel wasserdicht ausgekleidet und nach einer der Schmalseiten des Oblongums abhängig, damit durch eine Oeffnung der Most hinablaufe in einen runden, ebenfalls ausgegrabenen und durch Mörtel wasserdichten Behälter. Aus letzterem wird der Saft in Schläuche gefüllt. Dies sind rohe Ziegenhäute, die Fleischseite auswärts, die Füsse dicht zugebunden, beim Hals wird eingefüllt und dann fest zugeschnürt.*) Schon im Weinberg auf den Trestern beginnt die Gährung, es gehen etwas Trestern mit dem Saft in den unteren Behälter, die Gährung ist also schon eingeleitet. Um sie zu befördern, wird Wasser zugesetzt. So gährt nun der Most, bis die Bläschen

---

*) Die Weine aus der Thierhaut (Schlauch), *ἀπὸ βύρσης*, werden Lucian. Lex. 6 dem alten Wein entgegengesetzt.

nicht mehr aufsteigen (bis die laute — oder wenigstens die lauteste — Gährung endet). Dann wird das Fass zugemacht, bald darauf angezapft und der Wein verbraucht, nachdem noch Kieferzapfen oder Harz hineingeworfen sind. — Als Kufe wird ληνός Bekk. An. p. 277 erklärt, γεωργικὸν σκεῦος· ἔστι δὲ ἀγγεῖον δεκτικὸν οἴνου, ξύλινον, ὅ ἀποδέχεται τὸ ῥέον ἐκ τῶν ὀργάνων τῶν πιεζομένων. In der Anthol. Pal. XI, 63, 3 sq. ist so von der ληνός die Rede als sei Wein (nicht Most) darin: αὐτὰρ ἐμοὶ κρητὴρ μὲν ἔοι δέπας· ἄγχι δὲ ληνὸς ἀντὶ πίθου.

Nehmen wir an, dass die Keltergenossen, nachdem jeder das Seine erhalten, einen Theil des Mostes im Lenaeon selbst abgähren liessen und zu dem Ende die kesselförmige Kufe, welche wir uns recht gross denken dürfen, im Spätherbste ganz anfüllten und wohl beaufsichtigten, bis nach ihrer Ansicht der Wein gut war und das holde Bacchuskind dem dunklen Schoosse, welcher es gehegt, entsteigen durfte. Dann war es Zeit Dionysien zu feiern, und das öffentlich verwahrte Quantum Saft als Wein auszutrinken. Diesen hatte man am Orte und brauchte ihn nicht auf Wagen*) heranzufahren, weshalb die noch ländlichen Lenäen der Wagen und Wagenspässe entbehrten, welche aus Perax-Transporten der Weinschläuche entstanden sind. Als die Zahl der Theilnehmer grösser ward, und der alte Kelter-Ort keine profane Benutzung mehr zuliess, musste der erforderliche Wein, meistens vom Lande her, zur Stadt geschafft werden, und das nunmehr städtische Lenäenfest empfing auch Wagenspässe, τὰ ἐκ τῶν ἀμαξῶν.

Böckh Len. p. 110 denkt, dass die auf dem Platze Lenaeon begangenen Lenäen an die mythische Keltereinrichtung, welche hier zuerst aufgestellt werden (s. o. S. 339), sich anlehnten. Nachdem der gemeine Wein längst gekeltert, habe man einen Monat später jene fabelhafte Thatsache des ersten Kelterns im Lenaeon gefeiert, und gefeiert durch ein verspätetes Keltern, zu welchem Ende man Trauben habe hängen oder liegen lassen. Aus diesen bis dahin etwas eingetrockneten Trauben sei ein schöner Most gepresst worden, diesen köstlichen Trank habe man den Dichtern zum Preise gegeben, einen Göttertrank — ἀμβροσία — und daher rühre es, dass das Lenäenfest ἀμβροσία**) heisse.

---

*) Becker Charikles n. A. II p. 156; Panofka Bilder ant. Lebens XVI, 2; Alexis ap. Athen. X p. 431 E: πωλοῦσι γὰρ ἐν ταῖς ἀμάξαις εὐθέως κεκραμένον (τὸν οἶνον).
**) Preller R. E II p. 1060 lässt nebenher zu, dass so ein besonderer Le-

Diese Lösung genügt nicht. Die über so manche Landschaft Griechenlands verbreitete Monatsbenennung „Lenaeon" muss einen allgemeineren Grund, einen in der Behandlung des Weins natürlich sich darbietenden Anlass haben. Das Problem ist: wie ein Monat der Keltermonat sein kann, wo doch nicht mehr gekeltert wird; es reicht noch über den Monatsnamen hinaus. Λῆναι sind Bacchen. Wie können sie von der Kelter, die doch nur Most, begeisterungslosen Trank, giebt, sich nennen? da doch offenbar der begeisternde Dionysos ihre Gottheit ist. Man kann nur sagen, dass die Alten den Wein im Kelterhaus auch gähren liessen,*) dass ihnen ληνός auch eine Kufe bedeutete, aus der nach Vollendung der Zeit gegohrener Wein geschöpft ward.

Die Feier der Lenäen ist später ins städtische Festjahr aufgenommen als die der Anthesterien. Die Verspottungen vom Wagen herab, welche bei den Lenäen vorkamen, gehören einer jüngeren Zeit an als die ähnlichen im Anthesterion, Suid. II, 2. 1017. Phot. Lex. p. 565 (τὸ δ' αὐτὸ καὶ τοῖς Ληναίοις ὕστερον ἐποίουν). Je weniger die Lenäen mit Dogmen belastet waren, desto zwangloser konnte hier der Genius dramatischer Kunst walten. Was man feierte, war weiter nichts, als dass Bacchus jetzt da war; um dies zu glauben, brauchte Niemand sich ins Dogma zu versenken, ein Trunk Weines lehrte ihn des Gottes Dasein und Macht kennen.

---

näentag hiess, s. u. S. 342. Es ist nicht ganz sicher, dass Ambrosia ein attisches Fest war. Es wurde im Monat Lenaeou begangen, wie die Erklärer des Hesiod berichten. Rinck II p. 106 sieht ein besonderes Fest darin. Aber wenn wir es in den Gamelion Athens setzen, so entstände dadurch ein zweites Weinfest in diesem Monat.

*) Bei den Cyprioten soll jetzt Linos Keller bedeuten, Jullien Topogr. d. Weinberge II p. 139. Lpz. 1833. Die vorher zusammengeschaufelten Trauben werden nach dem Linos gebracht, wo man sie zerdrückt und alsdann unter die Presse legt. Der Most wird sogleich in grosse Thongefässe gethan und diese bis zur halben Höhe (im Linos) in die Erde gegraben. Hier gährt der Wein und bleibt an Ort und Stelle bis man ihn in Schläuche füllt und nach den Handelsplätzen führt. — Bei Linos denkt man zunächst an ληνός, was auch der Wortsinn oder einstmalige Wortsinn sein mag. Aber dieser Kellerort ist zugleich Gähr-Kammer und Aufbewahrungsort des fertigen Weins; also Keller. Nach Jullien p. 141 graben die Cyprioten, wenn ihnen ein Kind geboren ist, grosse Gefässe voll Wein (vermuthlich im Linos) tief ein und bringen diesen Familien-Wein nicht eher hervor als bei der Verheirathung des Kindes. Vgl. über das Aufbewahren besonders von Oel in unterirdischen Behältern (πίθοι) Rangabé Antiq. I p. 397; auch über das Thonfass, welches Pandora als Aussteuer mit ins Haus brachte, Preller gr. Myth. a. A. I p, 65 not. ***.

Verglichen mit den städtischen Dionysien mögen die Lenäen Spuren alter Ländlichkeit an sich getragen haben. Sie boten weniger Pomp und mehr Behagen als die städtische Feier, bei der die vielen Fremden, insonderheit tributäre Bündner (Böckh St. H. 1 p. 191 a. A.) zugegen waren, während die Athener am Lenäenfeste mehr unter sich waren (Ar. Ach. 504 sqq.).

Man kann sagen, das Spotten vom Wagen herab gehöre mit zu den Zügen grösserer Zwanglosigkeit als an dem städtischen Feste gepasst hätte. Auch Frauen nahmen an den Lenäen Theil, vermuthlich zu Wagen; die von geringerem Stande mochten mitspotten, die reichen Frauen aus ihren Equipagen bloss zusehen (ὀσχοφόρια καὶ λήναια ταῖς πλουσίαις Ἀθηναίων συνεορτάζουσα, Alciphr. 1, 4). — Für die älteren Zeiten darf man bei den Lenäen alle die Bauernspässe der ländlichen Dionysien voraussetzen, wie den Schlauchtanz, welcher mit den Schläuchen zusammenhängt, in denen der Wein gleichsam als importierter Rohstoff zur Stadt kommt, s. oben S. 340.

In der Pompe (wohl am ersten Festtage) werden ausser den vereinigten Wagen die Opferthiere (C. I. I n. 157) einhergeführt sein. Doch das Trinken des jungen Weins war die Hauptsache.

Im Lenaeon, dem Bestimmungsorte der Pompe, wurden, vermuthlich am ersten Festtage, wenn sie dort eintraf, feierliche Lieder (Dithyramben) gesungen. Der Preis in diesem Agon war ein Epheukranz, siehe Inschrift der Epheuer. von 1862 n. 219, und Taf. 34 daselbst. Sie ist im lenäischen Theater gefunden und enthält Siege des Nikokles, Sohnes des Aristokles, darunter: Λήναια διθυράμβῳ in einem Epheukranz.

Ob die Gymnasiarchie für die Lenäen (Rang. II n. 399) einem Fackellauf (G. A. 58, 5) galt, ist eben so unsicher als der Kampfpreis (κα[ρχήσιον]?). Durch die Betheiligung der gymnischen Jugend*) wurde die alte Ländlichkeit des Festes noch mehr zurückgedrängt.

Für drei lenäische Schauspieltage spricht die Analogie der städtischen Feier, Ber. der Sächs. G. d. W. (Sauppe) VII p. 21.

---

*) In sehr später Zeit treten die Epheben, wie überall, so auch bei den Lenäen, stark hervor, Ephemer. von 1862 n. 199 p. 194: Βασιλεὺς Πό. Αἰλ. Φείδιμος Παλ. ἐπετέλεσεν τὸν ἀγῶνα τῶν Ληναίων καὶ ἑστίασε τοὺς συνεφήβους καὶ τοὺς περὶ τὸ Διογένειον πάντας. Phidimus, der als Archon König fungiert, ist selbst Ephebe (vgl. lin. 60 συνεφήβους).

Gamelien.

Mit grosser Wahrscheinlichkeit sind die Theogamien der Hera und des Zeus in den Gamelion gesetzt worden; Bergk Beitr. z. Mtsk. p. 36 sq. Phot. Lex. p. 103 (G. A. 62. 1) *Ἀθηναῖοι ἑορτὴν Διὸς ἄγουσι καὶ Ἥρας ἱερὸν γάμον καλοῦντες*; Hesych. 1 p. 795 *Γαμηλιὼν ὁ τῶν μηνῶν τῆς Ἥρας ἱερός*; cf. Hermann Mtsk. p. 51.

Bergk a. O. schlägt vor, die Theogamien auf Anfang Gamelion zu setzen. Der Gamelion ist im Allgemeinen als Wintermonat zu betrachten. Nun gehört aber das Beilager Himmels und der Erden in diejenige Winterszeit, welche schon zum Frühling neigt und stärkere Regengüsse bringt; Aeschyl. fr. 43 Nauck. Es ist also besser einen sehr frühen Ansatz im Gamelion zu vermeiden und einen der Schlusstage des Monats zu wählen, wo der Anthesterion, der Blumenmonat, schon vor der Thür ist und die Natur nicht des bräutlichen Schmuckes entbehrt, um dem Himmelsgott zu gefallen. Um das wolkenumfangene Bett des Zeus und der Hera lässt, nach Il. XIV, 347 sqq., die Erde[*]) Wiesengras frisch aufsprossen und Klee, auch Crocus und Hyacinthen; vgl. Einleitung S. 42. Auch gehen die Worte des Schol. Hesiod. *ἔργ.* 784 Vollbehr nicht wie Bergk meint auf die ersten, sondern auf die letzten Monatstage: *διὸ καὶ Ἀθηναῖοι τὰς πρὸς σύνοδον ἡμέρας ἐξελέγοντο πρὸς γάμους καὶ τὰ θεογάμια ἐτέλουν τότε φυσικῶς εἶναι πρῶτον οἰόμενοι γάμον*[**]) *τῆς σελήνης οὔσης πρὸς ἡλίου σύνοδον.* — Setzen wir also das Fest auf Gamelion IV vom Ende, wozu noch der Tag vorher und der Tag nachher hinzugenommen werden können.

Fragen wir nun, welcher Zeugung in Attica diese Theogamien galten, so kann man nur antworten, der Zeugung des Hephästus, Stammvaters der Athener.[***]) Dies bestätigt sich, wenn wir neun

---

[*]) Bei Homer a. O. *χθών*; vgl. Hymn. IV, 6, wo *Γαῖα* die Blumen heraufsendet für das Demeterkind.

[**]) Vgl. verwandte Metaphern von der Erzeugung und Geburt des Mondes Schol. Arat. ed. Bekker p. 91, 19; p. 114, 15. 19. 30.

[***]) Den Gamelien noch wiederum Theogamien von Uranos und Gaea vorzuordnen, geht nicht an, weil nirgends eine Spur ist, dass die Ehe von Uranos und Gaea im Gottesdienste vorkam. Nicht alles was theogonische Dichter sagen, geht den wirklichen Cultus an.

Monat vom Schluss des Gamelion hinunter gehen. Denn da, am Schluss des Pyanepsion, finden wir eine uralte ganz Athen angehende (ἀρχαία δημοτελής, Eustath. zu Il. II 552; G. A. 56, 32) Hephästusfeier (Apaturien und Chalkeen) und was kann diese anders sein, als der Geburtstag des Gottes? Erechtheus ist also am hephästischen Geburtstage (Chalkeen) erzeugt worden*) und die Athener haben ihre mythische Vorgeschichte dem Kirchenjahr einverleibt.

Mit dem ἱερὸς γάμος ist das Gamelienfest der Phratrien vermuthlich zusammenzuwerfen. An diesem Feste war es Sitte, dass die neu verehelichten Bürgerinnen in die Phratrien ihrer Männer eingeführt (C. Fr. Hermann St. A. 100, 1) und von den Männern, als eine Gebühr, der Phratrie ein Opfer zum Schmause gegeben wurde, welches γαμηλία**) hiess (vgl. dens. Ztschr. f. d. Alt. 1835 p. 1141). So zeigt sich eine Verwandtschaft mit dem Apaturienfeste, welches sich gleichfalls um Reception und Einführung bei den Phratoren drehete, jedoch um die der Geborenen. Um so leichter konnte Pollux VIII, 107 den Fehler begehen die γαμηλία, welche gewiss mit Meier de gentil. Att. p. 18 den Gamelien und dem Gamelion zuzueignen ist, auf einen Apaturientag zu setzen.

Offenbar ist das Gamelienfest später vernachlässigt worden. Für ältere Zeiten darf man annehmen, dass es nach Analogie der Apaturien dreitägig begangen ist. Die Procharisterien und Chloëen scheinen als Neben-Gebräuche oder Nebentage des Gamelienfestes betrachtet werden zu müssen; siehe Einleitung S. 42. In einer früheren Periode Athens war der Gamelion ein Monat von höchster Dignität, nämlich der Anfangsmonat des Jahrs.***)

---

*) Eros wird am Geburtstag Aphroditens erzeugt, Plato Sympos. p. 203 C. Wie Eros als Dämon zur Aphrodite, so verhält sich Erechtheus zum Hephäst. Platon sollte Apollons Sohn und am Geburtstag des delischen Apoll geboren sein; s. meinen zweit. Beitrag z. Zeitr. p. 414.

**) Zwischen ἡ γαμηλία und τὰ γαμήλια, s. Stephan. Paris. II p. 511, ist schwerlich ein Unterschied des Sinnes gewesen, s. S. 345.

***) Scaliger Emend. Temporum p. 40, B. Lugdun. Bat. 1598. Hierher gehört auch die Frage, ob C. I. I n. 157 eine Semesterüberschrift anzuerkennen ist, s. oben S. 337, Note **. — Die Gamelien, die Apaturien und Chalkeen nebst den übrigen Erechtheus-Athena-Festen umfassen mehr als ein Jahr, und es könnte scheinen, dass der ganze Complex in einer Trieteris vom Gamelion ab verlief. Aber auch das christliche Kirchenjahr umfasst in seinen Festen mehr als ein Jahr und hat nie trieterische Begehung gekannt. Siehe oben S. 119 Note *.

8.

...e- ...on	Elaphe- bolion	Muny- chion	Thar- gelion	Skiro- phorion	Heca- tombäon
				XIII Skiro. Arrhephorie.	
		XVI Muny. Artemis Munychia u. Brauronia.			
			XXV Thar. Plynterien der Athena.		
					XXVIII Hecat. Panathenäen.

Zu pag. 344.

Anthesterien.

Kalendertage.

Theilnamen: Pithögien, Choën, Chytren.

Der erste Festtag hiess Fassöffnung, ἡ πιθοιγία oder τὰ πιθοίγια. So finden wir neben dem Femininum τὰ καλλιγένεια Alciphr. III, 39. ἱερομήνια Thuc. V, 54 statt ἱερομηνία, s. auch S. 341 N.**. Plutarch Sympos. VIII, 10, 3 giebt den Monat Anthesterion an, derselbe ib. III, 7, 1 den Tag, die ἑνδεκάτη μηνός; vgl. G. A. 58, 18.

Der zweite Festtag hiess Χόες, Kannen, Kannenfest. Harpocr. p. 184, 24 giebt für die Χόες den XII Anthesterion an und berichtet aus Apollodor die Theilnamen: Χόες · Δημοσθένης ἐν τῷ περὶ τοῦ ὀνόματος. ἑορτή τις παρ᾽ Ἀθηναίοις ἀγομένη Ἀνθεστηριῶνος δωδεκάτῃ. *) φησὶ δὲ Ἀπολλόδωρος Ἀνθεστήρια μὲν καλεῖσθαι κοινῶς τὴν ὅλην ἑορτὴν Διονύσῳ ἀγομένην, κατὰ μέρος δὲ Πιθοίγια, Χόας, Χύτρους.

Der dritte und letzte Festtag hiess Χύτροι, was die alten Erklärer für χύτροι (Kochtöpfe) nehmen, obwohl dem gewöhnlichen Sprachgebrauche nach ein Kochtopf Femininum ἡ χύτρα ist. **) Das Masculin wird bestätigt durch Ephem. vom Jahr 1862 n. 199, 68: τοὺς κύθρους, in jonischer Form. Die Chytren wurden nach Philochorus am XIII Anthesterion gefeiert: Harpocr. p. 186, 9: ἔστι δὲ καὶ Ἀττικὴ τις ἑορτὴ Χύτροι, ἧς μνημονεύει Δείναρχος ἐν τῷ κατὰ Πυθέου. ἤγετο δὲ ἡ ἑορτὴ Ἀνθεστηριῶνος τρίτῃ ἐπὶ δέκα, ὥς φησι Φιλόχορος ἐν τῷ περὶ ἑορτῶν. Denselben Kalendertag aus Philochorus hat Schol. Ar. Ach. 1076.

Die Anthesterien wurden also vom XI bis zum XIII gefeiert und zwar: am XI Anthesterion die Pithögien, am XII die Choën, am XIII die Chytren.

Bei dieser Einstimmigkeit der aus verschiedenen Quellen gewonnenen Kalendertage und Theilnamen, kann man nicht umhin die Behauptung des Didymus im Schol. Ar. Ach. 1076 im Allgemei-

---

*) Von den Choën Schol. Ar. Ach. 961: οἱ δὲ Ἀνθεστηριῶνος δεκάτῃ, wahrscheinlich verschrieben, statt δωδεκάτῃ.

**) Wenn der Festname in Handschriften auch Femininum ist, so muss das als fehlerhaft betrachtet werden. So giebt der Vaticanus und Vratislaviensis Harpocr. p. 184, 27 χύτρας statt des richtigen χύτρους. Schol. Ar. Ach. 1076, wo dieselbe Stelle aus Apollodor benutzt ist, hat falsch χύτραν.

nen zurückzuweisen. Da heisst es: *ἐν μιᾷ ἀγονται οἵ τε Χύτροι καὶ οἱ Χόες ἐν Ἀθήναις, ἐν ᾧ πᾶν σπέρμα εἰς χύτραν ἐψήσαντες θύουσι μόνῳ τῷ Διονύσῳ καὶ Ἑρμῇ*. *οὕτω Δίδυμος*. Weder am selben attischen Kalendertage noch innerhalb Eines vierundzwanzigstündigen Zeitraums sind Choën und Chytren erledigt worden. Dennoch scheint die behauptete Tages-Identität so viel Wahres zu enthalten, dass Choën und Chytren nicht blos continuierliche Festacte sind, sondern auch das Choën-Gelage in die Nacht des XIII hineindauert.

Bei Aristophan. Ach. 1076 geht die Meldung ein, der Feind wolle zu den Choën und Chytren in Attica einbrechen: *ὑπὸ τοὺς Χόας γὰρ καὶ Χύτρους αὐτοῖσί τις ἤγγειλε λῃστὰς ἐμβαλεῖν Βοιωτίους*. Hier ist es nicht passend, den Boten sagen zu lassen: ein böotisches Streifcorps drohet zum XII und XIII Anthesterion einen Einfall. So dachte auch der alte Erklärer. Er liess melden: zum XIII kommt der Feind, das schien ihm natürlicher geredet als zum XII und XIII. Dennoch werden wir nicht wohl thun die Worte *ὑπὸ τοὺς Χόας γὰρ καὶ Χύτρους* in gezählte Tage des attischen Kalenders umzusetzen, sondern müssen bei den Festacten selbst stehen bleiben, diese aber allerdings so continuierlich ansetzen als es irgend angeht, folgendermassen:

Die Choën nahmen in den Nachmittagsstunden des XII, also gegen Ende des Kalendertages ihren Anfang, das Zechen aber dauerte in den Abend und die Nacht, also in den XIII hinein fort, vielleicht bis gegen Morgen, wo die Chytren-Bräuche, von denen der ganze XIII den Namen hatte, begannen. So ist auch die Bemerkung gemeint, dass die Chytren auf den (hellen) Tag, nicht auf die Nachtstunden kommen. Sie findet sich in der Version des Schol. Ar. Ran. 218 (Dübner p. 518): *ἡμέρᾳ δὲ τὰς χύτρας ἐκείνας ἦσαν ἑψοῦντες καὶ οὐ νυκτί*, wo die Kochtöpfe *αἱ χύτραι* mit dem Festnamen *οἱ χύτροι* identificiert sind. Die Nacht, d. h. die erste Hälfte des XIII Kalendertages, sollte für die Fortsetzung des Choën-Gelages frei bleiben.

So hat Aristophanes nicht an zwei Kalendertage gedacht, sondern an die einander nahe berührenden Begehungen selbst; inmitten der schönsten und höchsten Festacte der Anthesterien muss der bedauernswürdige Lamachus zu Felde ziehen und darf nicht mitfeiern (v. 1081 *οὐ δεινὰ μὴ 'ξεῖναί με μηδ' ἑορτάσαι*).

Die Hydrophorien, eine den Todten der Sündfluth gewidmete Begehung (G. A. 58, 22), auf den XIII Anthesterion anzusetzen, ist

kalendarisch nichts im Wege. Corsini F. A. III p. 374 und Rinck II p. 180 setzen sie auf I Anthesterion mit Bezug auf Plutarch Sulla 14: ἑλεῖν δὲ τὰς Ἀθήνας αὐτός φησιν ἐν τοῖς ὑπομνήμασι Μαρτίαις καλάνδαις, ἥτις ἡμέρα μάλιστα συμπίπτει τῇ νουμηνίᾳ τοῦ Ἀνθεστηριῶνος μηνός, ἐν ᾧ (ἐν ᾗ conjec. Emperius) κατὰ τύχην ὑπομνήματα πολλὰ τοῦ διὰ τὴν ἐπομβρίαν ὀλέθρου καὶ τῆς φθορᾶς ἐκείνης δρῶσιν κ. τ. λ.
Aber ἐν ᾗ steht nicht in einer Handschrift, so weit aus Sintenis zu ersehen. Nichts kann auch unwahrscheinlicher sein, als dass Plutarch ἐν ᾗ schrieb und dem I Anthesterion viele Erinnerungen an die Sündfluth beilegte. Vielmehr sind die Chytren von den aus der Sündfluth geretteten eingesetzt (G. A. 58. 20), auf diese Tradition bezieht er sich ohne Zweifel. Sobald wir mit Emperius emendieren, geben wir das Sichere preis (die Beziehung der Chytren des XIII auf die Sündfluth) und setzen eine reine Fiction an die Stelle. Plutarch also bezeugt keineswegs den I Anthesterion als Tag der Wasserspende. Es ist besser, darin einen Nebengebrauch des XIII zu erblicken.

Gesammtnamen.

Dionysien. So heisst das Fest bei Thucydides II, 15: τὰ ἀρχαιότερα Διονύσια τῇ δωδεκάτῃ ποιεῖται ἐν μηνὶ Ἀνθεστηριῶνι. Hier wird, ungeachtet nur Ein Kalendertag erwähnt ist, doch das ganze Fest gemeint sein, wie Thuc. VI, 56 auch von den Panathenäen wie von einem Eintägigen Feste spricht. Auch bei uns beantwortet man die Frage „wann wir Ostern haben" mit nur Einem Datum, nämlich dem des Ostersonntags.

Als Dionysien kommt das Fest auch vor Philostr. V. Apollon. p. 73, 12: ἐπιπλῆξαι δὲ λέγεται περὶ Διονυσίων Ἀθηναίοις ἃ ποιεῖταί σφισιν ἐν ὥρᾳ τοῦ Ἀνθεστηριῶνος; Heroic. p. 314, 14 τουτωνὶ τῶν Διονυσίων κατὰ Θησέα.

Ἀνθεστήρια als Gesammtname, gegenüber den drei Theilnamen, hebt in aller Schärfe Apollodor bei Harpocr. p. 184, 26 hervor. Vgl. G. A. 58, 2. Preller R. E. II p. 1062 bemerkt treffend, Apollodor sei damit einem ungenaueren Sprachgebrauch entgegengetreten, nach welchem einer der Theilnamen (Choën) auch als Bezeichnung des ganzen Festes angewendet wurde.

Den Gesammtnamen Ἀνθεστήρια hat auch das Sprichwort: θύραζε Κᾶρες οὐκέτ᾽ Ἀνθεστήρια, Zenob. prov. IV, 33, G. A. 58,

15. Dazu die Inschrift der Kaiserzeit Ross Dem. p. 55 n. 29 sq. [Φλ]άβιος Πρόκλος [γυ]μνασιαρχήσας [τ]ῶν Ἀνθεστηρίων [τῇ]ν λαμ[π]άδ[α] ἀνέθηκε κ. τ. λ.

Χόες scheint auch gesagt zu sein, um das ganze Fest anzudeuten. Hierfür spricht Thucydides II, 15, der sich begnügt, statt des XI, XII und XIII Anthesterion bloss den XII, das ist den Choën-Tag, zu nennen.

Bei den Choën (τῇ δὲ ἑορτῇ τῶν Χοῶν) sendeten, nach Athenaeus X p. 437, die Schüler dem Sophisten das Honorar, worauf der Sophist Freunde und Schüler zu Gaste lud, am Choëntag mit ihm zu essen. Letzteres passt für den Choëntag, aber die Zahlung des Honorars wird etwas früher, am Pithögientage, anzunehmen sein, so dass mit τῇ δὲ ἑορτῇ τῶν Χοῶν nicht der Choëntag, sondern überhaupt die Anthesterien gemeint sind. Dalechamp übersetzt illis diebus. — Auch an der gleich folgenden Stelle, a. O. E. ἐν τῇ τῶν Χοῶν ἑορτῇ übersetzt er diebus festis congiorum. Ob hier der Choëntag selbst gemeint sei, ist wenigstens unsicher.

Preller a. O. nimmt auch bei Photius p. 269 die Choën im Sinne des ganzen Festes,*) Hermann G. A. 58, 16 aber für den Choën-Tag selbst.

Was Themistokles in Magnesia einführte, waren vermuthlich die attischen Anthesterien, nicht blos ihr Mitteltag Χόες. Possis aber bei Athen XII p. 533 D: τὸν Θεμιστοκλέα ... ἐν Μαγνησίᾳ ... Διονύσῳ Χοοπότῃ θυσιάσαντα τὴν τῶν Χοῶν ἑορτὴν καταδεῖξαι, berichtet nur Stiftung der Choën. Vielleicht hat er nur den hervorstechendsten Festgebrauch nennen und die anderen Festgebräuche (Pithögien und Chytren) nicht ausschliessen wollen.

Die weitere Bedeutung ist auch für die Worte des Scylax p. 250

---

*) Die Worte sind: μιαρὰ ἡμέρα· ἐν τοῖς Χουσὶν Ἀνθεστηριῶνος μηνός, ἐν ᾧ (ἢ Preller u. A.) δοκοῦσιν αἱ ψυχαὶ τῶν τελευτησάντων ἀνιέναι, ῥάμνων ἕωθεν ἐμασῶντο καὶ πίττῃ τὰς θύρας ἔχριον. „An den Choën kauete man Dorn und bestrich die Thüren mit Pech aus Furcht vor Gespenstern, der Choentag ist eine μιαρὰ ἡμέρα." Preller lässt den Satz ῥάμνων bis zum Schluss weg und verbindet μιαρὰ ἡμέρα mit ἐν τοῖς Χουσὶν κ.τ.λ. Ihm ist die μιαρὰ ἡμέρα, der Chytrentag, der nach seiner Ansicht hier als ein besonderer Tag der Choën = Anthesterien bezeichnet wird. Aber ἐν τοῖς Χουσίν gehört zu ἐμασῶντο und ἔχριον; vor ἐν ist Semicolon zu setzen. Von einem Tage innerhalb (ἐν τοῖς) des anthesterischen Triduums ist nicht die Rede. Da der Geisterwandel sich nicht auf einen Tag beschränkte, so ist vielleicht (nach Hesych.) μιαραὶ ἡμέραι zu schreiben und ἐν τοῖς Χουσίν dann = ἐν τοῖς Ἀνθεστηρίοις zu nehmen.

Klausen passender, πλάσματα ὤνια ἐν τοῖς Χουσὶ τῇ ἑορτῇ; G. A. 58, 15.

Dass auch „Chytren" als Gesammtname verwendet ist,[*]) lässt sich aus Schriftstellern nicht belegen, doch hat eine späte Inschrift Ephem. vom Jahr 1862 n. 199 τοὺς κύθρους = χύτρους, wo das ganze Anthesterienfest gemeint zu sein scheint.

Pithögien, am XI.

Die Pithögien historischer Zeit sind ein Rüsttag für die Choën, um ein Trinkgelage zu halten, muss man Fässer öffnen. Da nun am XII nicht bloss die öffentlichen Choën stattfanden, sondern auch Geselligkeit in Privathäusern, so hatten, damit die Herren schmausen und zechen konnten, die Knechte tags vorher Fässer herauszutragen und anzustechen, auch den Wein in handlichere Gefässe auszuzapfen. Dabei gab es für das dienende Personal nebenher einen guten Trunk und so war der Pithögientag ein Festtag der dienenden Classe.

Die Pithögien sind zunächst eine häusliche Begehung. Der Hausherr bringt ein Opfer dar und ist mitten unter den Fröhlichen,[**]) füllt auch wohl seinem Knechte den Krug wieder, denn weder diesen noch den Lohnarbeiter schliesst er aus, so will es die väterliche Sitte; Schol. Hes. ἔργ. 370 καὶ ἐν τοῖς πατρίοις ἐστὶν ἑορτὴ Πιθοιγία, καθ' ἣν οὔτε οἰκέτην οὔτε μισθωτὸν εἴργειν τῆς ἀπολαύσεως τοῦ οἴνου θεμιτὸν ἦν, ἀλλὰ θύσαντας πᾶσι μεταδιδόναι τοῦ δώρου τοῦ Διονύσου. Die θύσαντες sind die Hausherren, welche dem Dionysos am Agyieus-Altar (Harpocr. p. 4, 11)

---

[*]) Schol. Ar. Ran. 218 ist nur von den Chytren die Rede und es heisst, die Stifter des Chytrentages hätten mit dem Namen desselben auch das ganze Fest benannt, τῷ ταύτης ὀνόματι προσαγορεῦσαι καὶ τὴν ἑορτὴν ἅπασαν. Dies soll aus Theopomp sein. Aber in der besseren Version des theopompischen Berichtes (p. 618 bei Dübner) findet sich diese Aeusserung nicht.

[**]) Von einem Wüstling wird Athen. X p. 437 erzählt, dass er am Choënfeste mit der Dienerschaft (οἰκέταις) oder den Hausgenossen überhaupt, was οἰκέταις auch bedeuten kann, schmausete. Eine mitschmausende Dienerschaft gehört auf den Pithögientag, und wenn wir unter τῇ τῶν Χοῶν ἑορτῇ a. O. überhaupt die Anthesterien verstehen (siehe vor. S.), so ist gar kein bestimmter Tag ausgesagt, folglich die Pithögien wenigstens nicht ausgeschlossen. Am besten ist es die Stelle ganz unbeachtet zu lassen. Das unanständige Bacchanal des Herakleoten Dionysius a. O. kann uns über die allgemeine Sitte nichts lehren, es ist exceptionell.

opfern oder, wo dies in einem Privathause nicht üblich oder ein Strassen-Altar nicht vorhanden war, die Pithögien unter dem Schutz des Zeus Herkeios abhalten konnten; einen Zeus Herkeios hatte fast jedes Haus, C. Fr. Hermann Priv. Alt. 19, 19.

Alle Dienenden waren an diesem Tage arbeitsfrei und es scheint, dass die Arbeitsbefreiung auf alle drei Anthesterientage erstreckt wurde, nach dem oben angeführten Sprichwort: „Hinaus an die Arbeit ihr Sclaven (*Κᾶρες*), die Anthesterien sind zu Ende." Für das Hausgesinde ist wohl die Arbeitsbefreiung keine vollständige gewesen, aber die ländlichen Arbeiten ruheten ohne Zweifel völlig in den Anthesterien-Tagen. C. I. I n. 103 wird in einem Pachtcontracte festgesetzt, dass der Nachfolger die Frühjahrsarbeit erst am XVI Anthesterion beginnen solle. Hier kann ein Herkommen zu Grunde liegen, dass man in den Tagen nach dem Anthesterienfeste mit den Feldarbeiten begann.

Obwohl öffentliche Festgebräuche der Pithögien nicht nachweisbar sind, musste der Pithögientag doch auch als Paraskeve der öffentlichen Choën gelten. Da nun für letztere Zurüstungen im Lenaeon, s. u. S. 360, zu treffen waren, so ist es nicht unmöglich, dass ein Opfer im Lenaeon öffentlich am Pithögientage gebracht ward. Sollten die Sieger der Choën weingefüllte Schläuche (Ar. Ach. 1002 c. Schol.) bekommen, so mussten solche nach dem Lenaeon geschafft werden, damit alles bereit sei. Hieraus konnten öffentliche Pithögien, begonnen durch ein Opfer des Archon Basileus, entstehen.

Die Pithögien waren väterliche Sitte, *καὶ ἐν τοῖς πατρίοις ἐστὶν ἑορτή* *) *Πιθοιγία* Schol. Hes. a. O. Nach Vätersitte aber trank man auch am Kannenfeste, *κατὰ τὰ πάτρια* Ar. Ach. 1000. Wie der Archon Basileus das öffentliche Kannenfest nach den Bräuchen der Väter zu leiten berufen war, so kann er auch die altherkömmlichen Pithögien der Familien durch öffentliche Pithögien am Lenaeon gleichsam unterstützt und bestätiget haben. **) Auch dem

---

*) Eustath, der übertriebene oder doch einseitige Ideen von Graulichkeit eines bösen Tages mitbrachte, hat ganz anders über die Pithögie gedacht. Er sagt zu Il. XXIV, 526: *τοῦ δὲ τοιούτου τῶν κακῶν πίθου εἴη ἂν ἡ Πιθοιγία, οὐχ ἑορτάσιμος κατὰ τὴν παρ' Ἡσιόδῳ, ἐν ᾗ ἀρχομένου πίθου χρὴ κορέννυσθαι, ἀλλ' εἰς τὸ πᾶν ἀποφράς*, Meurs. Gr. Fer. p. 26. Es ist aber gewiss genug, dass die Pithögie eine *ἑορτή* war, wie Schol. Hes. a. O. richtig angiebt.

**) Bei Plutarch Q. Symp. VI, 8 zu Anf. ist von einer zugleich öffentlich und

öffentlichen Kannenfeste parallel finden wir in Athen Privatgesellschaften. Vielleicht war unter den Opfern der Vätersitte, die dem Basileus oblagen, auch ein öffentliches Pithöglenopfer am Lenaeon, Pollux VIII, 90 ὁ δὲ βασιλεύς .... καὶ τὰ περὶ τὰς πατρίους θυσίας διοικεῖ. Diese πάτριοι θυσίαι können Choën und Pithögien sein.

Im Uebrigen war der Pithögientag ein Tag der Zurüstung für das Fest selbst, nämlich für Choën und Chytren.

Was der Staat jedem Einzelnen zahlte, um ihn zur Choënfeier mit Geld zu versehen, müssen wir uns im Allgemeinen vor dem Anthesterienfeste, jedenfalls vor dem Choëntage gezahlt denken, spätestens am XI Anthesterion (Pithögien).*)

Ebenso ist über das den Sophisten in der Anthesterienzeit zu sendende Honorar zu urtheilen; Athen. p. 437D: τῇ δὲ ἑορτῇ τῶν Χοῶν (s. oben S. 348) ἔθος ἐστὶν Ἀθήνῃσι πέμπεσθαι δῶρά τε καὶ τοὺς μισθοὺς τοῖς σοφισταῖς, οἵπερ καὶ αὐτοὶ συνεκάλουν ἐπὶ ξένια τοὺς γνωρίμους. Dann wird ein Fragment aus Eubulides' Κωμασταῖς citiert, in dem von den „Honorargebenden Choën" (Χοῶν τῶν μισθοδώρων) die Rede ist.

Am Pithögientage scheinen für die Lernenden Schulferien und in derselben Zeit für alle Einwohner**) ein Jahrmarkt begonnen zu

---

privatim vollzogenen Cultushandlung die Rede, und Plutarch nennt dieselbe θυσία πάτριος.

*) Plutarch Reip. ger. praec. 25 erzählt von Demades, damaligem Verwalter der Staatseinkünfte, dass er den Athenern, die Geld gegen Alexander von Ihm verlangten, gesagt habe: ἔστιν ὑμῖν χρήματα· παρεσκευασάμην γὰρ εἰς τοὺς χόας, ὥσθ' ἕκαστον ὑμῶν λαβεῖν ἡμιμναῖον· εἰ δ' εἰς ταῦτα (gegen Alexander) βούλεσθε μᾶλλον, αὐτοὶ καταχρῆσθε τοῖς ἰδίοις. Hier kann man den mittleren Tag, die Choën, verstehen, oder vielmehr nicht einen Kalendertag, sondern den Schmaus für welchen das Geld verwendet wurde. — Wahrscheinlich sind die zur Diobelie und den Reitern als Verköstigung gezahlten Gelder aus dem Jahre des Glaukippos Ol. 92, 3 dazu bestimmt gewesen, den Einzelnen die Ausgaben im Anthesterienfeste zu erleichtern. Siehe Böckh C. I. I p. 222 und Mondcyclen p. 95. An der ersten Stelle bemerkt Böckh: *videtur autem in Anthesteriis potissimum numerata esse (pecunia), quod in iis equites pompam ducerent.* Ein Reitergeleit passt aber weniger für den Fastnachtszug. Die Reiter sollten nicht am Feste in Uniform paradieren, sondern, wie andere Choën-Gäste auch, sich mit erlustigen.

**) Sowohl die Beschenkung des Sophisten wie seine Gegeneinladung der Zöglinge bildet einen natürlichen Schluss des Unterrichts. — Der theophrastische Knicker Char. 30 (17) hält seine Söhne den ganzen Monat aus der Schule, um dem Sophisten diesen Monat im Honorar abzuziehen. Der Grund dieses Zurück-

haben, in welchem ausser Thonwaaren *) auch besonders Wein **) feil geboten wurde, dazu alle Export-Artikel von Megara und Böotien. ***) Wegen des Jahrmarkts scheinen die Marktmeister in später Zeit die Leitung bei den Anthesterien erhalten zu haben. †)

haltens ist, „weil es viel zu sehen giebt." Doch war es ohne Zweifel herkömmlich, sie einen Theil des Monats zurückzuhalten, indem Unterrichtsferien eintraten, nicht aber diese auf den ganzen Monat (τὸν Ἀνθεστηριῶνα μῆνα ὅλον) auszudehnen.

*) Scylax p. 250 ed. Klausen: πλάσματα ὤνια ἐν τοῖς Χουσὶ τῇ ἑορτῇ, G. A. 58, 15. Hier bedeutet πλάσματα wohl überhaupt Töpferwaare (figlinum opus, Steph.) Ar. Ach. 686 heissen die Menschen πλάσματα πηλοῦ; vgl. Demosthen. 4, 26 ὥςπερ γὰρ οἱ πλάττοντες τοὺς πηλίνους εἰς τὴν ἀγορὰν χειροτονεῖτε τοὺς ταξιάρχους καὶ τοὺς φυλάρχους οὐκ ἐπὶ τὸν πόλεμον, wo man thönerne Puppen, die auf dem Markte feil sind, versteht. — Im Anthesterienmarkt verkaufte man zunächst vermuthlich Kannen (χόες) und Töpfe (χύτραι), dann überhaupt dergleichen Hausgeräth. Die Buden scheinen über 10 Tage gestanden zu haben, denn an den Diasien kaufte Strepsiades seinem Kinde ein Wägelchen, Ar. Nub. 864 ἐπριάμην σοι Διασίοις ἁμαξίδα. Die Fremden, welche der kleinen Mysterien wegen schon jetzt in Athen waren, fanden dort auch wohl bacchische Amulete, die sie mit nach Hause nahmen, Lobeck Agl. 707. —Vgl. E. Curtius gr. Gesch. II p. 214.

**) Da man den Wein im Anthesterion als völlig ausgegohren ansah, hat man ihn wohl durchweg zu den Choën an den Markt gebracht, nachdem er den Winter über auf dem Lande am Productionsorte geblieben war. — Ebendaher wird in Beira ein Weinmarkt zur Frühlingszeit abgehalten, s. S. 21 Note. Statt zu fragen, wie viel Jahre alt der Wein sei, fragt man wie viel Choën er habe (Ar. Thesm. 746), wobei der Besitzer zunächst nicht an die Zeit der beendeten Gährung, sondern daran dachte, seit wann er in den Besitz des Weins gelangt war, also an den Choën-Markt.

***) Der von Aristophanes in den Acharnern geschilderten Anthesterienfeier gehen unter Anderem auch zwei Marktscenen voran. Diese müssen wir uns ebenso gut im Anthesterion denken wie das ἀκούετε λεῴ· κατὰ τὰ πάτρια τοὺς χόας πίνειν κ. τ. λ. v. 1000. Was der Megarer zu Kauf hat, sind seiner Aussage nach Mysterienschweine, χοίρους ἐγῴνγα μυστικάς v. 764, offenbar für die kleinen Mysterien des Monats Anthesterion bestimmt. Dass die Marktscene mit dem Böoter in denselben Monat und gerade in die Anthesterien-Zeit gehört, beweiset v. 961, wo Lamachus zu den Choën (εἰς τοὺς Χόας) einige Delicatessen erbittet, welche Dikäopolis, der eben mit dem Böoter seinen Handel gemacht und sich mit Allem reichlich versehen hat, ihm abschlägt.

†) Sie haben in der Kaiserzeit die Chytren abgehalten, mithin wohl auch die Pithögien und Choën. Ephemeris vom Jahre 1862 n. 199 lin 65 sqq.: ἀγοράνομοι Διονυσόδωρος Διονυσοδώρου Βησαι. Μηνόδωρος Εὐόδου Ἀχαρ. ἐκτέλεσαν τοὺς κύθρους, d. i. χύτρους (vgl. Maittaire hinter Porti Diction. Ion. p. 99 C.); 3 spasshafte ἀγορανόμους hat auch Dikäopolis, drei Peitschen Ar. Ach. 723. Einwirkung der römischen aediles ist nicht nöthig anzunehmen für die Inschrift.

Am Pithögientag muss auch die Hinausschaffung des Cultusbildes stattgefunden haben, eine im Gottesdienste bedeutungslose Zurüstung, weil die Pompe, zu der das Bild diente, nicht einen Auszug, sondern den Einzug des Gottes darstellte. Von den zwei Bildern des Dionysos im Lenaeon*) wurde das alte, eleuthereische, aus dem heiligeren Tempel, der auch das Anthesteriengesetz in verwischten Buchstaben auf einer Säule neben dem Altar enthielt und nur am Anthesterienfeste offen war,**) in ein Tempelchen des äusseren Ceramicus gebracht, um von dort feierlich zur Stadt zurückzu-

---

*) Pausan. Att. 20, 3 τοῦ Διονύσου δέ ἐστι πρὸς τῷ θεάτρῳ τὸ ἀρχαιότατον ἱερόν. δύο δέ εἰσιν ἐντὸς τοῦ περιβόλου ναοὶ καὶ Διόνυσοι, ὅ τε Ἐλευθερεύς καὶ ὃν Ἀλκαμένης ἐποίησεν ἐλέφαντος καὶ χρυσοῦ. Die beiden Διόνυσοι sind auf die beiden ναοί zu vertheilen, der das alte eleuthereische Bild enthaltende Tempel ist Anlass, das älteste Heiligthum des Gottes hier zu suchen. [Demosth.] 59, 76: ἐν τῷ ἀρχαιοτάτῳ ἱερῷ τοῦ Διονύσου καὶ ἁγιωτάτῳ ἐν Λίμναις. Der eleuthereische Dionysos hatte seinen Namen von dem einst böotischen Eleutherae am Cithaeron, nicht weit vom Dorfe Icaria; von Eleutherae war das Bild nach Athen gekommen, Pausan. 38, 8: τὸ ξόανον ἐντεῦθεν (aus Eleutherae) Ἀθηναίοις ἐκομίσθη τὸ ἀρχαῖον. Was hier ξόανον, heisst 29, 2 ἄγαλμα, in den Worten: καὶ ναός οὐ μέγας ἐστίν, ἐς ὃν τοῦ Διονύσου τοῦ Ἐλευθερέως τὸ ἄγαλμα ἀνὰ πᾶν ἔτος κομίζουσιν ἐν τεταγμέναις ἡμέραις. Der Ausdruck ἄγαλμα passt besser für das Prachtbild des Alcamenes. Dies kann man dennoch hier nicht verstehen, weil τοῦ Ἐλευθερέως dabei steht und der Ἐλευθερεύς 20, 3 ausdrücklich vom alcamenischen Bilde unterschieden wird. — Die beiden ναοί lagen, wie Rusopulos (Ephemeris von 1862 p. 287) glaubt, links und rechts an der alten Südmauer, wo diese gegen die 1. und 14. Treppe des lenäischen Theaters vorspringt, bei ϑ η ζ und β δ ε auf Taf. 40 der Ephemeris. Die sehr schmalen Gemächer ϑ η ζ und β δ ε konnten indess dem Gottesdienste kaum genügen. Sollte nicht der westliche Tempel bei ΘΙΛ zu suchen sein, mit der Thür n. 28? eine Thür ist nothwendig (s. d. folg. Note) und bei ϑ η ζ und β δ ε zeigt sich keine. Oestlich konnte dann der andere Tempel bei ΝΟΠ sein.

**) [Demosthen.] 59, 76 ἅπαξ τοῦ ἐνιαυτοῦ ἑκάστου ἀνοίγεται, τῇ δωδεκάτῃ τοῦ Ἀνθεστηριῶνος μηνός. Hier wird bloss der XII, der Choën-Tag, genannt, an welchem der Tempel offen gewesen. Vor aller Welt Augen hatte er seine Thür vielleicht wirklich bloss am XII offen, wo er den in feierlicher Pompe heranziehenden Gott aufnahm. Doch kann er auch schon am XI auf gewesen sein, wenigstens einmal aufschliessen musste man, um das Bild herauszunehmen, und das vor dem XII, weil mit beginnendem XII auch die Pompe aller Wahrscheinlichkeit nach begann. Wie viel auf die Nennung blos des XII bei [Demosthen.] zu geben ist, muss um so mehr auf sich beruhen, als auch Thucydides II, 15 der Kürze wegen blos den XII angiebt. Einen Plural von Tagen hat Pausanias, an der schon erwähnten Stelle 29, 2 ἀνὰ πᾶν ἔτος κομίζουσιν ἐν τεταγμέναις ἡμέραις d. h. in den Tagen des Anthesterienfestes, z. B. am XI,

kehren. Das Goldelfenbeinbild des Gottes im anderen ναός, ein Werk des Alcamenes, war nicht für die Anthesterien bestimmt, sondern ohne Zweifel für die städtischen Dionysien.*)

Am Pithöigientage begann endlich auch die Umhegung des Heiligthums mit Seilen, περισχοινίζειν; sie blieb bis zum Ende des Anthesterienfestes.**) Der ursprüngliche Sitz dieses Brauchs dürfte die Chytrenfeier sein und von dieser aus, im Laufe der Zeit, das περισχοινίζειν sich auf das ganze dreitägige Fest ausgedehnt haben.***)

Wie das περισχοινίζειν so wird auch die Verschliessung der anderen Tempel unter den Zurüstungen gewesen sein, welche schon

---

*) In den G. A. 59, 7 wird gelehrt, die Athener hätten das Cultusbild des Gottes aus dem lenäischen Tempel, das ξόανον ἀρχαῖον des Ἐλευθερεύς, an den grossen Dionysien in Procession getragen. Aber das Cultusbild stand in dem heiligeren ναός, dem alten nur einmal des Jahrs geöffneten Tempel; geöffnet aber wurde er in den Anthesterientagen, war mithin im Elaphebolion bei der grossen Dionysienfeier geschlossen, so wie in allen übrigen Monden mit Ausnahme des Anthesterion.

**) Die Pithöigien kann man nicht umhin als eine ἀποφράς zu betrachten, ungeachtet Eustath, der sie so nennt (s. ob. S. 350 Note*), nebenher übertreibt. Der Plural des Hesych. II p. 600 μιαραὶ ἡμέραι τοῦ Ἀνθεστηριῶνος μηνός, ἐν αἷς τὰς ψυχὰς τῶν κατοιχομένων ἀνιέναι ἐδόκουν, ist auf alle drei Tage zu beziehen. Sind alle drei ἀποφράδες gewesen, so begann die Umseilung schon am Pithöigientage, Pollux VIII, 141: περισχοινίσαι τὰ ἱερὰ ἔλεγον ἐν ταῖς ἀποφράσι τὸ ἀποφράξαι. — Alciphron II. 8, 11 scheint sich die Umseilung freilich als einen Chytrenbrauch vorzustellen, wofern die Worte ποῖον περισχοίνισμα; ποίαν αἵρεσιν (ἵδρυσιν coni. Meineke); ποίους χύτρους; alle mit einander auf die Chytren des XIII gehen. Alciphron bringt die Umseilung mit den Chytren zusammen, weil dieser Brauch für die Chytrenfeier besonders wichtig war, nicht weil an den Choën oder Pithöigien keine Umseilung stattfand. Bei dem Choëngelage dagegen, obwohl auch dies ins Lenaeon gehörte, achteten die Zecher einer auf den andern, nicht auf gottesdienstliche Bräuche. Die Fastnachtsscherze des Choëntages, den Alciphron a. O. § 10 mit den Lenäen zusammenstellt, waren grossentheils abhängig von der Neigung des Einzelnen, wenn auch im Allgemeinen gottesdienstlich. Nur der ἱερὸς γάμος des XII verlangt directe Benutzung des Tempels. Die Pithöigien endlich sind wesentlich eine Begehung in Privathäusern.

***) Die heilige Hochzeit des Bacchus und der Basilinna, ein Ritus des XII Anthesterion, nöthigte dazu, auch am XII ein Seil um den Tempel zu spannen, wo das Beilager vollzogen wurde. Der XI kam dann leicht hinzu, weil auch die Zurüstungen im Tempel profanen Augen entzogen werden sollten — Der XIII ist wohl längst eine ἀποφράς gewesen, ehe er ein Hochfest des Bacchus war.

am Pithögientage fürs ganze Fest getroffen wurden. Auch diese Sitte wird ihren eigentlichen Halt in den Chytren gehabt haben.*)

Der Lichttag der Pithögien ist zugleich als ἀγυρμός des Festes, zunächst des Festzuges, zu denken. In den Nachmittagsstunden des XI Anthesterion wird sich allgemach die Festgemeinde im äusseren Ceramicus gesammelt haben, um mit Beginn des neuen Kalendertages die Pompe anzutreten.

Die Feiernden waren bekränzt, namentlich die Kinder.**) Nur Kinder unter drei***) Jahren schloss man aus. Die noch zarte Jugend müssen wir uns von Frauen entweder an der Hand oder im Wagen mitgenommen denken. Die erwachseneren feierten zugleich den Eintritt ihrer Unterrichtsferien. Da Eurysaces, Sohn des Ajas, mit seinem Vater die Anthesterien zu Athen mitfeierte (Philostr. Heroic. p. 314, 11), so werden die Kinder am Altar des Eurysaces (Pausan. Att. 35, 3) ein Opfer (Kränze, Blumen) gebracht haben. Zu der für die Anthesterienfeier bekränzten Festgemeine

---

*) Au den Chytren opferte man keinem der olympischen Götter, sondern dem chthonischen Hermes, Schol. Ar. Ran. 218, G. A. 58, 20. Demophons mit Bezug auf den Orestes gegebener Befehl, die Tempel zu verschliessen, Athen. X p. 437. C, G. A. 59, 10, geht freilich zunächst das Trinkgelage der Choën an. Danach könnte man die Verschliessung der Tempel erst am XII selbst annehmen. Da sie aber jedenfalls dem Trinkgelage vorangeht, so mag sie schon am XI ausgeführt sein. Wirklich sicher verschliessbar (βεβαίως κλῃστόν) war nur ein oder das andere Heiligthum, wie das Eleusinion, Thucyd. II, 17; doch hat der Basileus anderweitig dafür sorgen können, dass in der von Marktleuten, Mysterienfremden, schulfreien Jünglingen wimmelnden Stadt heilige Gebäude vor Muthwillen und Besudelung sicher waren. Die Verschliessung geschah nicht durch περισχοινίζειν; durch περισχ. schützte man nicht sowohl einen Ort als eine heilige Handlung.

**) Die bekränzten Knaben sind von Schömann Alt. II p. 439 auf den Pithögientag bezogen. Preller R. E. II p. 1061 lässt die Wahl zwischen Pithögien und Choën, führt aber dann die Bekränzung unter den Choën-Bräuchen auf. Nach meiner Anordnung treten die Kinder am Nachmittage des XI vornehmlich hervor, weniger bei dem Festzuge. In dem bunten, ruhigen Gedränge im Ceramicus konnten sich die Aeltern gemächlich an den Kindern und ihrem schönen Aussehen erfreuen. Bei dem agrarischen Frühlingsfeste der Chinesen spielen ebenfalls geputzte Kinder eine Hauptrolle.

***) Man wollte nur Kinder, die man in die Vorstadt mitnehmen konnte, die in gar zu zartem Alter liess man zu Hause. Auf τρίτῳ ἀπὸ γενεᾶς ἔτει (Philostr. p. 314, 13) liegt kein besonderes Gewicht, es ist eine beliebige Bestimmung. Rinck II p. 103 sieht hier eine Beziehung zur Dreitägigkeit des Festes.

sind vielleicht die mit Epheu geschmückten Thesmotheten *) zu rechnen.

Anthesterion XII, der Choëntag.

Auf den Anfang des XII (Sonnenuntergang etwa 6 Uhr Abends) ist der Anfang der Pompe zu setzen, damit die Pompe, und was sich ihr anschliesst, eine abendliche Begehung **) werde. Eur. Bacch. 485: *ΠΕΝΘ. τὰ δ' ἱερὰ νύκτωρ ἢ μεθ' ἡμέραν τελεῖς; ΔΙΟΝ. νύκτωρ τὰ πολλά· σεμνότητ' ἔχει σκότος*; Rinck II p. 100.

Es waren also Lichter oder Fackeln nöthig, ganz wie bei der Hintragung des Dionysosbildes ins Theater, die an den städtischen Dionysien vorkam, Ephemer. 4098. Ob indess die *λαμπάς Ἀνθεστηρίων* einer späten Inschrift auf den Festzugs-Abend gehört, ist fraglich. ***)

Die Pompe stellte zunächst den Einzug des Weingottes von draussen nach der Stadt dar. Das im vorstädtischen Tempelchen abgesetzte Bild des Dionysos Eleuthereus wurde herausgeholt und feierlich stadtwärts geführt. Die Gemeine folgte zum Theil auf *ἁμάξαις*, von welchen herab sie die Begegnenden verspotteten, G. A. 58, 9. Geschmückte Wagen mit Maskierten darauf sieht man auch bei unseren Fastnachtszügen. Auch das Bild des Gottes muss auf einem geschmückten Wagen fahrend gedacht werden.

Der Zug ging ohne Zweifel langsam und unterbrochen von Pausen, während welcher irgendwo angehalten ward, um Nebenpflichten

---

*) Alciphr. II, 3, 11 führt auf Epheubekränzung des Thesmotheten am Chytrentage. Es kann dieselbe aber füglich auch schon auf den Festtag vorher, zwecks des Einzugs, bezogen werden.

**) Der Abend des XI ist durch die Pithögien besetzt. Die Nachmittagsstunden des XII, dazu der Abend und ein Theil der Nacht des XIII müssen für das Choën-Gelage und für Privatgeselligkeit frei bleiben. Hiernach ist für die Pompe kein anderer Abend auszumitteln als der des XII. Ebenso ist es mit der Vermählung des Gottes und der Basilinna, auch diese kommt auf den Abend und die Nacht des XII, unter der Voraussetzung, dass die heiligsten Handlungen am besten auf die Zeit nach Sonnenuntergang in diesem Gottesdienste anzusetzen sind.

***) Siehe oben die citierten Worte S. 348. Die Inschrift gehört, wie Ross bemerkt, ins 2. Jahrhundert nach Christi. Auch meldet sie nicht ein *εἰσάγειν μετὰ φωτός*, eine Procession mit Kerzen, sondern einen Fackellauf, geleitet von Gymnasiarchen. Ob man diesen mit der Pompe zu combiniren habe, ist mir zweifelhaft geworden.

des Gottesdienstes zu erfüllen. Schon bei dem nicht weit vom Ceramicus gelegenen Hause des Polytion, dem Διόνυσος μελπόμενος geweiht, mochte man anhalten. In der Wand des Hauses war ein Kopf des δαίμων τῶν ἀμφὶ Διόνυσον Ἄκρατος, welcher bei den Pithögien und Choën (Ar. Ach. 1229) seine Macht zeigte. Gewiss aber blieb das nahe stehende Gebäude nicht unbenutzt, welches Thonbilder enthielt, Dionysos und andere Götter, bewirthet vom Amphictyon, Pegasos den Eleutherecr, welcher den Gott in Athen einführte. Denn die Pompe war eben der jedes Jahr sich erneuende Einzug des Eleuthereus Dionysos vom Lande in das Weichbild von Athen.

Die Feiernden waren zum Theil in Costüm als Horen, Nymphen, Bacchen,*) der Macht und Herrschaft des Gottes huldigend und um seinen Triumphwagen herschwärmend. **)

An irgend einem Puncte, wo die Pompe anhielt, wird die Basilinna, des Archon Königs Ehefrau, dem Gotte zugeführt, neben ihn auf den Wagen gesetzt, und so der Zug wie ein Hochzeitsgeleit ***)

---

*) Philostrat. p. 73 ed. Kayser: αὐλοῦ ὑποσημήναντος λυγισμοὺς (Tanzwendungen) ὀρχοῦνται καὶ μεταξὺ τῆς Ὀρφέως ἐποποιίας τε καὶ θεολογίας τὰ μὲν ὡς Ὧραι τὰ δὲ ὡς Νύμφαι τὰ δὲ ὡς Βάκχαι πράττουσιν. Diese Schilderung geht auf die Anthesterien, wie die Worte eben vorher lehren: ἐπιπλῆξαι δὲ λέγεται περὶ Διονυσίων τοῖς Ἀθηναίοις, ἃ ποιεῖταί σφισιν ἐν ὥρᾳ τοῦ Ἀνθεστηριῶνος. Der ἐπιπλήξας ist Apollonius von Tyana. Das Theater (τὸ θέατρον p.,73, 14) ist das städtische; denn nicht im Piraeus, wie Lobeck Agl. p. 467 irrthümlich sagt, wohnt Apollonius der Feier bei. Das Theater simpelweg kann nur das gleich nachher erwähnte städtische θέατρον τὸ ὑπὸ τῇ ἀκροπόλει (p. 73 extrem.) sein. (Die Landung im Pirneus gehört in den Herbst, τὸ μετόπωρον p. 72, 1, und in die Zeit der Eleusinien.)

**) Es ist im Allgemeinen das Wahrscheinlichste, dass schon beim Festzuge Viele in Costüm, so oder ähnlich, wie Philostrat es schildert, sich gezeigt haben. Daraus folgt nicht, dass die Feiernden am Tage nach dem Festzuge (den Chytren) ihre Fastnachtskleider ablegten. Alciphron II 3,·10 stellt Choën und Lenäen zusammen, und zwar den Choëntag (nicht Choën für Anthesterien, siehe S. 348), da er § 11 die Chytren besonders nennt, andere Chytren und Lenäen (s. u. S. 369). Beide Tage also waren theatralisch.

***) Man bemerke die Annäherung an das Herkommen einer Hochzeit. Die Tageszeit (Abend), die Benutzung einer ἅμαξα für das Brautpaar, das Hinziehen nach dem Hause des Bräutigams, hier also nach dem Lenaeon, die Anwendung von Fackeln, sind Herkömmlichkeiten, welche sich bei Hochzeiten finden. Siehe besonders Photii Lex. p. 52 und C. Fr. Hermann Priv. Alt. §. 31. Weniger passend hat Preller R. E. II p. 1061 die Gottestrauung auf den Morgen verlegt. — Der XII ist allerdings nicht als hochzeitlich bekannt; aber hier ist nur die Wahl zwischen XI, XII und XIII, und da ist der XII der am meisten empfohlene

mit Fackeln beim Lenaeon eingetroffen sein, damit hier die Festlichkeit des Tages ihren Höhepunct erreiche. —
Die erste Handlung in dem nunmehr folgenden Ritus der Gottestrauung scheint die Vereidung der vom Archon König ernannten Ehrendamen, γεραραί,*) 14 an der Zahl, gewesen zu sein.**) Unter dem Beistande des geistlichen Herolds***) nahm die Basilinna ihre Geraren in Pflicht, ohne Zweifel am Altar des älteren lenäischen Tempels, woneben die das Gesetz enthaltende Steinsäule stand, [Dem.] 59, 76. Auf der Steinsäule muss die Eidesformel †) gestanden haben, wie in Sauppe's Mysterieninschr. p. 11, so dass man angesichts des Gesetzes dem Gesetze genügte und jede Gerare, die

---

(Hesiod Ἔργ. 778). Der Abend des XII muss für eine ἑσπέρα ἱκανή (Phot. a. O.) gelten.

*) Dindorf im Paris. Stephan. II p. 582 hält die Form γεραιραί für eine blosse Erfindung der Grammatiker mit Bezug auf das Zeitwort γεραίρω. Auch bei [Demosthen.] 59, 78 haben einige Handschriften γεραραί. Für diese Form haben sich auch Schömann Alt. II p. 440 und Bekker in Schol. Iliad. VI, 81 entschieden.

**) Früher hatte ich die Vereidigung auf den Pithögienung gesetzt, mit Bezug auf Sauppe's Mysterieninschrift p. 12: τὰς δὲ ἱερὰς ὁρκιζέτω ὁ ἱερεὺς καὶ οἱ ἱεροὶ ἐν τῷ ἱερῷ τοῦ Καρνείου τῇ προτέρων ἡμέρᾳ τῶν μυστηρίων τὸν αὐτὸν ὅρκον. Jetzt bin ich davon zurückgekommen, weil in den Worten [Dem.] 59, 78: βούλομαι δὲ ὑμῖν καὶ τὸν ἱεροκήρυκα καλέσαι, ὃς ὑπηρετεῖ τῇ τοῦ βασιλέως γυναικί, ὅταν ἐξορκοῖ τὰς γεραρὰς ἐν κανοῖς πρὸς τῷ βωμῷ, πρὶν ἅπτεσθαι τῶν ἱερῶν, das ἅπτεσθαι τῶν ἱερῶν auf den Gottesdienst des XII selber sich beziehen und πρίν ohne Beisatz am ehesten ein unmittelbares Vorhergehen bedeuten möchte. Die Wahl des Vereidigungstages ist auch dadurch beschränkt, dass der heiligere Tempel im Lenaeon, wo der Eid geleistet wird, fast immer verschlossen ist und dass wiederum die Vereidigung gewiss in Anwesenheit des Cultusbildes geschieht, mithin eben vorher, ehe es nach der Vorstadt getragen ist, oder gleich nach seiner Rückkehr aus der Vorstadt.

***) In der unächten Rede gegen Neaera a. O. heisst der Herold ἱεροκήρυξ. Nach älterem Sprachgebrauch scheint dieser Beamte bloss κῆρυξ geheissen zu haben; siehe oben S. 234 Note **.

†) Der ΟΡΚΟΣ ΓΕΡΑΡΩΝ lautet a. O. so: ἁγιστεύω καὶ εἰμὶ καθαρὰ καὶ ἁγνὴ ἀπὸ τῶν ἄλλων τῶν οὐ καθαρευόντων καὶ ἀπ' ἀνδρὸς συνουσίας, καὶ τὰ θεόγνια καὶ τὰ ἰοβάκχεια γεραρῶ (Dind. a. O., statt γεραίρω) τῷ Διονύσῳ κατὰ τὰ πάτρια καὶ ἐν τοῖς καθήκουσι χρόνοις. Dies Actenstück stimmt nicht ganz überein mit dem, was Pseudodemosthenes §78 erwarten lässt: ἵνα καὶ τοῦ ὅρκου καὶ τῶν λεγομένων ἀκούσητε, sagt er. Der ΟΡΚΟΣ ΓΕΡΑΡΩΝ giebt uns allerdings λεγόμενα (Inhalt), aber keinen eigentlichen ὅρκος mit angeschworenen Eidesgöttern (vgl. Sauppe's Mysterieninschr. a. O. ὀμνύω τοὺς θεοὺς οἷς τὰ μυστήρια ἐπιτ[ελεῖ]ται).

Hand auf ihren Opferkorb ($\dot{\varepsilon}\nu$ $\varkappa\alpha\nu o\tilde{\iota}\varsigma$) legend, den vom Herold aus der Steinschrift abgelesenen oder vorgesprochenen Eid nachsprach, des Inhalts, sie sei rein und keusch, unbefleckt vom Umgange unheiliger Personen, wie von dem ihres Ehemannes, sie wolle *) nach Vätersitte zu den rechten Zeiten im Kirchenjahr Theognien und Iobacchien **) feiern. Die Vereidung bildete einen wesentlichen Theil des Gottesdienstes.

Danach folgten Opfer und andere (nicht überlieferte) Functionen der Geraren, indess die Basilinna dem Dionysos Eleuthereus vermählt wurde.***) Während des übrigen Theils der Nacht nahm die

---

*) Da die Theognien und Iobacchien erst „zu vollbringende" (G. A. 58, 12) zu sein scheinen, Feste, die sie erst „halten wollen" (Rinck II p. 101), so kann $\gamma\varepsilon\rho\alpha i\rho\omega$ nicht richtig sein und man muss mit Dindorf $\gamma\varepsilon\rho\alpha\rho\tilde{\omega}$ schreiben. Die praesentia $\dot{\alpha}\gamma\iota\sigma\tau\varepsilon\dot{\upsilon}\omega$ $\varkappa\alpha\dot{\iota}$ $\varepsilon\dot{\iota}\mu\dot{\iota}$ $\varkappa\alpha\vartheta\alpha\rho\dot{\alpha}$ sind erträglich, weil sie die gegenwärtige Cultushandlung zunächst angehen. Die Mysterieninschr. hat das Perfectum p. 12: $\pi\varepsilon\pi o\dot{\iota}\eta\mu\alpha\iota$ $\delta\dot{\varepsilon}$ $\varkappa\alpha\dot{\iota}$ $\pi o\tau\dot{\iota}$ $\tau\dot{o}\nu$ $\ddot{\alpha}\nu\delta\rho\alpha$ $\tau\dot{\alpha}\nu$ $\sigma\upsilon\mu\beta\dot{\iota}\omega\sigma\iota\nu$ $\dot{o}\sigma\dot{\iota}\omega\varsigma$ $\varkappa\alpha\dot{\iota}$ $\delta\iota\varkappa\alpha\dot{\iota}\omega\varsigma$. Solch ein Perfectum-Präsens ist jedenfalls präciser, als das Präsens selbst, welches aber doch genügt für die Functionen am Anthesterienfeste. Für die anderen noch bevorstehenden Pflichten der Geraren ($\tau\dot{\alpha}$ $\Theta\varepsilon\acute{o}\gamma\nu\iota\alpha$ $\varkappa\alpha\dot{\iota}$ $\tau\dot{\alpha}$ $\dot{I}o\beta\acute{\alpha}\chi\chi\varepsilon\iota\alpha$) genügt aber das Präsens nicht. Sofern ein untadelhafter ascetischer Lebenswandel auch für diese Begehungen gefordert ward, musste es noch heissen: $\dot{\alpha}\gamma\iota\sigma\tau\varepsilon\dot{\upsilon}\sigma\omega$ $\varkappa\alpha\dot{\iota}$ $\ddot{\varepsilon}\sigma o\mu\alpha\iota$ $\varkappa\alpha\vartheta\alpha\rho\dot{\alpha}$. Auch wenn wir $\gamma\varepsilon\rho\alpha\rho\tilde{\omega}$ schreiben, was allerdings das beste ist, werden wir damit kein vollständiges Bild des wirklichen Eidschwurs der Geraren erreicht haben.

**) Sauppe: $\Theta\varepsilon\acute{o}\gamma\nu\iota\alpha$ $F\Sigma\Phi$: $\Theta\varepsilon o\dot{\iota}\nu\iota\alpha$ b. und danach im Texte $\varkappa\alpha\dot{\iota}$ $\tau\dot{\alpha}$ $\Theta\varepsilon\acute{o}\gamma\nu\iota\alpha$, welche Lesart offenbar weit beglaubigter ist und auch von Fritzsche (s. G. A. 57, 10) vertheidiget wird. Verstehen wir unter Theognien die Wiedererzeugung des Bacchus durch Zeus und die Geburt des neunmonatlichen Bacchus aus Zeus, so haben wir zweierlei Theognien, erstlich die Mysterien bei Agrae und dann das Zeusfest im Maemacterion. Die $\dot{I}o\beta\acute{\alpha}\chi\chi\varepsilon\iota\alpha$ können die grossen Mysterien und zunächst die von den Geraren am Iacchustage zu erfüllenden Pflichten bedeuten. Dann erklären die Geraren am Anthesterienfeste, welches ein constitutives Element des mystischen Bacchuskreises ist, auch die übrigen drei Feste dieses Kreises feiern zu wollen. Die Geraren sind dann von einem Anthesterion zum andern in Function zu denken und das Geraren-Jahr ist nicht das vom Hecatombaeon laufende. So kann man sich vielleicht die Sache denken. Leider sind die Benennungen $\Theta\varepsilon\acute{o}\gamma\nu\iota\alpha$ $\varkappa\alpha\dot{\iota}$ $\dot{I}o\beta\acute{\alpha}\chi\chi\varepsilon\iota\alpha$ nur durch Vermuthung zu deuten und jeder wird diese Räthsel nach seinem System rathen.

***) Sie trug vielleicht ein Scepter in der Hand als Königinn und eine Quitte als Braut (C. Fr. Hermann Priv. Alterth. 31, 28 und G. A. 58, 13). Ihr Ornat war im Allgemeinen gewiss der herkömmliche Ornat einer attischen Archontin Königinn. Folglich erschien sie dem Volke an den Anthesterien weder als Kore noch als Ariadne. Auch Gerhard üb. d. Anthesterien p. 169 in Abhh. d. Berl.

Basilinna ohne Zweifel die Cella im heiligeren ναός des Lenaeon ein, woselbst auch das Bild des Eleuthereus wieder eingestellt war. Bei verschlossenen Tempelpforten hatte indess die Lustbarkeit draussen ihren ungezwungenen Fortgang, wohl auch in der Weise von Epithalamien. Der Dämon Κῶμος war auch hier am Platze, Philostr. Imag. p. 381, 1: δηλοῖ δὲ τὰ προπύλαια νυμφίους μάλα ὀλβίους ἐν εὐνῇ κεῖσθαι. καὶ ὁ Κῶμος ἥκει νέος παρὰ νέους καὶ οὔπω ἔφηβος, ἐρυθρὸς ὑπὸ οἴνου κ. τ. λ.

Das Choëngelage begann erst, nachdem die Nacht und der Morgen verstrichen, also vom XII Anthesterion nur ungefähr ein Viertel nach war, in den Nachmittagsstunden. Siehe ob. Seite 346. Damit ist zugleich den Feiernden der Morgen als Ruhezeit geboten, um nach den Lustbarkeiten des Festzugs neue Kräfte zu sammeln.

Während in geselligen Kreisen am Choëntage Freunde eingeladen und Gastmähler mitgemacht wurden*) fand öffentlich ein Zecherwettkampf statt. Die private Geselligkeit hat wohl im Laufe der Zeit zugenommen; Bildung und bestimmte Geistesrichtung vereinigte die Gleichgesinnten, wie die Schüler desselben Sophisten (oben S. 351), während die feinere Gesellschaft sich mehr und mehr dem öffentlichen Zechen abwendete. — Der Name der öffentlichen Feier Χόες d. h. Kannen weiset nur auf Geselligkeit (nicht auf religiösen Weihguss und Todtenspende Χοή).

Acad. 1868 lässt als eine „Möglichkeit" zu, dass die attische Basilinna hier ursprünglich nicht Vertreterinn einer Göttinn war. Wer der als Basilinna öffentlich anerkannten und in der Amtstracht einer Basilinna erscheinenden Frau eine esoterische Bedeutung leihen wollte, dem blieb das freilich unbenommen. Bei dem Theologen aber sind Zeus und Kore die Aeltern des Dionysos, und der den Dionysos wieder erzeugende Zeus wird von Dionysos geschieden. Dass Dionysos-Zeus mit der Basilinna-Kore an den Anthesterien vermählt und damit die ewige Erzeugung des Zeus aus sich selbst (die lenzliche Wiedergeburt der Natur aus sich selbst) gemeint wurde, kann immer nur ein subjectiver Gedanke gewesen sein, den der Staat ignorierte. Wenn die Basilinna Kore wäre, so würde Bacchus seine Mutter heirathen. Dies flagrante Factum hätten die Kirchenväter doch gewiss gerügt.

*) Ausser der S. 351 angeführten Stelle, hat Plutarch Anton. 70 ein Beispiel privater Geselligkeit am Choëntage. Von Timon dem Menschenhasser wird da als seine Sonderbarkeit erzählt, dass schon zwei ihm zu viel waren: τὸν δὲ Ἀκήμαντον μόνον ὡς ὅμοιον αὐτῷ ... ἔστιν ὅτε προςίετο· καί ποτε τῆς τῶν Χοῶν οὔσης ἑορτῆς εἱστιῶντο καθ' αὑτοὺς οἱ δύο. τοῦ δ' Ἀκημάντου φήσαντος· ὡς καλὸν ὦ Τίμων τὸ συμπόσιον ἡμῶν, εἴ γε σύ, ἔφη, μὴ παρῆς.

Der Ort des Zecherwettkampfes war das Theater im lenäischen Bezirk. *) Hierfür spricht nicht blos die allgemeine Wahrscheinlichkeit, dass die Choën innerhalb der Weihstätte des Gottes, dem sie galten, des Dionysos Eleuthereus begangen wurden, wo die Zuschauer auch sonst während der Bühnendarstellungen zu trinken pflegten, wie in den Sommertheatern bei uns, sondern auch eine Einzelheit**) lässt sich ausmitteln, nach welcher man die Choën da

---

*) Diese Ansicht, welche sich sonst in jeder Hinsicht empfiehlt, ist schwer mit Athen, X p. 437 D zu vereinigen. — Wenn sowohl unter περίβολος (Pausan. Att. 20, 3) als unter τέμενος (Ephemeris von 1862 n. 180 lin. 19 und 55; vgl. ebendaselbst n. 220 das lin. 23 Ergänzte) der Bezirk zu verstehen ist, welcher das Theater und die beiden ναοί des Dionysos umfasste, so sassen, meiner Aufstellung nach, die Choëngäste in dem von der Umfriedigung (περίβολος) eingeschlossenen Flächenraum (τέμενος). Der scheidende Choëngast, welcher im Theater gezecht hatte und, von da weggehend, sich nach dem heiligeren ναός begab, um seinen Kranz der Priesterinn bei demselben einzuhändigen, ging nicht nach dem Bezirk, πρὸς τὸ ἐν Λίμναις τέμενος Athen. X p. 437 D, sondern von einem Puncte des Bezirkes begab er sich nach einem andern. Da nun Athenaeus den scheidenden Choëngast dennoch πρὸς τὸ τέμενος gehen lässt, so scheint zu folgen, dass das Gastgebot nicht im τέμενος, sondern ausserhalb desselben, nicht im Theater vor den ναοῖς, stattfand. — Bei Athenaeus a. O. scheint zwar τέμενος die nächste Umgebung der beiden ναοί zu sein, denn die πρὸς τὸ τέμενος Gegangenen finden da die Priesterinn, welche gewiss bei den Tempeln war, und wenn sie nach Uebergabe der Kränze (ἔπειτα) die Reste ἐν τῷ ἱερῷ opfern, so ist hiermit dieselbe Oertlichkeit gemeint, wie vorhin bei dem Ausdruck πρὸς τὸ ἐν Λίμναις τέμενος; aber statt τέμενος hätte Athenaeus ἱερόν setzen und sagen müssen: ἀποφέρειν τοὺς στεφάνους πρὸς τὸ ἐν Λίμναις ἱερόν, ἔπειτα θύειν ἐν τῷ ἱερῷ τὰ ἐπίλοιπα. Dann würde man die streng gottesdienstliche Oertlichkeit am lenäischen Theater zu verstehen, das Theater selbst aber auszuschliessen haben, so wie Pausan. 20, 3 das Heiligthum vom Theater unterscheidet. Ob wir für die Stelle des Athen. τέμενος in engerer Bedeutung, für ἱερόν, nehmen und uns deshalb auf Schol. Ar. Ran. 219, wo τέμενος durch ἱερόν erklärt wird, berufen dürfen, ist mir zweifelhaft. Die weitere Bedeutung bestätiget sich in den angeführten Inschriften, welche ἐν τῷ τεμένει τοῦ Διονύσου, ihrem eigenen Wortlaute nach, aufzustellen waren. Da sie nun im Theater gefunden sind, so liegt der Gedanke nahe, der Fundort sei der Aufstellungsort und ἐν τῷ τεμένει umfasse auch das Theater.

**) Es ist von einem Schlauch die Rede, auf dem an den Choën die Trinkenden standen; wer zuerst den Chus leerte erhielt einen mit Wein gefüllten Schlauch. So Suidas I, 1 p. 795: ἐτίθετο δὲ ἀσκὸς πεφυσημένος ἐν τῇ τῶν Χοῶν ἑορτῇ, ἐφ' οὗ τοὺς πίνοντας πρὸς ἀγῶνας ἑστάναι, τὸν προπιόντα δὲ ὡς νικήσαντα λαμβάνειν ἀσκόν. Dass der ἀσκωλιάζων den Becher in der Hand hatte und zugleich trinken musste, ist ungewöhnlich. Eine Art von ἀσκωλιασμός ist aber jedenfalls das von Suidas überlieferte. Mithin können wir

aufführte (*καταδεῖξαι τὴν τῶν Χοῶν ἑορτήν* (Athen. XII p. 533 D), wo man Trauer- und Lustspiele aufführte, im lenäischen Theater. *) Dass dem Gotte der Anthesterien beim Choëngelage Spenden dargebracht wurden, kann keinem Zweifel unterliegen. Vgl. W. Vischer im N. Schweiz. Mus. III p. 68. Als Themistocles die Choën in Magnesia stiftete, galt das Opfer dem Dionysos als dem Choën-Trinker (siehe oben Seite 348). Dem Gott wird der erste Becher**) gebracht sein. Da zugleich der chthonische Hermes eine Spende erhielt (Schol. Ar. Ach. 1076 *καὶ θύειν τοῖς χουσὶν Ἑρμῇ χθονίῳ*, dasselbe bei Suidas II, 2. p. 1698, 5), so entsteht die Frage, ob Dionysos während des Choëngelages als chthonischer Gott betrachtet wurde, oder als freundlich weilend unter den Gästen, wohin die Analogie des magnesischen *Χοοπότης* führt. Es scheint, dass während des Choëngelages der Uebergang gedacht wurde, vermöge dessen Dionysos aus dem Reiche des Lichtes schied und in den Hades ging, s. S. 372

---

die Bemerkung hier anwenden, dass beim Schlauchtanz die Schläuche mitten ins Theater hingelegt wurden, Suidas I, 1 p. 796 und eine Handschr. des Harpocr. p. 37 Bekker. Da also die Choën für einen ihrer Bräuche das Theater nöthig haben, so müssen wir das ganze Choëngelage im Theater denken.

*) Es scheint; dass die Zechenden unter Dach sassen, Eur. I. T. 949 sq.: *οἱ δ᾽ ἴσχον αἰδῶ, ξένια μονοτράπεζά μοι παρίσχον, οἴκων ὄντες ἐν ταὐτῷ στέγει* (Worte des Orest), und Phanodem bei Athen. X p. 437 C: *διὰ τὸ ὁμοροφοῦς γενέσθαι τῷ Ὀρέστῃ*. Haben wir hier *ἐν ταὐτῷ στέγει* und *ὁμοροφοῦς* eigentlich zu nehmen? Wenn unter Dach gezecht wurde, so hat das Gelage nicht im Kreise um die Orchestra stattgefunden; vielmehr ist Vitruv's Nachricht (Leake Top. p. 208 Saup.) heranzuziehen, wonach das fanum patris Liberi dem Volke als Schutzort diente, wenn ein Regen die Bühnenvorstellungen unterbrach; die beiden andern von Vitruv genannten Schutzörter, passen nicht für ein Bacchusfest. Aber vielleicht genügt es für jene Ausdrücke (*ἐν ταὐτῷ στέγει* und *ὁμοροφοῦς*), dass die Zecher innerhalb des Zuschauerraums sitzen, wiewohl dieser kein Dach hat. — Die abgestuften Sitzplätze des Theaters eignen sich sowohl um jeden Zecher einigermassen abzusondern (*μονοτράπεζα ξένια*), als auch um alle und jeden zu überblicken, was für die Preisrichter nöthig war. Auf breiten Sitzstufen (s. u. S. 363) lassen sich auch wohl *κλῖναι* Ar. Ach. 1090 denken. Was die Zuschauer während der Aufführungen im Theater an Speise und Trank zu sich nahmen, haben sie da gegessen und getrunken, wo jeder sass.

**) Ob indess der Aeusserung des Phanodem (bei Athen. XI p. 465 A) Gebräuche des Choëngelages zu Grunde liegen, ist zweifelhaft. Phanodem geht darauf aus, den *Λιμναῖος Διόνυσος* „den wässerigen" zu erläutern. *Γλεῦκος*, ungegohrenen Wein, von welchem Phanodem spricht, hatte man nicht an den Anthesterien.

Für das Substantielle des Essens und Trinkens sorgte jeder Choëngast selbst. Der Staat hatte durch geschenktes Geld den Einzelnen in Stand gesetzt, sich alles selber zu kaufen. Bei den Choën ging es nicht so zu, wie bei einer gemeinschaftlichen Mahlzeit, wo jeder einen Beitrag zahlt (Ar. Ach. 1211). Wer an den Choën theilnahm, brachte sich eine oder mehrere Kannen Weines*) mit, dazu auch Speisen und Delicatessen, welche er wollte.

Der Bacchuspriester im Lenaeon hat für Polstersitze, Tische und andere Erhöhungen des Genusses oder der Bequemlichkeit öffentlich **) gesorgt, die wir freilich nur aus der übertreibenden Darstellung eines Lustspieldichters kennen, Aristophanes Ach. 1090. Die vorletzte von Ehrensesseln nicht eingenommene Sitzstufe bot Platz genug; sie ist geräumiger als die höheren Stufen; s. Vischer a. O. p. 11.

Mit dem alten Heroldsruf des Theseus (Plutarch Thes. 25) wurde das Wetttrinken angekündiget, Ar. Ach. 1000: ἀκούετε λεῴ· κατὰ τὰ πάτρια τοὺς χόας πίνειν ὑπὸ τῆς σάλπιγγος· ὃς δ' ἂν ἐκπίῃ πρώτιστος, ἀσκὸν Κτησιφῶντος (einen weingefüllten Schlauch, dickbäuchig wie Ktesiphon) λήψεται. Auf ein Trompetenzeichen setzten alle die Kannen an den Mund und durch die Richter (1224 κριτάς) wurde demjenigen der Sieg zuerkannt, welcher seinen

---

*) Als Dikäopolis auf das ἀκούετε λεῴ sich anschickt zum öffentlichen Choën-Gelage zu gehen, sagt er v. 1067: φέρε τὴν οἰνήρυσιν, ἵν' οἶνον ἐγχέω λαβὼν ἐς τοὺς χόας. Dann der Bote des Anthesterienpriesters v. 1085: ἐπὶ δεῖπνον ταχὺ βάδιζε, τὴν κίστην (Korb mit Essen) λαβὼν καὶ τὸν χόα. Vgl. Athen. VII p. 276 B. — In der mythischen Herleitung der Sitte befiehlt dagegen der König von Attica, jedem Gaste seinen Chus vorzusetzen, G. A. 58, 10 und 15. Es ist besser sich an den Aristophanes zu halten.

**) Wenn es Ar. Ach. 1087 heisst: ὁ τοῦ Διονύσου γάρ σ' ἱερεὺς μεταπέμπεται, so ist das keine Privateinladung. Der Dionysos Priester entbietet ihn (μεταπέμπεται) zu sich, nicht: ladet ihn ein (καλεῖ). Gleich auf den Heroldsruf wollte Dikäopolis kommen (1003 sqq.), wurde aber durch Zwischenfälle abgehalten, bis dann der Dionysospriester noch einen eigenen Boten schickt, ihn zum Schmaus zu rufen, zu welchem Dikäopolis schon hatte gehen wollen. Es ist immer nur von demselben öffentlichen Gelage und Schmaus die Rede. — Der Scholiast hätte uns an dieser Stelle von dem öffentlichen Choën-Schmaus Nachricht geben sollen, da sein Text nur von diesem redet; seine Worte τότε γὰρ οἱ καλοῦντες ἐπὶ δεῖπνον lassen nur an Privateinladungen denken. Auch Athen. VII p. 276 C scheint nur an solche zu denken. Hiernach hat Rinck II p. 101 die Stelle in den Acharnern 1087 auf Picknicks in Privathäusern gedeutet. Der Dionysospriester ist aber am Feste seines Gottes keine Privatperson.

Chus zuerst geleert hatte. Der Archon König theilte ihm dann als Preis einen Schlauch Wein zu und was sonst*) dem Sieger gebührte.

Jeder Zecher sass und trank für sich, so wie im Homer jeder seinen Tisch hat; Lobeck Aglaopham. p. 685. Es ist möglich auch hierin einen Rest alterthümlicher Sitte zu erblicken.**)

Beim Choëngelage kamen nach Laune und Willkühr Abwechselungen und improvisierte Belustigungen vor. Diese konnten die Grenzen attischer Sitte nicht bloss deshalb überschreiten, weil beim Weine überall leicht die Sitte vernachlässiget wird, sondern auch weil Fremde ***) am Choëngelage theilnehmen durften. Der Choën-Markt und die bevorstehenden Mysterien von Agrae zogen schon im Anthesterion Fremde nach Athen. Die auswärtigen Mysterienbesucher waren durch Orestes' Beispiel (G. A. 58, 10), auch wenn sie noch so schwere Sünden gethan, alle mit einander zu den Choën gewissermassen eingeladen.

Anthesterion XIII, Ende des Choën-Gelages und Chytrenfeier.

Während des Zechens und der übrigen Lustbarkeiten brach der Abend und damit der XIII Anthesterion an. Der Schein des beinahe vollen Mondes mochte genügen, um noch länger beim Becher zu bleiben oder auch beim Abschiede die folgenden, jedem Einzelnen vorgeschriebenen Schluss-Gebräuche der Choën zu vollziehen: beim Weggehen nahm der Choëngast seine

---

*) Schol. Ar. Ach. 1002 spricht noch von einem Blätterkranz: καὶ ὁ πιὼν ἐστέφετο φυλλίνῳ στεφάνῳ καὶ ἀσκὸν οἴνου ἐλάμβανεν. Phanodem bei Athen. X p. 437 C nennt als Preis einen Kuchen: τῷ πρώτῳ ἐκπιόντι ἆθλον δοθήσεσθαι πλακοῦντα. Dergleichen musste also der Dionysospriester am Lenaeon für die Sieger bereit haben. In der That lässt er dem Dikäopolis sagen, dass Kränze (1091) und Kuchen aller Art (1092) bereit seien. Anderes freilich ist nicht wohl als Siegespreis denkbar (αἱ πόρναι 1091).

**) Doch können wir nicht wissen, ob nicht ein getrenntes Sitzen der Gäste durch die Localität des Choëngelages an die Hand gegeben wurde; siehe oben S. 362 Note * und 363.

***) Der von Suidas überlieferte Kampf zweier Trinker auf geblähetem Schlauch (s. oben S. 361 Note) kann nicht die gewöhnliche Choën-Sitte gewesen sein. Vielleicht war dies unattisch. Denn das wovon Alciphron. III, 51 spricht — ἀσκωλιάζοντας πίνειν — muss dem von Suidas a. O. Geschilderten ähnlich oder gleich gewesen sein und Alciphron hebt das πίνειν ἀσκωλιάζοντα ausdrücklich als unattisch hervor.

Kanne, schlang die Kränze, welche er zum Gelage mitgebracht (Ar. Ach. 1006 τοὺς στεφάνους ἀνείρετε) oder als Sieger erhalten, um dieselbe und begab sich nach dem seilumspannten Heiligthum des Eleuthereus. Hier händigte er der lenäischen Priesterinn die Kränze ein für den Gott des Anthesterienfestes und goss ihm die Neige seines Weins aus.*) Die Kränze (Aristophan. Frgm. Tagenist. 1 p. 260 ed. Bergk.) waren Todtengaben für den jetzt gestorbenen Gott und dieser Weinguss eine Todtenspende (Plut. Aristid. 21 extrem.; cf. Nitzsch z. Odyss. Th. III p. 162 sq.).

Die Todtenbräuche, welche an die Sündfluth geknüpft sind, haben wir auf XIII Anthesterion zu setzen, weil die Begehungsart dieses Tages selbst ebenfalls an die griechische Sündfluth geknüpft wird, G. A. 58, 20. Erstlich also gehört die Wasserspende dem XIII an, Etym. M. p. 774 ὑδροφόρια ἑορτὴ Ἀθήνῃσι πένθιμος ἐπὶ τοῖς ἐν τῷ κακλυσμῷ ἀπολομένοις; ib. 22, und s. o. S. 346. Ferner auch die Darbringung von Honig mit Mehlzuthat, welche jährlich an dem Erdschlunde stattfand, in den das Wasser der deucalionischen Fluth hineingeströmt sein sollte. **) Der Erdschlund liegt ausserhalb des lenäischen Bezirks, jedoch benachbart (beim Tempel des olympischen Zeus).

Als ein Chytrenbrauch ist das Kochen einer vegetabilischen Speise (πανσπερμία, Schol. Ar. Ach. 1076) überliefert, in gekoch-

---

*) Phanodem bei Athen. X p. 437 C sagt von der Verordnung des alten Königes Demophon: παρήγγειλε δὲ καὶ τοῦ πότου παυσαμένους τοὺς μὲν στεφάνους, οἷς ἐστεφάνωντο πρὸς τὰ ἱερά (an die übrigen Göttertempel) μὴ τιθέναι διὰ τὸ ὁμορόφους γενέσθαι τῷ Ὀρέστῃ, περὶ δὲ τὸν χόα τὸν ἑαυτοῦ ἕκαστον περιθεῖναι καὶ τῇ ἱερείᾳ ἀποφέρειν τοὺς στεφάνους πρὸς τὸ ἐν Λίμναις τέμενος, ἔπειτα θύειν ἐν τῷ ἱερῷ τὰ ἐπίλοιπα (den Rest, doch wohl des Weins). Die hier erwähnte Priesterinn kann diejenige sein, welche Rang. II n. 816 p. 446: Διονύσ[ου ἱ]ν ἄ[στει ἱε]ρείᾳ, als die den städtischen Gottes vorkommt. Sie hat also neben der Basilinna und den Gerareu beim Anthesterienfeste fungiert.

**) Pausan. Att. 18, 7 ἐνταῦθα ὅσον ἐς πῆχυν τὸ ἔδαφος διέστηκε καὶ λέγουσι μετὰ τὴν ἐπομβρίαν τὴν ἐπὶ Δευκαλίωνος συμβᾶσαν ὑπορρυῆναι ταύτῃ τὸ ὕδωρ, ἐσβάλλουσί τε ἐς αὐτὸ ἀνὰ πᾶν ἔτος ἄλφιτα πυρῶν μέλιτι μίξαντες (Bekker emend. μάξαντες). Eine Gruft, wie sie hier die Natur erschaffen, wird sonst von dem Opfernden gegraben; so in der Odyssee βόθρον ὀρύξαι X, 517. Ueber die attische Sitte sagte der Exeget Clidemus: ὀρύξαι βόθυνον πρὸς ἑσπέραν τοῦ σήματος· ἔπειτα παρὰ τὸν βόθυνον πρὸς ἑσπέραν βλέπε, ὕδωρ κατάχει λέγων τάδε· Ὑμῖν ἀπόνιμμα οἷς χρὴ καὶ οἷς θέμις, ἔπειτα αὖθις μύρον κατάχεε, Athen. X p. 409. F; Chr. Petersen im Philol. Suppl. I p. 178.

tem Korn und allerlei essbarem Gesäme bestehend. Gestiftet war dieser Brauch von den aus der deucalionischen Fluth Geretteten, indem diese, sobald sie wieder Muth fassten, die Reste ihrer Lebensmittel in einen Topf (χύτρα) thaten, aufs Feuer stellten und kochten,*) darauf verzehrten**) und zugleich für die in der Fluth umgekommenen dem Hermes opferten. So opferte man in Athen am Chytrentage keinem der olympischen Götter, sondern dem chthonischen Hermes für die Todten, und jeder Hausvater in der Stadt liess eine Topfspeise der angegebenen Art zurichten, mit der sich alle begnügten.***) Das Fleisch der Opferthiere wurde nicht gegessen an die-

---

*) Schol. Ar. ed. Dübner p. 518, zu Ar. Ran. 218, wo folgendermaassen zu interpungieren ist: Θεόπομπος ἐκτίθεται, μετὰ τὸ σωθῆναι τοὺς ἐν τῷ κατακλυσμῷ πεφευγότας ἀνθρώπους, ᾗ ἡμέρᾳ πρώτως ἐθάρρησαν, χύτραν τῷ πυρὶ ἐπιστῆσαι καὶ ἐν αὐτῇ ἀφεψῆσαι τὰ ἐμβληθέντα. Die Infinitive ἐπιστῆσαι und ἀφεψῆσαι hängen von ἐκτίθεται ab und der Satz endiget mit ἐμβληθέντα. Hierauf folgt oratio recta: καὶ τὴν ἡμέραν καὶ ἑορτὴν κατ' αὐτὴν τὴν ἡμέραν ποιήσαντες χύτρους ἐκάλεσαν.

**) Die Zeitgenossen des Deucalion haben ihre Topfspeise selbst gegessen, so gut wie die Geretteten des Theseus ihre zusammengeschütteten Reste miteinander verspeisten (Plut Thes. XXII: μίαν χύτραν κοινὴν ἑψήσαντας συνεστιαθῆναι καὶ συγκαταφαγεῖν ἀλλήλοις). Auch in den aristophanischen Scholien wird, ungeachtet der eingeflossenen Irrthümer, deutlich gemeldet, dass die ersten Stifter des Chytrenbrauchs die Topfspeise gegessen haben. Am Schlusse der Version bei Dübner p. 518 heisst es: οἱ δὲ κατ' ἐκείνην τὴν ἡμέραν ἐκεῖσε παραγενόμενοι ἐγένοντο τῶν χυτρῶν. Zwar müsste hier ἐγεύσαντο stehen, doch kann der Sinn nur sein: aber die an ihrem Rettungstage dort vereinigten Zeitgenossen Deucalions haben von den Gerichten gekostet. Dasselbe scheint angedeutet im Schol. Ar. Ach. 1076: τῆς δὲ χύτρας οὐδένα γεύσασθαι· τοῦτο δὲ ποιῆσαι τοὺς περισωθέντας.

***) In dem Schol. Ar. ed. Dübner p. 518 wird aus Theopomp in or. recta weiter berichtet: ἔθυον δὲ ἐν αὐτῇ (am Chytrentage) οὐδενὶ τῶν Ὀλυμπίων θεῶν, Ἑρμῇ δὲ χθονίῳ ὑπὲρ τῶν τεθνεώτων, καὶ ἑψομένης χύτρας ἐφ' ἑκάστῳ ἐν τῇ πόλει οὐδεὶς τῶν ἱερέων ἐγεύετο. So ist offenbar zu interpungieren, auch statt καὶ τῆς ἑψομένης zu schreiben καὶ ἑψομένης. Es ist ein absoluter Genitiv: weil jeder sich eine Topfspeise kocht, bedarf er des Opferfleisches nicht. Der Genitiv wurde falsch auf ἐγένετο bezogen und ἱερῶν statt ἱερέων gesetzt; so errang man die Ueberzeugung, kein Priester (οὐδεὶς τῶν ἱερῶν) habe von dem Topfgericht gegessen. Dies sagt ganz deutlich Schol. Ar. Ran. 218: καὶ τῆς χύτρας, ἣν ἑψοῦσι πάντες οἱ κατὰ τὴν πόλιν, οὐδεὶς γεύεται τῶν ἱερῶν. „Kein Priester isst davon", also doch die Laien, das Volk überhaupt? warum also nicht auch der Priester? So fragten wohl diejenigen, welche zuletzt auch ἱερῶν wegwarfen und überhaupt keinem Menschen den Genuss eines Gerichtes gestatteten, welches so unschuldig und bescheiden wie möglich ist; sie schrieben: τῆς δὲ χύτρας οὐδένα γεύσασθαι, Schol. Ar. Ach. 1076 und dasselbe Suidas II, 2, p. 1698 Bernh.

sem Tage, denn die gebrachten Thieropfer *) waren vermuthlich ganz und gar dem unterweltlichen Dionysos bestimmt.

Am Chytrentage fand die Errichtung (ἴδρυσις) von 14 Altären **) statt, an denen die Geraren opfern sollten. An der auf die Chytren bezüglichen Stelle des Alciphron II, 3, 11 ist nämlich ἴδρυσιν (Meineke p. 115) statt des sinnlosen αἴρεσιν der Handschriften zu emendieren: ποῦ δὲ θεσμοθέτας ἐν τοῖς ἱεροῖς κώμοις ***) κεκισσωμένους; ποῖον περισχοίνισμα; ποίαν ἴδρυσιν; ποίους χύτρους; †) die 14 Altäre sind als improvisierte, etwa aus Rasen jedesmal neu errichtete zu denken, während der Altar, [Demosth.] 59, 78, im Tempel des Dionysos Eleuthereus, bei dem die Vereidung der Geraren stattfand, ein bleibender war. Am Tage der Vereidung (Anthesterion XII) waren, wie es scheint, die 14 Altäre noch nicht aufgesetzt.

Nur durch Setzung der ἴδρυσις auf den XIII ist eine gottesdienstliche Anwendung der Töpfe und Topfspeisen denkbar. Altäre und Cultusbilder pflegte man mit Opfergaben dieser Art aufzustellen, Aristophan. Frgm. Danaid. IV (Bergk p. 160): μαρτύρομαι δὲ Ζηνὸς ἑρκείου χύτρας, μεθ᾿ ὧν ὁ βωμὸς οὗτος ἱδρύθη ποτέ; cf. Schol. Plut. 1198. Ehrwürdige Frauen trugen die Gefässe, welche das Gründungsopfer enthielten, auf dem Haupte, Schol. Ar. Plut. 1197: ἔθος γὰρ ἦν ἐν ταῖς ἱδρύσεσι τῶν ἀγαλμάτων ὀσπρίων ἡψημένων χύτρας περιπομπεύεσθαι ὑπὸ γυναικῶν ποικίλως ἠμφιεσ-

---

*) In dem Schol. bei Dübner p. 518 scheint der Artikel (τῶν) in den Worten οὐδεὶς τῶν ἱερείων ἐγένετο auf die Opfer zu gehen, welche man brachte, aber nicht ass. Unter ἱερεῖα sind hier nicht Opfer für olympische Götter zu verstehen. Homer wird Odyss. XI, 23 vom Scholiasten getadelt, dass er ἱερήια sage, wo es doch Opfer für die Unterwelt seien. Doch fügt der Scholiast selbst hinzu ἢ ὅτι τὰ θρέμματα ἱερεῖα ἐκάλουν.

**) Die Altäre, deren Zahl blos auf Etymol. M. p. 227 (G. A. 58, 12) beruht, heissen an der Stelle βωμοί. Genauer heisst ein für chthonischen Cult bestimmter Altar ἐσχάρα, s. Stephan. Parisin. s. v.

***) Nach Reiske, statt κώμαις. Unter der feiernden Gemeine des Chytrentages zeigen sich die Thesmotheten mit Epheu bekränzt. Aristophanes nennt die Chytrengemeine Ran. 218 κραιπαλόκωμος. Die Choëngäste tragen keine Kränze mehr am XIII (s. o. S. 364 f.), um so mehr treten die Kränze der Thesmotheten am XIII hervor.

†) Meineke will χύτρους nicht auf den Bacchus beziehen, welchen doch offenbar vorher die epheubekränzten Thesmotheten angehn. Auch das Masculin ποίους χύτρους beweiset, dass der Chytrentag gemeint ist. Wer mit Meineke ollas erklärt, muss ποίας χύτρας schreiben.

μένων, und hernach: προωδοποίουν δὲ φέρουσαι ταῦτα ἐπὶ κεφαλῆς γυναῖκες σεμναί τινες.

Die bei Errichtung der 14 bacchischen Altäre beschäftigten Chytren-Trägerinnen, können nur die Geraren gewesen sein. Etymol. M. p. 227 heisst es von ihnen: παρ' Ἀθηναίοις γυναῖκές τινες ἱεραί, ἃς ὁ βασιλεὺς καθίστησιν ἰσαρίθμους τοῖς βωμοῖς τοῦ Διονύσου, διὰ τὸ γεραίρειν τὸν θεόν. *) Jedem der 14 Altäre mögen wir uns etliche Choënkränze, als Todtengaben, zugetheilt denken. Vielleicht kamen bei dem Ritus auch phallische Bräuche vor mit Bezug auf die gehoffte Neuerzeugung des Dionysos. **)

Die heilige Handlung der 14 Geraren geschah wohl so, dass die im Theater Versammelten dieselbe sehen konnten. Die 14 Altäre standen vielleicht auf der Orchestra, je einer vor einer der 14 Treppen.

An den Chytren wurden cyclische Chöre von Dichtern aufgestellt. Diess folgt aus Ar. Ran. 209 sqq.; cf. v. Leutsch im Philol. XI p. 733. Die Dichter wetteiferten in Agonen, die nach Philochor. beim Schol. Ar. Ran. 218 χύτρινοι ἀγῶνες hiessen; auf der Bühne und der Orchestra vorgetragen, werden sie mit den Opferbräuchen der Geraren ein gottesdienstliches Ganze ausgemacht haben. Von der eine Zeit lang eingetretenen Vernachlässigung des Agons der Chytren und dessen Wiederaufnahme durch Lycurg, giebt es eine sehr merkwürdige Nachricht bei Plutarch (Westerm. Biographi Min. p. 272, 40): εἰσήνεγκε δὲ καὶ νόμους, τὸν μὲν περὶ κωμῳδιῶν, ἀγῶνα τοῖς χύτροις ἐπιτελεῖν ἐφάμιλλον ἐν τῷ θεάτρῳ καὶ τὸν νικήσαντα εἰς ἄστυ καταλέγεσθαι, πρότερον οὐκ ἐξὸν ἀναλαμβάνειν τὸν ἀγῶνα ἐκλελοιπότα. Den schwierigen Worten εἰς ἄστυ καταλέγεσθαι hat man den Sinn abgewonnen, dass der Sieger unter die an den städtischen Dionysien concurrierenden Dichter aufzunehmen sei, nachdem sein Gedicht und seine Truppe im chytrischen Agon die Probe bestanden, s. unten S. 396. Valesius und Coraes hielten die Stelle für verdorben. Da die Anthesterien älter sind als die grossen Dionysien (Thucyd. II, 15), und es ohne Zweifel Chytrenlieder gab ehe es grosse Dionysien in Athen gab, so haben die ἀγῶνες χύ-

---

*) Im Obigen ist ganz davon abgesehen, dass das Masculin χύτροι sich nicht aus den Töpfen und Topfspeisen erklären lässt. Die Alten indess haben sich dabei beruhigt χύτροι und χύτραι zusammenzuwerfen. Was den Gebrauch von Töpfen und Topfspeisen angeht, so muss man darin den Scholiasten oder vielmehr dem Theopomp glauben, der die Sitte, das Topfgericht am Chytrentage zu bereiten, doch wohl nicht aus seinem Kopf genommen haben wird.

**) Von den φαλλοῖς wird Schol. Ar. Ach. 243 bemerkt: καὶ τούτοις ἐγέραιρον τὸν θεόν, wo man an die Geraren denken kann.

τρινοι einstmals keine Beziehung zu einem folgenden Bacchusfeste gehabt und sind nicht gestiftet um eine Prüfung von Dichtern und Spielern zu sein, sondern um unabhängige Zwecke des chytrischen Gottesdienstes zu erfüllen. Erst später im Verlaufe der Zeit wurden die χύτρινοι ἀγῶνες zu einer Paraskeve der grossen Dionysien herabgedrückt, vorausgesetzt, dass die Worte εἰς ἄστυ καταλέγεσθαι wirklich obgedachten Sinn haben.

Der chytrische Gottesdienst war stark dramatisch, und ebenso interessant zu sehen, wie die anderen Spiele der Bühne. Daher die Begeisterung mit welcher Menanders Gedanken Alciphr. II, 3, 11 bei den Chytren verweilen, und die Zusammenstellungen: Λήναια καὶ Χύτρους θεωρεῖν Athen. IV p. 130 E (G. A. 58, 6) und: καὶ τί δεῖ καταλέγειν τε καὶ ἐπαντλεῖν τὸν τοιοῦτον ὄχλον (diese Masse von Festivitäten); κεκήρυκται γὰρ Διονύσια καὶ Λήναια καὶ Χύτροι καὶ Γεφυρισμοί, Aelian de Natura Anim. IV, 43.

Das feiernde Volk war vielleicht auch am Chytreutage noch maskiert. Eine buntgemischte Menge (λαῶν ὄχλος) sammelte sich im Theater, der Fastnachtsrausch dauerte noch am Chytrentage (ὁ κραιπαλόκωμος τοῖς ἱεροῖσι Χύτροισι χωρεῖ κατ' ἐμὸν τέμενος λαῶν ὄχλος, Ar. Ran. 218 sqq.), doch ein geordneter „Festzug", Preller R. E. II p. 1062, fand schwerlich statt. Die Chytrenlieder bildeten gleichsam die Chöre eines grossen Schauspiels, welches aufzuführen das Volk übernahm.

Die Chytren waren besonders heilig und ehrwürdig. Aristophanes Ran. 218 nennt sie die heiligen (τοῖς ἱεροῖσι Χύτροισι) und Alciphron II, 3, 11 spricht offenbar mit tieferer Ergriffenheit von den Chytren als von den Choën, welche nirgends die heiligen heissen.

Der Archon König scheint auch die Chytren besorgt zu haben. Da er die Choën leitete, so ist es am besten, ihm alle Anthesterientage zu unterbreiten, wie auch G. A. 58, 3 angenommen wird. Hieran kann es nicht irre machen, wenn wir in einer Steinschrift der Kaiserzeit die Marktmeister als die Behörde genannt finden, welche die Chytren anstellte, Ephem. vom J. 1862 n. 199 lin. 65.

Deutung der Anthesterien.

Um den Sinn der Choën und Chytren aufzufinden, müssen wir in eine ältere Zeit zurückgehen, wo die Lenäen noch ländlich und die grossen Dionysien noch nicht vorhanden waren. Damals reiheten sich die Anthesterien an ländliche Feste an und bildeten deren Abschluss und Höhepunct, selbst ein städtisches Fest.

Die Grundlage der Anthesterien ist eine natürliche. Der auf dem Lande erzeugte und den Winter über an den Erzeugungsorten gebliebene Wein ist in der Zeit der Anthesterien erst vollständig ausgegohren (Plut. Symp. VIII, 10, 3). Die Weinbauern legen dann die Schläuche auf Leiterwagen, s. oben S. 340, und fahren damit zur Stadt, so wird der Wein verkauft ἐν ταῖς ἁμάξαις. Im glücklichen Süden ist die Zeit der völlig beendeten Weingährung schon eine sehr schöne, die Erde bedeckt sich mit Blumen, im Feierkleide begrüsst sie die weinbeladenen Wagen, die darauf Sitzenden üben Neckerei und Muthwillen, τὰ ἐκ τῶν ἁμαξῶν (Phot. Lex. p. 565). So ist die Anthesterienzeit die Mutter der Wagenscherze, von denen überliefert ist, dass sie erst später auf die Lenäen übertragen wurden. Wie die Wagenscherze durch die Umstände gegeben und vom Bacchuscult unabhängig sind, so liegt auch in der Heranbringung des Weins zur Stadt ein natürlicher Grund, einen Tag mit Zechen und Schmausen zu begehen, diesem aber wiederum eine ernste Begehung anzulehnen in einer Zeit des Jahrs, wo sich die Tiefen des Erdenschoosses ebenso schöpferisch wie unheimlich regen; die Zeit des Blumenfestes ist auch die, wo es umgeht und spukt, s. Einl. S. 24.

Es fragt sich, welchen gottesdienstlichen Gebrauch man von diesen natürlichen Anlässen machte, und die allgemeine Antwort wird sein, dass man zu verschiedenen Zeiten einen verschiedenen Gebrauch davon machte. Ehe Bacchus aufgenommen war, feierte man Kronos und Zeus Kronion, jenem einen saturnalischen Herren-Diener-Schmaus (Anthesterion XII), diesem milichische Diasien, damals das grösste Zeusfest (Anthesterion XIII). Siehe Einl. S. 19 ff. Diese Construction älterer Anthesterien ist hypothetisch: sicher ist nur, dass die natürliche Grundlage der Anthesterien, da sie älter ist als der Bacchuscult und jedenfalls nicht ohne Gottesdienst geblieben sein kann, zu anderen Zeiten anders verwerthet wurde. Wir haben uns hier nur an die historische Zeit zu halten, während welcher die Anthesterien ein Hochfest des Dionysos Eleuthereus sind.

Es ist nicht unwahrscheinlich, dass der Einzug des Bacchus in der Anthesterienpompe anfangs den Zweck hatte, die Einführung des dionysischen Cults aus Eleutherae zu vergegenwärtigen.*) Dieser

---

*) Zwingend wäre diese Annahme nur, wenn sich zeigen liesse, dass die Pompe einst von Eleutherae nach Athen ging.

Zweck wurde später aufgegeben, wie die Festbräuche selbst lehren; denn sie sind bei weitem nicht alle erklärbar aus der Absicht, jene historische Thatsache festzuhalten. Spuren dieses anfangs obwaltenden Zwecks konnten sich auch in dem Anthesterienfeste späterer Zeit erhalten; s. o. S 356 und 357.

Da Orpheus von einer Vermählung des Bacchus nichts weiss, so kann die Gottestrauung älter sein als die Einwirkung der orphischen Theologie.*) Indem der bäuerliche Gott von Eleutherae mit der ächtesten aller attischen Bürgerinnen zusammengegeben wurde, hörte er nicht bloss auf landfremd zu sein, sondern die städtischen Eupatriden mussten auch ihre Geringschätzung des Bauerngottes (Schömann Alt. II p 436 sq.) aufgeben; was die Basilinna that, sollten schon die Landesköniginnen gethan haben als Attica noch Könige hatte, [Dem.] 59, 74 sq. So kann die Gottestrauung ursprünglich die innige Anschmelzung des neuen Gottesdienstes an Athens priesterliches Königthum und königliches Oberpriesterthum (cf. Welcker G. L. II p. 647), und seine Reception zu gleichen Rechten bedeutet haben.

Die Anthesterienbräuche aber insgesammt, wie sie überliefert und oben dargestellt sind, lassen sich nur durch Hinzunahme der orphischen Theologie deuten. Auf Orpheus führt ein ausdrückliches Zeugniss (siehe oben S. 357, Note *), in welchem von der Anthesterienfeier zur Zeit des Apollonius von Tyana berichtet wird, dass dabei Aufführungen aus der orphischen Theologie stattfanden.

Im theologischen Epos des Orpheus wurde gelehrt, wie Zeus seinem Lieblingssohne Bacchus den Herrscherthron überlassen habe und Bacchus dann sogleich ermordet sei. Dies passt auf die Anthesterien. Am XII Anthesterion zog in jugendlicher Herrlichkeit der Gottkönig ein, um auf eine kurze Weile den Weltenthron seines Vaters Zeus einzunehmen. Von dem jungen Zeussohn als ernanntem Basileus sagt Proclus in Crat. p. 59 (Lobeck Agl. p. 552) ὁ πατὴρ ἱδρύει αὐτὸν ἐν τῷ βασιλείῳ θρόνῳ καὶ ἐγχειρίζει τὸ σκῆπτρον καὶ βασιλέα ποιεῖ τῶν ἐγκοσμίων ἁπάντων θεῶν · κλῦτε θεοί, τόνδ᾿ ὕμμιν ἐγὼ βασιλῆα τίθημι, λέγει πρὸς τοὺς νέους θεοὺς

---

*) Oder auch bedeutend jünger. Bei dem wachsenden Ansehen der Bacchus-Religion wäre es nicht unmöglich, dass in historischer Zeit (z. B. nach den Perserkriegen) die merkwürdige Hochzeitsceremonie hinzukam. In der Rede gegen Neaera herrscht der Gedanke vor, dass alle diese Bräuche alt und ehrwürdig sind. Danach habe ich vorgezogen die Hochzeitsceremonie in eine ältere Zeit hinaufzurücken.

ὁ Ζεύς. Dies ist der orphische Sinn der Anthesterienpompe. Es ist möglich, dass man durch die Vermählung des Dionysos Eleuthereus mit der Basilinna zugleich den orphischen Lehrsatz von Dionysos als dem ernannten Basileus zu berühren glaubte.

Bei Orpheus folgt gleich auf die Inthronisierung der Tod des Bacchus. So liess die athenische Religion ihn am Choëntage den Thron der Allmacht besteigen und am Chytrentage folgte Trauer. Aus den Fröschen des Aristophanes ergiebt sich, dass die Trauer am Chytrentage dem Bacchus gilt. Ar. Ran. 215 sagt der Chor von seinem Liede, es sei ein dem Dionysos von Nysa*) geltendes Chytrenlied. Die Frösche, die es singen, sind unterweltliche, Seelen der Eingeweiheten, die Scene ist das Todtenreich. Sehen wir von dem lächerlichen Dionysos der Comödie ab, so kann das ernste Chytren-Lied nur dem erschlagenen Bacchus (Lobeck Agl. p. 555 sqq.) gegolten haben, welcher nicht zum Spass, sondern nach grausamer Tödtung in das Haus des Hades geht, während der Tage, wo auch sonst das Reich der Todten in gespenstischen Verkehr mit dem der Lebenden tritt.

Was das Choëngelage angeht, so fallen mit demselben heortologisch die Kämpfe des Bacchus und der tückischen Riesen zusammen. Ursprünglich ging man von der crassen Vorstellung aus, Bacchus sterbe, indem man die Fässer leere. Die Agonien des persönlichen Weingottes müssen unabhängig von Wein und dem Zecherwettkampf gedacht werden im orphisch gestalteten Anthesterienfest. Ob diese Agonien durch Maskierte dargestellt wurden oder in Bräuchen am Tempel ihren Ausdruck fanden, muss dahingestellt bleiben. Nach dem Theologen wird des Gottes Tod etwa folgendermassen herbeigeführt:

Nachdem die Titanen das Zeuskind mit allerlei Tand und Spielwerk, wie hübschen Spiegeln, verlockt und gefangen haben, erwehrt sich Bacchus ihrer meuchlerischen Angriffe, indem er die Gestalt

---

*) Der Dionysos von Nysa ist eben der mystische Sohn von Zeus und Kore, welcher durch Titanen den Tod leidet, Terpander Fr. 5 Bergk: *Τέρπανδρος γε μὴν ὁ Λέσβιος Νύσσαν λέγει τεθνηκέναι τὸν Διόνυσον, τὸν ὑπό τινων Σαβάζιον ὀνομαζόμενον, ἐκ Διὸς καὶ Περσεφόνης γενόμενον, εἶτα ὑπὸ Τιτάνων σπαραχθέντα*. Nach Welcker G. L. 1 p. 439 ist *Νυσήϊος = Λιμναῖος*. Mag es zweifelhaft sein, wie viel von diesen Dogmen dem Terpander angehört (Lobeck Agl. p. 306), so viel ist jedenfalls klar, dass der Nyseïsche Bacchus es ist, welchen die Titanen ermorden. Seine Neu-Erzeugung und Wiedergeburt machten den Inhalt der Mysterien aus.

einer Schlange, eines Löwen u. dgl. annimmt. Endlich erliegt er, die Riesen zerstückeln ihn siebenfach (Lobeck Agl. p. 557). Denn es sind sieben Titanen und jeder erhält ein Stück (a. O. Note b und p. 505), so wie Osiris in 14 gleichmässige Stücke zerrissen wird. Wenn den sieben Titanen ihre sieben Schwestern (a. O. p. 505) halfen, so wurde der Anthesterion-Gott vierzehnfach zerrissen. Durch Zerrissenheit in vierzehn Stücke sind die vierzehn Altäre erklärbar, an denen nicht 14 Göttern, sondern Einem von den Geraren geopfert wird (C.A. 58, 12). Die orphische Theologie liess die Zerstückelung vollständig eintreten, Zeus war fern, erst Hecate meldet ihm des Sohnes Tod. Athena überrascht die in den Resten schwelgenden Unholde und rettet das Bacchusherz vor ihnen. Vielleicht ist dem Bacchusherzen nicht an den vierzehn Altären durch die Geraren, sondern am Hochaltar des heiligeren von den beiden lenäischen Tempeln durch die Basilinna ein besonderes Opfer dargebracht worden.

Sophocles starb in der Zeit der Choën durch den Genuss einer Weinbeere (Biogr. Min. ed. Westermann p. 130). Hier ist nicht blos letztere ganz dionysisch, sondern auch die Kalenderzeit. Sophocles starb den Tod seines Gottes mit. Das jährliche Opfer für Sophocles ($\varkappa\alpha\tau$' ἔτος $\alpha\dot{\upsilon}\tau\tilde{\omega}$ $\vartheta\acute{\upsilon}\varepsilon\iota\nu$ ib. p. 131), hat also vielleicht am Chytrentage stattgefunden.

Die Chytren, das bacchische Todesfest, stehen in dogmatischem Bezug zu den im selben Monat folgenden kleinen Mysterien, welche die Wiedererzeugung des neuen Bacchus enthalten haben müssen, so dass am Iacchustage die Geburt des siebenmonatlichen Bacchus ($\dot{\alpha}\tau\epsilon\lambda\grave{\epsilon}\varsigma$ ἔτι $\tau\grave{o}$ ἔμβρυον $\dot{\epsilon}\pi\tau\alpha\mu\eta\nu\iota\alpha\tilde{\iota}o\nu$ Lucian D. D. 9) folgt. Der mystische Kreis schliesst mit der Geburt des neunmonatlichen Bacchus (Zeusfest im Maemacterion), woran sich die nicht-mystischen Begehungen (ländliche Dionysien, Lenäen) schlossen, bis das bacchische Jahr wiederum (in der Anthesterienzeit) ablief.

Mysterien bei Agrae.

Kalenderzeit.

Der Monat ist sicher der Anthesterion, Plutarch Demetr. 26 (C. A. 58, 25). Die Tage kennen wir nicht. Es wird das beste sein, ihnen dieselbe Stelle im Monat zu geben, welche die Herbstmysterien im Boëdromion einnehmen; die $\varepsilon\dot{\iota}\varkappa\acute{\alpha}\delta\varepsilon\varsigma$, welche dort hochgefeiert sind, werden auch hier in den Frühlingsmysterien vorgekommen sein.

Dahin führt auch die vollkommene Gleichheit der Termine beider Gottesfrieden, welche C. I. I n. 71 für die Mysterien bestimmt sind. Der Anfangstermin ist Vollmond*) vor dem Mysterienmonat, der Schlusstermin ist Luna X nach Ablauf des Mysterienmonates; von jenem bis zu diesem verlaufen etwa 55 Tage. Wie innerhalb dieses achtwöchigen Zeitraums der Herbstmysterien-Monat eine gleiche Lage hat mit dem Monate der Frühlingsmysterien, so werden wiederum auch die Mysterienfeste selbst eine gleiche Stellung gehabt haben.

Da indess die Frühlingsmysterien „die kleinen" (Sauppe p. 8) heissen, bei Polyaen. 5, 17 auch „die kleineren," so darf man nicht die gleiche Zahl von Festtagen voraussetzen, welche wir bei den grossen finden (ungefähr 10).

Setzen wir also den Haupttag der Mysterien bei Agrae auf Anthesterion XX, in der Voraussetzung, dass vom Anfang des Frühlingsfriedens (Vollmond des Gamelion) bis zum Hauptfesttage eine gleiche Zahl von Tagen verfloss, wie vom Anfange des Herbstfriedens (Vollmond des Metagitnion) bis zum Iacchustage. Die angeschlossenen Nebentage, etwa zwei vor dem XX und zwei nach dem XX, werden dann ebenfalls den Begehungen entsprechen, die sich im Boëdromion an den Iacchustag lehnen.

So gestellt umfassen die kleinen Mysterien Anthesterion XVIII bis XXII und der Milichiustag am XXIII bildet ihren Schluss; diesen eingerechnet 6 Tage.

Bei der Unsicherheit der Dauer in Tagen, kann man einen dreitägigen Ansatz auf XIX bis XXI daneben stellen, wobei die Verbindung mit dem Milichius-Tage wegfällt.

Böckh St. H. II p. 252, der die Hydrophorien auf Anthesterion I setzte (was oben S. 347 bestritten wird), wollte die kleinen Mysterien anschliessen, also etwa Anthesterion II bis VI fixieren. Aber Feste desselben Sinnes gehören im Allgemeinen derselben Mondesphase an, die gleiche Phase hat in der Regel gleiche Bedeutung für den Glauben und Aberglauben; wie könnte sonst der hesiodische Hemerologe so

---

*) Sauppe Inscript. Eleusin. p. 6 zeigt, dass C. I. I n. 71, lin. 18 und 37 sq. διχομηνίας gestanden habe, nicht ἀρχομηνίας, was sonst nirgends vorkommt und schon durch Prüfung der Reste auf dem Stein (ibid. p. 7) sich als unrichtig erweiset.

lehren, wie er lehrt? oder im bürgerlichen Leben Athens eine bestimmte Vorstellung sich geltend machen, welche Geschäfte für Neumond (Suidas v. *νουμηνία*, II, 1 p. 1010 Bernh.), welche für die *πέμπτη φθίνοντος* (Suidas s. v. II, 2 p. 175), welche für die drei vorletzten Monatstage (Pollux VIII, 117) angemessen wären? oder im Cultus die *τρίτη* jedes Monats der Athena gehören?

Preller hat R. E. III, 94 seinen Ansatz der kleinen Mysterien auf Anthesterion XII, den Choëntag, aufgegeben. Bei der unzweifelhaften Mehrtägigkeit der kleinen Mysterien kam Prellers Annahme darauf hinaus, sie überhaupt mit den Anthesterien zusammenzuwerfen, da doch, wie Preller p. 95 selbst hervorhebt, die kleinen Mysterien immer als ein besonderes selbständiges Fest erscheinen und ihren besonderen Ort (Agrae) haben.

Etwas Aehnliches hat Gerhard (über die Anthesterien Berl. 1858, p. 192) neuerdings behauptet: nachdem am Morgen des XIII Anthesterion (Chytren) die aufsteigende Kore gefeiert sei, sei am Abend desselbigen Tages die kleine Mysterienfeier begangen. — Der Abend nach dem Morgen des XIII gehörte aber nach dem Kalender Athens schon dem XIV an, dem Vollmondstage. An diesem Abende soll ein Fackelzug stattgefunden haben nach Gerhard; für Fackelfeste ist eine Vollmondsnacht weniger passend. Aber der Hauptgrund gegen Gerhard ist der, dass seine Aufstellung aller kalendarischen Analogie entbehrt, insonderheit der Rücksicht auf die Monatsstellung der Eleusinien. Auch Fr. Lenormant Recherches archéol. p. 67 hat sich gegen Gerhards Meinung erklärt.

Rinck II 424 schlägt Anthesterion XXIV bis XXVI vor, was sich hören lässt, da die kleinen Mysterien bei abnehmendem Monde begangen sein müssen, wie die grossen. Aller Wahrscheinlichkeit nach fehlte aber der XX, die *εἰκάς*, auch in den kleinen Mysterien nicht. Wenn nun XXIII durch die Diasien besetzt und jedenfalls nur als Schlusstag hinzuzurechnen ist, so folgt, dass nur die Tage vorher, XXI und XXII, dem XX zugelegt, fernere Tage aber nur aus denen vor dem XX genommen werden können.

C. Fr. Hermann dachte, wie aus G. A. 58, 25 extr. zu vermuthen ist, dass die kleinen Mysterien auf die Anthesterien folgten, später fielen als sie.

Unter den Decreten ergiebt Ephem. 1859 II. 52 n. 3651, dass am Schlusstag des Monats die kleinen Mysterien vorbei waren. Denn das Decret ist von diesem Tage datiert und enthält einen Dank an die Epimeleten wegen des Soterien-Opfers *ἐν τοῖς [π]ρὸς Ἄγραν* μυστηρίοις. Wenn also die schmeichelnden Athener der ἕνη καὶ νέα (jedes Monats) den Namen Demetrias (Plut. Demetr. 26) gaben, so darf man dies nicht zu einer Folgerung benutzen, dass dieser Tag des Anthesterion noch zum Feste gehört habe.

Ausser dem Decret vom XXVIII (Rang. II p. 114 n. 440) haben wir auch eins vom XXIV (ib. n. 459), welches indess auf starken Ergänzungen beruht. Auch wenn Rangabé richtig ergänzt, wird man damit doch gegen Rincks Ansatz nicht viel ausrichten können.

Der kleinere Ansatz auf Anthesterion XIX bis XXI collidirt mit gar keinen Decreten-Tagen.

Der grössere, fünf Mysterientage und als Schluss den Milichiustag umfassend, collidirt mit dem ersten Datum des doppelt datirten Decrets Ephemeris n. 386 = Rang. n. 457 = Böckh Monde. p. 57. Die beiden Datierungen sind Anthesterion XXII und Elaphebolion XXIV. Hier fragt es sich nun, welches von beiden das geltende, welches das antiquierte war. Ich habe im ersten Beitrage z. gr. Zeitr. Lpz. 1856 p. 55 zu zeigen gesucht, dass Anthesterion XXII das antiquierte war, also das Decret im bürgerlichen Elaphebolion abgefasst ist, nachdem die Mysterien lange vorbei waren. Nach meiner Auffassung kann ich also sagen, dass auch der grössere Mysterien-Ansatz nicht mit Decreten zusammenstosse.

Anthesterion XVI kommt als Termin vor, von dem die Feldarbeit im Piraeus beginnen soll, C. I. I n. 103. Diese Bestimmung macht es wahrscheinlich, dass allerwenigstens XVI selbst festlos war; eine Wahrscheinlichkeit, welche wenig gemehrt wird durch das unächte Decret [Demosthen.] 18, 156. Am natürlichsten wird man sich vom XVI an einige Arbeitstage denken und hiernach hätte eine dreitägige Mysterienzeit vom XIX bis zum XXI oder erst vom XX beginnend etwas mehr für sich, als eine fünftägige vom XVIII an. Allein auch in dieser letzteren konnten XVIII und XIX Vorbereitungstage sein für die, welche noch den Mysteriencursus zu durchlaufen hatten, während die alten Mysten an diesen Tagen ihrer Arbeit nachgingen, so weit sie nicht als Mystagogen betheiliget waren. Es wird also der umfänglichere Ansatz nebenher im Auge zu behalten sein, welcher ausser XVI auch noch XVII als einen unfestlichen Tag stehen lässt. Vom XVII giebt es auch das Decret aus dem Schaltjahre Ol. 119, 2 bei Böckh Mondcyclen p. 53.

Der kleinere Ansatz ist offenbar der weniger bestreitbare, denn er ergiebt für die Arbeit einen Werkeltag mehr, und weicht dem

Streite, ob Anthesterion XXII ein Decretentag gewesen sei, völlig aus, folgendermassen:

Anthesterion XVI Feldarbeit beginnt, C. I. I n. 103.
XVII ⎫
XVIII ⎬ Feldarbeiten fortgesetzt.
XIX Paraskeve der Mysterien bei Agrae.
XX ⎫
XXI ⎬ Mysterien bei Agrae.
XXII erste Datierung eines Decrets.
XXIII Diasien des Zeus Milichius.

Ort.

Die kleinen Mysterien wurden jenseit des Iliss ausserhalb der Stadtmauer begangen, wo die Höhen sich zur Flussrinne hinabsenken, in Agrae.

In Eleusis gab es, ausser dem eingefriedigten Demetertempel, einen Tempel der Artemis Propylaea, einen des Triptolem und einen des Poseidon. Aehnliche Oertlichkeiten wiederholen sich in Agrae, ein Demetertempel dicht am Flusse oberhalb der Quelle Enneakrunos oder Kallirrhoë, Paus. Att. 14, 1, mit der man die eleusinische Quelle Kallichoron (Leake Demen p. 154) zusammenhalten kann. Weiter nach S.W. ist ein Artemistempel (Eukleia), der aber erst nach den Perserkriegen entstand, und schwerlich das propyläische Artemis-Heiligthum dieses Ortes war, statt dessen etwa ein Artemis-Altar diente. Dann, näher am Tempel der Demeter und Kore, ist ein zweiter mit Triptolems Bildsäule und davor ein sitzendes Bild des Epimenides nebst einem ehernen Opferstier (Leake Top. p. 84). Dieser Triptolems Bild enthaltende entspricht dem Tempel des Triptolem in Eleusis, Pausan. Att. 38, 6. Forchhammer bemerkt fein, dass Pausanias den eigentlichen Namen dieses Heiligthums zu nennen vermeide (Kiel. Stud. p. 319), und vermuthet, der verschwiegene Name sei Pherrephattion (ib. p. 362)*); wegen des Triptolem darf man den Tempel mit dem eleusinischen Triptolems-Tempel vergleichen. Ein Poseidonstempel befand sich nicht in Agrae, wohl aber ein Altar desselben oben auf der Höhe (Leake Top. p. 204). Dieser Altar ist ohne Zweifel nicht den kleinen Mysterien zu Gefallen hier angelegt, sondern rührt aus den Zeiten der Wanderungen her, wo Athen noch

---

*) W. Vischer im N. Schw. Mus. III p. 52 findet Forchhammers Ansicht topographisch schwierig, ohne indess sie ganz zu verwerfen.

nichts von kleinen Mysterien wusste. Man benutzte eben vorgefundene Heiligthümer, dazu stiftete man neue, bis ein Klein-Eleusis am Ilis zu Stande gebracht war.

Die Höhe von Agrae, an deren Abdachung die zwei Mysterien-Tempel lagen, lässt sich vergleichen mit der Anhöhe, auf der Eleusis lag (Leake Demen p. 149). Auch das parische Heiligthum der Demeter Thesmophoros, τὸ μέγαρον Herod. VI, 134, befand sich auf einem Hügel vor der Stadt. Dabei aber zeigt sich eine ungleiche Benutzung des Terrains. Die heiligen Stätten der Demeter in Agrae sind nicht auf einer Platform imponirend angelegt, sondern näher am Fluss. Die wundervollen Bauten von Eleusis aber, auf einer grossen Bergplatte, traten dem von Athen kommenden sogleich entgegen, vor ihnen sah man die Häuser der Eleusinier kaum (Leake p. 154), nur einem Tempel schien man zu nahen voll ägyptischen Ernstes. Viel anspruchsloser scheinen die Stätten der Mysterien bei Agrae gebauet zu sein.

Für die Feier der Mysterien bei Agrae sind wir beinahe ganz auf Vermuthungen gewiesen.

Unter den neuentdeckten Ehrensesseln (Philol. XIX p. 360 O), trägt einer die Aufschrift: *ΙΕΡΕΩΣ ΔΗΜΗΤΡΟΣ ΚΑΙ ΦΕΡΡΕΦΑΤΤΗΣ*. Da das Pherrephattion (Dem. 54, 8) den kleinen Mysterien doch wohl angehört, so wird dieser Priester bei denselben fungiert haben.

Die kleinen Mysterien gingen nicht Demeter, sondern Persephone an, Schol. Ar. Plut. §45 *ἦσαν δὲ τὰ μὲν μεγάλα τῆς Δήμητρος, τὰ δὲ μικρὰ Περσεφόνης τῆς αὐτῆς θυγατρός* (G. A. 58, 29). In der Einleitung S. 71 f. ist vermuthet, dass sich die erste Weihe auf Persephones Raub, die zweite auf ihre Ehe mit Zeus bezog, aus der Iacchus hervorgeht. Demeter kam dabei nicht vor. Die um ihre Tochter trauernde, suchende Demeter, wie auch die getröstete war Gegenstand der grossen Mysterien.

Zu dem, was den Mysten des kleinen Festes gezeigt wurde, gehörten auch die Schicksale des Dionysos. Steph. Byz. p. 10 s. v. *Ἄγρα*, nennt die kleinen Mysterien *μίμημα τῶν περὶ τὸν Διόνυσον* (G. A. 58, 29). Da Bacchus am XIII Anthesterion erschlagen ist, so kann am neunten Tage (Schöm. Alterth. II p. 506), dem XXI, eine Todtenfeier stattgefunden haben, bei welcher seine Leiden und sein Tod gottesdienstlich berührt wurden. Diese Todtenfeier scheint einer der Gegenstände für den ersten Grad der Weihe gewesen zu sein.

Diasien.

Die **Kalenderzeit** ist der achtletzte Anthesterion, Schol. Ravenn. Ar. Nub. 408 ἑορτὴ Μειλιχίου Διός. ἄγεται δὲ μηνὸς Ἀνθεστηριῶνος η' φθίνοντος. Wie der achtletzte die Eroberung Trojas enthält und ein Tag des Götterzorns über Ilios ist, so ist auch der VIII v. E. des Anthesterion in attischer Religion ein Tag des Zorns und des zu erflehenden Erbarmens.

Das Diasienfest alter Zeit scheint eine andere Stellung im Monat Anthesterion gehabt zu haben, s. Einleitung S. 19.

Ort.

Die Diasien wurden ausserhalb der Stadt, und zwar vermuthlich am Ilissus in der Nähe des olympischen Zeustempels gefeiert, wo zwischen der Stadtmauer und dem Flusse (nach Leake) noch Platz bleibt.

Es können nur zwei Oertlichkeiten zur Frage kommen, die schon erwähnte am Iliss, und das Dorf Lakiadae am Cephiss.

Für Diasien am Cephiss spricht der Umstand, dass sich hier ein Altar des milichischen Zeus (s. u. **Skirophorien** S. 441, Note *) befand. Die Phytaliden hatten an diesem Altar den Theseus vom Morde gesühnt. Da nun die Diasien gerade dem milichischen Zeus gefeiert werden, könnte man ihre Begehung an den cephissischen Altar nach Lakiadae verlegen. Von einer Cultusstätte des milichischen Zeus am Iliss ist nichts bekannt.

Dennoch verlangen die Eigenschaften des Diasienfestes selbst den Ort am Ilissus, was jetzt zu zeigen ist.

Das Diasienfest stammt aus alten Zeiten, in der Periode vor Solon war es angesehen (Thucyd. I, 126), später vernachlässiget (Lucian Icarom. 24). Wir müssen also einen Ort suchen, wo seit alter Zeit dem Zeus gedient wird. Dass der Zeusdienst am Cephiss alt ist,*) lässt vielleicht Zweifel zu, weil der cephissische Altar in Verbindung mit Theseus vorkommt, dessen Sage im Ganzen jung ist; Theseus kommt von Westen, seine Reinigungstaufe musste an den Cephiss

---

*) Pausan. Att. 37, 4 nennt nämlich den Altar ἀρχαῖος.

verlegt werden. Mag aber auch der cephissische Dienst alt sein, der ilissische ist es auch, ist uralt. Der Bezirk in der Nähe des Iliss schloss Heiligthümer des Zeus ein, welche älter waren als der Colossaltempel des Pisistratus; die ursprüngliche Gründung auf der Stätte des olympischen Zeus (τοῦ δὲ Ὀλυμπίου Διὸς ... τὸ ἀρχαῖον ἱερόν, Pausan. Att. 18, 8) legte die Legende dem Deucalion bei, dies beweise das Grab des Deucalion, welches sich nicht weit von dem jetzigen Tempel befinde (τοῦ ναοῦ τοῦ νῦν οὐ πολὺ ἀφεστηκότα a. O.). Hier zeigte man auch den Erdschlund, in welchen das Wasser der Sündfluth verrann (a. O. § 7).

Die vormalige Hochansehnlichkeit der Diasien spricht für den Ort am Ilissus. Das einst berühmte Fest kann unmöglich an dem unberühmten Altar des Dorfes Lakiadae gefeiert sein. Als, in vorsolonischer Zeit, Cylon das für Athen werden wollte, was sein Schwiegervater in Megara war, rieth die Pythia dem künftigen Usurpator, er möge das grösste Zeusfest zur That wählen (Thucyd. a. O.). Die Pythia meinte hiermit, wie Thucydides sagt, die Diasien, welche in Athen das grösste Zeusfest hiessen, ohne Zweifel in jener Zeit auch waren. Das bedeutendste Fest damaliger Zeusreligion hat nun aber gewiss an keinem andern Orte stattgefunden, als an demjenigen, welcher auch in späterer Zeusreligion der angesehenste blieb, dem Bezirke am Ilissus.*)

Man darf nicht entgegnen, wie die Feier alter Zeit an einem anderen Monatstage (s. vor. S.) stattgehabt als die Feier historischer Zeit, so könne das alte Diasienfest immerhin am Iliss begangen sein, das spätere stark zurückgeschobene Diasienfest möge an den Milichius-Altar in Lakiadae versetzt worden sein. Aber Zeit und Ort werden in der Religion nicht gleich behandelt, ein Gottesdienst haftet enger an seinem Orte als an seiner Kalenderzeit. Die altehrwürdige Stätte des pelasgischen Zeus am Iliss hat man wohl nicht so leicht vertauscht.

Dem Frühlingszeus feiert man Diasien und der im Bezirk des Ilissus wohnende ist vorzugsweise Frühjahrsgott. Forchhammer (Kieler Studien p. 367) bemerkt, dass jede Regenfluth sich in diesem Bezirk verlaufe. Die Gegend hiess ganz oder theilweise Limnae; eine Niederung, wo sich Lachen befanden oder in der Regenzeit bil-

---

*) Lucian Icaromen. 21 lässt den Zeus erst nach den Diasien, dann nach dem Olympium sich erkundigen. Diese Association der Gedanken ist erklärbar, auch wenn die Diasien an einem vom Olympium weit entfernten Orte begangen wurden, beweiset also nichts für meine Ansicht.

deten, stand vor anderen unter der Herrschaft des Frühlingszeus. Die Rettung aus Deucalions-Fluth ist eine Welterneuerung, welche wie die Weltschöpfung selbst als ein Frühjahrsereigniss *) zu betrachten ist; die Erinnerungen aber an Deucalion und die Fluth waren hier localisiert (s. o. S. 380). — Vom cephissischen Altar ist eine Benutzung im Frühling nicht bekannt, vielmehr sühnen die Phytaliden den Theseus im hohen Sommer, siehe unten Skirophorien S. 441, Note*).

Die Bezeichnung des Diasienortes: ἔξω τῆς πόλεως (Thucyd. 1, 126), ἔξω τείχους (Schol. Venet. Ar. Nub. 408) geht nicht auf das Athen cylonischer Zeit, sondern auf das spätere Athen. Als die Pythia jenes Wort sagte, gab es noch keine Stadtmauer, die das Olympium vom Fluss trennte und den verkleinerten Tempelbezirk des Zeus, durch ihre Erbauung, zu einem städtischen Bezirk machte. In Cylons Zeit, vier Menschenalter vor dem Mauerbau, war hier mehr Platz, die Bevölkerung konnte sich hier bequemer sammeln, indess Cylon von der dem Diasienorte abgekehrten Burgecke die Akropolis erstieg, damals (620 a. Chr.) den einzig befestigten Punct. Wie ἔξω τείχους nicht auf a. Chr. 620 passen würde, weil damals gar kein τεῖχος existierte, so ist auch ἔξω τῆς πόλεως nur für die Leser späterer Zeit gesagt und gleich ἔξω τείχους zu achten. In Cylons Zeit hätte man unter ἔξω τῆς πόλεως wahrscheinlich ἔξω τῆς ἀκροπόλεως verstanden, wie Thucyd. II, 15: τὰ ἔξω, ausserhalb der Burg belegene Oerter bezeichnet.

Der Ufersaum des Iliss liegt eben ausserhalb der Stadtmauer, dagegen ist der Milichiusaltar am Cephiss im Dorfe Lakiadae ziemlich weit von der Stadt entfernt. Nach dem Sprachgebrauch in Städten dürfte ἔξω τῆς πόλεως und ἔξω τείχους einen ausserhalb, aber doch dicht „bei der Stadt" befindlichen Ort bezeichnen, mithin eher auf das Ilissus-Ufer als auf Lakiadae gehen, welches etwa eine halbe Stunde Wegs von Athen abliegt.

Die Feier.

Als der Feldherr Xenophon gegen das Ende seines Rückzuges (a. Chr. 399 etwa Anf. März) in grosser Verlegenheit war und nicht

---

*) Vgl. Voss zu Virgil Georg. II, 336. Nach Beda wird die Welt XVIII März erschaffen, F. Piper d. Kalendarien d. Angels. p. 3 und 72. Virgil scheint mit Beziehung auf Apollocult sein Weltjahr im Mai zu beginnen, s. m. zweit. Beitrag p. 418.

Geld zu schaffen wusste, um seinen Leuten die Löhnung zu geben, sagte ihm ein Seher, nach Besichtigung seiner dem Apoll gebrachten Opfer, es müsse ihm etwas entgegen sein, und zwar sei Zeus Milichius ihm entgegen. Hast du wohl schon, fragte er, ihm so geopfert wie ich in Athen für Euch opferte, mit Verbrennung ganzer Thiere? Xenophon nun opferte am nächsten Tage so, indem er dem Gotte Schweine ganz verbrannte nach Sitte der Väter (Xen. An. VII, 8, 5 ὡλοκαύτει χοίρους τῷ πατρίῳ νόμῳ). Und am selben Tage kamen ihm Gelder zu, Zeus der grollende war ihm ein erbarmender, μειλίχιος*), geworden. — Der in athenischem Opferdienst practisch bewanderte (a. O. § 4) Seher rieth ihm dem Milichius zu opfern, offenbar weil es Frühling war, vermuthlich Anthesterion, wohin das Milichiusfest der Diasien gehört.

In dieser Art ist nun wahrscheinlich das Diasienfest immer ein Bittfest gewesen, nicht aber wie Welcker G. L. I, 208 glaubt ursprünglich ein Dankfest. In ältester Zeit, wo der Wein Nebensache war, hatte man im Lenzbeginn noch nichts empfangen. Wegen der Feldfrüchte hat man im Lenz nicht zu danken, wohl aber zu bitten, dass Zeus den Erdenschooss wieder erregen möge.

Es opfert aber das ganze**) Volk, Thuc. 1, 126 ἐν ᾗ (ἑορτῇ) πανδημεί θύουσι, πολλοί ...; vgl. das Schol. πανδημεί ἑορτάζουσι, θύουσι δὲ πολλοί. Soll nun jeder Opfernde nach Vätersitte (Xen. An. VII, 8, 5) ganze Thiere darbringen, so wird das für die Aermeren zu theuer. Die also nicht das Geld dazu haben (vgl. Herod. II, 47) geben dem Gott keine wirklichen Schafe (ἱερεῖα bei Thucyd. ist nach dem Schol. πρόβατα, vgl. Schol. Il. XXII 159; wie auch das Διὸς κῴδιον das Fell eines dem milden Zeus geopferten Schafes war, Preller Polem. p. 140). 'Ebensowenig bringen sie ganze Schweine (Xen. a. O.) dar. Verlangt dennoch die Vätersitte ganze Thiere, so bleibt nichts übrig, als sie dem Gott aus Kuchenteig gebacken darzubringen und das thaten viele; wenn der Scho-

---

*) Gewiss ist richtig was C. F. Hermann sagt (G. A. § 58), dass Zeus diesen Namen nur proleptisch oder euphemistisch führe.

**) Das ganze Volk in Masse vereinigt (πανδημεί). Schömann Alt. II p. 447 sagt, das Fest sei vom ganzen Volke „also wohl in allen Demen" gefeiert. Das ist nicht zulässig. Πανδημεί ist nicht κατὰ δήμους. Die ländlichen Dionysien werden κατὰ δήμους (G. A. 57, 10), auf den Dörfern, auf dem Lande, aber nicht πανδημεί gefeiert. Und mit einer Begehung in allen Demen reimt sich nicht die Ortsbezeichnung ἔξω τῆς πόλεως, ἔξω τείχους, die auf einen Ort in der Nähe der Stadt hinweiset, s. S. 381.

liast den Text des Thucydides richtig versteht. Aus den verschiedenen Scholien ergiebt sich folgende Auffassung: *ἐν τοῖς Διασίοις πάντες ἑορτάζουσι, θύουσι δὲ πολλοὶ οὐ πρόβατα ἀλλά τινα πέμματα εἰς ζῴων μορφὰς τετυπωμένα.* Dies stimmt mit dem bei Servius ad Aen. II, 116 cf. IV 454 überlieferten Grundsatze: in sacris simulata pro veris accipi.

Der Bestimmung, an den Diasien ganze Thiere darzubringen, widerspricht nicht das Diasien-Essen des Strepsiades und seiner Verwandten, Ar. Nub. 407 sq. ... *ἔγωγε* .. *ἔπαθον τοῦτό ποτε Διασίοισιν ὤπτων γαστέρα τοῖς ξυγγενέσιν.* Hätte Strepsiades für sich und seine Freundschaft ein Schaaf oder Schwein in gewohnter Weise dargebracht, so würde für die ganze Gesellschaft nicht eine blosse Magenwurst bleiben. Eine bescheidenere Kost gab es kaum Odyss. XVIII, 44 sollen gefüllte Ziegenmagen als Preise in dem Bettlerkampf dienen und über XX, 25, wo ebenfalls eine Magenwurst vorkommt, bemerkt Damm mit Recht, es sei eine bäuerliche und geringe Speise. Es braucht für diesen spärlichen Schmaus überall kein Opfervieh geschlachtet zu sein, jeder der Stammgenossen konnte ein *πέμμα* dargebracht haben, worauf sie sich zu einer Mahlzeit vereinigten, die mit dem Diasienopfer in keiner Verbindung stand; vgl. Duker zu Thucyd. a. O. bei Poppo III, I p. 604. — Auch das an den Diasien (im Diasien- oder vielmehr Anthesterien-Markt; s. o. S. 352 Note *) gekaufte Stück Spielzeug (Ar. Nub. 864) scheint für die Characterisierung des Diasienfestes bedeutungslos. Welckers Ansicht G. L. I, 208, dass die Diasien eigentlich „Dank"-Fest sind und von freundlicher Art, gewinnt durch die beiden Stellen in Aristophanes' Wolken nichts. Auch durch Lucian Tim. 7 wird sie nicht haltbarer.

In Betreff des Timon sagt hier Hermes zu Zeus: *οὗτός ἐστιν ὁ πολλάκις ἡμᾶς καθ' ἱερῶν τελείων ἑστιάσας, ὁ νεόπλουτος, ὁ τὰς ὅλας ἑκατόμβας · παρ' ᾧ λαμπρῶς εἰώθαμεν ἑορτάζειν τὰ Διάσια.* Hieraus folgt nicht, dass die opfernden Menschen herrlich schmausen. Die Götter werden an den Diasien, nach der Sitte der Väter (Xen. a. O.), mit ganzen Thieropfern bewirthet, also reichlicher und glänzender als sonst je; die opfernden Menschen erhalten wenig oder nichts und finden diese Sitte herb und unbehaglich, Schol. Lucian Icarom. c. 24 *Διάσια ἑορτὴ Ἀθήνησιν, ἣν ἐπετέλουν μετά τινος στυγνότητος, θύοντες ἐν αὐτῇ Διὶ Μειλιχίῳ* (G. A. 58, 23). Diese *στυγνότης* bestand in dem mangelnden Genuss. Desto mehr Genuss hatte Zeus, welcher dem Luftreisenden die spitzige Frage thut, δι' ἢν αἰτίαν ἐλλείποιεν Ἀθηναῖοι τὰ Διάσια τοσούτων ἐτῶν.*)

Der historische Grund für die Zurückdrängung und Verdunkelung des einst „grössten Zeus-Festes" liegt ohne Zweifel im Aufkommen bacchischer Anthesterien und der in Agrae am Iliss begangenen kleinen Mysterien. Dionysos und Demeter beerbten den Zeus oder beschränkten doch sein Ansehen.

Schliesslich ist es noch nöthig auf die Stelle des Thucyd. I, 126 zurückzukommen: ἔστι γὰρ καὶ Ἀθηναίοις Διάσια, ἃ καλεῖται Διὸς ἑορτὴ Μειλιχίου μεγίστη, ἔξω τῆς πόλεως, ἐν ᾗ πανδημεὶ θύουσι, πολλοὶ οὐχ ἱερεῖα ἀλλὰ θύματα ἐπιχώρια. In diesen Worten sind die θύματα ἐπιχώρια undeutlich;**) es laboriert die Construction, da man erwartet πολλοὶ δὲ οὐχ ἱερεῖα; es ist der Zusatz πολλοὶ οὐχ ἱερεῖα ἀλλὰ θύματα ἐπιχώρια für den Zu-

---

*) In den G. A. 58, 24 wird gefragt, wie es sich hiermit reime, dass [Lucian] Charidem 1 von einer Vorlesung an den Diasien rede? Vereinbar scheinen beide Zeugnisse nicht und es bleibt nur übrig, dass man dem Verfasser des Charidem, einem höchst mässigen Schriftsteller, Unrecht giebt. Der Verfasser des Charidem muss nicht aus dem wirklichen Leben den Eingang seines schwachen Schriftchens genommen haben; wie er auf die Diasien kam, ist nicht zu erklären, obwohl freilich an jedem Festtage ein Preis-Lesen stattfinden kann. Den ältesten Diasien mochten Agonen eigen sein, nicht aber denen historischer Zeit. Διὸς ἀγῶνι bei Pindar. Nem. II, 24 wollte Thiersch auf die Diasien beziehen, doch sind die attischen Olympien wahrscheinlicher, s. Böckhs Pindar. II, 2, p. 363.

**) Göllers Uebersetzung: *quo die omnis civitas sacrificant, multi non victimas, sed liba apud eos (ipsos) usitata*, scheint mir richtig mit Ausnahme der liba; θύματα sind wohl überhaupt nur Opfergaben, ein sehr ungenauer unbestimmter Begriff, der nur, was schon im Verb θύουσι liegt, zum zweiten Mal substantivisch sagt, so dass auf ἐπιχώρια das ganze Gewicht fällt. Ἐπιχώρια nun wird nicht heissen: aus attischem Korn Gebackenes (vgl. Herod. I, 160 πέμματα ἐπίσσετο τοῦ καρποῦ τοῦ ἐνθεῦτεν), sondern „landesüblich" (Poppo III, 1 p. 605), wie auch Göller es versteht, mithin z. B. Opfer, wie nur attische Kuchenbäcker sie machen, wie sie nur in Athen in Gebrauch sind. So können Göller und der Scholiast sachlich ganz recht haben. Aber der Ausdruck im Thucyd. selbst ist farblos und giebt keine Deutlichkeit. Pollux I, 26 verstand Rauchopfer (τὰ δὲ ἀρώματα καὶ θυμιάματα καλεῖται· Θουκυδίδης δ' αὐτὰ εἴρηκεν ἁγνὰ θύματα), womach Hemsterhuis dachte, Pollux habe in seinem Thucydides nicht ἀλλὰ, sondern ἁγνὰ gelesen. Pausanias aber würde, nach den πέμματα ἐπιχώρια, die Cecrops dem Zeus brachte, Arcad. 2, 3, zu schliessen, dem Scholiasten des Thucydides beigestimmt haben. Im thucydideischen Text steht vielleicht θύματα, um einen dehnbaren Ausdruck zu haben, unter dem ein Allerlei von Opfergaben verstanden werden kann.

sammenhang unnütz, besonders der Zusatz *Μειλιχίου**) da lediglich der betreffende Ausdruck der Pythia *Διὸς ἑορτὴ μεγίστη* für Athen zu belegen war. Schwerlich rührt das alles von Thucydides her,**) doch was der Interpolator hineinsetzte, kann sachlich wahr sein.

Einige verlangen *πολλὰ* für *πολλοί*, Schömann Alt. II p. 447 und C. Fr. Hermann Philol. I (zu Anf.), vgl. Welcker G. L. I 207. Hierdurch entsteht der Sinn: das ganze Volk opfert zahlreiche, aber unblutige Opfer, wie Kuchen, Räuchels, Spenden. — Bei dieser Emendation muss also für Xen. a. O. eingeräumt werden, dass „bei anderen Gelegenheiten" auch wirkliche Thiere geopfert sind, Schöm. a. O. Oder man wird mit Duker zu Thucyd. a. O. erklären, dass Xenophons Opfer die Diasien nichts angehe. Aus Opfern, die „anderswo und zu anderer Zeit" dargebracht seien, folge nichts für die Diasien, meint Duker. Letzteres ist falsch, da Xenophon gerade in der Diasienzeit (s. S. 381) opferte. Was den Ort betrifft, so befindet sich Xenophon allerdings nicht in Athen; aber da ausdrücklich gesagt ist, er habe die beiden Opferstücke *τῷ πατρίῳ νόμῳ* verbrannt, so darf ein Zweifel nicht aufkommen, dass etwa dies nicht die attische Weise sei, dem Milichius zu opfern. Die Stelle des Xenophon ist ein Zeugniss ersten Ranges gegenüber der thucydideischen, welche ihrer Schwierigkeit wegen nur zweiten Ranges ist. Die Kritik über Thuc. I, 126 muss sich also dem Zeugniss des Xenophon unterordnen, nicht aber Xenophons Zeugniss als nebensächlich oder gar als ungehörig behandeln.

Der thucydideische Scholiast, seinem Texte gegenüber fast ein neuer Zeuge, verdient darum Glauben, weil seine Nachricht über die *πέμματα ἐς ζῴων μορφὰς τετυπωμένα* sich mit Xenophon a. O. in Einklang befindet.

Ob die Diasienfeier sich den kleinen Mysterien***) anlehnte und

---

*) Es ist geradezu falsch, dass das Fest *Διὸς ἑορτὴ Μειλιχίου μεγίστη* hiess. Es hiess entweder *Διὸς ἑορτὴ μεγίστη* oder *ἑορτὴ Διὸς Μειλιχίου*, es war nicht das grösste unter den Festen des milichischen Zeus, welcher, so weit bekannt, nur dies einzige Fest hatte, sondern unter denen des Zeus.

**) Carl Wilh. Krüger betrachtet die Worte *πολλοί* bis *ἐπιχώρια* als eingeschoben, Classen lässt die Interpolation schon von *ἔξω πόλεως* anfangen. Ich bezweifle auch noch *Μειλιχίου*.

***) Orestes, noch befleckt mit Mord, kommt zu den Anthesterien nach Athen, vielleicht in der Absicht durch Bräuche attischer Religion von dem vergossenen Blute rein zu werden. Recht gut würde es hier passen, wenn wir den Sühncult des Zeus Milichius als einen Theil der Feier bei Agrae betrachteten, welche

als ihr Schlusstag zu betrachten ist, lässt sich leicht fragen, aber schwer beantworten. Weder die Nähe des Diasienortes bei Agrae, noch die vielleicht anzunehmende Gemeinsamkeit der Behörde,*) noch die mit Bezug auf das vom Daduchen gebrauchte Διὸς κῴ- διον**) mögliche Beziehung zwischen Mysterien und Diasien geben einen genügenden Halt, um die Diasienfeier historischer Zeit zu einem Appendix der Mysterien bei Agrae zu machen. Ein herunterge- kommenes Fest alter Zeit konnte allerdings von einem weit jüngeren Feste (den Mysterien bei Agrae) annectiert werden, und die kleinen Mysterien scheinen um den XX des Diasien-Monates, also sehr in der Nähe der Diasien stattgefunden zu haben.

überhaupt die Stellung einer Vorbereitung für die höhere Weihe in Eleusis hat. Die Vorbereitung bestand namentlich in sittlicher Reinigung, nur heilig und sün- denlos durfte man den eleusinischen Gottheiten nahen. In dem Milichius-Cult aber kann ein Mörder (Theseus) reingewaschen werden. Hier würde Rincks Ansatz der kleinen Mysterien (s. o. S. 375) vortheilhafter sein, weil die Folge diese wird: Anthesterien, Zeus Milichios, Kleine Mysterien.

*) Dem Milichius ward τῷ πατρίῳ νόμῳ (Xenophon a. O.) geopfert und dem Archon König liegt es ob, derartige Opfer zu bringen, Pollux VIII, 90: τὰ περὶ τὰς πατρίους θυσίας διοικεῖ. Der Archon König ist aber auch Vorstand der Mysterien, Pollux a. O.

**) Das heilige κῴδιον ist von einem Schaf, das dem Zeus geschlachtet worden, und zwar dem Zeus unter zwei Benennungen (s. u. Skiroph. S. 440). Eine derselben ist Milichius. Sollen also die Sühnwidderfelle an einem Feiertage zugerüstet sein, mit vorgeschriebenem, feierlichem Ritus, so kann man dazu den Diasienfeiertag vorschlagen. Dass Zeuswidderfelle von Opfern des Diasien- tages benutzt wurden, ist annehmbar, ohne Rücksicht darauf, ob die Diasien zu einem Schlusstage der kleinen Mysterien (wie die Pandia zum Anhängsel der städtischen Dionysien) herabgesunken waren oder nicht. Denn solch ein Fell erlangte wohl auch dadurch eine gewisse Heiligkeit, dass die Menschen sich den Genuss des Fleischopfers versagt hatten; an Geldwerth war das Fell dann dem ganzen Thiere gleich, und dieser Werth setzte sich in moralischen Respect gleichsam um. Die Opferung eines Thiers in dieser Art, um das Fell aufzuheben, ist allerdings nicht ein eigentliches Holokautoma (also nicht ein eigentliches Diasienopfer), da man, nach Plut. Q. Sympos. VI, 8, 1 (Σμυρναῖοι ... θύουσι Βουβρώστει ταῦρον μέλανα καὶ κατακόψαντες αὐτοδόρον ὁλοκαυτοῦσιν) zu schliessen, das Ganzopfer nicht häutete. Aber mit Bezug auf die Genuss- losigkeit eines zum Διὸς κῴδιον führenden Opfers, passt die Annahme, man habe solche Felle an den Diasien zubereitet, vollkommen zu der überlieferten Strenge (στυγνότης) und Genusslosigkeit diasischer Opferungen.

Städtische Dionysien.

Kalenderzeit. Die Vorfeier, τὰ Ἀσκληπιεῖα, fand am VIII Elaphebolion statt, Aeschin. 3, 66 sq., wo dieser Kalendertag als der des Asklepios-Opfers und als Proagon bezeichnet ist. Es folgte also gleich am IX der Agon, die städtischen Dionysien selbst, wie C. Fr. Hermann G. A. 59, 6 annimmt, während Andere (Corsini, Rinck) ein Intervall zwischen der Vorfeier und der Feier behaupten. Aber den Proagon vom Agon zu trennen ist unpassend, und auch der Iacchus-Feier geht eine Begehung für Asklepios (Ἐπιδαύρια) wahrscheinlich unmittelbar voran. Aus dem späten Decret vom IX (Ephem. n. 4107) folgt nicht die Festlosigkeit dieses Tages; s. unt. S. 390.

Die Nachfeier, τὰ Πάνδια, ἑορτή τις Ἀθήνησι μετὰ τὰ Διονύσια ἀγομένη Phot. p. 376 (G. A. 59, 5), war am XVIII schon vorbei; Aeschines 2, 61 Δημοσθένης κελεύει τοὺς πρυτάνεις μετὰ τὰ Διονύσια τὰ ἐν ἄστει καὶ τὴν ἐν Διονύσου ἐκκλησίαν προγράψαι δύο ἐκκλησίας, τὴν μὲν τῇ ὀγδόῃ ἐπὶ δέκα, τὴν δὲ τῇ ἐνάτῃ ἐπὶ δέκα. Nach dem städtischen Bacchusfest und den diesem angeschlossenen Pandien (s. vorhin ἑορτή τις μετὰ τὰ Διονύσια), endlich auch nach der wiederum den Pandien angeschlossenen Ekklesie (Dem. 21, 9 ὁ μὲν νόμος οὗτός ἐστιν, καθ' ὃν αἱ προβολαὶ γίγνονται, λέγων, ὥσπερ ἠκούσατε, ποιεῖν τὴν ἐκκλησίαν ἐν Διονύσου μετὰ τὰ Πάνδια), sollen Versammlungen am XVIII und XIX gehalten werden.

Bemerkenswerth ist, dass Aeschines a. O. die Pandien übergeht; nach den Dionysien [und Pandien] und der Versammlung im Theater, sagt er.

Setzen wir nun die Pandien als einen besonderen Tag, die ἐκκλησία ἐν Διονύσου μετὰ τὰ Πάνδια ebenfalls als einen besonderen Tag, so schlossen „die eigentlichen Dionysien am XV" G. A. 59, 6, vorausgesetzt, dass kein unbenutzter Tag dazwischen lag. Die Aufeinanderfolge für Aeschin. 2, 61 ist also diese nach C. Fr. Hermann:

Elaphebolion XV letzter Dionysientag.
XVI Pandientag.
XVII ordentliche Ekklesie im Theater.
XVIII } die beiden a. O. anberaumten Ekklesien.
XIX

Diese Construction giebt uns ein Maximum, sie billigt dem städtischen Feste neun Feiertage zu, erstlich die Asklepieen am VIII, dann vom IX bis zum XV sieben eigentliche Dionysientage, endlich noch einen letzten Festtag Pandia geheissen. Auch der Interpolator [Dem.] 21, 8 νόμος. τοὺς πρυτάνεις ποιεῖν ἐκκλησίαν ἐν Διονύσου τῇ ὑστεραίᾳ Πανδίων hat die Versammlung nach den Pandien*) als einen besonderen Tag angesehen.

Wiewohl sich bei neun Feiertagen vom VIII bis zum XV die Ekklesien sehr drängen, indem nicht weniger als drei unmittelbar hinter einander folgen, ist es doch von Werth, die längst-mögliche Ausdehnung, die obige Zeugnisse erlauben, kennen gelernt zu haben. Ebenso wichtig indess ist es, ein Minimum aufzustellen.

Geben wir also dem Interpolator Unrecht und behaupten, der Pandientag habe die Versammlung, welche gesetzmässig im Theater nach dem Feste stattfand mit umfasst, derselbe sei von Corsini richtig auf XIV Elaphebolion gesetzt; so dauere das städtische Dionysienfest im engsten Sinn 5 Tage, mit Einrechnung der Asklepieen 6; der Pandientag könne als siebenter Festtag nicht gerechnet werden, weil er mit auf Geschäfte verwandt sei.

Eine kürzere Dauer der glänzendsten Dionysien, welche Athen hatte, lässt sich nicht annehmen, da von den 5 Tagen die grössere Hälfte für Schauspiele benutzt ward (drei Tage, Sauppe in Ber. d. Sächs. Ges. 1855 p. 22) und der Festzug nebst Opferschmaus, ferner der Agon cyclischer Chöre wenigstens zwei Tage forderten. Folgendes also ist das Minimum der grossen Dionysien:

    Elaphebolion VIII Asclepiea, Vorfeier.
              IX Festzug und Schmaus.
              X οἱ παῖδες (cf. ἡ πομπὴ καὶ οἱ παῖδες
                  [Dem.] 21, 10).
              XI   } an jedem der drei Tage vormittags eine
              XII } tragische Trilogie, nachmittags eine Co-
              XIII } mödie; Sauppe p. 21.

---

*) Diese Versammlung ist vielleicht Philistor I p. 193, 6 mit ἐκκλησία ἐν Διονύσου gemeint; sie ist in der IX Prytanie Ol. 109, 2 Archon Pythodotus bereits abgehalten. Doch ist ihr Datum ungewiss. Man hat die gesetzmässige Versammlung nicht immer unmittelbar nach dem Feste gehalten. Die ἐκκλησία ἐν Διονύσου einer Inschrift jüngerer Zeit Ephem. von 1862 n. 180 ist ihrem Inhalte nach offenbar die erste nach den grossen Dionysien und ihr Datum ist Ἐλαφηβολιῶνος δεκάτῃ ὑστέρᾳ d. h. Elaphebolion XXI.

XIV Pandienopfer und am selben Tage die gesetzlich angeordnete Ekklesie.

XV
XVI } frei.
XVII
XVIII } die nach Aeschin. 2,61 im Jahre Ol. 108,
XIX } 2 angesetzten Versammlungen.

Die Stellen aus den Rednern, s. o. S. 387, lassen sich mit dem kürzeren Ansatz vereinigen, ja es zeigen sich einige Vortheile, die das Maximum nicht bietet. Es entsteht nicht ein solches Gedränge von Ekklesien. Von geringerer Bedeutung ist es, dass Aeschines den Pandientag nicht überspringt, wenn die im dionysischen Theater herkömmliche Volksversammlung am Kalendertage der Pandien selbst stattfindet.

Auch sonst hat das Minimum gute Eigenschaften, die Hermann's Maximum nicht hat. Plautus (Pseud. 321 ut opperiare hos sex dies festos modo cet.) spricht von 6 Festtagen. Das Maximum giebt sieben eigentliche Dionysientage und neun Feiertage im Ganzen. Da bei Plautus überhaupt nur sex dies festi erwähnt sind, so lässt sich das auf fünf eigentliche Dionysientage und einen Tag Asklepieen deuten, dann haben wir sex dies festi.*)

Einen Vortheil bietet ferner das Minimum dar, im Datum der Pandien. So wie Hermann über die Pandien dachte, konnte er sie nirgends passender als am XVI ansetzen; er hielt sie für ein Gesammtfest der Phyle Dias, und ein bekanntes Sammlungsfest aller Athener wird am XVI Hecatombaeon gefeiert. Aber wahrscheinlich sind die Pandien eine Vollmondsfeier (s. Stark zu G. A. 59, 5), und Vollmond ist am XIV, wo der Minimal-Ansatz die Pandien hinbringt. Diesen Vortheil kann man durch keine Modification dem längeren Ansatze aneignen oder behaupten, der XVI sei wie für die Munychien (s. S. 112 und S. 404) als Vollmondstag gewählt, da die Nähe des Vollmonds auch für die Munychien Nebensache ist.

Auch scheint am XIV Elaphebolion Ol. 89, 2 der Friede a. Chr. 423 ratificiert zu sein, durch eine Volksversammlung am Pandientage. Bei Thuc. IV, 118 wird ἄρχειν δὲ τῆνδε τὴν ἡμέραν

---

*) Man könnte Hermanns Ansatz um einen Dionysientag verringern und nur 6 eigentliche Dionysientage annehmen. Doch sind die Asklepieen ohne Zweifel ein dies festus und es ist nicht einzusehen, weshalb der Asklepieentag ausgeschlossen sein sollte.

τετράδα ἐπὶ δέκα Ἐλαφηβολιῶνος μηνός bedeuten: es solle beginnen der heutige Tag, der Tag, an welchem eben die Ekklesie stattfand; nicht aber: nachbenannter Tag; so heisst ἥδε ἡ ἡμέρα τοῖς Ἕλλησι μεγάλων κακῶν ἄρξει „der heutige Tag wird ein Anfang grossen Leids in Hellas sein." Die Pandienversammlung zur Zeit des Frühlingsvollmonds eignete sich zu solchen hochwichtigen Beschlüssen. — Auch der Friede des Nicias a. Chr. 421 lief wahrscheinlich von diesem Vollmond (ἐκ Διονυσίων εὐθὺς τῶν ἀστικῶν, Thuc. V, 20). Vgl. auch S. 205. In dem Separatvertrag der beiden Grossmächte, welcher sich dem Frieden des Nicias anschloss (im Frühling desselben Jahres a. Chr. 421), wurde bestimmt, die Spartaner sollten jährlich zu den Dionysien nach Athen kommen und den Vertrag erneuern, Thuc. V, 23. Die Meinung war vermuthlich die, dass sie, nachdem sie — auf bestimmten Plätzen im Theater (certo in loco, Cic. de Sen. § 63) sitzend — das städtische Fest mit begangen, der Volksversammlung unmittelbar danach anwohnen und den Vertrag am XIV Elaphebolion ἐν Διονύσου μετὰ τὰ Πάνδια bestätigen sollten.

In Hermann's Ansatz ist Elaphebolion XIV noch Schauspieltag; man müsste also morgens ehe das Schauspiel anfing die Thuc. IV, 118 erwähnte Ratification vollzogen haben. Dass an halben Festtagen auch decretiert wurde, ist nicht zu leugnen; s. Eleusinien S. 225. Wenn in der späten Zeit, der die Ephebeninschrift Ephem. n. 4107 angehört, das städtische Dionysienfest noch vom VIII Elaphebolion begann, so hat man sogar den zweiten Festtag Elaphebolion IX (a. O. lin. 50) dazu benutzt, ein Decret abzufassen. In diesem Decret wird den Epheben erlaubt, ihrem Kosmeten ein Bild an öffentlichem Orte zu setzen. Dies ist indess ein geringfügiger Gegenstand verglichen mit der Vollziehung eines ganz Hellas angehenden Friedens; auch sind die Zeitverhältnisse im höchsten Grade verschieden und durch das Decret Ephemeris n. 4107 eine Beschliessung am XIV Elaphebolion 89, 2 schwerlich zu rechtfertigen, wenn der XIV damals Schauspieltag war. — Das Decret bei Böckh Stud. p. 88 δεκάτῃ προτέρᾳ ist nicht vom X, sondern vom XX Elaphebolion, also nicht von einem städtischen Dionysientag; s. S. 335 Note*.

Im Nachtheil, endlich, ist das Maximum auch nach dem Kalendergebrauch. Die Thesmophorien und Anthesterien haben im Monat eine solche Stellung, wie der Minimal-Ansatz den Dionysien giebt: sie kommen an den Vollmond heran, überschreiten ihn aber nicht, der Vollmond (XIV) ist in seiner Würde als Monatstheiler (διχομηνία) gewahrt. Ein Beispiel, wo im attischen Kalender der XV oder gar der XVI zu Festtagen des wachsenden oder vollen Mondes gerechnet wäre, ist bisher nicht bekannt. Der XVI findet sich dagegen zu Festtagen des abnehmenden Mondes gerechnet in den Eleusinien, und der XV ebenfalls, wenn auch nur als Rüsttag; siehe S. 223 und S. 225; vgl. S. 112.

Diese Gründe empfehlen also den Ansatz S. 388 f. als den wahrscheinlicheren. Setzt man die Lenäen zu vier Tagen an, so hatte das städtische Dionysienfest engeren Sinnes einen Tag mehr, dazu den Proagon. Auch sind in der Lenäenzeit die Nächte lang, nur allmählich und nicht sehr merklich verkürzen sie sich; im Elaphebolion hingegen sind die Tage merklich im Zunehmen. Es können sich also die Festacte mit etwas mehr Gemächlichkeit ausdehnen, als an den Lenäen.

Von den Festacten galt der erste, Elaphebolion VIII, dem Asklepios. Die Staatsopfer, welche auf Inschriften (G. A. 59, 4) getrennt von denen des städtischen Festes selbst, jedoch unmittelbar vor diesen verzeichnet sind (Hautgelder), werden am Asklepiostempel im S. W. der Burg (s. S. 251) dargebracht sein, und theils, im Eingange der Festzeit, Heil und Segen für das athenische Reich gewonnen, theils insonderheit die dogmatische Heraufführung des Festgottes durch Asklepios bezielt haben. Sie können hiernach mit den vorbereitenden Opfern des XVII und XVIII Boëdromion verglichen werden. S. S. 248 f. und Einleitung S. 72.

Früh morgens erschollen Päane am Tempel des Asklepios (Aelian bei Suid. I, 1 p. 796 sq. Bernh.), vielleicht nach einem abendlichen Voropfer; vormittags mochte das Hauptopfer folgen, dann der dionysische Proagon, zu welchem man sich nach dem Asklepios-Opfer in das lenäische Theater begeben haben wird (etwa nachmittags). Vom VIII Elaphebolion sagt Aeschines 3, 66 sq. ὅτ᾽ ἦν τῷ Ἀσκληπιῷ ἡ θυσία καὶ προαγὼν ἐν τῇ ἱερᾷ ἡμέρᾳ. In dem Decret Ephemer. von 1862 n. 220 heissen die Begehungen des Asklepieentages „Proagonen in den Tempeln", ἐπετέλεσε δὲ (scil. ὁ ἀγωνοθέτης) καὶ τοὺς προαγῶν[ας] τοὺς ἐν τοῖς ἱεροῖς.*)

---

*) Hier haben wir eine Pluralität von Proagonen und ebenfalls von Tempeln, bei denen man sie vollzog. Einer solchen Pluralität entsprechen die Paeane für Asklepios und hernach Hymnen (Demosthen. 21, ὑπόθ.) für Dionysos, wie auch die Benutzung zweier heiligen Stätten, des Asklepiostempels und des Lenaeons. Doch fragt es sich, ob nicht noch andere Proagonen da waren, die wir nicht kennen, ob die Chytrenlieder am XIII Anthesterion etwa auch unter den

Wenn es dunkel wurde und der IX Elaphebolion anbrach, erschien, durch des Asklepios Wundermacht, Dionysos unter der Festgemeine. Am passendsten nämlich wird die Heranbringung des Dionysosbildes, welche Ephemer. n. 4097, 4098 und 4107 erwähnt ist, auf den Vorabend der städtischen Dionysien engeren Sinnes gesetzt werden. Das im lenäischen Heiligthum stehende Bild wurde aufgehoben und bei Lichtglanz von den Epheben ins Theater getragen. Ephem. 4098 lin. 11 εἰςήγαγον δὲ καὶ τὸν Διόνυσον ἀπὸ τῆς ἐσχάρας εἰς τὸ θέατρον μετὰ φωτὸς καὶ ἔπεμψαν τοῖς Διονυσίοις ταῦρον ἄξιον τοῦ θεοῦ, ὃν καὶ ἔθυσαν ἐν τῷ ἱερῷ τῇ πομπῇ; hier geht das εἰςάγειν εἰς τὸ θέατρον der Pompe voran.*) Das Bild wurde in der Orchestra aufgestellt. Dio Chr. XXXI p. 386 Dindorf: τὸν Διόνυσον ἐπὶ τὴν ὀρχήστραν τιθέασιν (Ἀθηναῖοι).

Das ins Theater gestellte Bild kann nur das Schaubild des Alcamenes gewesen sein, nicht das bei den Anthesterien getragene Cultusbild; s. oben S. 353. Die Goldelfenbeinstatue des Alcamenes entsprach dem characteristischen Zwecke des Festes. Man wollte den Bündnern, den vielen Fremden überhaupt, imponieren, Alles sollte herrlich und glänzend sein. Das Cultusbild war aber gewiss nicht herrlich und glänzend.

Bei Aufstellung des Bildes muss der Priester des Dionysos Eleuthereus**) eine Function gehabt haben, so wie das Schaubild auch nur eine veredelte Copie des Cultusbildes des Eleuthereus gewesen sein dürfte.

Am Lichttage des IX alsdann folgte der Festzug. Der Interpolator [Dem.] 21, 10 stellt ihn voran: τοῖς ἐν ἄστει Διονυσίοις ἡ πομπὴ καὶ οἱ παῖδες (cyclische Chöre) καὶ ὁ κῶμος (Umzug nach dem Schmaus) καὶ οἱ κωμῳδοὶ καὶ οἱ τραγῳδοί. In Ermangelung besserer Autoritäten müssen wir uns wo möglich doch an den Interpolator halten.

Von dem Festzuge sind wir wenig unterrichtet. Er unter-

προαγῶνες mit begriffen sind? Ich verneine vorläufig beide Fragen und erledige den Plural durch die Begehungen der Asklepieen selbst.

*) Diese Inschriften sind aus späterer Zeit. Aber was sie berichten, beruht auf altem Brauch.

**) Dieser Priester hatte im Theater den ehrenvollsten Platz, wahrscheinlich am nächsten bei dem Bilde des Eleuthereus. Siehe den Plan einiger Sitzreihen in Ephemeris vom 28 Juni 1862 Tafel 20.

schied sich von dem anthesterischen durch Benutzung der Tageshelle und durch zahlreichere Theilnahme von Bündnern und Fremden, obwohl viele der fremden Mysterienbesucher auch die Anthesterien mitgefeiert haben müssen. Die Bündner kamen im Elaphebolion nach Athen, um ihre Steuern zu entrichten; hier wird manche Stadt auch Geschenke (Opfervieh, Tempelgeräth) mitgesendet haben.*) Auch der Staat der Athener besorgte Opfervieh, wovon die Hautgelder einmal mit 853 (C. I. I n. 157), ein andermal mit 808 (Rangabé II p. 501 n. 842) Drachmen angegeben sind. Nach Ephemeris n. 4098 lin. 12 schenkten die Epheben einen schönen Stier, den sie bei der Pompe opferten. Das Volk bewilligte ihnen einen Kranz dafür; nach n. 4097 schenkten sie dem Gott eine Phiale zu 100 Drachmen.

Geschenke der Art und das Opfervieh des Staats wurden ohne Zweifel im Festzuge einhergeführt, dazu viel kostbares Geräth zur vortheilhaftesten Anschauung gebracht, wie an den Panathenäen. Denn Kanephoren sind auch für die Dionysien bezeugt.**) An die Opfer und das Opferpersonal schlossen sich in buntem Gemisch die Feiernden theils zu Fuss, theils zu Wagen,***) häufig auch in Masken (a. O.) an. Doch hatte dieser Festzug wahrscheinlich mehr Regel und Zwang als der anthesterische oder lenäische, weil die Anwesenheit vieler Ausländer zu einer ernsteren Haltung nöthigte.

---

*) Dass die Bündner aber einen φαλλός nach Athen zu den Dionysien lieferten, beruht blos auf einer Inschriftenstelle, die vielleicht verdorben ist Rang. II p. 403 n. 786 b. Auf dem Stein sind keine Dionysien erhalten, allerdings aber α φαλλόν, woraus gemacht ist: [προςαγα]γεῖν.. [ἐς Διονύσι]α φαλλόν. Eine so seltsame Sache muss vorläufig beanstandet werden. Vgl. Snuppe de inscr. Pan. p. 10. — Auch Plutarch scheint den Phallos als etwas bäuerlich Einfaches zu betrachten und zu dem zu rechnen, was spätere Prachtliebe nicht mehr kannte, de cupid. divitiar. 8 (Tom. III p. 404 Tauchn.): ἀλλὰ νῦν ταῦτα παρορᾶται καὶ ἠφάνισται, wo ταῦτα auch auf φαλλός geht.

**) Ausser Schol. Ar. Ach. 242, wo die εὐγενεῖς παρθένοι nur den grossen Dionysien zuzueignen sein dürften, haben wir jetzt ein Ehrendecret für den Vater einer Kanephore, der durch einen Ephenkranz (κιττοῦ στεφάνῳ) geehrt wird. Ephemer. von 1862 n. 180: ἐπειδὴ ὁ [ἄ]ρχων Ζώπυρος [ἀπο]φαίνει τὸν πατέρα τῆς καταλε[χθείσης] κανηφόρου Ζώπυρον [πέ]μψαι τὴν θυγατέρα τὴν ἑαυτοῦ Τ..... οἴσουσαν τὸ ἱερὸν κανοῦν τῷ θεῷ κατὰ τὰ πάτρια κ. τ. λ. Der dem geehrten gleichnamige Archon veranlasst durch seine Erklärung (ἀποφαίνει) das lobende Decret, da er Vorstand des Festes ist, s. u. S. 396 f.

***) Aber nicht auf ἁμάξαις, wie bei den Lenäen und Anthesterien. Wenigstens sagt Plutarch de cupid. div. 7: ζευγῶν ἐλαυνομένων.

Auf dem Markt hielt die Pompe an, damit ein cyclischer Chor den Zwölf-Götter-Altar umtanze.*) Die Benutzung dieses Altars stimmt zu der über Athen hinausreichenden, allgemein griechischen Bedeutung des Festes.

Das Ziel der Pompe war das Lenaeon; es konnte beim Hinziehen um die Burg zweimal berührt werden, so dass, wenn der Festzug zuerst dem dionysischen Orte nahete, der seit dem Vorabend dort thronende Gott (s. o. S. 392) die Huldigungen, Lieder, Opfergaben Silbersachen annahm, hierauf aber das Dionysosbild aufgehoben wurde, um in Mitten der Feiernden durch den Ceramicus nach der Academie und wieder zur Stadt ins Lenaeon zurückgetragen zu werden, wie bei den Anthesterien. Doch wissen wir nicht, ob bei Philostr. II, 13 (G. A. 59, 8), ὁπότε δὲ ἥκοι Διονύσια καὶ κατίοι ἐς Ἀκαδημίαν τὸ τοῦ Διονύσου ἕδος, nicht blos an die Anthesterien zu denken ist. Die Hinbringung des Bildes in's Theater deutet zunächst nur darauf, dass der Gott bei seinem Lenaeon die Feiernden empfangen soll.

Die Opferschmäuse folgten unmittelbar auf die Pompe und dauerten bis in den Abend (also in den X Elaphebolion) hinein. Schon bei den Asklepieen am VIII ward ein, wie das Hautgeld C. I. I n. 157 lehrt, kleinerer Schmaus ausgerichtet; der grosse Schmaus am IX und X fand ohne Zweifel am Lenaeon statt, da wo die Choën gefeiert wurden. Gegessen und getrunken wurde auch noch an den übrigen Festtagen reichlich, die Zuschauer waren bekränzt (G. A. 60, 31); auch während der Aufführungen gingen diese Genüsse fort (a. O. 55), so dass Lustspiele meistens vor satten und trunkenen Gästen gespielt wurden, welche weit mehr zum Lachen als zur Kritik aufgelegt waren.

Auf Elaphebolion X (Lichttag) müssen die lyrischen Wettkämpfe gesetzt werden, mehr Tage bleiben nicht übrig nach dem Minimal-Ansatz, da Elaphebolion XI bis XIII, drei Tage, für das Schauspiel erforderlich sind. Es sind also οἱ παῖδες καὶ ὁ κῶμος an Einem Tage zu denken, s. o. S. 392; dem Siege eines Knabenchors (οἱ παῖδες) folgt ein Siegesschmaus, ein Gelage (κῶμος). Unzureichend giebt

---

*) Xenophon spricht Hipp. III, 2 von den Festzügen wie man sie machen müsse, und fügt hinzu: καὶ ἐν τοῖς Διονυσίοις οἱ χοροὶ προςεπιχαρίζονται ἄλλοις τε θεοῖς καὶ τοῖς δώδεκα χορεύοντες. Siehe Petersen, Zwölfgöttersystem p. 14. Bacchus ist nicht unter den 12 Göttern, der Altar mag schon so benutzt sein, als das Hauptfest des Elaphebolion noch dem Apoll gehörte.

freilich der Interpolator blos παῖδες, da auch cyclische Männerchöre wetteiferten (G. A. 59, 12).

Die Leistung jedes einzelnen der verschiedenen Chöre dürfen wir uns nicht ganz kurz denken, da der Siegspreis bedeutend war. Auch der nicht geringe Kostenaufwand des Choregen (Lys. 21, 2 und 4) empfiehlt die Annahme, dass man auf das Anhören solcher Chöre entsprechende Zeit verwendet habe. Hiernach kann es zu wenig scheinen, wenn der oben empfohlene Ansatz nur einen einzigen Tag erübrigt für die lyrischen Agonen; doch wenn wir für das ganze Fest zehn Chöre annehmen und diese theils dem Proagon, theils der Dramatik, theils endlich dem lyrischen Wettkampf des X Elaphebolion zuweisen,*) so ist für letzteren ein Tag genug.

Für den lyrischen Agon des X Elaphebolion hat Pindar einen Dithyramb gedichtet, welcher ungefähr so begann, Frgm. 46 (45): Zum Chorreigen kommt, ihr olympischen Götter, schenket mir ein anmuthiges Lied, die ihr des heiligen Athen duftende Mittelstätte**) (ἄστεος ὀμφαλός) umwandelt und den buntgeschmückten Markt. Empfanget veilchengewundene Kränze und die Spende der Frühlingswasser. Schauet auf Eueren Dichter, der sich dem epheubekränzten Bacchus nahet mit einem Preisgesang; den Sohn des höchsten Zeus und des Weibes von Theben will er loben. Denn die Zeit ist wieder erfüllt, wo die freundlichen Horen den Wolkenhimmel aufthun, wie ein bräutliches Gemach und wo die Rebe auf des duftigen Lenzes Geheiss anhebt zu schwellen, wo die alte Erde, die ewig junge, sich frische Veilchen in das Haar flicht, mit den Veilchen auch Rosen,***)

---

*) Man kann auch andere Voraussetzungen machen, z. B., dass jeder Chor, der im Drama auftrat, auch noch dem Gotte einen Hymnus singen musste. Aber auch dann können wir sämmtliche 10 Chöre zwischen dem Agon und Proagon vertheilen, so dass 5 auf jeden Tag kommen. Bei den Thargelien ist eine solche Vertheilung nicht möglich, ein Proagon wenigstens nicht bekannt. Dennoch hat Niemand für die cyclischen Chöre der Thargelien mehr als einen Tag verlangt. Allerdings werden die dionysischen Chöre, ihrer grösseren Berühmtheit gemäss, grösseren Umfang gehabt haben als die thargelischen.

**) Den ὀμφαλός hat Böckh p. 577 für die Tholos, Joh. Tycho Mommsen für die Burg genommen. Es wird aber mit Petersen (Zwölfgöttersystem p. 39) und Anderen der Altar der zwölf Götter zu verstehen sein, von welchem als von einem Centrum (ὀμφαλός) die Entfernungen Atticas gemessen wurden.

***) Auch in dem Epigramm des Bacchylides (oder Simonides Fr. 150, bei Bergk p. 789) ist von Rosen die Rede; es bezieht sich auf einen Sieg der φυλή Ἀκαμαντίς an den grossen Dionysien und den durch dithyrambischen Sieg errungenen Dreifuss. Es scheinen April-Rosen zu sein.

wo die Welt wiederhallt von Flötenton und Gesang, wo Semelen, der schönen Magd, unsere Lieder schallen.

Auch andere Lyriker dichteten für diesen Agon, s. Preller R. E. II p. 1063.

Es folgten die Schauspieltage, deren weder mehr noch weniger als drei waren, jeden Tag wurde vormittags eine tragische Trilogie, nachmittags eine Comödie aufgeführt. Sauppe's Gründe (Ber. d. Sächs. Ges. 1855 p. 18 bis 21) für diese Ansicht sind durchaus überzeugend.

Nach der letzten Comödie des XIII Elaphebolion und dem Ausspruche der Bühnenrichter war das städtische Dionysienfest zu Ende, gegen Sonnenuntergang oder noch später. Man kann vermuthen, dass noch ein Abendopfer zum Schlusse gebracht wurde, wie die Plemochoën in Eleusis, und dass dies Abendopfer Pandia hiess. Wenn der Vollmond des XIV über der feiernden Stadt aufging, so war es Zeit seiner Tochter Pandia ihr Opfer zu geben; Hymn. Hom. 32, 11 (ἑσπερίη διχόμηνος). Die Ekklesie des XIV folgte mit nächstem Morgen μετὰ τὰ Πάνδια, nach dem Opfer am Vorabend, also — ὑστεραία als den natürlichen Tag (Licht-Tag) genommen — allerdings τῇ ὑστεραίᾳ Πανδίων [Dem.] 21, 8; s. o. S. 388. Nach attischem Kalender freilich gehört der Vorabend zur nächsten Helle und bildet mit ihr, nebst der Nacht, ein kalendarisches νυχθήμερον, so dass die Pandien und die Ekklesie demselben XIV Elaphebolion angehören.

Als Preise für die musischen Leistungen des grossen Dionysienfestes wurden Stiere und Dreifüsse gegeben, C. A. 59, 13. Aus den mitunter prachtvoll aufgestellten Dreifüssen entstand die Tripodenstrasse; vgl. Böckh C. I. I p. 342 sqq. Die Dreifüsse scheinen aus der Zeit beibehalten zu sein, als das Fest noch apollinisch war.

Die Verwaltung des Festes im Ganzen lag in den Händen des Archon Eponymos, Pollux VIII, 89: ὁ δὲ ἄρχων διατίθησι μὲν Διονύσια καὶ Θαργήλια μετὰ τῶν ἐπιμελητῶν.

Einen Monat vor dem Feste (also um den VIII Anthesterion) versammelte der Archon die Choregen jeder Phyle. In dieser Versammlung wurden die Auleten dem einzelnen Choregen für seinen Chor zugelooset. Demosthen. 21 ὑποθ. v. 58 sqq.: ἔθος δὲ ἦν πρὸ μηνὸς τῆς ἑορτῆς τὸν ἄρχοντα συνάγειν τοὺς χορηγοὺς ἑκάστης φυλῆς εἰς τὸ λαχεῖν περὶ τῶν αὐλητῶν (Sauppe, im Index Or. Att. p. 38). Zum Chytrentage war wohl alles in Ordnung, s. oben S. 368.

Ohne Zweifel wurde die Wahl der Choregen fürs folgende Fest, die schon im Monat nach dem eben gefeierten (im Munychion) stattfand, ebenfalls vom Archon geleitet. Ἐπιστάσης δὲ τῆς ἑορτῆς ἠγωνίζοντο πρὸς ἀλλήλους οἱ χορηγοὶ καὶ ἤριζον, ὕμνους εἰς τὸν Διόνυσον ᾄδοντες, καὶ τῷ νικῶντι τρίπους τὸ ἆθλον ἦν, ἐπειδὴ τὸν αὐτὸν Ἥλιον καὶ Ἀπόλλωνα καὶ Διόνυσον ᾤοντο. παυομένης δὲ τῆς ἑορτῆς ἐν τῷ πρώτῳ μηνὶ προὐβάλλοντο οἱ χορηγοὶ τῆς μελλούσης ἑορτῆς Dem. a. O. v. 43 sqq.

Bei der Ertheilung von Siegespreisen und sonstigen Anerkennungen kann der Archon, als Vorstand des ganzen Festes, nicht unthätig geblieben sein. Für die musischen Leistungen gab es eigene Preisrichter; von diesen hat Sauppe a. O. gehandelt und nach ihm G. A. 59, 24. Die Verkündigung des Ausspruchs, die Einhändigung ehrender Zeichen (wie des Epheukranzes Ephemer. von 1862 n. 180) lag wohl dem Archon ob.

Die Epimeleten sind Beistände des Archon in seiner Verwaltung der Feier. Sie wurden durch Wahl (χειροτονεῖν) bestimmt, Dem. 21, 15: εἰς Διονύσια χειροτονεῖν ἐπιμελητήν und Ephemer. von 1862 n. 180, lin. 34: ἐπειδὴ οἱ χειροτονηθέντες ἐπιμεληταὶ τῆς πομπῆς auch lin. 39: τοὺς ἐπιμελητὰς τῆς πομπῆς. Aus der Inschrift ersehen wir, dass die Epimeleten Opfer und anderes ihnen Zukommende besorgten, insonderheit aber für den Festzug thätig waren, weshalb sie ἐπιμεληταὶ τῆς πομπῆς a. O. heissen. Die Inschrift führt die Epimeleten vollständig auf, vierundzwanzig Namen. Da sie aus späterer Zeit ist (Phyle Ptolemais), so ist diese der Stärke eines komischen Chors (Pollux IV, 109) entsprechende Zahl nicht gerade maassgebend für die Zeit der 10 Phylen.

Archon und Agonothet waren wohl in der Regel verschiedene Personen. Dies zeigt eine Inschrift aus Ol. 105, 1, dem Jahre des Callimedes, wo der Agonothet Ἀγαθαῖος Αὐτοκλέους Πλωθεύς ist. Von ihm heisst es in der, Ephemer. von 1862 n. 220 bekannt gemachten Inschrift: τάς τε θυσίας πά[σας ἔθυσεν τ]ὰς πατρίους ἐν τοῖς καθήκουσιν χρόνοις καλῶς καὶ εὐσεβ[ῶς], ἐπετέλεσε δὲ καὶ τοὺς προαγῶν[ας] τοὺς ἐν τοῖς ἱεροῖς κατὰ τὰ πάτρια [ἐπεμελήθ]η δὲ καὶ τῶν ἀγώνων τῶν τε Διονυσιακῶν καὶ τῶν ἄλλων καλῶ[ς καὶ φιλοτί]μως. So hat auch eine Inschrift später Zeit Ephemer. von 1862 n. 199 einen Archon, welcher eine andere Person ist als der Agonothet der städtischen Antinoeen d. h. Dionysien.

Eine Ausnahme ist es, wenn eine Inschrift der späten Zeit Archontat und Agonothesie der Dionysien vereinigt, Ephemer. von 1862 n. 211: ἡ Οἰνηῖς φυλὴ διὰ τῶν ἀγωνισαμένων χορῷ Διονυσιακῷ, τὸν ἄρχοντα καὶ ἀγωνοθέτην Διονυσίων Γάϊον Ἰούλιον Ἀντίοχον Ἐπιφανῆ Φιλόπαππον Βησαιέα κ. τ. λ. Der Agonothet war zur Rechenschaftsablage verpflichtet, weil öffentliche Gelder durch seine Hände gingen. In dem Decret aus dem Jahr des Callimedes ist von der Rechenschaft des Agonotheten die Rede: εἶναι δὲ αὐτῷ [δό]ντι τὰς [εὐθύνας τῆς] ἐπιμελείας κατὰ τὸν νόμον εὑρέσθαι παρὰ τοῦ δήμου ἀγαθ[όν] κ. τ. λ.

Delphinien.

Als Theseus, im Begriff nach Creta zu ziehen, die erloosten Vierzehn im Prytaneum empfangen hatte, begab er sich (mit ihnen) nach dem Delphinion und legte für sie einen mit weisser Wolle umwickelten Zweig des heiligen Oelbaums dem Apollon hin; nachdem er dazu gebetet, verliess er die Stadt und ging an den (phalerischen) Strand am VI Munychion in der Absicht seine Cretafahrt anzutreten. Zum Andenken an das Flehen des ausziehenden Theseus sendet man am VI Munychion die Mädchen ins Delphinion, Gnade zu erflehen. — Diesen Bericht giebt uns Plutarch Thes. XVIII von der Entstehung und dem Brauch des Delphinien-Festes.

Der VI ist der Artemis geweihet. Es ist ein guter Auszugstag, sei es für den ausgehenden Jäger, der von der Herrinn dieses Tages guten Fang erbittet, sei es für den ausziehenden Soldaten, welcher wie die (am VI Metagitnion vermuthlich ausgezogenen) Marathonskämpfer für jeden Feind, den er erlege, der Artemis Agrotera eine Ziege bietet, sei es endlich für den ausfahrenden Seemann der am VI an's Meer gehend gutes Glück hofft, weil der alte Held Theseus am VI ans Meer gegangen und gekrönt vom Glück heimgekehrt war.

Obwohl die See schon im Elaphebolion fahrbar war (von Mitte des Monats an), werden doch grosse und schwerfällige Seezüge, namentlich Auswandererschiffe, schon zeitig ausgefahren sein, wenn sie im Lauf des Munychion ausfuhren. Im delphischen Monat Bysios

(Elaphebolion) holten sich die Auswanderer ihren Orakelspruch und im nächsten, dem Munychion Athens oder Delphinios Aeginas, dem alten Seefahrtsmonat,*) gingen sie vermuthlich öfters in See. Aus dem Jahr Ol. 113, 4 (Archon Antikles) ist Seeurk. XIV a, lin. 189 sq. eine Verordnung erhalten, welche die Anlegung einer Colonie betrifft. Behufs derselben sollen die Trierarchen ihre Schiffe zum X Munychion**) bereit machen, wer zuerst fertig ist, wie auch der Zweite und Dritte, wird belohnt. Munychion II und V sind a. O. lin. 216 zu Gerichtstagen angesetzt über Ausflüchte, welche etwa die Trierarchen machen. Wer sich seiner Pflicht gut entledigt hatte, mochte der Artemis Munychia am VI ein Dankopfer bringen an dem Altar, der sich auf der gleichnamigen Halbinsel befand (Lys. 13, 24 und 25), während der straffällige und schutzerflehende Trierarch sich, ebenfalls in diesen Tagen, daselbst niedersetzte, als in einem Asyl, das Artemis den Seeleuten gewährte; Dem. 18. 107 πάντα γὰρ τὸν πόλεμον τῶν ἀποστόλων γιγνομένων κατὰ τὸν νόμον τὸν ἐμὸν οὐχ ἱκετηρίαν ἔθηκε τριήραρχος οὐδεὶς πώποτ' ἀδικούμενος παρ' ὑμῖν, οὐκ ἐν Μουνυχίᾳ ἐκαθίζετο κ. τ. λ. Wo das ἱκετηρίαν τιθέναι stattfand, wissen wir nicht; Plutarch Thes. 18 sagt vom zur See gehenden Theseus παρελθὼν εἰς Δελφίνιον ἔθηκεν ὑπὲρ αὐτῶν τῷ Ἀπόλλωνι τὴν ἱκετηρίαν. Das Delphinion als Ort des ἱκετηρίαν τιθέναι passt für das aus Seeurkunden a. O. vorliegende Beispiel besser als der Altar des Eleos und andere, die Westermann zu Dem. a. O. anführt.

Bei dem Delphinienfeste liegt Artemisdienst als älteres Element zu Grunde, wie sehr auch die Schwester hinter dem Apollon zurückgetreten ist. Die Gebräuche weisen auf eine weibliche Gottheit. Die am Delphinientage des Himmels Zorn besänftigen, sind bittende Mädchen,***) der Monat gehört der Artemis und der in dem Monat

---

*) Die wichtigsten Seefahrten älterer Zeit waren Colonisationen. Ob in historischer Zeit dieser oder jener im Munychion unter Segel ging (Dem. 49, 6), ist gleichgültig.

**) Nach meinem System erhalte ich für dieses Datum Mai 3 a. Chr. 325, dabei ist Munychion X kallippisch genommen. Uebrigens ist es für dies Jahr gleichgültig, ob wir kallipisch oder metonisch rechnen. Munychion X metonisch giebt Mai 5.

***) O. Müller, Dor. I p. 328 sagt, dass an diesem Feste sieben Knaben (?) und Mädchen die ἱκετηρία in den Tempel trugen. Plutarch a. O. überliefert nur κόρας ἱλασομένας; dass im historischen Festgebrauch auch die 7 Jünglinge vertreten waren, berichtet Niemand.

ausgewählte Tag ebenfalls. — Wie die Göttinn des VI ursprünglich zubenannt war, ja ob sie überhaupt einen Zunamen hatte, ist unsicher. Der Tempel, gegründet von Aegeus, ist dem Apollon Delphinios*) und der Artemis Delphinia (nach Pollux, Leake Top. p. 95) heilig, doch dieser Beiname**) könnte leicht von Apoll auf Artemis übertragen sein. In der plutarchischen Erzählung scheint der abziehende Theseus sich um Artemis gar nicht zu bekümmern; aber nach der älteren Sage bei Pherecydes hat er die Schwester keineswegs vergessen, sondern für glückliche Heimkehr sich dem Apollon Ulios***) und der Artemis Ulia (Ἀπόλλωνι Οὐλίῳ καὶ Ἀρτέμιδι Οὐλίᾳ, Macrob Sat. 1, 17, 21) zugewendet; cf. O. Müller Dor. I p. 244.

Einst war vermuthlich Artemis alleinige Besitzerinn des Festes am VI. Galt sie aber als eine gute Führerinn auch der Seeauszüge, als schlimme Gegnerinn aussegelnder Flotten (wie ihr Zorn Agamemnons Abfahrt hemmte), dann konnte ihr auch der Seegott Delphinios (Welcker G. L. I p. 500) zugesetzt werden. Erst später trat Artemis mehr zurück, besonders wohl durch Stiftung des Gerichts am Delphinion, als dessen göttlicher Vorsteher nur Apoll angesehen werden konnte. Indess ist es möglich, dass ein am Delphinion des Gottes Schutz anflehender Seemann (siehe S. 399) noch später des Delphinios alte Beziehung zur Seefahrt in Andenken erhielt; eine häufige Benutzung des Asyls der Munychia auf der Halbinsel ist sicher, wie auch, dass hierzu der Monat Munychion Gelegenheit bot.

Der Bittgang freilich des plutarchischen Theseus gilt nicht dem Seegott Delphinios, sondern Apollon als dem internationalen Richter zwischen Minos und Athen; soll die vom Apoll angeordnete (Plut. Thes. 15 τοῦ θεοῦ προςτάξαντος) Menschenbusse aufhören, so

---

*) Neben diesem nennt Plutarch Moral. p. 983 F (Steph. Paris. II p. 985) die Artemis Diktynna: καὶ μὴν Ἀρτέμιδός γε Δικτύννης Δελφινίου τ' Ἀπόλλωνος ἱερὰ καὶ βωμοὶ παρὰ πολλοῖς Ἑλλήνων εἰσίν.

**) Wie hiess die älteste Artemis der Athener? etwa bloss Artemis und die Zeit, in der man sie feierte, „Artemiszeit" (Ἀρτεμισιών, Monat in Cyzicus)? oder ist Munychia ursprüngliches nomen, später cognomen (Artemis Munychia)?

***) Der Sinn des Beiworts οὔλιος kann hier nur der eines Heil und Rettung bringenden Gottes sein, zunächst für die Seefahrt. Als Retter konnte der Delphinios ursprünglich Allen nicht gelten, s. Einl. S. 49 Note*; Indess scheint ihm auf einer Inschrift für Gesundheit, wie dem Paean, gedacht zu werden, wenn Ephem. 1856, 43, 2749 richtig ergänzt ist τυχὼν ὑγείας Δελφ[ινίῳ Ἀπόλλωνι].

kann sie nur durch Gunst und Gnade des richterlichen*) Apoll aufhören. Seeschutz auf seiner Fahrt empfängt Theseus von Aphrodite. Nach delphischem Spruch wählt er zur Ausfahrtsgöttinn die Aphrodite Epitragia (Plutarch a. O.), vermuthlich mit Bezug auf Ariadne; vgl. Preller gr. My. II p. 197 und Plut. Thes. 20 καλεῖν δὲ τὸ ἄλσος Ἀμαθουσίας, ἐν ᾧ τὸν τάφον δεικνύουσιν Ἀριάδνης Ἀφροδίτης. Theseus' blos an Apoll gerichtetes Flehen, wie auch die Fahrtschützerinn Aphrodite haben ihren Grund in den besonderen Umständen der Cretafahrt. Die Abfahrt des Theseus, obwohl im Ganzen ein allgemein gültiges Bild eines abfahrenden Seemanns, enthält doch auch abweichende Einzelheiten, die Plutarchs Bericht andeutet. Theseus wollte, gewiss nach dem Herkommen, eine Ziege opfern. Diese verwandelte sich ihm unter den Händen und wurde ein Bock, der Ἐπιτραγία bestimmt. Herkömmlich aber war die Ziege, und mit diesem Ziegenopfer verabschiedete sich wohl ein attischer Seemann bei der Artemis Munychia.**) Vgl. Artemidor. II, 12 τὰ μεγάλα κύματα αἶγας ἐν τῇ συνηθείᾳ λέγομεν; auch Preller gr. Myth. I p. 189 Note und G. A. 60, 2.

Wenn die Artemis der Delphinien in Plutarchs Erzählung verdunkelt, ja gänzlich bei Seite geschoben ist, so finden wir doch in der fourmontischen Inschrift C. I. I n. 442 p. 460 nicht blos eine (auf Artemis zu beziehende) Priesterinn, sondern es ist auch mit grosser Wahrscheinlichkeit die Artemis Delphinia selbst ergänzt. Sie lautet nach der Ergänzung bei Keil Schedae Epigr. p. 17 [Ἀπ]ό[λ]λω[ν]ι Δελφιν[ί]ῳ [καὶ Ἀρτέμιδι Δ]ελφινί[ᾳ] ... τὴν ἱέρ[ειαν τὴν δεῖνα] .... [Ε]ὐθίου Χολλεί[δου θυγατέρα

---

*) In den Umständen, unter denen Androgeos ermordet wird, liegt indess der Grund nicht, dass Theseus gerade ins Delphinion geht. Vor das Gericht ἐπὶ Δελφινίῳ gehörten gesetzlich straflose oder erlaubte Tödtungen. Die Tödtung des Androgeos wird theils als vollzogener Meuchelmord, theils als böse Absicht (βούλευσις) des Aegeus dargestellt, geht also nicht den delphinischen Gerichtshof an, nach dessen besonderer Begrenzung. Aber in die Angelegenheit zwischen Minos und den Athenern hatte Apoll sich längst eingemischt, man wählte also eine Stätte wo Apoll Gerichtsvorstand war; da hatte man nur das Delphinion.

**) Hierbei machte es schwerlich einen Unterschied, ob er von Phaleron oder aus dem Piraeus abfuhr. Die Halbinsel Munychia mit ihrem Artemistempel ist nahe genug auch bei Phaleron. Dagegen passiert nur, wer ostwärts ausfährt (z. B. nach Creta) den Aphrodite-Tempel auf Kolias. Auch in der älteren Zeit, als die Athener Phaleron zum Hafen hatten, werden absegelnde Seefahrer der Artemis Munychia geopfert haben.

ὁ ἀ|νὴρ [ἀν]έθηκεν Εὐθ .... Χολλεί[δης]; lin. 3, hatte
Böckh [Π]υθίου gesetzt; cf. Rang. n. 1038.

Der Abfahrtstag des Theseus, Munychion VI, scheint auch als
(frühester) Abfahrtstag der jährlichen Theorie nach Delos*) gelten
zu müssen, da die Theseussage in dieser Festzeit vorbildlich für das
Kirchenjahr ist. Zur delischen Theorie benutzte man dasselbe Schiff,
auf welchem Theseus nach Creta ging (Platon. Phaed. init.); das
Schiff wurde immer wieder ausgebessert, bis in Demetrius' Zeiten,
Plutarch Thes. 23. Wenn das Theseusschiff seine jährliche Fahrt
nach Delos beginnen wollte,**) ging der Apollonspriester ans Meer
und bekränzte den Schiffsspiegel; so geschmückt fuhr es ab. Ob
der jährliche Cultus auch das Bocksopfer für Aphrodite Epitragia
wiederholte, wissen wir nicht.

So lange die Theoren von Hause waren, durfte in Athen keine
Hinrichtung (G. A. 60, 17) stattfinden, die Stadt sollte rein und
heilig sein.***)

---

*) Nach Hesiods Bestimmung des Ernteanfangs und nach den Juli/August
Neujahren gerechnet ist das Korn mitunter schon am VI Munychion reif, so
dass die Theorie Erstlinge nach Delos bringen kann. Das Jahr Ol. 88, 3 fängt
bei Böckh Monde, p. 27 mit 7. August a. Chr. 426, bei mir mit 9/10 August an.
Der VI Munychion vorher ist also, nach meinem Neumond, Mai 19, eben nach
den Plejaden, die das Zeichen zur Ernte geben. Für a. Chr. 418 erhalte ich
Munychion VI = Mai 20, dies ist mir der späteste Eintritt des Delphinienfestes.
Im Allgemeinen fällt die Kornreife zwischen die Delphinien und Thargelien, an
den Thargelien ist immer reifes Korn da, wenn man von den Juli/August Neujahren ausgeht. Ich halte diese Stellung der beiden Feste im Sonnenjahr für
die ursprünglich beabsichtigte. Der jüngere Kalender mit Juni/Juli Neujahren
gab dieselbe auf.

**) Dies wurde von gewissen Zeichen abhängig gemacht, Bossler de genilb.
p. 46 sq. Schol. Soph. O. C. v. 1047: ὅταν δὲ σημεῖα γένηται παραδεδομένα
ἐν τοῖς ἱεροῖς, τότε ἀποστέλλουσι τὴν θεωρίαν οἱ ἐκ τοῦ γένους, Πυθιάδα
καὶ Δηλιάδα, ὁποτέρα ἂν καθήκῃ αὐτοῖς. Es konnte also, wenn die Zeichen
ungünstig waren, die θεωρία Δηλιάς sich verzögern. Die Kränzung der
πρύμνα kann immer am VI Munychion stattgefunden haben, in der Voraus-
sicht, dass die Zeichen gut sein würden und keine Zögerung stattfände. In der
Theseussage ist nicht blos der Hinabgang ans Meer, sondern ohne Zweifel
auch die wirkliche Abfahrt am VI oder gleich nachher zu denken. — Wenn die
Theorie Erstlinge des Erntesegens dem Apoll nach Delos brachte, so hing die
Abfahrt auch noch davon ab, ob Korn reif war. Erysichthons Theorie (Paus.
Att. 31, 1) und die Versendung der hyperboreischen Erstlinge aus Attica nach
Delos muss vor den Thargelien fallen, und es wird diese hyperboreische θεωρία
zusammenzuwerfen sein mit der jährlichen θεωρία der Athener nach Delos.
Vgl. Stein zu Herod. IV, 33.

***) Bei Phocions Hinrichtung am XIX Munychion erwähnt Plutarch nicht,

Wenn widrige Winde nicht hinderten, so kehrte die delische Theorie bald nach Thargelion VI und VII zurück, da an diesen Monatstagen attischen Kalenders auf der Insel wahrscheinlich die Delien gefeiert wurden und eben die Aufgabe der Theoren war, von Staats wegen an den Delien theilzunehmen.*)

Munychia.

Neben der heute üblichen Namensform mit Ypsilon, ist eine zweite, vielleicht jüngere, mit Iota zuzulassen; Ephem. n. 4098, 28 [τοῖς Μου]νιχίοις, am Munychienfest. **) Eine Form mit Ypsilon würde den aus Schriftstellern***) beglaubigten Benennungen der Halbinsel ἡ Μουνυχία, des Tempelgründers Μούνυχος Suid. 1, 2 p. 196 Bernh. und des Monatsnamens Μουνυχιών mehr entsprechen.

Kalendertag ist der XVI Munychion. †) Die Artemisfeier dieses Tages bestand ohne Zweifel schon als man den Sieg bei Salamis errang und mit den seit alter Zeit begangenen Munychien wurde das salaminische Siegesfest ††) verschmolzen; Rinck II p. 243.

---

dass dadurch, ausser der Feier des XIX selbst, auch noch der apollinische Gottesfriede verletzt worden sei. Dennoch ist es misslich, aus seinem Schweigen zu folgern, am XIX Munychion des phocionischen Todesjahrs sei die Theorie noch nicht in Fahrt gewesen. — Die von Meursius in Betreff des thargelischen Gottesfriedens angezogene Stelle Antiph. 6, 11, auch [Dem.] 21, 10 (Gesetz des Euegoros) hat C. Fr. Hermann mit Recht weggelassen.

*) Hiernach ist das, was ich in meinem Zweit. Beitr. p 415 gesagt habe, zu berichtigen.

**) C. Fr. Hermann Philol. X p. 295 sagt, die Form mit Jota wie in der dort gegebenen Inschrift sei ein Schreibfehler oder orthographische Abweichung. C. I. I n. 114 und n. 467 setzt Böckh in den Minuskeln Μουν[υ]χιῶνος; auf beiden Inschriften ist Jota überliefert. In den Seeurkunden schwankt die Orthographie zwischen Ypsilon und Jota, s. Philol. a. O. Die Epheben-Inschriften Ephem. a. O. und 4097, 15 und 4104, 20 und 4041, 13 haben Jota.

***) Indess haben auch die Handschriften nebenher Jota, wie bei Suidas a. O.; bei Pausan. I, 1, 4 (Stephan. Paris. V p. 1220).

†) G. A. 60, 2. Lobeck Agl. p. 1062 nennt aus Versehen den XIII; aber der von ihm citierte Plutarch de glor. Ath. 7 bestätiget gerade den XVI.

††) Wäre die Schlacht Mitte Munychion vorgefallen, so würde die Behauptung, dass man erst seit 480 a. Chr. den XVI Munychion feierte, sehr viel mehr für sich haben. Sie ist indess weder in der Mitte des Munychion, noch

Auch lässt sich die Wahl des XVI nicht dadurch erklären, dass man den XVI für einen Vollmondstag*) ausgiebt. Wie sollte man der Mondsgöttinn gerade den schlechtesten Vollmondstag gewiesen haben, der nur zu finden war? Die Annäherung des XVI an Vollmond lässt den Schluss zu, dass der XVI sich nicht zum Auszuge eines Jägers (Xen. de Venatione V, 4), also wohl auch nicht zum Auszuge des Kriegers empfahl; s. S. 410 Note *.

Die Feier.

Der Artemis Munychia wurden am XVI eigenthümlich aufgezierte Kuchen in ihren Tempel getragen, sie waren rings mit brennenden Kerzen umsteckt und hiessen ἀμφιφῶντες „die rings leuchtenden". Die Zahl der Lichter mag eine vorgeschriebene gewesen sein und ihre Bedeutung gehabt haben. Dies ist der einzige sicher bekannte (Suid. v. ἀνάστατοι I, 1 p. 373) Brauch des artemidischen Munychienfestes, er ging, so viel man weiss, blos das Heiligthum der Halbinsel an.

Bei der Verwandtschaft der Artemis Munychia und Brauronia, ist eine gleichzeitige Benutzung des Heiligthums der Brauronia, sowohl des städtischen auf der Burg als des ländlichen in der Ortschaft Brauron, wahrscheinlich; Welcker G. L. I 572.

Jungfrauen, denen die Ehe bevorstand, begingen in Athen der Artemis Mysterien von staatswegen (Schol. Theocr. II, 66; Suchier de Dian. Braur. p. 38); sie trugen als Kanephoren geheime Heilig-

---

überhaupt im Munychion vorgefallen, sondern im Herbst und um den XX eines Herbstmonats; Böckh Monde. p. 69 sq. Die ἀμφιφῶντες sind gewiss nicht für das Siegsfest ausgedacht und schon Hesiod fgγ. 781 hat den XVI offenbar „als Artemistag angesehen.

*) Freilich sagt Plutarch de glor. Ath. 7 τὴν δὲ ἕκτην ἐπὶ δέκα τοῦ Μουνυχιῶνος Ἀρτέμιδι καθιέρωσαν, ἐν ᾗ τοῖς Ἕλλησι περὶ Σαλαμῖνα νικῶσιν ἐπέλαμψεν ἡ θεὸς πανσέληνος. Dies könnte man so verstehen: „sie heiligten ihr den XVI, weil sie als Vollmondsgöttinn den Siegern zuleuchtete." Gerade dies ist aber eine Unwahrheit (s. vorige Note), die Schlacht fand bei stark abnehmendem Monde statt. So hat die Ansicht, der XVI sei hier Vollmond, an Plutarch einen schlechten Vertreter, da er sie in Verbindung mit historischem Irrthum vorbringt.

thümer in Körben*) (ἑλένη) zur brauronischen Artemis,**) Diphilus ap. Athen. VI p. 233 A; Suchier a. O. Der Ort der Feier war vermuthlich der städtische Brauronienbezirk auf der Burg (τὰ δὲ μυστήρια ταῦτα Ἀθήνῃσι πολιτεύονται, Schol. Theocr. a. O.), einst allerdings wohl die Ortschaft Brauron, ehe die Burg ein Heiligthum der Brauronia hatte. Dieser Brauch hiess Helenephorien. Keinem Tage kann er passender zugewiesen werden als dem XVI Munychion, weil ohnehin die anderen Mysterien der Artemiden auf diesen Tag (mit Welcker a. O.) zu setzen sind; s. S. 406.

Die Jungfrauen erscheinen vor Artemis, um ihrem Zorne***) vorzubeugen, da sie dem Orden der Keuschheit bald untreu werden müssen, wenn sie sich verehelichen. Schnüre getrockneter Feigen, die sie umhatten,†) deuten die Absicht an, den Zorn der Gottheit

---

*) Pollux X, 191 ἔστι δὲ καὶ ἑλένη πλεκτὸν ἀγγεῖον σπάρτινον, τὰ χείλη οἰσύϊνον, ἐν ᾧ φέρουσιν ἱερὰ ἄρρητα τοῖς ἑλενηφορίοις. In einen Flechtkorb dieser Art legte Athena den Erechtheus und übergab ihn so den Mädchen, Ovid. Metam. II 553 *Pallas Erichthonium, prolem sine matre creatam, clauserat Actaeo texta de vimine cista, virginibusque tribus . . . (servandam dederat)*. Den Erechtheus, welchen die Mädchen zu tragen scheinen sollten, durfte kein sterbliches Auge in seiner embryonischen Gestalt sehen, am wenigsten das eines Mädchens, und es sah ihn auch kein Auge die 40 Tage über, während der mystische Korb ihm den Mutterschooss ersetzte.

**) Es waren also ἑλενηφοροῦσαι. Wenn dennoch Diphilus (Athen VI p. 233 A; Suchier p. 38) seinem Stücke den Titel ἑλενηφοροῦντες gab, so kann man an die entarteten Brauronien mit bacchischem Geleite denken, welche die Brauronia auf der Burg nichts angehen. Suchier wollte ἑλενηφοροῦντες in ἑλενηφοροῦσαι ändern, was gewagt ist. Aber ohne ἑλενηφοροῦσαι lässt sich der Brauroniendienst auf der Burg nicht denken, s. S. 410.

***) Schol. Theocr. a. O. ἵνα μὴ ὀργισθῇ αὐταῖς μελλούσαις τὸ λοιπὸν φθείρεσθαι.

†) Ar. Lysistr. 645 κᾆτ' ἔχουσα τὸν κροκωτὸν ἄρκτος ἦ Βραυρωνίοις κἀκανηφόρουν ποτ' οὖσα παῖς καλὴ 'χουσ' ἰσχάδων ὁρμαθόν. Hier geht nicht blos die ἄρκτος, sondern auch das κανηφορεῖν die Brauronien (und zunächst die städtischen) an. Auch Suchier p. 41 wollte so erklären. Bergk stellte ihm entgegen, dass Feigen mehr für bacchische Kanephoren sprechen, weil bei den ländlichen Dionysien ein Korb mit Feigen vorkommt (ἄλλος ἰσχάδων ἄρριχον ἠκολούθει κομίζων Plut. de cupid. div. 8; G. A. 57, 1B). Aber hier soll der Korb mit Feigen blos eine einfache Speise bedeuten, die jeder Bauer hat. Die artemidischen Korbträgerinnen wollen den Zorn der Göttinn besänftigen, wie ausdrücklich überliefert ist, s. vor. Note. So kann man mit mehr Recht die φαρμακοί vergleichen. Auch abgesehen von dem überlieferten Zwecke, dem Zorn der Gottheit vorzubeugen, entspricht der ἰσχάδων ὁρμαθὸς genau den aufgereiheten Feigen, welche die zu tödtenden Menschen (φαρμακοί)

zu versöhnen; dies lehren die mit solchen Schnüren behängten φαρμακοί der Thargelien (S. 417).

Die anderen Mysterien, welche dem XVI Munychion anzugehören scheinen, werden ebenfalls von Mädchen vollzogen, die jedoch jünger als jene kanephorischen und insgemein zehnjährig *) waren. Mädchen in saffrangelbem Kleide stellten Bärinnen vor, und so vermummt „vollzogen sie das Mysterium", τὸ μυστήριον ἐξετέλουν, Schol. Ar. Lysistr. 645.

Ohne Zweifel genoss nicht jedes Mädchen die Ehre der ἀρκτεία, deren sich die Sprecherinn bei Aristophanes rühmt, sondern es wurden die ἄρκτοι besonders erkoren, es waren ἐπιλεγόμεναι παρθένοι auserwählte Mädchen (Schol. Ar. a. O. und Suchier p. 31) wie die Arrhephoren.

Nichts hindert diese Mädchenweihe als einen alljährlich **) am

---

um den Hals trugen, während ein Korb voll Feigen weit abliegt und eine Sache des Alltagslebens ist.

*) Die Bestimmung über das Lebensalter, wonach die Mädchen nicht über 10 und nicht unter 5 Jahr alt sein mussten (Schol. Ar. a. O. und Suidas v. ἀρκτεῦσαι) muss zurückgewiesen werden. Die Mädchen durften wahrscheinlich nicht unter 10 Jahr alt sein, meistens wurden sie mit 10 Jahren ἄρκτοι, ohne indess z. B. 11 oder 12jährige auszuschliessen. Nur so wird die Stelle der Lysistrata verständlich, vorausgesetzt, dass v. 645 κᾆτ' die wahre Lesart ist. Hier rühmt die Sprecherinn sich zuerst (im Dienste der Athena) 7jährig Arrhephore und dann 10jährig ἀλετρίς für die Archegetis gewesen zu sein. (Die Archegetis ist Athena, Plut. Alcib. 2; Böckh C. I. I n. 476 p. 468 vgl. Gerhard gr. Myth. § 248, 8, c. Auch das unzweifelhaft der Athena geltende ἀρρηφορεῖν v. 642 empfiehlt diese Erklärung für τἀρχηγέτι v. 644.) „Und dann", führt sie fort, „war ich an den Brauronien Bärinn im bunten Kleide und Korbträgerinn als hübsches Mädchen mit der Feigenschnur." Aus dem „und dann" folgt, dass sie über 10 Jahr oder doch wenigstens 10 Jahr alt gewesen. Der unbefangene Leser muss glauben, dass sie etwa 11, 12 Jahr war. — Statt ἀρκτεύειν sagte man auch δεκατεύειν, was doch wohl auf das zehnte Lebensjahr (Welcker G. L. I, 574) geht, nicht aber bedeutet: sich selbst als Zehnten darbringen (Suchier p. 29 meint dies). — Die verschiedenen Nachrichten alter Grammatiker sprechen auch meistens von παρθένοις, was für Kinder unter 10 Jahren nicht passt. — Vielleicht ist die Bestimmung der 5 bis 10 Jahre verschrieben, statt 10 bis 15.

**) Man hat freilich die Altersbestimmung (5 bis 10 Jahr) mit der Penteteris in Verbindung gebracht und behauptet nur bei den penteterischen Brauronien seien die Mädchen recipirt worden (Welcker G. L. I, 572). Aber auch wenn diese Bestimmung wahr wäre (s. vor. Note), würde sie auf eine nur alle 4 Jahr mögliche Reception nicht recht passen, da ein Spielraum von 5 Jahren gelassen ist. Die wahrscheinlich auf die Penteteris zurückgehende Altersbestimmung

XVI Munychion begangenen Gebrauch anzusehen. Seit die Burg einen brauronischen Tempel hatte, ist daselbst ohne Zweifel die ἀρκτεία vorgenommen worden, Suchier p. 40. Im dortigen Bezirk hat sich das kleine Bild eines sitzenden Bären aus Marmor (Beulé L' Acrop. I p. 298) gefunden.

Da das ἀρκτεῦσαι (Harpocr. s. v. und Schol. Ar. Lys. 645) auch im Dienste der Munychia geschah, so haben wir am Artemisheiligthum der Halbinsel ähnliche Gebräuche, vermuthlich auch XVI Munychion, anzunehmen.

Die Perserzeiten führten in diesen Artemisdiensten Veränderungen herbei. Das alte Artemisbild ward damals aus Brauron geraubt und nach Susa gebracht (Paus. Lac. 16, 8), so dass nunmehr, als Brauron selbst sein Heiligstes verloren, wahrscheinlich beschlossen wurde die Artemis Brauronia auf der Burg anzusiedeln (Suchier p. 16). Andererseits wurde auf den XVI Munychion das salaminische Siegsfest gesetzt und der Göttinn auf der Halbinsel begangen. Wiewohl nun an Abschaffung des älteren Ceremoniells der Munychien (ἀμφιφῶντες und ἀρκτεία) nicht zu denken ist, konnte dasselbe doch gegen die Siegesfeier leicht etwas zurücktreten, so dass der brauronische Bezirk vor dem Parthenon durchaus Hauptsitz der weiblichen Artemis-Mysterien wurde. Die Sprecherinn bei Ar. Lysistr. a. O., welche sich ihrer Aemter im Athena- und Artemisdienste rühmt, dachte sich wohl nicht blos als Arrhephore, sondern auch als ἄρκτος auf der Burg.

Die Einweisung der Brauronia in einen Bezirk der Akropolis lässt vermuthen, dass wir unter Artemismysterien nicht etwas Unabhängiges, sondern eine Hereinziehung der Artemis in den Kreis des mystischen Erechtheus zu denken haben, die aber nicht erst von 480 a. Chr. datiert, obwohl sie uns näher gelegt wird durch die nach 480 a. Chr. beschlossene Verlegung des Brauronia-Cults in die Nähe des Parthenons und Erechtheums.

Gaea gebar den Erechtheus, von ihr empfing ihn Athena. Jungfrau wie sie war, fing sie doch an Mutterpflichten und Hebammendienste zu üben, fast als wollte sie aus dem jungfräulichen Orden scheiden. In diesem Dogma konnte Artemis die Weibergöttinn eine Rolle erhalten, als zürnend, weil die hehre Zeusjungfrau sich mit Dingen abgebe, die sich durchaus nicht für sie geziemten. In sol-

---

der Arrhephoren, 7 bis 11 Jahr, zeigt einen Unterschied von 4 Jahren; vgl. auch die 4jährigen Unterschiede der gymnischen Classen S. 141 und 142.

chem Sinne mochten die athenischen Mädchen den befürchteten Zorn der Artemis versöhnen.

Wenn diese Betrachtung, wie ich glaube, richtig ist, so wird am Tage der Artemismysterien Erechtheus unter artemidischem Schutz aus Gaea geboren sein (bei Hesiod ἔργ. 781 ist der sechzehnte Monatstag ἀνδρογόνος ἀγαθή, freilich auch der sechste v. 786) und damit Athena nebst ihren Mägden die Kindeswartung angetreten haben, so jedoch, dass die Mägde nicht wissen, was in dem mystischen Körbchen verborgen sei.

Dehnen wir die Dauer der geheimnissvollen Pflege des Erechtheuskindes auf 40 Tage*) aus, so dauert sie bis zu den Plynterien, vor denen nachmals wiederum eine Artemisfeier (Bendideen) Platz fand, vermuthlich ebenfalls zum Schutze des dogmatischen Erechtheus.

Die 40 Tage, in denen das Hephästuskind an Athena eine zärtliche aufopfernde Schützerinn fand, mussten unter dem Schutze solcher Gottheiten zu verlaufen scheinen, die beim Erechtheus betheiligt sind, des Hephästus und der hephästischen Athena. Sie entsprechen aber der IX Prytanie bei 10 Stämmen, vornehmlich in einem Schaltjahr, wo die IX Prytanie ungefähr von den Munychien bis zu den Plynterien regiert. Vielleicht erklärt sich so die merkwürdige Widmung an Hephästus, Inschrift des Philistor I, 190: ἡ βουλὴ ἡ ἐπὶ Πυθοδότου (Ol. 109, 2) ἄρ[χοντ]ος ἀνέθ[ηκεν] Ἡφαίστῳ κ. τ. λ. Nach lin. 4 handelt es sich um die Redner der IX Prytanie, wem die Ehre zukomme, der beste gewesen zu sein. Hernach kommt vor, dass [dem Hephästus] und der hephästischen Athena eine Bildsäule aufzustellen sei p. 193, 4 ἄγαλμα ...... καὶ τῇ Ἀθηνᾷ τῇ Ἡφαιστίᾳ. Die hephästische Athena ist entweder die Geliebte des Hephästus aus dem Dogma von Erechtheus oder, nach späterer Vorstellung, Tochter des Hephäst.

Das Dogma des XVI Munychion giebt ein Vasenbild (O. Jahn Vasens. p. 108): mit halbem Leib aus der Erde ragt eine Frau (Gaea) im Mantel mit langen Locken hervor und reicht mit beiden Händen einen nackten gelockten Knaben (Erechtheus) der Athena dar, welche ihn in ihre weite mit Sternen gestickte Aegis aufnimmt; sie ist ohne Helm,

---

*) Censorin. XI: *quare in Graecia dies habent quadragesimas insignes: namque praegnans ante diem XL non procedit in fanum et post partum XL diebus pleraeque foetae graviores sunt nec sanguinem interdum continent, et parvuli ferme per hos infirmi, morbidi, sine risu nec sine periculo sunt: ob quam causam, cum is dies praeterit, diem festum solent agitare, quod tempus appellant* τεσσαρακοσταῖον.

nur mit einem Kopfbande versehen. Ein bärtiger Mann (Hephästus) blickt auf das Kind. Daneben zwei geflügelte nackte Knaben.

Brauronien in Brauron.

Die Ortschaft Brauron hat vor 480 a. Chr. ohne Zweifel in regelmässiger Verbindung mit der Burggöttinn gestanden; nichts hindert eine jährliche Begehung am XVI Munychion, einen Festzug von Athen nach jenem Orte anzunehmen. Ein regelmässiger und jährlicher Besuch von Brauron passt am besten zu Herodots Erzählung VI, 137 sq. von dem Frauenraube am Feste der Artemis daselbst, welchen die Lemnier ausgeübt, weil sie die Festzeiten der Athener wohl gekannt hätten. Herodot setzt dies Factum und den Besuch von Brauron in alte Fabel-Zeiten. Zugleich geht hervor, dass die brauronische Festfeier der guten Jahrszeit angehörte, wo die See fahrbar ist, denn die Räuber kamen zu Schiff. Dies passt auf den Munychion.

Für die ländlichen Brauronien nach 480 a. Chr. lässt sich so viel sicher aufstellen, dass sie nicht mehr die gleiche Dignität hatten wie vor den Perserkriegen. Brauron hatte sein Artemisbild nicht mehr, das Bedürfniss des brauronischen Gottesdienstes im Athenacult wurde durch das Heiligthum auf der Burg befriedigt, überdem der alte Festtag (XVI Munychion) durch das Siegsfest occupiert. So mochte erst jetzt der Gedanke aufkommen, dass die Hieropöen für einen Festzug nach Brauron nicht jährlich, sondern nur einmal in 4 Jahren zu sorgen hätten und dass der jährliche Besuch sich in eine Penteteris (Pollux VIII 107) zu verwandeln habe.

Es ist möglich, dass man die Penteteris am XVI Munychion abhielt. Freilich musste das salaminische Siegsfest ihrer Frequenz schaden, doch trat drei Jahre hindurch unter vieren diese Collision nicht ein und vielleicht betheiligte sich besonders der Pöbel bei der Penteteris. Denn die Reste der Artemisfeier in Brauron und die brauronischen Dionysien, ein höchst gemeines Fest, scheinen zusammengeworfen werden zu müssen, nach O. Müller Dor. I p. 380 n. 3. Es ist indess sehr ungewiss. Wer die Artemisfeier von den Dionysien scheidet, wird für letztere einen dionysischen Monat suchen, den Poseideon (Schöm. Alt. II 442) oder Gamelion (Rinck II 424). Aber wie der Bacchusdienst auch anderswo überhandnahm und z. B. die Pyrrhiche inficirte (Krause R. E. VI p. 310), so kann er auch die brauronische Feier inficiert haben. Auch wurde bei den brauronischen Dionysien ein Dirnenraub ($\pi\acute{o}\rho\nu\alpha\varsigma$ $\mathring{\alpha}\rho\pi\acute{\alpha}\zeta\varepsilon\iota\nu$) von trunkenen Leuten ausgeführt Aristophan. Pax 873 sqq. c. Schol; Suidas

I, 1 p. 1039; was stark an den Frauenraub beim Artemisfeste (Herod. a. O.) erinnert; so liegt doch wohl Artemiscult zu Grunde. Die artemidischen Bräuche können fortbestanden haben, wenn auch den feiernden Weibern sich Männer, die nächtliche Freuden suchten, anschlossen. Das aus beiden Geschlechtern gemischte Festgeleite der dionysischen Brauronien konnte dann masculinisch ἑλενηφοροῦντες heissen, s. S. 405 Note**.

Siegesfeier.

Einer jährlichen Siegsfeier am XVI Munychion bot die Oertlichkeit des Munychia-Tempels die Hand. Am Gestade der gleichnamigen Halbinsel hatte die Schlacht sich ereignet und Salamis war von da aus leicht zu erreichen. *)

Ueber die Art der Siegesfeier älterer Zeit fehlt es gar sehr an Nachrichten. Nach Athen. p. 20 F tanzte der jugendliche Sophocles, die Leier in der Hand, am Siegsfeste „nach der Schlacht" μετὰ τὴν ἐν Σαλαμῖνι ναυμαχίαν, also wohl schon im Mai 479 a. Chr. (XVI Mun. Ol. 75, 1).

An das Marathonsfest des VI Boëdromion und das Salamisfest vom XVI Munychion, öffentlich begangene Tage, mögen sich vielleicht besondere Epimenien angeschlossen haben, an den sechsten Monatstagen beim Tempel der miltiadeischen Artemis Eukleia,**) an den sechzehnten bei dem der themistokleischen Aristobule.***) Diese Epimenien mochten anfangs von Seiten der Nachkommen der Sieger, oder gemäss ihren Stiftungen, stattfinden, bis sie abkamen oder öffentlich übernommen wurden.

Da die grösste That Athens unter Munychias örtlichem Schutze

---

*) Man wählte also den XVI nicht darum, weil man in der Göttinn dieses Tages eine Schützerinn des Auszugs s. S. 404 und der Seefahrt sah, wie in der Artemis Delphinia. Die beiden Artemisfeste des Munychion hatten verschiedene Tendenz.

**) Der Tempel der Eukleia, aus der marathonischen Beute gestiftet (Paus. Att. 14, 5), galt wohl ursprünglich der Artemis als Eukleia, weil unter Artemis' Schutze (z. S. 212) die Schlacht geschlagen war; Siebel. zu Pausan. a. O. und Forchhammer K. Stud. p. 321. Späterhin mag Eukleia eine besondere Gottheit geworden sein. Sie kommt inschriftlich mit Eunomia verbunden vor (Vischer im N. Schweiz. Mus. III, 54); Ephem. 1856, H. 42 n. 2686 ist Eunoia neben ihr, wenn diese Lesung richtig ist,

***) Plut. Them. 22. Der Ehrgeiz beider Sieger bot sich so allmonatlich die Stirn, jeder an seinem Artemistage. Themistocles' Feinde sagten, dass Leto den zudringlichen Verehrer der Artemis nicht liebe (Plut. a. O.); zu dreien Artemiden (Agrotera, Eukleia, Munychia) hatte er die vierte (Aristobule), ja eine fünfte gefügt, denn die Selasphoros (Paus. Att. 31, 4) von Phlya ist wohl wieder die salaminische Siegsgöttinn.

vollbracht war, so war es nicht ungeeignet der Artemis von Munychia überhaupt für das Wohl des Staats zu opfern. Vielleicht ist die Phosphoros (Böckh Stud. p. 82 lin. 8 καὶ τῇ φωςφόρῳ, vorher lin. 7 τῷ τε Ἀπόλλωνι) identisch mit der munychischen Göttinn (cf. Leake Top. p. 274 Note 2 Saup.), mochte diese nun ihre Lichterkuchen schon längst als φωςφόρος empfangen haben oder so wegen der salaminischen Siegesfreude (φάος; (Αἴας) — — φόως δ' ἑτάροισιν ἔθηκεν Il. VI, 6) genannt sein.

In späten Zeiten, als Athen nur seine grossen Erinnerungen hatte, ward der salaminische Sieg von den Epheben begangen. Die Festorte waren Munychia und Salamis; von letzterem sagt Plut. de glor. Ath. 7 Μαραθὼν τὴν Μιλτιάδου νίκην προπέμπει καὶ Σαλαμὶς τὴν Θεμιστοκλέους.

Die festfeiernden Jünglinge fuhren auf eigens dazu bestimmten Schiffen*) „den heiligen" (vom Piraeus) um die Halbinsel links herum in die munychische Bucht (wo der Artemistempel stand). Die Fahrt diente (mitunter) zum Ruderwettstreit Ephem. 4098, 28 περιέπλευσα[ν**] δὲ καὶ τοῖς Μου]νιχίοις εἰς τὸν λιμένα τὸν ἐν Μουνιχίᾳ ἁμιλλώμενοι. Von der Regatta ist indess nicht überall die Rede Ephem. 4097, 15: περιέπλευσ[αν] δὲ καὶ εἰς Μουνιχίαν ἐν ταῖς ἱεραῖς ναυσίν; Ephemeris von 1862 n. 199 p. 195: Φιλιστείδ[ης Φιλιστείδου Πειρα]εὺς καὶ Πό. Αἴλ. ναυμαχ[ήσαντες] Μουνίχια συνεστεφανώθησαν.

Dann schifften sie, wieder im Ruderwettstreit, nach Salamis hinüber. Die athenische Jugend mass sich hier im Dauerlauf mit der salaminischen, es war das Ajasfest von Salamis, welches den Mittelpunkt der Feier (wenigstens in dieser späten Zeit) bildete. 480 a. Chr. hatten die Griechen Ajas und Telamon zu Hülfe gerufen, Herod. VIII 64. 83; Plut. Them. 15. Ausser dem Opfer für Ajas, nach dem das Fest Αἰάντεια hiess, wurde auch dem Asklepios geopfert. Durch Asklepios Hülfe sollte wohl Ajas seinem Heroengrabe entsteigen und in die lebendige Gegenwart hinaufgerufen werden. Dem Ajas galt der Festzug (τήν τε πομπὴν [συνέ]πεμψαν τῷ Αἴαντι Ephemeris 4097, 53), bei dem ein Ajasbild vorgetragen sein mag. Auch ein

---

*) Nach Ephem. 4107, 76 zu schliessen, waren es nur wenige Schiffe, nicht mehr als zwei, jedes mit zwei Ruderbänken, hatten die Epheben hergeführt. Die zwei Schiffe 4101, 27, in denen sie (Einige) vorauffuhren (προαναπλεύσαντες) mögen indess eine Abtheilung sein.

**) Hier geht περί auf die Ausfahrt vom Piraeus, so dass sie Munychia links hatten; vgl. Ephem. 4104, 20 sq. und 4041, 13, welche Stellen nicht mehr geben.

Fackellauf fand statt. Es sind noch Belobungsdecrete der salaminischen Behörde erhalten, abgefasst für die Epheben Ephemer. 4097, 15 sqq.; 52 sq.; 4041, 14; 4098, 29 sq.; 4107, 22, 4045, 9. Endlich gehörte auch ein Opfer für Zeus Tropaios zu den Gebräuchen des Siegsfestes (Ephem. 4098, 27; 70; 4104, 27 sq.; 4107, 17.) wahrscheinlich auf Salamis.*)

Eine Störung der alten Bräuche des XVI Munychion durch das Siegsfest ist nicht anzunehmen, auch abgesehen davon, dass jene den Frauen, dieses mehr den Männern oblag. Denn die Tageszeiten lassen sich so vertheilen: am Vorabend konnte Munychia ihre *ἀμφιφῶντες* empfangen, die brennenden Kerzen deuten auf eine Darbringung nach Sonnenuntergang oder vor Sonnenaufgang. Morgens und Vormittags folgte die *ἀρκτεία*, deren Hauptsitz indess nicht die Halbinsel, sondern die Burg (nach 480 a. Chr.) gewesen sein wird. Nach Mittag schloss sich die Siegsfeier an; diess war die rechte Tageszeit für eine nicht sowol Göttern als vielmehr Heroen (G. A. 29, 1) geltende Begehung. Die Festacte der Acanteen mussten sich, in der Ausdehnung, die sie nach späten Inschriften hatten, über das Ende des XVI Munychion hinaus erstrecken, in den XVII und XVIII. Das Asklepiosopfer passt für den XVIII, s. Einleitung S. 72 Note *.

Olympieen.

Die Kalenderzeit lag zwischen den städtischen Dionysien (Elaphebolion, Vollmond) und dem Feste der Bendis (XIX u. XX Thargelion). Diese Stelle haben die Olympieen in den Hautgelderinschriften C. I. I n. 157, Rang. n. 842.**) Vom Bendisfeste waren sie überdies durch ein Opfer für Hermes den Führer getrennt, dessen Stelle im Monat nicht näher bekannt ist. Der Festaufzug, welchen bekränzte Reiter dem Zeus am XIX Munychion begingen, fällt innerhalb dieser Grenzen und es ist daher der XIX Munychion mit ziemlicher Wahrscheinlichkeit als Tag der attischen Olympien aufgestellt worden; Stark zu G. A. 60, 5.

---

*) Psyttaleia beruht blos auf einer Ergänzung (Ephem. 4098, 70), die im Philistor nicht anerkannt wird. Freilich stand auch auf Psyttaleia ein Tropaion, da hier das dichteste Kampfgedränge gewesen (Plut. Aristid. 9). Aber das auf Salamis, wo die Epheben waren, werden sie doch gewiss besucht haben. Pausan. Att. 36, 1 erwähnt dies Tropaion.

**) Auf ersterer Inschrift ist *ἐξ Ὀλυμπιείων*, auf letzterer *είων* erhalten. Das ältere Fest hiess wohl *Ὀλυμπιεῖα*, das hadrianische *Ὀλύμπια*; auf einer megarischen Inschrift C. I. n. 1068 *Ὀλύμπια ἐν Ἀθήναις*.

Der Ort der Feier war der grosse von Pisistratus 530 a. Chr. begonnene Tempel des olympischen Zeus. Dass es schon in Cylons Zeit attische Olympien gab, ist nicht zu beweisen*) und Pisistratus kann füglich als Gründer des Festes angesehen werden. Wahrscheinlich gab er ihm eine penteterische Bestimmung, um die Olympien in Elis auch hierin nachzuahmen.

Wenn die an Phocions Todestage, dem XIX Munychion Ol. 115, 3 Archon Archippus (Clinton z. J. 317 a. Chr.), aufziehende Reiter-Pompe (Plutarch Phoc. 37) einer penteterischen Feier angehörte, so hatte diese schon damals dieselbe Epoche, welche für die attischen Olympiaden**) in Hadrians Zeit angenommen wird, nämlich das dritte

---

*) Bei Thucyd. I, 126 heisst es ἐπειδὴ ἐπῆλθεν Ὀλύμπια τὰ ἐν Πελοποννήσῳ, mit Bezug auf Cylons Unternehmen. Hieraus folgern Einige durch Gegensatz athenische Olympien in der Zeit des Cylon; „dass sie in Cylons Zeit zu Athen bestanden, geht aus Thucydides hervor", Rathgeber A. E. III, 3 p. 325; vgl. Krause Olympien p. 211. Diese Annahme führt aber für den Zusammenhang der Erzählung etwas Schiefes und Verkehrtes herbei. Soll nämlich der verschwiegene Gegensatz: καὶ οὐ τὰ Ὀλύμπια τὰ ἐν Ἀθήναις Sinn haben, so kann es nur folgender sein: „Cylon besetzte die Burg zur Zeit der peloponnesischen Olympien, die der Gott nicht gemeint hatte, statt die athenischen Olympien zu wählen, die der Gott gemeint hatte." Aber dies ist, wie Thuc. I, 126 lehrt, falsch. Apoll hatte gar keine Olympien gemeint, sondern das Diasienfest. Es ist also τὰ ἐν Πελοποννήσῳ nicht im Gegensatze der cylonischen Zeit und ihrer Einrichtungen gesetzt, sondern zur Unterscheidung von anderen Olympien, an die ein Leser leicht denken könnte, ungeachtet ihn die Erwägung, dass Cylon in vorsolonische Zeiten gehört, selbst schon davon abbringen mochte, einer so alten Zeit andere Olympien als die peloponnesischen zuzutrauen. Ein unbehutsamer Leser konnte an macedonische und athenische Olympien denken, dem sollte der Beisatz vorbeugen. Das war auch des Scholiasten Meinung, τοῦτο προσέθηκεν ἐπειδή ἐστιν Ὀλύμπια καὶ ἐν Μακεδονίᾳ καὶ ἐν Ἀθήναις. Der Scholiast denkt nicht an macedonische und athenische Olympien zu Zeiten des Cylon, sondern zu Zeiten des Thucydides und seiner Leser, die dadurch vor einer Verwechselung mit irgend welchen Olympien (nicht blos den athenischen, wie Classen zu Thuc. a. O. meint) bewahrt werden sollten. Wir finden sonst die Alten nicht eben sehr besorgt für Ausschliessung von dergleichen Missverständniss, und da nach dem Urtheil bewährter Kritiker (K. W. Krüger, Classen) gleich nachher in diesem Capitel Interpolation gewaltet hat, so mag derselbe Interpolator τὰ ἐν Πελοποννήσῳ zugefügt haben. Doch sei dem wie ihm wolle, Ὀλύμπια τὰ ἐν Πελοποννήσῳ denen ἐν Ἀθήναις entgegenstellen, heisst den im Zusammenhang der Erzählung begründeten Gegensatz der irrthümlich gewählten Olympien und der vielmehr zu wählenden Diasien stören.

**) Diese konnten also ebenso gut Panathenaiden heissen. Siehe die ob. S. 121 Note erwähnte Inschrift, auf welcher die 35. Panathenaide vorkommt.

Jahr der elischen Olympiaden, die wohlbekannte Epoche der panathenäischen Finanzperiode und der grossen Panathenäen. Die erste athenische Olympiade nach Dedication des Olympieums scheint Ol. 227, 3 = p. Chr. 131/2 gesetzt werden zu müssen, Corsini F. A. II p. 111; Böckh. C. I. I n. 342. Die Wahl eines grossen Panathenäen-Jahrs war für Attica angemessen, auch die delische Penteteris hat ihre Epoche im Thargelion eines grossen Panathenäenjahrs, s. Böckh C. I. I zu n. 158.

Im grossen Panathenäenjahre Ol. 111, 3 betrug das Hautgeld aus den Olympieen 721 Drachmen, was auf kein unbedeutendes Opfer schliessen lässt. Es können die Olympieen Ol. 111, 3 mit mehr Aufwand gefeiert sein, weil es die penteterischen waren, neben denen es auch jährliche kleinere gegeben haben mag, obwohl aus dem 1, 2 und 4 Olympiadenjahr keine Olympienfeier bezeugt ist.

Ob diese Unterscheidung kleinerer und grösserer Feste wahr ist, werden wohl einmal Inschriften entscheiden.

An eine ununterbrochene gleichmässige Fortführung der Feier aus Pisistrats Zeit bis in die des Hadrian ist gar nicht zu denken. Mit Grund bemerkt Krause a. O., dass die von Hadrian gestifteten Olympien Athens*) von den älteren unterschieden werden müssen; gewiss lagen Zeiten grosser Vernachlässigung dieses Festes dazwischen.

Eine Behörde, durch deren Hände Gelder für die Festopfer gingen, waren die $συλλογεῖς τοῦ δήμου$. Dies lehren die Hautgelderinschriften und C. I. I n. 99, wo das Collegium der $συλλογεῖς$ eine Belobung beschliesst in Betreff der Opferverrichtung für den olympischen Zeus. Indess war dieselbe Behörde auch für andere Opfer thätig (a. O. n. 99, II, 6 $[ἱ]εροποίησαν τῇ Ἀθηνᾷ$). Seit wann und bis wie lange die Behörde diese Functionen hatte, ist unbekannt; sie scheint dem schon im Sinken begriffenen Athen (Ol. 111, 3 ist das erste Jahr der Inschrift C. I. I n. 157) anzugehören; vgl. Böckh C. I. I p. 138.

Thargelien.

Die Kalendertage sind nicht bekannt. Durch Vermuthung hat Meursius Thargelion VI und VII angesetzt, und diese Vermuthung hat allgemeinen Beifall gefunden.

---

*) Der Ehrensitz des Priesters der olympischen Nike ist erst in der Zeit der hadrianischen Olympien aufgestellt, Vischer im N. Schweiz. Mus. III p. 59.

Die apollinischen Pyanepsien des VII in dem nach ihnen benannten Monat Pyanepsion führen zu der Ansicht, dass die Thargelien, ebenfalls Apollonsfest, am VII des nach ihnen benannten Monats Thargelion stattfanden. Da sie nicht blos dem Apoll, sondern auch der Artemis (Meursius Gr. Fer. p. 143) galten, so kann der Tag vorher — die ἕκτη gehört Artemis — passend hinzugenommen werden.

Eine Stütze dieser Aufstellung bietet die Nachricht, dass die Athener am VI Thargelion ihre Stadt reinigten (G. A. 60, 10) und dass gerade die Thargelien, ihrem merkwürdigsten Theile nach (Umzug mit Menschenopfern), kathartischen Zweck haben.

Da die Delier die Geburt ihres Apoll auf den VII Thargelion, die Geburt ihrer Artemis auf den VI setzten, mithin wahrscheinlich die Delien am VI und VII Thargelion*) begangen wurden, so waren die attischen Thargelien ein Parallelfest der Delien, und zwar sowohl der jährlichen als der penteterischen. Böckh C. I. I p. 255b; Schol. Hes. ἔργ. 787 Vollb.

Wiewohl das delische Parallelfest einmal in 4 Jahren glänzender gefeiert wurde, lässt sich für die attischen Thargelien doch kein penteterischer Unterschied nachweisen.

Die Epoche der delischen Penteteris war, seit Ol. 88, 3 wenigstens, das dritte Olympiadenjahr, sie lief also mit der panathenäischen und pythischen gleich. In welcher Form die delische Feier vor Ol. 88, 3 = a. Chr. 426/5 existierte, wissen wir nicht.**)

Dass der Ehrensitz des Priester des olympischen Zeus ebenso jung sei, geht wenigstens aus äusseren Anzeichen nicht hervor wie bei jenem.

*) Dieser Ansicht kann man Plutarch Thes. XXI entgegenstellen. Was Theseus dort stiftet (einen Tanz, γέρανος, und Agon mit Palmzweig für den Sieger) ist aller Wahrscheinlichkeit nach zu den Delien vorgekommen. Theseus landet aber auf Delos nicht in der Thargelienzeit, sondern auf seiner Rückkehr von Creta, also viel später im Jahre, im Herbst. Darnach sollte man herbstliche Delien vermuthen. Vielleicht indess zwang die historisierende Darstellung dazu, die Stiftungen des Theseus in eine falsche Jahreszeit zu setzen, indem nur der siegreiche Theseus, nicht der in Aussicht schwerer Kämpfe ausfahrende dergleichen frohe Festspiele gründen konnte.

**) Im C. I. I p. 255 bemerkt Böckh: *erant haec solemnia penteterica; quae quum aetatum decursu obsolevissent, ol. 88, 3 ab Atheniensibus instaurata sunt.* Er hielt die Penteteris der Delier für älter als Ol. 88, 3 und glaubte, die Athener hätten sie nicht erst damals eingerichtet, sondern blos wieder hergestellt. Thuc. III, 104 sagt: καὶ τὴν πεντετηρίδα τότε πρῶτον μετὰ τὴν κάθαρσιν ἐποίησαν οἱ Ἀθηναῖοι τὰ Δήλια, „damals zuerst wurde eine Penteteris gegründet, im Jahre Ol. 88, 3." Dass die Athener eine schon früher dagewesene Penteteris wieder erneuerten, meldet Thucydides nicht. Eine schon

Dass bei Einrichtung der Penteteris Ol. 88, 3 die Athener die handelnden, die Delier die leidenden waren, bedarf des Beweises nicht; doch muss es unentschieden bleiben, ob das souveräne Volk seine eigene Einrichtung, die panathenäische Pentaëteriden-Epoche, *) zu octroyieren und dadurch Uebereinstimmung mit der Finanzverwaltung Athens zu erreichen meinte, oder ob es vielmehr Hauptgesichtspunct war, dass Delos eine im (delphischen) Apollocult anerkannte Epoche haben sollte.

Die Feier.

Vorabend. Am VI Thargelion wurde der Demeter Chloë ein weibliches Schaaf geopfert. Demeter Chloë hat im Verein mit Gaea einen Tempel bei der Akropolis.**) Dies war der Ort des Opfers.***)

---

früher dagewesene Penteteris ist an sich nicht unmöglich, z. B. in Pisistrats Zeit, doch sehe ich keinen genügenden Anhaltspunct, um delische Penteteriden vor Ol. 88, 3 zu unterstützen. „Delos, du bist ein armes Eiland, doch wenn du Apolls Geburtsstätte wirst, sollen alle Völker dir Hecatomben bringen" sagt der Hymnode 1, 51 sqq. Wie oft Hecatomben bringen? jährlich, denn arm und bedürftig ist Delos Jahr aus Jahr ein, ohne Unterschied der Jahre. Wer den Theseus als Stifter oder Erweiterer der Delien ansehen will, kann allerdings sagen, sein Zug habe bezweckt eine penteterische Busse abzuschaffen, er sei am Schlusse einer pythischen Penteteris (s. m. Zweiten Beitrag p. 386, Marmor Par. ep. 19) ausgefahren, also wohl Stifter der delischen gewesen.

*) Die Epoche soweit sie das Jahr angeht. Den Monat (Thargelion), von welchem ab die delischen Gelder berechnet werden (C. I. I n. 158), liessen sie bestehen. Es war passend, dass die Nebencasse (Delos) eher abrechnete, als die Hauptcasse (Athen).

**) Leake p. 219 setzt denselben in die Nähe des Niketempels, indem er die zwei Vertiefungen in der Mauer für Altarstätten der Ge und der Demeter hält und annimmt, dass diese Vertiefungen in eine Grotte führen, die das Adyton der Erdgottheiten gewesen sei. Der Gaeatempel war also ihm nicht ein von Menschen erbauter, sondern ein natürliches Adyton. Die Vertiefungen nennt Leake Thüren. — Auch als die Vertiefungen geräumt waren und sich nicht als Thüren eines Adytons, sondern als blosse Nischen, wo kaum ein Altar Platz hat, gezeigt hatten (Beulé l'Acrop. I p. 267), blieben Viele bei Leake's Meinung (ib. n. 4). Beulé sucht zu zeigen, dass der Gaeatempel nur am Fusse der Akropolis, ausserhalb derselben zu suchen sei, südlich wie Thuc. II, 15 sagt. Die Lage des Gaeatempels ist danach nur im Ungefähren bekannt. — Auch E. Breton Athènes p. 35 ist von Beulé's Darstellung überzeugt worden. Doch ist nicht zu übersehen, dass bei Beulé's Ansicht sich Schol Ar. Lys. 835 (ἐν ἀκροπόλει s. folg. Note; vgl. Suidas v. κουροτρόφος; Leake Top. p. 219) nicht erledigt und für falsch erklärt werden muss. Aber ἐν ἀκροπόλει ist auch mit Thuc. II, 15 nicht vereinbar. So trete ich der Ansicht Beulé's bei.

***) Schol. Ar. Lys. 835: χλόης Δήμητρος ἱερὸν ἐν ἀκροπόλει, ἐν ᾧ Ἀθηναῖοι θύουσι μηνὸς Θαργηλιῶνος, ὡς Φιλόχορός φησιν ἐν ς'. Auf dieselbe

Die Tageszeit desselben dürfte der Vorabend gewesen sein. In die Hauptacte des Thargelienfestes ist es nicht einzureihen und erhält daher füglich eine Sonderstellung.

So gestellt bildet die Darbringung des weiblichen Schaafs ein Voropfer. Zu Gunsten dieses Voropfers lässt sich vielleicht anführen, dass am Tempel der Gaea und Demeter Chloë gesetzmässige Voropfer — freilich nicht im Apollocult — herkömmlich waren, die ἐπίβοια der Erechtheus-Religion. Auch anderswo zeigt sich ein Streben den Apoll*) und Erechtheus gleichzustellen.

Am Lichttage des VI Thargelion folgte dann das Umherziehen mit den beiden Menschenopfern durch die Stadt. Das Menschenopfer ist ein καθαρμός und am VI Thargelion wird die Stadt Athen lustriert, Diog. Laërt. II, 44 Θαργηλιῶνος ἕκτῃ ὅτε καθαίρουσι τὴν πόλιν Ἀθηναῖοι, G. A. 60, 9. Darnach hat schon Meurs. a. O. p. 144 den Umzug der φαρμακοί auf den VI Thargelion gebracht, wozu man etwa den Vorabend des VII (aber nicht den Lichttag des VII) fügen kann.

Nach Hellad. in Phot. Bibl. c. 279 p. 534 b, (G. A. 60, 18) „war es in Athen Sitte, eine Procession mit zwei Menschen (φαρμακοὺς ἄγειν) zu halten, welche, einer zur Sühne der Männer, der andere für die Frauen, dargebracht wurden, jener schwarze dieser weisse Feigen (aufgereihet) um den Hals tragend. Diese menschlichen

städtische Oertlichkeit bezieht sich Schol. Sophocl. O. C. 1600 Brunck, ungeachtet Sophocles eine andere (Leake Topogr. p. 219, n. 8) im Auge hat. Der Schol. sagt: ἔνθα δηλονότι καὶ κριὸς θήλεια τῇ θεῷ ταύτῃ θύεται. οὕτω δὲ τιμᾶται ἐκ τῆς τῶν κήπων (καρπῶν Herm.) χλόης, θύουσί τε Θαργηλιῶνος ἕκτῃ. Die Erklärung von χλόη geht nicht auf die Thargelienzeit, in der das Getreide nicht mehr grün, sondern reif ist. Den Monat überliefert auch Schol. Ar. a. O. Dass also im Monat der Ernte, dem Thargelion, dennoch der „grünenden" Demeter geopfert ist, steht durch zwei Zeugnisse fest. — Wer den Tag, den VI, anzweifeln will, muss sagen, der VI sei aus dem sechsten Buch des Philochorus durch Irrthum entstanden. Ist aber auch genügender Grund zu solchem Zweifel?

*) Nicht jeden Apoll, sondern den Patroos. Diesen machte man zum Sohn der Athena und des Feuergottes, also zum Bruder des Erechtheus. Erechtheus' Tochter musste vom Apoll den Ion gebären. Vgl. Welcker G. L. I p. 492 Obige Erklärung des Demeter-Opfers ist also nur unter der Voraussetzung zulässig, dass der Thargelien-Gott den Athenern Patroos war. — Eine andere Erklärung ist folgende: Demeter ist Vorsteherinn des Getreidebaus, ein Opfer für sie ist natürlich, da die Thargelien eine Darbringung reifer Feldfrüchte enthalten. — Aber der Name der Demeter, χλόη „die grünende", beweiset, dass dies nicht der Gesichtspunct war; die Reife des Korns führt nicht zur Chloë. Die erstgedachte Erklärung ist also vorzuziehen.

Mommsen, Heortologie.

Sündenböcke wurden συβάχχοι (so nach einer Hdschr. Bekker, statt συμβάκχοι) genannt. Es war dieser Sühnbrauch eine Abwehr pestartiger Krankheiten und kam auf in Folge der Ermordung des Kreters Androgeos." Es geschah dies aber in Athen an den Thargelien, nach Harpocration v. Φαρμακός: „zu Athen führte man (ἐξῆγον) zwei Männer hinaus zur Sühne für die Stadt, an den Thargelien, den einen für die Männer, den andern für die Weiber." Vgl. Suidas II, 2 p. 1422. Will man also das Ueberlieferte nicht umstossen, so muss man zugeben, dass in dem humanen Athen alljährlich am Thargelienfeste Menschen zum Opfer dargeboten wurden.

Vielleicht wurden in Athen die Opfer mit Feigenruthen gepeitscht und dazu eine Flötenweise gespielt, die Feigenruthen-Weise genannt; G. A. 61, 19. Indess sind unsere Quellen dadurch getrübt, dass sie Attisches und Nicht-Attisches vermischen. Was der alte Dichter Hipponax in Kleinasien von den Thargelien seiner Heimat gesagt und Tzetzes ihm nachgesprochen, hat zunächst gar keinen Bezug auf Athen; vgl. Meurs. Gr. Fer. p. 146; Hippon. Frgm. 50 sqq. 4, 28 (Bergk Poett. Lyr.). Für attisch hat auch C. Fr. Hermann die bei Tzetzes überlieferten Gebräuche nicht gehalten, wenigstens nicht die Verbrennung der Sündenträger und die Ausstreuung der Asche ins Meer, während Schömann Alt. II p. 225 die attischen Thargelienbräuche grösstentheils nach Tzetzes darstellt. Fast an jeden Punct des Details knüpft sich Zweifel, ob nicht Fremdes unterlaufe, auch an die Geisselung mit Zweigen des Feigenbaums (κράδαις) und die darnach benannte Melodie, da erstere bei Hipponax vorkommt. *) Unter dem sogar, was Helladius attische Sitte nennt, sieht die Bezeichnung συβάχχοι **) aus wie ein hipponactisches Scheltwort. Dennoch bleibt nichts übrig, als nach dem allgemeinen Bilde der jonischen Thargelien sich auch das Bild der attischen zu entwerfen.

Wie aber opferte man die armen Sünder? und tödtete man sie wirklich? Die Zeugnisse, in denen Athen ausdrücklich genannt wird (Hellad. a. O. und Harpocr. a. O.), sprechen blos von einer Procession (φαρμακοὺς ἄγειν, δύο ἄνδρας Ἀθήνησιν ἐξῆγον); vgl. Hesych. II p. 337 (G. A. 60, 19) νόμον τινὰ ἐπαυλοῦσι τοῖς ἐκπεμπομέ-

---

*) Bezog sich auch Hippon. Fr. 26 συκῆν μέλαιναν, ἀμπέλου κασιγνήτην auf die schwarzen Feigen, mit denen die Opfer behängt wurden?

**) Vermuthlich mit langem υ aus dem Schluss eines hipponactischen Jambus. Hierzu stimmt die Leseart συμβάχχοι. Ist Bekkers συβάχχοι richtig, so kommt der Name wohl von σῦκον da κον in σῦκον Suffix ist; auch σύφαρ (runzlige Haut) stammt gewiss mit den runzligen σύκοις aus derselben Wurzel.

νοις φαρμακοῖς. In den Worten des Suidas II, 2 p. 1423 φαρμακοὺς τοὺς δημοσίᾳ τρεφομένους, *) οἳ ἐκάθαιρον τὰς πόλεις (τὴν πόλιν E m. pr., bei Bernhardy, der τὰς πόλεις im Texte hat) τῷ ἑαυτῶν φόνῳ, würde die Leseart τὴν πόλιν Athen bedeuten; ἐκάθαιρον τῷ ἑαυτῶν φόνῳ kann nur heissen „reinigten durch ihr eigenes Blut", so wie durch das Blut eines Schweins Reinigungen vollzogen werden; vgl. Suid. II, 2 p. 1421 φαρμακός ὁ ἐπὶ καθαρμῷ πόλεως (eines Staats) ἀναιρούμενος. Tzetzes dagegen sagt, man habe die Menschenopfer verbrannt und ihre Asche in Meer und Wind verstreut. Endlich findet sich auch Steinigung als Thargelienbrauch, siehe Seite 420, Note **. Der zuerst Gesteinigte war ein Verbrecher, ein Tempeldieb und nach Tzetzes nahm man den widerlichsten alten Menschen (τὸν πάντων ἀμορφότερον, turpissimum, von äusserlicher und wohl auch innerer Hässlichkeit) zum φαρμακός. Ob dieser Brauch attisch war und ob der ἱερεὺς λιθοφόρος (Vischer in N. Schw. Mus. III p. 58) ihn vollstreckte, ist ganz ungewiss.

Eine jährliche Tödtung von Menschen hat Anstoss erregt und verschiedene Ansichten hervorgerufen, theils dass eine wirkliche Tödtung nicht stattfand,**) theils dass die allerdings Getödteten als Verbrecher ohnehin des Lebens unwerth waren,***) theils dass die

---

*) Auch dieser Ausdruck geht darauf, dass die Opfer geschlachtet wurden, so wie man das Vieh füttert und mästet um es zu schlachten. Die dort angezogene Stelle Ar. Eq. 1140 sqq. zeigt es auch noch. Einen Unterschied zwischen Pharmaken und öffentlich gehaltenen stellt hier der Scholiast auf: δημοσίους δὲ τοὺς λεγομένους φαρμακοὺς οἵπερ καθαίρουσι τὰς πόλεις τῷ ἑαυτῶν φόνῳ ἢ τοὺς δημοσίᾳ καὶ ὑπὸ τῆς πόλεως τρεφομένους. Suidas erkennt diesen Unterschied nicht an, sondern spricht von „öffentlich ernährten Sündenträgern."

**) Müller Dor. I. p. 326. „In Athen wurden an den Thargelien zwei Männer feierlichst wie Opferthiere vors Thor geführt, unter Verwünschungen vom Felsen gestürzt, unten aber wahrscheinlich aufgefangen und über die Grenze gebracht." Müller hatte dabei die Herabstürzung auf Leucas (a. O. p. 232) vor Augen. — Aber auf Leucas bildete dieser Brauch nicht den Theil eines Thargelienfestes. Und wenn die seltsame Sitte von Leucas öfters erwähnt ist, hätte derselbe Brauch an einem Vorgebirge Attieas durch ganz Hellas erschallen müssen. Aber keine Nachricht, keine Anspielung giebt uns einen attischen Küstenpunct, von dem jährlich zwei Menschen hinuntergestürzt wurden, und es ist besser so etwas nicht anzunehmen.

***) Schömann Alt II p. 225. Die Zeugnisse, welche allerdings hierauf führen, sind aber gerade die, welche nichts nöthigt auf Athen zu beziehen, G. A. 60, 20 und unten S. 420 Note**. Und haben die feinsinnigen Athener wirklich gemeint den Apoll zu versöhnen, wenn sie einem Verbrecher das thaten, was

27*

Tödtung nur bei wirklich eingetretener Pest oder Hungersnoth, also nicht jährlich stattfand.*) Diese letzte Ansicht stützt sich auf Tzetzes: „man reinige eine Stadt, wenn sie ergriffen werde von einer gottverhängten Plage, Pest oder Hungersnoth", ἂν συμφορὰ κατέλαβε πόλιν θεομηνία, εἴτ᾽ οὖν λοιμὸς εἴτε λιμὸς εἴτε καὶ βλάβος ἄλλο. Es ist möglich, dass Tzetzes die Verbrennung der φαρμακοί nur auf diesen Fall beschränkte, nicht als jährlich dachte, obwohl ein wirkliches Menschenopfer in Pestzeiten vereinbar ist mit einem der Gottheit angebotenen, aber von ihr abgelehnten in gesunder Zeit.

Der jährliche Gebrauch des Festes bestand, wie es scheint, darin, dass man dem Apoll ein Menschenopfer anbot, auch wohl die armen Sünder zu verwunden und mit ihrem Blute zu sprengen anfing, bis der Priester den Willen des Apoll erklärte, dass er hiermit versöhnt sei, dass eine vollständige Hinrichtung weiter nicht nöthig sei. Man machte also alle jene schauerlichen Zurüstungen, nahm die Miene an, als wolle man die Unglücklichen schlachten wie ein Vieh, oder verbrennen, oder auch steinigen, erzählte auch dabei einen wirklich einst vorgekommenen Fall einer Schlachtung, Verbrennung, Steinigung, welcher indess meistens sagenhaft war (wie der von jenem gesteinigten Tempelräuber Pharmakos) und das Volk musste glauben, dass es Ernst sei. Im Allgemeinen liess der Gott Gnade walten. Aber eine schlimme Seuche kann doch auch veranlasst haben, wirklich dem Pestabwehrer Menschen zu opfern, siehe Einleitung S. 53 sq. Die schwankende Ueberlieferung der Tödtungsweisen zeigt nur, dass in verschiedenen Städten Joniens verschiedene Ursprungslegenden dieses Thargelienbrauches existierten.

Ungewiss ist, ob beide φαρμακοί Männer waren, oder ob es ein Paar von beiden Geschlechtern war.**)

---

sich von selbst verstand? denn blosse „Taugenichtse" schlachtet man doch nicht gleich.

*) Rinck II p. 72. Indess werden auch jährliche Bräuche nicht selten als einmalige Facta überliefert, und die anderen Quellen geben offenbar jährlichen Brauch durch Nennung der Thargelien, eines jährlichen Festes.

**) Beide Geschlechter überliefert, Hesychius φαρμακοί, καθαρτήριοι, περικαθαίροντες τὰς πόλεις ἀνὴρ καὶ γυνή, wo aber Athen nicht ausdrücklich genannt ist. Da die Thargelien auch der Artemis gelten, so könnte dem Apoll das Opfer eines Mannes, der Artemis das eines Weibes angeboten sein. Ueber Menschenopfer im Artemisdienste s. Suchier de Diana Braur. p. 24; Welcker G. l. I p. 573, 10; G. A. 60, 2. Wenn die Thargelienopfer aus dem alten Plynterienbrauch, zwei Mädchen zu tödten, herrühren, also auf die Tharge-

Dass man in Athen „zu diesen Sühnopfern überwiesene Verbrecher nahm, welche die Stadt besonders dazu aufbewahrte und nährte" Müller Dor. I 326 sq., ist wenigstens nicht überliefert. Es kann der Dienst eines φαρμακός von untergeordnetem Tempel-Personal mit versehen sein, oder von armen Leuten, die sich selbst dazu anboten wie zu Massilia (G. A. 68. 41) und welche keineswegs Verbrecher waren. In beiden Fällen gab es dann in Athen „öffentlich genährte φαρμακοί" (s. oben S. 419 Note *). — Sollte es sich einmal sicherer herausstellen, dass die φαρμακοί Todesverbrecher waren, so würde Schömanns Ansicht von wirklicher Tödtung derselben den Vorzug verdienen vor der Behauptung Müllers, welcher auf der Analogie von Leucas fusst, die die Thargelien nichts angeht.

Vermuthlich wurden die zu opfernden an verschiedene Apollotempel der Stadt, den patroïschen,*) delphinischen**) und pythischen,***) geführt und mit finstern Gebräuchen begonnen, bis man glaubte der Gnade des Apoll gewiss zu sein.

---

lien blos übertragen sind, so kann das Opfer Eines Weibes beibehalten sein für Artemis. — Eine Legende knüpft das Menschenopfer indess blos an Apoll. Ein Dieb, namens Φαρμακός, entwendet heilige Phialen des Apoll, Achill entdeckt den Raub, der Dieb wird gesteinigt (vgl. Ovid. Ibis 467; G. A. 27, 8) und der Thargelienbrauch, zwei φαρμακοί als Opfer durch die Stadt zu führen, ist hiervon eine Nachahmung (die Stellen s. in Meurs. Gr. Fer. p. 147, Quelle war Istros). Da Achill der Entdecker ist, so bezieht sich die Legende nicht auf Athen, in den attischen Thargelien können ungeachtet der Legende ein Mann und ein Weib zu Opfern dargeboten sein. Leider erlauben die unzureichenden Nachrichten keine Entscheidung.

*) Apollon Patroos erhielt den Beinamen Ἀλεξίκακος (Pausan. Att. 3, 4), weil er im peloponnesischen Kriege die Pest gestillt hatte. Eine Statue seines Tempels stellte ihn in solcher Eigenschaft dar. Die thargelischen Menschenopfer, bestimmt die Pest abzuhalten, werden also an den Tempel des Patroos geführt sein. Ueberhaupt galten die Thargelien vorzugsweise dem Patroos.

**) Eine Benutzung des Delphinions empfiehlt der Zusammenhang in den Theseus-Legenden. Apoll ist Richter über Androgeos' Tödtung und die einzige apollinische Gerichtsstätte ist das Delphinion, wo auch Theseus den marathonischen Stier, durch welchen Androgeos getödtet war (Preller Gr. Myth. II p. 195 a. O.), opfert. Im Delphinion nimmt er Abschied mit den 14, der Busse wegen Androgeos' Ermordung. Da nun der Mord des Androgeos die Pest, die Pest aber das thargelische Menschenopfer veranlasst hat, so führt die Legende dahin, dass die φαρμακοί auch dem Delphinion angeboten wurden. — War auch ein weibliches Menschenopfer dabei, so bot man dies der Artemis Delphinia an. (Für die anderen, blos dem Apoll geweiheten Tempel passt ein Opfer aus beiden Geschlechtern nicht.)

***) Der pythische Gott sendet wegen Androgeos' Mord Landplagen und ver-

Die Feier des VII hatte einen durchaus verschiedenen Character von der des Vortages; am VII wurde Apoll als der milde Geber aller Sommerfrüchte gefeiert. Den Sonnengott, den Sender gefährlicher Hitze und Krankheit fürchtet man sowohl, als man seinem reifenden Strahle alle Bodenerzeugnisse dankt. Jene Befürchtung liegt den Bräuchen des VI, dieser Dank denen des VII zu Grunde. Das ganze Fest hat seinen Namen von den θαργηλίοις d. i. den reifen Früchten des Sommers (θέρος) oder dem θάργηλος, welcher als Brot aus frischem Korn erklärt wird (G. A. 60, 6).

Im Festaufzuge, welcher dem Apoll (als dem Sonnengott)*) und den Horen galt, wurden die mannichfaltigsten Erzeugnisse der Jahreszeit einhergetragen, Gräser, Feigen in verschiedener Gestalt, auch als Feigenkäs, ebenso die Kornarten theils in natürlicher theils in zubereiteter Form.**)

Wie an den Pyanepsien scheinen auch an dem Sommerfeste des Apoll die Kinder das Thun der grossen Leute nachgeahmt und an heiligen Zweigen ähnliche Gaben dargebracht zu haben. Die Zweige waren mit Wolle hergebrachtermassen bewunden, welche zur Befestigung der Anhängsel dienen konnte. Sie hiessen Eiresionen. Ihren eigentlichen Sitz hat diese Sitte aber ohne Zweifel in dem Herbstfeste des Pyanepsion, wo es weit mehr und schönere Früchte giebt. Es ist indess von beiden Festen überliefert, Schol. Ar. Eq. 729 *Πυανεψίοις καὶ Θαργηλίοις Ἡλίῳ καὶ Ὥραις ἑορτάζουσιν Ἀθηναῖοι. φέρουσι δὲ οἵ τε παῖδες θαλλοὺς ἐρίοις περιειλημμένους, ὅθεν εἰρεσιῶναι λέγονται.*

hängt die Menschenbusse. Sonach kann das Pythion benutzt sein bei dem Umzuge. Ferner spricht für das Pythion die Feier des VII. Da der VII am Pythion begangen ist, so wird derselbe Tempel auch am VI mit benutzt sein.

*) Dass Apoll und neben ihm Helios an den Thargelien verehrt ist, sagen die Stellen nicht, G. A. 60, 8. Vielmehr wo Helios genannt ist, fehlt Apoll, weil man Helios und Apoll zusammenwarf, was für dies Fest Sinn hat. So lange nicht Helios und Apoll, beide neben einander, als Thargeliengötter durch Zeugniss belegt werden, ist es besser den überlieferten Helios als einen andern Namen des Apoll selbst anzusehen.

**) Da ein Thargelienopfer für Helios und die Horen überliefert ist (G. A. 60, 8), so hat Meursius Gr. Fer. p. 114 die Pompe für Helios und die Horen den Thargelien zugeeignet. Von dieser Pompe heisst es bei Porphyrius, den er anführt, dass in derselben eine ganze Reihe natürlicher und künstlicher Producte aufgeführt werden. Im Einzelnen hat die Stelle Schwierigkeiten. Die Reihe beginnt mit *ἰλύς*, worunter Rinck II p. 70 „Schlamm als die Bedingung alles Wachsthums versteht." Unter *δρῦς* versteht er Eicheln, die aber im Mai und Juni noch nicht gross oder gar reif sein können.

Da die Stadt Athen keinen Tempel des thargelischen oder delischen Apoll hatte, so ist es ungewiss, bei welchem Tempel unter den städtischen die Erntefeier vornehmlich begangen wurde. Besucht wurden vielleicht mehrere heilige Stätten des Gottes. Das Ziel der thargelischen Pompe scheint das Pythion gewesen zu sein, weil hier der Agon*) stattfindet.

Auf die Pompe, welche wohl in der Morgenstunde begann, folgte der Agon. Diese Aufeinanderfolge findet sich im Gesetze des [Euegoros] bei [Demosth.] 21, 10 Θαργηλίων τῇ πομπῇ καὶ τῷ ἀγῶνι. Bei dem Agon fanden auch Kranzverkündigungen statt. Die Kränze der Trierarchen von Ol. 113, 4, welche sich verordnungsmässig zum X Munychion bereit gemacht hatten, sollten durch den Herold des Raths dann verkündiget werden, etwa 30 Tage nach ihrem Termin, See-Urk. XIV, a, 201 καὶ ἀναγορευσά[τω ὁ κή]ρυξ τῆς βουλῆς [Θ]αρ[γηλίων] τῷ ἀγῶνι τοὺς στεφάνους.

Der Agon bestand in dem Wettstreit von Männern und Knaben, die in Chören geordnet um den Altar herum (κύκλιος) tanzten und sangen, und Dreifüsse zum Preis erhielten, welche sie beim Pythion, dem Orte des Agons, aufstellten.**) Auf einer bald nach Ol. 94, 2 Archon Euclides a. Chr. 403/2 abgefassten Inschrift C. I. I p. 344 n. 213 sind thargelische Männer- und Knabensieger verzeichnet. Des letzten Knabensiegers Name (Ἀντισθένης Ἀντιφάτου Κυθήρριος) kehrt auf der Dedications-Inschrift C. I. n. 128 (I p. 174) wieder; sie stand, wie Böckh glaubt, vielleicht auf dem Stein, der den Siegerdreifuss des Antisthenes trug. Eine dritte Altersclasse (die Epheben) findet sich für die Thargelien nicht belegt, man scheint die alte Zweitheilung in ἄνδρες und

---

*) Da die Siegerdreifüsse im Heiligthum des pythischen Gottes aufgestellt wurden, so kann kein Zweifel sein, dass der lyrische Agon, Hauptact des VII, am Pythion begangen ist. Suidas II, 2 p. 556 Πύθιον ἱερὸν Ἀπόλλωνος ὑπὸ Πεισιστράτου (?) γεγονός, εἰς ὃ τοὺς τρίποδας ἐτίθεσαν οἱ τῷ κυκλίῳ χορῷ νικήσαντες τὰ Θαργήλια. Hier ist ἱερὸν εἰς ὃ undeutlich. Wahrscheinlich befasst ἱερόν den Bezirk mit, in diesem — Ἀπόλλωνος Πυθίου ἐν τεμένει Thuc. VI, 54 — wurden die Dreifüsse aufgestellt, nicht im Tempelhause (ἱερὸν im engeren Sinn). So standen auch die dionysischen Dreifüsse im Freien.

) Hat man wohl einen Unterschied zwischen dionysischen und thargelischen Dreifüssen gemacht? einen wesentlichen schwerlich, da Bacchus und Apoll identificiert wurden. Ihre Priester sitzen nicht selten benachbart im Theater, siehe n. 5 und 6, 19 und 20; vgl. n. 33 und 34, 76 und 77, bei Vischer im N. Schw. Mus. III p. 36—43. S. auch o. S. 255 Note*.— Indess ist nach Leake's und Forchhammers Plänen die Tripodenstrasse zu weit vom Pythion, als dass die pythischen Tripoden eine blosse Fortsetzung der dionysischen sein könnten.

παῖδες beibehalten zu haben. Andere Classen finden sich auch bei den Schriftstellern nicht.

Ein thargelischer Männerchor, der 2000 Dr. kostete und den Sieg gewann, ist erwähnt Lys. 21, 1 ἐγὼ γὰρ ἐδοκιμάσθην μὲν ἐπὶ Θεοπόμπου ἄρχοντος, καταστὰς δὲ χορηγὸς τραγῳδοῖς ἀνήλωσα τριάκοντα μνᾶς καὶ τρίτῳ μηνὶ Θαργηλίοις νικήσας ἀνδρικῷ χορῷ δισχιλίας δραχμάς.

Ein Knabenchor ist der bei Antiph. 6, 11 genannte, wie sich aus § 12 ἐπεὶ δὲ ἧκον οἱ παῖδες u. § 13 ὅπως ἄριστα χορηγοῖντο οἱ παῖδες ergiebt. Der Choreg ist für zwei Phylen thätig, erstlich seine eigene, die Erechtheis, zweitens für eine andere, die Cecropis: ἐπειδὴ χορηγὸς κατεστάθην καὶ ἔλαχον Πανταχλέα διδάσκαλον καὶ Κεκροπίδα φυλὴν πρὸς τῇ ἐμαυτοῦ τουτέστι τῇ Ἐρεχθηίδι κ. τ. λ.

Die Vertretung je zweier Phylen durch Einen Chor haben Rinck II p. 73 und vor ihm Meursius, der sich auf Ulpian zur Leptinea beruft, als die Regel angesehn, da doch im Allgemeinen „jeder Stamm einen Choregen für eine Feierlichkeit" aufzustellen pflegte (Böckh St. H. I p. 486 a. A.). Wenn je zwei Stämme einen Chor gaben, so kamen im Ganzen fünf Chöre zu Stande, also drei von der einen, zwei von der andern Altersklasse, was ein Missverhältniss ist; für die Zeit der 12 Phylen fällt dasselbe allerdings weg; aber zur Zeit der 10 Phylen dürfte die Vertretung zweier durch Einen Chor als Ausnahme zu betrachten sein.

Die Thargelien hatten in dem ersten Archon und den Epimeleten eine Oberaufsichtsbehörde, und diese war ihnen mit den grossen Dionysien gemeinsam, nach Pollux VIII, 89. Die dem ersten Archon beigeordneten Epimeleten scheinen von denjenigen verschieden zu sein, welche als Mysterienbesorger den Archon König unterstützten.

Tendenz des Festes.

Die Thargelien sind für die Zeiten, von denen wir gute Kunde haben, als das Fest des Apollon Patroos anzusehen.

Von dem Patroos wird die Abwehr allgemeiner Plagen (λοιμός und λιμός) erwartet. Ihn wollen die furchtbaren Bräuche des VI versöhnen.

Am VII ist er versöhnt, dankbar bringt man ihm Erstlinge der

Feldfrüchte*) dar und freuet sich der Gnade des Hunger-abwehrenden Gottes. — Es ist nicht zu leugnen, dass sich in den Festacten**) ein gewisser Mangel an Zusammenhang zeigt, da das andere Moment, Abwehr der Pest, am VII keinen Ausdruck findet, so viel man weiss.

Von dem Parallelfeste auf Delos unterschieden sich die attischen Thargelien wesentlich. Den Deliern war Apoll am VI ungeboren, der Gott des attischen Thargelienfestes aber war der fertige in vollster Furchtbarkeit drohende Gott der Landplagen (Homer Il. I, 45), dessen Milde und Gnade aber wiederum die sicherste Gewähr für Heil und Leben der Bewohner und für des Lebens Nothdurft (Brotkorn) darbot.

Bendideen.

Es wurden zwei athenische Kalendertage von diesem Feste betroffen, wie aus Plato Rep. p. 327 sq. hervorgeht. Nach dem Festzuge der Inländer und dem der (in Attica sich aufhaltenden) Thracier (am hellen Tage) steht für den Abend ein Fackelspiel zu Pferde und für die Nacht eine Pannychis bevor. Wenn nun Proclus zum Timae. (G. A. 60, 22; Böckh Studien p. 174 sq.; sieh Panathenäen S. 129) einmal den XX Thargelion, das andere mal den XIX für die Bendideen angiebt und beide Angaben auf Autoritäten stützt, so möchte es das Beste sein, beide Kalendertage zu behalten und die beiden Festzüge auf den Lichttag des XIX***), die Lampas und Pannychis auf den Abend und die Nacht des XX zu setzen.†)

---

*) Man erwartet, mit Bezug auf das durch die Pest bedrohete Leben der Bürger, noch ein Soterien-Opfer, welches Apoll gnädig annimmt und wovon günstige Zeichen ausgehen für die leibliche Wohlfahrt aller Bewohner, dann eine feierliche Annahme des verheissenen Guten (τὰ ἀγαθὰ δέχεσθαι wie Ἐπιγρ. ἀν. n. 3 lin. 15 und öfter).

**) Die Festacte der Thargelien stammen vermuthlich aus verschiedenen Zeiten. Die θαργήλια (Erstlinge) scheinen älteren Ursprungs (s. Einl. S. 50) als die Menschenopfer (s. daselbst S. 53 f.).

***) Auf den XIX werden die Kallynterien gesetzt. Die Kallynterienbräuche, welche etwa Morgens den XIX in Athen bei Ablieferung der gereinigten Tempel stattfinden, schliessen sich, unter einer gewissen Voraussetzung, den im Piraeus etwa mittags den XIX beginnenden Bendideen passend an. Diese Voraussetzung ist die, dass beide Feste dogmatisch zu einander gehörten, indem sie sich, wie die Plynterien, auf den dogmatischen Erechtheus bezogen.

†) Das Fest fällt also in den Sommer, s. S. 136. Dies bestätigt Plato Rep. p. 250: μετὰ ἱδρῶτος θαυμαστοῦ ὅσον, ἅτε καὶ θέρους ὄντος.

Der Festschmaus konnte, nach der Pompe und unmittelbar nach dem Fackelspiel, in die Pannychis selbst fallen. Bei dem Feste einer Mondgöttin am XX darf dies nicht Wunder nehmen; denn wenn der Mond zwanzig Tage alt ist, geht er spät auf und die Erscheinung des Mondes ist ein passendes Signal, um das Opfer für die Mondgöttin zu beginnen. Vom Staat unterstützte Opfer gehen aus den beiden Hautgelder-Inschriften hervor C. I. 1 n. 157 und Rang. n. 842.

Der Bendisdienst ist erst bei Socrates' Lebzeiten in Athen eingeführt, Plato a. O. καὶ ἅμα τὴν ἑορτὴν βουλόμενος θεάσασθαι τίνα τρόπον ποιήσουσιν ἅτε νῦν πρῶτον ἄγοντες. Von drei Versuchen, das Einführungsjahr zu fixieren, hat jeder zu einem besonderen Ergebnisse geführt, zu Ol. 83, 4, zu Ol. 87, 3, zu Ol. 90 (G. A. 60, 22). Anlass mochten die herrschenden Epidemien sein; s. Einl. S. 86.

Die Einführung einer neuen Artemis noch in Socrates' Zeit bestätiget das Zutrauen, welches die Athener zur Artemis hatten. Der Zweck der Einführung scheint die Erlangung von Heil und Segen zu sein für alle Neugeborenen, welche in der Dogmatik durch das Erechtheuskind vertreten werden; s. S. 408.

Eine Annexion der Bendisfeier an die Plynterien hat an sich manches für sich*), kann aber, wenn Bendideen am XIX und XX, Plynterien am XXV stattfinden sollen, nicht erreicht werden ohne eine Hypothese, welche über die Zeugnisse hinausschreitet. Lassen wir also die 4 Tage zwischen beiden festlos.

Die Pompe scheint im Piraeus gehalten zu sein, nicht zwischen Stadt und Piraeus; wäre Eine Pompe z. B. vom Erechtheum aus nach dem Hafen hinabgezogen, ἡ τῶν ἐπιχωρίων πομπή, so würden die Schaulustigen wohl einfach mitgegangen sein, und Platos Worte so etwas verrathen. Eine Beziehung zum Erechtheus ist dennoch möglich. Wir kennen die Kallynteriengebräuche des XIX Thargelion sehr wenig, doch gehen sie jedenfalls den städtischen Athenadienst vornehmlich an; ein neues, im Piraeus gleichzeitig gefeiertes Fest, musste sich in Verhältniss setzen zur Athena, der früheren Eigenthümerinn des XIX, da der Piraeus nicht wie ein abgelegenes Dorf Sonderfeste haben kann ohne Bezug zum hauptstädtischen Cultus.

---

*) Der Bendistempel (auch der der Munychia) liegt am phalerischen Strande, wo das Palladium gebadet wird.

Plynterien.

Kalenderzeit, Thargelion VI v. E.

Den attischen Plynterientag setzt Plutarch Alcib. 34 auf ἕκτῃ φθίνοντος, Photius lex. p. 127 auf δευτέρᾳ φθίνοντος (C. A. 61, 6 und 3). Auf einer Inschrift, C. I. II n. 2265, sind die parischen Plynterien so mit der πέμπτῃ ἀπιόντος des Monats Hippion zu Eretria parallel gesetzt, dass beide Datierungen denselben Tag betreffen, und dass mithin der eretrische Plynterientag πέμπτη φθίνοντος gewesen zu sein scheint. Auch ohne die plutarchische ἕκτη mit der inschriftlichen πέμπτη künstlich*) zu identificieren, stützen sich beide Daten gegenseitig, mag nun die πέμπτη eine blosse Variante der ἕκτη oder ein Anzeichen sein, dass das Plynterienfest mehrtägig war und noch Tage nach der ἕκτη mit umfasste.

Den letzteren Weg hat vorlängst Dodwell de cyclis p. 349 sq. eingeschlagen, und zwar schon wegen der δευτέρα des Photius. Dodwell setzt die Plynterien fünftägig von der ἕκτη bis zur δευτέρα, an ersterem Tage, dem Haupttage, sei Alcibiades zurückgekehrt (a. O. p. 350). Es ist aber unwahrscheinlich, dass der erste Plynterientag, unter den 5, Hauptfesttag war; und, dies einmal zugegeben, das Zeugniss des Photius ist damit nur halb anerkannt. Photius musste, wenn er, statt die 5 Kalendertage zu nennen, nur einen auswählte, offenbar den Haupttag nennen, nicht den letzten Tag oder sonst einen Nebentag. Lässt man aber die δευτέρα des Photius als Haupttag stehn, so hat wieder Plutarch Unrecht zu melden, Alcibiades sei am Plynterientage, der ἕκτη, dem wichtigen Trauerfeste der Stadt, heimgekehrt. Das Factum selbst, Alcibiades' Heimkehr am Plynterien-Hauptfeste, ist sicher genug durch das Zeugniss Xenophons, der nur leider das Datum nicht angiebt, Hell. 1, 4, 12. Ueber dieses können also in der That Zweifel entstehn. Aber die πέμπτη ἀπιόντος der Inschrift spricht doch für die Richtigkeit der plutarchischen ἕκτη φθίνοντος.

Die ἕκτη φθίνοντος Θαργηλιῶνος μηνός ist also der Plynterientag in Athen gewesen, und, falls das Fest mehrtägig war, der

---

*) Bergk Beitr. z. Mtsk. p. 25 setzt den Hippion zu 29 Tagen, so dass die πέμπτη ἀπιόντος d. i. φθίνοντος mit der plutarchischem ἕκτη eines 30tägigen Thargelion gleich sein mochte. Diese künstliche Identification ist nicht rathsam.

Hauptfesttag. Zu dieser Ansicht sind auch die meisten Forscher gelangt. Corsini F. A. II p. 365 verwirft die δευτέρα des Photius vollständig, und zur Hälfte hatte selbst Dodwell das Datum des Photius abgewiesen, sofern es ihm nicht Haupttag war. Durch datierte Decrete*) ist eine Entscheidung bisher nicht möglich (da nämlich am Plynterientage alle Geschäfte ruheten, so würde ein von der δευτέρα datiertes genügen, um dieselbe als Datum des Haupttages zurückzuweisen).

Als dem Plynterienfeste vorhergehend nennt Photius a. O. die Kallynterien am XIX Thargelion. Bötticher Tekton. II p. 169 weist nach, dass sie ein Ausfegefest waren; κάλλυντρον bedeutet bei Plut. Dio 55 einen Besen, κάλλυσμα bedeutet Ausgefegtes, welchen Sinn auch καλλύνειν mitunter hat. Dies ist annehmbar. Schol. Hes. ἔργ. 812 Vollb. sagt: Τὴν ἐννεακαιδεκάτην, ὡς καὶ τὴν ὀκτωκαιδεκάτην, τὰ πάτρια τῶν Ἀθηναίων καθαρμοῖς ἀποδίδωσι καὶ ἀποτροπαῖς, ὡς Φιλόχορος λέγει καὶ * ἀμφότερος [καὶ Ἀμφοτερός?] ἐξηγηταὶ τῶν πατρίων ἄνδρες. Hier ist nicht von sittlicher und religiöser Reinigung die Rede, sondern vom Entfernen des Schmutzes, wie die hernach folgenden Worte zeigen: πρὸς τὴν ἀφαίρεσιν τῶν περὶ ἡμᾶς μολυσμάτων. Photius' Ansatz der Kallynterien auf den XIX stimmt also mit den Sitten der Athener und muss festgehalten werden, ungeachtet sein Plynterien-Ansatz bedenklich ist, also auch sein Kallynterien-Ansatz leicht falsch sein könnte.

Schömann (Alt. II p. 417) hält sämmtliche drei Daten fest und dehnt das Reinigungsfest vom XIX bis zum XXV aus. Diese Reinigungswoche hat ihren Haupttag am Schluss, den XXV (Plynterien im engeren Sinne); er nennt sie als Ganzes Plynterien (Plynterien im weiteren Sinne). Indess nach Anleitung des Schol. Hesiod. a. O. war es athenische Sitte, Reinigungen am XVIII und XIX anzustellen, es scheint, dass der Reinigungstag am XIX Schlusstag der καθαρμοί war, nicht Anfangstag.

Schömanns Ausdehnung der Reinigungszeit nach abwärts ist auch deshalb unwahrscheinlich, weil am XX das Fackelfest der Bendis folgt. O. Müller (G. A. 61, 3) wollte bei den differenten

---

*) Vom XXVIII Thargelion, also, wie man gewöhnlich rechnet, vom 3 v. E., ist das Decret der Ephemeris 1857, Heft 46, n. 3166; ein anderes Decret vom 3 v. E. des Thargelion beruht auf unsicherer Ergänzung. Böckh Studien p. 29, o; der 2 v. E. scheint sich nicht als Datierung eines Decrets zu finden; das von [Θαρ]γηλιῶνος ἕνῃ καὶ ν[έ]ᾳ datierte enthält im Monatsnamen vielleicht ein Versehen, Böckh Mondcyclen p. 48.

Angaben über den Plynterientag denselben auf XXI oder XXII setzen, und das wegen der Bendideen, nach welchen er sogar noch einen Zwischentag einräumte. —

Nach Schömann a. O. und Petersen, Feste der Pallas p. 11, wären die Plynterien voranzustellen, hinterher die Kallynterien mit 4 Tagen anzusetzen. Aber, abgesehen von Photius, findet sich doch auch Etym. M. p. 487, 13 Καλλυντήρια καὶ Πλυντήρια ἑορταὶ δύο Ἀθήνῃσι (Meurs. Gr. Fer. p. 178) das Kallynterienfest zuerst genannt. Diese Aufeinanderfolge ist die überlieferte.

Schömanns Hypothese ist nicht beifallswürdig, obwohl sie ein artiges Ganze bildet und anscheinend mit allen drei Daten wohl auskommt. Das Ganze selbst, das combinierte Reinigungs- und Schmükkungsfest, dehnt sich auf nicht weniger als anderthalb Wochen aus, hat eine Menge ganz unbekannter Nebenfesttage, von denen einer noch dazu in Collision mit den Bendideen kommt, welche nicht Nebentag*) eines anderen Festes, sondern selbst Hauptfest waren und, wenn auch den Plynterien in ihrer Tendenz verwandt (siehe S. 425 Note ***), dennoch mit dieser nicht Ein Fest bildeten.

Zweifelhaft ist, ob auch das Datum der Eroberung Trojas mit zur Plynterien-Frage gehöre, der achtletzte oder siebentletzte Thargelion. Die Theilnahme der νομοφύλακες**) an dem feierlichen Geleit des Palladiums zum Meer ist auf die plynterische πομπή, von Hoffmann Pan. p. 64 und Rinck Rel. d. Hell. II p. 178 bezogen worden. Wenn nun gerade die Gesetzeshüter der Pallas diesen Festzug ordneten, so will Petersen, Feste d. Pal. p. 12, unter dem aus Meer gebrachten Bilde das in dem Gerichtshof ἐπὶ Παλλαδίῳ aufgestellte verstehen, welches aus dem eroberten Troja durch Zufall nach Attica und in die Hände des athenischen Königs Demophon kam, des zuerst vor diesem Gerichtshofe wegen φόνος ἀκούσιος belangten (Paus. Att. 28, 8 sq.), als Stifter des Gerichtshofs ἐπὶ Παλλαδίῳ zu betrachtenden. Das Stiftungsfest hat sich wohl dem Eroberungstage Trojas angeschlossen, also am VII oder VI oder V vom Ende des Thargelion stattgefunden, ganz in der Nähe des Plynterientages. Wenn also Petersen a. O. einen plynterischen Festzug ans Meer dadurch ab-

---

*) Eher kann man fragen, ob die Kallynterien zum Nebenacte der Bendideen herabsanken.
**) Suidas s. v. IV p. 1273, 7. οἱ δὲ νομοφύλακες στροφίοις λευκοῖς ἐχρῶντο καὶ ἐν ταῖς θέαις ἐπὶ θρόνων ἐκάθηντο καταντικρὺ τῶν ἐννέα ἀρχόντων· καὶ τῇ Παλλάδι τὴν πομπὴν ἐκόσμουν, ὅτε κομίζοιτο τὸ ξόανον ἐπὶ τὴν θάλασσαν.

zuweisen meint, dass er ihn dem Bilde ἐπὶ Παλλαδίῳ, dem von Diomed gebrachten troischen Palladium zuweiset, so ist zu entgegnen, dass die Herkunft gerade dieses Palladiums wiederum auf dieselbe Kalenderzeit führt, welcher die Plynterien angehören. Zugleich mit dem erechtheischen konnte auch das troische Palladium gesühnt werden, sei es wegen der Verunglimpfung durch den lokrischen Ajas, sei es wegen der Todtschläge des Demophon.

Wenn nun das Plynterienfest mehrere Taufbäder verschiedener Palladien umfasste, so könnte jemand die δευτέρα φθίνοντος des Photius als die speciellen Plynterien des troischen Bildes empfehlen. Aber durch den VIII (VII) v. E. als troischen Eroberungstag gelangt man mit diesen Neben-Plynterien eher auf die ἕκτη φθίνοντος des Plutarch oder einen nahe liegenden Kalendertag, als auf die weiter abliegende δευτέρα φθίνοντος, welche auch hier wiederum offenbar im Nachtheile ist. Hatte also eine Lustration auch des troischen Bildes statt, so setze man sie ebenfalls auf die ἕκτη φθίνοντος oder einen unmittelbar angeschlossenen Tag wie die ἑβδόμη oder die πέμπτη.

Unwahrscheinlich aber ist es unter dem ξόανον der Pallas (Suidas.; s. o. S. 429, Note**) das ἐπὶ Παλλαδίῳ zu verstehen. Von den νομοφύλακες weiss man nur, dass diese aus 7 Personen bestehende Oberaufsichtsbehörde eingesetzt wurde, als Ephialtes' Antrag die Befugnisse des Areopags beschränkte.*) Der Areopag also gab gewisse Befugnisse an die Nomophylaken ab, wie es scheint. Nun hat aber die Athena des Erechtheums und ihr Oelbaum Beziehungen zum Areopag, so dass die Nomophylaken recht wohl den Festzug für die Göttinn des Erechtheums selbst ordnen konnten, an welche bei ξόανον zu denken zunächst liegt.

Ort.

An den Plynterien wurde durch umhergespannte Seile ein Tempel abgesperrt (περισχοινίσαι), das Erechtheum (Hoffmann p. 18); denn auf das ἀρχαῖον βρέτας dieses Tempels bezog sich das Fest (G. A. 61, 4).

Für das geheimnissvolle Bad des Palladiums ist eine Oertlichkeit ausserhalb des Erechtheums aufzusuchen. Petersen freilich glaubt, die Badestelle der Göttin sei das Erechtheum selbst, wo „ausser

---

*) Schömann Alt. I p. 343; C. F. Hermann Ant. I §. 129, 16.

der Erechtheusquelle noch eine heilige Cisterne war" Feste der Pal. p. 11. Indess bemerkt Bötticher Tekt. II p. 196 im Allgemeinen gewiss mit Recht, dass solche Weihbäder ausserhalb der Cella unter freiem Himmel am Meere, an Fluss oder Quelle stattfanden*). Wenn Bötticher indess vermuthet (p. 187 sq. a. O.), es sei das Palladium nach der Quelle Callirrhoë gebracht und daselbst Nachts gebadet, hierauf neu geschmückt und ins Erechtheum zurückgebracht worden, so steht dieser Vermuthung (abgesehn von Suidas' oben S. 429 Note** ausgeschriebenen Worten, in denen die Plynterien allerdings nicht ausdrücklich genannt sind) die Stelle des Xenophon Hellen. 1, 4, 12 sq. entgegen, aus welcher unzweifelhaft folgt, dass die Plynterien am Seegestade begangen wurden.

Die Worte § 43 καταπλέοντος δ' αὐτοῦ (τοῦ Ἀλκιβιάδου) ὅ τε ἐκ τοῦ Πειραιῶς καὶ ὁ ἐκ τοῦ ἄστεος ὄχλος ἠθροίσθη πρὸς τὰς ναῦς zeigen uns eine schon versammelte Menge und zwar auch eine städtische. Wäre das ἄστυ der Begehungsort des plynterischen Weihbades, so erwartet man den Xenophon sagen zu hören, die feiernde Gemeine sei aus dem ἄστυ hinweggeeilt, weil von Sunium oder den Häfen aus sich das Gerücht (in der Stadt) verbreitet habe, der siegreiche Alcibiades komme angesegelt, und die Menge der Feiernden habe sich nach dem Piraeus ergossen. Statt dessen lesen wir, wie die, ohne Zweifel schon am Ufer Vereinigten sich — nicht nach dem Ufer, sondern — nach einem gewissen Puncte des Ufers, dem Landungspuncte (πρὸς τὰς ναῦς Xen.) hinbegeben. Nur durch Plynterien am Ufer wird die Situation deutlich. Der triumphierende Feldherr kommt, gleichsam mitten hineingefahren, unter die gottesdienstlich Trauernden. So tritt die Schärfe des Gegensatzes heraus, wodurch Alle unangenehm berührt wurden.

Auf einer Epheben-Inschrift der Ephemeris n. 4098 lin. 10 sq. heisst es: συνεξήγαγον δὲ καὶ τὴν Παλλάδα Φαληροῖ κἀκεῖθεν πάλιν συνεισήγαγον μετὰ φωτὸς κ. τ. λ. cf. lin. 75, und auf einer ähnlichen n. 4097 lin. 9 συνεξήγαγον δὲ καὶ τὴν Παλλάδα μετὰ τῶν γεννητῶν καὶ (Lücke). Diese Inschriften bestätigen, dass das Ziel der Procession Phaleron war.

An einem heiligen Platz zum Weihbade kann es in der ältesten

---

*) Nicht eine materielle Wand, sondern fromme Schen sollte der Schirm sein, welcher die trauernde Gottheit vor Menschenaugen barg. Daher denn auch die äussere Möglichkeit das Verbotene zu sehen da war, so wurde Tiresias geblendet, Callimach. V, 79 sqq.

maritimen Vorstadt nicht gefehlt haben. Es sollte der Salzbrunnen bei der Burg einen unterirdischen Abfluss haben und in einer Quelle des phalerischen Hafens ausmünden; Schol. Ar. Av. 1694 Dind. und Leake Top. p. 282 n. 6; 126 n. 7. Hier setze man also den Badeplatz an. An Heiligkeit brauchte dieser Quell nicht zurückzustehn hinter den Oertlichkeiten, welche Petersen vorschlägt, da ja eben diese es sind, denen er dem Glauben nach entströmte.

Wenn ausser dem vom Himmel gefallenen Palladium auch das troische in den Plynterien lustriert wurde, so kommt unter den Oertern auch noch der Gerichtshof ἐπὶ Παλλαδίῳ hinzu, bei dem das troische Bild stand. Forchhammer (K. Stud. p. 370) glaubt, derselbe habe innerhalb des Weichbildes der Stadt nach der phalerischen Seite zu gelegen; sicher ist es nicht.

Eine an die Plynterien angeschlossene Stiftungsfeier dieses Gerichtshofs (s. S. 429) konnte auch das Heiligthum des Demophon, Theseus' Sohnes[*]), betreffen, welches Rang. II n. 2253 lin. 1 und 18 vorkommt und möglicherweise in der Nähe anderer Heiligthümer lag, die Demophons Vater (Plut. Thes. XVII extr.) gestiftet hatte, also am phalerischen Hafen; es ist ganz unsicher.

Die Feier.

Ueber die Religionsgebräuche an den Kallynterien ist nichts überliefert. Man ist auf Schlüsse gewiesen aus Photius, dass man sie feiere ὅτι πρώτη δοκεῖ ἡ Ἄγραυλος γενομένη ἱέρεια τοὺς θεοὺς κοσμῆσαι. Es scheint also dieser Feiertag, XIX Thargelion, den Antrittstag der ersten Athenapriesterinn zu bezeichnen. Die vorgenommenen Ceremonien mögen in diesem Sinne gewesen sein. Es mag gewisses Dienstpersonal den XIX Thargelion als Abgangs- und Zugangs-Tag gehabt haben, wie die beiden λουτρίδες. Das Ausfegefest war das Ende des Scheuerns und Fegens und den Zugehenden wurden die Localitäten rein abgeliefert.

Die Plynterien sind ein religiöses Fest, nicht, wie die Kallynterien, hervorgerufen durch das Nützliche und Nothwendige. Von den plynterischen Bräuchen giebt es Nachrichten, die freilich über-

---

[*]) Rangabé II p. 947 lässt nebenher auch den Demophon Sohn des Keleos (Hymn. in Cer. 234) zu; doch ist der Theseussohn für den attischen Cult wahrscheinlicher.

aus spät und zerstreut sind. Am unbefangensten sind sie von Hoffmann Pan. p. 18 sqq. beurtheilt worden.

Nachdem das Haus der Athena Polias, das Erechtheum, mit Stricken umhegt*) und abgesperrt war, nahmen die Praxiergiden**), ihrem erblichen Amte gemäss, dem ältesten Pallasbilde Atticas den Schmuck (Helm und Speer) ab. Hierauf wurde das Bild (von den Frauen der Praxiergiden, oder von den Lutriden) entkleidet und verhängt; vielleicht ohne dass es seinen Heiligenschrein oder das Gestell, auf dem es stand, verliess. In dieser Verhüllung nun wurde es, vielleicht mitsammt dem Schrein, zur Thür hinausgetragen und im Festzuge an den phalerischen Strand geführt, vermuthlich auf einem Wagen, der auch die Kleider der Göttin trug. Der Festzug geschah bei Tage, etwa von Sonnenaufgang an. Das Priestergeschlecht geleitete ihn, auch die Epheben, wenigstens in späterer Zeit, Ephemeris 4097, s. o. S. 431. Der feiernden Menge war die verhüllte Pallas sichtbar.***) Als es in Athen „Gesetzeshüter" zu geben anfing, in Pericles' Zeit, waren diese befugt den Festzug zu ordnen. Das Weihebad selbst scheint an der Ausmündung der Burgquelle bei Phaleron stattgefunden zu haben. Im Festzuge wurde eine Feigenspeise (Feigenkäse) getragen. Wahrscheinlich war es eine

---

*) Pollux VIII, 141: περιχοινίσαι τὰ ἱερὰ ἔλεγον ἐν ταῖς ἀποφράσι τὸ ἀποφράξαι, οἷον Πλυντηρίοις καὶ ταῖς τοιαύταις ἡμέραις.

**) Auf der oben S. 431 angeführten Inschrift Ephemer. n. 4097 heisst es, dass die Epheben μετὰ τῶν γεννητῶν die Procession mit dem Palladium vollzogen. Diese Gentilen scheinen die Praxiergiden zu sein, welche die Sorge für alle Gebräuche hatten. Pittakis versteht darunter die Amynandriden und beruft sich auf n. 186 seiner Ephemeris. — Ephemeris 1856 H. 42 n. 2830 lin. 13 ΑΤΡΙΑ ΠΡΑΧΣ, [κατὰ τὰ π]άτρια Πραξ[ιεργίδαι], war von den Praxiergiden-Bräuchen und wohl auch den Plynterien die Rede. Pittakis meint, an den Plynterien habe man die Heiligthümer des Zeus Moeragetes und Apoll gereiniget; siehe S. 175 und 188.

***) Denken wir uns mitten unter der Menge am Ufer und gegenüber dem Geschwader des ansegelnden Alcibiades die verhüllte Pallas, so konnte Plutarch 34 sagen οὐ φιλοφρόνως οὐδ' εὐμενῶς ἐδόκει προςδεχομένη τὸν Ἀλκιβιάδην ἡ θεός παρακαλύπτεσθαι καὶ ἀπελαύνειν ἑαυτῆς „sich zu verhüllen und den Alcibiades fortzuweisen." Alcibiades schauete wohl auf die Göttinn, aber die Göttinn wollte den Alcibiades nicht sehen, sie verhüllte ihr Angesicht. Bötticher Tekt. II p. 166 und 196 ergänzt bei ἀπελαύνειν ἑαυτῆς nicht Ἀλκιβιάδην, sondern entnimmt, dass die Göttinn „sich von sich selbst zurückziehe", dies sage „ausdrücklich" Plutarch und belege damit Böttichers Behauptung, an den Plynterien gehe Athena zum Hades. Aber Plutarch sagt nichts dergleichen.

Fastenspeise, wie Bötticher annimmt, denn der Tag ist ein religiöser Trauertag; G. A. 61, 7. Spät Abends zog man mit dem wieder gereinigten Palladium vom Strande zur Burg zurück unter künstlicher Beleuchtung, μετὰ φωτός, Ephemeris n. 4098. Φῶς bedeutet bei Herodot II 62 Lampenlicht.

Deutung.

Die Plynterien wurden der Athena (ἱδρᾶτο τὰ Πλυντήρια τῇ θεῷ Plut. Alcib. 34) und, so weit die Stadt in Betracht kommt, im Erechtheum (s. o. S. 430) gefeiert. Wir werden uns also zunächst nach einem Dogma des Erechtheuskreises umsehen müssen, und die Frage wird sein, ob sich eins finde, welches für die Athena des Erechtheums einen der tiefsten Trauertage ihres Cults begründen könne?

Der Erechtheuskreis enthält in der That eine solche Legende. Athena hat ihren Pflegling Erechtheus den Thauschwestern anvertraut; sie geht hinweg und die Mädchen in frevelhafter Neugier öffnen die räthselhafte Erechtheuswiege, sich selbst zum grössten Leid, s. Einleit. S. 35, Note**. Athena ist durch den Ungehorsam und das verrathene Geheimniss tief beleidigt. Der Ort der Uebertretung ist offenbar das Erechtheum, wo Pandrosos im westlichen Theil (Pandroseion) wohnt und überhaupt die Thauschwestern sich aufhalten (Ovid. Metam. II, 738 sq.); im Erechtheum wird das Erechtheuskind gepflegt (Apollodor III, 14, 6 ἐν δὲ τῷ τεμένει τραφεὶς Ἐριχθόνιος).

Agraulos*) und eine der anderen Dienerinnen mussten in Folge ihres Frevels sterben. In den Zeugnissen wird der Tod der Agraulos in Verbindung gesetzt mit den Plynterien: Phot. lex. p. 127 τὰ μὲν Πλυντήριά φασι διὰ τὸν θάνατον τῆς Ἀγραύλου ἐντὸς ἐνιαυτοῦ μὴ πλυνθῆναι ἐσθῆτας, εἶθ᾽ οὕτω πλυνθείσας τὴν ὀνομασίαν λαβεῖν ταύτην; G. A. 61, 3. Es ist dabei Agraulos, wie die a. O. folgende Erklärung der Καλλυντήρια zeigt, als erste Priesterinn (des Erechtheums) gedacht. Cf. Hesych v. Πλυντήρια, ἑορτὴ

---

*) Leider schwankt die Schreibung dieses Namens zwischen Agraulos und Aglauros. Erstere Form hielt Leake Topogr. p. 91 n. für die richtigere; vgl. Hoffm, Panathen. p. 61. — Schömann Alt. II p. 418 entscheidet sich für Aglauros, ich weiss nicht ob darum, weil er in den Plynterien ein Fest der wiederkehrenden Himmelsheitre sieht.

Ἀθήνῃσιν, ἣν ἐπὶ τῇ Ἀγραύλῳ τῇ Κέκροπος θυγατρὶ ἄγουσιν; Hoffmann Panathen. Not. 38.

Hier sind die anderen Schwestern nicht erwähnt, und man wird die Plynterien „zunächst" (G. A. 61, 3) auf Agraulos selbst, ohne die Schwestern, beziehen. Auf den ersten Blick kann dies geboten scheinen; aber da in den Zeugnissen Agraulos Priesterinn und Cecropstochter heisst, so ist offenbar vorausgesetzt, was sicher und gewiss ist, dass die Plynterien der Athena gefeiert werden; die Zeugnisse also geben uns Plynterien, die der Göttinn mit Bezug auf Agraulos, „zunächst" also nicht der Agraulos, sondern der Athena gelten.

Wollte man, weil bei Photius und Hesychius von Athena nicht die Rede ist, eine Feier aufsuchen, welche zunächst der Agraulos gilt, so könnte es nur diejenige sein, bei der die Epheben vereidet wurden. Denn im Ephebeneide wird Agraulos zuerst angerufen und der Eid im Agraulion geleistet. Aber dieses Vereidigungs-Fest der Epheben*) ist eine Sache für sich und hat mit den Plyn-

---

*) Corsini F. A. II p. 297 hat mit Grund ein unabhängiges Agraulosfest angenommen. Es fiel in den Herbst, wenn es nämlich mit jenem der Agraulos gebrachten Menschenopfer gleiche Zeit hatte, das die Cyprier im Herbstmond Aphrodisios (23. Sept. bis 23. Oct., Herm. Misk. p. 48) begingen; Corsini a. O. Auch dürfte unter den inschriftlichen ἐγγραφαῖς der Epheben, siehe S. 306 Note **, das Agraulosfest zu verstehen, also, weil die ἐγγραφαί allem Anschein nach dem Eingange des Boëdromion angehören, das Agraulosfest ebendahin zu setzen sein. Agraulos hat in Athen eine Eigenpriesterinn (Rang. II n. 1111 Ἀγλαύρου ἱέρεια Φειδοστράτη κ. τ. λ.). Dieser von den Thauschwestern unabhängigen Agraulos schwuren die Epheben. Sie ist unter den sieben Schwurgöttern des Ephebeneides die erste, Poll. VIII, 106 (vgl. Lycurg § 77) ἴστορες θεοὶ Ἄγραυλος Ἐνυάλιος Ἄρης Ζεὺς Θαλλώ Αὐξώ Ἡγεμόνη. Ort des Schwurs ist das Agraulion an der Burg (Demosth. 19, 303: τὸν ἐν τῷ τῆς Ἀγλαύρου τῶν ἐφήβων ὅρκον). Nicht der neugierigen, ungehorsamen Agraulos des Erechtheuskreises konnte man die jungen Athener schwören lassen. Der Epheben Schwur war vermuthlich Hauptinhalt des unabhängigen, von den Plynterien zu trennenden Agraulosfestes. Man wusste später nicht mehr was Agraulos im Eide der Epheben bedeute und sann daher aus, Agraulos sei eine Patriotinn gewesen und habe einst in schwerer Kriegszeit das Vaterland durch freiwillige Hingebung ihres Lebens gerettet; Schol. Dem. l. l. bei Sauppe p. 95; vgl. R. E. I p. 268. In besseren Quellen finden sich für dies fabelhafte Mädchenopfer theils gar keine Namen (Apollodor III, 15, 4), theils andere (Protogeneia, Pandora, Grote gr. Myth. von Fischer übers. I p. 183, 2); bei Dem. 60, 27 p. 1397 ist von den Hyakinthiden die Rede, vgl. Apollodor III, 15, 8; Euripides hatte die Hyaden Töchter des Erechtheus genannt, drei an der Zahl, Schol. Arat. 172 (p. 67, 10 Bekk.). Eine ordentliche Consistenz scheint die Patriotinn Agraulos in der Sage nicht gewonnen zu haben.

terien nichts zu thun. Wie sollte man den Epheben an einer ἡμέρα ἐν ταῖς μάλιστα ἀποφράς (Plut. Alcib. 34) den Schwur abgenommen haben?

Freilich könnte man sagen und hat gesagt, Agraulos sei Athena selbst, Athena Agraulos (Harpocr. p. 4 Ἄγλαυρος ἡ θυγατὴρ Κέκροπος· ἔστι δὲ καὶ ἐπώνυμον Ἀθηνᾶς) „verfalle an den Plynterien den Mächten der Unterwelt" G. A. 61 und n. 3. Dann sprechen die erwähnten Stellen des Phot. und Hesych. von Athena Agraulos, von dem Tode der Athena, oder wie es G. A. a. O. heisst, ihrem Verfallen an die Mächte der Unterwelt. Diesen Sinn ahnten Phot. und Hesych. freilich nicht; sie missverstanden also die alten Dogmen?

Die Göttinn Athena verfällt aber niemals den Mächten der Unterwelt. Für eine so kühne Hypothese fehlen genügende Anhaltspuncte. Die Beschaffenheit der Zeugnisse lässt sich durch weniger kühne Annahmen erledigen.

Agraulos starb im Plynteriendogma. Für den Ephebenschwur wurde später ausgesonnen, Agraulos sei eine Patriotinn gewesen und eines patriotischen Todes gestorben. Wie die Epheben in späterer Zeit immer mehr hervortraten, so wussten Phot. und Hesych. von der Patriotinn*) Agraulos, die den Entschluss der Selbstopferung fasst und in dem Eidschwur allein vorkommt. Sie berichteten also von der Magd der Athena des Plynteriendogmas, was besser auf die Patriotinn passte, obwohl allerdings in beiden Legenden Agraulos stirbt. Was sie von der Plynterien-Agraulos melden — dass sie starb — ist nicht falsch berichtet, aber einseitig, denn sie hätten nicht von der Einen Magd Agraulos, sondern auch noch von einer zweiten gestorbenen Magd der Athena sprechen sollen.

Hierneben lässt sich immer noch aufstellen, Agraulos sei ursprünglich Athena Agraulos**) (die Flurhüterinn; die agrarische

---

*) Ganz wegwerfen kann man das Schol. Dem. 19, 303 von der Patriotinn Gemeldete nicht. Es giebt sich als Sage: λέγουσι δὲ p. 95, lin. 34 Saup. Vielleicht ist es aus Philochorus, der doch wohl schwerlich blos citiert wird, um die drei Cecropstöchter zu constatieren: Ἄγραυλος καὶ Ἕρση καὶ Πάνδροσος θυγατέρες Κέκροπος, ὥς φησιν ὁ Φιλόχορος, worauf mit λέγουσι δὲ die Sage von der aufopfernden Patriotinn folgt.

**) In den Ephebeneid passt die flurhütende Athena vor Ares recht gut. Die Epheben wurden zuerst als περίπολοι verwendet, um die Fluren und Grenzen zu hüten, eine Beziehung, die aber auch der unabhängigen Agraulos der Burggrotte untergelegt werden kann. Da der Schwur in der Agraulos-Stätte

Athena?) und habe sich abgelöst, wie 'Ηριγένεια aus 'Ηώς ήριγένεια. Aber der Tod der Agraulos ist nicht ein Tod der Athena, sondern der von ihr abgelöseten Nebenperson.

Die Mysterien und Weihen für Agraulos und Pandrosos, in Athen begangen wegen gottlosen Aufmachens des Kästchens in dem Erechtheus lag, können nur die Plynterien sein; Athenagor. legat. pro Christ. I: καὶ Ἀγραύλῳ Ἀθηναῖοι μυστήρια καὶ τελετὰς ἄγουσι καὶ Πανδρόσῳ, αἳ ἐνομίσθησαν ἀσεβεῖν ἀνοίξασαι τὴν λάρνακα; Hoffmann Panathen. Not. 38.

Am XVI Munychion hatte Gaea den embryonischen Erechtheus geboren und Athena seine Pflege übernommen (s. S. 408). 40 Tage hatte die Pflege gedauert (bis zum Plynterientage), als Athena nach der Sitte *)

(Dem. 19, 303) geleistet wird, so ist es nicht auffallend, dass die Ortsgottheit Agraulos vor allen andereu genannt ist im Eide. — Im Erechtheus-Dogma kann Agraulos nicht als Athena Agraulos genommen werden, da nach beiden Versionen der Sage Agraulos neugierig und unfolgsam ist (s. S. 438 Note **), auch nicht eine Ausnahmestellung hat, sondern entweder mit der einen oder mit der andern, noch übrigen Cecropide vereinigt wird, mit Herse oder mit Pandrosos, (s. ebendaselbst). Weit eher ist Pandrosos, nach der besseren Version des Pausanias und Apollodor, von den beiden anderen Thauschwestern abzusondern. Schol. Ar. Lys. 439 behauptet: ἐκ τῆς Πανδρόσου δὲ καὶ ἡ Ἀθηνᾶ Πάνδροσος καλεῖται. Sondern wir Pandrosos als Athena aus, so sind die beiden anderen ihre Dienerinnen. Im Homer hat eine Herrion zwei Dienerinnen (Nitzsch zur Odyss. Th. I p. 64); aus dem Athenadienst kann man die zwei Lutriden (G.A. 61, 15) und die zwei am Peplos mithelfenden Arrhephoren (Harpocr. p. 35, 6) anführen. Dennoch führt die Zweitheilung des Erechtheunis auf eine von Athena unabhängige Pandrosos. Soll Pandrosos eine Sonderstellung erhalten, so muss man sagen, Pandrosos sei Gaea und das Erechtheum stelle die alte Einigung von Gaea und Athena dar. Für eine sehr alte Zeit ist das nicht unmöglich, für die historische Zeit aber ist einfach Athena mit ihren drei Nebenfiguren überliefertermassen festzuhalten.

*) Siehe die S. 408, Note citierte Stelle aus Censorin XI. — Welcker G. L. I p. 56 rechnet 40 zu den bedeutungslosen Zahlen. Aber nach Jul. Firmici Materni de Errore ed. Bursian p. 39, 4 wird der im Gottesdienste der Proserpina als eine Jungfrau ausgeschmückte Baumstamm 40 Nächte betrauert und in der 40. verbrannt. — Die schlimme Zeit der Hitze, wo man sich nach dem ärztlichen Orakel (Athen. I p. 22 E. Lobeck Agl. p. 2085) in Acht nehmen soll, dauert 40 Tage; cf. Plin. H. N. XXIII, 23. — Auch die 40tägige Unsichtbarkeit der Plejaden (Hesiod Ἔργ. 387 Vollb.) kann man als eine Zeit der Sorge und Bekümmerniss für den Landmann auffassen, da in dieser, der Ernte vorhergehenden Zeit die Aehren schon gross sind und hoch auf dem Halme stehen, mithin dem Wetterschaden ausgesetzt sind, während der noch sehr jungen Saat Hagel und Sturm nichts anhaben kann, s. Einleitung S. 10. Vielleicht sollte die Erechtheuspflege ihrer ursprünglichen Ausetzung nach mit der Unsichtbar-

griechischer Mütter für diese erste glücklich durchgemachte Zeit der brauronischen Artemis*) danken wollte (hypothetisch). Niemand wusste noch darum, dass die jungfräuliche Athena heimlich einen geborenen**) Knaben warte und besorge, einen vielgeliebten, von ihr der Unsterblichkeit bestimmten (Apollod. III, 14, 6). Sie vertraute ihn also in seiner Lade den Mägden an, die ihn so lange allein hüten, aber nimmermehr hineinsehn sollten. Pandrosos***)

---

keit der Plejaden coincidieren (s. Einl. S. 11, Note), eine Coincidenz, welche in die alte Zeit gehört, als man noch wusste, dass Erechtheus blos bildlich und in der That das Getreide sei. — Die (populäre) Dauer der Solstitien ist 40 Tage s. S. 102.

*) In der Sage ist Athenas' Entfernung vom Burghügel und vom Erechtheus ganz unmotiviert. Als die Krähe ihr meldet, dass Erichthonios aufgedeckt sei, ist Athena beschäftigt, den Berg Lykabettos aus Pallene nach Athen zu tragen, sie lässt ihn vor Entsetzen fallen; Antigon. Caryst. 12 bei Leake Top. p. 150, 2. Antigonus Carystius (lebte um 270 a. Chr.) hat also zwar die Athena nach Pallene gelangen lassen, von wo sie um den Hymettus herum südwärts nach Brauron abbiegen konnte, hat aber selbst nichts von Brauron oder der Artemis Brauronia gesagt oder auch nur gedacht. Es ist also hypothetische Deutung, dass die ältere Cultussage Athenas nicht an der Befestigung der Burg arbeiten und einen Fels aus Pallene holen, sondern nach Brauron gehen liess. Nur darin liegt ein Anhalt, dass aus einem Gang nach Brauron leicht ein Gang nach Pallene gemacht werden konnte. Auch ist durch die vorgeschlagene Deutung Athenas Weggang begründet.

**) Auf der Inschrift Ephem. 1860 H. 55 n. 4075, gefunden nördlich vom Parthenon, ist unter anderen Kleinodien verzeichnet ΑΙΚΝΙΟΝ ΑΘΗΝΑΙ „eine Wiege der Athena". Dergleichen erhielt sie wohl als Pflegemutter des Erechtheusknaben, welcher die Neugebornen Atticas überhaupt repräsentiert und unter Athenas' Pflege stellt. Die Priesterinn der Athena ging mit der Aegis in's Haus der Wöchnerinn (Zonaras p. 77; O. Jahn üb. d. bösen Blick Not. 120 in Ber. d. Sächs. Ges. 1855 p. 60). Das sollte vor dem bösen Auge schirmen und vermuthlich bekam Athena dann solche Augen aus edlem Metall zum Weihgeschenk, wie sie Ephem. 1858 II. 48 n. 3265 erwähnt werden. Die Augen, bestimmt dem bösen Blick zu wehren, finden sich häufig mit dem Gorgoneion vereinigt (O. Jahn a. O. p. 65). Vgl. d. Erkl. zu Soph. O. C. 706; und oben Seite 316 Note.

***) Diese Version hat Pausan. 18, 2 und ebenfalls Apollodor III, 14, 6. Die Schwestern der Pandrosos — nicht die Pandrosos — öffnen das Behältniss, der Pandrosos vertraut Athena das Kind an (Apollodor). Nur diese Version stimmt mit dem Pandroseion, dessen Eigenthümerinn nicht als Schuldige zu denken ist, auch wenn Apollodor gemeint haben sollte, dass sie den Untergang der Schwestern theilte. Pausanias spricht nur von dem Wahnsinn und Selbstmord der beiden schuldigen Mägde, Agraulos und Herse. — Nach der Version des Antigonus Caryst. 12 haben Agraulos und Pandrosos die Lade geöffnet, was schlecht passt zur Pandrosos-Stätte im Erechtheum und auch schon von Leake p. 91, 5

blieb gehorsam, die beiden anderen Cecropiden schaueten den geheimnissvollen Knaben in der Lade. Zur Athena, die nach der Seite hin gegangen war, wo Pallene liegt (und wo man nach Brauron gehen kann), kam bald die Krähe geflogen und meldete ihr den Ungehorsam der Schwestern und dass ihr Geheimniss verrathen sei, ὅτι Ἐριχθόνιος ἐν φανερῷ (Antig. Caryst. 12). Tiefbeschämt und zürnend eilt sie zurück und erblickt im Erechtheum die Scene der Uebertretung. Sie verhängt Wahnsinn über die beiden schuldigen Mägde, welche sich von der Burg stürzen, wo sie am steilsten ist, während die gehorsame Pandrosos, fortan allein neben Athena im Erechtheum wohnend, Mitpflegerinn des Erechtheus bleibt, der im Heiligthum grossgezogen wird. Die auf heimlicher Kindespflege betroffene Athena aber begiebt sich sofort an das Seegestade, trauernd und verschleiert, um in dem sühnenden Gewässer sich und ihre Kleider und alles was an die Kindespflege erinnert reinzuwaschen. Diese Reinwaschung scheinen die Plynterien zu sein.

Die weitere Pflege des in der Plynterienzeit 7 monatlichen, als lebensfähig betrachteten Erechtheuskindes, wird im attischen Kirchenjahr nicht weiter verfolgt. Denn die Arrhephorien und Panathenäen betrafen, seit Erechtheus aufhörte Symbol des Kornes zu sein, den erwachsenen Landesheros; s. Einleitung S. 38.

Die Kallynterien kann man als eine Paraskeve des Plynterienfestes ansehn; desgleichen die Bendideen, wiewohl sie nicht ein Act im Plynterienfeste waren. Bendis war eine Hebammengöttinn wie Brauronia. Gegen das Ende der 40 Tage (s. oben S. 408), oder am 40. selbst, mochten diesen Göttinnen für das Gedeihen des geborenen Erechtheus Geschenke gebühren, besonders Kleider[*]; vgl. Welcker G. L. I p. 575.

---

verworfen ist. Bei Athenagoras leg. pro Christ. 1 (G. A. 61, 8) findet sich Agraulos mit Pandrosos vereinigt, doch ist nicht gesagt ob als Mitschuldige. In dem Liebeshandel mit Hermes, Ovid Metam. II, 749, wird die schlimme Neugier der Agraulos nebenher erwähnt *(abdita viderat secreta Minervae)*; bei dem Liebeshandel steht Pandrosos ganz aussen vor, nur Agraulos und Herse sind betheiliget. Nach Schol. Il. I, 334 ist freilich Pandrosos die Braut des Hermes.

[*] Privatpersonen konnten das namens der Athena thun, in der Vorstellung dass Athena die bei der Erechtheuspflege gebrauchten, an den Plynterien abgelegten Kleider darbringen müsse. Auch eine öffentliche Darbringung aus den Truhen des Erechtheums, bestehend in Kleidern (Peplos?), ist nicht undenkbar; siehe S. 185 Note.

Skirophorien.

Der Kalendertag ist Skirophorion XII, wie durch das Zeugniss des Schol. Ar. Eccl. 18 feststeht.

Ort, zunächst ohne Zweifel die Acropolis (Harpocr. p. 168 Bekk.). Um den Zug nach Skiron anzutreten, werden die Priesterinn der Athena und der Priester des Poseidon-Erechtheus*) von der Burgfläche ausgegangen sein, da sich hier die Stätten der Götter befanden, welche sie vertraten.

Vielleicht haben sie, noch ehe die Procession selbst begann, am Vorabend oder frühmorgens einen Widder geschlachtet, denn sie bedurften eines Widderfells zur Sühne. Suidas 1, 1 p. 1404 *Διὸς κῴδιον . οὗ τὸ ἱερεῖον Διὶ τέθυται . θύουσί τε τῷ τε Μειλιχίῳ καὶ τῷ Κτησίῳ***) *Διί. τὰ δὲ κῴδια τούτων φυλάσσουσι, δῖα προςαγορεύοντες. Χρῶνται δ᾽ αὐτοῖς οἵ τε Σκιροφορίων τὴν πομπὴν στέλλοντες καὶ ὁ δᾳδοῦχος ἐν Ἐλευσῖνι καὶ ἄλλοι τινὲς πρὸς τοὺς καθαρμοὺς ὑποστορνύντες αὐτὰ τοῖς ποσὶ τῶν ἐναγῶν.* Indess konnten auch schon gebrauchte Widderfelle dienen (*φυλάσσουσι*); s. S. 356, Note **.

Wo der Priester des Helios oder vielmehr Apolls ***) sich jenen

---

*) Harpocr. p. 168 nennt Poseidon, Schol. Ar. Eccl. 18 den Erechtheus.

**) Für *Κτησίῳ* kann Ephemer. 1858, H. 48 n. 3239 nicht angeführt werden; mit Unrecht ist *κτη* zu *Κτη[σίου]* daselbst ergänzt, da der [Maema]ete[rion] zu ergänzen war. Statt *Κτησίῳ* im Suidas verlangte Lobeck *ἱκεσίῳ*, Preller *καθαρσίῳ* (Preller Polem. p. 141), O. Müller hielt die Vulgata fest. Sollte vielleicht der Zeus (Zeus Soter), welcher die athenische Schatzkammer im Opisthodom des Parthenon (Leake Top. p. 250 Saup.; Breton Athènes p. 101) hütet auch den Namen *Κτήσιος* geführt haben? Privatleute stellen einen *Ζεὺς Κτήσιος* auf *ἐν ταμιείοις*.

***) Athen hatte keinen Sonnentempel oder ein Priesteramt des Sonnengottes. Später identificierte man Helios und Apoll, und der mit Apoll gleichgeltende Helios wurde wieder dem Dionysos gleichgesetzt, Gerhard gr. Myth. §. 455, 4. Dass diese Identification aber dahin führte, einen geistlichen Beamten Priester des Helios zu nennen, ist nicht nachweisbar. Sauppe Myst. Inschr. p. 46 verlangt an der Stelle des Harpocr. p. 168 *ἐξ ἀκροπόλεως εἴς τινα τόπον καλούμενον Σκίρον πορεύονται ἥ τε Ἀθηνᾶς ἱέρεια καὶ ὁ τοῦ Ποσειδῶνος ἱερεὺς καὶ ὁ τοῦ Ἀπόλλωνος* statt des überlieferten *καὶ ὁ τοῦ Ἡλίου*. Nur aus späten Zeiten finden sich Spuren von attischem Heliosdienst; auf einer Sitzstufe des Theaters steht undeutlich eingeschrieben *ἱερείας Ἡλίου*, auf einem kleinen Altar *Ἡλίῳ*, Vischer im N. Schweiz. Mus. III p. 43 und 60; Corp. Inscr. Gr. I n. 494.

anschloss, wissen wir nicht. Die Procession begab sich dann nach dem vorstädtischen Orte Skiron.

Von der Feier ist weiter nichts bekannt als die schon erwähnte Procession, bei der der Priester des Poseidon-Erechtheus einen grossen weissen Schirm in der Hand trug, und die Athena-Priesterinn, namens ihrer Gottheit, wahrscheinlich den höchsten Rang einnahm, also ein wenig vorging, während die beiden Priester, mehr wie Untergeordnete, ihr zur Seite, aber etwas zurückbleibend, folgten; G. A. 61, 14. Wer in der Procession das Sühnenwidderfell trug, ist nicht bekannt.*)

Eben so wenig können wir uns von der heiligen Handlung**), welche auf Skiron stattfand, eine Vorstellung machen; gewiss ist nur, dass das Sühnwidderfell darin vorkam. Vielleicht übte man auch Mantik auf Skiron.***)

Das Sühnwidderfell ist vielleicht mit Anlass zu einem Irrthum gewesen, den Clemens begeht. Die Skirophorien und die ihnen, wie man glaubt, angeschlossenen Arrhephorien gehören nicht zu den Festen, welche die Weiber wegen des Raubes der Pherrephatta feiern. Dennoch rechnet Clemens Alex. protrept. p. 11 (O. Müller A. F. III. 10 p. 88 n. 61) sie zu diesen. Ausser der ähnlichen Benennung der thesmophorischen Skira, s. S. 289, konnte ihn auch der Gebrauch des Dioskodion täuschen, welcher in den Herbstmysterien

---

*) Etwa die Phytaliden, welche zu dem Ende nach der Burg kamen und den Widder opferten oder auch ein Fell mitbrachten? In die Theseus-Sage passt nämlich der XII Skirophorion als Sühntag des Theseus, der am VIII Hecatombaeon die Stadt betrat. Die Phytaliden sühnten ihn an ihrem βωμός Μειλιχίου Διός Pausan. Att. 37, 3 vgl. Plutarch Thes. XII μειλίχια θύσαντες. Der Sühnort des Theseus ist nicht weit von Skiron.

**) Nicht einmal der Name ist sicher. Bei Strabo IX (Tauchn. II p. 236) ἐπὶ Σκίρῳ (Ἐπισκίρωσις alii libri, in his optimus. Paris. Stephanus VII p. 390 B) ἱεροποιία τις schwankt die Lesart. Die Benennung Ἐπίσκιρα hat Steph. Byz v. Σκίρος und im Schol. Ar. Thesm. 834 giebt cod. R ἐπίσκυρα θύεται τῇ Ἀθηνᾷ. Hier ändert Fritzsche ἐπὶ Σκίρῳ.

***) Auf Skiron lag ein Seher aus Dodona, Skiros, begraben, s. S. 55 Note**; Photius p.521, 22 Porson Σκίρον τόπος Ἀθήνῃσι, ἐφ' οὗ οἱ μάντεις ἐκαθίζοντο. Aus Dodona holten sich die Sparter ein Orakel (Cic. de Div. I, 34 § 76). Dabei wurde ein Geräth auf den Boden gestellt, sein Inhalt waren Loose; Preller R. E. II p. 1195. Wenn man in dieser Art die Zukunft befragte, musste man also niedersitzen (ἐκαθίζοντο). Man mochte hier mit Loosen und Würfeln sowohl im Ernste das Schicksal befragen, als auch Glücksspiele betreiben. Vom Würfelspiel auf Skiron ist mehrfach bei den Alten die Rede. Vgl. Welcker Alt. Denkm. III p. 1 sqq.

vorkommt. Die sommerlichen Skirophorien sind ein Athenafest mit Ceremonien der Zeus-Religion, Demeter und Kore haben keinen Theil daran.*)

Skiras ist ein Specialname der Stadtgöttin, in so fern sie Schützerinn der Olive und des dem Oelbau günstigen Bodens ist; die Olive verlangt einen trockenen, steinigen Kalkmergel, da kommt sie am besten fort (s. Einleitung S. 54); nach dieser Bodenbeschaffenheit nennt sich die Göttinn (Skiras von $γῆ\ σκιρράς$). Lange ehe die Stadtgöttin diesen (aus Salamis vermuthlich eingeführten) Specialnamen erhielt, muss sie im Verein mit Zeus, der einst allein die Aegis führte, die Olive und den Oliven-Boden vor Wetterschaden geschirmt haben; doch ist damit nicht gesagt, dass es schon vor Alters ein Specialfest des Oelbaus in dieser Jahreszeit (Skirophorien unter anderem, älterem Namen) gegeben habe.

Der Name Skiras bedeutete also keineswegs Schirmgöttin. Dennoch wurde in Athen eine künstliche Anspielung ausgedacht; $σκίρον$ sollte Schirm bedeuten; so heisst der Schirm sonst nicht, es ist eine erzwungene**) Wortbildung. Man wählte einen Schirm von auffallender Grösse (wenn Bekker bei Harpocr. p. 168, 8 $μέγα$ richtig emendirt; vgl. Dübner's Schol. Ar. p. 539). Nun konnte man das Fest ein Schirmtragefest nennen, was offenbar die

---

*) Kein Zeugniss sagt, dass die Skirophorienfeier ausser Athena, Poseidon, Erechtheus und Helios-Apoll auch noch Demeter und Kore anging. Die Grammatiker meinten nur ein einziges Fest Skira genannt vor sich zu haben; nun sagten die einen, es sei ein Athenafest, die anderen es sei ein Fest der Demeter, die jenes bejaheten, lengneten dieses. Schol. Ar. Eccl. 18 $Σκίρα\ ἑορτή\ ἐστι\ τῆς\ Σκιράδος\ Ἀθηνᾶς\ Σκιροφοριῶνος\ ιβ'$, $οἱ\ δὲ\ Δήμητρος\ καὶ\ Κόρης$, $ἐν\ ᾗ\ ὁ\ ἱερεὺς\ τοῦ\ Ἐρεχθέως\ φέρει\ σκιάδειον$. Hier ist $οἱ\ δὲ$ bis $Κόρης$ Parenthese und was beschrieben wird, sind bloss die Skirophorien: „Am Athenafeste des XII Skirophorion — welches freilich Anderen für ein Demeterfest gilt — wird ein Schirm vom Priester des Erechtheus getragen". Hiernach kann ich Sauppes Ansicht (Myst. In. p. 46) nicht theilen, dass sich bei den Skirophorien der Athena Skiras sowol Demeter und Persephone als auch Apollon gesellt haben.

**) Auch wenn von der Wurzel Ski leicht zu $σκίρον$ (umbrella) gelangt wurde (G. Curtius Ety. I p. 137), hat doch die Sprache $σκίρον$ als Appellativ verschmähet. Schirme sind $σκιάδεια$ oder $σκιάδια$, die Tragenden $σκιαδηφόροι$, ebenfalls im Ritual des Gottesdienstes vgl. A. E. III, 10 p. 292. Das heilige Schattendach des Dionysos heisst $σκιάς$ (Pollux VII 174). Wäre $σκίρον$ (Schirm) eine natürliche Sprachbildung, so würde sie neben den anderen Benennungen in Gebrauch gekommen sein.

Bedeutung von σκιροφόρια*) ist (O. Müller A. E. III, 10 p. 87), und der Name der Göttinn trat in den Bräuchen hervor. Wenn hiernach die Athena Skiras eine Schirmgöttin, und die Skirophorien ein Fest der Beschirmung und Beschützung zu sein schienen, so werden wir doch, um den besondern Sinn des Festes zu finden, uns an die noch nicht umgedeutete Schützerinn der γῆ σκιρρὰς λευκή τις ὡς γύψος halten müssen; um so mehr als es an sich etwas Bedeutungsloses ist, dass eine Frau sich eines Schirms bedient (Schol. Ar. Eq. 1348). Es gilt also das Fest dem Schutze des Kalkbodens und der Oliven, welche er trägt, s. S. 454.

Arrhephorie.

Kalenderzeit. Der Monat steht durch ein Zeugniss fest (Etym. M. p. 149 heisst es von der ἀρρηφορία,**) dass sie eine ἑορτὴ ἐπιτελουμένη τῇ Ἀθηνᾷ ἐν τῷ Σκιροφοριῶνι μηνί sei; G. A. 61, 13). Unter der ἀρρηφορία des Etymologen kann nur die geheimnissvolle Amtshandlung der Athenapriesterinn und der beiden Arrhephoren, wie sie aus Pausan. 1, 27 bekannt ist, verstanden werden, und je unsicherer die Deutung der Ceremonie ist, desto weniger darf der bezeugte Monat (Skirophorion) aufgegeben werden.

---

*) Schömann Alt. II p. 419 hält zwei Deutungen für möglich und beide gleich zutreffend. Davon kann ich mich nicht überzeugen. Der Name der Göttin lässt sich zwiefach deuten, Erfinderinn des Schirmes σκίρον, und Göttinn des Kalkbodens (s. Bekk. An. p. 304), aber das Fest lässt nur Eine Deutung zu, die von Müller gebilligte Tragung von Schirmen. Die überlieferten Processionsgebräuche enthalten keine Spur davon, dass Gyps benutzt sei um ein Athenabild einzukreiden (Schol. Ar. Vesp. 926 Ἀθηνᾶ Σκιρρὰς ὅτι τῇ λευκῇ χρῖεται). Die am XII Skirophorion im Festzuge vertretene Göttinn war die Athena der Burg. Man dachte die Stadtgöttinn als Erfinderinn des Schirms (als Skiras, von dem σκίρον = σκιάδειον) und glaubte die Tragweite ihres Namens und Festes durch den Schirm erledigt. Man führte die hieratische Spielerei (O. Müller a. O.) allen Ernstes durch.

**) Das Femininum ist durch Lysias 21, 5 gesichert. Meursius Gr. Fr. p. 49 hat an den übrigen Stellen τὰ ἀρρηφόρια und auch die anderen Formen (s. S. 448 Note *) als Neutra, ebenfalls Passow-Rost Lex. τὰ ἀρρηφόρια. Die feminine und neutrale Form ist auch sonst in Festnamen eine neben der anderen üblich gewesen, s. Index unter „Feste". So urtheilt auch H. L. Ahrens über die Formen Πυανοψία und Πυανόψια, im Rhein. Mus. XVII p. 343 Note 11.

Mit Grund hat sich C. Fr. Hermann gegen O. Müller's Ansicht ausgesprochen, welcher die Arrhephorie in die Panathenäennacht, Hecatombaeon XXVIII, verlegt. Die Arrhephorie geschieht nachts und zwar „in der Nacht wenn das Fest da ist", *παραγενομένης δὲ τῆς ἑορτῆς δρῶσιν (αἱ ἀρρηφόροι) ἐν νυκτὶ τοιάδε κ. τ. λ.* Welches Fest? das Panathenäenfest, meinte O. Müller, der am Fries des Parthenon die Arrhephorie mitten unter panathenäischen Gebräuchen abgebildet glaubte. Auch wer diesen Glauben theilt, wird doch besser thun, die Kalenderzeit aus dem directen Zeugniss des Etym. M. a. O. zu entnehmen.

C. Fr. Hermann setzt die Arrhephorie auf XII Skirophorion, also auf die Nacht, welche dem Lichttage des Skirophorienfestes unmittelbar vorhergeht.*) Da am Skirophorienzuge der Erechtheus-Priester Theil hat, die Arrhephorie aber von den Alten auf Herse, des Erechtheus Mit-Pflegerinn, bezogen wird (G. A. 61, 13), so ist eine Anlehnung der Arrhephorie an das Skirophorienfest recht passend, also Hermanns Ansatz zulässig. Danach ist es überflüssig bei Pausanias' Worten *παραγενομένης δὲ τῆς ἑορτῆς* zu fragen, ob hier die Arrhephorie (eine *ἑορτή* nach dem Etym. M. p. 149) oder eine andere *ἑορτή* zu verstehen ist; denn die gemeinte *ἑορτή* ist der XII Skirophorion, dessen Nacht die Arrhephorie enthält.

Indess lässt sich auch die Nacht, welche dem XII folgt, wählen, kalendarisch die des XIII Skirophorion. Wer eine Anlehnung der Arrhephorie an den Skirophorientag wünscht, findet durch die XIII Nacht diesen Wunsch ebenfalls erfüllt wie durch die XII. Es ist dabei eben so wenig von Belang, ob man den Pausanias sagen lässt „wenn die Arrhephorie, das Fest des XIII Skirophorion da ist" oder „wenn der Skirophorientag, XII Skirophorion, nebst den ihm weiterhin angeschlossenen Festacten herangekommen ist." Rinck II 68 hat diesen Ansatz vorgezogen.

Er gewährt einen eigenthümlichen Vortheil, welcher auch Rinck nicht entgangen ist. Die Arrhephorie ist ohne Zweifel mysteriös; Etym. M. p. 149 wird *ἀρρηφορία* erklärt *παρὰ τὸ ἄρρητα καὶ μυστήρια φέρειν*. Wenn es nun von dem Buphonienfeste des XIV

---

*) Deutlich ausgesprochen ist dies nicht a. O., aber da § 61 (Text) „die Nacht vor dem Feste" bezeichnet und in der Anmerkung 13 „der enge Zusammenhang mit den Skirophorien" urgiert ist, so sollte nach Hermanns Meinung das Skirophorienfest offenbar so auf die Arrhephorie folgen, wie auf die Nacht der Morgen und die Tageshelle folgt.

Skirophorion heisst βουφόνια ἑορτὴ παλαιὰ ἦν φασιν ἄγεσθαι μετὰ τὰ μυστήρια (Suidas I, 1 p. 1029 Bernh.), so lässt sich diese Behauptung so erklären, dass die Buphonien des XIV auf die geheimnissvolle Ceremonie des XIII folgten. Nun sind „die Mysterien" ohne nähere Bestimmung freilich sicher die eleusinischen im Boëdromion, oder die von Agrä im Anthesterion*), nicht aber etwelche andere mystische Gebräuche eines anderen Cults. Man kann über die mangelhafte und irreleitende Meldung des ἄγεσθαι μετὰ τὰ μυστήρια = μετὰ τὰ ἀρρηφόρια mit Recht Beschwerde führen, muss aber so viel zugestehen, dass diese mangelhafte und irreleitende Meldung erklärlicher ist, wenn die Buphonien auf Mysterien im Athenacult folgten. —

Die Skirophorien und Arrhephorien hat auch Clemens protr. p. 11 als Mysterien, freilich der Demeter angesehen. O. Müller A. E. 10 p. 88, Note 61.

Gegen jeden Ansatz der Arrhephorie vor Vollmond lässt sich positiv aufstellen, die Arrhephorie sei wahrscheinlich ein Mysterium des Erechtheuskreises, dieser bewege sich durchaus nur durch die Tage nach Vollmond, folglich müsse die Arrhephorie in die letzte Hälfte des Skirophorion gesetzt werden; hier ende auch am besten die Liturgie, welche an die Arrhephorie geknüpft war (Lys. 21, 5).

Dieser Behauptung indess darf man den bacchischen Festkreis entgegenstellen, in welchem sich ein Fest vor Vollmond (die Anthesterien) neben Festen nach Vollmond (grosse Mysterien; auch, nach hypothetischen Ansätzen, andere Begehungen) vorfindet.

Ausser dieser allgemeinen Gegenbetrachtung lässt sich im Besondern gegen jeden der 3 letzten Monatstage etwas einwenden.

Gesetzt Jemand schlüge die ἕνη καὶ νέα des Skirophorion für die Arrhephorie vor, weil die Chalkeen diese Monatsstellung haben und auch sonst Athena an diesem Tage Opfer erhält (Rang. I n. 57, B lin. 28: ἕνη καὶ νέα εἰς θυσίαν τῇ Ἀθηναίᾳ ⊢⊢⊢ "), so müsste man dem entgegenhalten, dass wir nicht weniger als drei Decrete vom letzten Skirophorion haben, zum sichern Beweise, dass es ein Geschäftstag war, obwohl man, als am Jahresschluss, dem Zeus Soter opferte (Lys. 26, 6).

Ebenso geschäftsvoll war die δευτέρα, wenn sich Jemand der (vermuthlich falschen) Plynteriendatirung auf den vorletzten des

---

*) Bossler de gentib. p. 16 verstand τὰ μυστήρια so und wies daher die Behauptung von Buphonien nach den Mysterien einfach zurück.

Thargelion (G. A. 61, 3) bedienen wollte, um nach dieser Analogie das Arrhephorienfest auf den vorletzten Jahrestag zu bringen. Von diesem Tage giebt es zwei Decrete, datiert von der ἕνη καὶ νέα προτέρα.

Endlich der drittletzte, obwohl vortrefflich empfohlen für ein den Erechtheus angehendes Fest, hat im Skirophorion ein Decret, wenn wir das Datum desselben, ὀγδόῃ μετ᾿ εἰκάδας, als den 3 vom Ende zu nehmen haben.

Ein Ansatz der Arrhephorie auf Skirophorion XIII, weicht diesen Einwendungen aus und ist auch sonst (s. S. 444) vortheilhafter. Setzen wir also die Arrhephorie auf den XIII.

Ueber die Oerter, welche von der Arrhephorie betroffen wurden, und über diese selbst sagt Pausanias Att. 27, 3 Bekk,: παρθένοι δύο*) τοῦ ναοῦ τῆς Πολιάδος οἰκοῦσιν οὐ πόρρω, καλοῦσι δὲ Ἀθηναῖοι σφᾶς ἀρρηφόρους· αὗται χρόνον μέν τινα**) δίαιταν ἔχουσι παρὰ τῇ θεῷ, παραγενομένης δὲ τῆς ἑορτῆς δρῶσιν ἐν νυκτὶ τοιάδε. ἀναθεῖσαί σφισιν ἐπὶ τὰς κεφαλὰς ἃ***) ἡ τῆς Ἀθηνᾶς ἱέρεια δίδωσι φέρειν, οὔτε ἡ διδοῦσα

---

*) Nach Etym. M. p. 149 wurden 4 erwählt (ἐχειροτονοῦντο), über 7 und unter 10 Jahr alt und zwei davon ausgesondert, um am Peplos mitzuhelfen. Sie mussten guten Familien angehören (κατ᾿ εὐγένειαν). Richtiger als durch χειροτονεῖσθαι bezeichnet Suidas I, 2 p. 441 Bernh. ihre Wahl als eine Erlesung durch den Archon König (ἐπιώψατο, was durch κατέλεξεν, ἐξελέξατο erklärt ist). — Nach dem Ausdruck des Pausanias, παρθένοι, erwartet man nicht Kinder (παῖδες, Ety. M. p. 149) von 7 bis 11 Jahren; doch steht gerade das frühe Lebensalter fest aus Ar. Lys. 641 ἑπτὰ μὲν ἔτη γεγῶσ᾿ εὐθύς ἠρρηφόρουν. Die Altersbegrenzung, vermuthlich einst mit der panathenäischen Penteteris zusammenhängend (siehe S. 186) wurde beibehalten auch als nachher die Arrhephorie jährlich wurde. An der Jährlichkeit der Arrhephorie jüngerer Zeit ist nicht zu zweifeln, Pausanias spricht offenbar von jährlichem Abgehen und Zugehen der Mädchen. Die Sorge für die jungen Tempeldienerinnen machte eine Liturgie aus (Lys. 21, 5), dauerte also nicht über ein Jahr. — Die Arrhephoren gingen in Weiss und Gold gekleidet, das Gold, das sie trugen, wurde Tempelgut (Etym. M. p. 149); auch mussten ihnen besondere Speisen (G. A. 61, 10) gereicht werden. Die Liturgie also bestand in der jährlichen Anschaffung solcher und ähnlicher Erfordernisse für die Amtszeit der Arrhephoren, welche Pausanias nicht näher bestimmt.

**) Eine Zeit lang, z. B. vom Metagitnion oder einem noch späteren Termin an, bis zum letzten Monat. Die Arbeit am Peplos begann Ende Pyanepsion, es konnten die Mädchen indess schon vorher dienstlich sein. Das Minimum der Dienstzeit ist von Ende Pyanepsion bis (Mitte) Skirophoriou.

***) Nach O. Müller wurden ἔρσαι (thau-befeuchtetes Laub und Zweige), nach Lobeck Todtengaben (G. A. 61, 13) getragen, Festus ed. O. Müller p. 11 arferia

ὁποῖόν τι δίδωσιν εἰδυῖα *), οὔτε ταῖς φερούσαις ἐπισταμέναις. — ἔστι δὲ περίβολος ἐν τῇ πόλει τῆς καλουμένης ἐν Κήποις Ἀφροδίτης οὐ πόρρω**) καὶ δι' αὐτοῦ κάθοδος ὑπόγαιος αὐτομάτη· ταύτῃ κατίασιν αἱ παρθένοι. κάτω μὲν δὴ τὰ φερόμενα λείπουσιν, λαβοῦσαι δὲ ἄλλο τι κομίζουσιν ἐγκεκαλυμμένον***). καὶ τὰς μὲν ἀφιᾶσιν ἤδη †) τὸ ἐντεῦθεν, ἑτέρας δὲ ἐς τὴν ἀκρόπολιν παρθένους ἄγουσιν††) ἀντ' αὐτῶν.

Das Hinabtragen und Hinauftragen der Geheimnisse geschah wahrscheinlich auf dem gewöhnlichen, bequemsten Wege, indem die Arrhephoren die grosse Treppe und die Propyläen, nicht den oben S. 182, Note *** erwähnten Felsgang benutzten. Der Felsgang war zu schwierig, s. Beulé l'Acrop. I p. 160; auch reichte er nicht bis zum Endziel der Procession, vom Fusse der Acropolis bis zu den Gärten ist noch eine ziemliche Strecke. Das Mysterium der Handlung war nicht durch den Ort, eher durch die Zeit — die Nacht — beschützt. Pausanias deutet nichts näheres über den Processionsweg an. — Vgl. G. A. 61, 13.

---

aqua, quae inferis libabatur; vgl. R. E. I, 825. Schömann Alt. II p. 420 schliesst aus dem Namen ἐρσηφόροι, dass sich die Ceremonie auf nächtlichen Thau bezog.

*) Die erbliche Priesterinn der Polias, eine Eteobutadinn, leitete offenbar die ganze Ceremonie (G. A. 61, Text). Durch die Tradition ihres Geschlechts hatte sie eine genaue Kenntniss der Gebräuche und wusste welche Gegenstände sie den Mädchen zu geben und welche sie wieder von ihnen zu empfangen hatte.

**) Die Aphrodite in den Gärten dient nicht wie ein Wegweiser, um die Procession topographisch zu orientieren, sondern das, was die Arrhephoren bringen, ist der Aphrodite bestimmt, s. Einleitung S. 37.

***) Aus wessen Hand empfingen die Mädchen das Verhüllte, welches sie wiederbrachten? vermuthlich aus der Hand der Aphrodite-Priesterinn, welche wohl die zur Nachtzeit in einen Stollen hinabgehenden Mädchen geleitet und wieder hinaufgeführt hat. Ohne eine von der Stunde und dem Zweck ihres Kommens genau unterrichtete Priesterinn in den Gärten ist die Ceremonie undenkbar.

†) Diese werden nunmehr (ἤδη), unmittelbar nach dem Arrhephorientage, entlassen. Der Peplos ist, so weit Frauenhände ihn fertigen konnten, fertig und die bis zu den Panathenäen noch übrige Zeit mag er theils noch in Arbeit gewesen sein wegen der Vorrichtungen zum Einhertragen in der grossen Procession, theils fertig am herkömmlichen Orte gehangen haben, damit er von da abgeholt werde und nirgends eine unanständige Eile hervortrete.

††) Die Worte zwingen nicht zu der Annahme, dass die neue, arrhephorische Liturgie unverzüglich nach dem Schlusse der vorigen anfing. Der Rest des Skirophorion und der Panathenäenmonat konnten wohl darüber verstreichen, bis andere Fräulein gewählt waren. Dass die Arrhephoren herkömmlich Antheil hatten am Panathenäenopfer, beruht blos auf unsicherer Ergänzung von Rang. II p. 440 n. 814, lin. 15.

Die Arrhephoren werden sich gewöhnlich in den westlichen (niedrigeren) Abtheilungen des Erechtheums und in der klösterlichen Sphäristria (s. Plan von Beulé) aufgehalten haben.

Die Pflichterfüllung der Arrhephoren war ehrenvoll. Dies zeigen zahlreiche Inschriften, in welchen einzelne Arrhephoren verewigt sind; zum Beispiel C. I. I n. 431 heisst es: *ἡ βουλὴ καὶ ὁ δῆμος Ἀπολλοδώραν Ἀπολλοδώρου Γαργηττίου θυγατέρα ἐρρηφορήσασαν**) *Ἀθηνᾷ Πολιάδι.*

Von der uralten Stätte der Athena, dem Erechtheum, begaben sich die Trägerinnen der Geheimnisse in die Nähe der uralten Stätte der Aphrodite Urania, wo diese neben ihrem später gebauten Tempel als vierkantige Herme (Pausan. Att. 19, 2) von sidonischen Männern (E. Curtius gr. G. I p. 45) einst gestiftet worden. Da nun die Urania den Beinamen Nemesis hat (s. S. 210 Note *), so kann man die Bräuche der Arrhephorie als Nemesien des Erechtheus ansehen, ein gleichsam in der Familie der Stadtgöttinn begangenes Todtenfest, dessen Voraussetzung der Tod des Erechtheus am XIII Skirophorion ist. Ob neben der Arrhephorie noch Ceremonien im Erechtheum (s. S. 15 Note) stattfanden, die sich auf die Bestattung des Heros oder vielmehr auf seine Schlangen-Metamorphose bezogen, lässt sich bei dem Mangel aller Ueberlieferung nicht entscheiden. — Vgl. Einleitung S. 37.

Ueber die agrarische Deutung der Arrhephorie s. Einl. S. 13 und unten S. 455.

---

*) Für diese Form scheinen die Inschriften zu entscheiden (G. A. 61, 9). Doch ist die Form mit α (*ἀρρηφόροι*) von den Grammatikern ausdrücklich neben der mit ε (*ἐρρηφόροι*) überliefert (Meurs. Gr. Fer. p. 49) und Lys. 21, 5 giebt Sauppe *ἀρρηφορίας* ohne Variante; ebenso Pausan. Att. 27, 3 *ἀρρηφόρους*. Die Form mit Epsilon und Sigma *ἐρσηφορία* (*τῇ γὰρ Ἕρσῃ πομπεύουσι τῇ Κέκροπος θυγατρὶ ὡς ἱστορεῖ Ἴστρος* Schol. Ar. Lysistr. 642), ist die unsicherste und schlecht belegt. C. Fr. Hermann schreibt wie Meursius *ἐρρηφορία*. Aber nach Engers Ausg. der Lysistrata ist im Schol. vielmehr *ἐρσεφορία* (Ravenn.) zu schreiben; bei Suid. I, 1 p. 712 giebt Bernh. *ἐρσεφορία*. Vielleicht ist die Form ersonnen, um auf Herse anzuspielen; jeder scheint an ihr nach Belieben gemodelt zu haben.

Buphonien.

Kalenderzeit des Festes ist der letzte Vollmond des attischen Jahres, Skirophorion XIV. Dies Datum geben Schol. Ar. Pac. 419 und Etym. M. p. 210 (G. A. 62, 15 und 17) übereinstimmend an. Der XVI Anecd. Bekk. p. 238 ist wohl blosser Irrthum; oder verschrieben, da ἕκτην statt ἕκτῃ auf jeden Fall einen Schreibfehler enthält (γίνεται δὲ ἕκτην ἐπὶ δέκα τοῦ Σκιροφοριῶνος μηνός).

Ort der Feier ist vornehmlich die Burgfläche; Suidas I, 1 p. 1029 Bernh. heisst es von den Buphonien ὅτε καὶ τὸν βοῦν ἔθυον εἰς ὑπόμνησιν τοῦ πρώτου φονευθέντος ἐν ἀκροπόλει βοὸς ἁψαμένου τοῦ πελάνου ἐν τῇ θυσίᾳ τῶν Διπολίων; Meurs. Gr. Fer. p. 63. Wo wir uns den Buphonienaltar zu denken haben, ist sehr ungewiss. Vielleicht wurde der Altar des Zeus Hypatos für die erste Opferhandlung (S. 449, Note ***) benutzt, wie auch für die Erschlagung des Ochsen, so jedoch, dass er nicht als Schlachtbank diente. Man führte zwar den tödtlichen Beilhieb an diesem Altar, aber dann wurde der verwundete halb oder ganz todte Ochse nach einem andern Altar hingeführt und daselbst die angefangene Opferung durch den δαιτρός vollendet. Dieser andere Altar kann in der Nähe des Parthenon bei einer Statue des Policus (am Ostende stehend nach Beulé) oder bei dem Soter, der am Opisthodom sich befand (am Westende, wo Leake auch den Polieus hinbringt), gesucht werden.

Ueber die Ortsbestimmung des in jüngerer Zeit hinzugesetzten grossen Speiseopfers s. hernach S. 453.

Die Feier begann mit einem aus uralter, cecropischer Zeit stammenden Brauch. Auf den Altar des Zeus Policus oder eine aufgelegte Erzplatte, deren Fuss der Altar bildete, wurden gemischte Körner von (geschroteter) Gerste und Weizen, daneben (aus frischem Getreide gemachte) heilige Bröte, πέλανοι, gelegt.*)

---

*) Pausan. Att. 24. 4 spricht blos von dem Altar, Porphyr. de abstin II, 19 (Meurs. Gr. Fer. p. 94) aber bezeichnet dieselbe Opferstätte als einen Erztisch: θέντες γὰρ ἐπὶ τῆς χαλκῆς τραπέζης πέλανον καὶ ψαιστά, wo ψαιστα neben πέλανοι geschrotenes Getreide sein und die κριθὰς μεμιγμένας πυροῖς des Pausanias bezeichnen wird. Dass daneben auch πέλανοι hingelegt werden, kann nach Suidas (s. oben S. 418) und Hesych. I p. 993 (G. A. 62, 17) nicht bezweifelt werden; an der andern G. A. a. O. citierten Stelle des Hesych. steht πόπανον.

Der Stätte des Zeus und den für ihn bestimmten harmlosen Gaben nahete dann das Opferrind und empfing, weil es vom Getreide des Zeus gefressen, zur Strafe den Todesstreich.

Die Tödtung des Ochsen war selbst wieder eine Sünde, eine Beleidigung cecropischer Sitte, weshalb das Fest Buphonien, d. h. Ochsenmord hiess. Zu dem homerischen βουφόνεον bemerkt der Schol. A. Il. VII, 466 βουφονεῖν ἐστὶν οὐ τὸ θύειν θεοῖς—ἄτοπον γὰρ ἐπὶ θυσίας φόνον λέγειν—ἀλλὰ τὸ φονεύειν βοῦς εἰς δεῖπνον κατασκευήν. Daher die Flucht des Ochsenmörders und der angeknüpfte Process, wer endlich der eigentlich Schuldige sei.

Der erste Act dieses kindlichen Dramas gehörte dem cecropischen Zeitalter an, der zweite dem des Erechtheus.*) Cecrops opferte keine Thiere, sondern solche Bröte, wie bei den Buphonien vorkamen, πέλανοι geheissen, Pausan. Arcad. 2, 3. Diese harmlosen Bräuche einer Urstufe zu bewahren diente der Zeus-Altar beim Erechtheum **), wo nur unblutige und weinlose Opfer gebracht wurden, Pausan. Att. 26, 5.

Erst unter Erechtheus' Herrschaft wurde die Unschuld der ältesten Vorzeit gestört durch den Frevel eines Viehs und dessen vorschnelle Bestrafung. „Als Erechtheus über die Athener regierte, da tödtete der Ochsenmörder den ersten Ochsen am Altar des Zeus Policus, entfloh, indem er das Beil hinwarf, und das Beil wurde gerichtet (s. S. 451 Note **), wie es noch jährlich (an den Buphonien) geschieht", Pausan. Att. 28, 10.

---

*) Einige unterschieden die beiden Zeitalter nicht, sondern legten gleich dem Cecrops die Opferung des ersten Ochsen bei, Euseb. II p. 101 Aucher.

**) Pausanias (26, 5) bezeichnet ihn als den des Hypatos, den Zeus-Altar unseres Festes nennt er den des Zeus Policus (24, 4). Sollen wir beide identificieren? Am Altar des Policus das Rind zu erschlagen war Unrecht und an dem des Hypatos blutige Opfer zu bringen, war es auch, ein der cecropischen Satzung gethanes Unrecht. Am Erechtheum, dem Tempel der Polias, passt ein Altar des Policus. Die Opferstätten beim Erechtheum sind überhaupt die älteren, also für das uralte Buphonienfest mehr geeignet als die Stätten beim Parthenon. Nach Leake Top. p. 110, 1 und 250 gab es am Westende des Parthenon einen Zeus-Tempel (Disoterion) mit den Statuen des Policus und Soter. Auch in G. A. 61, 17 wird das Westende des Parthenon vorgeschlagen als Ort des Buphonien-Altars. (Bei Beulé und Breton finde ich keine Auskunft über das Διοωτήριον An. Bekk. p. 91, 6.) Fände sich ein Eigenpriester für Zeus Hypatos, so würde weniger leicht behauptet werden können, Hypatos und Policus hätten denselben Altar gehabt. Vorläufig nehme ich dies an, identificiere also den Hypatos mit dem Policus, so weit es auf Buphonienbräuche ankommt.

Nach Porphyr. de abstin. II, 29 waren nicht weniger als drei Opfer-Kasten thätig, die Ochsenschläger βουτύποι, die Treiber κεντριάδαι, welche die Thiere um den Opfertisch herumtrieben, die δαιτροί, welche das Opfer in Portionen zerlegten; οἱ μὲν ἀπὸ τοῦ πατάξαντος Σωπάτρου βουτύποι καλούμενοι πάντες, οἱ δὲ ἀπὸ τοῦ περιελάσαντος κεντριάδαι, τοὺς δὲ ἀπὸ τοῦ ἀποσφάζοντος δαιτροὺς ὀνομάζουσι διὰ τὴν ἐκ τῆς κρεανομίας γιγνομένην δαῖτα.

Hauptperson ist offenbar der Ochsenschläger, die Treiber und Zerleger sind Nebenpersonen. Einer familienhaften Kaste dürfte blos ersterer angehört haben, vielleicht den Butaden*); Hesych. I p. 755 Βούτης ... καὶ ὁ τοῖς Διιπολίοις τὰ Βουφόνια δρῶν; C. Fr. Hermann G. A. § 62, 19. Zu der Nachricht, in Erechtheus' Zeit sei das Buphonienopfer entstanden, stimmt Butes als erster Ochsenmörder; denn als Erechtheus zum Thron gelangt, wird Butes Priester der Athena und des Poseidon Erichthonius, Apollodor. III, 15. 1, Vielleicht sass der βουφόνος auf dem mit ΙΕΡΕΩΣ ΒΟΥΤΟΥ bezeichneten Stein am Erechtheum**) (Breton Ath. p. 175).

Das Ceremoniell des ersten Opfers war feierlich. Es wurde von Mädchen Wasser herbeigebracht, um Messer und Beil am Wetzstein zu schärfen, dann dem βουφόνος, wie Pausanias ihn richtiger als Porphyrius nennt, das Beil eingehändigt, welcher nach der Tödtung entfloh. Nun folgte die Zubereitung zum Mahl. Die Rindshaut wurde ausgestopft und an einen Pflug das Scheinbild angejocht, damit das Thier in seinem würdigsten Ornat erscheine. Dann beginnt der Process im Prytaneum, bei dem jeder die Schuld auf den

---

*) Der erste Ochsenschläger führt andere Eigennamen, die keinen Bezug zur Butadenfamilie zu haben scheinen, Thaulon (daher die βουτύποι Thauloniden, Bossler de gentib. p. 14), Diomos, auch Sopatros an der oben citierten Stelle, wenn hier nicht τὸ πρῶτον zu setzen ist. Aus diesen Eigennamen erhellet jedenfalls, dass der Ochsenschläger die wichtigste Rolle auch in der Tradition hat, denn der erste Kentriade und der erste δαιτρός haben keine Personennamen.

**) K. Keil. Philol. Suppl. II p. 631 hält sich überzeugt der Stein sei selbst Sessel gewesen und habe ursprünglich ins Theater gehört wie die anderen neuentdeckten Sessel. Es wird auf eine genaue Untersuchung des Steines ankommen. Die Inschrift bezieht Keil hiernach nicht auf den Heros Butes und seinen Priester, sondern versteht einen Sessel des Opferschlächters (ἱερεὺς βούτης). Letzteres hat viel für sich. Sollte aber nicht der Sesselstein ursprünglich auf die Burg gehören? Durch die Buphonien erklärt sich seine Aufstellung auf der Burg hinlänglich.

andern schiebt, zuletzt auf das Beil, welches sich nicht verantworten kann und daher verurtheilt*) wird, ins Meer zu sinken; Bossler aus Porphyr. de abstin. II, 29. Vgl. Schömann gr. Alt. II p. 448.

In diesem Brauche selbst liegt es, dass nur Ein Rind als Opfer gebracht wurde; wir können nicht zweifeln, dass die alte Zeit sich an dem Einen genügen liess, eine κρεανομία (Porphyr. a. O.) im späteren Maassstabe also nicht stattfand. Nach einer S. 455 anzuführenden Sage hatte Athena dem Zeus Polieus dies erste Opfer bewilliget und diese Bewilligung beschränkte sich einst gewiss auf nur Ein Rindsopfer. Wenn (nach Porphyr.) mehrere Ochsen um den Tisch getrieben wurden, so bestand doch der Buphonienact engsten Sinnes in der Tödtung desjenigen Thiers, welches an Zeus' Altar einen Frevel üben wollte.

Später aber wurden an diesem Feste allerdings ausser dem Einen Pflichtopfer des Polieus auch noch „viele Rinder" geschlachtet; Bekk. An. p. 221, 21 βουφονία: ἑορτὴ Ἀθήνῃσιν, ἀπὸ τοῦ θύεσθαι βοῦς πολλοὺς ἐν ταύτῃ τῇ ἡμέρᾳ; Etym. M. p. 210, πολλοὶ βόες.

Dieses grosse Speiseopfer scheint dem Zeus Soter und der Athena Soteira dargebracht zu sein, als ein jüngerer, den Buphonien oder Dipolien angeschlossener Fest-Act, Disoteria genannt.

Von der Grösse dieses Soterien-Opfers legen die Hautgelder Zeugniss ab. Nach C. I. I n. 157 kamen aus dem Opfer für Zeus Soter Ol. 111, 3 von den Booneu 1050 Drachmen ein; nach Rang. II p. 501 n. 842 sogar 2610 Drachmen. Es sind die grössten Summen unter allen verzeichneten. Beide dort erwähnten Opfer sind die des Buphonientages.**) Man kaufte Rinder je nach dem bei Abrechnung zum Jahresschlusse Geld übrig war.

---

*) Pausan. Att. 28, 10 scheint freilich das Gegentheil zu sagen: es sei das Beil gerichtlich freigesprochen, ἀφείθη κριθείς lässt sich kaum anders verstehen. Doch der ganzen Ceremonie wird damit die Spitze abgebrochen und Aelian V. H. VIII, 3 bezeugt die Verurtheilung des Werkzeugs (καταγιγνώσκουσι δὲ τῆς μαχαίρας), welche auch C. Fr. Hermann G. A. § 61 und Schömann a. O. annehmen.

**) Aufangs bezog auch Böckh C. I. I n. 157, 25 auf den XIV Skirophorion; hernach änderte er seine Ansicht a. O. p. 905 und meinte, es sei das Opfer am Jahresschlusse Lys. 26, 6. Lysias sagt nur θυσία γίγνεται „man opfert" nicht ἡ θυσία „das bekannte, grosse Buphonienopfer". Für den Buphonientag sind πολλοὶ βόες überliefert. Offenbar bezogen sich die grossen Hautgelder auf das Soterienopfer des XIV Skirophorion. Aus dem Belobungsdecret Rang. n. 794,

Ausser dem Priester des Zeus Soter und der Athena Soteira*), war hierbei eine Opferbehörde thätig, wahrscheinlich die 14 Hieropöen.**)

Für die alten Dipolien-Bräuche müssen wir uns dagegen den Priester des Zeus Policus thätig denken (Ehrensessel Philol. XIX p. 358).

Die Betheiligung der Epheben bei den Disoterien geht aus verschiedenen Stellen jüngerer Inschriften hervor, Ephem. n. 4098 lin. 29 ὁμοίως δὲ (ἁμιλλώμενοι) τοῖς Διισωτηρίοις; und vom Kosmeten: ὁμοίως δὲ ἀπή[ντησεν καὶ τοῖς Διισω]τηρίοις; n. 4107, 21 [ἀπήντησαν δὲ καὶ τοῖς Δι]ισωτηρί[οις τῷ Διὶ τῷ Σωτῆρι καὶ τῇ Ἀθηνᾷ τῇ] Σωτήρᾳ κ[αὶ ἔθυσαν κατὰ τὸν νόμον]; n. 4042, 25 [θύειν δὲ] κριὸν τῷ Διὶ τῷ Σ[ωτῆρι καὶ Ἀθηνᾷ τῇ Σωτείρᾳ], cf. E. Curtius Gött. Nachr. 1860 p. 341.

Bei der wachsenden Genusssucht und dem Herunterkommen alter, seltsam***) scheinender Bräuche, darf man annehmen, dass das angeschlossene Soterien-Opfer mehr und mehr Hauptsache wurde, und Spätere meinten, die Buphonien hätten von der Opferung vieler Rinder (An. Bekker p. 221) ihren Namen, da sie doch vielmehr darum so heissen, weil man an einen φόνος, verübt an Einem Rinde, dachte, s. S. 449. Wir finden, dass Demosthenes beauftragt wurde, dem Soter seinen Altar für (herkömmlich gegebene) Staatsgelder zu schmücken; Plut. Dem. 27 εἰωθότες γὰρ ἐν τῇ θυσίᾳ τοῦ Διὸς

---

datiert vom [XXIII] Skirophorion, folgt, dass vor dem XXIII ein grosses Opfer gebracht war. Eine Behörde von vielen Mitgliedern ο[ἱ ἱερο]ποιοί, lin. 9 hatte dabei mitgewirkt; das Opfer galt τῷ [Διὶ τῷ Σωτῆρι καὶ] τῇ Ἀθην[ᾷ τῇ Σω]τείρ[ᾳ], welche Ergänzung durch n. 793, 10 sicher ist. Dies Opfer ist ohne Zweifel am XIV gebracht worden. Das Datum der Inschrift ist sicher, da der 23. Tag der 12. Prytanie nur Skiroph. XXIII sein kann. Auf den letzten Jahrestag (Stark zu G. A. 62, 21) kann die Inschrift gar nicht bezogen werden.

*) Auf einem Ehrensessel Philol. XIX p.362 n. 20 ΙΕΡΕΩΣ ΔΙΟΣΔΙΟΣ ΣΩΤΕΡΟΣ | ΚΑΙ ΑΘΕΝΑΣ ΣΩΤΕΙΡΑΣ. Hier ist das doppelte ΔΙΟΣ sonderbar. Es scheint, dass man vom Disoterienfeste des Zeus sprach, obwohl in „Disoterien" schon Zeus enthalten ist, und dass man so auch zu einem Zeus Zeussoter kam. Vgl. Vischer im N. Schweiz. Mus. III p. 48 die 2. Note.

**) Rang. n. 754 (s. vorhin Note*). Die belobte Opferbehörde bestand, nach dem Namenverzeichniss (siehe Rangabé II p. 414), aus wenigstens 13 Mitgliedern; vgl. Ross Demen p. 40 und oben S. 314, Note*.

***) Ar. Nub. 984 ἀρχαῖά γε καὶ Διπολιώδη καὶ τεττίγων ἀνάμεστα καὶ Κηκείδου καὶ Βουφονίων.

τοῦ σωτῆρος ἀργύριον τελεῖν τοῖς κατασκευάζουσι καὶ κοσμοῦσι τὸν βωμὸν κ. τ. λ.

Die Ortsbestimmung des Opfers für Zeus Soter und Athena Soteira ist sehr schwierig. Die στοὰ ἐλευθέριος hat vielleicht am meisten für sich.*) Nach den Buphonien, die auf der Burgfläche vor sich gingen, waren die Feiernden hinabgestiegen zum Prytaneum. Um die noch übrigen Festacte (Disoteria) zu absolvieren, stiegen sie nicht wieder auf die Burg, sondern benutzten jene Stoa.

Betrachtung.

Die Buphonien sind ein Dreschfest. Der Ochs, welcher an den Getreidekörnern des Zeus frevelt, thut das, was er auf der Tenne zu thun pflegt beim Austreten des Getreides. Der Kentriade muss einen oder mehrere Ochsen um die Zeusstätte herumtreiben,**) weil es so auf der Tenne geschieht, deren man sich in der Buphonienzeit bedient, um Korn zu dreschen. Dass schon geschnittenes Getreide auf den Tennen liegt, lehrt das Festjahr selbst. Thargelion ist der Monat des Aehrenschnittes und die Buphonien fallen 14 Tage nach Ende Thargelion.

---

*) Der Zeus dieser Stoa hiess auch Soter, Leake Top. p. 77, 6. Hier wurde das schon erwähnte Decret aufgestellt (Rang. II p. 410, n. 793, 28 [ἐν τ]ῇ στοᾷ τοῦ Διός) zur Belobung des Priesters des Zeus Soter (ibid. lin. 13 und 22). Der Zeus Eleutherios oder Soter ist erst nach dem Perserkrieg (Aristides bei Leake a. O.), wohl mit Bezug auf die Schlacht bei Plataeae (Thucyd. II 71) aufgestellt, und das Soterienopfer muss demnach von a. Chr. 479 an aufgekommen sein. Nach der andern Inschrift n. 794, welche ebenfalls die Buphonien angeht, erfolgt die Aufstellung ἐ[ν τῇ ἀγορᾷ], eine Ortsbestimmung, die völlig auf Ergänzung beruht. — Man hat auch den Tempel, welchen Zeus Soter mit Athena im Piraeus hatte, vorgeschlagen, Böckh St. H. II p. 255 a. A.; Siebelis p. 4 zu Pausan. Att. 1, 3 Die Versenkung des Beils in die See konnte veranlassen aus Gestade zu ziehen. Indess dürfte doch der Aufstellungsort von Rang. n. 793 beachtenswerther sein. Für die Bevölkerung wäre es das bequemste gewesen, wenn man alle Soter-Stätten von Athen zugleich benutzt hätte, also auch die im Piraeus; doch hat Plutarch Dem. 27 nur von Einem zu schmückenden Zeus-Altar gesprochen.

**) Sartorius von Waltershausen über sicilian. Ackerbau p. 15: Das mit kleinen Sicheln abgeschnittene Getreide wird auf einen flachen etwas geebneten Boden, auch wohl auf die Chaussee gelegt, worauf zwei an eine Stange gebundene Ochsen im Kreise herumgehen, das Stroh zertreten und so das Getreide ausdreschen. Vgl. Voss. Ldb. p. 101 zu Virg. G. I, 178.

Die Begehungen des XII und XIII (Shirophorien und Arrhephorien) scheinen ursprünglich Nebengebräuche des Dreschfestes gewesen zu sein, später aber sich selbständig entwickelt zu haben, der eine zum Beschirmungsfeste des Oelbaus, der andere zu Todtenbräuchen für den am XIII gestorbenen Landesheros Erechtheus, welcher am Tage vorher (am XII) durch seinen Priester (bei der Skirophorienprocession) repräsentiert worden war. Als Erechtheus noch den Kornhalm symbolisch darstellte, waren die Gebräuche des XII und XIII ebenfalls agrarisch und in engerem Verhältnisse zum Hauptfeste (den Buphonien). Siehe oben S. 448.

Ganz zerschnitten ist das Band zwischen dem Hauptfest und den Nebenfesten auch später nicht. Pausan. Att. 24, 4 verschweigt absichtlich die Erklärung der Gebräuche des Dipolienfestes ($\tau\grave{\eta}\nu\ \grave{\epsilon}\pi'$ $\alpha\grave{\upsilon}\tau o\tilde{\iota}\varsigma\ \lambda\epsilon\gamma o\mu\acute{\epsilon}\nu\eta\nu\ \alpha\grave{\iota}\tau\acute{\iota}\alpha\nu\ o\grave{\upsilon}\ \gamma\varrho\acute{\alpha}\varphi\omega$), wahrscheinlich weil sie mit dem mystischen Erechtheus und den Arrhephorien zusammenhingen, also nicht blos $\mu\epsilon\tau\grave{\alpha}\ \tau\grave{\alpha}\ \mu\upsilon\sigma\tau\acute{\eta}\varrho\iota\alpha = \grave{\alpha}\varrho\varrho\eta\varphi\acute{o}\varrho\iota\alpha$ (s. S. 444), sondern auch im Zusammenhange mit den nächtlichen Erechtheusmysterien begangen wurden.*)

Den Skirophorien mag das Herkommen zu Grunde liegen, während das Getreide auf den Tennen lag, den Zeus um beständige Witterung anzugehn, und deshalb mit dem Widderfell Sühnumzüge zu halten. Die Skirophorienprocession ist ein solcher, eine besonders feierliche $\grave{\alpha}\pi o\delta\iota o\pi\acute{o}\mu\pi\eta\sigma\iota\varsigma$, die in historischer Zeit einem speciellen Object, dem Schutz der Olive gewidmet wurde. Aber auch in dieser specialisierten Form hatte der Sühnumzug des XII noch Bezug zu den Buphonien. Dies geht aus einem merkwürdigen Dogma hervor: als Athena und Poseidon stritten, versprach jene, wenn Zeus für sie entscheide, dem Stadtschützer das erste Opfer am Altar**) (Hesych. v. $\varDelta\iota\grave{o}\varsigma\ \vartheta\tilde{\alpha}\varkappa\alpha\iota$; Küster zu Suidas v. $\varDelta\iota\grave{o}\varsigma\ \psi\tilde{\eta}\varphi o\varsigma$, wo das Opfer nur das Buphonien-Opfer sein kann; es heisst da $\tau\grave{o}\ \tauο\tilde{\upsilon}\ \Pi o$-$\lambda\iota\acute{\epsilon}\omega\varsigma\ \iota\epsilon\varrho\epsilon\tilde{\iota}o\nu\ \pi\varrho\tilde{\omega}\tau o\nu\ \vartheta\acute{\upsilon}\epsilon\sigma\vartheta\alpha\iota\ \grave{\epsilon}\pi\grave{\iota}\ \beta\omega\mu o\tilde{\upsilon}$). Der Sieg der Athena ging also den Buphonien voran, und Athena, die als Schöpferinn der Olive diesen Sieg gewann, feierte sich***) in dieser ihrer siegreichen Eigenschaft am XII, s. S. 209.

---

*) Ob wegen des Zusammenhangs der Buphonien mit Erechtheus in der historisierenden Sage behauptet wird, unter Erechtheus habe der erste Ochsenmord stattgefunden, lässt sich nicht entscheiden; möglich ist es.

**) Dasselbe Verhältniss wiederholt sich örtlich. Die Oelbaumschöpferinn ist in der Nähe des Zeus Policus, der für sie entscheidet, Pausan. Att. 24, 3.

***) Vielleicht auch wurde den zwölf Göttern, die zu Gericht gesessen und

Durch den Sieg über Poseidon und die Schöpfung der Olive gewann Athena erst ihre hohe Stellung als Obergöttin im Lande Attica, der sich sowohl Poseidon-Erechtheus als Apollon unterordnen musste. Im Skirophorienzuge war also die göttliche Landesmutter, in ihrer ganzen Hoheit vertreten, die Mutter mit ihren beiden Söhnen. Der Priester des Poseidon Erechtheus musste vielleicht den Schirm tragen,*) um den Sieg der Göttinn zu bestätigen. — Die Dogmen, auf denen dies Ritual basiert, haben, obwohl zum Theil alt, ihre Abrundung erst in historischen Zeiten gefunden.

Im weiteren Verlauf mehrte sich ohne Zweifel die Geschiedenheit der Feste des XII, XIII und XIV, zumal als das grosse Speiseopfer für Zeus Soter die alten Buphonienbräuche in den Hintergrund schob und aus dem agrarischen Buphonienfeste immer mehr ein politisches, ins öffentliche Leben hineingezogenes**) wurde.

---

sich für Athena erklärt hatten (Apollodor. III, 14, 1) bei der Gelegenheit gedankt.

*) Harpocr. p. 168 sagt: κομίζουσι δὲ τοῦτο (τὸ σκιάδειον) Ἐτεοβουτάδαι. Da nun, um alle drei durch den Schirm zu bedecken, doch wohl einer von den dreien diesen in der Hand trug, so kann nur der Priester des Poseidon Erechtheus, ein Butade (s. S. 451), zum Schirmträger gemacht werden.

**) Vermuthlich seit 479 a. Chr., s. S. 453 Note **.

Index.

Zusätze sind durch [ ] bezeichnet.

Achaja, Demeter 207, 301.
Aegeus, Todtenopfer 280.
Agnus castus 266.
Agonen, der Panathenäen 199 f., siehe gymn., hipp., musical. Agon; in Eleusis 231, 264 N. ***, 266; der Theseen und Epitaphien 281 ff.; der Chytren 368; lyrischer Agon der gr. Dionysien 395; der Thargelien 423 f.
ἀγωνοθέτης jüngerer Ausdruck für Athlothet 125 Note **; 397 f.
ἀγορανόμοι 352 Note †.
αἴρεσθαι τοὺς βοῦς 258 Note.
Agrae, Gruppe von Culten 19 Note, 377; Tempelanlagen 378.
Agraulos 434 ff.
ἀγυρμός 224 Note *.
Αἰάντεια 411 f.
Αἰγικορεῖς 317 Note; vgl. 401.
Alimontia mysteria, siehe Halimnsische Mysterien.
ἄλοχος χειμῶν 40 Note.
Altarpriester 235.
Amazonen, Todtenopfer 280.
ἀμβροσία, Lenäentag? 310 Note **.
Ammon, Opfer 111 Note **.
Amphictyonie des Poseidon 27 f.; des Apoll 49.
ἀμφιφῶντες 401.
ἀμφιθαλεῖς 273.
Amulete 253 Note *.
ἀναβάτης 153.

ἀνάρρυσις 307 ff.
ἀνάστατοι 404.
andabata 154 Note.
Anfangsmonat, siehe Neujahr.
ἄνοδος der Thesm. 298 f.
Antinoeen in der Stadt 61 Note **; 332; 397.
Ἀντίνοος χορεῖος 266.
Anthesterien. Namen für Theile des Festes, nebst Kalenderzeit 345 ff.; Namen für das ganze Fest 347 ff.; Zeit im Sonnenjahr 21 Note, 100; einst ohne Bacchus 19 ff.; bacchische Anth., Fest des Gottestodes 60, vgl. 378; unter Herrschaft der Trieteris 73; Feier der drei Festtage 349 ff.; Deutung 360 ff.
Aphrodite Οὐρανία phönicisch 18, vgl. 19 Note; Nemesis zugenannt 210 Note; 37; πόρνη 314 Note ***; Tempel ἐν Κήποις 447; der andere Tempel vielleicht bei den Apaturien benutzt 312; Πάνδημος 113; 314 Note ***; Ἐπιτραγία 401; vgl. 402.
Apaturien. Name 317; Stiftung 31; vgl. Chalkeen; von allen Phratrien begangen, siehe Phratrien; um Wintersanfang 35 Note *; Kalenderzeit 302 ff.; im Prytaneum 305 f.; Feier 306 ff.; Schluss der Feier, siehe Hephästien; angelehnte Festacte, siehe Peplos, Chal-

keen; Programm 315; Alterthümlichkeit der Apat. 316 f.
Apoll bei Athen nicht so wie Artemis an alte Ortsnamen geknüpft 49 Note **; in mehreren Culten jünger als Artemis 52, vgl. 316; amphictyonisch 49; 'durch 8 Monat durchgeführt 54; Epimenien 105 ff., 207; ob auch im Winter verehrt? 107 Note. — Apoll in Beziehung zu Poseidon 49; zu Theseus, parallele Opfertage 106; nicht mit den Erdgottheiten vereinigt im Skirophorienfeste 442 Note *.
Ἀγυιεύς, seit Solon 52 Note. Ἀλεξίκακος 421 Note*. Βοηδρόμιος 49; 211. Δήλιος, bei den Thargelien 50; kein Delion 51. Δελφίνιος, am Euripus 1; Colonisationsgott 48 Note; seit wann athenisch 49 Note*; bei den Delphinien 100 ff.; bei den Thargelien 421 Note**. Ἑβδόμειος 106 f. Ἑκατομβαῖος? 105. Κύννιος 103 f. Νεομήνιος 108. Οὔλιος 100. Πατρῷος der pythische Apoll, aus Marathon 51 f.; ihm wurden die Epiphanien 59, die siebenten Monatstage 107, und die Thargelien 421 Note*, 424, begangen; Ap. Patr. bei den Apaturien 310, 316; Gleichstellung mit Erechtheus 417 Note*, 456. Πύθιος, siehe vorher Πατρῷος.
ἀποβάτης 153 f.
Archegetis 401 Note*.
Archilochus 297.
ἀρχιθέωρος bei den Eleusinien 250.
Archonten, Ehrengäste bei den Panathenäen 174. Der erste Archon verwaltet die gr. Dionysien 396 f. und Thargelien 424, vgl. 59. Der Arch. Basileus hatte die Mysterienpolizei 240 f.; war [nach Poll. VIII, 90] Vorstand der Lenäen 312 Note; opferte vielleicht an den Pithögien 350 f.; leitete das Choën-

Gelage 361; auch wohl die Chytren 369; vielleicht die Diasien 380 Note*; wählte die Arrhephoren 440 Note*. Der Arch. Polemarchos opferte der Artemis 213 f. und bei den Epitaphien 281. Arch. einer Zunft? 268 Note*.
Areopag Sitzungstage 17; panathen. Nebenopfer 18 Note*, 177, 192; Gottheiten des Ar. am Parthenon 193; vielleicht nächtliche Bräuche 171.
Argeer, Binsenpuppen 30 Note.
Ariadne, 359 Note**, 401.
ἀρκτεύειν 406 f.
ἄροτοι, heilige Pflügungen, 218 N.*, 221 Note*; der ἀρ. ὑπὸ πόλιν 9 Note*; vgl. Eleusinion.
Arrhephoren 440 ff.; nicht auf die Deipnophorie zu beziehen 273 Note*.
Arrhephorien älterer Gestalt agrarisch, Theil der Buphonien 13. jüngerer Gestalt auf den Tod des Heros Erechtheus bezüglich 37, 42 Note; Bräuche 443 ff. [Polem. in Schol. Soph. O. C. 100.]
Artemis. Culte der attischen Ostküste 1; in mehreren Festen ist Artemisdienst das ältere Element, siehe Apoll z. Anf.; Art. in den Erechtheus-Kreis gezogen 48, 405 Note*, 407 f.; Aenderungen seit der Perserzeit 407; Menschenopfer 420 Note**; Art. hatte an den Thargelien Theil 415.
Ἀγροτέρα vor Apoll verehrt; ihr Frühjahrsfest antiquiert 49; Herbstfest der Agr. 211 ff. Ἀριστοβούλη 410. Βραυρωνία, Braur. und Munychia früh gestiftet 18 f.; Feste beider Artemiden gleichzeitig 404; Braur. auf der Burg 407; bei den Plynterien? 438. Δελφινία Göttinn des Delphinienfestes, vor Apoll verehrt 49, 400 f. bei den Thargelien? 421 Note**, Δίκτυννα 400 Note*. Εὔκλεια

410 Note **; vgl. 377. *Μουνυχία* s. Munychien. Οὐλία 400. *Σελασφόρος* 410 Note **. *Φωσφόρος* 411.

Asklepieen, siehe Asklepios, am VIII Elaph. gefeiert.

Asklepios gefeiert am XVIII Boëdromion 72; Opfer am städtischen Asklepios-Tempel 251; Incubation? 253; am VIII Elaphebolion 72 Note *, 301; bei den *Αἰαντείοις* 411, am XVIII Munychion? 412.

ἀσκωλιάζειν im Theater 361 Note *; unattisch 364 Note ***.

Athenäen 314 Note *.

Athena früh individualisiert 2; Epimenien 3.

   Ath. und Zeus 1; bei den Apaturien 309, den Skirophorien 442, 451 ff., den Buphonien 454 ff., vgl. 452 f.

   Ath. und Gaea. Monatstage 4; einst im Erechtheum vereinigt? 436 Note **; siehe Doppelopfer.

   Ath. und Hephäst; agrarisch 8; ins Persönliche gezogen 11 Note, 312, 314, 408; Ath. Tochter des Hephäst 83.

   Ath. und die Eumeniden 5, 17, 171 Note *.

   Ath. und Poseidon, Conflict 27; Spur davon im Kalendertage der Panathen.? 39 Note **; in der Buphonien-Legende 455.

   Ath. und Apoll, Menschenopfer 13.

   Ansehen des Athenacults 40, Rückschritte 85 ff.

   Die Hauptgeborene Ath. nicht alt im Cultus 81, 83; zu Wagen nach anfänglicher Vorstellung 172 Note **; nicht den ganzen Festkreis betreffend 83.

   Siebenzahl im Athenadienste 174 Note; Zweizahl gewisser Functionärinnen 130 Note **.

   Ath. der Mond 172 Note.

   Ἄγραυλος 436. *Ἀρχηγέτις* 406 Note *. *Ἐργάνη* 313. *Ἡφαιστία* 314, 408. *Ἰωνία* 128 Note. *Νίκη*, panathen. Voropfer 105 Noten * und **. *Παρθένος*, Reichsgöttinn 86; Göttin der grossen Agonen 105. *Πολιάς* Göttinn des Erechtheuskreises 40; in historischer Zeit minder angesehen 80; ihr wird die Hecatombe 170 N.**, am grossen Altar 105 Note ***, dargebracht; ihre Priesterinn 417 Note *, im Skirophorienzuge 156. *Σκιράς* Olivenschützerinn 54, 442; ihr phalerischer Dienst ist der ältere 54 f. *Σώτειρα* 452 f. *Τγλεια*, panathen. Voropfer 177, 102, 105; Bild der Hyg. 103.

Athlothesie bei den kl. Panathenäen? 125, 127.

Athlotheten-Inschrift 151.

Attica. Sonderentwickelung der Landestheile 1; Hypothesen der Alten darüber 27 Note **; Einigung 40; die Einigung mehr religiös als politisch 81 f.

Augen, der Athena geweiht 438 Note **.

Bacchus, den Zeus verdrängend 10, 78; den Apoll beeinträchtigend 58 ff.; 80 f.; 271; mit ihm identificiert 50; vgl. 255 Note ***, 275; mit Demeter vereinigt 62 ff.; Feste dem Weinbau im Ungefähren angeschlossen 67 ff., doch zunächst durch die Anthropisierung des Weinbaus im Kalender fixiert 373, vgl. 67 Note; B. erzeugt 72, 378; siebenmonatlich 67 f., 328; neunmonatlich 60, 310, 323; der durch zwei Geburten vollendete B. heisst sowohl selbst Dithyrambos 323, als auch das Loblied auf ihn 330; vgl. 327 f., 342; B. als junger Zeus inthronisiert 371; ermordet 372 f.

   Heiligthum in Limnae s. Lenaeon.

   Ἐλευθερεύς 353, 357, 361, 370 Note *, 371, 392. *Λιμναῖος* 362

Note **. *Μελάναιγις* 317. *Μελπόμενος* 260. *Νυσήϊος* 372 Note *. *ὁ ἐν Πειραιεῖ Διόνυσος* 331 Note **.
Bäder, bei den Eleusinien, künstliche 255 Note *; natürliche 248; bei den Thesmoph. am Ufer von Halimus 208.
ὁ βασιλεύς, siehe Archonten.
βασίλιννα, Gottestrauung 357 ff. 371.
Bendideen, bezogen auf Erechtheus 86, 108, 120; Feier 125 f.
βόαρχος 257.
Boëdromia 211 ff.; vgl. 280 Note **.
Boëdromion, nachmals Anfangsmonat 214; vgl. Neujahr.
[Nach den beiden „Bruchstükken attischer Festkalender" bei Ross Demen p. 30 ist das hecatombäonische Neujahr in Athen damals erloschen gewesen, und ein boëdromisches an die Stelle getreten. Der Anfang mit dem Boëdromion scheint hier nicht als ein bloss gymnisches Neujahr (Böckh C. L 1 n. 270 p. 375; E. Curtius Gött. Nachr. 1880 Dec. p. 331) aufgefasst werden zu können; auch dürfte der Fortbestand eines zweiten (hecatombäonischen) Neujahrs noch neben jenem, directer Beweise bedürfen.]
Bootes, Sternbild, in älterer Zeit agrarisch, später bacchisch aufgefasst 22 f.
Brauron Lage 122 Note *.
Brauronien, auf Erechtheus bezogen 10; behaupteten sich unverändert 81; in Brauron begangene 409 f. und städtische Br. 405 Note †; 407.
βουλευτήριον in Eleusis 232 Note *.
βουφονεῖν 450.
Buphonien, Name 453; B. und Arrhephorien Feste des Erechtheuskreises 7; die Kalenderzeit der B. aus hohem Alterthum beibehalten 4; in der Dreschzeit 13 Note, 50 Note, 154; Bräuche 449; Zusammenhang mit den Skirophorien und Arrhephorien 455 f.; Uebergang der einst agrarischen B. in ein Staatsfest 456.

Ceramicus, unter K.
Chalkeen, agrarisch, Pflugfest 2 f.; Fest der Zeugung des Erechtheus den Apaturien angeschlossen 34, 312; auf Athena Hephästia bezogen 314, vgl. 83; Bräuche 311 ff.
Charisteria 217.
Chloëen späterer Name eines Theils der Procharisterien 2 Note ***, 43 Note *.
Choën, älteste 22; das bacchische Choën-Gelage 360 ff.; s. Anthesterien.
Chor, cyclischer an den Panathenäen 170; an den Thargelien 423 f.
Chytren, Name 24, vgl. 367 Note †; 345, 349; älteste Chytren 21 f.; die Ch. jüngerer Zeit betrafen die Leiden des Bacchus 330 Note **, 372 f.: Bräuche 365 ff. [Philoch. in Schol. Soph. O. C. 100]; s. Anthesterien.
χύτρα 366 f.
χύτρινοι ἀγῶνες 368, 391 Note *.
Citherspiel bei den Panathen. der Flöte vorangehend 139 Note ††.
Cimon, unter K.
Connidas, unter K.

Daduchen reichen bis ins IV. Jahrh. post Chr. 63 Note *; Rang, Herkunft, Kleidung 233 f.; sie handhabten das Dioskodion 410.
Daduchinn? 237.
Daeira? 254 Note **, 331.
δαειρίτης, δειρῖτις 254.
δαιροί 451.
Deipnophoren, einst im Dienste des Apoll 271; auch deipn. Knaben 273 f.; Frauen beim Theseenschmaus 277, vgl. 274 Note; im Athenadienst? 273 Note *.
δεκατεύειν 400 Note *.
δεκάτη προτέρα s. Monatstage.
Delien v. Pisistrat gefeiert 84; Theorie

nach Delos 402 f.; den Thargelien parallel 415, 425; s. Penteteris.
Delion s. Apollon Delios.
Delphi. Delphische Entscheidungen im Erechtheus-Dienst 39, vgl. 188; Beziehungen des Pisistrat zu Delphi 81.
Delphinien, Seeausfahrtsfest, Zeit im Sonnenjahr 48 Note, 100; Bräuche 398 ff.
Delphinion, Ort des ἱκετηρίαν τιθέναι? 390; Gericht daselbst 400 f.
Demarchen 180.
Demeter nicht unter den uralten Gottheiten des att. Festjahrs 7; in den Zeiten der Wanderungen gestiftet 29, s. Thesmophorien. Ἀχαία s. Achaja. Χλόη, Stiftung des Opfers am VI Thargelion 30, 54; dies Opfer verschieden von den Chloëen 9 Note ***; am Vorabend der Thargelien 116. Νέα Δημήτηρ 237.
Demetria, Name des eleusin. Agons 203; der gr. Dionysien 61 Note **.
Demetrias, Tagname 376.
Demophon Pflegling der Demeter 64 Note, 239 Note **.
Sohn des Theseus 432; sein Fest 205.
δημόσιοι 419 Note *.
δημοτελής 307 Note *.
Diasien älterer Gestalt an Stelle des anthester. Bacchusfestes 19; Zeit im Jahr 20 Note; Bräuche 23 ff., vgl. 382 f.; jüngerer Gestalt, Benennung 385 Note *; Bräuche 379 ff.
Diobelie 351 Note *; 307 Note *.
Dionysien sind Weinfeste 327; Grundlage die Weinbereitung 41 f.; die ländlichen sind die ältesten 44, die grossen die jüngsten 58 Note **; die Lenäen später als die Anthesterien recipiert 311.
Ländliche D. Namen 325, 327, 329; Zeit im Jahre 44 Note; 45 Note *; nicht trieterisch 73; Kalenderzeit 323; die ländlichen D. sind nicht Weinlesefeste 324 ff.; Feier 329.
Grosse D. einst Apollonsfest 59; als Bacchusfest dem älteren Dogma widerstreitend 69 Note *; Umtaufungen 61 Note **; Zeit im Jahre 60 Note **, 100, 395 Note ***; wurden allgemein hellenisch 87, 391; Kalenderzeit 387 ff., vgl. 394 f.; Feier 391 ff.; Verwaltung 399 ff.
Brauronische D. 409.
Διοσκῴδιον bei den Eleusinien 245; beim Zeusfest im Maemacterion 317 f., 321; vom Diasienopfer 386 Note **; bei den Skirophorien 440 f., 455.
Dipolien s. Buphonien.
διφροφύροι 181.
Disoterion 450 Note **.
Disoteria 453.
Dithyramb s. Bacchus.
δόλιχος 145 Note **, 146.
Doppelopfer im Athenacult 17, 152; in Ilios 196 Note ***; vgl. 417.
δορπία 305, 307.
Dreifuss apollinisch und bacchisch 423; vgl. 59, 390.
δρώμενα in Eleusis 201.
δωδεκαῖς 178.

Echo, ein Ort in Attica 252.
ἐγγραφαί 306 Note **, 435 Note *.
εἰκάδες s. Monatstage.
Eirene bei den Synökien 112 ff.
Eiresione bei den Panathen. 194; am VII Pyanepsion 271; die Eir. viell. vom Tempel der Athena Skiras mitgenommen 275 f.
ἐκκλησία ἐν Διονύσου 388 Note.
Eleusinien älterer Gestalt ohne Bacchus 61; lenzliche Correlatfeier? 65; Männern früh zugänglich 66.
Eleus. jüngerer Gestalt Geburtsfest des siebenmonatlichen Bacchus 68; zwei Stufen der Weihe 72; Zeit im Jahre, Weinreife 67 Note, Aequinoctium 73; Kalenderzeit

222 ff.; Personal 233 ff.; Feier 243 ff.; Uebersicht 208 f.

Eleusinier und Athener im Gottesdienste geeinigt 62 f.

Eleusinion Lage 249 Note, vgl. 190; erhaltenes Fragment 231 Note; bei den Thesmophorien benutzt? 249. [Vielleicht ist der ἄροτος ὑπὸ πόλιν auch auf das E. zu beziehen, abgesehen von alten Zeiten, in denen alle agrarischen Gebräuche dem Athena- und Erechtheus-Dienste angehörten.]

Eleusis; Vortheile der geogr. Lage 65; Bauten 378.

Epheben 342 Note, 393, 411, 492.

Ephebeneid 435 f.

ἐπίβδα 313; vgl. 309, 311.

ἐπίβοιον s. Duppelopfer.

ἐπὶ βωμῷ s. Altarpriester.

Epicur s. Ἐπίκουρος.

Epidauria Auferstehungsfest 72; vor dem Zuge nach Eleusis 224 Note ***, am XVIII Boëdr. 226; Bräuche 250 ff.

Ἐπίκουρος, Epicurs Geburtstag 334 f.

ἐπιμεληταὶ τῶν μυστηρίων Administrativbehörde 240 f.; Epimelet einer Zunft 267; die Weinwarte bei den Apatur. hiessen so 308; neben dem ersten Archon 424.

Epimenides Reformator 52 ff.; vielleicht Stifter der kl. Mysterien 62 und der Proerosien 70; Bild in Agrae 377.

Epiphanienfest des Apoll im solonischen Festjahr 58 ff.; Zeit im Sonnenjahr 60 Note **; Kalendertage unsicher 61 Note ***; Uebergang in die grossen Dionysien 59.

Ἐπίσκιρα 411 Note **.

Epitaphien seit den Perserkriegen 88, 215; Bräuche 278 ff.

Epitaphische Reden 215 ff., 279 ff.

Erechtheum, Grab 15 Note; bei den Plynterien benutzt 433.

Erechtheus Sinnbild des Korns 5; nicht als Quell zu deuten 5 Note,

6 Note, 37 Note; Feste dem Kornbau angelehnt 6; agrarischer Erechtheuskreis 7 ff.; die Grundidee mit der der Eleusinien verglichen 88 Note.

Person 7; vgl. Poseidon Erechtheus; Festkreis des persönlichen Er. 33 ff., 407 f., 437 ff., 455 f.; als Schlange vorgestellt 37; Panathenäenstifter 39; mehrere Mütter 41 f.; von Kanephoren getragen 405 Note *, vgl. 407. zurückgedrängt im Gottesdienste durch Pisistrat 82; am Parthenon wenig hervortretend 83 Note *; durch die Vorstellungen von Theseus verdunkelt 86; mit Apoll gleichgestellt, s. Apollon Patroos.

Eros Altar 312 Note *; Erzeugung 344 Note *.

ἱεροψφορία 148 Note *.

Euandrie der Panathenäen, nachpisistratisch 167; zwiefach 168.

εὐχαριστήρια kein Fest 263.

Εὐδάνεμοι eleusinisch? 235; Mysterienboten 241.

Εὔκλεια später von Artemis verschieden 410 Note **.

Eumeniden. Schlucht 2; Cultus 171; eine Eumenide am Parthenon gebildet 102 Note, 193. Vgl. Athena.

Eumolpiden. Aus ihnen der Hierophant 233; Eumolp. und Keryken 244, vgl. 235; und Philliden 238 Note.

Εὐνεῖδαι 266, vgl. 268.

Εὐνομία 410 Note **.

Eurysaces, Altar 355.

Exegeten 245 Note.

Familienculte 3.

Feigen. Zeit der Reife im Sonnenjahr 35 Note **; um Artemis zu versöhnen 405 Note †; im Apollo-Dienst 417 f.; Feigenspeise bei den Plynterien 433 f.

Ferien des Raths bei den Apaturien 303; im Unterricht 354, 355.

Festjahr. Entstehung aus dem Monat 2; cecropische und erechtheische Bräuche im Cultus unterschieden 450; das agrarische Festjahr (siehe Erechtheus) erst durch die Völkerzüge geändert 27; Reformation durch Epimenides und Solon 52; Pisistratus fand die att. Religion fertig vor 80; Einwirkung der Perserkriege 87 f., 407, 410 Note **, 454 Note *; Verfall 128 Note *. — Uebersichten des historischen Festjahrs Tafel I zu S. 93 und II zu S. 96. — Das Festjahr von Ceos dem attischen verwandt 320.

Feste fröhlich oder traurig nach der Jahreszeit 58 Note *, 16; Fest- und Werkeltage 93 ff.; Namen zwischen Neutrum und Feminin schwankend 443 Note **, 345, vgl. 344 Note **; halbe Festtage 226, 337, 390.

Gaea, Opfer am Monatsende 3; hatte verm. an den Chalkeen und Procharisterien Theil 8; einst im Alleinbesitz des Tempels der κουροτρόφος 33 Note †; Lage des Tempels 410 Note **; Gaea Mutter des Erechtheus 41, 407, siehe Athena: Opfer an den Genesien 210.

Gamelien, Stiftung 42; Hochzeitsopfer, Theogamien 343 f.

Gamelion, Name aus der Erechtheus-Religion herrührend 82; nicht aus Lenaeon umgetauft 47; Anfangsmonat älterer Zeit 80 f., 314.

[Nach Ahrens im Rheinischen Mus. XVII p. 347 fing das Jahr auf Samos mit dem Lenaeon an, der dem attischen Gamelion entspricht.]

Genesien, Name 209; Todtenfest und Boëdromien 210 f.; Uebergang in ein Marathonsfest 212; Festzug für Artemis 213 f.; Parentationen? 215; die Genesien beerbt von den Epitaphien 280 Note **.

Gephyräer 29.

Gephyrismen 255 Note **.

Geraren, Namensform 358 Note *; Gebräuche 358 ff., 307 f.

Getreide, Zeit der Wintersaat 16 Note, 35 Note *, Beginn der Feldarbeit im Frühjahr 20 Note, 350, 376; Zeit der Kornreife 11 Note, 50 Note **, 99, 402 Note *; des Dreschens 13 Note, 55 Note *, 454; des Ernteschlusses 16 Note.

Getreideschelfel nicht symbolisch 205 Note *.

Gottesfriede für die Mysterien 205 Note *, 223; im Apollodienst 402 Note ***.

Gottestrauung, s. Basiliuna.

Gymnischer Agon der Panathenäen, Stiftung 117, 123; bei den kl. Panathen. zweifelhaft 124; Lebensalter der Agonisten 141 f.; Anordnung der Spiele 144; Pause im Agon 146; Vasen 117 ff.; Preise 141, 151 f.; Ort 152; Zeitdauer 202.

der Eleusinien 263 f.

der Theseen 284 f.

Hadrian in die Mysterien eingeweiht 318.

Hadrianion, Schaltmond 318 Note ***; vgl. 47.

ἁγιαφόρος bei den Eleusinien 254 Note *.

ἁγνεία ἀπ' ἀνδρός 294 ff.

ἅλαδε μύσται, der XVI Boëdromion 222 Note; πρόςρησις 226; Bräuche 216 ff.

Halimusische Mysterien 297 f. — Siehe Thesmophorien.

Haloa, Geburtsfest des neunmonatlichen Bacchus 69; trieterisch? 73; mit dem Zeusfest im Maemacterion zusammengeworfen 320.

[Den überlieferten Monat Poseidon verwirft auch Ahrens im

Rhein. Mus. XVII p. 332, will aber die Haloen dem Metagitnion vindicieren. Die Begründung dieser seiner Ansicht hat Ahrens noch nicht mitgetheilt.]
ἅμαξα, τὰ ἐκ τῶν ἁμαξῶν 340, vgl. 21; 311; 356; 370; 303.
ἅμιλλα νεῶν siehe Regatta.
Harmodius, Opfer an den Epitaphien 281.
ἑβδόμη siehe Monatstage.
Hecatombäen? 105.
Hecatombaeon Name 105; Anfangsmonat 81, s. Neujahr: in Pericles' Zeit nicht Solstitialmonat 106 Note.
Hecatombe der Panathenäen, Ort der Darbringung 195 Note ***.
ἕκτη siehe Monatstage.
Helenophorien 405, 410.
Helios 422, 410.
Hephästien 311 f., 314.
Hephästus, Tempel bei den Apaturien benutzt 311; II. Ortsname? 312 Note**; Feier der Erzeugung des II. 343; der Geburt des II. und der Zeugung des Erechtheus durch ihn 311. Siehe Chalkeen.
Hermes, im Erechtheum 15 Note: II. und Pandrosos 438 Note ***.
Ἐναγώνιος, Voropfer bei den Eleusinien 257. Ἡγεμόνιος 114 Note **. Χϑόνιος bei den Anthesterien 362, 366.
Herse 138 Note ***; 418 Note.
Hesiods Hemerologium 3; Bestimmungen über den Landbau, Tafel II zu S. 96, vergleiche Index unter Getreide, Wein, Seefahrt.
ἑστία zu Eleusis 239; im Prytaneum 305 f.
Hesychiden 171 Note *.
ἱερά, τὰ Ἐλευσινόϑεν 252 f.
Hiera Syke, Ort 252.
ἱεραύλης 268 Note **.
ἱερεῖα, durch πρόβατα erklärt 382. Name eines Mysterientages, Boëckh. XVII 226; Bräuche 249 f.

ἱέρεια τῆς Δήμητρος καὶ Κόρης 238, 321; Διονύσου ἐν ἄστει 305 Note *.
ἱερεὺς τοῖν ϑεοῖν 236.
Hierokeryx, siehe Keryx.
Hieromenie 108 Note.
Hieronyme Aemter 233 ff., 236 ff.
Hierophant 233.
Hierophantinn 236 f.
Hieropöen, vierzehn 314 Note *, 453 Note ***; gewannen später an Einfluss 175; ihre vier Penteteriden 243; II. neben Phytaliden 281; bei den Eleusinien 242, 257, Athenäen 314 Note *, Buphonien 453.
ἱκετηρία 309.
Hipparchen bei den Panathenäen 176.
Hippischer Agon der Panathenäen, Stiftung 39 f., vgl. 127; für die kl. Panath. nicht nachgewiesen 124; kleinere Hippodromie jährlich? 124, 127, 161 Note **; Grundschema 153; die einzelnen Gattungen 153 ff.; Pause 159; Preise 153, 160 ff.; Ort 152, 162; Zeitdauer 202, vgl. 159 f.
der Theseen 285.
der Apaturien? 310.
ὁλοκαυτεῖν 386 Note **.
Honorar zu den Choen gezahlt 351.
Horen im Gefolge des Bacchus 357 Note *; neben (Helios) Apoll 422.
Hundsstern, siehe Neujahr und Apoll (Κύννιος).
Hyakinthiden 435 Note.
ὑδρανός 236, 247.
ὑδρία als Preisgabe 169 Note; 170 Note *; 183 Note.
Hydriaphorie 182.
Hydrophorien 346 f., 365.
ὑμνῳδοί und ὑμνήτριαι 208 Note **.
Hyperboreische Erstlinge 50, 218 Note †, 402 Note **.
[Neuerdings hat Ahrens im Rhein. Mus. XVII, 311 scharfsinnig gezeigt, dass die Hyperboreer

= περφερές sind, Bringer von Opfergaben.]
Hyperides Grabrede 216.
ὑστεραία τῶν μυστηρίων Rathssitzung 231.

Jahrmarkt im Anthesterion 351 f.
Ἰακχαγωγός 254. 236.
Iacchus, ein Klageruf 68, vgl. Bacchus siebenmonatlich; Procession in hist. Zeit jährlich 74, am XIX und XX Boëdromion 226 f., vgl. 223 Note *; Bräuche bei der Procession 253 ff.; Standort des Iacchusbildes 253 Note **.
Ἰοβάκχεια 358 Noten † und ††. 359.
Ion marathonisch 49 Note **, 63.
Incubationen? 253.

Καβάρνοι viell. semitischer Name 30 Note. 31 Note **.
καλλιγένεια 301; vgl. 295.
καλλυντήρια 428 f.; 425 Note ***; 432.
Kanephoren am Parthenon 170; bei den gr. Dionysien 393.
Κεντριάδαι 451, 454.
Κεραμεικός, der Ceramicus, bei den Epitaphien benutzt 216.
κήρυξ der Mysten 234 Note **, 358 Note ***; Abstammung der Keryken 235; γένος τῶν K. als Mysterienpolizei 240 f.; Keryken als Mysterienboten 241; κ. παναγής 235 Note **.
Κίμων. Die Oschophorien von Cimon geordnet 57 Note *.
Kolakreten 175.
Kollytos, ländliche Dionysien 325, 331.
Κοννίδας. Todtenopfer für Connidas 280.
Kore. Die Basilinna nicht als Kore 359 Note **; K. bei den kl. Mysterien 378. — Siehe Semele.
κράδαι Feigenäste 418.
κρεανομία 196, 452.
Κροκωνίδαι 255 f.

Kronien, älteste im Frühling 22; Alter als die sommerlichen 79; jüngere ein saturnisches Idealfest 78, 111; agrarisch? 79; vorcimonisch 80 Note **; Kalenderzeit der Kr. 108; Ort 109; Opfer 110.
Κρονιών 108.
Kronos einst neben Zeus verehrt 80, vgl. 78.
κουρεῶτις 309 f., 316.
κουροτρόφος Amme des Iacchus 251; Beiname der Gaea s. Gaea.
Kybernesien, Zeit im Jahr 57 Note **; zu den Theseusfesten gehörig 269 f.
κυκεών 260.
κύθροι die Chytren 252 Note †. 332.

Lampadephorie siehe λαμπάς.
Lampadum dies 260.
λαμπάς der Panathenäen 169 f., Epitaphien 282, Apaturien siehe Hephästien, Anthesterien 356, Bendideen 425. λ. bei den Lenäen? 342.
Leichenrede s. Epitaphios.
Leichenmahl am VIII Pyanepsion 284.
Lenäen, Name 339; Zeit im Jahr 45 Note **, 323 Note, 100; einst im Schaltmond begangen? 46 f. und so den Mysterienstufen angepasst? 73; einst ländlich 332, 339; Kalenderzeit im histor. Festjahr 332 ff.; Dauer in Tagen 337, 342; Ort 338 ff.; Gebräuche 341 f. Das Trauerspiel nicht einseitig von den Lenäen abzuleiten 328.
Λήναιον, τέμενος und περίβολος 300 Note **, Bezeichnungen dieses Heiligthums 274 Note *; das Theater ohne nähere Bezeichnung ist das lenäische 357 Note *; Festacte ἐπὶ Ληναίῳ 330 Note *; die beiden ναοί 353 Note *.
ληνός, bed. auch Weinkufe 340 f.;
Linos bei den Cyprioten 341 Note.
Leukas, Menschenopfer 410 Note **.

λίκνα im Athenadienst 315; 438 Note **.
λικνοφόρος 236.
Limnā, Demos? 238 Note **.
Linoslied 327.
Loos-Orakel 441 Note ***.
Lustspiel 328. 330.
Lykabettos, Entstehungssage 36 Note. 438 Note *; Oliven 326.
Lykomiden bei den Eleusinien 234. Haloen 321.

Maemacteria siehe Zeusfest.
μάντεις bei den Panathenäen 174; auf Skiron 441.
Marathon, wird athenisch 51; Procession dahin? 215 Note; Schlacht bei Mar.; Auszugstag der Athener 212 Note; Dankfest wegen der Schlacht 211 ff.; daran ausgeschlossene Epimenien für Artemis? 410.
μειλίχια θύειν 441 Note *; vgl. Zeus (Μειλίχιος).
μεῖον 308.
Menschenopfer 12, 53, 417 ff.
μέσος von drei und fünf 294.
Metagitnien 205 ff.
Metagitnion, Nachbarmonat? 206.
Metöken bei den Panathenäen 180 ff.
Metökien 111 Note ***.
Monatstage. Die gleiche Phase hat im Allgem. gleiche Bedeutung 374 f.; einige sind decretenfrei 94, 107 Note; gewissen Göttern geweihete 105; Naturgefühl bei den letzten im Monat 18 Note **.
 νουμηνία dem Apoll heilig 105, 107; von den Festen nicht überschritten 201; Signal für gewisse Bräuche 206.
 δευτέρα ungünstig 208.
 τρίτη der Athena heilig 39 Note **, besonders τρ. φθίνοντος 130; τρ. im Profangebrauch vermieden 94, vgl. 294.
 [Auch für den XXIII und III vom Ende scheint man den Ausdruck τρίτη durch gleichbedeutende andere Ausdrücke umgangen zu haben in öffentlichen Urkunden. Velsen's Ergänzung der τρίτη φθίνοντος im Thargelion (s. Heortologie S. 96) ist ganz unsicher.]
 τετράς 205.
 πέμπτη 210.
 ἕκτη. Der VI ist der Artemis heilig 398, doch in anderm Sinn als der XVI 410 Note*.
 ἑβδόμη Tag des Apoll 105, 107.
 ὀγδόη dem Poseidon heilig 39 **, dem Theseus 106; siehe auch Asklepios.
 δεκάτη προτέρα, siehe εἰκάδες.
 δωδεκάτη } Der XII ein guter, der XIII
 τρίτη ἐπὶ δέκα } ein böser Tag 205, 357 Note ***; vgl. 219.
 διχομηνία inschriftlich 374 Note *; d., Vollmond, der XIV, für internationale Verabredungen benutzt 205, 380 f.; wie der Neumond heortologische Grenze 223, 390; als Signal sowohl für den Mysterienfrieden wie für die Feier 223.
 πέμπτη ἐπὶ δέκα, 390 f., 225.
 ἕκτη ἐπὶ δέκα 112, 223, 376, 404, 410 Note *.
 εἰκάδες, der XX; pluralisch 228; Schmäuse der Epicureer 335; δεκάτη προτέρα der XX 335 Note*, 390.
 ὀγδόη φθίνοντος 370.
 τρίτη φθίνοντος, siehe τρίτη.
 ἕνη καὶ νέα Opfer für Athena 445; vgl. 3 f.
 [Μουνυχία ist nach Ahrens im Rh. Museum XVII p. 364 die ältere, Μουνυχία die jüngere Form, und dieser Beiname der Artemis local attisch (a. O. p. 362) herstammend von dem Ortsnamen Μουνυχία d. h. Gründung des

als historisch zu betrachtenden (?) Manichos. — Sollte aber nicht das Wort M. semitischen Stammes sein, wie auch das gegenüberliegende Salamis (I. Olshausen üb. phönic. Ortsnamen, Rhein. Mus. VIII p. 331) semitisch zu sein scheint? Zurückführung der Artemis eines Vorgebirgs auf phönicischen Ursprung ist im Allgemeinen wahrscheinlich. Olshausen bemerkt dies von Artemisium auf Euböa und ähnlich gelegenen Artemisstätten, a. O. 335 Note; vgl. Heortologie 3. 19 Note. Unabhängig hiervon steht fest, dass es in Attica sehr alte Artemisculte gab, a. O. S. 18; Artemis erscheint in Festen als älteres Element, a. O. S. 40.]

Munychien, das Munychienfest. Namensform 103, siehe Μουνιχία.
    älterer Gestalt, auf den agrarischen Erechtheus bezogen 10.
    jüngerer Gestalt, den persönlichen Erechtheus angehend 35. 107 f.; Kalendertag 403 f.; Tageszeiten 412; Feier 404 ff.

Munychion Ausfahrtsmonat für Colonisten 48 Note.

Musicalischer Agon der Panathenäen, Rhapsoden 138 f.; Concerte durch Pericles 139; Anordnung u. Preise 139 f.: dramatisch? 140 Note ††; Zeitdauer 202. — Bei den Apaturien gab es Recitationen 310.

μυηθῆναι ἀφ' ἑστίας 239.

Mystagogen 244 ff., 247.

Mysten nicht erwachsene Personen 74.

Mysterien der Erdgottheiten, siehe Thesmophorien.
    der Erdgotth. und des Weingottes: grosse Mysterien, siehe Eleusinien.
    Kleine Mysterien, Name 374 f.; Zeit im Jahre 67, vgl. 73 Note; Dogmen 68 f., 378; Kalenderzeit 373 ff., vgl. 385 Note ***; Ort 377 f.; ob die Diasien den kl. Myster. angelehnt waren? 385 f., vgl. 374; Ankäufe zu den kl. Myster. im Frühjahrsmarkt 352 Not.* u. ***.
    Stufen der Mysterien, Mystericucursus 70 ff., 378; anfangs nicht jede Stufe jährlich ausgetheilt, wie später der Fall war 73 f.
    Ansehen der Mysterien, gemehrt seit den Perserkriegen 85, 88; Vorrang der Herbstmysterien 251 Note *, vgl. 90 Note *. Die Mysterien von Alcibiades verhöhnt 88, travestiert von Lucian 230 Note *, bestritten von den Kirchenvätern 89. Ihre Blüthe 89, ihr Fortbestehen bis in späte Zeiten 90, 93 Note *.
    der Artemis 104 ff.
    des Erechtheus 114 f., 455.

Mysterienfriede siehe Gottesfriede.

μυστηριώτιδες ἡμέραι Boëdromion XXI bis XXIII 229 f.

Nacht, Anfang des Kalendertages in Athen 96; lange Nächte, Winternächte 40 Note.

Nausithoos 270.

Nekysien 209 Note **.

Nemesien 209 Note **.

Nemesis in Rhamnus 210, 215. Siehe auch Aphrodite.

νεωκόροι in Eleusis? 230.

νηστεία 300 f.

Neujahr durch Gottesgeburten hervorgehoben 82 Note *. in Athen mehrmals geändert 90 Note; Metons Neujahr 97, im Juli und August 100, an den Hundsstern geknüpft 101 ff; das Neujahr nach Abschaffung des metonischen Kalenders 98.

νικητήρια Preisochsen 103 Note **.
    das Niketerienfest 208 f.

νομοφύλακες 420 f., 433.

νουμηνία siehe Monatstage.

Oel, Oelbaum, siehe Olive.
οἰνιστήρια 308.
οἰνοχόημα Weinvertheilung des Chabrias 222 Note, 225.
οἰνόπται 307 ff.
Olive, Zeit der Deflorescenz 13 Note, 55 Note *, der Ernte 57 Note **; Ertrag des Oelgartens der Athena 151 Note **; Oel als Preis 141, 151, 153; Eiresione vom heiligen Oelbaum 275; Wunderzeichen 56 Note *, 85, vgl. 208; Oelbau gefördert von Solon und Pisistrat 58 Note *.
ὀλολύγματα 170 ff.
Olympiaden der Athener 413.
Olympieen, Name 412 Note **; für Cylons Zeiten nicht zu erweisen 413 Note; Kalenderzeit 412; penteterisch? 413 f.; ältere und hadrianische zu scheiden 414, vgl. 412 Note **; bei Pindar? 384 Note *.
Onomacritus 80.
Orestes 364, 385 Note ***.
Orientierung der Feste, im Jahre a. Chr. 432 Tafel II zu S. 96.
Orphische Theologie 321 ff.
Oschophorien, Zeit im Jahre 57 Note ** geg. Ende; bacchische Oschophor. dem Dogma widersprechend 69 Note **; am VII Pyanepsion 271 f.; zwanzig Rebenträger 273; Festzug und Wettlauf 274 f.; Lieder 276, 327.
Ὀσχοφόριον Ort in Phaleron 275; vgl. 274 Note **.

Paane im Athenacult 170; in Eleusis 266.
Palladion bei den Plynterien, das ἀρχαῖον βρέτας im Erechtheum 430; das Pallad. im Gerichtshof am Palladion 429 f., 432.
παναγεῖς 236, vgl. 235 Note **.
Panathenäen: die ältesten agrarisch, den sinnbildlichen Erechtheus angehend 11 ff.; Fest des Ernteschlusses 14, 171; Zeit im Jahre 16; Tendenz zur Trauer 15.

nach jüngerer Auffassung Todtenfeier für den Landesheros Erechtheus 37, 42 Note, 172; kein agrarischer Ersatz nöthig 40; Aufnahme poseidonischer Bräuche 38, 40; alterthümliche Form politischer Einigung 85; Pan-Athenäen 40;

jüngste Auffassung der Panath. als Geburtsfeier der Athena 82, 172; Erechtheus jetzt vernachlässigt, siehe Erechtheus.

Kleine Panathenäen jährlich 116 f.; durch kl. und gr. Panathen. hindurchgehende Gleichmässigkeit 118 f.; die kl. Panathen. in der Regel ohne bedeutende Agonen 124 ff., herabgedrückt durch Stiftung der grossen 127; Verfall in macedonischer Zeit 128, 173; kleine Agonen 124;

grosse Panathenäen, Stiftung 81, 117; Epoche 120, von Geschichtsschreibern benutzt 121, nach der delphischen Epoche gebildet 122.

Kalenderzeit der Panathenäen 4 Note, 129 ff.

Formel ἐκ Παναθηναίων ἐς Παναθήναια 133 f.

Keine Frühjahrs-Panathenäen in älterer Zeit 134 ff.

ἐκ τῶν Παναθηναίων ὁ πλοῦς 137, vgl. 10 Note.

Gebräuche der grossen (zum Theil der kleinen und grossen) Panathenäen: die drei grossen Agonen 138 ff., siehe unter musical., gymn., hipp. Agon; kleine Agonen 102 ff., siehe Pyrrhiche, Euandrie; die hochfestliche Nacht 169 ff.; der hochfestliche Tag, Procession, Opfer 184 ff., siehe Peplos, Athena; dabei beschäftigtes Personal 173 ff.; Schiffswettkampf

197 ff. vgl. Regatta; Programm der Festacte 199 ff.

Zeitdauer der gr. und kl. Panathenäen, in Tagen veranschlagt 201 ff.

Ansehen der Panathenäen erst seit Pisistrat bedeutend 41; allgemein hellenisch 86; Herunterkommen des kleinen Festes siehe oben kleine Panathenäen.

Panathenäische Preisgefässe, s. Vasen.
Panathenaïden 121 Note. 413 Note **.
Pandia Göttinn, siehe Pandien.
Pandien, Fest 60 Note, 389, 306.
Pandrosos 436 Note **, 437 ff.
Pannychis der Panathenäen, Fackellauf 169; Feier auf dem Areopag? 171.
   der Bendideen 125.
πανσπερμία 365.
πάρεδρος bei der Mysterienpolizei 240 f.
Parthenon. Darstellungen am Fries 178; kein Apobat dargestellt 151 Note †; Viergespann 156 Note *, 177; die beiden Voropfer 192 f.; Uebersicht Tafel V zu Seite 184; vgl. Eumeniden, Kanephoren, Peplos, πομπεῖς

Preisgefässe am Parthenon 152 Note †.
ἱρός, θυσία π., κατὰ τὰ πάτρια 350 f.
Peitho 314 Note ***.
πέλανοι 449.
Pentaploa 275, vgl. 276 f.
Penteteris der Panathenäen 119, 121; der Eleusinien? 213; der Procrosien? 70 f., 218 Note †, 243; der Delien 214 Note †, 243, 415 Note **; der Brauronien 409; der Olympieen? 413 f.; für die ἀρκτεία nicht anzunehmen 406 Note **.
Peplos 184 ff.; im homerischen Troja 184; Schiffsprocession 187, 191; delphische Bestimmungen über den Peplos 188; Peplos-Darbringung am Parthenon 193; Kalenderzeiten der Arbeit am Peplos 313, 416 Note **, 417 Noten † und ††. Peplos unter den Plynterienbräuchen? 439 Note *, vgl. 185 Note. —

[Die Schiffsprocession mit dem Peplos spiegelt das attische Seeleben. Auf den Halligen kommt es vor, dass in der Kirche statt Kronleuchters ein Schiffchen dient, welches mittelst einer Kette von der Decke herabhängt, und statt Geläutes, eine Flagge aufgezogen wird. Dtsche Kirchen- u. Schulsprache, Weimar 1862 p. 13.]

περισχοινίζειν 354 f., 433 Note *.
Persephone, siehe Kore.
Pflugfeste, siehe ἄροτοι.
φαιδυντής, ὁ φ. τοῖν θεοῖν 236.
Phaleron, Ziel der plynter. Procession 431.
φαλλός bei den Dionysien überhaupt 328 ff.; nicht bei den grossen Dionysien 393 Note *; unter den Chytren-Bräuchen? 368; bei den halimusischen Mysterien? 33 Note ***.
φαρμακοί 405 Note †, 117 ff.
Φερρέφαττιον 377 f.
Philaïden 122.
Philliden 238 Note *.
Phlya, ländliche Dionysien 330 f.
Φωςφόρος, siehe Artemis.
Phratrien bei den Apaturien 306, 309 f., 317; vgl. 107.
   bei den Gamelien 341.
Phylarchen bei den Panathenäen 176.
Phylen. Zehnzahl auf gottesdienstliche Gebräuche einwirkend 177 Note, 270 f.
Phytaliden 255, 277, 284, 441 Note *.
Piräen, Kalenderzeit 323; im Schaltmond? 337 Note; die Pir. später bedeutend 331 f.
Pisistratus. Thätigkeit für den Cultus 80 ff.; stiftet die grossen Pan-

athenäen, siehe Panathenäen; seine panathenäische Pompe 166 f., 168 Note; sein finanzielles Neujahr 81; Gründer der Olympien? 113. — Siehe auch Olive.
Pithögien 319 ff., siehe Anthesterien.
Plataische Siegesfeier 208.
πλῆμα 224 Note **.
Plemochoe, Gefäss, am Fries des Eleusinion 231 Note *.
Plemochoen und Procharcterien 41 Note; die Plem. Schluss der gr. Mysterien 224 Note **. 230 f.: in Eleusis 231; Kalendertag 262.
Plynterien älterer Gestalt, Ernteanfangsfest, auf den sinnbildl. Erechtheus bezogen 11; Menschenopfer 12, die später an Apoll übergingen 54; agrarischer Ersatz durch Sendungen nach Delos 36.
jüngerer Gestalt, Fest des siebenmonatlichen Erechtheus 35, 439; auch später diesen Sinn bewahrend 81; zur Zeit der Feigenreife begangen 35 Note **; Kalenderzeit 427 ff.; am phalerischen Hafen begangen 431; Gebräuche 432 ff. [Philochor. in Schol. Soph. O. C. 100]; Deutung derselben 434 ff.
Polemarch, siehe Archonten.
Polytions Haus 356.
Pompe, siehe Processionen.
πομπεῖς bei den Panathenäen 175; Geleitsleute zu Fuss 177; siehe Euandrie.
Poseidon in Attica früh gestiftet, aber nicht in der Stadt 19 Note, 27 f.; vgl. Amphictyonic; Altar in Agrä 377. Φυτάλμιος bei den Haloen 322 f. vgl. 320. Χαμαίζηλος 323.
Poseidon und Erechtheus, dieselbe göttliche Person 27 Note *; diese Identification nicht vollständig durchgeführt 31 Note; sie tritt in den Panathenäen hervor 38 f., 40; dem Pos. Erechth. gilt die panathen. Regatta 107 Note ***; Priester des Pos. Erechth. 441, vgl. 450.
Poseideon Monat der ländl. Dionysien 323, vgl. 322.
Praxiergiden 133.
Προαρχτούρια 77, 100, 103.
Processionen nach ausserstädtischen Orten sehr alt 18; oft eine Trauer ausdrückend 15 Note.
Procharcterien, Lebewohl an Kore 44 Note. 262.
Ptocharisterien, ein Fest des Erechtheuskreises 8, später theilweise Demeterfest 44; ob als solches den Thesmophorien correlat? 65 Note; Pochar. und Gamelien 42, 43 Note ***.
Proërosien, Stiftung 75 f.; eleusinisch-athenisch 76; Zeit im Jahre 77, siehe Προαρχτούρια; Kalenderzeit 218 ff.; benutzte Oerter 220 f. die Feier der Proërosien streng und ernst 221 f.
Promethien 311 Note ***.
προςχαιρητήρια, siehe Procharcterien.
πρόςρησις bei den Mysterien, Kalendertag 225 f.; Bräuche 240 f.
προτίνθαι 307 ff.
Prytaneum 112, 452, 454. Siehe auch ἑστία.
Pyanepsien älterer Gestalt, ohne Bacchus 56 f.; in welchem Zusammenhange gestiftet 75; Eindringen neuer Elemente 80 f. — jüngerer Gestalt, seit Cimon 57 Note *; Bräuche 270 f. — Zeit der Pyanepsien im Sonnenjahr 57 Note **.
Pyrrhiche der Panathenäen. Seit wann sie aufkam 123; sie ist von gottesdienstlicher Bedeutung 163; ihre Dreitheilung, Kosten einer Drittelspyrrhiche 163 ff.; Relief die Pyrrh. darstellend 165; vom Bacchusdienst inficiert 410.
Pythion 51, 190, 421 Note ***, 423.

Regatta bei Sunium und an den Panathen. 197; die panathen. mit Chören vermehrt 198; Regatta bei dem salamin. Siegesfest 411.
Rhamnus s. Nemesis.
Rhapsodik der Panathenäen jünger als in Brauron 122; siehe musical. Agon.
ῥειτοί Salzbäche 217 f.
Reinigungen zu den Mysterien, siehe Bäder.

Salamis. Monat und Tag der Schlacht bei Salamis 403 Note ††. Salaminisches Siegesfest den Munychien angelehnt 403; Bräuche 410 ff.; Epimenien? 410. — Dionysien der Salaminier 332. — Oelbau 54.
Sabina, die Kaiserinn 237.
Schaltmonat für Lenäen und Piräen benutzt? 40 f., 322, 337 f.
Schiffsprocession, siehe Peplos.
Seefahrt nach Hesiod 10 Note. Signal der Seefahrt sind die Plejaden 48 Note *, Zeit wo die Seefahrt aufhört 57 Note **, vgl. 278. — Siehe auch Trierarchen.
Semele, Mutter des siebenmonatlichen Bacchus 67; statt ihrer Kore 72.
Semesterüberschriften 337 Note ***, vgl. 341 Note ***.
Semnen siehe Eumeniden.
Simonides περὶ γυναικῶν 207.
σκαφηφόροι 180.
σκηνικοὶ ἀγῶνες in Eleusis 266, vgl. 325.
σκιαδηφόροι 181.
Skira 287 ff., 299, 442 Note *.
Skiron, Ort 54 Note, 76, 221, 411.
σκίρον einen Schirm bedeutend 442.
Skirophorien, Name 442 f.; einst agrarischer Umzug 55, 455, hernach vorzugsweise den Schutz der Olive betreffend 56; Zeit im Jahre 55 Note ***; Bräuche 440 ff. Die

Skir. in legendarischem Zusammenhang mit den Buphonien 455.
Solon verbot die barbarische Todtenklage 32; reformierte die Gottesdienste 52 ff.; Voraussetzungen der solonischen Reformation 64; Apollonsfeste in Solons Kalender 64, 106; Solons Festjahr durch Bacchus gestört 62. — Auf die Panathenäen hat Solon nicht eingewirkt 123 Note; auch die Gamelien und über die Feste des Erechtheuskreises sind vorsolonisch 43 Note **.
Solstitien, volksthümlich nicht Zeitpuncte, sondern Zeiten 102.
Soterien-Opfer bei den Myster. 249 f.
Sphäristria 418.
σπονδοφόροι der Myster. 243, aus dem geistlichen Adel 244.
Stadiodromen, vier. 147.
Stenien 296 f.
Stierkämpfe in Eleusis 266.
στοὰ ἐλευθέριος 454.
στολίζων bei den Eleusinien 254 Note *.
Strategen bei den Panathen. 175.
συβάκχοι 418.
συλλογεῖς τοῦ δήμου 414.
συμβάκχοι 418.
Synökien, verschiedene Namen 111; nachpisistratisch 84, 81 Note; Ort 112; Friedensopfer 114 ff. — Die Kalenderzeit der Syn. ist nicht Vollmond 112; die Syn. sind nicht den Panathenäen anzuschliessen 121.
Σύνθημα Ἐλευσινίων 245.

Tag, siehe Monatstage. Nacht.
ταμίαι bei den Panathen. 174.
Tarantinische Spiele 280 Note.
Taxiarchen bei den Panathen. 175.
ΤΕΛΕΣΙΔΡΟΜΟΙ 257.
τέμενος und ἱερόν 300 Note **, 423 Note *.
τεσσερακοσταῖος, siehe vierzig Tage.
τετράς, siehe Monatstage.

τεχνῖται 266.

Thallo 5 Note.

Thallophorie bei den Panathenäen 168, 175; vgl. 390 Note *.

Thargelien, Name 422; Zeit im Sonnenjahre 50 Note **, 98 f. — Keine Thargel. im ältesten Festjahr 11; ursprünglich die Stadt nicht angehend, dem Apoll auf Delos geltend 50, später auf den Ap. Patroos übertragen 51, 107, 417 Note *; Menschenopfer seit Epimenides 53, 417 ff. — Das Voropfer für Demeter 54, 416 f. — Stiftungszeit des thargelischen Agons unsicher 62 Note *; der Agon eintägig? 385 Note *. — Kalenderzeit der Thargel. 414 ff.; Feier 416 ff.

Thargelion dem Sommer, nicht dem Lenz angehörend 9 Note ***, 136, 425 Note †, obwohl im Thargelion der Demeter Chloe geopfert wird 416 Note ***. — Vom Tharg. ab die delischen Gelder berechnet 416 Note *.

Thaulomden 451 Note *.

Theater in Eleusis 267; in Athen, siehe Λήναιον.

Θειλοπεδεύειν, siehe Wein.

Theognien 327, 358 Noten † und ††, 359.

Theönien, siehe Epiphanien.

Theoren zu den Eleusinien 250.

Theorie nach Delos, siehe Delien, Hyperboreische Erstlinge. Θεωρία πυθιάς 402 Note **.

Theseen siehe Theseus-Feste.

Thescion, Parentationen 279, vgl. 216, 284.

Theseus stiftet nicht zugleich Synökien und Panathenäen 81; Zusammensiedelung durch Theseus 113; erst nach der Perserzeit wird sein Dienst von Belang 278; Theseus Repräsentant des patriotischen Bewusstseins 88, 279 Note; Monatsbegehungen 106, 280. — Heroldsruf 363. — Siehe Kybernesien, Delphinien.

Theseus-Feste, Steuermansf. 209 f.; Pyanepsien, Oschophorien, Epitaphien siehe in besondern Artikeln; Opferschmaus der Theseen 277; Spiele 281 ff.; Uebersicht der Theseus-Feste 286 f.

θεσμοί 299, 300 Note **.

θεσμοφόρος 300.

Thesmophorien; Stiftungen örtlich 29; ungriechische Elemente 29 ff., 301; die halimusischen Thesm. einst unabhängig von Athen 32; Trauersitte älterer Zeit den Thesm. angelehnt 32 f., 301; ob die halimusischen Thesm. phallisch wurden? 33 Note ***, correlates Lenzfest? siehe Procharisterien; bloss Weibern zugänglich 66 Note. — Die Skira sind hierher und nicht zu den Oschophorien zu ziehen 287 ff.; Kalendertage der Thesm. 291 ff. Gebräuche 296 ff.

Thesmophorion der Halimusier 297 f.; das städtische 299.

Thesmotheten bei den Anthesterien 355.

Ουηχόος 195 Note **.

θύματα ἐπιχώρια 384 Note **.

Titanen und Titaniden 373.

Trauerspiel 328, 330.

Trierarchen, schutzflehend 369, nach den Panathenäen fahrtbereit 137.

Trieteris der Feste des Erechtheuskreises? 38, 119 Note *, 341 Note ***; bacchische Trieteris der Böoter auf Attica einwirkend 46; Dogma der bacchischen Triet. 70; natürliche Triet. der Rebschossen 70 Note *; demetrische 65 f.; trieterischer Mysteriencursus 70 ff.

[Ludwig Preller hat mir 1860 gesagt, ihm scheine die Trieteris aus dem Weinbau erklärbar.]

Triptolem, Vorfahr der Daduchen 234; auf der alten Eleusinien-Inschrift 257; Bildsäule 377.

τρίτη siehe Monatstage.
Trittys oder Trittoa, bei den Eleusinien 257 ff.
τρύγητος 324, 327.
τύπται 205.

Οὔλιος 400 Note ***.
Uranos geht den Cultus nichts an 3 Note; 343 Note ***.

Vasen, die Panathenäen angehende 125 ff.; eine mit schildbewaffneten Knaben 142; den gymnischen Agon der Panathen. betreffende 147 ff.; eine mit Ἀκαμαντὶς φυλὴ ἐνίκα 151 Note *.
Vierzig Tage dauert die Erechtheuspflege 408, 437.
Vollmond, siehe Monatstage, διχομηνία.

Wage, abergläub. Zeichen 256 Note *.
Wagen siehe ζεῦγος.
Wagenfahrten nach Eleusis 256 Note **.
Wagenscherze, siehe ἅμαξα.
Wein, im Bacchuscult durchschimmernde Zeiten des Weinbaus 67 Note; der Weinbau im Allgemeinen nicht trieterisch 70 Note; Weinbereitung im heutigen Griechenland 340 f.
Aussetzen des Weinstocks, im Frühjahr 67;
Weinlese, Stellung in den attischen Kalendern 324; Stellung im Sonnenjahr 57 Note **, 327; das Aussonnen Θειλοπεδεύειν 68; absichtlich verspätete Lese 326; Concentrierung des Mostes durch Kälte 326 Note *;
erstes Ablassen um die Bruma 45 Note *, vgl. 324 f.; Genuss noch nicht ausgegohrenen Weines 324 f.; 330 Note.
Ende der Nachgährung im Frühjahr und Zumarktebringen des Weins 21 Note, 352 Note **, vgl. 370.
Weltschöpfung 381 Note.
Winter vier Monat 43 Note **, 66.
Winterfeste einst ländlich und häuslich 26; bacchisch 11; dem öffentlichen Festjahr angeschlossen 60.

Ζημία 302.
ζεῦγος und ἅρμα 158; ζ. πομπικόν 158, 170, nicht von agonistischen Siegern gelenkt 177, vgl. 183 f.
Zeus auf Berghöhen verehrt 2; Opfer im Vollmond 3; Z. und Athena, siehe Athena; von jüngeren Gottheiten zurückgedrängt 384, siehe Bacchus. Frühjahrsgott 380 f.
Γεωργός 317, 319. Κτήσιος 440 Note **. Μαιμάκτης 317 f. Μειλίχιος. Altar 379, 382, 411 Note *: Opfer 410. Μοιραγέτης 188, 433 Note **. Ὀλύμπιος 380 f. Πολιεύς 440 f., 453, 455. Σωτήρ 440 Note **, 453 f., 454 Note *, 456. Τέλειος 76 Note **, 221 Note. Τροπαῖος 412. Ὕπατος 440. Φράτριος 309.
Zeusfest im Maemacterion, Kalenderzeit 317 f.; dogmatischer Gegenstand des Festes die Geburt des neunmonatlichen Bacchus 318 f.; identisch mit den Haloen? Festzug 322 f.
Zwölfgötter-Altar 394, 395 Note.

Druckfehler und Versehen.

Wo an einer Stelle der Heortologie auf eine spätere hingewiesen wird, geschieht dies häufig nicht durch Seitenzahlen; auch sind einige Hinweisungen falsch, z. B. S. 113 Zeile 14 von oben, wo es **kleine Mysterien** statt Diasien heissen muss; die vorwärts deutenden Hinweisungen konnte ich nicht controlieren. Diese Mängel zu heben, wird der Index dienlich sein. — Auch sonst sind Druckfehler, namentlich auf den ersten Bogen, nicht ganz selten, die jedoch meistens den Leser nicht stören werden. S. 7 Zeile 8 v. o. ist **hinwegzudenken** statt hier wegzudenken, S. 43 Z. 1 v. o. **theilnahmen** statt theilnehmen, S. 63 Z. 10 v. o. **Iacchuszuge** statt Bacchuszuge zu schreiben.

www.ingramcontent.com/pod-product-compliance
Lightning Source LLC
Chambersburg PA
CBHW021427300426
44114CB00010B/686

ENCYCLOPÉDIE THÉOLOGIQUE,

OU

SÉRIE DE DICTIONNAIRES SUR TOUTES LES PARTIES DE LA SCIENCE RELIGIEUSE,

OFFRANT EN FRANÇAIS, ET PAR ORDRE ALPHABÉTIQUE,

LA PLUS CLAIRE, LA PLUS FACILE, LA PLUS COMMODE, LA PLUS VARIÉE
ET LA PLUS COMPLÈTE DES THÉOLOGIES.

CES DICTIONNAIRES SONT CEUX

D'ÉCRITURE SAINTE, — DE PHILOLOGIE SACRÉE, — DE LITURGIE, — DE DROIT CANON,
DES HÉRÉSIES, DES SCHISMES, DES LIVRES JANSÉNISTES, DES PROPOSITIONS ET DES LIVRES CONDAMNÉS,
— DES CONCILES, — DES CÉRÉMONIES ET DES RITES, —
DE CAS DE CONSCIENCE, — DES ORDRES RELIGIEUX (HOMMES ET FEMMES), — DES DIVERSES RELIGIONS, —
DE GÉOGRAPHIE SACRÉE ET ECCLÉSIASTIQUE, — DE THÉOLOGIE MORALE, ASCÉTIQUE ET MYSTIQUE,
— DE THÉOLOGIE DOGMATIQUE, CANONIQUE, LITURGIQUE, DISCIPLINAIRE ET POLÉMIQUE,
— DE JURISPRUDENCE CIVILE-ECCLÉSIASTIQUE,
— DES PASSIONS, DES VERTUS ET DES VICES, — D'HAGIOGRAPHIE, — DES PÈLERINAGES RELIGIEUX, —
D'ASTRONOMIE, DE PHYSIQUE ET DE MÉTÉOROLOGIE RELIGIEUSES, —
D'ICONOGRAPHIE CHRÉTIENNE; — DE CHIMIE ET DE MINÉRALOGIE RELIGIEUSES, — DE DIPLOMATIQUE CHRÉTIENNE, —
DES SCIENCES OCCULTES, — DE GÉOLOGIE ET DE CHRONOLOGIE CHRÉTIENNES.

PUBLIÉE

PAR M. L'ABBÉ MIGNE,

ÉDITEUR DE LA BIBLIOTHÈQUE UNIVERSELLE DU CLERGÉ,

OU

DES COURS COMPLETS SUR CHAQUE BRANCHE DE LA SCIENCE ECCLÉSIASTIQUE.

PRIX : 6 FR. LE VOL. POUR LE SOUSCRIPTEUR A LA COLLECTION ENTIÈRE, 7 FR., 8 FR., ET MÊME 10 FR. POUR LE
SOUSCRIPTEUR A TEL OU TEL DICTIONNAIRE PARTICULIER.

52 VOLUMES, PRIX : 312 FRANCS.

TOME TRENTE-QUATRIÈME.

DICTIONNAIRE DE THÉOLOGIE DOGMATIQUE.

TOME DEUXIÈME.

4 VOLUMES, PRIX : 26 FRANCS.

S'IMPRIME ET SE VEND CHEZ J.-P. MIGNE, ÉDITEUR,
AUX ATELIERS CATHOLIQUES, RUE D'AMBOISE, AU PETIT-MONTROUGE,
BARRIÈRE D'ENFER DE PARIS.

1850

DICTIONNAIRE
DE
THÉOLOGIE
DOGMATIQUE,
LITURGIQUE, CANONIQUE ET DISCIPLINAIRE,

PAR BERGIER.

NOUVELLE ÉDITION

MISE EN RAPPORT AVEC LES PROGRÈS DES SCIENCES ACTUELLES;

RENFERMANT TOUT CE QUI SE TROUVE DANS LES ÉDITIONS PRÉCÉDENTES,
TANT ANCIENNES QUE MODERNES, NOTAMMENT CELLES DE D'ALEMBERT ET DE LIÉGE SANS CONTREDIT
LES PLUS COMPLÈTES,
MAIS DE PLUS ENRICHIE D'ANNOTATIONS CONSIDÉRABLES ET D'UN GRAND NOMBRE D'ARTICLES NOUVEAUX SUR LES
DOCTRINES OU LES ERREURS QUI SE SONT PRODUITES DEPUIS QUATRE-VINGTS ANS;

ANNOTATIONS ET ARTICLES

QUI RENDENT LA PRÉSENTE ÉDITION D'UN TIERS PLUS ÉTENDUE QUE TOUTES CELLES DU CÉLÈBRE
APOLOGISTE, CONNUES JUSQU'A CE JOUR, SANS AUCUNE EXCEPTION;

PAR M. PIERROT,

ANCIEN PROFESSEUR DE PHILOSOPHIE ET DE THÉOLOGIE AU GRAND SÉMINAIRE DE VERDUN
AUTEUR DU *Dictionnaire de Théologie morale*

PUBLIÉ
PAR M. L'ABBÉ MIGNE,
ÉDITEUR DE LA BIBLIOTHÈQUE UNIVERSELLE DU CLERGÉ,

OU

DES COURS COMPLETS SUR CHAQUE BRANCHE DE LA SCIENCE ECCLÉSIASTIQUE.

4 VOLUMES. PRIX : 26 FRANCS.

TOME SECOND

D-M

S'IMPRIME ET SE VEND CHEZ J.-P. MIGNE, ÉDITEUR,
AUX ATELIERS CATHOLIQUES, RUE D'AMBOISE, AU PETIT-MONTROUGE,
BARRIÈRE D'ENFER DE PARIS.

1850